W0048680

Ukraine

Zwischen den Karpaten und dem Schwarzen Meer

Thomas Gerlach, Gert Schmidt

11., aktualisierte Auflage 2011

Trescher Verlag
Reinhardtstr. 9
10117 Berlin
www.trescher-verlag.de

ISBN 978-3-89794-192-2

Herausgegeben von Bernd Schwenkros und
Detlev von Oppeln

Reihenentwurf und Gesamtgestaltung:
Bernd Chill
Gestaltung, Satz und Bildbearbeitung:
Ulla Nickl
Lektorat: Sabine Fach
Stadtpläne und Karten: Johann Maria Just,
Martin Kapp, Bernd Schwenkros

Gedruckt auf chlorfrei gebleichtem Papier

Printed in Germany

Die Westukraine 62

Zentral- und Ostukraine

Essays

Vorwort

Zugegeben, die Ukraine ist kein klassisches Reiseland wie etwa Spanien, Italien oder Ungarn. Aber warum eigentlich nicht? Es ist der Fläche nach das größte Land Europas, es bietet malerische Küsten, hohe Berge, breite Ströme, wunderschöne alte Städte, pittoreske Dörfer, Kirchen, Klöster, Traditionen, Folklore und reichlich Natur – kurzum: all das, was Reisende mögen. Doch die Ukraine, kaum 1000 Kilometer von Deutschland entfernt, scheint hinter einem Vorhang verschwunden. Meldungen sind spärlich und wenn, berichten Fernsehnachrichten von komplizierten politischen Fehden, korrupten Ministern und wüsten Schlägereien im Parlament.

Dabei war es schon einmal anders: Als viele Ukrainer während der Orangenen Revolution im Dezember 2004 auf die Straßen gegangen sind, wurde der Protest gegen die damalige Regierung auch von Sympathien aus dem Ausland mitgetragen. Die Bilder selbstbewusster Menschen weckten bei vielen Erinnerungen an die politische Wende 1989 in Deutschland und Ostmitteleuropa. Die Galionsfiguren von damals haben die Revolution wieder verspielt, und so scheint die Ukraine aufs neue versunken, doch der Aufbruch hat das Land verändert, und die Menschen, die sich emanzipiert haben vom sowjetischen Erbe und dessen politischen Sachwaltern, sind selbstbewusst geworden – und das auch im ganz direkten Sinn: Die Ukraine als junge europäische Nation ist zu sich selbst gekommen – in einem fortdauernden schmerzhaften Prozess der Selbstvergewisserung und des Austauschs zwischen den einzelnen Regionen, deren Geschichte bisher so unterschiedlich verlaufen ist. Die Ukraine ist unfertig, in manchem instabil, und zudem wird sie noch einen weiten Weg haben, um zu innerer Einheit, zu einer Zivilgesellschaft und zu Wohlstand zu gelangen. Vieles ist im Umbruch, und die Kontraste sind gewaltig: Erschreckende Armut und enormer Reichtum liegen oft dicht beieinander. Dennoch – die Ukraine ist ein wichtiger Teil des europäischen Kulturkreises und das schon seit mehr als tausend Jahren.

Jeder, der in die Ukraine reist, wird seinen eigenen Zugang finden. Dieser Reiseführer soll dabei eine Hilfe sein – doch nicht nur als Lieferant von Telefonnummern und Adressen. Er will Reiselust wecken, Vorbehalte abbauen und in Kultur und Geschichte der ukrainischen Regionen einführen – angefangen bei Dichtern und historischen Figuren über regionale Eigenheiten bis hin zu den Helden der Popmusik und typischen Kochrezepten.

Die Ukraine ist im Aufbruch. Wir bitten um Verständnis, wenn dadurch manche Information möglicherweise schnell veraltet. Die Autoren und der Verlag sind deswegen um so mehr für Hinweise und Vorschläge dankbar.

Obwohl sich auch in diesem Punkte vieles geändert hat – die Ukraine ist kein bequemes und leichtes Reiseland. Doch wer Neugier und etwas Abenteuerlust mitbringt, wer mit offenen Augen durchs Land reist und nicht nach jedem Schlagloch oder jedem röchelnden Wasserhahn verärgert abreisen will, der wird ein interessantes und schönes Land entdecken, in das er gern zurückkehren wird.

Im Kiever Höhlenkloster

Land und Leute

Hinweise zur Benutzung

Der erste Teil des Buches bietet **allgemeine Informationen** zu Land und Leuten. Im zweiten Teil werden ausführlich die **Städte und Regionen** beschrieben. In den **Stadtplänen** sind die Straßennamen in der Regel kyrillisch sowie in lateinischer Umschrift angegeben. Die Stadtpläne sind überwiegend ukrainisch beschriftet, im Osten und im Schwarzmeerraum russisch, weil dort meist die russische Variante anzutreffen ist. In den **Informationskästen** sind die Fahrkarten- und Hotelpreise in Euro umgerechnet, außerdem beziehen sich die Preise, wenn nicht anders angegeben, auf Doppelzimmer.

Bei Datumsangaben vor 1918 bezieht sich das Datum in Klammern auf den Gregorianischen Kalender.

Der **Sprachführer** soll mit einigen der wichtigsten Phrasen die Kommunikation erleichtern, denn mit Englisch oder Deutsch wird man in der Ukraine nicht allzu weit kommen. Er bietet sowohl die russische als auch ukrainische Übersetzung, da in der Ukraine beide Sprachen verstanden und auch meist gesprochen werden – im Westen und in der Zentralukraine Ukrainisch, im Osten und im Schwarzmeerraum Russisch. Offiziell ist allerdings überall Ukrainisch Amtssprache. Es ist sehr empfehlenswert, einen Russisch-Sprachführer mitzunehmen und sich ein wenig mit dem kyrillischen Alphabet zu beschäftigen.

Die **Reisetipps von A bis Z**, ein **Glossar**, **Film- und Literaturhinweise** sowie **Internettipps** beschließen das Buch.

In diesem Buch wird die wissenschaftliche **Transliteration** für ukrainische bzw. russische Eigennamen verwendet. Für Orts- und Personennamen wird in der Regel die ukrainische Form verwendet. Ausnahmen sind solche Namen wie Kiev oder Puschkin, die sich im Deutschen eingebürgert haben.

Zeichenlegende

i Allgemeine Informationen

✈ Flughäfen, Flugverbindungen

🚗 Hinweise für Autofahrer

🚆 Bahnverbindungen

🚌 Busverbindungen

🛏 Übernachtungsmöglichkeiten

✗ Restaurants, Cafés

🏛 Museen

🛍 Einkaufsmöglichkeiten

🎵 Theater, Konzerthallen

🏖 Strände, Parks

💻 Internet

Häufig vorkommende Abkürzungen

vul. (вул.)	vulycja (вулиця)	Straße
ul. (ул.)	ulica (улица)	Straße (russisch)
pl. (пл.)	plošča (площа)	Platz
pr. (пр.)	prospekt (проспект)	Prospekt, breite Straße
bul. (бул.)	bulvar' (бульварь)	Boulevard
prov. (пров.)	provoulok (провоулок)	Gasse

Entfernungstabelle

	Zaporižžja	Užhorod	Sevastopol'	Poltava	Odessa	L'viv	Kiev	Ivano-Frankivs'k	Donec'k	Dnipropetrovs'k	Černihiv	Černivci	Cherson	Charkiv
Charkiv	286	1244	734	141	686	1015	477	1032	291	228	506	980	619	
Cherson	283	1061	340	486	195	849	538	845	530	333	676	787		619
Černivci	934	420	1129	839	717	264	500	135	1113	862	643		787	980
Černihiv	628	907	1018	365	611	676	143	698	807	556		643	676	506
Dnipropetrovs'k	82	1136	538	183	455	924	448	927	251		556	862	333	228
Donec'k	219	1387	624	395	706	1175	699	1178		251	807	1113	530	291
Ivano-Frankivs'k	999	285	1187	894	775	129	555		1178	927	698	135	845	1032
Kiev	520	764	880	336	468	535		555	699	448	143	500	538	477
L'viv	996	232	1191	874	763		535	129	1175	924	676	264	849	1015
Odessa	475	991	537	553		763	468	775	706	455	611	717	195	686
Poltava	260	1103	708		553	874	336	894	395	183	365	839	486	141
Sevastopol'	456	1403		708	537	1191	880	1187	624	538	1018	1129	340	734
Užhorod	1208		1403	1103	991	232	764	285	1387	1136	907	420	1061	1244
Zaporižžja		1208	456	260	475	996	520	999	219	82	628	934	283	286

Das Wichtigste in Kürze

Einreise

Bürger der EU, der Schweiz, Liechtensteins, der USA und Kanada können bei einem Aufenthalt von bis zu 90 Tagen innerhalb eines halben Jahres ohne Visum einreisen. Man benötigt einen noch mindestens einen Monat über den beabsichtigten Aufenthalt hinaus gültigen Reisepass, der Personalausweis genügt nicht. Außerdem ist der Nachweis einer Reisekrankenversicherung mit Gültigkeit in der Ukraine erforderlich. Diese kann für wenig Geld bei jedem größeren Versicherungsunternehmen abgeschlossen werden.

Geld

Mittlerweile gibt es überall Geldautomaten (Банкомат), an denen man mit der ec-Karte abheben kann. Preiswerter ist allerdings der Umtausch von Bargeld (Euroscheine in kleiner Stückelung mitnehmen) in einer der zahlreichen Wechselstuben (Обмін валюти). Die Finanzkrise Ende 2008 hat die Ukraine schwer getroffen, die ukrainische Währung verlor innerhalb kurzer Zeit drastisch an Wert.

Im Frühjahr 2011 bekam man für 1 Euro knapp 11 Hryvnja, weshalb die Preisangaben, die in diesem Buch in Euro gemacht werden, nur als Anhaltspunkte dienen können.

Verständigung

Wenn man auf eigene Faust im Land herumreist, sind Russischkenntnisse von Vorteil, denn Fremdsprachenkenntnisse sind in der Ukraine außerhalb der großen Hotels noch nicht weit verbreitet. Es kann nicht schaden, sich wenigstens mit dem kyrillischen Alphabet vertraut zu machen (s. S. 480).

Unterkunft

In den größeren Städten ist das Angebot ausreichend, allerdings ist dort wie überall in Osteuropa das Preis-Leistungsverhältnis eher ungünstig. Hotels der oberen Preisklasse sind meist überteuert, dies gilt besonders für Kiev und die Habinsel Krim. In der Regel ist es günstiger, vorab über einen Reiseveranstalter zu buchen. Beim Service muss man mitunter Abstriche machen.

Zeltplätze wie in Westeuropa gibt es kaum, auch Plätze zum Abstellen von Wohnmobilen sind rar.

Telefon

Telefonieren in der Ukraine funktioniert seit 2009 wie überall sonst in Europa auch. Die Landesvorwahlen sind +49 für Deutschland, +43 für Österreich, +41 für die Schweiz, +380 für die Ukraine. Zentrale **Notrufnummer für Kartensperren** aller Art (Kredit-, ec-, Handykarten): +49/116116.

Klima

Es herrscht überwiegend gemäßigt kontinentales Klima mit kalten Wintern und heißen Sommern, wobei die Extreme gen Osten zunehmen. Im Süden der Krim ist es eher mediterran. Die beste Reisezeit ist von Mai bis Oktober.

Kleidung

Neben sommerlicher Kleidung sollten auch warme Sachen sowie Regen- und Windschutz eingepackt werden. Auf jeden Fall muss man bequemes und robustes Schuhwerk für Stadtspaziergänge und Besichtigungen dabeihaben.

Frauen sollten in Kirchen ein Kopftuch tragen, vor großen Klöstern und Kirchen

Kinder in Lemberg

werden Kopftücher verkauft. In kurzen Hosen und knappen Röcken erhält man keinen Einlass.

Sicherheit

Bei Einhaltung der überall gültigen Sicherheitsregeln ist die Ukraine ein sicheres und unproblematisches Reiseland. Wertsachen sollte man allerdings zu Hause lassen und Bargeld nicht in größeren Mengen spazierentragen. Bei größeren Menschenansammlungen und an belebten touristischen ›Brennpunkten‹ sollte man, wie in anderen Ländern auch, vor Taschendieben auf der Hut sein.

Einreise mit dem Auto

Man benötigt einen internationalen Führerschein und eine Grüne Versicherungskarte, die für die Ukraine gültig ist. Die Straßen sind vielerorts noch in einem schlechten Zustand, es muss zudem mit Fußgängern, Fuhrwerken und Tieren auf der Fahrbahn gerechnet werden. Die Beschilderung lässt auch oft zu wünschen übrig. Nachtfahrten sollte man vermeiden.
Werkstätten und Tankstellen gibt es an den Hauptstraßen ausreichend. Es gilt die Null-Promille-Grenze.
Nachts sollte man sein Fahrzeug auf bewachten Parkplätzen abstellen.

Zeitzone

In der gesamten Ukraine gilt ganzjährig: deutsche Zeit plus 1 Stunde.

Ausführliche Hinweise in den Reisetipps von A bis Z ab S. 503

»Reisen sollte nur ein Mensch,
der sich ständig überraschen
lassen will.«

Oskar Maria Graf,
Reise nach Sowjetrußland

Land und Leute

Die Ukraine im Überblick

Ländername: Ukraine (Ukrajina/ Україна).

Fläche: 603700 qkm (nach Russland größtes Land Europas).

Bevölkerung: 46 Mio. Einwohner (78 % Ukrainer, 17 % Russen, 0,6 % Weißrussen, 0,5 % Moldauer, 0,5 % Krimtataren, 0,07 %, etwa 33 000, Deutsche, insgesamt über 100 Nationalitäten).

Bevölkerungsdichte: 78 je qkm.

Sprache: Staatssprache Ukrainisch, Verkehrssprache auch Russisch, insbesondere im Osten und im Schwarzmeerraum.

Alphabet: kyrillisch.

Staatsgrenzen: Polen, Weißrussland, Russland, Rumänien, Moldau, Ungarn, Slowakei.

Hauptstadt: Kiev, ca. 2,6 Mio. Einwohner, mit Vororten mehr als 3 Mio.

Weitere größere Städte: Charkiv (1,4 Mio.), Dnipropetrovs'k (1,1 Mio.), Odessa (1 Mio.), Donec'k (1 Mio.), Zaporižžja (815000), L'viv (730000).

Staatsform: semi-präsidiale Republik.

Die Staatsflagge der Ukraine

Gliederung: 24 Oblaste (Gebiete), dazu die Autonome Republik Krim; die Städte Kiev und Sevastopol' werden direkt von der Zentralregierung verwaltet.

Religionen: ukrainisch-orthodox (Moskauer Patriarchat) ca. 26 %, ukrainisch-orthodox (Kiever Patriarchat) ca. 50 %, ukrainisch-orthodox (autokephal) ca. 7 %, griechisch-katholisch (uniert) ca. 8 %, jüdisch ca. 0,6 %, römisch-katholisch, protestantisch ca. 2 %, muslimisch ca. 4 %.

Lebenserwartung: Männer 62 Jahre, Frauen 74 Jahre.

Durchschnittsalter: 39,7 Jahre.

Bevölkerungsentwicklung: –0,62 % (2010).

Bruttoinlandsprodukt: ca. 6700 US-Dollar je Einwohner (2010).

Erwerbstätigkeit: Landwirtschaft 25 %, Industrie 20 %, Dienstleistungen 55 %.

Arbeitslosenrate: 2,9 % (offiziell), geschätzt 8,4 % (2010).

Wichtigste Handelspartner: Russland, Deutschland, Italien, Polen.

Währung: Hryvnja (Гривня) (UAH), 1 Hryvnja = 100 Kopeken (Копійка).

Nationalfeiertag: 24. August (1991 Unabhängigkeit von der Sowjetunion).

Telefonvorwahl: +380.

Internetkennung: ua.

Das kleine Staatswappen der Ukraine

Geschichte der Ukraine

Die Ukraine ist – von Russland mit seiner eurasischen Ausdehnung abgesehen – mit über 600 000 Quadratkilometern das größte Flächenland Europas und fast doppelt so groß wie Polen. Mit knapp 46 Millionen Einwohnern ist die Ukraine nach der Bevölkerungszahl das sechstgrößte Land auf dem Kontinent. Im Süden hat sie durch das Schwarze Meer und durch die Karpaten eine natürliche Grenze. Auch der wasserreiche Pryp'jat' mit seinen Sümpfen im Nordwesten grenzt das Land ab. Doch vom Osten, Norden und auch vom Westen her ist die Ukraine ein offenes, ebenes Land, das das Eindringen fremder Mächte von den Mongolen im 13. Jahrhundert bis zu den deutschen Truppen 1941 begünstigt hat.

Eine bedeutende Rolle spielen die Flüsse. Der größte, der Dnepr (ukr. Dnipro), zieht sich von Weißrussland kommend vom Norden nach Süden durch das Land und mündet bei Cherson ins Schwarze Meer. Der Fluss, nach Wolga und Donau drittlängster in Europa, teilt die Ukraine in eine westliche und eine östliche Hälfte. Westlich des Dnepr verlaufen die Flüsse Dnister (russ. Dnestr) und Südlicher Bug, im Nordosten ist die Desna ein weiterer Nebenfluss, der oberhalb von Kiev in den Dnepr mündet. Weiter östlich fließt der Nördliche Donec', er mündet in den Don und bildet somit eine Verbindung zum Asovschen Meer.

Die natürlichen Reichtümer der Ukraine sind groß. Zwar verfügt sie anders als Russland nur über bescheidene Öl- und Gasvorkommen, doch es gibt im Donbass immense Steinkohlelagerstätten und – weiter südlich – Eisenerz; beides bildet die Grundlage der ukrainischen Schwerindustrie. Außerdem verfügt das Land in großen Teilen über beste Schwarzerdeböden und über ein milderes Klima als Russland, so dass die Ukraine in der Vergangenheit gern als ›Kornkammer Europas‹ bezeichnet wurde. Zwar ist dieser Ruf durch die Kollektivierung der Sowjetzeit beschädigt, dennoch wird eine effizientere Landwirtschaft wieder an diese Tradition anknüpfen und tut es bereits.

Die Geschichte der Ukraine ist nicht identisch mit der Geschichte des ukrainischen Staates – der Nationalstaat ist ein äußerst junges Gebilde. Es ist vor

Ein Gott, ein Volk, eine Ukraine

Schachspieler auf der Krim

allem die Geschichte der Region Ukraine. Das Wort ›Ukrajina‹ (von u kraj) bedeutet soviel wie Grenzland, Randgebiet oder ganz einfach ›am Rande‹. In der Steppenregion nördlich des Schwarzen Meeres bildete dieses Land im Mittelalter die Grenze zwischen der sesshaften slawischen Zivilisation und der nomadischen Kultur.

Frühe Besiedlung

Die Ukraine war und ist nicht nur Lebensraum der Slawen. Weit bevor sie in die Geschichte eintraten, waren es indogermanische Steppenvölker (Kimmerier, Skythen, Sarmaten, Alanen), die in dieser Region ihre Spuren hinterließen. Nahezu jedes Kreismuseum östlich von Kiev zeigt stolz eine Kollektion von skythischen Steinfiguren, und im Donbass und im Schwarzmeerraum ragen Kurgane, Grabhügel für skythische Anführer, in den Himmel. Außerdem gründeten Griechen aus Kleinasien im Schwarzmeerraum ab dem 6. vorchristlichen Jahrhundert Tochterkolonien. Nach der Zeitenwende siedelten Goten in der Region, außerdem zogen Hunnen und Awaren durch die Steppe Richtung Westen.

Ab dem 6. nachchristlichen Jahrhundert siedelten sich Ostslawen an, allerdings vor allem im waldreichen Nordwesten des heutigen Ukraine. Die offene Steppe blieb noch lange Durchzugsgebiet verschiedener Nomadenvölker. Diese Offenheit führte dazu, dass die Ukraine Händler und Siedler unterschiedlicher Nationalität anzog, die beachtliche Diasporagruppen bildeten und die Ukraine zu einem multiethnischen Raum machten. Nach der Volkszählung von 2001 leben im Land etwa 78 Prozent Ukrainer, 17 Prozent Russen, sowie etwa je 0,5 Prozent (ca. 250 000) Krimtataren, Moldauer und Weißrussen, 0,3 Prozent Polen, etwa je 0,2 Prozent Griechen, Juden und Armenier und 33 000 Deutsche. Insgesamt leben über 100 Ethnien im Land.

Die Kiever Rus'

Die Ostslawen fanden zu einer ersten Blüte in der Zeit der Kiever Rus'. Ihr Aufstieg ist eng mit den Warägern verknüpft, skandinavischen Kaufleuten, die zwischen den 8. und 12. Jahrhundert mit ihren Schiffen nach Byzanz reisten. Ab dem 9. Jahrhundert ließen sich Waräger auch am Dnepr nieder. Einer ihrer Anführer, Rjurik, wurde zum Begründer einer Dynastie in der Kiever Rus'. Dieser Name rührt daher, dass die Waräger bei den Slawen auch Rusi oder Ruotsi hießen, was vermutlich vom Finnischen kommt, da die Finnen die Küstenbewohner aus Schweden als ›Ruderer‹ (Ruotsi) bezeichneten.

Das verkehrsgünstig gelegene Kiev entwickelte sich schnell, seine Kontakte reichten von Konstantinopel bis ins Frankenreich. Einen ersten Höhepunkt erreichte die Kiever Rus', als sie 988 unter Großfürst Volodymyr das Christentum byzantinischer Prägung annahmen. Byzanz schickte Mönche und Bischöfe nach Kiev und organisierte den Aufbau der neuen Kirche. Unter der Regentschaft von Volodymyrs Sohn Jaroslav (1036–1054) wurde Kiev ausgebaut, nach dem Vorbild der Hagia Sophia von Konstantinopel ließ er die Sophienkathedrale errichten. Bildung und Kultur waren auf hohem Niveau.

Land und Leute

Die Kiever Rus' im 10. und 11. Jahrhundert

0   250   500 km

Galizien-Wolhynien

Es gelang jedoch nicht, die Herrschaft der Kiever Rus' dauerhaft zu festigen. Der innere Halt ließ nach, und so zerfiel die Rus' nach Thronfolgestreitigkeiten in Teilfürstentümer, die unter verschiedene Einflussgebiete gerieten. Der Mongolensturm zu Beginn des 13. Jahrhunderts beschleunigte diese Entwicklung. Während die östlichen und südlichen Gebiete unter direkte Herrschaft der Mongolen gerieten und diesen tributpflichtig wurden, war die mongolische Oberherrschaft im Westen weitaus lockerer.

Zwei wichtige Fürstentümer waren Galizien und Wolhynien im Westen der Rus', die sich um 1200 vereint und zu einem neuen Machtzentrum entwickelt hatten. Die Region spielte als Handelsplatz eine große Rolle, Städte gewannen an Bedeutung, 1256 wurde L'viv gegründet, ab dem 14. Jahrhundert wurde in den Städten das Magdeburger Recht eingeführt, das zur Rechtssicherheit im Handel und im Stadtleben beitrug.

Polen-Litauen und der Einfluss Moskaus

Im 14. Jahrhundert wurde Galizien-Wolhynien unter die beiden aufstreben- den Mächte Polen und Litauen aufgeteilt. Damit geriet die Region im Westen mehr als vierhundert Jahre unter polnischen Einfluss, was zu einer besonderen Entwicklung führte, die sich nach der polnisch-litauischen Personalunion von 1385/86 noch intensivierte. So wurde die orthodoxe ostslawische Oberschicht systematisch polonisiert und konvertierte zum Katholizismus. Die unteren Schichten hingegen hielten an ihrer Sprache und Religion fest. Folge dieser Entwicklung war, dass zwischen Oberschicht und ukrainischer Bevölkerung eine Kluft wuchs, da sich der privilegierte Adel in der Tendenz eher mit der polnischen Oberschicht identifizierte.

Auch im Osten änderte sich die Lage. Während Kiev an Bedeutung verlor, begann im 15. Jahrhundert der Aufstieg des Großfürstentums Moskau zur He- gemonialmacht. Der Metropolit hatte schon um 1300 seinen Sitz nach Moskau verlegt. Und die Mongolenherrschaft hatte ihren Zenit überschritten, als ihr unter dem russischen Großfürsten Ivan III. 1480 das Ende bereitet wurde. Unter ihm begann das ideologisch-religiös motivierte Projekt vom ›Sammeln der russischen Erde‹. Militärisch richtete sich dieser Prozess zuerst gegen Litauen, das 1569 sich unter dieser Bedrohung endgültig mit Polen zum Königreich Polen-Litau- en vereinigte. Doch auch Černihiv fiel bereits Anfang des 16. Jahrhunderts an Moskau. Ivans Enkel Ivan IV., der Schreckliche (russ. Ivan Groznyj), übernahm dann von Byzanz sowohl Kaisertitel als auch das Herrschaftssymbol des Dop- peladlers. In seinem Herrschaftsbereich hatte eine eigenständige Ukraine von Anfang an keinen Platz.

Die Bernhardinerkirche in Lemberg

Die Kosaken

Da im 16. Jahrhundert die Rechte der Bauern in Polen-Litauen immer stärker eingeschränkt wurden, flüchteten immer mehr in die südöstlichen Steppen- und Grenzgebiete am Unterlauf des Dnepr, wo sie sich mit dort lebenden Tataren zu unabhängigen Verbänden zusammenschlossen – den Kosaken. Ursprünglich lebten die Kosaken vom Fischfang, von der Jagd und gingen auf Raubzüge. Sie waren keine politischen Akteure. Doch durch den immensen Zulauf und durch ihre militärische Schlagkraft wurden sie für Polen-Litauen zum ernstzunehmenden Nachbarn. Einerseits waren sie zwar steter Unruheherd, andererseits willkommene Verbündete und Grenzhüter. In der zweiten Hälfte des 16. Jahrhunderts versuchte Polen-Litauen, die Kosaken stärker unter Kontrolle zu bringen. Man nahm eine beschränkte Zahl in Dienst, trug diese in Register ein und zahlte ihnen Sold. Diese ›Registerkosaken‹ unterschieden sich in der Folge von den zahlreichen freien Kosaken.

Im 17. Jahrhundert griff Polen-Litauen weiter nach Süden in angestammtes Kosakengebiet aus, errichtete Festungen, nahm weitere Kosaken in die Register auf und gewährte zahlreiche Privilegien, die sonst nur dem Adel zustanden. Dennoch konnte Polen die Kosaken nicht dauerhaft befrieden. Es kam zu Unruhen, als die polnische Krone Privilegien wieder aberkannte. 1637/38 entflammte eine erste große Kosakenerhebung, die blutig niedergeschlagen wurde.

1648 brach unter Führung von Hetman Bohdan Chmel'nyc'kyj ein großer Kosakenaufstand aus, dem sich bald Städte und Bauernschaft anschlossen. Chmel'nyc'kyj fügte dem polnischen Heer schwere Niederlagen zu, polnische Adlige wurden verjagt und ihre Gutsverwalter, meist Juden, getötet. 700 jüdische Gemeinden sollen dabei vernichtet worden sein, die Zahl der Toten wird auf mindestens 10 000 geschätzt, vermutlich waren es weitaus mehr. Der Chmel'nyc'kyj-Aufstand geriet so zum ersten Judenmassaker in Osteuropa. Diese Progrome werfen bis heute einen düsteren Schatten auf die ukrainische Geschichte.

In Folge des Aufstandes erreichten die Kosaken für ihr Hetmanat eine relative Unabhängigkeit von der polnischen Krone. Allerdings waren sie auf Dauer nicht in der Lage, sich dem polnischen Einfluss zu entziehen, und suchten daher Verbündete. Diese fanden sie in Moskau. Doch die Kosaken zahlten einen hohen Preis. Nach Verhandlungen unterzeichneten sie im Januar 1654 in Perejaslav einen Vertrag, in dem sie sich dem Moskauer Zaren unterstellten. Damit hatten sie die blutig erkämpfte Autonomie schon wieder verloren.

Denkmal für Bohdan Chmel'nyc'kyj in Kiev

Moskau einigte sich seinerseits mit Polen und teilte das Hetmanat entlang des Dnepr. Das Ostufer fiel russischem Einfluss zu, blieb aber bis 1775 als Hetmanat erhalten, das Westufer wurde dem polnischen Königreich angegliedert.

Einen letzten Versuch, dem Hetmanat seine Eigenständigkeit zurückzugeben, unternahm 1709 der Hetman Ivan Mazepa – erfolglos. Doch Mazepas Name blieb mit dem Aufblühen von Kultur und Bildung in der Ukraine verbunden. Sichtbares Zeichen war der Wiederaufstieg Kievs als religiöses und kulturelles Zentrum der Ukraine.

Katharina II.

Das 18. Jahrhundert war gekennzeichnet vom Niedergang Polens und dem Aufstieg Russlands zur europäischen Großmacht. Unter Katharina II. schritt die ›Sammlung russischer Erde‹ weit voran. 1775 gliederte Katharina das Hetmanat als Provinz in das Reich ein, sie eroberte den Schwarzmeerraum bis zur Krim, schuf das Gouvernement Neurussland, gründete zahlreiche Städte und holte Kolonisten ins Land. Überdies war Katharina Akteurin bei den Polnischen Teilungen von 1772, 1793 und 1795. Bis auf Galizien und das östliche Podolien, die an Österreich fielen, kamen die einstigen Gebiete der Kiever Rus' zum Zarenreich. Die administrative Neuordnung der Gebiete führte zu einer Reihe neuer Gouvernements, für die Kern-Ukraine setzte sich der Begriff Kleinrussland (russ. Malorossija) durch. Unter der Zarenherrschaft wurde die rechtliche und soziale Stellung der ukrainischen Bauern beschnitten, die Kosaken wurden ins Heer eingegliedert oder zogen über die Grenzen Richtung Osten.

Erwachender Nationalstolz

Das 19. Jahrhundert war geprägt vom erwachenden ukrainischen Nationalbewusstsein. Getragen wurde diese Bewegung von jungen Intellektuellen aus dem Adel, unterstützt wurde sie durch die Gründung von Universitäten in Charkiv und Kiev, durch ein entwickeltes Geistesleben mit eigener ukrainischer Literatur und durch eine Rückbesinnung auf die ukrainischen Wurzeln. Taras Ševčenko (1814–1861), Sohn ukrainischer Leibeigener, wurde mit seinen Gedichten zum Nationalpoeten der Ukraine. Wegen seiner Dichtung schickte ihn der Zar in die Verbannung. Später wurde er zwar begnadigt, durfte aber die ukrainische Heimat nie wiedersehen. Sein Begräbnis, zu dem er von St. Petersburg in die Ukraine überführt wurde, geriet zu einer Demonstration des ukrainischen Nationalstolzes.

Nach einer kurzen liberalen Phase verbot Zar Alexander II. aus Angst vor Separatismus 1876 die ukrainische Schriftsprache, Theater und Literatur. Impulse kamen für die Ukrainer in jener Zeit von ihren Landsleuten unter österreichischer Herrschaft. Die Ukrainer im Habsburger Reich erhielten politische Gleichberechtigung, konnten ihre Sprache pflegen und standen stärker unter dem Einfluss liberaler Gedanken. 1890 gründeten die Schriftsteller Ivan Franko und Mychajlo Pavlyk die erste ukrainische politische Partei, die für sozialistische Ziele eintrat.

*Der Schriftsteller Ivan Franko engagierte
sich politisch für eine eigenständige Ukraine*

Zu Beginn des 20. Jahrhunderts war die ukrainische Bewegung zu einem Massenphänomen geworden. Das alles, aber insbesondere die Publizistik strahlte auch in die russische Ukraine aus.

Die zweite Hälfte des 19. Jahrhunderts war dort von einer verstärkten Industrialisierung geprägt, während Galizien eher in der allgemeinen Entwicklung zurückblieb. Der Donbass wurde zum Zentrum von Bergbau und Schwerindustrie, die rechtsufrige Ukraine zum Zentrum der Lebensmittelindustrie. Im Donbass profitierten russische und ausländische Unternehmer, in der Lebensmittelindustrie waren polnische Grundbesitzer und jüdische Industrielle maßgebend. An der Mehrheit der Ukrainer ging die rasante Entwicklung vorbei.

Oktoberrevolution und Bürgerkrieg

In der Folge des Ersten Weltkrieges brachen Österreich-Ungarn und das Zarenreich zusammen. In diesem Machtvakuum suchte die ukrainische Nationalbewegung ihre Chance. Eine Woche nach der Februarrevolution 1917 trafen Vertreter unterschiedlicher gesellschaftlicher Gruppen in Kiev zusammen und gründeten die Ukrainische Zentralrada (Central'na Rada), eine Art provisorisches Parlament. Die Rada wählte den Historiker Mychajlo Hruševs'kyj zu ihrem Präsidenten und rief die Ukrainische Volksrepublik (Ukrajins'ka Narodna Respublika, UNR) aus – zuerst noch innerhalb des Russischen Reiches. Doch am 12. (25.) Januar 1918 erklärte sie die Unabhängigkeit: Ihre Hoheitszeichen waren – erstmals in der ukrainischen Geschichte – die blaugelbe Flagge und als Wappen der Tryzub (Dreizahn). Allerdings war die Macht dieser Republik beschränkt. Nur mit Hilfe deutscher Truppen konnte sie ein Angriff der Bolschewiki abwehren, die in Charkiv eine sowjetische Gegenregierung ausgerufen hatten. Als Gegenleistung für die Militärhilfe forderten die Deutschen Getreidelieferungen, außerdem

Relief aus der Sowjetzeit in Žytomyr

setzten sie Pavlo Skoropads'kyj, einen General und Großgrundbesitzer aus altem Kosakengeschlecht, als Hetman und Regierungschef ein. Skoropads'kyj gelang es nicht, die Ukraine zu stabilisieren. Mit dem Abzug der deutschen Truppen Ende 1918 musste er fliehen, die Macht übernahmen in Kiev Männer der Ukrainischen Volksrepublik unter der Führung von Symon Petljura.

Im österreichischen Teil der Ukraine hatte sich inzwischen die Westukrainische Volksrepublik gegründet. Am 22. Januar 1919 schlossen sich diese beiden Republiken zusammen, womit sich ein langgehegter Wunsch der ukrainischen Nationalbewegung erfüllte: Die Ukraine war geeint – ihr Staat war aber ohne Macht und ihr Land ohne Frieden. Im Gegenteil, 1919 wurde die Ukraine blutige und chaotische Hauptbühne des

Das kleine Staatswappen in den Karpaten

Bürgerkrieges, auf der Rote Armee, Weißgardisten, französische Expeditionstruppen, polnische Truppen und aufständische Bauern agierten. Als im Juni 1919 die Rote Armee endgültig in Kiev einzog, war die ukrainische Staatsgründung gescheitert, der Krieg aber noch lange nicht vorbei. Eines seiner größten Opfer waren die Juden. Bei den von Russen, Polen und Ukrainern angezettelten Pogromen verloren mindesten 30 000 Juden ihr Leben.

Nach dem für die Bolschewiki verheerend ausgegangenen polnisch-sowjetischen Krieg und mit dem Frieden von Riga vom 18. März 1921 wurde die neue Grenze zwischen Polen und Sowjetrussland festgelegt – die Ukraine war wieder geteilt. Galizien und ein Teil von Podolien kamen zu Polen, die Zentralukraine und der Osten an die Sowjetunion. Einziges Zugeständnis an das ukrainische Nationalgefühl blieb die Gründung der Ukrainischen Sowjetrepublik – mit Hammer, Sichel und Weizenähren im Wappen.

Die Sowjetukraine unter Stalin

Obwohl die Ukraine nach den Jahren des Krieges völlig ausgeblutet war, erholte sie sich relativ schnell. Eine flexible Nationalitätenpolitik und die zeitweilige Abkehr von sozialistischen Dogmen in der Wirtschaft trugen das ihre dazu bei. Ende der 1920er Jahre war es damit aber schon wieder vorbei. Das im ersten Fünfjahresplan (1929–1933) postulierte Primat der Schwerindustrie und die Zwangskollektivierung in der Landwirtschaft stürzten die Ukraine in eine schwere Krise. Die neu geschaffenen Kolchosen erwiesen sich als ineffizient und stießen bei den ukrainischen Bauern auf erbitterten Widerstand. Die Erinnerung dition des freien Bauerntums war bei ihnen weitaus lebendiger als bei schen Leidensgenossen. Die Bauern verhinderten Getreidelieferungen, en heimlich das Vieh, um es nicht abliefern zu müssen, und versteckten Maschinen und Ernte. Stalins Propagandisten sparten ihrerseits nicht mit brutaler Gewalt gegen die ›Kulaken‹, was 1931 zu einer Missernte führte.

Die Zwangsmaßnahmen wurden weiter verschärft, die Situation verschlechterte sich zusehends und führte im Folgejahr zu noch größeren Ernteausfällen. Ihre Folge war eine entsetzliche Hungersnot (ukr. Holodomor) bei der schätzungsweise sechs Millionen Menschen starben. Stalin leugnete diese von ihm angerichtete Tragödie und sprach von einem Märchen, während in den Städten und Dörfer die Menschen auf offener Straße verendeten.

Ab 1936 setzte außerdem die sogenannte ›Große Säuberung‹ ein, bei der Stalin gegen potentielle Gegner aus den eigenen Reihen vorging. Zehntausende Geistliche, Handwerker, Bauern, Lehrer, Akademiker, Juden, Intellektuelle, Schriftsteller, Offiziere und Genossen wurden verhaftet, in Lager geschickt, hingerichtet. Fast die gesamte Oberschicht wurde von Stalin ausgerottet. Millionen Menschen sind in der Sowjetunion ums Leben gekommen, in Weißrussland und der Ukraine war der Anteil der Ermordeten an der Gesamtbevölkerung noch höher als in Russland.

Zweiter Weltkrieg

So nahm es nicht wunder, dass die deutschen Truppen, als sie am 22. Juni 1941 die Sowjetunion überfielen, an vielen Orten in der Ukraine als Befreier empfangen wurden. Aber Hitler dachte nicht daran, der Ukraine eine andere Rolle zuzugestehen als die des Getreidelieferanten. Die Ukrainer waren im Rassedenken der Nazis wie alle Slawen Untermenschen. Ukrainische Einsatzgruppen und Hilfskommandos erwiesen sich bei der Ermordung von Hunderttausenden Juden als willfährige Handlanger der Nazis. Als die Deutschen 1944 abziehen

Sammelfriedhof für deutsche Soldaten in Potelyč

mussten, hinterließen sie ein vielerorts zerstörtes Land. Die neue Ukrainische Sowjetrepublik nach den Zweiten Weltkrieg war aufgrund der Bestimmungen der Potsdamer Konferenz größer: Zu ihr gehörten auch die bisher polnischen Gebiete im Westen mit L'viv als Zentrum, der nördliche Teil der Bukowina um Czernowitz (Černivci), der in der Zwischenkriegszeit zu Rumänien gehört hatte, und Transkarpatien mit Užhorod, das bis dahin zur Tschechoslowakei gehört hatte. Die Ukraine war so groß wie nie – aber noch immer gleichgeschaltet und unter Moskauer Herrschaft.

Von Stalin zu Gorbatschow

Wegen des früheren österreichischen und polnischen Einflusses galt dem misstrauischen Stalin die Westukraine noch über Jahre als Schlangennest. Schon bald nach dem Krieg kam es zu ethnischen Säuberungen, in deren Folge etwa eine Million Polen in die ehemals deutschen Gebiete im Westen Polens deportiert wurde. Gleichzeitig wurde etwa eine halbe Million Ukrainer aus Polen in die

Wohnungsbau aus sowjetischer Zeit

Westukraine umgesiedelt. Doch auch innerhalb der Sowjetunion kam es zum Bevölkerungstausch: Mehrere Hunderttausend Westukrainer wurden nach Sibirien deportiert, gleichzeitig wanderten Russen ein.

Die Westukraine kam noch lange nicht zur Ruhe. Die sowjetischen Behörden verboten die unierte Kirche, der die meisten Westukrainer angehörten, und verfolgten die Ukrainische Aufstandsarmee (UPA), die in Galizien und in den Karpaten mit Attentaten und Sabotage die Sowjetmacht bekämpfte und von den Einheimischen unterstützt wurde. Erst ab 1948 gelang es Polizei und Geheimdienst, die UPA allmählich zu schwächen.

Auch auf der Krim kam es zur Deportation: Wegen angeblicher Kollaboration mit den Deutschen wurden 1944 auch die Krimtataren nach Mittelasien verschleppt, stattdessen wurden Russen angesiedelt. Erst mit dem Tode Stalins und dem Machtwechsel zu Nikita Chruschtschow entspannte sich die Lage.

Eine liberalere Nationalitätenpolitik brachte der Ukraine größere kulturelle Spielräume, die auch dadurch unterstützt wurden, dass wieder mehr Ukrainer in die Nomenklatur aufgenommen wurden und hohe Funktionen in Kiev und Moskau innehatten.

Doch durch die Begünstigung des Russischen an Schulen und Hochschulen verlor die ukrainische Sprache immer mehr an Boden. Der Zuzug von Russen in die Industrieregionen des Ostens förderte diese Entwicklung. Insbesondere aus den Städten wurde das Ukrainische verdrängt – bis auf die Westukraine mit ihrem Zentrum L'viv.

Dort formierte sich in den 1960er Jahren eine Opposition, die vorerst vor allem für nationalkulturelle Ziele eintrat. Doch mit dem Machtwechsel auf Michail Gorbatschow wurden daraus politische Forderungen, Parteien wurden gegründet, und mit dem Machtverlust der Kommunistischen Partei wurde der Ruf nach Unabhängigkeit immer lauter. Die politisch einflussreichste Bewegung der Wendezeit war die Bewegung ›Ruch‹. Als erster Erfolg wurde Anfang 1990 Ukrainisch zur Staatssprache erklärt. Der Oberste Sowjet der Ukraine setzte sich immer stärker von der Moskauer Zentralregierung ab.

Am 21. August 1991 scheiterte ein Putsch gegen Kremlchef Michail Gorbatschow, angezettelt vom KGB-Chef und vom Verteidigungsminister. Damit war das Ende der Sowjetunion besiegelt. In den Folgetagen setzten sich alle Sowjetrepubliken von Moskau ab.

Die unabhängige Ukraine

Am 24. August 1991 erklärt der Oberste Sowjet der Ukraine die Unabhängigkeit. Bei den ersten Präsidentschaftswahlen am 1. Dezember 1991 wurde der gewendete Kommunist und damalige Parlamentspräsident Leonid Kravčuk zum Präsidenten gewählt. Die Ukraine gab sich die Staatsform einer Präsidialrepublik. Doch die politische und wirtschaftliche Entwicklung stagnierte, so dass Kravčuk bei der Wahl im Juli 1994 das Präsidentenamt an den Raketentechniker Leonid Kučma abgeben musste.

Kučma setzte auf wirtschaftliche Integration mit Russland, bemühte sich aber gleichzeitig um Einbindung in westliche Strukturen. Doch der Aufschwung blieb aus. Mit kräftiger Unterstützung des staatlichen Fernsehens wurde Kučma 1999 bei den Präsidentschaftswahlen dennoch im Amt bestätigt. Zu Beginn seiner zweiten Amtszeit machte Kučma den Chef der Nationalbank, Viktor Juščenko, zum Ministerpräsidenten. Als Bankenchef hatte Juščenko die Hryvnja als Währung eingeführt und das Finanzwesen saniert. Als Ministerpräsident fuhr er einen wirtschaftlichen Reformkurs. Erstmals seit 1991 hatte die Ukraine kräftige Wachstumszahlen.

Doch mit der Entlassung Juščenkos , ausgelöst durch ein Misstrauensvotum des Parlaments, der Verchovna Rada, begann der Niedergang Kučmas, der durch Cliquenwirtschaft und etliche politische Skandale noch beschleunigt wurde. Der größte war die Ermordung des regierungskritischen Journalisten Georgi Gongadse, in die Kučma verwickelt gewesen sein soll.

Die Orangene Revolution

Leonid Kučma trat im Herbst 2004 nicht mehr zu einer dritten Amtszeit an, sondern er versuchte durch massive Beeinflussung, seinen damaligen Ministerpräsidenten Viktor Janukovič, der auch von Russland kräftig unterstützt wurde, ins Amt zu hieven. Der Gegenkandidat der Opposition war Ex-Premier Viktor Juščenko. Im Wahlkampf wurde auf Juščenko ein Giftanschlag verübt, der ihn fast das Leben gekostet hätte. Seine Gesundheit ist seitdem angeschlagen und sein Gesicht dauerhaft entstellt. Die Urheber des Anschlages wurden nicht gefunden.

Im ersten Wahlgang siegte hauchdünn Viktor Juščenko. Als nach der Stichwahl Janukovič zum Sieger erklärt wurde, brach ein Sturm los. In friedlichen Massenprotesten versammelten sich Hunderttausende mit Orangenen Tüchern, der Farbe der Opposition, und warfen der Regierung Wahlfälschung vor. Wahlbeobachter der OSZE bestätigten, dass die beiden Wahlgänge nicht den internationalen Standards genügten. Am 3. Dezember 2004 annullierte das Oberste Gericht der Ukraine den zweiten Wahlgang und setzte für den 26. Dezember einen neuen an, bei dem Viktor Juščenko klar zum Präsidenten gewählt wurde. Die Orangene Revolution hatte gesiegt. Erstmals hatte die Ukraine einen Präsidenten, der sich klar gegen die hegemoniale Bevormundung Moskaus wehrte und versprach, sein Land in die EU zu führen.

»Ich schwöre, dass wir unser Leben ändern werden!« Mit diesem Versprechen trat Viktor Juščenko sein Amt am 23. Januar 2005 an. Die Ziele waren hochgesteckt, doch trotz aller Euphorie bewies auch die Wahl Juščenkos, dass die Ukraine kulturell und mental uneinheitlich blieb. Während der Osten und der Schwarzmeerraum mehrheitlich Viktor Janukovič unterstützte, fand Juščenko seine Anhänger im Westen und in der Zentralukraine. Außerdem war klar, dass Moskau Juščenkos Kurs hintertreiben würde.

Ehemalige ukrainische Präsidenten als Souvenir, von links: Juščenko, Kučma, Kravčuk und Hruševs'kyj

Anti-NATO Demonstration in Odessa

Viktor Juščenko ernannte bald nach Amtsantritt seine politische Weggefährtin Julija Tymošenko zur Premierministerin. Tymošenko ist eine erfahrene Unternehmerin, allerdings steht sie in dem Ruf, bei den Privatisierungen im Energiebereich in den 1990er Jahren selbst kräftig profitiert zu haben. So sehr, dass sie wegen Steuerhinterziehung, Gasschmuggel und Urkundenfälschung Anfang 2001 bereits in Untersuchungshaft saß. Zu einer Anklage führte das jedoch nicht. Statt dessen avancierte Tymošenko durch die kurze Zeit ihrer Haft bei ihren Anhängern zur Märtyrerin. Viel mehr als dem oft zögerlichen Juščenko flogen ihr bei den Demonstrationen in Kiev die Herzen zu. So war es für Juščenko konsequent, die charismatische Tymošenko in die neue Regierung einzubinden.

Die ›Jeanne d'Arc der Revolution‹ kehrte mit eisernem Besen. Die von ihr geleitete Regierung entließ 18 000 Staatsbedienstete, löste alle Sonderwirtschaftszonen auf und versprach, die dubiose Privatisierung von 3000 ehemaligen Staatsbetrieben, die unter Kučma an dessen Günstlinge verscherbelt worden waren, rückgängig zu machen. Eine zweischneidige Aufgabe: Diese Re-Verstaatlichung war eine Hauptforderung der Revolution gewesen, doch die praktische Folge war, dass die Investitionen versiegten. Durch kräftige Lohnerhöhungen stieg außerdem die Inflation. Mit administrativen Eingriffen versuchte die Regierung gegenzusteuern und die Preise zu begrenzen, was wiederum zu Mangel in Geschäften und Tankstellen führte.

Das erinnerte viele Ukrainer an das Ende der Sowjetunion. Die Wirtschaft brach ein, und das Traumpaar Juščenko/Tymošenko war bald heftig zerstritten. Im September 2005 entließ der Präsident daher die Regierung und er ließ seinen neuen Ministerpräsidenten mit Stimmen der Partei seines Widersachers Viktor Janukovič ins Amt wählen.

Während sich Julija Tymošenko danach bald als schärfste Kritikerin des Präsidenten profilierte, konnte Juščenko im Oktober 2005 die erste große Frucht der Reprivatisierung ernten: Der größte ukrainische Stahlhersteller ›Kryvoriz-Stahl‹ wurde für mehr als vier Milliarden Euro an einen indischen Stahlkonzern verkauft. Ursprünglich war das Unternehmen unter Präsident Kučma für einen Achtel dieses Preises an die beiden reichsten Männer der Ukraine verhökert worden, von denen einer ausgerechnet Kučmas Schwiegersohn war. Dieser Neuverkauf war ein großer Erfolg, blieb jedoch ein Einzelfall.

Die Entwicklung stagnierte, die Wirtschaft brach ein. Zudem blieb die Unterstützung des Westens halbherzig. Die Europäische Union war in ihrer Gesamtheit nicht willens, der Ukraine eine klare Perspektive für einen Beitritt zu geben. Aus Rücksicht auf Moskau hielten viele westeuropäische Regierungen die Ukraine trotz anderslautender Versprechen weiterhin auf Distanz. Viele Menschen in der Ukraine registrierten das mit Verbitterung. Sie glauben, dass etliche Politiker der EU die Ukraine nach altem geopolitischen Verständnis dem Einflussbereich Moskaus zurechneten. Als die Ukraine am 1. Mai 2005 die Visapflicht für EU-Bürger aufhob, hoffte Kiev im Gegenzug auf ein ähnliches Signal der EU. – Vergebens.

Außerdem wurde klar, wo die Achillesferse der Ukraine liegt: bei der Energieversorgung. Ein Bonmot verdeutlich die Lage – Frage: »Wohin steuert die Ukraine?« Antwort: »Im Sommer nach Westen und im Winter nach Osten!« Die ›Gaskriege‹ von 2006 und 2009, bei denen Moskau der Ukraine den Gashahn abdrehte, machten aller Welt die hohe Abhängigkeit vom russischen Gas und Öl klar. Moskau wurde nicht müde, diese Abhängigkeit als Druckmittel einzusetzen, um die Ukraine entweder gefügig zu machen oder sie zu destabilisieren. Denn anders als die Ukraine unter Juščenko hatte der Kreml einen klaren, konsequent restaurativen Kurs. An dessen Ende könnte eine Sowjetunion ohne Kommunismus stehen. Die ›Sammlung russischer Erde‹, das alte hegemoniale

Julija Tymošenko und der Gasstreit, Plakat im Winter 2009 in Kiev

Land und Leute

Moskauer Prinzip, geschieht inzwischen mit Gashähnen und Erpressung. Und der permanente innenpolitische Streit in Kiev schwächte die ukrainische Position zusätzlich. Während Juščenko und Tymošenko das Land lahmlegten, ließ Russland in der Region wieder wieder Panzer und Geschütze auffahren, wie der kurze russisch-georgische Krieg um Südossetien im August 2008 zeigte. Moskau drohte bei der Gelegenheit auch, über den Status der Krim und vor allem über den Flottenstützpunkt Sevastopol' neu zu verhandeln. Weil die Halbinsel 1954 eher zufällig der Ukraine zugeschlagen wurde, träumen patriotische Moskauer Politiker gern von der ›Heimholung‹ der Krim mit ihrer mehrheitlich russischen Bevölkerung.

Das Lavieren der EU erleichtert Russland zusätzlich die Arbeit: Die Ukraine wird von Brüssel weiter auf Distanz gehalten, die EU-Schwergewichte in Berlin, Paris und London wollen dem Land keine Perspektive geben – und das widersprüchliche ukrainische Agieren beim Gaskonflikt lieferte den Skeptikern zusätzlich Argumente. Die Rechnung wurde dem Westen am 7. Februar 2010 präsentiert, als der Wahlfälscher von 2004, Viktor Janukovič, bei der Stichwahl mit 48,8 Prozent der Stimmen zum neuen Präsidenten der Ukraine gewählt wurde. Die große Verliererin war an diesem Wahlabend Julija Tymošenko. Viktor Juščenko war bereits im ersten Wahlgang mit weniger als zehn Prozent der Stimmen ausgeschieden. Die Orangene Revolution war am Ende.

Präsident Viktor Janukovič und seine ›ukrainische Brücke‹

Am Tag, als Viktor Janukovič sein Amt antrat, holte er sich demonstrativ vom Moskauer Patriarchen Kyrill geistlichen Beistand und eben nicht vom Kiever Kirchenoberhaupt Filaret. In der Rada, dem Parlament, bekam Janukovič außerdem die Bulava überreicht, die symbolische Keule, einst Zeichen der Unabhängigkeit, die der Hetman, das Oberhaupt aller Kosaken, wie ein Zepter mit sich trug. Janukovič – freier Kosak und zugleich Moskaus Vasall? Der neue Präsident kündigte an, dass die Ukraine ein ›europäischer Staat außerhalb jedes Blockes‹ sein soll, und er versprach, den Kampf gegen die Korruption aufzunehmen. Außerdem stellte er klar, dass er den Pachtvertrag für die russische Schwarzmeerflotte in Sevastopol' über 2017 hinaus verlängern werde. Die Helden der Orangenen Revolution agierten am Tag der Amtseinführung nach langer Zeit endlich wieder geschlossen, sie blieben der Zeremonie mitsamt ihren Fraktionen fern, doch die Eintracht kam spät.

Der erste Antrittsbesuch führte Janukovič zur EU nach Brüssel, erst danach flog er nach Moskau.

Seit seiner Amtseinführung redet Viktor Janukovič viel von der Brückenfunktion seines Landes zwischen Ost und West, in der Realität wird aber vor allem der östliche, der Moskauer Brückenpfeiler ausgebaut. Im April 2010 wurde das Gas- und Flottenabkommen mit Moskau unterzeichnet: Moskau darf

Die ukrainische Flagge auf einem Felsen bei Kremenec' in der Westukraine

die Schwarzmeerflotte bis mindestens 2042 in Sevastopol' halten, die Ukraine erhält im Gegenzug zehn Jahre lang einen kräftigen Rabatt auf russisches Gas. Russische Konzerne sind in der Ukraine auf Einkaufstour, und der russische Energieriese Gazprom greift nach der ukrainischen Staatskonzern Naftogas. Der Bau des westlichen Brückenpfeilers hingegen stagniert. Die Verhandlungen über das Assoziierungs- und das Freihandelsabkommen mit der EU, die der Ukraine weitreichende Zugeständnisse machen würden, stecken seit dem Machtwechsel fest. Janukovič hatte zudem angekündigt, das marode ukrainische Gasleitungssystem gemeinsam mit der EU und Russland zu modernisieren. Doch auch bei dem Vorhaben bewegt sich nichts mehr.

Die beiden Projekte könnten sich noch aus einem anderen Grund hinziehen. Viktor Janukovič hat in den Monaten nach seinem Amtsantritt angefangen, Spitzenpositionen in Gerichten und Staatsanwaltschaften neu zu besetzen. Die Justiz überzog bald darauf mehrere Minister und hohe Beamte der Juščenko-Tymošenko-Zeit mit Anklagen, auch Julija Tymošenko selbst wurde im Dezember 2010 wegen Untreue angeklagt. Anfang 2011 war in Brüssel daher von ›politischen Verfahren‹ die Rede.

Erschwerend kommt hinzu, dass viele ukrainische Medienvertreter inzwischen wieder von Maulkörben und Drangsalierungen berichten. Viktor Janukovič wird dennoch nicht müde zu betonen, dass sein Land der EU beitreten will. Auf der einen Seite autoritäre Anwandlungen, auf der anderen das Versprechen von Demokratie - die ›ukrainische Brücke‹ wird noch lange eine Baustelle bleiben.

Wirtschaftliche Entwicklung

In den Vorstellungen vieler Ausländer mag die Ukraine immer noch als Kornkammer Europas gelten, und es ist tatsächlich so, dass immer noch ein Viertel der Ukrainer sein Auskommen in der Landwirtschaft findet. Beim Getreide- und Zuckerrübenanbau ist die Ukraine weltweit auf den vorderen Plätzen. Doch das Bild von der Ukraine als reinem Agrarland ist falsch. Schon zur Zarenzeit gab es einen großen Sektor der Lebensmittelindustrie, und der Osten des Landes war seit dem 19. Jahrhundert die Stahlküche des Russischen Reiches. Mit der Sowjetunion kam ein weiterer starker Industrialisierungsschub über das Land – insbesondere nach dem Zweiten Weltkrieg. Die Kohle- und Stahlproduktion wurde erhöht, die Energieerzeugung – auch durch die Dneprkraftwerke – verstärkt und damit die Grundlage geschaffen für Chemiewerke, Stahlverarbeitung, Werften, Fahrzeugbau und Fabriken der Luft- und Raumfahrtindustrie. Mit dieser Basis war die Ukraine eine der Rüstungsschmieden der Sowjetunion, aber auch ein Zentrum für technische Hochschulen und Universitäten.

Mit dem Ende der Sowjetunion stürzte die ukrainische Wirtschaft ins Bodenlose. Märkte brachen ebenso weg wie Zulieferer. Von einer intakten Volkswirtschaft konnte nach Jahren der Verflechtung und des Dirigismus keine Rede sein, überdies war die technische Basis veraltet. Wirtschaftliche Fehlentscheidungen kamen hinzu, und so schrumpfte die Wirtschaft auf einen Bruchteil ihrer vorherigen Größe zusammen, der Negativrekord kam 1994, als das Wirtschaftswachstum bei minus 22 Prozent lag, die Inflation setzte hingegen zu einem Höhenflug an.

Erst mit den Reformen unter dem damaligen Ministerpräsidenten Viktor Juščenko kam im Jahre 2000 die Wende. Bis zum Jahr 2007 wuchs die Wirtschaft im Durchschnitt um sieben Prozent. Privatisierung und Liberalisierung trugen erste Früchte, der ukrainische Markt lockte ausländische Investitionen, westliche Unternehmer erinnerten sich an den guten Ausbildungsstand ukrainischer Facharbeiter, die vergleichweise niedrigen Löhne taten ein übriges, mittelständische Unternehmen fassten Fuß.

Politische Instabilität, wechselnde Regierungen nach der ›Orangenen‹ Revolution 2004, selbst die Streitereien mit Russland um Öl- und Gaslieferungen – all das konnte das stabile ukrainische Wirtschaftswachstum insgesamt nicht aus dem Tritt bringen. Schließlich sind sich ostukrainische Kohle- und Stahlbarone und westukrainische Software-Unternehmer bei allen politischen Unstimmigkeiten in einem Punkt einig: Die Zukunft der ukrainische Wirtschaft liegt im europäischen Wirtschaftsraum. Mag man sich über Vor- und Nachteile eines Nato-Beitritts lange und erbittert streiten, dass die Ukraine Mitglied der EU werden sollte, ist bei Unternehmern, egal welchem Lager sie sich zugehörig fühlen, kaum umstritten. Ein Zwischenziel war dann auch am 16. Mai 2008 der Beitritt der Ukraine zur Welthandelsorganisation (WTO).

Doch der erwartete Schub in Form höherer Investitionen und eines zusätzlichen Wirtschaftswachstums kam zunächst nicht. Im Gegenteil – in der weltweiten Finanzkrise 2008/2009, zogen ausländische Investoren massiv Kapital ab, so dass die Ukraine so stark unter Druck geriet, dass der Internationale Währungsfonds (IWF) dem Land im November 2008 einen Kredit von 16,4 Mrd. US-Dollar einräumte. Der Preis für das Hauptexportgut des Landes, den Stahl, ging infolge der Krise erheblich zurück. In den Kohle- und Stahlhochburgen im Osten schlossen die Gruben, und Hochöfen erkalteten. Dazu kam der Bankensektor in Bedräng-

Land und Leute

Industriegebiet im Osten der Ukraine

Nobelhotel auf der Krim

nis, der Kapitalstrom drohte zu versiegen. Die Hryvnja verlor erheblich an Wert, die Preise stiegen. Der IWF diktierte der Ukraine bei der Kreditvergabe einen strengen Finanzplan, der vom Einfrieren der Sozialleistungen, über die Erhöhung der Energiepreise, den Subventionsabbau bis zu weiteren Privatisierungen reicht. In den kommenden Jahren soll auch das Renteneintrittsalter angehoben werden. Die Roßkur, die viele in der Ukraine schon für abgeschlossen hielten, geht weiter weiter – auch unter Präsident Janukovič. Doch der Sparkurs zeigte Wirkung: 2010 betrug das Wirtschaftswachstum schon wieder fünf Prozent, die Inflationsrate lag nur noch bei knapp zehn Prozent.

Doch trotz aller Unzulänglichkeiten – die Ukraine ist nicht mehr die marode Wirtschaft von 1992. Die Landwirtschaft hat das Potential, zu einem der weltweit führenden Agrarproduzenten zu werden. Außerdem ist die Ukraine reich an zukunftsfähigen Technologien. In Kiev werden weltweit konkurrenzfähige Transportflugzeuge entwickelt und gebaut, in Charkiv Mittelstreckenflugzeuge, in Zaporižžja Flugzeugtriebwerke und PKW, in Dnipropetrovs'k dominiert der Bau von Raketen und Satelliten, auch Software-Entwickler siedeln sich mehr und mehr in der Ukraine an. Hinzu kommt, auch nicht mehr zu unterschätzen, der Tourismus, insbesondere am Schwarzen Meer und in den Karpaten.

Die Achillesferse der Entwicklung bleibt die schlechte Infrastruktur und die Energieabhängigkeit von Russland. Doch die Infrastruktur wurde in Vorbereitung der Fußball-Europameisterschaft 2012 in Angriff genommen, und aus der Energieabhängigkeit will sich die Ukraine mit zwei interessanten Projekten lösen: Im Jahr 2008 wurde bekannt, dass die Ukraine, die in der Region Poltava etwa ein Viertel des im Land benötigten Öls fördert, vor der Ostspitze der Krim nach Öl und Gas suchen ließ und auch fündig geworden ist. Und in der Westukraine werden Schiefergas vorkommen erkundet.

Kleinrussen, Ruthenen oder Ukrainer?

Die Emotionen kochen in der Ukraine schnell hoch, wenn patriotische Russen das Erbe der Kiever Rus' für sich reklamieren und Kiev als die ›Mutter der russischen Städte‹ titulieren. Denn dann wären die ukrainische Hauptstadt wie das ukrainische Land auch heute noch mit einem gewissen Recht russisch. Die Frage ist daher auch weniger eine historische als vielmehr eine politische. In vielen Geschichtsdarstellungen wird der Ukraine kein Platz eingeräumt, die Kiever Rus' als erster russischer Staat und die ukrainische Kultur (wie die weißrussische) als landsmannschaftliche Ausprägung der russischen interpretiert. Dazu bemühen russische Historiker die These von der massenhaften Auswanderung der Kiever in Richtung Moskau nach der Mongoleninvasion. Staat und Volk seien also von Kiev nach Moskau umgezogen. Für ein ukrainisches Volk bleibt bei solchen Theorien nicht viel Platz. Doch für einen großangelegten Exodus im 13. Jahrhundert gibt es keine Belege.

Die Deutungshoheit blieb trotzdem bei Moskau. Als die Kosaken unter Hetman Bohdan Chmel'nyc'kyj 1654 in Perejaslav einen Vertrag mit dem Zaren unterzeichneten, war es für die Moskauer klar, dass sich beide Seiten nicht auf Augenhöhe begegneten, sondern die Kosaken sich mit der Rolle neuer Untertanen im größer gewordenen Reich begnügen mussten.

Volksfest in Užhorod

Auch die sowjetische Geschichtsschreibung interpretierte diesen Vertrag als langersehnte Vereinigung zweier Brudervölker – unter Moskauer Führung. Denn die Russen galten wegen ihrer überlegenen kulturellen und politischen Kraft als ›älterer Bruder‹. Und auch Literaturnobelpreisträger Alexander Solschenizyn forderte nach dem Zerfall der Sowjetunion eine allrussländische Föderation mit Russland, Weißrussland und der Ukraine – natürlich unter Führung Moskaus. Diese Geschichtsschreibung belastet das russischukrainische Verhältnis bis in die Gegenwart. Es fällt vielen Russen schwer anzuerkennen, dass die Ukraine heute ein eigenständiger souveräner Staat ist, mit dem man sich nicht nur die politische Bühne teilen muss, sondern auch die gemeinsame Geschichte.

Auch die Ukraine ihrerseits hat den Konflikt aufgeheizt. In der Unabhängigkeitserklärung von August 1991 beruft sie sich auf die tausendjährige ukrainische Tradition. Doch auch das ist Mythos. Dem jungen ukrainischen Staat geht es um Identität, Nationalgefühl und Begründung in der Geschichte.

Wem ›gehört‹ die Kiever Rus'? Ihr Gebiet erstreckte sich von Novgorod im Norden, das heute russisch ist, über Polock, das heute weißrussisch ist, bis nach Kiev, wo bis ins 13. Jahrhundert das politische Zentrum war. Klar ist, dass die Rus' sich aus verschiedenen ostslawischen Stämmen zusammensetzte, die wiederum die Vorfahren aller drei ostslawischen Völker sind. Klar ist auch, dass nach dem Tatarensturm und nach dem Großfürstentum Litauen das Russische Reich mit Moskau als Hauptstadt zur europäischen Großmacht aufstieg und so als ›natürlicher‹ Erbe der Kiever Rus' auftritt. Dynastisch, politisch und kirchlich mag das stimmen, doch ein Alleinerbe lässt sich daraus nicht ableiten. Die Ukraine hat ihren Anteil an der Rus', zum einen was das Territorium, zum anderen was die Bevölkerung im südlichen Gebiet der Rus' betrifft. Doch die Kiever Rus' war weder ein russischer noch ein ukrainischer Staat, sondern ein ostslawischer, seine Bewohner waren Ostslawen, die sich voneinander unterschieden und die Vorfahren aller drei heutigen ostslawischen Nationen bilden.

Die Begriffe ›Ukraine‹ für eine klar definierte Region und ›Ukrainer‹ als klar definiertes Volk traten viel später in die Geschichte ein. Bis ins 17. Jahrhundert bezeichneten sich die Ostslawen als Rus', was die Polen latinisiert als Rutheni wiedergaben. Demzufolge wurden im Habsburger Reich die Ukrainer als Ruthenen bezeichnet. Im Osten hingegen wurde das 1654 ans Russische Reich angeschlossene Hetmanat als Kleinrussland bezeichnet, was mit der entstehenden Nationalbewegung im 19. Jahrhundert von vielen Ukrainern als herabsetzend empfunden wurde. Bis ins 20. Jahrhundert wurden die Begriffe Kleinrussen, Ukrainer und Ruthenen nebeneinander verwendet, was bis heute zu Verwirrung führt. Inzwischen hat sich die Bezeichnung Ukrainer durchgesetzt.

Hochzeitsgesellschaft vor dem Stadtgründerdenkmal in Kiev

Kleine Kirchenkunde

Wer in die Ukraine reist, wird über die vielen neuen Kirchen staunen. In nahezu allen Städten werden Kirchen wiederaufgebaut, die unter Stalin in den 1930er Jahren in atheistischer Raserei gesprengt wurden. Oft genug werden Kirchen aber auch völlig neu errichtet. Das Land ist von einer Religiosität erfasst, die nicht nur alte Frauen, sondern auch junge Mädchen, Männer, Geschäftsleute und sogar Politiker in die Gotteshäuser treibt. Es ist eine Wiederbesinnung auf Werte und Traditionen, die die Kommunistische Partei wiederholt für tot erklärt hatte. Doch die Rückkehr des Glaubens ist konfliktreich.

Die Spannungen liegen in der Geschichte begründet, denn das Land ist konfessionell gespalten, allerdings nicht wie in Deutschland zwischen katholischer Kirche und Protestantismus, sondern zwischen katholischer Kirche im Westen und orthodoxer Kirche im Osten. Zudem gibt es zwischen den Gegenpolen Rom und Byzanz noch eine Mischform, die griechisch-katholische Kirche, auch unierte Kirche genannt. Bei dieser Form ist der Ritus dem der orthodoxen Kirche nahezu gleich, rechtlich ist sie aber dem Papst in Rom unterstellt.

Die unierte Kirche

Die Ausbildung einer unierten Kirche war der Versuch, die Kluft, die das sogenannte Morgenländische Schisma von 1054 geschaffen hatte, zu überwinden. Damals exkommunizierten sich die beiden Oberhäupter von West- und Ostkirche gegenseitig – die katholische Kirche mit dem Papst in Rom und die byzantinische Kirche mit dem Patriarchen in Konstantinopel hatten sich als Folge einer langen Vorgeschichte überworfen.

Amtseinführung eines unierten Bischofs in Ivano-Frankivs'k

Das geistliche Zentrum der unierten Kirche: die Georgskathedrale in L'viv

Es gab immer wieder Versuche, diese Spaltung zu überwinden, allerdings ohne Erfolg. Auch das katholische Polen war daran interessiert, seine ukrainischen Untertanen, die orthodox waren, stärker an sich zu binden. Es gab mehrere Anläufe, eine kirchliche Union zu etablieren, Ende des 16. Jahrhunderts erreichte die polnische Krone dann ihr Ziel: Nach Geheimverhandlungen unterzeichneten sechs orthodoxe Bischöfe 1594 einen Unionsvertrag mit Rom. Die griechisch-katholische (unierte) Kirche war gegründet. Für die anderen Orthodoxen waren diese sechs schlicht Verräter.

›Echten‹ Orthodoxen gilt diese Kirche bis heute als verlängerter Arm des Vatikans. Doch auch auf katholischer Seite stießen die Unierten auf Vorbehalte. In den Landesteilen, die nach den Polnischen Teilungen zu Russland kamen, verbot Katharina II. die unierte Kirche umgehend. In den Gebieten, die unter Habsburger Herrschaft gerieten, behaupteten sich die Unierten und versuchten im Zuge der ukrainischen Nationalbewegung im 19. Jahrhundert, sich als ukrainische Nationalkirche zu positionieren. Während des Zweiten Weltkrieges gab es enge Verbindungen zu nationalistischen Organisationen. 1946 wurde die Kirche unter dem Vorwurf der Kollaboration aufgelöst, viele Priester wanderten aus, sehr viele wurden inhaftiert. Die unierte Kirche existierte im Untergrund fort. In der Perestroika wurde sie wieder legalisiert und erlebt vor allem in der Westukraine einen starken Zulauf. 1993 gab es bereits wieder fünf Millionen Gläubige und über 1000 Priester.

Ihr derzeitiges Oberhaupt, der Großerzbischof Kardinal Ljubomyr Huzar, residierte bis 2005 in L'viv. Huzar unterstützte 2004 die Orangene Revolution. Im Sommer darauf fuhr er die politische Ernte ein: Huzar verlagerte den Verwaltungssitz von L'viv nach Kiev – ein Affront für alle Orthodoxen. Der Hinweis, dass das geistliche Zentrum weiterhin die Georgskathedrale in L'viv bleiben werde, beschwichtigte nicht.

L'viv ist auch das Zentrum der römisch-katholischen Kirche, der vor allem Polen und Polnischstämmige angehören. Das Verhältnis zwischen den Römisch-Katholischen und Unierten ist auch heute nicht ungetrübt, denn viele Römisch-Katholische halten die Unierten für keine ›richtigen‹ Katholiken.

Die orthodoxe Kirche

So einig wie in der Ablehnung der unierten Kirche sind sich die Orthodoxen in der Ukraine ansonsten keinesfalls: Als ›alteingesessene‹ Kirche gilt die ukrainisch-orthodoxe Kirche (UOK, bis 1990 russisch-orthodoxe Kirche), die dem Patriarchen in Moskau unterstellt ist und deren Oberhaupt, der Metropolit in Kiev, für die gesamte Ukraine zuständig ist. Er residiert im Kiever Höhlenkloster. Doch mit dem Erstarken des ukrainischen Nationalbewusstseins wurden schon seit langem Forderungen nach einer eigenen, von Moskau unabhängigen orthodoxen Kirche (als Gegensatz zu den Unierten) mit Gottesdiensten in ukrainischer Sprache und einem eigenen Oberhaupt (eine sogenannte autokephale Kirche) laut. Unter dem Zaren blieb das ein Traum, als er abdankte, sahen die ›Autokephalen‹ aber ihre Chance gekommen: Am 9. Mai 1919 konnte in der Garnisonskirche in Kiev die erste ukrainische Liturgie gefeiert werden. Die Autokephalen machten sich die von der Bolschewiki betriebene Trennung zwischen Staat und Kirche zunutze, ließen sich behördlich registrieren und Kirchen zuweisen. Im September 1921 wurde der Oberpriester Lipkovskyj zum Oberhaupt der ukrainischen autokephalen orthodoxen Kirche (UAOK) geweiht.

Die neue Freiheit währte nicht lange. Unter Lenins Diktum ›Je mehr reaktionäre Geistliche wir erschießen können, desto besser‹ brach für alle Kirchen in den 1920er Jahren eine Welle des Terrors los. Viele Kirchen wurden enteignet, umgewidmet oder gleich gesprengt. Unter der Verfolgung der Priester und Gläubigen hatte die UAOK besonders zu leiden. Mit der Besetzung durch die Deutschen erhielt die autokephale Kirche im Zweiten Weltkrieg zwar wieder Auftrieb, doch mit dem Rückzug der Wehrmacht wanderte die Hierarchie über Deutschland in die USA und nach Kanada aus. Erst nach der Erlangung der Unabhängigkeit kam es zu einem Wiederaufleben der UAOK.

Doch diese Spaltung blieb nicht die einzige unter den Orthodoxen. Nach der Souveränität 1991 entstand auf Betreiben des Metropoliten Filaret ein zweiter, von Moskau abtrünniger Ableger: Die ukrainisch-orthodoxe Kirche/Patriarchat

Orthodoxer Mönch mit Helfern bei der Heuernte

Kiev. Filaret war lange Zeit der Kiever Metropolit der ukrainisch-orthodoxen Kirche, näherte sich aber nach der Unabhängigkeit den Autokephalen an und trat 1992 über. Umgehend wurde er vom Moskauer Patriarchen aller Ämter enthoben. Doch Filaret wurde auch von der autokephalen Kirche wieder vor die Tür gesetzt, weil seine Zusammenarbeit mit dem sowjetischen Geheimdienst KGB ans Licht gekommen war. Kurzerhand sagte Filaret sich mit der ukrainischen autokephalen Kirche/Kiever Patriarchat von Moskau los und hatte nebenbei auch noch eine Rivalin für die anderen Autokephalen geschaffen.

Beide autokephalen Kirchen kämpfen gegen die ›Moskautreuen‹, und wenn sie sich nicht mit Moskau befehden, bekämpfen sie sich auch gegenseitig. Der Kampf gegen die ›moskautreue‹ Kirche mit ihrem Metropoliten in Kiev und dem Patriarchen in der russischen Hauptstadt wird meist hinter den Kulissen geführt. Hinzu kommt, dass sich die beiden autokephalen Kirchen oft in ihren Interessen mit nationalistischen Gruppen verbinden, während den Moskautreuen eine besondere Verbindung zum Kreml nachgesagt wird. Außerdem haben auch die ukrainischen Präsidenten ihre Präferenzen: So hat der erste Präsident Kravčuk stets Filaret die Treue gehalten, während sein Nachfolger Kučma die moskautreue Kirche unterstützte.

Tiefpunkt der Auseinandersetzung war das Begräbnis des Patriarchen Volodymyr im Juli 1995. Seine Anhänger mit Ex-Präsident Kravčuk an der Spitze wollten den Leichnam in der Sophienkathedrale beisetzen, obwohl mit den Kiever Behörden ein Begräbnis auf einem Friedhof vereinbart worden war. Nach Ausschreitungen zwischen Polizei, Moskautreuen und Zivilisten wurde der Tote schließlich unter dem Fußweg vor den Toren der Kathedrale begraben, über 50 Verletzte kamen ins Krankenhaus.

Auch Ex-Präsident Juščenko ist ein ›Autokephaler‹, er hat aber ebenso das Vertrauen der Unierten. Sein Nachfolger Viktor Janukovič hält wieder dem Moskauer Patriarchen Kyrill die Treue. Kyrill empfing Janukovič im Februar 2010 am Tag seiner Amtseinführung im Kiever Höhlenkloster und gab ihm seinen Segen. Von einem Religionsfrieden ist die Ukraine weit entfernt. An Filaret, inzwischen selbst wieder Patriarch, werden sich weiterhin die Geister scheiden. Für die einen bleibt er ein KGB-Zuträger, für die anderen ist er eine Lichtgestalt der ukrainischen Nationalkirche.

Matrjoschka und Pysanky – Volkskunst

Auch wer noch nie in der Ukraine war, kennt mindestens eine klassische Vertreterin der ukrainischen Volkskunst – die Matrjoschka, jene kleine bemalte Holzpuppe, die in ihrem Bauch eine weitere Puppe versteckt, in deren Bauch wiederum eine noch kleinere steckt – fünf Puppen und mehr sind keine Seltenheit – und die als fröhliches Sinnbilder für Fruchtbarkeit und Mütterlichkeit gelten. Bei der Bekanntheit dieses typisch russisch-ukrainischen Souvenirs überrascht es, dass die Idee für die Matrjoschka als Spielzeug erst im späten 19. Jahrhundert aus Japan ins Zarenreich kam. Heute sind sie nicht mehr wegzudenken. Es gibt sie in der klassischen Form lackglänzend als freudestrahlendes Mütterchen mit

Souvenirmarkt am Andreashang in Kiev

Kopftuch, roten Bäckchen und blumenbemalter Schürze mit vielen Töchterchen. Seit langem gibt es aber auch satirische Kollektionen mit tiefer politischer Symbolik: In der grimmigen Lenin-Puppe steckt ein gruseliger Stalin, in ihm ein Chruschtschow, ein Breschnew bis hin zu Dmitri Medwedjew. Halb augenzwinkernd, halb erschreckt wird mit den Puppen auf eine Kontinuität hingewiesen, die nicht mehr vieler Worte bedarf. In der Ukraine verhält es sich genauso, mit dem Unterschied, dass die ukrainischen Machthaber seit 1991 nicht diese Bekanntheit haben wie ihre russischen Kollegen.

Ebenfalls sehr verbreitet sind bemalte Eier – sogenannte Pysanky –, und das nicht nur zur Osterzeit. Die Eier als Symbol für Fruchtbarkeit und Auferstehung sind mit Ornamenten bemalt, oft aber auch mit Heiligen oder der Gottesmutter mit Kind. Mit traditionellen Mustern bemalt werden auch gern Teller, Löffel und andere Haushaltsgegenstände, die beliebte Souvenirs sind.

Eine besondere Geschichte haben die äußerst filigran bemalten Dosen und Schatullen, die es in vielen Souvenirgeschäften zu kaufen gibt. Diese mit Miniaturen bemalten Kästchen gehen auf die Malschule des Dorfes Palech nordöstlich Moskaus zurück, wo seit dem Mittelalter die Kunst der Miniaturlackierung tradiert wurde. Religiöse Motive wechseln sich mit Märchendarstellungen ab. Solche ›Palech-Dosen‹ sind Unikate und damit teure, aber wertvolle Mitbringsel, doch es gibt auch einfachere ukrainische Dosen aus gedrechseltem Holz, auf die Ornamente und Szenen geschnitzt sind. Manchem Meister kann man auf der Straße oder auf Märkten bei der Arbeit zusehen und die Fertigkeit und der Humor, mit denen die Szenen auf die bauchigen Dosen geschnitzt werden, stehen der Kunstfertigkeit der Miniaturmaler in nichts nach.

Doch auch die textile Volkskunst hat es in der Ukraine zur Meisterschaft gebracht. Insbesondere bestickte Tücher, Bänder, Blusen und Hemden zeugen von der Kunstfertigkeit der Ukrainerinnen, die traditionell mit Weben, Nähen und Sticken betraut sind. Auf den Festtagen waren früher die bunten Trachten nicht wegzudenken, auch viele Ikonen wurden mit bestickten Tüchern sorgsam umhüllt. Vieles von den Bräuchen ist zwar in der Sowjetzeit in Vergessenheit geraten, doch mit der Unabhängigkeit und mit der einhergehenden Rückbesinnung auf ukrainische Geschichte und Traditionen leben auch wieder die alten Techniken auf und werden weitergegeben.

Musik in der Ukraine

Ruslana? Wer ist Ruslana? Die Überraschung war groß, als die damals 29jährige Ruslana Lyžyčko aus L'viv mit einer Mischung aus Pop und Ethno-Sound aus den Karpaten den Eurovision Song Contest 2004 in Istanbul gewann. Die Ukraine und ihre Musik waren mit einem Schlag auf der europäischen Bühne angekommen, und Ruslana war ihre Heldin.

Die erste Musikschule besuchte sie bereits im Alter von vier Jahren, das Konservatorium ihrer Heimatstadt L'viv beendete sie mit Abschlüssen als Pianistin und Orchesterdirigentin. 1998 gelang ihr national, sechs Jahre später international der Durchbruch. Doch 2005 gab Ruslana überraschend bekannt, dass sie ihren Musikstil ändern wolle und sich von nun an stärker im Wohltätigkeitsbereich engagieren wolle, unter anderem als Unicef-Botschafterin, bei der Tschernobylhilfe und im Kampf gegen Menschenhandel. Musik macht sie aber weiterhin, im Oktober 2008 kam ihr neues Album ›Wild Energy‹ auf den Markt (www.ruslana.ua).

Ruslana ist nicht das einzige Talent, das die Ukraine hervorgebracht hat, sie ist auch nicht das einzige, das in L'viv großgeworden ist. Mit der Gruppe ›Okean El'zy‹ sind fünf Absolventen verschiedener L'viver Hochschulen berühmt geworden. Einige Studenten – die meisten kannten sich seit ihrer Schulzeit – gründeten Anfang der 1990er Jahre ihre erste Band, den ›Klan Tišiny‹ (ukr. Klan Tyši). Die Truppe um Pavlo Hudimov, Denis Glinin und Juryj Chustočka machte Musik von Artrock bis Punk und trat vor allem im Kulturhaus von L'viv auf. Doch der ›Klan Tišiny‹ wäre sicher längst wieder vergessen, wäre nicht Asja, eine Bekannte der Jungs, 1994 nach Deutschland ausgewandert.

Auf ihrem Abschiedsabend trafen die Bandmitglieder auf Slava Vakarčuk, den Sohn des Rektors der L'viver Universität. Dieser Abend wurde das inoffizielle Gründungsdatum von ›Okean El'zy‹. Denn Vakarčuk setzte sich an ein völlig verstimmtes Klavier, die anderen hängten sich ihre Gitarren um und spielten zusammen. Und der Funke sprang über. Vakarčuk stieg als Sänger ein, Gudimov spielte Gitarre, Chustočka Baßgitarre und Glinin das Schlagzeug. Kurz darauf kam Dima Šurov am Klavier hinzu, und aus ›Klan Tišiny‹ wurde ›Okean El'zy‹ (Elsas Ozean), bei dem Vakarčuks Katze Elsa als Namensgeberin fungierte. Es gab bald Auftritte in Polen, Frankreich und auch Deutschland, 1998 kam das erste Album (›Tam, de nas nema‹ – Da, wo wir nicht sind) heraus. Dann ging es steil nach oben. Geholfen hat die Präsenz im russischen Ableger von MTV und der Soundtrack des bei Jugendlichen sehr populären Films ›Brat 2‹ (Bruder 2) im Jahr 2000. Trotz des Erfolgs in Russland ist ›Okean El'zy‹ der ukrainischen Sprache treu geblieben

Längst sind sie von L'viv nach Kiev gezogen, längst gehören sie zu den Superstars in der Ukraine, längst auch mit den üblichen Skandalen und Streitereien. Alle Rekorde brachen, als im September 2005 ihr Album ›Gloria‹ innerhalb von sechs Stunden 100 000 Mal verkauft wurde. Das hieß Platin – doch da war der Großteil der alten Truppe schon nicht mehr dabei. Dass Vakarčuk als Texter, Komponist und Sänger die prägende Person geworden war, gefiel nicht allen. Als Vorletzter ist im Frühjahr 2005 Gitarrist Pavlo Gudimov gegangen. Seitdem ist nur noch Schlagzeuger Denis Glinin von der ursprünglichen Besetzung dabei. Das letzte Album in alter Besetzung ist damit die sehr erfolgreiche CD ›Supersimetrija‹ von 2003. Slava Vakarčuk ist seitdem unangefochten die Nummer eins, mit seinem Gesang bleibt er das Markenzeichen.

Da sich mit solchen Idolen auch gern Politiker schmücken, schaffte es der damalige Präsident Viktor Juščenko, Vakarčuk für sich einzuspannen. Dieser erhielt dafür im August 2005 die Auszeichnung ›Verdienter Künstler der Ukraine‹ und ließ sich später sogar als Abgeordneter der Juščenko-Partei ›Unsere Ukraine‹ in die Verchovna Rada wählen, doch enttäuscht verließ Vakarčuk im Herbst 2008 das Parlament wieder. Bald darauf erschien sein erstes Solo-Album, 2010 gab es wieder ein neues, das siebte Okean-Elzy-Album: ›Dolce Vita‹. Vakarčuk sagte einmal: »Unser Ziel war es zu zeigen, dass wir mit ukrainischen Mitteln westliche Resultate erzielen.« Das hat er inzwischen in jeder Hinsicht erreicht (www.okeanelzy.com).

Ein Selfmademan ist Andrej Danilko, der 1973 als Sohn eines Kraftfahrers in Poltava geboren wurde. Doch als Sänger und Schauspieler Andrej Danilko kennen ihn wenige, als durchgeknallte Verka Serdjučka, die mit aufgedonnerter Frisur, riesiger Brille und schweren Klunkern durch die Welt zieht, kennen ihn alle. Ihr rasantes Trinklied ›Chorošo‹ (Alles wird gut) ist seit 2003 ein Hit, den von Kaliningrad bis Vladivostok jeder kennt. Als Serdjučka beim Eurovision Song Contest 2007 in Helsinki mit dem völig sinnfreien Titel ›Dancing Lasha Tumbai‹ für die Ukraine auftrat, holte sie den zweiten Platz. Westliche Beobachter waren völlig überrascht, die Zuschauer irritiert: War das die ukrainische Drag Queen? War das Trash? Ist das etwa ukrainischer Humor? Und ukrainische Traditionalisten schämten sich für diesen ›unwürdigen‹ Beitrag. Auch in Russland kamen Zweifel auf: Sang ihre geliebte Verka im Lied etwa ›Russia goodbye‹, wie patrotische Ohren zu hören glaubten? Verka Serdjučka jedenfalls wurde vorerst nicht mehr ins russische Fernsehen eingeladen. Es half nicht, dass sie beteuerte, sie habe doch nur ›Lahsa tumbai‹ gesungen und das sei mongolisch und bedeute ›geschlagene Butter‹.

Dreimal hatte sich Danilko für die Musikschule von Poltava beworben, dreimal wurde er abgelehnt. Er lernte Verkäufer, hielt es aber nach der Lehre nur zwei Tage in einem Lebensmittelgeschäft aus. Als er dann doch zur Aufnahmeprüfung in die Theaterschule von Charkiv eingeladen wurde, verpasste er den Zug. Dann trat er mit einem Freund auf und präsentierte Sketche. Der beliebteste war ›Die Verkäuferin‹, für den sie später mehrere Preise erhielten. In Poltava erzählen sie heute noch, dass Danilko als Eisenbahner verkleidet damals auch auf dem Südbahnhof Reisende veralberte.

So ein Talent blieb nicht verborgen, und der Durchbruch kam, als Danilko – genauer Verka Serdjučka – beim ukrainischen Privatsender ›1+1‹ eine Show bekam, die 1998 vom Moskauer Fernsehsender ›TV 6‹ übernommen wurde. Seitdem kennt ganz Russland dieses Weib. Hinter der exzentrischen Verka Serdjučka, die säuft, Liebeskummer hat und halb russisch, halb ukrainisch singt, ist Andrej Danilko, der inzwischen den Titel ›Verdienter Künstler der Ukraine‹ trägt und in Kiev lebt, nahezu verschwunden. Was dazu führt, dass er völlig unbeachtet das Konzert verlassen kann, während die Fans auf Verka warten. Danilko hat 2004 und 2005 auch unter seinem Namen CDs aufgenommen, in denen sich ein anderer, ernsthafterer Musiker vorstellt, doch der kann nicht an die Erfolge der

Bandura-Spieler vor der Sophienkathedrale in Kiev

Verka Serdjučka anknüpfen. Allerdings scheint auch Verka nachdenklicher geworden zu sein. Vielleicht liegt das an ihrem Alter, das sie vehement verschweigt (www.serduchka.net).

Einen ganz anderen Hintergrund haben die ›Hajdamaky‹. Karpaten-Ska nennen sie ihre Musik und sie kommen ursprünglich auch aus L'viv, leben aber ebenfalls in Kiev. Die neun Musiker, die sich nach den Haidamaken, ukrainischen Freiheitskämpfern aus dem 18. Jahrhundert, benannt haben, betonen, dass sie weder westeuropäischamerikanischen Sound kopieren und schon gar nicht sowjetischen Schlager pflegen wollen. Ihre Inspiration ziehen sie aus Musiktraditionen der Karpaten, der Bukowina und anderer ukrainischer Regionen, angereichert mit Elementen des Reggae, Ska und Punk. So machen sie seit 1991 Musik, erst unter dem Namen ›Aktus‹, ab 2001 als ›Hajdamaky‹, und sind in ihrem Genre auch international keine Unbekannten mehr. Sie touren regelmäßig durch viele europäische Länder, treten auf Festivals auf und waren 2003 erstmals beim ›Tanz & Folk-Fest‹ im thüringischen Rudolstadt zu sehen (www.haydamaky.com).

In Rudolstadt ist auch Enver Izmajlov schon aufgetreten. Kein Wunder, denn in seinem Fach ist er ein ganz großer – nicht bloß in der Ukraine, sondern weltweit. Izmajlov ist Jazzgitarrist, und wer ihn einmal gehört hat, schwärmt. Von klassisch über folkloristisch, jazzig, improvisiert bis zum Rock – alle Stile und Rhythmen vereint Izmajlov auf seiner E-Gitarre. Dabei spielt er meist mit einer speziellen Technik, Tapping genannt, bei der er mit beiden Händen die Saiten am Gitarrenhals nur noch kurz und schnell berührt und dem Instrument Töne und Sounds entlockt, die man eher bei einem Klavier, einem Cembalo oder Hackbrett vermutet, nicht aber bei einer Gitarre. Die Jury des ersten Internationalen Gitarrenwettbewerbs von Lausanne war sich 1995 schnell einig: ›An die Wand gespielt‹ habe Izmajlov die 350 Konkurrenten und daher den ersten Preis verdient.

Enver Izmajlov ist Krimtatare und lebt heute auf der Krim. Geboren wurde er 1955 allerdings in Fergana in Usbekistan, dort, wohin Stalin das Volk der Krimtataren 1944 wegen angeblicher Kollaboration mit Hitlerdeutschland deportiert hatte. Als Autodidakt spielte er, was Anfang der 1970er Jahre angesagt war: Beatles, Santana, er erlernte den Beruf des Bauschlossers, spielte auf Hochzeiten, experimentierte mit Techniken und lernte die traditionelle Musik der Krimtataren und Usbeken kennen.

Izmajlov besuchte später die Musikschule von Fergana. In der Zeit der Perestroika wurden die Stalinbeschlüsse von 1944 aufgehoben, die Krimtataren kehrten in ihre alte Heimat zurück, und Izmajlov zog mit seiner Familie 1989 auf die Krim. Seitdem ist seine Musik auch von ukrainischen, balkanischen und türkischen Elementen beeinflusst. Gemeinsam mit anderen Musikern spielt er immer wieder im Black-Sea-Orchester. 1995, als er in Lausanne den Gitarrenwettbewerb gewann, wählten ihn die Musikkritiker der Ukraine zum ›Musiker das Jahres‹. Inzwischen ist er ›verdienter Künstler der Ukraine‹ und auf der Krim, ob Tatare, Ukrainer oder Russe, ist man stolz auf die ›Tatarische Gitarre‹ (www.enverizmaylov.com).

Die Kunst des Schaschlyk – die ukrainische Küche

Die ukrainische Küche zeichnet sich durch deftige Speisen und bodenständige Zutaten aus. Verarbeitet wird, was Acker und Stall gerade hergeben. Im milden Klima der Ukraine wachsen Kartoffeln, Weißkohl, Rote Beete, Tomaten, Paprika, Möhren, Tomaten, Gurken, Auberginen, Mais, Melonen, Wein – das alles auf ausgedehnten Feldern oder auch im kleinen Garten hinter dem Haus.

Zum Gemüse kommen geräucherter Speck, Huhn und natürlich Schwein, Eier und Mehl. Nicht zu vergessen Brot in allen Variationen. Der französische Schriftsteller Honoré de Balzac soll, als er 1850 zum Heiraten nach Berdyčiv kam, auf seiner Reise 77 Sorten Brot gezählt haben und darüber sehr erstaunt gewesen sein. Und dann ist da noch Smetana, saure Sahne, am besten direkt von der Kuh im Hof, mit der fast jede Speise verfeinert wird. Die Ukrainer haben für ihre Küche Elemente ihrer Nachbarn aufgenommen, doch die Nähe zur russischen Küche ist natürlich besonders groß.

Populär sind Eintöpfe, allen voran der legendäre Borschtsch (борщ), bei dem sich Russen und Ukrainer immer noch streiten, wer das Gericht aus Kohl, Roter Bete und Fleisch denn nun erfunden hat. Egal, Borschtsch ist einzigartig – es gibt so viele Rezepte für ihn, wie es Herde oder Hausfrauen gibt. Es gibt ganz dünnen, der als Vorsuppe gereicht wird, und es gibt Borschtsch, in dem der Löffel senkrecht steht, es gibt sehr roten Borschtsch und es gibt welchen, der eher bräunlich ist. Die einen schwören auf Kochen, die anderen schmoren erst einmal alles Gemüse. Nur eines ist ehernes Gesetz: Wenn er serviert wird, gibt es einen großen Löffel Smetana hinein.

Schlossrestaurant in Užhorod

Teigtaschen und Bier in einem Restaurant in Dubno

Land und Leute

Beliebt sind außerdem Vareniki (вареніки), Teigtaschen, die mit Fleisch, Kraut, Kartoffeln, Quark, eigentlich mit fast allem, gefüllt werden können. Außerdem Golubci (голубці), Krautwickel, die in große Töpfe geschichtet und gedünstet werden.

Hauptverbreitungsgebiet für die Soljanka waren wohl die DDR-Gaststätten, aber diese saure Suppe wird auch gern in der Ukraine kredenzt, wo sie ja auch ihren Ursprung hat. Speck (сало) ist ein wichtiger Grundstoff, ihn sollen die Kosaken lieben gelernt haben, so heißt es jedenfalls, weil sie mit den geräucherten Stücken die muslimischen Tataren ärgern konnten.

Speck ist auch ein Muss für eine andere deftige Delikatesse, den Schaschlyk (шашлик). Der Fleischspieß aus Zentralasien ist über den Kaukasus zu den Ostslawen gekommen und hat sich dort verbreitet. In den Städten, auf den Dörfern und an den Landstraßen, hinter den Imbissbuden und Restaurants, an Flussufern, Wiesen und Seen – überall trifft man auf duftende Schaschlykfeuer, und das nicht nur im Sommer. In einem Punkt unterscheidet sich die Schaschlykzubereitung von allen anderen Speisen: Schaschlyk ist Männersache, weil es nicht am heimischen Herd, sondern im Grünen über offenem Feuer zubereitet wird. Der ukrainische Schaschlyk hat daher nichts mit den deutschen Kreationen zu tun, wo auf den Spieß neben dem Fleisch noch allerlei anderes, Leber etwa, Paprika oder gar saure Gurke, gesteckt wird, um ihn dann in einer Pfanne zu braten. Grundlage des echten Schaschlyks sind Schweinefleisch (gern auch Lamm), Speck und Zwiebeln. Jeder Schaschlykspezialist – das ist nicht anders als beim Borschtsch – hat seine Rezeptur. Und wenn es gelingt, ist das Fleisch weich wie Butter und unnachahmlich aromatisch.

Rezepte

Schaschlyk

Zutaten für sechs Personen: 1,5 Kilogramm Fleisch, 500 Gramm Räucherspeck, 8 große Zwiebeln, 5 Knoblauchzehen, Essig und Öl, Pfeffer, Salz, Paprika, Thymian, Koriander, Schaschlykspieße aus Stahl (mindestens 50 cm), notfalls kann man sich mit Weidenspießen behelfen (gute Schaschlykspieße gibt es inzwischen in vielen russischen Lebensmittelgeschäften in Deutschland), für das Feuer sauberes Holz, am besten Eiche oder Buche.

Das Fleisch muss einen Tag vor der Zubereitung eingelegt werden. Dabei wird es in nicht zu kleine Stücke zerschnitten, danach wird der Speck in bleistiftdicke Scheiben geschnitten, die Zwiebeln ebenfalls in bleistiftdicke Scheiben schneiden, Knoblauch in hauchdünne Scheiben schneiden. Fleisch, Speck, Zwiebeln und Knoblauch in einem Topf mischen, dazu Salz und Gewürze, man sollte beim Würzen großzügig sein, dann vier Eßlöffel Essig und eine Tasse Öl in den Topf geben, alles mischen und zugedeckt an einem kühlen Ort ziehen lassen.

Wenn das Feuer angeheizt wird, kann man die Spieße mit dem Fleisch bestücken, nach zwei Stücken Fleisch folgt abwechselnd Speck und Zwiebel. Schaschlyk wird auf Holzfeuer zubereitet, Holzkohle sollte nur im Notfall benutzt werden, da sie kein Aroma hat. Man sollte mit dem Holz nicht geizen, da die Glut nicht so lange vorhält. Erst wenn das Holz keine Flammen mehr schlägt und ein einheitliches rotes Glutbett vorhanden ist, die Spieße darüber legen. Beim Braten die Spieße dann gleichmäßig drehen, wenn Fett tropft und Flammen schlagen mit Bier ablöschen. Wenn die Fleischstücke gleichmäßig und auch an den Enden schön gebräunt sind, Spieße herunternehmen, das Fleisch abziehen, mit Brot und Ketchup servieren. Und natürlich mit Wodka.

Auf dem Bessarabischen Markt in Kiev

Zutaten für Schaschlik auf dem Markt in Berdyčic

Borschtsch nach Marija Makoveckaja (Hausfrau im Gebiet Luc'k, Westukraine)
Zutaten für sechs Personen: ein halber Weißkohl, ein halber Wirsing, sechs Mohrrüben, sechs Zwiebeln, vier Knoblauchzehen, vier Rote Bete, Kartoffeln, 500 Gramm Räucherfleisch, Smetana (saure Sahne), Öl.

Das Fleisch mit Lorbeer, Piment, Pfeffer und Salz kochen. Kohl und Wirsing kleinschneiden, die Mohrrüben in Scheiben scheiden, Rote Bete und Kartoffeln würfeln. Wenn das Fleisch etwa eine Stunde gekocht hat, das Fleisch herausnehmen und kleinschneiden, die Brühe stehenlassen. In einem großen Topf eine große Tasse Öl erhitzen, den zerschnittenen Kohl und den Wirsing hineingeben und kräftig umrühren, dann Möhren und Zwiebeln zugeben und bei stets großem Feuer rühren, bis das Gemüse zusammengeschmort ist. Wenn es am Topfboden anzubrennen beginnt, mit der Fleischbrühe ablöschen, Kartoffeln, Rote Bete und Knoblauch dazugeben, würzen. Kurz bevor die Kartoffeln gar werden, das Fleisch dazugeben, abschmecken. Der Borschtsch hat durch den geschmorten Kohl einen leicht süßlichen Geschmack und ist eine vollwertige Mahlzeit. Natürlich mit Smetana servieren.

Piroggen mit Pilzfüllung
Für den Teig: 1 Kilo Mehl, 3/8 Liter warme Milch, etwas Butter, Salz, etwas Zucker, 2 Beutel Trockenhefe.
Für die Füllung: 500 Gramm frische oder 50 Gramm eingeweichte getrocknete Pilze, 2 bis 3 Zwiebeln, etwas Mehl, Salz, Pfeffer.

Einen Hefeteig zubereiten, zwei Stunden an einem warmen Ort gehen lassen. Zwiebeln und Pilze dünsten, etwas Mehl unterrühren. Kleine Teigportionen kreisförmig ausrollen und mit der Pilzmasse belegen, zusammenklappen. Im Backofen je nach Größe 10 bis 30 Minuten bei ca. 200 Grad backen.

Smačnoho (смачного)! – Guten Appetit!

Hopfen und Malz – kleine ukrainische Bierkunde

Dass die ukrainischen Männer gern Wodka und die Frauen gern Krimsekt trinken, ist ein Klischee. Eines allerdings, das durchaus der Realität standhält. Dennoch wäre es verkürzt, die Trinkgewohnheiten allein damit zu beschreiben. Die Ukraine ist in den vergangenen Jahren auch zu einem Land geworden, in dem gutes Bier gebraut und auch gern getrunken wird. Internationale Bierkonzerne melden regelmäßig ›außergewöhnliches Wachstum‹ in der Ukraine und in Russland. Und für die bayrischen Brauer brach eine Welt zusammen, als im Mai 2004 das Weizenbier ›Etalon‹ (Еталон) aus dem kleinen Städtchen Radomysl in der Nähe von Kiev beim renommierten ›Brewing Industry International Award‹ in London zum besten Weizenbier der Welt gekürt wurde. Als herauskam, dass eine bayrische Brauerei den Ukrainern Entwicklungshilfe geleistet hatte, war die Empörung groß. Als ›Weißbier-Judas‹ wurde Braumeister Markus Jungblut aus Kelheim bei Regensburg beschimpft, der es gewagt hatte, sein Wissen an ukrainische Kollegen weiterzugeben. Wenn die deutschen Biertrinker wüßten, was es in der Ukraine mittlerweile für ein großes Angebot an Schwarz- und Weißbier, Lager, Stark- und Spezialbieren gibt, sie hätten sich schon längst nach Osten auf dem Weg gemacht.

Jenseits der ukrainischen Grenzen ist am ehesten die Brauerei ›Obolon'‹ (Оболонь) bekannt, die im Jahr der Olympischen Sommerspiele von Moskau 1980 mit Hilfe von tschechischen Braumeistern im Kiever Stadtteil Obolon' gegründet wurde. Die sowjetischen Herrscher wollten den Sportlern der Welt ein Bier mit westlichem Standard präsentieren. Das bekannteste und beliebteste Bier ist ›Obolon' Premium‹, ein helles Bier mit 5,2 Prozent Alkohol und 12,5 Prozent Stammwürze mit einer angenehm herben Note, die an norddeutsche Bier erinnert. Darüber hinaus gibt es eine breite Palette von Lager über Starkbier bis – natürlich – Weizenbier.

Mit dem Titel ›älteste Brauerei der Ukraine‹ wirbt die Brauerei ›L'vivs'ke‹ (Львівське) aus Lemberg, die 1715 ihr erstes Bier gebraut und ihrem Gründungsjahr zu Ehren ein Lagerbier kurzerhand ›1715‹ genannt hat. Eigentlich müßte die Werbung ›Älteste Brauerei auf dem Gebiet der heutigen Ukraine‹ lauten, da Lemberg damals zu Polen gehörte, dann zum Habsburger Reich kam und erst durch den Hitler-Stalin-Pakt 1939 der Sowjetunion einverleibt wurde. Doch mit solchen Kleinigkeiten geben sich die Marketingexperten der Brauerei nicht ab, die dem osteuropäischen Biergiganten ›Baltic Beverages Holding‹ (BBH) gehört – einem Joint Venture der dänischen Carlsberg Gruppe und der britischen Scottish & Newcastle Gruppe. Das Bier ›1715‹ hat vier Prozent Alkohol, einen guten, leicht herben Geschmack und ist – wie viel Biere in der Ukraine – mit Ascorbinsäure (Vitamin C) versetzt.

Der BBH gehört auch die Brauerei ›Slavutyč‹ (Славутич), die 1974 in Zaporižžja gegründet wurde und 2002 auch eine weitere Produktionsstätte in Kiev bauen ließ. Der Name Slavutyč ist eine alte Bezeichnung für den Dnepr. Mit den Braustätten in L'viv, Zaporižžja und Kiev hat die BBH bereits einen Marktanteil von über 20 Prozent erobert.

Geschichtsbewusst gibt sich die Brauerei ›Sarmat‹ (Сармат), die Rinat Achmetov, der reichste Mann der Ukraine, sein eigen nennt, der von der Kohlestadt Donec'k aus ein Firmenkonglomerat leitet. Der Name der Brauerei leitet sich von den Sarmaten ab, einem Volk, das mit den Skythen verwandt war, und das um die Mitte des ersten vorchristlichen Jahrtausends in den Weiten der ostukrainischen Steppe lebte, jener Region, die die Griechen und später die Römer Sarmatien nannten. Das Bier aus Donec'k ist jedoch keineswegs antik, sondern eher proletarisch. Eines heißt ›Dobryj Šubin‹ (Добрий Шубін/Guter Šubin), ist mit dunklem Malz angesetzt, hat 4,5 Prozent Alkohol und 12 Prozent Stammwürze.

Die alkoholische Obergrenze des Sortiments bildet das Starkbier ›Sarmat Micne‹ (Сармат міцне) das 7,5 Prozent Alkohol bei 17 Prozent Stammwürze hat. Es besitzt eine dunkle, aber nicht schwarze Farbe, einen leicht süßen Geschmack und ist mit Reis und Zucker gebraut. Ein weiteres Bier neben Porter, Weißbier und einem Premium ist ein sozialistischer Klassiker: das zu Sowjetzeiten überall gebraute, überall verrufene ›Žygulivs'ke‹ (Жигулівське, russ. Жигулевское), ein helles Bier, heute mit 4,4 Prozent Alkohol und 11 Prozent Stammwürze.

Die Brauerei ›Poltavpyvo‹ (Полтавпиво) aus Poltava gehört ebenfalls zum Firmenverbund des Oligarchen Achmetov und hat sich völlig der Literatur verschrieben. Es gibt das schwarze, mit Zucker und Karamel gebraute Bier ›Dykans'ki večory‹ (Диканські вечори/Dikankaer Abende) mit 5 Prozent Alkohol und 14 Prozent Stammwürze, das an den Novellenzyklus ›Abende auf dem Weiler bei Dikanka‹ von Nikolai Gogol erinnert. Das einfache Bier ›Vakula‹ (Вакула) mit gut 4 Prozent Alkohol ist nach dem jungen Schmied Vakula benannt, einer Figur aus Gogols Erzählung ›Die Nacht vor Weihnachten‹. Und natürlich ist dem Dichter selbst ein Bier gewidmet: Das ›Gogolivs'ke‹ (Гоголівське) ist ein helles, sehr leichtes Bier mit 3,7 Prozent Alkohol.

Bierwerbung auf der Krim

Wodka in einem Laden in Brody

Die Brauerei ›Rogan'‹ (Рогань) aus Charkiv, die zum weltgrößten Bierbrauer ›Anheuser-Busch InBev‹ gehört, produziert ein großes Sortiment an Bieren. Ihr ersten Bier war 1993 der Sowjetklassiker ›Žygulivs'ke‹, allerdings hat dieses helle Bier – wie auch das Donec'ker Pendant – seinen geradezu typisch faden Geschmack weitgehend abgelegt. Heute brauen die Charkiver mit ›Kampaj‹ (Кампай) ein japanisches, und mit ›Arriva‹ (Appіва) ein lateinamerikanisches Bier und diverse ukrainische Biere.

Die größte Brauerei des Landes dürfte aber das Bierkombinat ›Desna‹ (Десна) in der Stadt Černihiv im Nordosten des Landes sein, das ebenfalls zu ›Anheuser-Busch InBev‹ gehört. Dessen Marke ›Černihivs'ke‹ (Чернігівське) ist in allen Variationen von hell bis schwarz nahezu überall in der Ukraine präsent und bekannte sich lange zu traditionellen Werten: Auf jedem Etikett prangte ein Abbild der fast tausend Jahre alten Černihiver Christi-Verklärungskirche. Diese Reminiszenz war wohl den Frommen ein Dorn im Auge, das Logo verschwand inzwischen und wurde durch ein phantasieloses Ч ersetzt, Ч wie Chernihiv. Jüngste Kreation ist das ›Bile med‹ (Біле мед), ein obergäriges Bier, dem Honig zugesetzt wird. Jedes dritte Bier, das in der Ukraine verkauft wird, ist damit bereits ein ›Anheuser-Busch InBev‹-Bier.

Darüber hinaus gibt es viele kleine Brauereien, die allerdings nicht über einen weitverzweigten Vertrieb verfügen und deren Biere daher oft Zufallsentdeckungen bleiben.

Zwei Dinge sind für deutsche Bierliebhaber betrüblich. Erstens: Die Biere sind in der Regel nicht nach dem deutschen Reinheitsgebot von 1516 gebraut. Zweitens: Obwohl deutsches Bier und deutsche Braukunst in der Ukraine hoch im Kurs stehen, haben deutsche Brauereien den Anschluss verpasst und sind daher im Biergeschäft der Ukraine nicht dabei – außer dem ›Weißbier-Judas‹ aus Kelheim bei Regensburg.

Euphorie und Kopfweh – die Fußball-Europameisterschaft 2012

Vom 8. Juni bis zum 1. Juli 2012 findet in Polen und in der Ukraine die Endrunde der 14. Fußball-Europameisterschaft der Männer statt. Zum ersten Mal werden zwei Staaten aus dem Osten Europas die Fußball-EM ausrichten. Der Weg dahin war weit, das besondere aber war, dass die Schwierigkeiten für alle Beteiligten erst nach dem Zuschlag begannen und sie wohl endgültig erst am 1. Juli 2012 ihr Ende finden werden, wenn das Endspiel in Kiev abgepfiffen wird.

Die Begeisterung in der Ukraine kannte keine Grenzen, als Michel Platini, der Präsident des Europäischen Fußballverbandes UEFA, am 18. April 2007 die Entscheidung bekanntgab. Viele in der Ukraine verstanden den unerwarteten Zuschlag als Anerkennung für die Orangene Revolution, viele fühlten sich für einen Tag im Zentrum Europas, und der damalige ukrainische Präsident Juščenko beeilte sich, ein Turnier ›auf höchstem Niveau‹ zu versprechen.

Die Reaktionen außerhalb der Ukraine waren nicht so euphorisch. Die Fußballmannschaften sollten sich ›auf holprige Strecken‹ gefasst machen, warnte die FAZ. Eine Aufgabe, die – insbesondere für die Ukraine – nicht leicht zu stemmen sei, kommentierten andere Zeitungen. Im September 2007 war auch bei Michel Platini die Begeisterung abgekühlt, als er in einem Brief an die ukrainische Fußballföderation ein EM-taugliches Stadion für Kiev anmahnte. Zu dem Zeitpunkt schwante manchem, dass diese EM noch einigen Kopfweh bereiten würde.

Schließlich geht nicht nur darum, EM-taugliche Stadien zu bauen, es geht auch um Straßen, Grenzübergänge (immerhin verläuft zwischen Polen und der Ukraine die EU-Außengrenze), um Bahnverbindungen, Flughäfen, Hotels, Telefon- und Internetverbindungen, Service – kurzum: Es geht um eine Infrastruktur, die zu großen Teilen noch geschaffen werden musste, und das alles unter enormem Zeitdruck. Zu all dem kommen die für europäische Verhältnisse enormen Entfernungen, liegen zwischen Danzig und Donec'k doch knapp 2000 Kilometer. Doch Monate verstrichen, ohne dass etwas passierte. Die innenpolitische Dauerkrise in der Ukraine war ein unkalkulierbares Risiko, und auch in Polen schleppten sich die Vorbereitungen hin.

Anfang 2008 setzte die UEFA Kiev die Pistole auf die Brust. Man könne die Vergabe der EM einem Land auch wieder entziehen, hieß es. Im Juli 2008 besuchte Michel Platini Kiev. Just begannen am Kiever Stadion hektische Bauarbeiten. Später drohte der UEFA-Chef noch einmal mit dem Entzug der EM, doch dann sprach die UEFA den beiden Wackelkandidaten trotz schwerer Bedenken das Vertrauen aus. Falls die versprochenen Fortschritte aber auf sich warten lassen sollten, behalte sich die UEFA das Recht vor, die Zahl der Austragungsorte zu reduzieren.

Lange blieb daher unklar, welche ukrainischen Städte Austragungsorte sein werden. Kiev als Hauptstadt galt als gesetzt, Donec'k, die Stadt des Oligarchen Rinat Achmetov ebenfalls. Schien zunächst L'viv die geringsten Chancen unter den Bewerberstädten zu haben, weil der Stadionneubau mehrfach scheiterte, war es dann aber Dnipropetrovs'k, das im Mai 2009 von der Liste gestrichen wurde – obwohl die Stadt frühzeitig ein neues Stadion vorweisen konnte. Doch ein Stadion allein reicht eben nicht, es muss auch ausreichend Hotels, einen halbwegs leistungsfähigen Flughafen und einen funktionierenden Nahverkehr geben.

Lange hat die Ukraine alle Infrastrukturmaßnahmen verschleppt. Hauptgrund war die innenpolitische Dauerkrise, ausgelöst durch den Zwist zwischen den beiden ehemaligen ›orangenen‹ Galionsfiguren Viktor Juščenko und Julija Tymošenko, befeuert vom Führer des gegnerischen Lagers, dem heutigen Präsidenten Viktor Janukovič, hinzu kam die Finanzkrise von 2008/2009 die die Ukraine an den Rand des Bankrotts brachte. Doch der Stillstand ist inzwischen überwunden.

Anfang 2011 versprach die Regierung, für umgerechnet eine Milliarde Euro Straßen zu bauen bzw. zu erneuern. Von Krakovec' an der polnischen Grenze im Westen bis nach Uspenka im Osten soll 1600 Kilometer quer durch das Land eine Schnellstraße gebaut werden, den Anfang machen die 84 Kilometer zwischen Krakovec' und L'viv, zudem soll Kiev eine Ringautobahn erhalten. Zusammen mit der Inbetriebnahme der Autobahn in Polen solle es ab Mai 2012 dann möglich sein, in zwölf Stunden von Berlin nach Kiev zu reisen, versprach der Verkehrsminister. Das mag etwas übertrieben sein, doch es macht deutlich, dass die Ukraine im letzten Augenblick erwacht ist. Auch die Schiene wird ausgebaut: Schnellzüge sollen zwischen L'viv und Kiev rollen, mit Anschlüssen nach Charkiv und Donec'k, Bahnhöfe werden ausgebaut (Kiev-Darnycja, Donec'k) und Flughäfen (L'viv, Kiev-Boryspil'). Und es sollen bis zur EM Dutzende Hotels eröffnen. Doch die EM ist nur der Startschuss. Der Verkehrsminister versprach Ende 2010, bis 2017 insgesamt 3000 Kilometer Straße neu zu bauen. Es kling wie ein neuer Aufschwung Ost – denn allen ist klar, die Bauarbeiten sind Investitionen in die Zukunft, auch in die Zukunft als Reiseland.

Doch insbesondere bei den Übernachtungsplätzen ist trotz allen Eifers klar, dass es im wahrsten Sinne des Wortes eng werden kann. Fußballfans mit kleinerem Geldbeutel sollten sich auf schlichte Quartiere einstellen, auf hergerichtete Schulen, Hostels, Pensionen und kleine Herbergen in der Provinz. Das muss kein Nachteil sein, zumindest wenn man etwas mehr vom Land sehen will als nur den EM-Rasen.

Im Oktober 2010 wurden die ukrainischen Spielorte endlich von der UEFA bestätigt, den Zuschlag erhielten Donec'k, Kiev, L'viv und Charkiv (in Polen: Warschau, Danzig, Posen, Breslau).

Die ›Donbas-Arena‹ in Donec'k, der östlichsten Stadt des Turniers, ist der ambitionierteste Neubau in der Ukraine. Es ist ein ›Fünf-Sterne-Stadion‹ und damit auf dem Niveau vergleichbarer Stadien in München, Berlin und Dortmund. Das Stadion, das im August 2009 eingeweiht wurde, fasst 50 000 Plätze. Dort sollen drei Spiele der Gruppenphase, ein Viertelfinal- und ein Halbfinalspiel stattfinden.

Nachdem die erste Vergabe geplatzt war, wurde die Modernisierung des Kiever ›Olimpijs'kyj‹-Stadions im September 2008 in Angriff genommen. Das Stadion, das über 69 000 Sitzplätze verfügt, ist das größte der EM. In Kiev sollen drei Spiele der Gruppenphase, ein Viertelfinalspiel und das Finale gespielt werden.

Sorgenkind war lange Zeit L'viv, wo zunächst das bestehende Stadion umgebaut werden sollte. Inzwischen wurde ein Neubau an der Ringsschnellstraße südlich der Stadt begonnen, der bis 2012 fertig sein soll. 33 000 Plätze soll das Stadion fassen, und drei Spiele der Gruppenphase sollen dort stattfinden.

Charkiv, das sich gegen Dnipropetrovs'k durchsetzte, wartet mit dem modernisierten Metalist-Stadion auf, das im Dezember 2009 wiedereröffnet wurde und 41 000 Plätze bietet. Dort werden ebenfalls drei Spiele der Gruppenphase angepfiffen.

Adressen

Kiev

Das Kiever EM-Stadion ›Olimpijs'kyj‹ (Олімпійськуй) liegt südlich vom Stadtzentrum und wurde in seiner jetzigen Gestalt 1949 eröffnet. Sein gegenwärtiger Name, den das Stadion erst seit 1996 trägt, erinnert an das Jahr 1980, als das Stadion einer der Austragungsorte des Fußballturniers der Olympischen Spiele von Moskau war. Zuvor war das Stadion nach Stalin, dann nach Nikita Chruschtschw benannt, hieß später einfach Zentralstadion und dann Respublikans'kyj-Stadion. Das Stadion sollte nicht mit dem bekannteren Dynamo-Stadion verwechselt werden, das sich deutlich sichtbar oberhalb des Dneprs in einem Park befindet. Das Olimpijs'kyj-Stadion liegt an der vul. Velyka Vasyl'kivs'ka 55 (вул. Велика Васильківська), die nächste Metrostation trägt noch alten Stadion-Namen Respublikans'kyj Stadion (Республіканьский стадіон), vn dort sind es etwa 15 Minuten Fußweg. Es ist zu erwarten, dass die Station bis zur EM in ›Olympijs'kyj‹ umbenannt wird.

Donec'k

Das Donec'ker Stadion ›Donbas-Arena‹ (Донбас-арена) ist der prächtigste Neubau unter den ukrainischen Stadien. Schließlich ist der reichste Mann der Ukraine, Rinat Achmetov, sein Hausherr. Es befindet sich im Norden der Stadt im Park imeni Leninskogo Komsomola (Парк ім. Ленинского Комсомола). Die Adresse lautet ul. Celjuskincev (вул. Челюскинцев). Die ›Donbas-Arena‹ ist Heimstadion von Achmetovs Klub Schachtar (russ. Schachtjor) Donec'k.

L'viv

Das neue Stadion in L'viv wird weit im Süden der Stadt an der Kreuzung der vul. Stryjs'ka (M 06) mit der Ringstraße Kil'zevij (M 10) gebaut.

Charkiv

Das Stadion ›Metallist‹ (Стадион металлист) wurde 1926 erbaut und befindet sich zentrumsnah in der ul. Plechanovskaja (ил. Плехановская) 65. Das Stadion fasst nach dem Umbau 43 000 Zuschauer und ist über die Metrostation Sportivnaja/Metrostroitelej (Спортивная/Метростроителей) zu erreichen. Es ist das Heimatstadion von Metalist Charkiv.

Aktuelle Informationen im Internet: http://de.uefa.com/uefaeuro2012

»Ostgalizische Erde ist verschwenderisch und reich. Sie hat fettes
Öl, gelben Tabak, bleischweres
Getreide, alte verträumte Wälder
und Flüsse und Seen und vor
allem schöne, gesunde Menschen:
Ukrainer, Polen und Juden.«

Alexander Granach,
Da geht ein Mensch

Die Westukraine

Die Regionen der Westukraine

Die Bezeichnung Westukraine ist kein geographisch festgefügter Begriff, sondern fasst die ukrainischen Gebiete, die bis 1918 zu Österreich-Ungarn gehörten, zusammen. In einem etwas weiteren Sinne bezeichnet man auch alle Gebiete westlich des Dnepr als Westukraine. Außerdem existieren geographische Namen wie Polessje und Podolien, die sich auf bestimmte Landschaften beziehen und nur zum Teil mit den Verwaltungsgebieten zusammenfallen.

Polessje (russ. Poles'e) ist das an ›Wäldern reiche‹ Tiefland an der weißrussischen Grenze ganz im Norden der Ukraine. Die Landschaft ist von Sümpfen, Seen, Wiesen, Wäldern und den Flussgebieten des Pryp'jat' und der Desna geprägt. Es haben sich nur wenige Städte und kaum Industriestandorte herausbilden können.

Podolien ist von den Karpaten ein ganzes Stück entfernt, heißt aber ›Land am Fuße des Gebirges‹. Eingegrenzt wird es vom Dnister und dem Südlichen Bug. Die Landschaft wird durch eine etwa 300 bis 500 Meter hohe Platte mit tief eingeschnittenen Tälern geformt.

Galizien ist ein historischer Begriff und bezeichnet ein Gebiet von rund 80 000 Quadratkilometern, das von Schlesien im Westen bis zum Fluss Pruth im Osten und zu den Karpaten im Süden reichte. Als Kronland Galizien und Lodomerien gehörte es lange zu Polen und später zum Habsburger Reich.

Die Bukowina, deutsch Buchenland, liegt in den nordöstlichen Karpaten und deren Vorland an der heutigen rumänisch-ukrainischen Grenze. Die Region lag lange im Einflussbereich des rumänischen Fürstentums Moldau.

Karte S. 68

▲ *Haus in den Karpaten*

Das historische Galizien

»Ostgalizische Erde ist verschwenderisch und reich. Sie hat fettes Öl, gelben Tabak, bleischweres Getreide, alte verträumte Wälder und Flüsse und Seen und vor allem schöne, gesunde Menschen: Ukrainer, Polen, Juden. Alle drei sehen sich ähnlich, trotz verschiedener Sitten und Gebräuche. Der ostgalizische Mensch ist schwerfällig, gutmütig, ein bißchen faul und fruchtbar wie seine Erde.« So beschreibt der Schauspieler Alexander Granach seine Heimat Galizien in seinem autobiographischen Roman ›Da geht ein Mensch‹.

Das nach seiner ersten Hauptstadt Halyč benannte Fürstentum Galizien (Halyčyna) war nur im 11. Jahrhundert für kurze Zeit selbständig. Danach gehörte es zuerst zu Ungarn, später zu Polen. Bei der Teilung Polens 1772 kam das Gebiet an die österreichische Krone. Nun wurde die Bezeichnung Galizien allerdings für alle Gebiete verwendet, die 1772 an Österreich fielen. Galizien erstreckte sich damals von Krakau bis nach Ivano-Frankivs'k (damals Stanislau), im Süden bis zu den Karpaten und etwa bis 100 Kilometer nördlich von L'viv.

Galizien war nicht nur am weitesten von Wien entfernt, es stand auch in zivilisatorischer Hinsicht weit hinter der Hauptstadt und den anderen Landesteilen zurück. Im Kronland Galizien und Lodomerien (österreichische Bezeichnung für Wolhynien) konnte sich eine ganz eigene Atmosphäre herausbilden, die vor allem durch die Verschiedenheit der Kulturen der dort lebenden Völkerschaften geprägt war. Diese lebten zwar weitgehend friedlich zusammen, aber es gab eine ausgeprägte Hierarchie. Die herrschende Schicht bildeten Polen und später Deutsche. Ukrainer und Juden wurden zum Teil stark benachteiligt.

Das Habsburgerreich am Anfang des 19. Jahrhunderts

Bereits seit Anfang des 13. Jahrhunderts gab es eine deutsche Minderheit, die allerdings im Laufe der Zeit polonisiert wurde. Unter österreichischer Herrschaft kam es zu mehreren planmäßigen Ansiedlungen von Bauern aus dem süddeutschen Raum. Der jüdische Bevölkerungsanteil lag zum Teil über zehn Prozent. Die rechtliche und wirtschaftliche Lage der Juden war aber eher schlecht. Die Verarmung nahm mit der beginnenden Industrialisierung ungeahnte Ausmaße an.

Während der österreichischen Herrschaft wurden die Ukrainer als Ruthenen bezeichnet. Da hier keine antiukrainische Zensur herrschte, konnten ukrainische Schriften verlegt und Bräuche gepflegt werden. Das ukrainische Nationalbewusstsein und der Nationalstolz entwickelten sich auch dank einer kleinen Schicht ukrainischer Bürger und Künstler. Hervorzuheben ist auch die

Die Lemberger Oper stammt aus der Habsburger Zeit

Rolle der unierten Kirche bei der Herausbildung der ukrainischen Intellektuellen im 18. und 19. Jahrhundert.

Die Industrie war in Galizien immer sehr schwach entwickelt, kleinere Gewerbe- und Handwerksbetriebe bildeten neben der Landwirtschaft die typischen Erwerbsmöglichkeiten. Auch zu Zeiten der Habsburger Monarchie blieb Galizien ein rückständiger Landesteil, obwohl Bildungswesen, Kultur und Wissenschaft einen gewissen Aufschwung nahmen. Offiziell hörte nach dem Zerfall der Monarchie auch Galizien auf, zu bestehen.

Die Westukrainische Volksrepublik wurde ausgrufen, Zentrum war Ivano-Frankivs'k, im Januar 1919 kam es zur Vereinigung mit der Ukrainischen Volksrepublik. Polen erhob Anspruch auf diese Gebiete und entsandte Truppen – es wurden für beide Seiten verlustreiche

In Halyč: Denkmal für den Fürsten Danylo, der als Gründer Galiziens gilt

Karte S. 68

Kämpfe. Schließlich wurden die Grenzen neu festgelegt und Ostgalizien und ein Teil von Podolien kamen zu Polen.

Bis 1939 existierte Galizien de facto mit seiner Multinationalität im polnischen Staat weiter. Nach dem geheimen Zusatzabkommen des Hitler-Stalin Paktes nahm die Sowjetunion Ostgalizien in Besitz. Viele Andersdenkende wurden verhaftet, verschleppt und ermordet. Zu den Opfern zählten vor allem polnische Intellektuelle und Juden. 1941 erfolgte der Einmarsch der deutschen Wehrmacht. In den folgenden Kriegs- und Nachkriegsjahren wurde das alte Galizien endgültig zerstört. Mit der Vernichtung der Juden in Galizien und der Zerstörung der meisten Synagogen wurde der ostjüdischen Kultur der Garaus gemacht.

Mit der Aussiedlung der Deutschen verschwand ein weiterer Bevölkerungsteil nahezu vollständig. Nach dem Krieg kam es zur heutigen Grenzziehung. Damit gingen weitere Bevölkerungsaussiedlungen einher. Viele Polen zogen gezwungenermaßen von Ost nach West über die Grenze. Aus dem polnischen Teil wurden Ukrainer in der ›Aktion Weichsel‹ in den Nordwesten Polens umgesiedelt, sie sollten nicht als eigenständige Minderheit in Polen erhalten bleiben.

Im sowjetischen Teil Galiziens wurden in den Nachkriegsjahren viele Menschen neu angesiedelt, meist Ukrainer aus der Ostukraine und Russen, die aus der ganzen Sowjetunion kamen. Wer Galizien sucht, muss sich auf Spurensuche begeben, nur manches ist erhalten, vieles wurde überdeckt und blieb lange unbeachtet. In vielen literarischen Zeugnissen lebt das alte Galizien bis heute fort, in der Realität wird man nur Relikte finden – aber auch diese wollen bewahrt und weitergegeben werden.

Die Westukraine

In den Karpaten

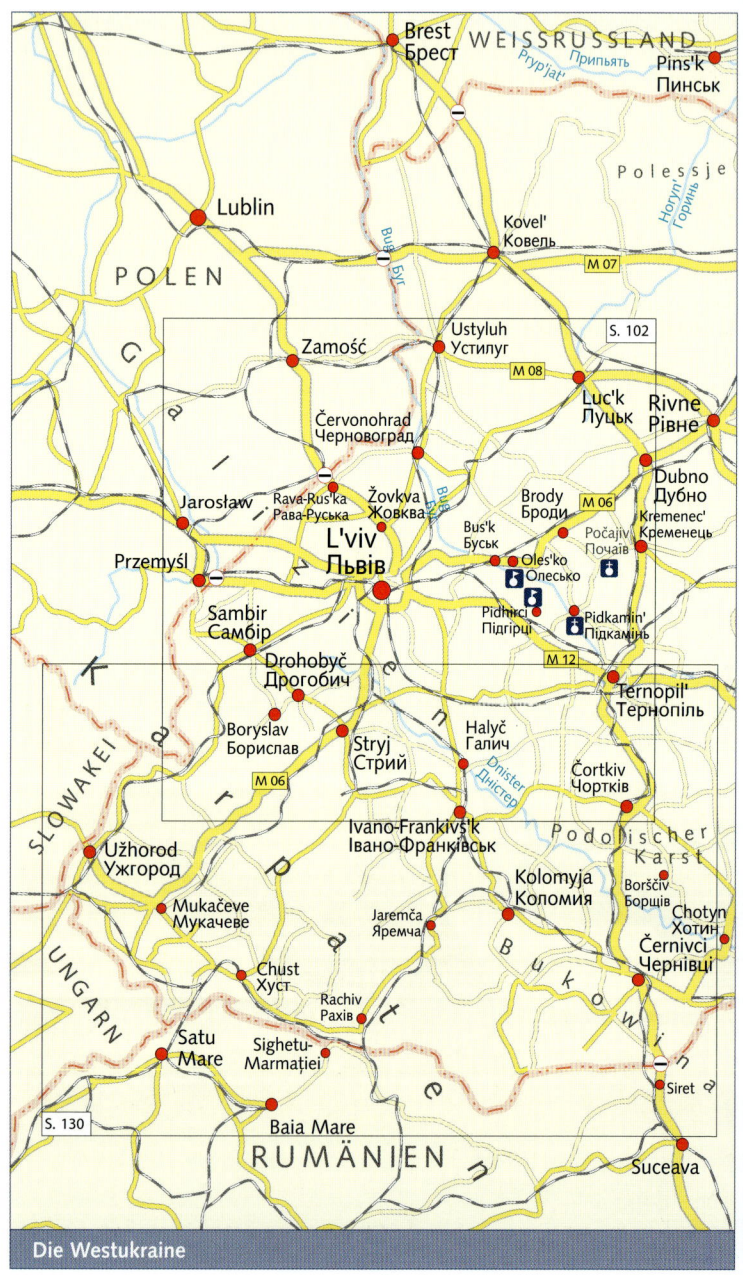

Die Westukraine

L'viv – L'vov – Lemberg

L'viv (Львів) war wie kaum eine andere Stadt den Wechselbädern der Geschichte ausgesetzt. Schon in der Vielzahl der Namen ist dies abzulesen: die ukrainische Bezeichnung ist L'viv, die russische L'vov (Львов), und aus der österreichischen Zeit stammt der Name Lemberg. Der Zauber dieser alten Handelsmetropole liegt in der Verschmelzung der verschiedenen Kulturen begründet. Einen großen Teil der Bevölkerung bildeten in der Vergangenheit Polen und Juden, erst im Verlaufe des 20. Jahrhunderts kamen mehr und mehr Ukrainer und Russen hinzu. Im Zweiten Weltkrieg, als L'viv zum ›Generalgouvernement‹ gehörte, gab es auch hier Arbeitslager und ein Ghetto für Juden. Innerhalb weniger Monate fielen 136 000 Juden der Stadt dem Holocaust zum Opfer. Heute leben nur wenige Tausend jüdische Bürger in der Stadt. Nach dem Krieg – unter sowjetischer Herrschaft – begann eine rege Bautätigkeit und Industrialisierung. Die Bevölkerungszahl wuchs von 320 000 (1939) auf 830 000 (2000).

Die Architektur der Innenstadt ist durch die vergangenen Jahrhunderte geprägt und im wesentlichen erhalten geblieben. Wenngleich durch ungenügende Denkmalpflege in sowjetischer Zeit den Restauratoren heute reichlich Arbeit geblieben ist, ist es beeindruckend, durch ein Stadtzentrum zu wandeln, das seit dem letzten Jahrhundert kaum verändert wurde. Touristen können hier eine Vielzahl von Sehenswürdigkeiten auf engstem Raum bestaunen. Kirchen, repräsentative Bürgerhäuser, schöne Parkanlagen und enge Straßen machen die Atmosphäre dieser Stadt aus, die Besucher immer wieder in ihren Bann zieht. Das historische Zentrum der Stadt wurde 1998 in die Liste des UNESCO-Weltkulturerbes aufgenommen.

Blick vom Schlossberg über die Altstadt von L'viv

Karte hintere Umschlagklappe

Die Westukraine

Geschichte der Stadt

Reste erster slawischer Siedlungen aus dem 10. Jahrhundert sind an den Hängen des Hügels ›Hohes Schloss‹ gefunden worden. Danylo Romanovyč, der wolhynische Fürst, ließ an dieser Stelle später eine Festung als Bollwerk gegen die Mongolen bauen. Die sich entwikkelnde Stadt wurde nach Lev, dem Sohn des Fürsten, benannt und fand in Chroniken 1256 erstmals Erwähnung. Wie auch andere Städte der Rus' bestand L'viv damals aus drei Teilen: der Festung, der befestigten Stadt im Halbkreis um die Festung und der unbefestigten Vorstadt. Um den heutigen Staryj Rynok (Старий Ринок), den Alten Markt, entfaltete sich ein reges Handelsleben unter der Regie der autonomen Bürgerschaft, die 1356 das Recht der städtischen Selbstverwaltung, das sogenannte Magdeburger Stadtrecht, zugesprochen bekam.

Mit dem Niedergang des wolhynischen Fürstentums geriet die Stadt L'viv 1387 endgültig unter polnische Herrschaft, nachdem es auch schon zuvor polnische Annektionsversuche gegeben hatte. Im 15. und 16. Jahrhundert war L'viv ein bedeutendes wirtschaftliches und kulturelles Zentrum. Neben Polen und Deutschen, die die Oberschicht bildeten, lebten Ukrainer, Juden und Armenier in der Stadt. Allerdings gab es keine Gleichberechtigung, den Juden und Armeniern wurde beispielsweise der Zutritt zu den Handwerkszünften verwehrt. Das Stadtzentrum verlagerte sich zum jetzigen pl. Rynok (пл. Ринок, Marktplatz), und eine regelmäßige rechteckige Anlage entstand. Die neue Stadt hatte eine 1700 Meter lange Befestigungsanlage, deren Reste heute noch zu sehen sind. Als das Kosakenheer unter Bohdan Chmel'nyc'kyj 1665 L'viv belagerte,

Viele Häuser in der Altstadt wurden schon renoviert

kaufte die jüdische Bevölkerung für 60 000 polnische Gulden die Stadt frei. Von Plünderungen, Zerstörungen und Pogromen blieb die Stadt somit verschont. Während des Nordischen Krieges wurde L'viv 1704 von den Schweden auf Befehl Karls VII. eingenommen und gebrandschatzt. Nach der ersten Teilung Polens 1772 fiel das heruntergekommene Provinzstädtchen an Österreich und wurde Hauptstadt und Verwaltungszentrum von Galizien und Lodomerien. Eine Blütezeit erlebte das österreichische Lemberg allerdings erst am Ende des 19. Jahrhunderts. Die alten Festungsmauern wurden geschleift, die Wassergräben zugeschüttet und ein repräsentativer Boulevard angelegt – der pr. Svobody (пр. Свободи). Lemberg war nach Wien, Budapest und Prag die viertgrößte Stadt der Habsburger Monarchie. Neben einer kulturellen Vielfalt gab es aber auch zunehmende nationale Gegensätze, insbesondere zwischen Polen und Ukrainern.

Nach dem Zerfall der Habsburger Monarchie 1918 befand sich in L'viv für fast ein Jahr der Sitz der Regierung der Westukrainischen Volksrepublik. Schließlich eroberten polnische Truppen 1919 die Stadt, und sie wurde wieder ein Teil Polens. Aufgrund des Hitler-Stalin-Paktes fielen die polnischen Ostgebiete an die Sowjetunion, und im September 1939 marschierte die Rote Armee ein. 1941, kurz nach dem Überfall der deutschen Wehrmacht auf die UdSSR, wurde L'viv zur Hauptstadt des ›Distrikts Galizien‹ im deutschen ›Generalgouvernement‹ erklärt. Neben der Vernichtung der jüdischen Bevölkerung kam es auch zu zahlreichen Hinrichtungen unter der polnischen Intelligenz. Im Juli 1944 eroberten die sowjetischen Truppen die Stadt zurück. Nach dem Krieg wurden Teile der polnischen Bevölkerung ausgesiedelt, und so hatte die Stadt insgesamt etwa 80 Prozent der Vorkriegsbewohner verloren.

In den folgenden Jahren entstanden in L'viv viele neue Industriebetriebe, und die Bevölkerungszahl nahm stark zu. Ukrainer und Russen aus allen Teilen der Sowjetunion kamen in die Stadt. Trotz der Möglichkeit der freieren Entfaltung der ukrainischen Nationalkultur und der nicht zu verleugnenden Fortschritte in vielen Lebensbereichen, beispielsweise im Bildungswesen, stand die Mehrheit der Bevölkerung dem Sowjetsystem eher ablehnend gegenüber, und nationalukrainisches Gedankengut fand weite Verbreitung.

Heute befindet sich die Stadt auf der Suche nach der eigenen Identität. Die Zeiten, in denen von L'viv, der heimlichen ukrainischen Hauptstadt, Impulse für die nationale Unabhängigkeit ausgingen, sind vorbei. Die große Politik wird wieder in Kiev gemacht. Aber als Brücke nach Mittel- und Westeuropa könnte L'viv wieder von der ›Randstadt‹ zu einem Kristallisationspunkt werden.

Die Altstadt

Die Altstadt von L'viv vermag auf den Besucher einen besonderen Reiz auszuüben. Nach einem verheerenden Stadtbrand von 1527 entstand innerhalb der ehemaligen Befestigungsmauern nach einem regelmäßigen Bebauungsgrundriss ein städtisches Kleinod.

Den Mittelpunkt bildet der weiträumige pl. Rynok (пл. Ринок) mit dem spätklassizistischen **Rathaus**. Dieses dominante Gebäude wurde in den Jahren von 1827 bis 1835 errichtet, nachdem der Turm des oftmals erweiterten Vorgängerbaus eingefallen war. Die neue vierflüglige, recht schlichte Anlage wird durch den 65 Meter hohen Turm zu einem Wahrzeichen. Die vier Springbrunnen an den Ecken des Platzes mit den Figuren von Neptun, Adonis, Diana und Amphitrite stammen aus dem Jahr 1793 und sind beliebte Treffpunkte. Auffallend sind aber vor allem die schmucken Bürgerhäuser. Alle Baustile von Renaissance über Barock bis zu Klassizismus und Jugendstil sind vertreten.

■ Rund um den Marktplatz

Das sogenannte ›**Schwarze Haus**‹ (Čorna Kam'janycja/Чорна Кам'яниця, pl. Rynok 4) fällt durch die reich gegliederte Fassade auf, es wurde eine Diamantquaderstruktur genutzt. Der ursprünglich helle Kalkstein ist im Laufe der Zeit stark nachgedunkelt und verhalf dem Haus so zu dem ungewöhnlichen

Karte S. 73 ▲

Die Westukraine

Namen. Die Tür und die Fenster im Erdgeschoss sind mit Arkanthus- und Weinrebenornamenten umrahmt. Das Relief über der Tür stellt Maria mit dem Kinde dar, und der Fensterschmuck wird von Heiligenfiguren bekrönt; eine davon, der heilige Martin, war der Schutzherr des damaligen Hauseigentümers. Der obere Abschluss der Fassade wird durch kleine Säulen und Voluten gebildet. Keller und Erdgeschoss stammen aus dem 15. Jahrhundert, der Rest aus dem 16. Jahrhundert. Auch die Innenräume sind eindrucksvoll gestaltet. Besonders bemerkenswert sind die Ornamente an Fenstern und Türen.

Das **Kornjakt-Haus** (Palac Kornjakta/Палац Корнякта) am pl. Rynok 6 fällt durch seine Größe auf. Der Kaufmann Kornjakt hatte dem polnischen König über eine Ebbe in den Staatsfinanzen hinweggeholfen und bekam deshalb die Erlaubnis, auf zwei Grundstücken zu bauen. Als Architekt konnte der Italiener Paolo Dominici, genannt Paul der Römer, gewonnen werden. Auf diesen Architekten gehen viele Renaissancegebäude in L'viv zurück. Der Name Kornjakt blieb mit dem Haus verbunden, auch wenn der Besitzer wechselte – Anfang des 17. Jahrhunderts kam es in den Besitz von Jakub Sobieski, dem

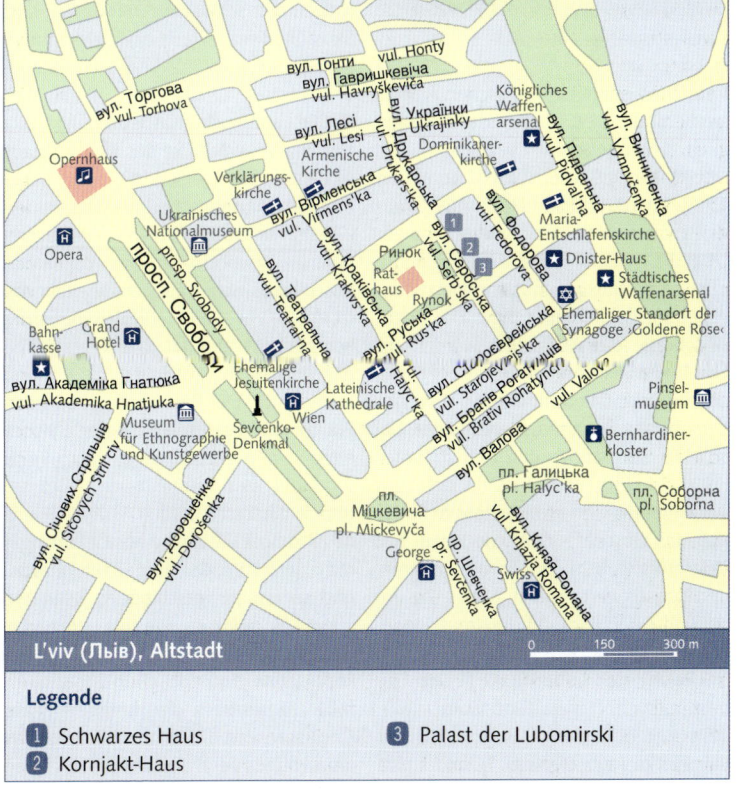

L'viv (Льв), Altstadt

0   150   300 m

Legende

1 Schwarzes Haus

2 Kornjakt-Haus

3 Palast der Lubomirski

Barockfassade am Marktplatz

Vater des späteren polnischen Königs Jan Sobieski. Deshalb wird das Anwesen auch als Königspalast bezeichnet. Die ursprüngliche Bausubstanz stammt von 1580, im 18. und 19. Jahrhundert wurden größere Umbauten vorgenommen. Über die gesamte Fassade hinweg baute man einen Balkon und eine vierte, unvollendet gebliebene Etage. Der obere Abschluss, die Attika, ist wieder mit Obelisken, Fischen und Ritterfiguren geschmückt. Der Innenhof wirkt wegen der offenen Arkadengalerien sehr reizvoll, im Sommer finden hier mitunter Konzerte statt, und ein Café lädt zum Verweilen ein. Im Erdgeschoss befindet sich das Geschäft ›Gotische Halle‹ mit einer Auswahl an Büchern, Souvenirs und Kunstgegenständen. Man sollte unbedingt einen Blick auf die Kreuzrippengewölbe der Decken werfen.
Im **Palast der Lubomirski** (Palac Ljubomyrs'kych/Палац Любомирських), dem Eckgebäude (pl. Rynok 10) zur vul. Rus'ka (вул. Руська), befindet sich

ein Möbelmuseum. Zu sehen ist eine umfangreiche Sammlung von Stilmöbeln aus dem 15. bis 19. Jahrhundert sowie Glas und Porzellan aus dieser Zeit. Das Gebäude wurde durch den Architekten Jan de Witte 1763 anstelle mehrerer kleiner Häuser errichtet. Namhafte Bildhauer wirkten an der Ausgestaltung des repräsentativen Eckgebäudes mit. Von 1772 bis 1821 befand sich hier die Residenz des österreichischen Gouverneurs von Galizien.
An der Westseite des Platzes fällt besonders ein reichgeschmücktes Haus auf (pl. Rynok 28). Nur dieses Gebäude ist im Renaissancestil erhalten, die rote Fassadenfarbe bildet einen schönen Gegensatz zu den schwarzen, mit Säulen und Skulpturen verzierten Fenstereinrahmungen.

■ Die Lateinische Kathedrale

Von der Südwestecke des Marktplatzes sind es nur wenige Schritte bis zur Lateinischen Marienkathedrale (Latyns'kyj kafedral'nij sobor/Латинський кафедральний собор). Sie wird von der römisch-katholischen Gemeinde – und das ist in L'viv vor allem der polnische Bevölkerungsteil – genutzt. Die Kirche ist eines der wenigen gotischen Baudenkmale der Stadt. Der Bau wurde 1360 nach Plänen des Architekten Peter Stecher begonnen, die Vollendung oblag 1478 bis 1481 den Baumeistern J. Gromm und A. Rabisch. Nach einem Brand 1527 konnte die Kirche aus Geldmangel nicht sofort wieder aufgebaut werden, und so haben verschiedene Stile ihre Spuren hinterlassen. Weithin sichtbar ist der 65 Meter hohe Turm mit der barocken Haube. Im gotischen Innenraum fallen besonders der langgestreckte Chorraum und die farbigen Fenster aus dem vorigen Jahrhundert auf.

Karte S. 73 ▲

Kunsthistorisch interessant sind auch die zwei zum Gebäudeensemble gehörenden Kapellen. An der nördlichen Langseite des Kirchengebäudes befindet sich die **Kampian-Kapelle** aus dem 16. Jahrhundert. Der Stifter war der reiche L'viver Handelsherr und Bürgermeister Martin Kampian. Der quadratische Bau mit einem Kreuzgratgewölbe besitzt eine eindrucksvolle Außenfassade. In den drei Bogennischen sind drei Reliefs mit den Motiven Kreuzabnahme, Auferstehung und Christus als Gärtner zu sehen. Die drei Medaillons im oberen Gesims sollen die Treue (ein Hund auf einem Sarg), die Vergänglichkeit des menschlichen Lebens (Vogel und Vase) und die Unsterblichkeit (Phönix über einer Urne) symbolisieren.

Die **Boim-Kapelle** ist an der entgegengesetzten Ecke der Kathedrale an ein

Die Boimkapelle an der Lateinischen Kathedrale

Nachbarhaus angebaut. Diese Kapelle diente als Familiengruft für einen Handelsherrn ungarischer Herkunft: Georg Boim, seine Frau Jadwiga, sein Sohn Paul und weitere elf Familienmitglieder sind hier begraben. Dieses wunderbare Renaissancewerk wurde 1609 von dem Architekten A. Bemer geschaffen, die Plastiken stammen von Jan Pfister aus Breslau. Die Westfassade (Eingangsseite) ist wie ein Ikonostas aufgebaut, Skulpturen der Apostel und Propheten sind in architektonische Details wie Halbsäulen, Kapitelle und Gesimse eingebunden. An der Nordseite ist das Relief ›Georg der Drachenkämpfer‹ zu sehen, und die Ostseite ist mit den Porträts der Stifter geschmückt. Auf der Kuppel vor dem Kreuz sitzt ein nachdenklicher Christus im Garten von Gethsemane. Der Innenraum erhält seine Wirkung durch die hohe Kuppel, die als Kassettendecke mit Rosetten als Verzierung ausgeführt ist. In den Kassetten sind jeweils Reliefs mit figürlichen Darstellungen zu sehen, in der unteren Reihe sind Personen aus dem Alten Testament abgebildet. Der Altar nimmt die gesamte Wandseite ein und ist mit Reliefs und Plastiken förmlich überladen. Insgesamt gibt die reichverzierte Boim-Kapelle einen guten Einblick in die Kunstfertigkeit und die Vorstellungswelt der Bürger, Künstler und Handwerker der damaligen Zeit.

■ Die armenische Kirche

An der langen Westseite des Marktplatzes in Richtung Norden entlanggehend, kommt man zur vul. Krakivs'ka (вул. Краківська) und trifft dort als erste Querstraße auf die vul. Virmens'ka (вул. Вірменська) – die armenische Gasse. In L'viv gab es seit dem 14. Jahrhundert Armenier, die die einen guten

In der Armenischen Straße (vul. Virmens'ka)

Ruf als Kaufleute und Handwerker hatten. In der ruhigen Gasse haben sich viele kleine interessante Details erhalten, so sollte man unbedingt die Häuser Nr. 21 und 23 anschauen. Letzteres ist als Haus der vier Jahreszeiten bekannt. Frühling, Sommer, Herbst und Winter werden durch Reliefdarstellungen aus dem Alltagsleben verdeutlicht. Weiterhin sind Chronos mit der Sanduhr und die Tierkreiszeichen zu sehen. Am Sackgassenende (vul. Virmens'ka 35) befinden sich eine Verkaufsgalerie und ein Antiquitätenhandel. In der Galerie werden bevorzugt moderne Kunstwerke und Installationen gezeigt.

Vom Ensemble der armenischen Kirche (Virmens'kyj sobor/Вірменський собор) fällt als erstes der Glockenturm aus dem Jahr 1571 durch die besondere Gestaltung auf – die vier Ecken sind als Säulen mit aufgesetzten Türmchen ausgeführt. Durch den Torbogen am Turm kommt man auf den Innenhof und kann dort einen Blick auf die alten Grabsteine mit armenischen Inschriften und einen Holzaltar werfen. Die ältesten Grabsteine sind über 600 Jahre alt. Der Holzaltar mit der Golgatha-Szene ist direkt an das Nachbarhaus angebaut und geht auf die Mitte des 18. Jahrhunderts zurück. Die armenische Kathedrale wurde 1363 errichtet und in der Folgezeit häufig umgebaut. Die Kreuzkuppelkirche bekam drei Apsiden, die für die russische Baukunst typisch sind. Im 17. Jahrhundert wurde das Gebäude katholisiert und erhielt ein Langschiff und eine barocke Inneneinrichtung. Der Eingang zur in den vergangenen Jahren restaurierten Kirche befindet sich in der vul. Teatral'na (вул. Театральна).

■ Apothekenmuseum

Wenn man ein kurzes Stück auf der vul. Drukars'ka (вул. Друкарська) entlanggeht, erreicht man an der Ecke zum Marktplatz eine alte, seit 1735 betriebene Apotheke, die heute gleichzeitig als Museum eingerichtet ist. Man kann alte Waagen, Tiegel, Arzneibücher und vieles mehr bestaunen. Das Gewölbe ist mit Ornamenten und Symbolen wie Feuer, Wasser, Luft und Erde als den vier Grundelementen bemalt.

■ Dominikanerkirche

Vor der Apotheke stehend, sieht man schon die barocke Dominikanerkirche (Dominikans'kyj sobor/Домініканський собор) mit ihrer mächtigen Kuppel (pl. Muzejna/пл. Музейна 1). Links neben der Kirche befindet sich die unscheinbar wirkende Abtei aus dem 16. Jahrhundert, in der zu sowjetischen Zeiten ein Museum für Atheismus untergebracht war. Nach einer Überarbeitung und einem Namenswechsel kann man jetzt das **Museum für Geschichte der**

Karte S. 73

Die armenische Kirche

Religion und die Kirche selbst besichtigen. Sie wurde in der Zeit von 1745 bis 1764 nach Plänen des Ingenieurs Jan de Witte errichtet. Ein Kreuz bildet den Grundriss, darüber erhebt sich die beeindruckende Kuppel, und Besucher sehen sich einem interessant gestalteten Portalgiebel gegenüber. Die Plastiken am Gesims wurden von Sebastian Fösinger geschaffen und gehören wegen ihrer ausdrucksvollen Gestaltung zu den besten Beispielen der L'viver Bildhauerei des 18. Jahrhunderts. Der Hauptaltar ist vom selben Künstler. Den Altarbereich schmücken überlebensgroße Plastiken von Johannes dem Täufer, den Aposteln Petrus und Paulus und dem Evangelisten Lukas, die M. Polejovskij zugeschrieben werden. Der Innenraum ist ganz auf die Wirkung der hohen und lichtdurchfluteten Kuppel hin konzipiert.

Bemerkenswert sind weiterhin die wertvollen Grabsteine, dabei sei vor allem auf das klassizistische Marmorgrabmal der Gräfin Julia Dunin-Borkovska hingewiesen, das vom dänischen Bildhauer B. Torwaldsen 1811 in Rom geschaffen wurde, und auf die Gedenkstele für den polnischen Maler Artur Grottger (1837–1867). Wegen der guten Akustik finden in der Kirche häufig Konzerte statt.

■ Stadtbefestigung

Wenn man rechts an der Kirche vorbeigeht, kommt man zur ehemaligen Stadtbefestigung. Unmittelbar hinter der Kirche in der vul. Pidval'na (вул. Підвальна) steht das **Königliche Waffenarsenal** (Korolivs'kyj arsenal/Королівський арсенал). Der Komplex stammt aus dem Jahr 1639. Neben der barocken Grundstruktur sind schon einige klassizistische Elemente zu erkennen. Jetzt ist das Regionalarchiv darin untergebracht. Vor dem Gebäude steht seit 1977 ein Denkmal für Ivan Fedoriv, einen Buchdrucker, der Mitte des 16. Jahrhunderts die erste Druckwerkstatt in L'viv einrichtete. Rund

um das Denkmal findet an den Wochenenden ein beliebter Büchermarkt statt. Bis zum Ende des 18. Jahrhunderts befanden sich hier die Befestigungsanlagen. Der Name Wallstraße (vul. Pidval'na) erinnert noch daran. Oberhalb der Straße steht ein kleiner runder Turm – der **Pulverturm** aus dem Jahr 1554. Die Mauern sind immerhin zweieinhalb Meter dick, und das Gebäude macht einen wehrhaften Eindruck. Hier waren das Schießpulver und die Munition gelagert. Diese Zeiten sind vorüber, den Eingang schmücken nun zwei schlafende Löwen, und der Turm beherbergt den Architektenverband.

■ **Maria-Entschlafens-Kirche**
Nur wenige Schritte entfernt stößt man auf den Gebäudekomplex der Maria-Entschlafens-Kirche (Ansambl' Uspens'-koji cerkvy/Ансамбль Успенської церкви), der aus der Hauptkirche, der Dreiheiligenkapelle und dem 66 Meter hohen Kornjaktaturm besteht. Der Turm war Symbol einer Brüderschaft (Stavropihijc'ke Bratstvo) der orthodoxen Bürger und Handwerker der Stadt. Ziel dieser Vereinigung war es, die Erziehung und Kultur zu fördern, deshalb wurden Bibliotheken, Schulen und Druckereien unterhalten. Außerdem wurde der Bau dieser Kirche gefördert. Der ursprünglich dreigeschossige Glockenturm von 1573 wurde ein Jahrhundert später aufgestockt und mit gedrehten Obelisken geschmückt. Der langgestreckte Turm mit den einfachen toskanischen Pilastern steht im Kontrast zur gedrungenen dreikuppligen Hauptkirche. Diese wurde 1591 an der Stelle einer kleineren Kirche erbaut. Deren Innenraum wird durch zwei Paar toskanische Säulen, die die Gewölbe tragen, in drei Schiffe geteilt. Den Abschluss nach Osten bildet eine halbrunde Apsis, am entgegengesetzten Ende ist der sogenannte Babynec' – hier standen die Frauen während des Gottesdienstes – mit Empore zu finden. Die Kuppeln mit dem dekorativen Rosettenschmuck und das von oben einfallende Licht geben dem Kirchenraum einen relativ hellen und weiträumigen Charakter. Der Ikonostas ist sehr alt, er stammt aus dem Jahr 1630. Die Bleiglasfenster dagegen wurden in den 1920er Jahren geschaffen und geben geschichtliche Szenen wieder.

Im rechten Winkel zur Hauptkirche steht die **Kapelle der Drei Heiligen**. Etwa zur gleichen Zeit erbaut, werden hier die Gliederungen wie bei der Maria-Entschlafens-Kirche wiederholt. Das Innere ist reich mit Stuck verziert, auch hier fallen die drei Kuppeln mit ihrer Goldbemalung besonders auf. Das Eingangsportal mit den Pflanzenornamenten und der gehämmerten Metalltür ist ein beliebtes Fotomotiv. Genutzt werden die Kirchengebäude von der ukrainisch-autokephalen orthodoxen Gemeinde (UAOK).

■ **Dnister-Haus**
Auf der anderen Straßenseite der vul. Rus'ka (вул. Руська) findet man mit dem Haus der Versicherungsgesellschaft ›Dnister‹ (Budynok Dnister/Будинок Дністер) ein besonders schönes Beispiel für den ukrainischen Jugendstil. Die Genossenschaftsbank und Selbsthilfeorganisation der benachteiligten ukrainischen Bevölkerung beauftragte den Architekten und Fabrikanten Ivan Levynskyj 1905 mit dem Bau eines reprä-

Die Westukraine

Büchermarkt vor dem ehemaligen Königlichen Waffenarsenal

sentativen Gebäudes. Levynskyj griff teilweise auf Motive der Volkskunst zurück und ließ zum Beispiel Ornamente aus Keramik anbringen. Das Dach wird von einem Turm geschmückt, der einer ukrainischen Holzkirche nachempfunden ist. Der Architekt verhalf damit der verdrängten ukrainischen Kultur in diesem von Österreichern und Polen beherrschten Landesteil zu neuem Ausdruck. Im Erdgeschoss wurden kleine Läden an die in dieser Straße wohnenden Ukrainer zu erschwinglichen Preisen vermietet, und in den Obergeschossen fanden neben den Büroräumen auch noch Wohnungen und ein öffentlicher Sportsaal Platz. Heute sind hier eine medizinische Bibliothek und eine Poliklinik untergebracht.

■ Städtisches Waffenarsenal

Das Nachbargebäude auf der vul. Pidval'na ist das Städtische Waffenarsenal aus dem Jahr 1555. Dieser festungsartige Bau mit den mächtigen Mauern und zu Schießscharten verengten Fenstern wurde vom Geld der Bürger erbaut. Später diente der Bau als Kornspeicher, Gießerei und Gefängnis, nach einer umfangreichen Restaurierung ist hier seit 1981 ein Museum für alte Waffen zu finden.

■ Synagoge Goldene Rose

Westlich vom Waffenarsenal beginnt die vul. Starojevrejs'ka (вул. Староєврейська), was soviel wie alte jüdische Straße heißt. Der Vorsitzende der jüdischen Gemeinde, Isaac Nachman, baute 1582 neben seinem Haus eine Synagoge, die später die ›Goldene Rose‹ genannt wurde (Nr. 37). Neben gotischen Elementen waren Renaissanceverzierungen und eine wertvolle Inneneinrichtung die Merkmale dieser Syn-

agoge. Während der Nazi-Okkupation kam es zur Zerstörung des Gebäudes, nur Reste der Fundamente sind erhalten. Seit einigen Jahren gibt es eine Gedenktafel für die ›Goldene Rose‹.

■ Bernhardinerkloster

Am südlichen Ende der vul. Pidval'na sind die Gebäude des Bernhardinerklosters (Bernadyns'kyj monastyr/Бернадинський монастир) [13 zu finden]. Auffallend sind die **Befestigungsanlagen** mit dem Glynjans'ki-Turm. Bei Restaurierungsarbeiten in den 1970er Jahren wurde auch das verschüttete Steinmauerwerk mit dem Eingangstor wieder freigelegt. Die Befestigungsanlagen waren notwendig, weil das Kloster vor der Stadtmauer lag. Die **Kirche Sv. Andrija** (Св. Андрія) weist mit der Eingangsseite zum pl. Vozzjednannja (пл. Возз'єд-

Blick durch eine Altstadtgasse auf die Bernhardinerkirche

Karte S. 73 ▲

Die Westukraine

нання) und gehört nun zur unierten Kirche. Der Komplex wurde im ersten Drittel des 17. Jahrhunderts unter der künstlerischen Leitung von Paul dem Römer (Paolo Dominici) begonnen und später von anderen fortgeführt. An der Giebelfassade ist gut der Übergang von der Renaissance zu barocken Bauauffassungen zu erkennen. Auf schlichten Mauern folgt ein manieristischer Fassadenabschluss mit vielen Verzierungen und Statuen von Maria, den Aposteln Peter und Andreas und anderen Ordensheiligen. 15 Holzaltäre und wertvolle Fresken sind im Inneren der Kirche zu finden. Der 38 Meter hohe Turm trägt eine Barockhaube. Vor dem Kirchengebäude erinnert eine Säule an die Verteidigung der Stadt gegen die Armee des Bohdan Chmel'nyc'kyj. Ein Mönch – Jan von Dukla – organisierte die Verteidigung. Im Klosterhof sind am Brunnen Szenen seines Lebens dargestellt. Schon 1460 gab es an dieser Stelle ein Kloster des Bernhardinerordens.

■ Am Mickiewicz-Platz

Das Bernhardinerkloster hinter sich lassend, kommt man auf die vul. Valova (вул. Валова). Am Eckhaus zur vul. Galyc'ka (вул. Галицька) sind Reliefs mit menschlichen Darstellungen von 1909 zu sehen. In dieser Spätzeit des Jugendstils waren kräftige, arbeitende Männer beliebtes Darstellungsobjekt. Nur wenige Schritte weiter betritt man den pl. Mickevyča (пл. Міцкевича) mit dem 1905 eingeweihten Denkmal für den polnischen Dichter Adam Mickiewicz. An der südlichen Ecke des dreieckigen Platzes beginnt der pr. Ševčenka. Dort befindet sich das **Hotel George** (Жорж), das 1901 nach Plänen der Wiener Architekten H. Helmer und F. Fellner erbaut wurde.

Von hier aus sei auch ein Bummel entlang des **pr. Ševčenka** (пр. Шевченка) Richtung Süden empfohlen. Der breite Prospekt mit seinem grünen Mittelstreifen ist von Geschäften und einigen Cafés gesäumt und strahlt zugleich Ruhe und Geschäftigkeit aus. Hier ist in den letzten Jahren mit einigem Aufwand die Bausubstanz wiederhergerichtet worden.

■ Der Prospekt Svobody

Nach Norden zu kommt man dagegen auf den pr. Svobody (пр. Свободи, Prospekt der Freiheit). Gemächlich entlangschlendernd kann man die bunte Atmosphäre der Stadt erleben: hier geschäftiges Treiben auf den breiten Fußwegen, daneben alte und neue Eleganz am ›Grand Hotel‹; auf den Bänken der Grünanlagen Domino oder Schach

Das Denkmal für Taras Ševčenko auf dem Prospekt Svobody

spielende Rentner und an der ›speaker's corner‹ heftige politische Debatten.

Von Süden kommend, stößt man als erstes auf den **Brunnen der Muttergottes** – nach der Legende ist sie die Patronin der Bürger der Stadt. Der Steinbrunnen mit Skulptur wurde 1904 errichtet und 1997 restauriert. Das nächste Denkmal wurde 1992 errichtet und ist dem ukrainischen **Nationaldichter Taras Ševčenko** gewidmet. Vor der überlebensgroßen Figur sind immer frische Blumen zu finden – Ausdruck der Verehrung für einen Dichter, der das ukrainische Nationalgefühl in Worte fasste. Die zwölf Meter hohe bronzene Stele neben dem Denkmal symbolisiert die Welle der nationalen Erneuerung. Bei so viel Pathos wundert es nicht, dass so mancher Lemberger die Stele in Anspielung auf ihre Form schlicht ›Gurke‹ nennt.

Auf einige repräsentative Gebäude auf dem pr. Svobody sei noch hingewiesen. An der Ecke zur vul. Hnatjuka (вул. Гнат-

юка) befindet sich das **Museum für Ethnographie und Kunstgewerbe der Ukraine** (pr. Svobody 15). Kurz vor der Jahrhundertwende nach Plänen des Lemberger Architekten J. Zacharievicz im Neorenaissance-Stil errichtet, zeugt es vom Wohlstand des aufstrebenden galizischen Bürgertums und beherbergte früher die ›Galizische Sparkasse‹. Nun kann man Alltags- und Arbeitsgegenstände sowie Kunsthandwerkliches der ethnischen Gruppen der Westukraine bewundern. Buntbemalte Ostereier, farbige Ofenkacheln und geblasenes Glas geben einen Eindruck vom Geschick und der Kreativität ihrer Schöpfer. Das gegenüberliegende Eckgebäude nimmt die architektonische Formensprache des Museums auf, dominiert aber durch Kühle und Wucht; es ist die 1912 errichtete Prager Kreditbank, jetzt ›Prominvestbank‹.

Schräg gegenüber steht am pr. Svobody 20 ein weiteres Museum. Das 1898 als Gewerbemuseum errichtete Gebäude

Die Lemberger Oper

Die Westukraine

Im Treppenhaus der Lemberger Oper

wurde 1950 zur ›L'viver Filiale des Zentralen Lenin-Museums‹ umfunktioniert. Als im September 1990 die Leninbüste vor der Oper weichen musste, wurde auch das Museum geschlossen und einer Umgestaltung unterzogen. Als Bestandteil des **Ukrainischen Nationalmuseums** öffnet es nun seine Pforten. Es sind wechselnde Kunstausstellungen zu sehen.

Im **Wiener Café** (pr. Svobody 14) kann man sich erholen und aus allerlei Süßigkeiten das Angenehmste aussuchen. Man versucht, die Wiener Kaffeehauskultur wieder in die Stadt zu holen und tut das mit einigem Geschick. Besonders begehrt sind im Sommer die Plätze im Freien.

■ **Opernhaus**
Vom nördlichen Ende der Anlagen grüßt die Fassade des Opernhauses (Teatr opery ta baletu /Театр опери та балету). Mit dem Bau dieses Gebäudes wurde am Ende des 19. Jahrhunderts ein neues Zeitalter eingeläutet – das der modernen Industriemetropole. Der alte Stadtgraben wurde zugeschüttet, die darin fließende Poltva (Полтва) in ein unterirdisches Betonbett verlegt und der heutige Boulevard gebaut. Ein repräsentatives Musiktheater im Neo-Renaissance-Stil plazierte man zwischen den Fahrbahnen des Boulevards. Der polnische Architekt Z. Gorgolevski, von der Berliner Bauakademie kommend, wurde für dieses Projekt heftig kritisiert. Der vorausgesagte Einsturz des Operngebäudes blieb allerdings zum Glück aus. Der Haupteingang besteht aus drei Portalen, darüber erstreckt sich eine Loggia mit korinthischen Säulen. In den Nischen sind die allegorischen Figuren für ›Komödie‹ und ›Tragödie‹ zu sehen. Der ukrainische Bildhauer P. Vijtovyč schuf die mythologischen Szenen am Giebelfeld und die in den Himmel ragenden Plastiken ›Ruhmesgöttin‹, ›Poesie‹ und ›Musik‹. Die Innenarchitektur ist ebenfalls sehr schmuckvoll und farbig.

Alik Olisevyč – der letzte Hippie von L'viv

Bart, wallendes Haar und ein Kreuz auf der Brust – Alik Olisevyč würde man als Wanderprediger durchlassen, wären da nicht das T-Shirt mit dem Peace-Zeichen und das alte Klapprad, mit dem er in die Oper radelt. Tatsächlich gilt Alik Olisevyč inzwischen sogar als Patriarch mit einer großen Zahl an Anhängern, allerdings nicht bei der rechtgläubigen Kirche.

Wer mit Alik durch L'viv spaziert, kommt nicht weit. Er wird von einem Straßencafé aus gegrüßt, trifft einstige Hippies, von denen einige zu Wohlstand gekommen sind, palavert mit ehemaligen Gegnern, regimetreuen Journalisten oder alten Funktionären, die sich in die nicht mehr ganz neue Zeit gerettet haben, oder er schäkert mit den Töchtern seiner alten Freunde. Die jungen Frauen sehen in Alik wohl das, was sie bei ihren Vätern nicht mehr erkennen: Das Aufbegehren gegen das System, den Eigenwillen und den Geist des Nonkonformismus – einfach das, was Alik zu dem gemacht hat, was er ist: Der bekannteste Hippie von L'viv, dem Breschnews Miliz, der Komsomol und der KGB arg zugesetzt haben und der vom Geist der 1970er Jahre nicht lassen will.

Heute wird Alik gern als Zeitzeuge eingeladen, um über Subkultur und nonkonformes Leben in der Sowjetunion der 70er und frühen 80er Jahre zu erzählen. Was bei den Jugendlichen ungläubiges Kopfschütteln hervorruft, war damals der Kampf um Selbstbehauptung in der versteinerten Welt von Leonid Breschnew. Wer sich nicht in den Komsomol einfügte, wer in der Öffentlichkeit zu viel ›dekadente‹ westliche Musik hörte, wer lange Haare trug, bekam es schnell mit der Staatsgewalt zu tun. Studenten flogen von der Universität, weil man ihnen vorwarf, ›bourgeoise Nationalisten‹ zu sein, andere wurden verdächtigt, antisowjetische Agitation zu betreiben, wieder andere wurden gleich ins Gefängnis gesteckt.

Die Staatsmacht schnitt ihnen die Haare ab, verpflichtete sie zur Arbeit, sammelte Ausweise ein, fotografierte sie, nahm Fingerabdrücke. Doch letzten Endes war sie nahezu ohnmächtig – so wie bei Aliks Musterung: Er trat mit Kriegsbemalung und wehendem Haar vor die Militärkommission. Für die Offiziere war schnell klar, so einer kann nur verrückt sein. Sie hielten ihn für ›wehrunwürdig‹ und steckten Alik in die Psychiatrie. Doch nach vier Wochen war er wieder frei.

Bei Alik, der 1958 in L'viv geboren wurde, hat alles in einem vormilitärischen Lager angefangen, wo der Zehnjährige auf ältere Schüler traf, die lange Haare hatten und Jeans trugen. Dort kauft er sich für drei Rubel seine ersten eigenen ›Levi's‹. Die knöpfte ihm sein Vater umgehend wieder ab, um sie zu verbrennen. Nicht, weil er vom Kommunismus überzeugt gewesen wäre, sondern weil er seinem Sohn das eigene Schicksal ersparen wollte: Er hatte zehn Jahre im Gefängnis gesessen.

Trotz aller Repressionen – das Leben in L'viv war vergleichsweise tolerant. Die Stadt wurde neben den baltischen Städten, allen voran Tallinn, sowie dem damaligen Leningrad eines der Zentren der Hippiebewegung. Man trampte durchs Land, sonnte sich am Ostseestrand oder auf der Krim, traf sich auf gemeinsamen Sessions. Eine der Bands waren die legendären ›Vujky‹ (Вуйки) aus L'viv.

Treffpunkte für Hippies gab es einige, etwa den ›Heiligen Garten‹. Dort, wo heute Antiquare stehen und ihre Bücher verkaufen, unweit von der damaligen Gebietsparteizentrale, trafen sie sich und machten bis nach Mitternacht Musik.

Alik Olisevyč

L'viv war anders. Für den Kreml war es eine der gefährlichsten Städte, sie galt als politisch unsicher und stand unter Beobachtung. Ein zweiter, sehr versteckter Treff war der Lyčakivs'ke-Friedhof. Der Platz, wo heute der polnische Ehrenfriedhof ist, war damals Brachland, auf dem sie Fußball spielten und Musik hörten.
Alik schlug sich nach der Psychiatrie jahrelang als Aktmodell an der Kunstakademie durch, bis er auch dort rausflog. Das Opernhaus gab ihm so etwas wie politisches Asyl. Er fing dort in den 80er Jahren als Beleuchter an und ist es noch heute. Er bedient in der oberen linken Loge die Scheinwerfer, Abend für Abend.
Natürlich ging Alik im Herbst 2004 während der Orangenen Revolution auf die Straße. Allerdings hat er sich nie einer Partei angeschlossen – auch nicht den Orangenen. Darauf angesprochen, winkt er ab. ›Für einen Hippie undenkbar!‹ Wer ihn treffen will, braucht nur in die Oper zu gehen, wo man für wenig Geld gute Aufführungen erleben kann. Vor der Vorstellung und in den Pausen läuft er mit offenem Haar durchs Foyer. Und was sein Äußeres angeht, war Alik tatsächlich Geistlicher – 1986 als Komparse in einem Film. Die Rolle des Rebellen wurde ihm nie angeboten, die hat er nur im richtigen Leben gespielt.
Wer Alik Olisevyč treffen will, kann das in der Oper tun oder nach ihm am Künstlereingang links neben dem Haupteingang fragen. Alik steht für Führungen durch das alternative L'viv zur Verfügung, er spricht Ukrainisch, Russisch, Polnisch und Serbokroatisch (Tel. 066/257 25 10).

Am Marktplatz

■ **Ehemalige Jesuitenkirche**

Über den pl. Pidkovy (пл. Підкови) führt der Weg zurück ins Stadtinnere. Ein kleines Denkmal erinnert an den Sičkosaken Ivan Pidkova, der im Befreiungskampf der Ukraine eine große Rolle spielte und schließlich 1578 in L'viv hingerichtet wurde. Rechter Hand steht ein einstöckiges Gebäude, in dem jetzt ein Café zu finden ist. Früher befand sich in diesem frühklassizistischen Bau von 1829 die Hauptwache.

Links vom Platz steht die leider geschlossene Peter-und-Pauls-Kirche des Jesuitenordens. Im Zuge der Gegenreformation entfaltete dieser Orden seine umfangreichen Aktivitäten und baute große und prachtvolle Kirchen. Dieses von 1610 bis 1630 errichtete Gotteshaus ist noch der Renaissance verpflichtet, wirkt allerdings aufgrund der vielen Skulpturen und Verzierungen etwas überladen. Der Architekt Giacopo Briano kam direkt aus Italien in die Stadt und brachte bereits die sich entwickelnde Auffassung des Barock mit. Nach einem Brand 1734 wurden im Inneren aufwendige Freskenmalereien ausgeführt. Heute dient das Gebäude als Lager der Bibliothek der Nationalen Akademie der Wissenschaften der Ukraine. Nebenan befindet sich das Jesuitenkolleg, hier lernte auch der spätere Hetman Chmel'nyc'kyj, woran eine Gedenktafel neben dem Eingang erinnert. Heute ist hier eine Schule untergebracht.

■ **Christi-Verklärungs-Kirche**

Wenn man die vul. Teatral'na weiter bis zur vul. Lesi Ukrajinky (вул. Лесі Українки) geht, trifft man auf einen freien Platz, auf dem Andenken, Antiquitäten und Malereien verkauft werden. Rechts davon, Richtung armenische Gasse, steht die Christi-Verklärungs-Kirche (Preobražens'kyj sobor/Преображенський собор). Das in neuem Weiß erstrahlende Bauwerk mit der grünen Kuppel ist weithin sichtbar – aber nicht besonders alt. Die Kirche wurde in den Jahren 1878 bis 1898 an der Stelle eines Klosters erbaut. Bemerkenswert ist die farbenfrohe und reiche Innenausstattung. Im Oktober 1989 wurde diese Kirche als erste L'vivs von der wiedererstandenen unierten Kirche in Besitz genommen.

Karte S. 73

Die nördliche Vorstadt

■ Alter Marktplatz

Der Staryj Rynok (Старий Ринок, Alter Marktplatz) war vom 13. Jahrhundert an für mehrere Jahrhunderte das Zentrum der Stadt. An der heutigen vul. Chmel'nyc'koho (вул. Хмельницького), dem Beginn der Verbindungsstraße nach Wolhynien und Kiev, und rund um den Marktplatz sollen im 13. Jahrhundert bereits 15 Kirchen existiert haben. Einige sind, wenn auch teilweise mit großen Veränderungen, erhalten geblieben.

■ Johanneskirche

Die wahrscheinlich älteste ist die Kirche ›Johannes der Täufer‹ an der Ostseite des Staryj Rynok (kost'ol Ivana Chrestytelja/костьол Івана Хрестителя). Sie stammt aus dem Jahr 1260 und soll für Konstanze, die Frau des Fürsten Lev, erbaut worden sein. Es gab zahllose Umbauten, das jetzige Erscheinungsbild soll dem Original nahe kommen, stammt aber aus dem Jahr 1886. Heute dient

Brotkiosk

das Gebäude als Museum und gehört zur Gemäldegalerie. Im Vorgarten sind interessante moderne Plastiken zu bewundern.

■ Nikolauskirche

An der Nordseite des Platzes befindet sich die Nikolauskirche (cerkva Sv. Mykolaja/церква Св. Миколая); die Hof-

P'jatnyc'ka-Kirche
Žovkva
вул. Татарська
vul. Tatars'ka
Denkmal für die jüdischen Opfer des Faschismus
вул. Замкова
Onufri-Kirche
Schloßberg
вул. Замаринська
вул. Заманстинієська
вул. Хмельницького
Nikolaus-kirche
Високий Замок
Vysokyj Zamok
vul. Muljars'ka
Jüdisches Kultur-zentrum
вул. Смерекова
vul. Smerekova
Johannes-kirche
vul. Zamkova
P
Staryj Rynok
vul. Užhorods'ka
вул. Ужгородська
вул. Кривоноса
Maria-Schnee-Kirche
Abtei der Benediktinernonnen
vul. Kryvonosa
vul. J. Honty

0   250   500 m

Die Westukraine

kirche des Fürsten stand bereits Ende des 13. Jahrhunderts an dieser Stelle. Die schmucklosen Außenwände und die kleinen Fenster weisen auf die Schutzfunktion dieser Kirche im Belagerungsfall hin. Andere Anbauten stammen aus dem 17. und 18. Jahrhundert, die Ikonen der Kapellen sind etwa 300 Jahre alt und der Ikonostas etwa 80 Jahre.

■ Jüdische Spuren

Vor dem Zweiten Weltkrieg wurde der alte Marktplatz von dem jüdischen Tempel, der größten Synagoge der Stadt, geprägt. Das gewaltige, von einer großen Kuppel überwölbte Gebäude war 1843 errichtet worden. Die sogenannte Žovkva-Vorstadt (Жовква) wandelte sich im Laufe der Jahrhunderte zu einem mehrheitlich von Juden bewohntem Gebiet. Fast alle Zeugnisse, wie die Große Synagoge und der Friedhof, sind zerstört worden. Die frühere chassidische Synagoge am pl. Sv. Teodora (пл. Св. Теодора) fungiert heute als Zentrum der jüdischen Kultur.

■ Onufri-Kirche

Die heutige Onufri-Kirche (cerkva Sv. Onufrija/церква Св. Онуфрія) in der vul. Chmel'nyc'koho 36 entstand 1550. Aber schon seit dem 13. Jahrhundert hatte hier eine Holzkirche gestanden, später kam ein Kloster des Basiliusordens hinzu. Dies alles fiel einem Brand zum Opfer. Das heutige Aussehen der Kirche wurde durch zahlreiche Umbauten in den letzten 200 Jahren geprägt. Auf dem Kirchhof ist ein Denkmal für Ivan Fedoriv zu sehen; der erste Buchdrucker auf ukrainischem Boden wurde 1583 hier beigesetzt.

■ P'jatnyc'ka-Kirche

Um zur P'jatnyc'ka-Kirche (П'ятницька церква) zu gelangen, benutzt man den Fußgängertunnel unter den Bahngleisen und geht die verlängerte vul. Chmel'nyc'koho weiter. Auf der rechten Straßenseite, am ursprünglichen Eingang zum Ghetto, steht seit 1992 ein Denkmal für die jüdischen Opfer des Faschismus. Fast die gesamte jüdische Bevölkerung L'vivs

Vom Schlossberg hat man einen guten Blick auf die ganze Stadt

Karte S. 87

wurde umgebracht, nur sehr wenige konnten überleben.

Nach wenigen hundert Metern ist der Turm der gedrungen wirkenden P'jatnyc'ka-Kirche zu sehen. Auf den Grundmauern älterer Bauwerke, wahrscheinlich aus dem Ende des 13. Jahrhunderts, stellt die 1643 errichtete Kirche ein Beispiel der kulturellen Beziehungen zu Moldawien dar. Der moldawische Fürst Lupul gab Geld für den Bau, und Herrscher von dort sind in der Kirche beigesetzt. An der Straßenseite der Außenmauer ist ein moldawisches Wappen zu sehen – ein Büffelkopf mit Krone, Sonne und Mond. Der geschnitzte Ikonostas von 1644 ist durch eine Renaissance-Säulenordung gegliedert und enthält 70 Ikonen. Bemerkenswert sind vor allem die Passionsikonen von F. Senkovič, einem bedeutenden Vertreter der ukrainischen Malerei.

■ Schlossberg

Vom Staryj Rynok aus kann man über die Užhorod'ska vul. den Schlossberg ersteigen, auf dem einst das alte Schloss des Fürsten Danylo Romanovyč stand. In der zweiten Hälfte des 14. Jahrhunderts ließ der polnische König Kasimir III. eine neue Burg – das Hohe Schloss – erbauen (Vysokyj zamok/Високий замок). Durch häufige Belagerungen und Brände zerstört, wurde die Anlage mehrmals aufgebaut und verändert, Ende des 18. Jahrhunderts wurde sie demontiert. Heute sind leider nur noch kärgliche Mauerreste erhalten. Ein Park und der Fernsehturm sind auf dem Gipfel des Berges zu finden, aber der Aufstieg lohnt sich vor allem wegen des Rundblicks von einem aufgeschütteten Kegel (mit serpentinenartigen Treppen) auf die Stadt. Die Altstadt mit der interessanten Silhouette ist ebenso zu sehen

wie die Vorstadt mit der Georgskirche und die Neubausiedlungen am Stadtrand.

■ Maria-Schnee und Benediktinerinnen-Abtei

Zurückgekehrt zum Staryj Rynok, kann man auf dem Weg ins Stadtzentrum noch einen Blick auf zwei kleinere Bauwerke werfen. Oberhalb der vul. Honty (вул. Гонти), gegenüber dem Puppentheater, steht die neoromanische Maria-Schnee-Kirche (kost'ol Mariji Snižnoji/костьол Марії Сніжної) aus dem 19. Jahrhundert. Schon im 14. Jahrhundert wurde an dieser Stelle eine Vorläuferkirche von deutschen Siedlern erbaut. 200 Meter weiter findet man an der vul. Vičeva (вул. Вічева) die etwas versteckt liegende Kirche und Abtei der Benediktinernonnen (monastyr Benedyktynok/монастир Бенедиктинок) aus dem 16. Jahrhundert, welche ebenfalls von dem italienischen Renaissancearchitekten Paul dem Römer entworfen wurden. Angenehm wirken der kleine grüne Innenhof und der schöne Renaissanceturm. Die Anlage war früher von einer Verteidigungsmauer umgeben, denn sie lag außerhalb der städtischen Befestigungsanlagen.

Die westliche Vorstadt

Vom pl. Mickeviča kann man entlang des pr. Ševčenka (пр. Шевченка) zunächst nach Süden spazieren. Am Beginn der vul. Drahomanova (вул. Драгоманова) steht seit 1993 ein **Denkmal für Mychajlo Hruševs'kyj**, den Vorsitzenden der ersten ukrainischen Regierung 1918. Das erste Gebäude auf der linken Seite ist die reich ausgestattete **Barockkirche des heiligen Michael** (cerkva Sv. Mychajila/церква Св. Михаїла), Sitz des Bischofs der orthodoxen Kirche.

Die Westukraine

■ Nationalmuseum

Die vul. Drahomanova ist eine ruhige, leicht bergan steigende Villenstraße; fast an ihrem Ende befindet sich das Nationalmuseum für Ukrainische Kunst (Nacional'nyj muzej/Національний музей, Nr. 42) mit einer großen Ikonensammlung aus dem 14. bis 18. Jahrhundert sowie ukrainischer bildender Kunst aus dem 19. und 20. Jahrhundert.

■ Gemäldegalerie

Für Kunstliebhaber empfehlenswert ist auch ein Besuch in der Gemäldegalerie in der vul. Stefanyka 3 (Kartynna galereja/Картинна галерея, вул. Стефаника). Von der vul. Drahomanova zweigt die vul. Hlibova (вул. Глібова) ab, die schließlich in die vul. Stefanyka übergeht, der Fußweg zwischen beiden Museen führt durch angenehme Wohnviertel, die noch aus der Zeit der österreichischen Herrschaft stammen. Kurz bevor man die Gemäldesammlung erreicht, besteht die Möglichkeit, sich im Café ›Kupol‹ (Купол) in der vul. Čajkovs'koho 37 (вул. Чайковського) zu stärken. Dieses sehr empfehlenswerte Restaurant kann mit einer guten Küche und einer angenehmen Atmosphäre aufwarten. Mit einem Sammelsurium alter Dinge wird der Charme der ›alten guten Zeit‹ beschworen.

Den größten Teil der Sammlung in der Galerie macht die westeuropäische Kunst aus. Zu sehen sind eine große Sammlung italienischer Werke aus dem 14. bis 18. Jahrhundert und Gemälde

L'viv (Львів), westliche Vorstadt

deutscher, holländischer, spanischer, österreichischer und polnischer Maler. Einige Räume sind der modernen ukrainischen Kunst vorbehalten. Gegenüber der Gemäldegalerie befindet sich die **Universitätsbibliothek** im Ossolineum.

■ Potoc'kyj-Palast

In der vul. Kopernika 15 (вул. Коперніка) ist der Potoc'kyj-Palast (Palac Potoc'-kych/Палац Потоцьких) zu finden. Der imposante Komplex entstand 1889 nach einem französischen Projekt. Der 1996 neu errichtete Palast der Künste steht im beabsichtigten Gegensatz zum Nachbarbauwerk. Hier regiert eine kühle Funktionalität, die etwas trutzig wirkt. Es sind wechselnde Kunstausstellungen zu sehen (vul. Kopernika 17). Gegenüber, in der vul. Kopernika 20, verbrachte Leopold von Sacher-Masoch (1836–1895) seine Kindheit. Der später in den Ritterstand erhobene Schriftsteller gilt als Begründer der deutschsprachigen Literatur Galiziens. Er schrieb Romane mit pessimistischen Darstellungen des Familienlebens und wurde (allerdings ohne sein Zutun) namensgebend für den Masochismus.

■ Rusalka-Dnisterova-Museum

Im Glockenturm der Heiliggeistkirche (vul. Kopernika 40) befindet sich das Rusalka-Dnisterova-Museum (muzej Rusalky Dnistrovoji/музей Русалки Дністрової). Die Kirche selbst wurde im Weltkrieg durch Bomben zerstört, wahrscheinlich sollte eigentlich das nahegelegene Post- und Telegrafenamt getroffen werden. ›Rusalka Dnisterova‹ ist eine Liedersammlung und das erste Buch mit kyrillischen Buchstaben und in ukrainischer Umgangssprache. Mit dem Untertitel ›Ruthenische Volkslieder‹ erschien es 1837 in Budapest. Der Über-

Der Potoc'kyj-Palast

setzer und Schriftsteller Markijan Šaškevyč war der Herausgeber der Liedersammlung – neben dem Museum steht sein Denkmal.

■ Universität

Wenn man der vul. Stefanyka weiter nach Norden folgt, gelangt man zur Univorcität. Im jetzigen Hauptgebäude war bis 1919 das galizische Parlament untergebracht. Der Entwurf für diesen 1877 begonnenen Bau stammt von J. Hochberger. Die Allegorien neben dem Eingang stellen die ›Erziehung‹ (links) und die ›Arbeit‹ (rechts) dar. Über der Attika thront die Darstellung der ›Beschützer des Geistes von Galizien‹. Diese überlebensgroßen Plastiken sowie schlanke ionische Säulen verleihen dem neoklassizistischen Bauwerk einen repräsentativen Charakter. Auch die Eingangshalle ist einige Blicke wert – großzügige Treppenaufgänge, erlesener Steinfußboden und neoklassizistische

Säulen geben dem Foyer etwas Erhabenes. Der fremde Besucher sollte sich nicht wundern, wenn er sofort vom Pförtner nach dem Weg gefragt wird – Pförtner gehören in der Ukraine noch zum unverzichtbaren Personal.

■ Ivan-Franko-Park

Gegenüber dem Gebäude lädt eine Grünanlage ein. Am unteren Ende der Anlage steht ein gewaltiges Denkmal für Ivan Franko. Der nach ihm benannte Park (парк ім. Франка) wurde bereits im 17. Jahrhundert durch die Jesuiten nach italienischer Mode angelegt. Seit 1779 ist er der Öffentlichkeit zugänglich. Einige Bauten, so auch die erhaltene Dorian-Rotunde, errichtete man für die Unterhaltung der Bürger. Heute ist der Park eine kleine grüne Insel mit vielen alten Bäumen. Am oberen Ende des leicht ansteigenden Parks steht das **Hotel Dnister** (Дністер) – ein Blickfang, aber sicher keine architektonische Meisterleistung. Die an der südlichen Längsseite des Parks liegende vul. Krušel'nyc'koji (вул. Крушельницької) dagegen hat zumindest eine architektonische Besonderheit – eine vollständig erhaltene Zeile von **Neorenaissance-Wohnhäusern**. Hier war immer eine bessere Wohngegend. Das Haus Nr. 1 gehörte zum Beispiel ab 1900 der Familie Buber. Leon Reich war ein aktiver Kämpfer für den Zionismus – er lebte und starb hier.

■ Georgskathedrale

Der Weg führt bergauf zu einem städtebaulich dominierenden Bauwerk, der Georgskathedrale (sobor Sv. Jura/собор Св. Юра). Dank der günstigen Lage auf einem Hügel ist dieses imposante Bauwerk weithin zu sehen. Die Georgskathedrale zählt zu den bedeutendsten

Die imposante Georgskathedrale

Rokokokirchen der Ukraine. Vom Platz des heiligen Georg, dem pl. Svjatoho Jura (пл. Святого Юра) führt der Weg durch zwei Tore. Links erhebt sich die Kathedrale mit den Nebengebäuden, und rechts steht das Haus des Metropoliten.

Aus der Geschichte ist überliefert, dass an dieser markanten Stelle schon seit 1280 eine Holzkirche stand. Mit dem Bau der heutigen Kirche wurde 1744 nach den Entwürfen des deutschstämmigen Architekten Bernhard Merettin begonnen. Nach dessen Tod vollendete Sebastian Fössinger 1768 die Kathedrale und die Nebengebäude.

Faszinierend ist die reich verzierte Hauptfassade: Zwei hohe Pfeiler neben dem Eingang ziehen den Blick nach oben zum Ziergiebel, der mit der Skulptur ›Der heilige Georg im Kampf mit dem Drachen‹ abschließt. Diese und die Heiligenstatuen von Anastassi und Lew

Karte S. 90

schuf der begabte Bildhauer M. Pinsel. Der dreischiffige Innenraum wird durch das imposante Hauptschiff mit dem Gewölbesystem und der barocken Ausstattung geprägt.

Die Kathedrale war bis zum Verbot der unierten Kirche 1946 Sitz ihres Oberhauptes. Seit der Neuformierung der ukrainisch-unierten Kirche wird dieses Gotteshaus wieder von der Gemeinde genutzt. Heute ist sie auch wieder die Hauptkirche der unierten Kirche, allerdings hat der Großerzbischof Kardinal Ljubomyr Huzar den Bischofssitz 2005 nach Kiev verlegt.

■ Sankt-Elisabeth-Kirche

Weiter stadtauswärts, schräg gegenüber der zum Bahnhof führenden vul. Černivec'ka (вул. Чернівецька), steht die restaurierte Sankt-Elisabeth-Kirche (cerkva Sv. Jelyzavety/церква Св. Єлизавети). Der Einweihung dieser neogotischen Kirche wohnte 1912 sogar der hochbetagte österreichische Kaiser Franz Josef I. bei. Denn der Anlass für ihren Bau war der tragische Tod der österreichischen Kaiserin Elisabeth. Unter dem Namen Kirche der Heiligen Ol-

Das Bahnhofsgebäude im Jugendstil

ga und Elisabeth dient sie jetzt der unierten Gemeinde als Gotteshaus. In sowjetischen Zeiten befand sich hier ein Warenlager der Schokoladenfabrik.

■ Bahnhof

Von hier ist es nicht mehr weit bis zum Bahnhof der Stadt. L'viv ist ein Verkehrsknotenpunkt und besitzt ein repräsentatives Bahnhofsgebäude. In den Jahren 1899 bis 1903 – also einer Zeit, in der die Bahnhöfe die Kathedralen des Fortschritts waren – entstand das recht beeindruckende Bauwerk. Das langgestreckte ›Querschiff‹ bilden die Bahnsteige. Das Zentrum bildet die Eingangshalle mit neuer auskragender Überdachung, überlebensgroßen Figuren, die Handel und Arbeit darstellen, und der Kuppel. Für Touristen wichtig sind vor allem die internationalen Kassen in der zweiten Etage – hier müssen die Fahrkarten ins Ausland erstanden werden.

■ Polytechnische Universität

Auf eines der bedeutendsten Neorenaissance-Gebäude sei noch hingewiesen, auf die Polytechnische Universität (L'vivs'ka Politechnika/Львівська Політехніка) in der vul. Bandera 12 (вул. Бандера). Es entstand 1874 bis 1877 nach dem Projekt des Architekten J. Zachariewicz. Das Gebäude hat beträchtliche Ausmaße und umfasst mehrere Seitenflügel und Innenhöfe. Bemerkenswert sind vor allem die große Eingangshalle mit Lichthof und reichem ornamentalem Schmuck und die Aula. Hier ziehen die schön gegliederte Kassettendecke und der Bilderzyklus die Blicke auf sich. Besonders stolz ist man auf die Bibliothek. Riesige Bücherschränke sind mit Holzskulpturen verziert und schaffen eine faustische Atmosphäre.

Rund um den Krakauer Markt

Vor allem an den Markttagen Mittwoch und Sonnabend sollte man dem zentralen Markt, auch Krakauer Markt (Krakivs'kyj rynok/Краківський ринок) genannt, einen Besuch abstatten (▶ hintere Klappkarte). Der Weg dorthin führt entlang der vul. Špytal'na (вул. Шпитальна) durch das **alte jüdische Viertel** zur vul. Bazarna (вул. Базарна). Am Eckgebäude vul. Špytal'na/vul. Kotljars'ka (вул. Котлярська) ist eine Gedenktafel für den Schriftsteller Scholem Alejchem (1859–1916) angebracht, der 1906 in diesem Haus lebte.

Schräg gegenüber in der Špytal'na 13 lädt eine Galerie der besonderen Art ein. Mit ›OM-Art‹ – gleich neben dem städtischen Gefängnis – hat sich Mykola Senyk seinen Traum von einer eigenen Galerie erfüllt. Zu entdecken gibt es Malerei, Zeichnungen, Keramik, Fotografie, Kunstgewerbliches wie Spiegel, Vasen und Lampen und manches schräge Objekt. Abseits vom lauten Treiben der Innenstadt, dennoch nur 200 Meter von der Oper entfernt, stellt Senyk in seiner kleinen Galerie renommierte Künstler, vor allem aber junge Talente der unterschiedlichen Genres aus. Seine Vorlieben für Buddhistisches, für Räucherstäbchen und für allerlei sphärische Klänge verwandeln die Galerie in einen ganz eigenen kleinen Kosmos. Die Galerie findet man in der kleinen vul. Bilasa (вул. Біласа), ihre Adresse ist aber die vul. Špytal'na 13.

Der **Krakauer Markt** beginnt nach der vul. Rappoporta (вул. Раппопорта) auf der linken Seite der vul. Bazarna und erstreckt sich auf dem Gelände des alten jüdischen Friedhofs, der während des Zweiten Weltkrieges zerstört wurde. Buntes Treiben beherrscht die Marktszenerie, von Blumen über Lebensmittel bis zu Elektronikbauteilen gibt es alles zu kaufen.

Südlich vom Markt, in der vul. Rappoporta, erkennt man an der großen Kuppel das **alte jüdische Krankenhaus**, die jetzige Frauenklinik. Das Anfang des 20. Jahrhunderts im maurischen Stil er-

Auf dem Krakauer Markt

Die Westukraine

In der Krakivs'ka-Straße

baute Gebäude strahlt Exotik aus. Die Fassaden sind mit farbig glasierten Ziegeln und orientalischen Ornamenten gestaltet, und auch die große Kuppel erzielt mit farbigen Dachziegeln eine besondere Wirkung.

Stryjs'kyj-Park und Chmel'nyc'kyj-Park

Vom Stadtzentrum aus gelangt man mit der Straßenbahn 4 zum Stryjs'kyj-Park (Стрийський парк, Station vul. Parkova/вул. Паркова). Der wenige Meter von der Haltestelle gelegene Haupteingang ist mit Arkaden geschmückt (▶ hintere Klappkarte). Der Park umfasst 58 Hektar und wurde bereits in den ersten Jahrzehnten des 19. Jahrhunderts angelegt. Der städtische Gartenarchitekt Arnold Rehring hatte großen Anteil an der Gestaltung dieser Anlage. Neben exotischen Gewächsen wie Ginkgo-, Tulpen- und Essigbäumen gibt es eine Vielzahl einheimischer Sträucher und Bäume. Das natürliche hügelige

Landschaftsrelief wurde bei der Parkgestaltung gut einbezogen. Ein künstlicher See, von Blumenrabatten umgeben, liegt im unteren Teil. Weiter oben steht die Orangerie mit tropischen und subtropischen Pflanzen. Im Waldterrain sind Ruinen errichtet worden, um eine romantische Stimmung zu schaffen.

Über den Ausgang zur vul. Stryjs'ka (вул. Стрийська) erreicht man den neueren Chmel'nyc'kyj-Park (парк Хмельницького). Einen Eindruck von der monumentalen sowjetischen Denkmalarchitektur bekommen Besucher am Ruhmesmonument für die Sowjetarmee. Eine 13 Meter hohe Stele, eine überlebensgroße Gruppenplastik mit Soldat und traumwandelnder ›Mutter Heimat‹ und sechs gewaltige Reliefs gehören zum Ensemble, das die Denkmalsstürmerei der vergangenen Jahre wohl nur wegen seiner Größe überlebt hat.

■ Ivan-Franko-Museum

In der vul. Ivana Franka (вул. Івана Франка), auf der anderen Seite des Stryjs'kyj-Parks, befindet sich in dem Haus, in dem der ukrainische Schriftsteller Ivan Franko (1856–1916) seine letzten Lebensjahre verbrachte, ein Museum (музей Івана Франка ▶ hintere Klappkarte). In dieser Gedenkstätte kann man sich anhand der Wohnungseinrichtung des Dichters ein Bild von dessen Leben verschaffen. Franko war nicht nur Dichter, sondern auch ein engagierter Publizist und Übersetzer. Nach dem Studium in L'viv und Wien betätigte er sich politisch und wurde mehrmals verhaftet. Für das nationale Selbstverständnis bedeutungsvoll sind seine Übersetzungen von englischen und deutschen Klassikern ins Ukrainische. Darüber hinaus hat er durch seine Übertragungen vom Ukrainischen ins Deutsche beispielsweise Ševčenko einem breiteren Publikum zugänglich gemacht.

In der Villa nebenan lebte Mychajlo Hruševs'kyj, mit dem Franko eine enge Freundschaft verband. Eine Büste vor dem Haus erinnert an den Professor der L'viver Universität und späteren Vorsitzenden der ersten ukrainischen Regierung, der Zentralrada. Das Gebäude beherbergt eine Ausstellung mit Fotos, Dokumenten und Mobiliar.

Lyčakivs'ke-Friedhof

Im Osten von L'viv, in der vul. Mečnykova (вул. Мечникова, ▸ hintere Klappkarte) befindet sich der Haupteingang zum alten Lyčakivs'ke-Friedhof (Lyčakivs'kyj cvyntar/Личаківський цвинтар). Am bequemsten fährt man mit der Straßenbahn 7 aus dem Stadtzentrum hierher – aussteigen muss man an der Station vul. Pekars'ka (вул. Пекарська). Im 16. Jahrhundert wurden hier, weit vor den Toren der Stadt, die Toten der Pestepidemien beigesetzt, und seit 1786 wurde der Friedhof als städtische Begräbnisstätte genutzt. Seit 1975 finden nur noch in Ausnahmefällen Bestattungen statt. Es lohnt sich, durch das Gelände zu spazieren, denn man findet nicht nur Gräber bedeutender Persönlichkeiten, sondern auch eine Vielzahl schöner Werke einheimischer Steinmetze und Bildhauer. Auf über 42 Hektar gibt es mehr als 300 000 Gräber. Der Friedhof ist ein Abbild der jüngeren Stadtgeschichte: Gräber von Österreichern und Deutschen aus dem letzten Jahrhundert, daneben viele alte und neuere polnische sowie ukrainische Grabstätten.

Die bekannteste hier beigesetzte Persönlichkeit ist zweifellos der Schriftstel-

Steinmetzkunst auf dem Lyčakivs'ke-Friedhof

Karte hintere Umschlagklappe

ler Ivan Franko. Das Grabmal ist leicht zu finden – vom Haupteingang die große Allee rechts wenige Meter bergan – und zeigt vor dem Hintergrund eines Granitfelsens einen Steinbrucharbeiter: ›Großer Steinbrucharbeiter‹, so wurde der Dichter zu seinen Lebzeiten nach dem Titel eines von ihm verfassten Gedichtes genannt. Der hochverehrte Dichter starb nach langer und schwerer Krankheit am 28. Mai 1916 in L'viv, seinem Sarg folgten tausende von Menschen. Er starb nach vielen persönlichen Schicksalschlägen – seine Hände waren gelähmt, und er konnte nicht mehr schreiben, sondern musste seine Schriften diktieren.

Wenn man diese Hauptallee weiter entlang geht, kommt man am Ende zur Gedenkstätte für die polnischen Teilnehmer des ukrainisch-polnischen Krieges von 1919, die nach den Zerstörungen in der Sowjetzeit wiederhergestellt wurde. Außerdem gab es auf dem Friedhof Gräber aus dem Ersten Weltkrieg; über 3500 Österreicher und mehr als 500 Deutsche waren hier begraben, ihre Grabstätten überlebten jedoch die Sowjetherrschaft nicht. Dieser damals verwilderte Teil des Friedhofs war in den 1970er und 80er Jahren beliebt bei den Lemberger Hippies. Dort konnten sie sich einigermaßen ungestört treffen, diskutieren und von einer Welt ohne Armee, Repression und der allgegenwärtigen Miliz träumen.

Museum für Volksarchitektur

Vom Friedhof ist es ein schöner Spaziergang zum Museum für Volksarchitektur und Lebensweise (muzej narodnoji architektury ta pobytu/музей народної архітектури та побуту), das im Ševčenkivs'kyj-Wäldchen liegt. Man kann natürlich auch vom Stadtzentrum aus mit dem Bus (Linien 7, 10 und 20) sowie mit der Straßenbahn (Linien 2 und 7) jeweils bis zur Haltestelle vul. Mečnykova fahren. Den Hinweisschildern folgend, ist noch ein kleiner Anstieg zu absolvieren, am besten entlangdervul. Nyzyns'ka(вул. Низинська), und nach wenigen hundert Metern umfängt einen die Stille des großzügig angelegten Parks. Das Wäldchen wird auch Kaiserwald genannt – in Erinnerung an den Besuch von Kaiser Joseph II. im Jahre 1780.

Seit 1971 existiert nun das Museum mit über 120 Gebäuden. Die Bauernhäuser, Ställe, Mühlen und Kirchen stammen aus dem 18. bis 20. Jahrhundert und wurden aus der gesamten Westukraine zusammengetragen. Beachtenswert sind die Bauten aus den Karpatenregionen, namentlich die der Bojken, Lemken und Huzulen. Die meisten Häuser sind geöffnet, und man kann die rustikale Inneneinrichtung bewundern.

Auf ein Meisterwerk der Zimmermannsarbeit soll besonders hingewiesen werden. Die **Nikolaikirche aus dem Dorf Krivki** wurde 1765 errichtet und 1930 hierher überführt. Sie stellt ein schönes Beispiel der Bojkenarchitektur dar. Die drei achteckigen Türme wirken durch die schindelbedeckten Dachabsätze schlanker und höher. Der überdachte Eingangsbereich wird von vier Säulen getragen, eine weitere Auflockerung des sonst sehr rustikal wirkenden Bauwerkes stellt die kleine um die Empore laufende Galerie im zweiten Stock dar. Das Interieur ist schlicht, und die Raumwirkung ergibt sich aus dem ›Flair des Holzes‹. Montags ist das Museum geschlossen, empfehlenswert ist ein Besuch am Wochenende, denn sonntags finden manchmal in den Kirchen Gottesdienste statt.

L'viv-Informationen

Allgemeines

Post und Telefon
Vorwahl: 0322.
Hauptpost und Telegraphenamt liegen in der vul. Slovac'koho 1 (вул. Словацького). Außerdem gibt es auf dem Marktplatz ein kleines Postamt – pl. Rynok/пл. Ринок 43. Kartentelefone gibt es in fast allen Hotels.
Internet: www.lviv.ua (engl.).

Anreise

Mit dem Flugzeug
Der Flughafen liegt etwa zehn Kilometer westlich der Stadt, es verkehren auch Flugzeuge internationaler Linien; es gibt regelmäßige Verbindungen von größeren deutschen Flughäfen über Wien mit Austrian Airlines sowie mit der polnischen Fluglinie Lot über Warschau und Breslau. Wenn man im Internet nach Flügen sucht, muss man ›Lvov‹ oder ›Lwow‹ eingeben (IATA-Code LWO), Preise bei rechtzeitiger Buchung ab 250 Euro.
Der **Trolleybus 9** fährt vom Flughafen direkt ins Stadtzentrum, Endstation ist das Hauptgebäude der Universität.

Mit der Bahn
Der Bahnhof befindet sich etwa drei Kilometer vom Stadtzentrum entfernt in westlicher Richtung (▶ Karte hintere Umschlagklappe). Mit den Straßenbahnen 1, 9 (zum Markt) und 6 (zur Oper) gelangt der Besucher in die Innenstadt. In der zweiten Etage des Bahnhofsgebäudes befinden sich die Fahrkartenschalter, an denen die Fahrkarten für internationale Strecken zu erwerben sind. Lemberg ist über die Verbindungen Warschau–Kiev, Przemysl–Kiev, Krakau–Kiev sowie Buda-

pest–Moskau zu erreichen. Auskunft über die Verbindungen, auch die innerukrainischen, erhält man unter www.bahn.de (›Lemberg‹ oder ›Lvov‹ eingeben), siehe auch Reisetipps S. 503.
Die **Bahnvorverkaufskasse** ist in der vul. Hnatjuka 20–22 zu finden (▶ Karte S. 73).

Mit dem Bus
Der ›internationale‹ Busbahnhof (▶ Karte hintere Umschlagklappe) liegt im Süden am Stadtrand, an der vul. Stryjs'ka 109 (вул. Стрийська). Die direkte Verbindung zum Hauptbahnhof bildet die Buslinie 18, zum Stadtzentrum der Trolleybus 5. Letzterer fährt ab dem pl. Petruševyča (пл. Петрушевича). Das moderne Gebäude des Busbahnhofs scheint etwas überdimensioniert. Aber neben den Verbindungen in die großen Städte des Landes sind für Touristen vor allem die Buslinien nach Polen wichtig. Es gibt zahlreiche Busse nach **Przemyśl** (von dort häufige Verbindungen nach Krakau) sowie einige nach **Warschau** und **Krakau**. Bei den Fahrten muss man sich auf strenge Grenzkontrollen und von Kleinhändlern vollgepackte Busse gefasst machen.
Außerdem gibt es in L'viv noch kleinere Busstationen an den jeweiligen Ausfallstraßen, von dort aus kann man in die nähere Umgebung der Stadt fahren.

Mit dem Auto
In der Stadt selbst erschweren Einbahnstraßen, unübersichtliche Straßenführung und der Straßenbahnverkehr die Orientierung für Autofahrer.

Bewachte Parkplätze gibt es im Zentrum außerhalb der Hotels nur wenige, z. B. in der vul. Hnatjuka (вул. В. Гнатюка) westlich des pr. Svobody (пр. Свободи).

Hotels

Es gibt eine große Anzahl Hotels mit unterschiedlichen Preisen:

Grand Hotel (Гранд Готель), pr. Svobody 13, Tel. 72 40 42, www.ghgroup.com.ua, DZ ab 120 Euro. Zweifellos das beste, aber auch eines der teuersten am Platz (▸ Karte S. 73).

Hotel Citadel-Inn, vul. Grabovs'koho 11 (вул. Грабовського 11), Tel. 295 77 77, www.citadel-inn.com.ua, DZ ab 140 Euro. Ein neues hochpreisiges Hotel mit einem besonderen Flair ist im Maximilianturm der alten Festung entstanden. (▸ Karte S. 90).

Hotel George (Жорж), pl. Mickevyča 1 (пл. Міцкевича), Tel. 72 59 52, www.georgehotel.com.ua, DZ 30–90 Euro, je nach Größe und Ausstattung. Sehr zentral, renoviertes Gebäude aus der k.u.k.-Zeit. (▸ Karte S. 73).

Hotel Dnister (Дністер), vul. Matejka 6 (вул. Матейка), Tel. 2 97 43 17, www.dnister.lviv.ua, DZ 60–80 Euro. Westlich des I.-FrankoParks, in der Nähe der Georgskathedrale; wird von den meisten Touristen, vor allem von Reisegruppen, genutzt (▸ Karte S. 90).

Hotel Swiss (Швейцарський готель), vul. Knjazja Romana 20 (вул. Князя Романа), Tel. 2403777, www.swiss-hotel.lviv.ua; DZ 75 Euro, neues Hotel mit gutem Service (▸ Karte S. 73).

Hotel Wien (Відень), pr. Svobody 12 (пр.Свободи) Tel. 2444314, 244-43 15; www.wienhotel.lviv.ua, DZ 50 Euro, direkt über dem Wiener Cafe (▸ Karte S. 73).

Hotel Opera (Опера), pr. Svobody 45 (пр.Свободи) Tel. 225 90 00, www.hotel-opera.lviv.ua, DZ ab 80 Euro, gleich neben der Oper, ein neues Hotel in einem Jugendstilgebäude, im oberen Stock befindet sich ein gehobenes Restaurant (▸ Karte S. 73).

Hotel Vlasta (Власта, früher: Karpaty), vul. Kleparivs'ka 30 (вул. Клепарівська), DZ 14–25 Euro, nordwestlich vom Zentrum (▸ Karte hintere Umschlagklappe).

Hotel Nton (Нтон), vul. Ševčenka 157 (вул. Шевченка), www.hotelnton.lviv.ua, DZ 30–65 Euro. Modernes Hotel 2,5 km westlich vom Zentrum, mit Straßenbahn 7 ca. 15 min (bis Endstation) (▸ Karte hintere Umschlagklappe).

Hotel Suputnyk (Супутник), vul. Knjagyni Ol'gy 116 (вул. Княгині Ольги) 116, Tel. 645822, www.suputnyk.com, DZ 40–70 Euro. Im Südwesten der Stadt, inmitten eines Neubaugebietes. Vom pl. Halyc'ka (пл. Галицька) fährt die Straßenbahn 3 in ca. 15 min. bis zum Hotel (▸ Karte hintere Umschlagklappe).

Campingplatz

Fünf bis sechs Kilometer außerhalb der Stadt, an der Fernstraße nach Kiev in der Verlängerung der vul. B. Chmel'nyc'koho (вул. Б. Хмельницького), liegt der einzige Campingplatz der Stadt. Er ist mit dem Bus 127 zu erreichen. Dort werden auch eher spartanische Holzhäuser vermietet.

Restaurants

Restaurants gibt es mittlerweile recht viele, noch häufiger sind kleine Bars und Cafés zu finden, meist auch mit der Möglichkeit, im Freien zu sitzen. Hier einige Empfehlungen:

Wiener Café, pr. Svobody 14 (пр. Свободи), bringt etwas österreichischen Charme nach L'viv (▸ Karte S. 73).

Café Blaue Flasche im Hinterhof der vul. Rus'ka 4 (вул. Руська), nicht so edel wie das Wiener Café‹, dafür aber um so wienerischer (▸ Karte S. 73).

Café Kupol (Купол), vul. Čajkovs'koho 37 (вул. Чайковского). Liebevoll eingerichtet, die Räume und die Veranda sind mit allerlei Antiquitäten geschmückt, und auch die Küche ist gut (▸ Karte S. 73).

Veronika (Вероніка), pr. Ševčenka 21 (пр. Шевченка). Sehr gute Küche mit schmackhaften Desserts, absolut empfehlenswert! (▸ Karte S. 73)

Erwähnt seien außerdem **Svit Kafa** (Світ Кафа) und **Amadeus** am pl. Kafedral'na (пл. Кафедральна) neben der lateinischen Kathedrale (▸ Karte S. 73).

In der vul. Starojevrejs'ka (вул. Староєврейська) ist das **Café Cukernaja** (Цукєрная) zu finden, wo es tolle Desserts gibt (▸ Karte S. 73).

Eine gute Küche bietet auch das **Teatral'ne** (Театральне), vul. Teatral'na 23 (вул. Театральна), hinter dem Nationalmuseum (▸ Karte S. 73).

Kaktus bietet neben der guten Küche auch eine ruhige angenehme Atmosphäre, vul. Nyžankivs'koho 18 oder einfach durch das Swiss Hotel zu erreichen. (▸ Karte S.73).

Nicht nur allerlei gute Gerichte, sondern auch das passende Buch bietet die Speisekarte des **Cafés Smačna plitka** (Смачна плітка) im Keller des Hauses vul. L. Kurbasa 3 (вул. Л. Курбаса). Da es neben dem Kurbas-Theater liegt, ist das Café mit seiner sehr angenehmen Atmosphäre beliebter Treff von Schauspielern und Theaterfreunden (▸ Karte S. 73).

Eine gute Wahl ist auch **Knjažyj Kelych** (Княжий Келих) pr. Svobody 16, vor allem im Sommer, wenn man draußen auch Live-Musik genießen kann (▸ Karte S. 73).

Seit den 1970er Jahren ein beliebter Treff von Künstlern und Intellektuellen ist das **Café Virmenka** (Вірменка) 100 Meter neben der armenischen Kirche in der vul. Virmens'ka 19 (вул. Вірменська), von 9–19 Uhr, sehr guter Kaffee und armenischer Kognak, aber leider keine Toilette (▸ Karte S. 73).

Abschließend sei der **bekannteste Schaschlykstand** der Stadt erwähnt. Er befindet sich am nordwestlichen Stadtrand in Richtung Brjuchovyci (Брюховичі) an der vul. Zamarstynivs'ka 274а (вул. Замарстинівська). Er hat sich inzwischen zu einer Gaststätte im Grünen entwickelt, die auch Übernachtungen anbietet. Sie heißt Kozac'kyj Šynok (Козацький Шинок) und ist von 10 bis 23 Uhr geöffnet. Allerdings hat das Plätzchen dadurch an Flair eingebüßt, auch sind die Preise geklettert. Schaschlyk kann man hier immer noch gut essen. Zu erreichen ist die Gaststätte mit den Maršrutkas Nr. 13 und 86, die am Ševčenko-Denkmal am pr. Svobody starten.

Übrigens ist auch der **Erholungsort Brjuchovyci** wenige Kilometer hinter L'viv einen Tagesausflug wert. Dort finden sich ausgedehnte Wälder, Seen und viele Gaststätten und Ferienunterkünfte (▸ Karte S. 102).

Museen

Die Stadt überrascht den Museumsfreund mit großer Vielfalt, hier eine Auswahl der wichtigsten Museen:

Nationalmuseum (Nacional'nyj muzej/Національний музей), pr. Svo-

Die Westukraine

body 20 und vul. Drahomanova 42, tgl. außer Fr 11–18 Uhr, Gemälde, Ikonen und Kunstgegenstände (▸ Karte S. 73 u. 90).

Museum für Ethnographie und Kunsthandwerk (muzej etnografiji ta chudožn'oho promyslu/музей етнографії та художнього промислу), pr. Svobody 15, tgl. außer Mo 10–18 Uhr, ein sehr empfehlenswertes Museum mit der weltgrößten Ausstellung bemalter Ostereier (▸ Karte S. 73).

Möbel- und Porzellanmuseum, pl. Rynok 10, tgl. außer Mo und Di 10–17 Uhr (▸ Karte S. 73).

Historische Museen, pl. Rynok 4, 6 und 24, tgl. außer Mi 10–18 Uhr. (▸ Karte S. 73)

Waffenarsenal (Королівський арсенал), vul. Pidval'na 5 (вул. Підвальна), tgl. außer Mi 10–18 Uhr (▸ Karte S. 73).

Johann-Georg-Pinsel-Museum, pl. Mytna 2 (пл. Митна), tgl. außer Mo 10–16 Uhr, Werke des außergewöhnlichen Bildhauers aus dem 18. Jahrhundert (▸ Karte S. 73).

Museum für Geschichte der Religion, pl. Muzejna 1 (пл. Музейна), tgl. außer Mo 10–17 Uhr (▸ Karte S. 73).

Apothekenmuseum, vul. Drukars'ka 2 (вул. Друкарська), tgl. außer So 10–18 Uhr (▸ Karte S. 73).

Gemäldegalerie (Картинна галерея), vul. Stefanyka 3 (вул. Стефаника), tgl. außer Mo 11–17 Uhr (▸ Karte S. 90).

Museum für Volksarchitektur und Lebensweise (Музей народної архітектури та побити), vul. Černeča Hora 1 (вул. Чернеча Гора), tgl. außer Mo 10–18 Uhr (▸ Karte hintere Umschlagklappe).

Ivan-Franko-Museum (Музей Івана Франка), vul. Ivana Franka 150 (вул. Івана Франка), tgl. außer Di 10–17 Uhr (▸ Karte hintere Umschlagklappe).

Mychajlo-Huševs'kyj-Museum (Музей Михайла Грушевського), vul. Ivana Franka 150, tgl. 10–16 Uhr, außer Mo und Di (▸ Karte hintere Umschlagklappe).

Einkaufen

Fremdsprachige Bücher, Souvenirs und Kunstgegenstände findet man im **Antiquariat** in der vul. Virmens'ka 35 und in der Gotischen Halle am pl. Rynok 6 (▸ Karte S. 73).

Die **Galerie OM-Art** (ОМ-Арт) von Mykola Senyk in der vul. Špytal'na 13 (вул. Шпитальна) ist eine Fundgrube für ausgefallene Mitbringsel und natürlich für gute Kunst sowie vieles für den kleinen Geldbeutel, tgl. 14–18 Uhr (Eingang in der vul. Bilasa/вул. Біласа (▸ Karte hintere Umschlagklappe).

Die beste Auswahl an Büchern und Karten bietet der **Buchladen Bukva** (Буква) in der vul. Ševs'ka 6 (вул. Шевська), der tgl. bis 20 Uhr geöffnet hat. Ein weiterer Buchladen ist am pl. Mickevyča 8 (пл. Міцкевича, ▸ Karte S. 73)

Ein kleiner **Markt mit Souvenirs**, Kunstgewerbe und Kunstgegenständen ist auf dem Platz zwischen vul. Teatral'na (вул. Театральна) und vul. Kornjakta (вул. Корнякта) zu finden (hinter der Verklärungskirche ▸ Karte S. 73).

Fußball

Das neue EM-Stadion wird weit im Süden der Stadt an der Kreuzung der vul. Stryjs'ka (M 06) mit der Ringstraße Kil'zevij (M 10) gebaut und soll zur Fußball-EM eröffnet werden.

Die Umgebung von L'viv

Die nähere und weitere Umgebung L'vivs bietet Ziele für Ausflüge. Zum einen ist natürlich die Nähe der Karpaten verlockend; nur hundert Kilometer sind es bis zu dieser reizvollen Mittelgebirgslandschaft (siehe S. 130). Andererseits gibt es auch viele Möglichkeiten, von L'viv aus in Ein- oder Mehrtagestouren kleinere Städte und interessante Sehenswürdigkeiten zu erkunden. Sehenswert sind zum Beispiel das Renaissancestädtchen Žovkva, das Kloster Krechiv oder Brody, der Geburtsort Joseph Roths.

Žovkva

Žovkva (Жовква) ist seit Jahrhunderten als Stadt des Handwerks und des Kunstgewerbes bekannt. Töpfer, Glasbläser, Goldschmiede und Handweber waren hier ansässig. Dadurch gab es einen gewissen Wohlstand, der sich auch jetzt noch an den vielen schönen Gebäuden ablesen lässt. Bedeutende Persönlichkeiten werden auch mit der Stadt in Verbindung gebracht, so soll Bohdan Chmel'nyc'kyj hier geboren und aufgewachsen sein. Sicher ist, dass sich Zar

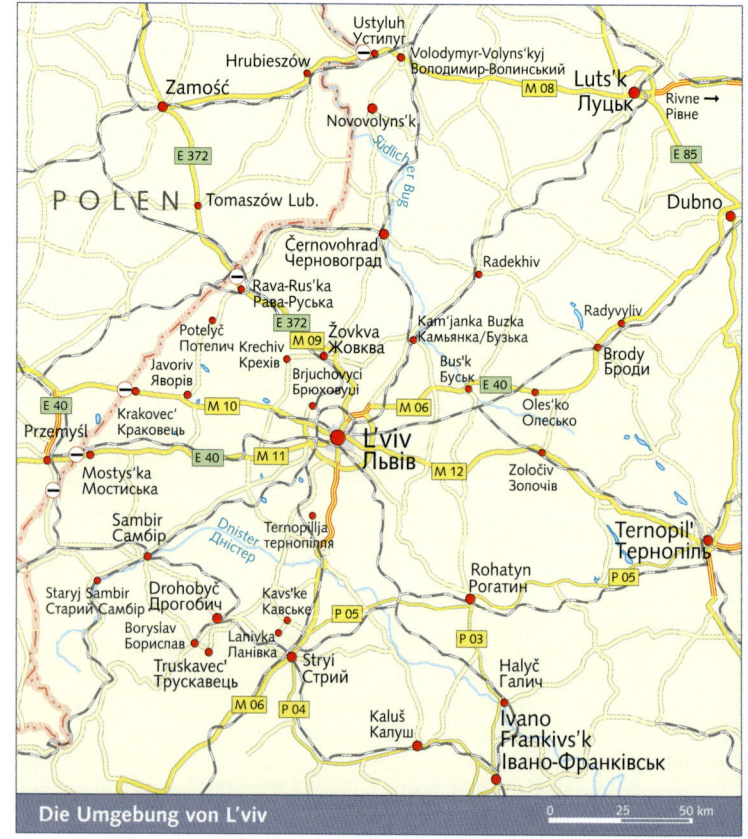

Peter I. über Monate in der Stadt aufhielt, denn hier befand sich 1706/07 zeitweilig das Oberkommando der russischen Armee. Und im 17. Jahrhundert war die Stadt eine Residenz des polnischen Königs Jan Sobieski III.

In der Sowjetzeit wurde die Stadt nach P. N. Nesterov benannt, einem Kunst- und Kampfflieger aus dem Ersten Weltkrieg, der in dieser Gegend beheimatet war. Erst 1992 kehrte man zum alten Namen Žovkva zurück, der von einem Großgrundbesitzer aus dem 17. Jahrhundert stammt. Dieser polnische Adlige, Stanislav Zolkievs'ki, baute 1594 in einer bereits seit dem 14. Jahrhundert bestehenden Siedlung eine Befestigungsanlage und ein Schloss. Der Ort wurde in nur wenigen Jahren vergrößert und umgestaltet. Interessant ist, wie westeuropäische Vorstellungen einer Idealstadt mit den Gegebenheiten einer ostslawischen Siedlung verbunden wurden.

■ Marktplatz

Die Stadt wirkt etwas verschlafen. Die Vielzahl von historischen Bauten und die Ruhe laden zum Spazieren und Entdecken ein. Am Marktplatz findet man zweistöckige Häuser aus dem 17. Jahr-

Die Westukraine

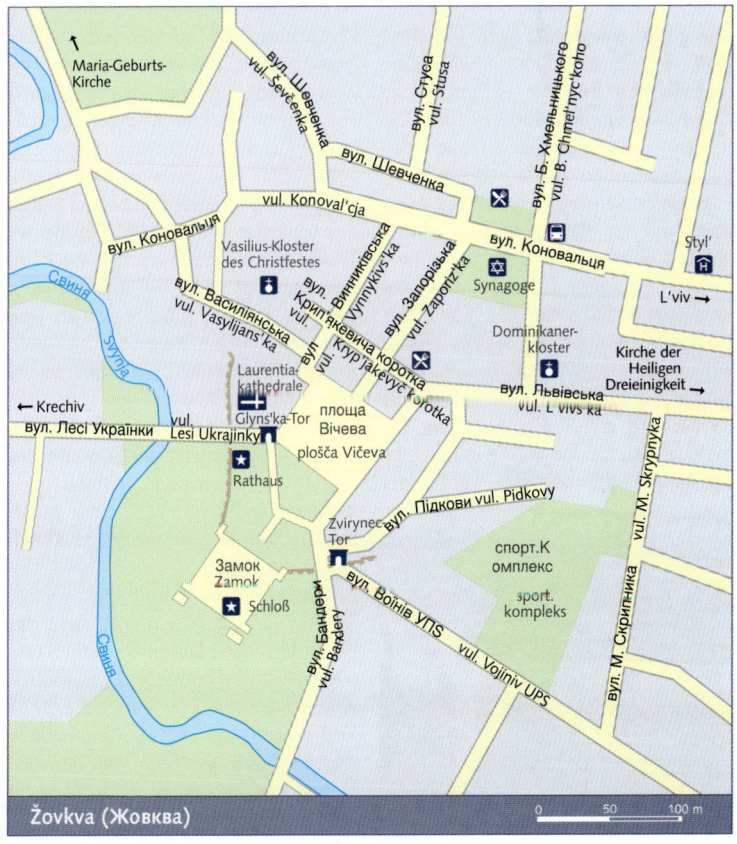

Žovkva (Жовква)

Das Rathaus von Žovkva

hundert mit breiten Arkaden, wie sie für Handelsstädte in Galizien üblich waren. Der große Marktplatz wird umrahmt vom Renaissance-Schloss und der **Laurentiakathedrale**. Das eindrucksvolle Gotteshaus wurde 1606 errichtet. Die toskanischen Reliefsäulen lenken den Blick nach oben zu dem dekorativen Fries. Bemerkenswert ist auch das Westportal mit den Bildnissen der vier Evangelisten und vier Heiligen. Das Innere des Kreuzkuppelbaus wird von der mit Kassetten und Rosetten verzierten Kuppel dominiert, unterhalb der Kuppel sind auf vier großen Medaillonreliefs noch einmal die Evangelisten zu sehen. Die Kirche wird von der katholischen Gemeinde genutzt und wurde in den letzten Jahren gut renoviert. Hinter der

Das Vasiliuskloster

Kirche befindet sich der achteckige Glockenturm. Neben dem hohen Kirchengebäude wirkt der Turm eher klein, fällt aber durch seine schöne Gestaltung des Daches auf.

Das **Glyns'ka-Tor** ist klassizistisch umgebaut und begrenzt den Innenstadtbereich nach Westen. Das nächste ins Auge fallende Gebäude ist das Rathaus. Es wurde 1926 auf den Grundmauern älterer Gebäude errichtet und steht unmittelbar an der Befestigungsmauer des Schlosses. Der quadratische Turm mit den zwei Balkonen erhebt sich über einem schwerfälligen Eingangsbereich mit an Bierfässer erinnernden Säulen.

Das **Schloss** steht an der Südseite des Marktplatzes, die vierflüglige Anlage wird sowohl zu Wohnzwecken als auch von öffentlichen Einrichtungen genutzt. Es gibt Pläne, das Schloss zu renovieren. Sehr schön erhalten sind die Befestigungsmauern, die sich an beiden Seiten des Schlosses anschließen. Ein kleines Tourismusbüro befindet sich auch im Schloss, es ist leider nur unregelmäßig geöffnet. Der Ort möchte sich als Touristenzentrum profilieren, und deshalb werden sich hier in Zukunft sicher einige Strukturen entwickeln.

Einen Überrest der alten Befestigungsanlage kann man an der Südseite des Marktes in Augenschein nehmen – das **Zvirynec-Tor**. Es vermittelt einen guten Eindruck von der ehemaligen Wehrhaftigkeit der Stadt.

Auf der Hauptstraße nach L'viv, wenige Schritte vom Markt entfernt, steht das Ensemble des **Dominikanerklosters** (Dominikans'kyj monastyr/Домініканський монастир). Die groß aufragende Kirche wurde in nur zwei Jahren errichtet, von 1653 bis 1655. Wie bei allen Dominikanerkirchen ist auch hier kein Turm vorhanden, das Dach wird nur von einem kleinen Dachreiter geschmückt. Um so prächtiger sind die hoch aufragenden Giebelseiten des kreuzförmigen Baus anzusehen. Die Kirche wird jetzt von der orthodoxen Gemeinde genutzt. Die zum Kloster gehörenden Mauern und Gebäude sind in relativ schlechtem Zustand und werden teilweise zu Wohnzwecken verwendet.

Die **Synagoge** steht wenige Meter entfernt, nördlich des Marktplatzes. Ende des 17. Jahrhunderts wurde das Gebäude im Renaissancestil erbaut. Der Fassadenschmuck ist besonders an der Eingangsseite zu erkennen. Das Bauwerk wirkt wuchtig und kompakt, befindet sich aber leider auch in einem schlechten Bauzustand.

Nur wenige Schritte von der Westseite des Marktes steht das **Vasilius-Kloster des Christfestes** mit zugehöriger Kirche (cerkva i monastyr Rizdva Chrystovoho o. o. Vasylijan/церква і монастир Різдва Христового о. о. Василіян). Die barocken Gebäude stammen aus dem 17. Jahrhundert und wurden in den letzten Jahren wieder hergerichtet.

Eine schöne Holzkirche aus dem frühen 18. Jahrhundert zählt ebenfalls zu den Sehenswürdigkeiten am Ort: Die **Kirche der Heiligen Dreieinigkeit** (cerkva Svjatoji Trojici/церква Святої Троїці) ist an der vul. L'vivs'ka (вул. Львівська) ca. 700 Meter östlich vom Markt zu finden. Die Struktur des Bauwerkes wirkt durch verschieden hohe Türme, weit heruntergezogene Vordächer und den Gegensatz zwischen Schindeldeckung und mächtigen Balken ungewöhnlich und abwechslungsreich. Der Innenraum erhält durch die Einrichtung und die nach oben offenen Raumzellen seine Wirkung. Der siebenrangige vergoldete Holzikonostas gilt als einer der künstlerisch vollendeten in der Ukraine.

Die Renaissance-Synagoge von Žovkva

Die Rahmen der einzelnen Ikonen sind verschieden gestaltet – rechteckig, quadratisch, rund und oval. Die Ikonen selbst stammen von einem unbekannten Maler, der damit außerordentlich ausdrucksstarke Werke hinterließ.

Die **Maria-Geburts-Kirche** (cerkva Rizdva Presvjatoji Bohorodyci/церква Різдва Пресвятої Богородиці) – umgeben von einem Friedhof – liegt etwas außerhalb. Über ihrem mittleren Raumteil erhebt sich ein zentraler achteckiger Turm. Die typischen Vordächer sind auf großen verzierten Konsolen abgestützt. Das Kircheninnere lebt vom Kontrast der verschiedenen Höhen - niedriger Vorraum und Altarraum begrenzen einen hohen Mittelraum – und vom farbenprächtigen Ikonostas.

Die Kirche der Heiligen Dreieinigkeit

Žovkva

Das kleine Provinzstädtchen Žovkva liegt nur 25 Kilometer nördlich von L'viv und ist mit Bus und Auto gut erreichbar. Zur Anreise mit dem Auto benutzt man in L'viv die verlängerte vul. Chmel'nyc'koho (вул. Хмельницького) Richtung Kiev, um kurz vor dem Ortsausgang nach links abzubiegen und auf der A 256 weiter zu fahren.

Mit dem Bus fährt man praktisch die gleiche Strecke. Abfahrt ist in L'viv am Busbahnhof Nr. 2 in der vul. Chmel'nyc'koho 225 (auf der linken Seite ortsauswärts), nahe der vul. Lypyns'koho (вул. Липинського, Straßenbahn 6). Busse verkehren mehrmals täglich in beiden Richtungen.

Hotel Styl' (Стиль) in der vul. Dovganyka 5 (вул. Довганика), DZ 25 Euro. Kleines Hotel mit Restaurant unweit des Stadtzentrums.

✖️

Am Platz hinter der Synagoge (pl. Konoval'ca/пл. Коновальца) und am Markt gibt es kleinere Restaurants.

Krechiv

Der Ort Krechiv (Крехів) ist wegen eines Klosters sehr bekannt. Außerdem ist noch eine schöne Holzkirche – die **Kirche der heiligen Paraskeva** (cerkva Sv. Paraskeva/церква Св. Параскева) – zu bewundern. Ursprünglich wurde sie 1658 auf dem Klostergelände erbaut. Der Name des Architekten ist bekannt, denn er ist in einen Holzbalken eingeritzt – Ivan Chomjuk (Іван Хомюк). 1720 wurde die Kirche abgebaut und ins Dorf transportiert. Die drei Raumzellen besitzen jeweils einen achteckigen Turm. Im Inneren ist besonders der sechsrangige Ikonostas mit schöner Schnitzerei hervorzuheben, in den auch Volkskunstelemente eingeflossen sind. Der wuchtige Glockenturm hat einen quadratischen Grundriss und schlüssellochförmige Schießscharten.

Etwa drei Kilometer vom Ort entfernt befindet sich das **Vasiliuskloster des heiligen Nikolai** (Vasylijans'kyj monastyr Sv. Mykolaja/Василіянський монастир Св. Миколая). Der Weg dahin ist ausgeschildert. Das Kloster diente in der Sowjetzeit als Heim für behinderte Kinder, seit einigen Jahren wird es wieder als Mönchskloster durch die unierte Kirche genutzt. Es wurde 1618 als Einsiedler-Höhlenkloster gegründet. Später erbaute man etwas von den Höhlen entfernt die Klosteranlage. Die Nikolaikirche, die Hauptkirche des Klosters, erbaute man in den Jahren 1721 bis 1755 an der Stelle der älteren Dreieinigkeitskirche, zur Einrichtung gehören zwei wertvolle Ikonen. Außerdem blieben der Glockenturm aus dem 17. Jahrhundert, die Mönchszellen aus dem 18. Jahrhundert und die Klostermauern mit Toren erhalten. Eine besondere Zierde ist der große Klostergarten mit den langen Baumalleen. Die Klosteranlage ist neu renoviert worden und macht einen gepflegten Eindruck. Kein Wunder, denn es gibt viele junge Bewohner – das Kloster betreibt ein geistliches Seminar. Im Klosterwald sind eine Wallfahrtsquelle und das alte Höhlenkloster zu besichtigen. Für die Wanderung dahin ist mindestens eine Stunde einzuplanen.

Krechiv ist nur etwa zwölf Kilometer von Žovkva entfernt und kann mit dem Auto von dort aus gut erreicht werden, mit

◄ Karte S. 102

öffentlichen Verkehrsmitteln sieht es eher schlecht aus. Von Žovkva geht es genau in westlicher Richtung vom Marktplatz aus nach Krechiv.

Drohobyč

Wer ein schönes Provinzstädtchen besuchen will, sollte das 70 Kilometer südlich von L'viv gelegene Drohobyč (Дрогобич) nicht verpassen. Die Stadt wurde im späten 11. Jahrhundert gegründet und später nach dem Mediziner und Philosophen Jurij Drohobyč benannt. Er war der Verfasser des ersten in der Ukraine erschienenen Buches (1483). Die Stadt war schon im 14. Jahrhundert ein Zentrum der Salzgewinnung. Im 18. Jahrhundert wurde eine Schule der ukrainischen Bruderschaft gegründet und später ein Gymnasium. Diese Schule besuchte auch der junge Ivan Franko, der in einem nahegelegenen Dorf geboren wurde. Heute heißt dieses Dorf natürlich Ivan Frankove (Іван Франкове) und beherbergt ein nicht übermäßig eindrückliches Museum am östlichen Dorfende.

Ende des 19. Jahrhunderts wurde in der Nähe von Drohobyč Öl gefunden. 1880 gab es bereits 36 Ölgesellschaften in der Stadt, und es herrschte reges Treiben in den Gassen. Die Bevölkerung wuchs schnell, alle hofften auf Arbeit und ein bescheidenes Auskommen. Aber die Lebensbedingungen waren hart, und die Region bekam den Beinamen ›Galizische Hölle‹. Vor dem Zweiten Weltkrieg gab es in Drohobyč etwa 35 000 Einwohner, davon über 40 Prozent Juden, 35 Prozent Polen und 20 Prozent Ukrainer. 1939 besetzte die Rote Armee für zwei Jahre die Stadt, danach marschierte die Wehrmacht ein. Die Juden wurden deportiert oder im Ghetto ermordet. Nach dem Krieg kam es zur Aussiedlung der polnischen Bevölkerung.

Leider sind viele Geschichtszeugnisse getilgt, und nichts erinnert mehr an das jüdische Schtetl und seine Bewohner, trotzdem gibt es genug zu sehen.

■ Sehenswürdigkeiten

Der rechteckige Marktplatz wird vom Rathaus dominiert. Wenige Meter hinter der Südwestecke des Platzes liegt ein **Befestigungsturm** der Stadtmauer. Der quadratische Bau mit einer Durchfahrt wurde im 13. Jahrhundert errichtet, das vierte Geschoss im 16. Jahrhundert aufgesetzt. Der einfach strukturierte Ziegelbau wird nur durch die Bogenfenster und den Fries unterhalb des Gesimses aufgelockert.

Unmittelbar hinter dem Turm steht die römisch-katholische **Sankt-Bartholomäus-Kirche** (kost'ol Sv. Bartolomeja/ костьол Св. Бартоломея) aus dem 15. Jahrhundert. Auch dieser Bau wirkt trotz seiner einfachen Struktur erhaben. Die Verwendung von dunkelrot und dunkelbraun glasierten Ziegeln bildet den Schmuck der Außenwände. An der West- und Ostfassade sind weiße gotische Stufengiebel aufgesetzt. Auch die Architektur des Innenraums ist durch die Gotik geprägt. Im 18. Jahrhundert wurde die Kirche restauriert und dabei das Innere mit sehr zurückhaltenden Farben im Stil des Barock ausgemalt.

Die wesentlichen Sehenswürdigkeiten der Stadt stellen allerdings zwei sehr schöne Holzkirchen dar: die Georgskirche (cerkva Sv. Jura/церква Св. Юра) und die Kreuzerhöhungskirche.

Die **Georgskirche** in der vul. Solonyj Stavok 25 (вул. Солоний Ставок) wurde 1656 aus dem Dorf Nadyjevo überführt. Teile der Kirche entstanden Ende des 15. und Anfang des 16. Jahrhunderts. Über

вул. Винниченка

L'viv,
Stryj

вул. Stryjs'ka

вул. Великого
vul. Velykoho

вул. Hruševs'koho

вул. Карпенко-Карого

вул. Куліша
vul. Kuliša

вул. Грушевського

вул. Віївська Гора

просп. Вишневий

вул. Сахарова

вул. Толстого
вул. Бірчака
вул. Козловського

вул. Карпатська
vul. Karpats'ka

вул. Стрийська
вул. Мазепи / I. Mazepy

Ehemalige
Synagoge

вул. Ustyjanovyčiv

вул. Нова

вул. Пилипа Орлика
vul. Pylypa Orlyka

вул. Лепкого
vul. Lepkoho

Truskaveć

вул. 22. Січня
vul. 22. Sičnja

вул. Устиновичів

вул. Трускавецька

вул. Русская
вул. L. Ukrajinky

Tustan

вул. Чехова
vul. Čechova

пл. Ринок
vul. Mali Rynok

пл. Ринок / Мал. Ринок
pl. Rynok vul. Zaveljna

вул. Ковельська

вул. Карпанського
vul. Karpans'koho

Denkmal
für das jüdische
Ghetto

пл. Ринок / Рынок
pl. Ševčenka

vul. Truskaveć'ka

вул. Нижанківського
vul. Nyžankivs'koho

вул. І. Франка
vul. I. Franka

St. Bartholomäus-
Kirche

вул. Т. Шевченка
vul. T. Ševčenka

вул. Шашкевича
vul. Šaškevyča

вул. Boryslavs'ka

вул. Святого Юра
vul. Sv'jatoho Jura

вул. Л. Українки
vul. L. Ukrajinky

Heimat-
museum

вул. Т. Шевченка

вул. Junja Drohobyča

вул. Щупна
vul. Supna

вул. Комінярська

вул. Бориславська

вул. Солоний Ставок
vul. Solonyj Stavok

Georgskirche

вул Юрія Дрогобича

вул. Тарнавського
vul. Tarnavs'koho

Kreuzerhöhungs-
kirche

вул. Івасюка

вул. Горішня Брама

Drohobyč (Дрогобич)

Die Kreuzerhöhungskirche

Kirchenbaus gekonnt miteinander. Wenn die Kirche verschlossen ist, muss man den Schlüssel im Nachbarhaus holen – dort befindet sich im Erdgeschoss die Museumsleitung. Die Georgskirche ist ebenso wie die Kreuzerhöhungskirche Teil des Kunstmuseums.

Die **Kreuzerhöhungskirche** (cerkva Vozdvyžennja Česnoho Chresta/церква Воздвиження Чесного Хреста) ist nur wenige hundert Meter entfernt in der vul. Zvaryc'ka (вул. Зварицька) neben der Feuerwehr zu finden. Sie stammt ursprünglich aus dem Ende des 15. Jahrhunderts, musste aber 1673 nach einem Brand einer umfangreichen Restaurierung unterzogen werden. Damals entstanden auch Ikonostas und die Bemalung des Innenraumes. Das Innere wirkt nüchtern und streng, bei genauerem Hinsehen beeindrucken die Malereien. Der mittlere Turm wirkt sehr wuchtig: Auf einem großen viereckigen Unterbau mit Zeltdach erhebt sich ein achteckiger

dem Teil der Kirche, der früher den Frauen vorbehalten war, befinden sich eine Empore und eine Kapelle. Aus dem Ende des 17. Jahrhunderts stammen die Wandmalereien. Der vergoldete Ikonostas und die Ikonen entstanden zwischen 1648 und 1650. Das Innere der Kirche ist wegen der einfachen, aber erhaben wirkenden Architektur, der volkstümlichen dekorativen Malerei und des prachtvollen Ikonostas eindrucksvoll. Außen sind die Galerie im hinteren Teil und das weit nach unten gezogene Dach bemerkenswert. Die Kirche besitzt drei Türme, der mittlere ist 13 Meter hoch. Die Georgskirche zählt zu den markantesten Beispielen der galizischen Renaissancearchitektur. Neben dem Kirchengebäude wurde 1678 ein Glockenturm erbaut, er vereint Züge eines Verteidigungsturmes und Formen des

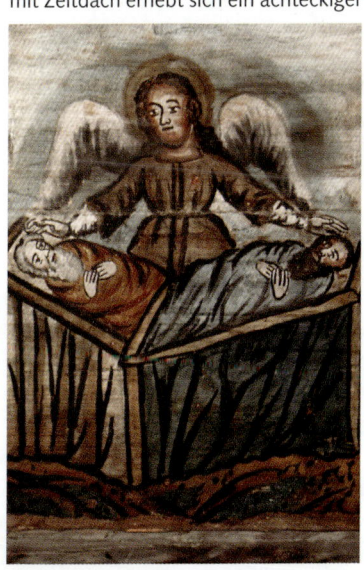

Malereien in der Kreuzerhöhungskirche

Aufsatz. Der Glockenturm ist wie ein Wehrturm mit Umgang erbaut und stammt aus dem 17. Jahrhundert.

Dort, wo während des Zweiten Weltkrieges das **Ghetto** begann, erinnert ein eindrucksvolles Denkmal an die Opfer. Im Vordergrund steht die übliche überlebensgroße Frauenfigur, an der dahinterliegenden Ziegelmauer aber sind reliefartig Köpfe angebracht. Es sind die Köpfe einfacher Leute, Frauen, Greise und Kinder; Köpfe, in denen das Leid und der Schrei erstarrt sind. In dieser verwitterten Mauer sind viele Schüsse eingeschlagen, hier wurden wehrlose Bewohner der Stadt erschossen.

An die die Stadt prägenden Juden erinnert heute in Drohobyč sonst nichts mehr, kein Gedenkstein, kein Friedhof. Von ehemals sieben Synagogen sind fast alle zerstört oder zweckentfremdet worden. Die **Neu-Synagoge** in der vul. Orlyka (вул. Орлика), einen Steinwurf vom ehemaligen Ghettozentrum entfernt, hat zwar den Krieg überstanden, diente aber bis vor kurzem als Möbelgeschäft und steht verfallen als Mahnung. Das riesige Gebäude wurde 1865 im neoromanischen Stil erbaut. Die reich geschmückte Giebelfassade lässt etwas von dem ehemals prunkvollen Bau erahnen.

Die Westukraine

 Drohobyč

Vorwahl: 0 32 44.

Mit dem Auto erfolgt die Anfahrt auf der A 270 über Stryj (Стрий) oder Sambir (Самбір).

Die Anfahrt ist mit der Bahn von L'viv aus in etwa 3 Stunden möglich, Richtung Truskavec' (Трускавець). Der Bahnhof liegt ganz im Osten, 4 Kilometer vom Zentrum entfernt.

Das einzige Hotel heißt **Tustan'** (Тустань). Es macht keinen sehr einladenden Eindruck – sprich Hotel und Personal hat die letzten Jahrzehnte unbeschadet überstanden, aber für einige Nächte ist es durchaus auszuhalten (pl. Ševčenka/пл. Шевченка), DZ 25 Euro.

Am pl. Rynok (пл. Ринок) ist das Restaurant **Ukrajiyns'ki Stravy** (Українські Страви) zu finden, außerdem gibt es im Zentrum einige Straßencafés.

Heimatmuseum (Krajeznavčyj muzej/ Краєзнавчий музей), vul. I. Franka, tgl. außer Mo 10–18 Uhr.

Truskavec'

Es gibt eine Reihe von Kurorten in der Westukraine, der bekannteste und beliebteste ist Truskavec' (Трускавець). Man bemüht sich seit einigen Jahren auch um westliche Kurgäste. Der Ort wurde bereits 1462 erstmals urkundlich erwähnt und schöpfte seine Bedeutung anfangs ausschließlich aus seiner Lage an Handelswegen. Erst 1827 begann für den Ort ein neues Zeitalter. In jenem Jahr erhielt ein gewisser Herr Mizewky

Glockenturm der Georgskirche in Drohobyč

Informationstafel an den Quellen von Truskavec

Auf der Tafel:

WASSERQUELLE № 1

Diese Wasserquelle enthält Chlor - Sulfat - Natrium - haltiges Wasser "Maria", seine allgemeine Mineralisierung 4/5 g/l, dieses Wasser mindert die Magensekretion, fordert die Treibfunktion des Darmes, stimuliert die Gallenbildung und - treibung, trägt zur Verminderung der Entzündungsprozesse und Schleimverdünnung und - treibung aus dem Magen, Krampferscheinungen der Verdauungswege bei.

Die chemische Formel der Wasserquelle № 1: $M_{2.65-7.5} = \frac{Cl\ 59\text{-}79\ SO_4\ 15\text{-}27}{Na\ K\ 82\text{-}91}$

WASSERQUELLE № 2

Diese Wasserquelle enthält Chlor-, Sulfat-, Natriumhaltiges Mineralwasser "Sophia", Allgemeine Mineralisierung 8-9 g/l, es wird bei den Erkrankungen der Verdauungswege erfolgreich verwendet. Das Wasser stimuliert die Magensekretion, wirkt gewissermaßen gallentreibend, normalisiert

die Erlaubnis, kleine Badehäuschen aufzubauen und zu betreiben. Die Geburtsstunde des Kurortes hatte geschlagen. Das Wasser zum Trinken und Baden kam aus Quellen direkt in die Bäder, es zeichnet sich durch einen leichten Geruch von Schwefelwasserstoff und dem Geschmack von Erdöl aus und heißt ›Naftussja‹ (Нафтуся). Insbesondere für die Behandlung von rheumatischen, aber auch Haut-, sowie Magenerkrankungen wird das Heilwasser angewendet. In letzter Zeit werden auch Leber-, Gallen- und Nierenerkrankungen sowie Stoffwechselstörungen behandelt.

1909 wurde Truskavec' durch eine Bahnlinie mit L'viv, Krakau, Warschau und anderen großen Städten verbunden, dadurch nahm die Zahl der Kurgäste natürlich zu. Im Kurort können heute bis zu 400 000 Gäste behandelt werden. Es gibt mehr als 20 Sanatorien, Kurpensionen, ein Hotel, zwei Polikliniken, Heilbadeanstalten und zwei sogenannte Wasserbuvetten – hier kann man das Heilwasser aus verschiedenen Quellen mit unterschiedlichen Temperaturen trinken. Der Erdölgeruch sollte niemanden abschrecken, vom heilsamen Wasser zu probieren. Auch auf deutsch sind an den Quellen die Vorzüge von ›Naftussja‹ erklärt.

i Truskavec'

Vorwahl: 0 32 47.

Truskavec' ist nur 12 Kilometer von Drohobyč entfernt. Es besteht auch Bahnanschluss, und es gibt sogar Direktverbindungen von einigen Großstädten, auch von außerhalb der Ukraine (Moskau, Minsk, Kiev, Odessa, Charkiv), in diesen Kurort!

Hotel **Beskid** (Бескід), vul. Mazepy 1 (вул. Мазепи), DZ 38 Euro.
Mariot medikl Centr (Маріот медікл Центр), vul. Roksolany 6 (вул. Роксолани), www.mariot.net.ua, DZ 40 Euro.

Es gibt eine Reihe guter Restaurants im Ort, empfohlen werden kann **Atlant** (Атлант), vul. Herojiv UPA 2 (вул. Героїв УПА).

Bruno Schulz – ein galizischer Kafka

An den bedeutenden Sohn der Stadt Drohobyč erinnert im dortigen Heimatmuseum nur ein kleines Foto mit einer Notiz: »1942 im Ghetto erschossen«. Bruno Schulz war Jude, und er schrieb in polnischer Sprache. Der Konflikt, in dem die galizischen jüdischen Schriftsteller standen, wurde von jedem anders gelöst. Denn in welcher Sprache sollte man schreiben? Für fromme Juden galt nur Hebräisch, die Sprache des Alten Testamentes, aber das war die Sprache der Talmudgelehrten. Die einen entschieden sich für Jiddisch, so wie das einfache Volk sprach; andere standen der Haskalah, der jüdischen Aufklärung, nahe und verachteten Jiddisch als Gassenjargon. Die Sprache der Staatsmacht Österreich wurde vor allem an den höheren Schulen gesprochen. In Westgalizien war man nach Warschau, zum Polnischen hin orientiert, in der Nordbukowina war der Einfluss des Rumänischen vorherrschend.

Die Ruine der Neu-Synagoge in Drohobyč

Die Hauptwerke von Bruno Schulz sind ›Die Zimtläden‹ und ›Sanatorien zur Todesanzeige‹. In diesen grotesk-expressionistischen Erzählwerken verarbeitete er seine Kindheitserlebnisse und pathologischen Visionen. Ähnlich wie auch Kafka verwendete er surreale Motive. Das Leben von Bruno Schulz war von düsterer Realität überschattet. Er wurde 1892 als jüngstes Kind eines Textilhändlers geboren. Sein Geburtshaus am Markt steht nicht mehr. Er hat die Stadt so erlebt, wie sie noch 1924 von Alfred Döblin beschrieben wurde: »Ein viereckiger weiter Marktplatz. Buden und Tische, Pferde, Gespann, Fiakerreihen. Und alles in Lehm und Unrat von Stroh, Schutt, Abfällen versinkend. Eine Linie Tische hat im Mist ausgelegt bunte Tuchballen. In Buden hängen Kopftücher, Wäschestücke. Dahinter schwatzen und rufen Händler und Händlerinnen, Juden, nur Juden, mit deutschen Namen.« Der Vater von Bruno Schulz verstarb früh, und das Studium in Lemberg musste Bruno Schulz wegen Krankheit abbrechen. Er fristete als Zeichenlehrer im Gymnasium sein Leben. Nach Erscheinen seines ersten Buches ›Zimtläden‹ wurde er über Nacht unter der polnischen Intelligenz berühmt. Er spielte mit dem Gedanken, nach Warschau zu gehen, aber als Ernährer der Familie wurde er von der Schulbehörde auch auf sein Bitten hin nicht versetzt. Die ausgedehnte Korrespondenz mit jüdischen und polnischen Schriftstellern ließ ihn in der Provinz, ohne geistige Anregungen und mit persönlichen Rückschlägen, aushalten.

Zu Beginn der deutschen Besatzung musste auch er in das Ghetto übersiedeln. Schulz arbeitete für den Gestapochef Felix Landau und bemalte in dessen Haus die Wände mit Märchenmotiven für Landaus Kinder. Die Umstände des Todes von Bruno Schulz sind grotesk und barbarisch. Weil Landau aus Übermut den Zahnarzt Löwe erschoss, der als Haussklave eines SS-Offiziers diente, nahm dieser Offizier an Landau Rache und erschoss am 19. November 1942 Bruno Schulz. Dieser hatte zwar bereits einen falschen Pass, um aus dem Ghetto fliehen zu können, wollte aber wahrscheinlich seine Verwandten nicht im Stich lassen. An diesem Tag wurden noch über 230 andere Ghettobewohner erschossen. Das Ghetto befand sich wenige hundert Meter von der Nordostecke des Marktplatzes entfernt. Heute ist dort ein großer Platz mit Kulturpalast und anderen Gebäuden zu finden. Zwischen ehemaligem Ghetto und Markt erinnert ein eindrucksvolles Denkmal an die vielen Opfer. An dem Haus, in dem Bruno Schulz lebte, wurde vor einigen Jahren eine Gedenktafel angebracht (vul. Ju. Drohobyča/вул. Ю. Дрогобича 12).

Die längst vergessenen Fresken von Bruno Schulz wurden 2001 von dem deutschen Schriftsteller Christian Geissler wiedergefunden. Die Wiederentdeckung der Bilder endete mit einer überraschenden und beklemmenden Pointe: Nach Bekanntwerden der Funde wurden die Fresken in einer geheimen Aktion durch Mitarbeiter der israelischen Holocaust-Gedenkstätte Yad Vashem illegal nach Israel gebracht. Diese umstrittene Aktion führte zu einer heftigen Diskussion über die Frage, wem die Erinnerung an das untergegangene Judentum Osteuropas gehöre und wo das Andenken daran am besten aufgehoben sei. Die Geschichte der Fresken erzählt der Dokumentarfilm ›Bilder finden‹ von Christian und Benjamin Geissler. Und er erzählt viel über das Leben und Überleben im Provinznest Drohobyč, genauso wie dies Bruno Schulz in seinem Buch ›Die Zimtläden‹ tut:

»Durch die dunkle Wohnung im ersten Stock des steinernen Hauses am Ring ging jeden Tag der ganze große Sommer hindurch: die Stille zitternder Luftschichten, die glänzenden Sonnenquadrate mit ihren fanatischen Träumen auf dem Fußboden, die Melodie eines Leierkastens, aus der tiefsten goldenen Ader des Tages geholt, zwei drei Takte eines Refrains, irgendwo auf einem Klavier gespielt, immer wieder von neuem ohnmächtig zusammenbrechend in der Sonne auf den weißen Trottoiren, verloren im Feuer des tiefen Tages. (…) An den Samstagen ging ich mit der Mutter spazieren. Aus dem Halbdunkel des Flurs traten wir mit einem Schritt in das Sonnenbad des Tages. (…) Der Ring war leer und gelb von der Glut, staubgekehrt von den heißen Winden gleich der biblischen Wüste. Die stacheligen Akazien, emporgewachsen aus der Leere des gelben Platzes, brodelten über ihm mit hellem Laub, Bukette edelgegliederter grüner Filigrane, wie Bäume auf alten Gobelins. Es schien, als affektierten diese Bäume den Wind, indem sie theatralisch ihre Kronen schüttelten, um in pathetischen Biegungen und Beugungen die Vornehmheit der Blattfächer mit ihren silbernen Unterleibern gleich dem Futter edler Fuchspelze zu zeigen.«

Ivano-Frankivs'k

Ivano-Frankivs'k (Івано-Франківськ) liegt östlich der ukrainischen Karpaten und stellt einen guten Ausgangspunkt für Touren in die Berge dar. Bei klarem Wetter ist es von hier aus möglich, die höchsten Berge der Karpaten zu sehen. Während der Befreiungskriege gegen Polen unter Chmel'nyc'kyj wurde eine Festung in der Nähe des Dorfes Sobolotiv erbaut. Die Festung gewährte Schutz, und so entwickelte sich schnell ein Handelsplatz. 1662 erfolgte die Stadtgründung durch den polnischen Gutsbesitzer Andre Potocki, der die Stadt nach seinem Sohn Stanislav nannte. Das Magdeburger Recht wurde ein Jahr später als Stadtrecht verliehen. Hier siedelten viele Armenier und Juden. In der Zeit der Zugehörigkeit zu Österreich, vor allem Anfang des 19. Jahrhunderts, war ein Aufschwung in der Stadt zu verzeichnen, und das Stadtbild wurde entscheidend geprägt. Der Name der Stadt wurde einfach eingedeutscht zu Stanislau. Nach dem Ersten Weltkrieg war die Stadt wenige Monate lang Regierungssitz der Westukrainischen Volksrepublik, bevor sie bis 1939 wieder polnisch wurde. Im Jahre 1939 lebten hier 41 Prozent Juden, 37 Prozent Polen, 19 Prozent Ukrainer und 3 Prozent Deutsche; 20 Jahre später waren es 67 Prozent Ukrainer und 25 Prozent Russen.

In sowjetischen Zeiten erfolgte eine starke Industrieansiedlung, vor allem auch Rüstungsgüter wurden hier produziert. Die Einwohnerzahl wuchs schnell und liegt jetzt bei 250 000. Zur 300-Jahr-Feier 1962 erfolgte die Umbenennung in Ivano-Frankivs'k.

Stadtzentrum

In dem kleinen Stadtzentrum, welches man bequem zu Fuß durchstreifen kann, gibt es einige Kirchen und Häuser aus der Blütezeit der Stadt im 18. Jahrhundert und zu Beginn des 19. Jahrhunderts. Die Fußgängerpromenade, die vul. Nezaležnosti (вул. Незалежності), ist Treffpunkt, Laufsteg, Shoppingmeile und der Ort einiger Kneipen und Cafés. Ein modernes Gebäude im konstruktivistischen Stil fällt besonders auf, es handelt sich um die **Hauptpost** aus dem Jahr 1938. Ansonsten vermittelt die Flaniermeile eher eine ruhige, durchaus angenehme Atmosphäre.

Der Marktplatz wird vom **Rathaus** dominiert. Der vom Konstruktivismus beeinflusste Bau von 1927 ist wegen des stufenförmigen Zentralturmes weithin zu sehen. Auffällig ist weiterhin der kreuzförmige Grundriss. Im Rathaus ist auch das Heimatmuseum mit Ausstellungen zur Alten und Neuen Geschichte,

Das Rathaus von Ivano-Frankivs'k

Volkskunst und Naturkunde untergebracht. Außerdem ist hier die Touristen-
information zu finden.

Östlich vom Marktplatz ist die **armenische Kirche** (Virmens'kyj sobor/Вір-
менський собор) zu sehen, sie liegt in
der vul. Virmens'ka 6 (вул. Вірменська)

und wurde in den Jahren 1742 bis 1762
im Barockstil erbaut. Jetzt wird sie von
der ukrainisch-orthodoxenautokephalen
Kirche (UAOK) genutzt; in sowjetischer
Zeit diente sie als Atheismus-Museum.
In westlicher Richtung vom Marktplatz
aus liegt der Majdan Šeptyc'koho (Май-

дан Шептицького), benannt nach dem Metropoliten der griechisch-katholischen Kirche. Als erstes stößt man auf die **Auferstehungskathedrale** (Kafedral'nyj sobor Sv. Voskresinnja/Кафедральний собор Св. Воскресіння). Das barocke Gebäude wurde von 1753 bis 1763 als Jesuitenkirche erbaut und ging dann in den Besitz der unierten Kirche über. Seit 1885 befand sich hier der Sitz eines Episkopats. Der dritte Bischof residierte nur von 1899 bis 1901 und wurde dann Metropolit in L'viv: A. Šeptyc'kyj. An ihn erinnert neben dem Eingang eine große Gedenktafel. In der Zeit des Verbotes der unierten Kirche wurde das Gebäude durch die russisch-orthodoxe Kirche genutzt. Seit dem 28. Januar 1990 versammelt sich wieder die unierte Gemeinde in der Kathedrale. Der reich vergoldete, hohe und mit schönen Ikonen geschmückte Ikonostas gilt als beeindruckendes Beispiel der religiösen ukrainischen Kunst.

Nach Norden schließt sich das eher unscheinbare zweietagige **Jesuitenkollegium** an, in dem jetzt der Lehrstuhl für Anatomie des Medizinischen Institutes untergebracht ist. Nachdem die Jesuiten

Fassade in der Innenstadt

vertrieben woden waren, befand sich hier ab 1784 das deutsche Gymnasium. Daneben steht die römisch-katholische Gemeindekirche mit kleineren Türmen, aber einer betonten Eingangsfassade. Das Bauwerk wurde als Stanislauer-Kollegium 1673 bis 1703 errichtet. Die Wandmalereien stammen aus der zweiten Hälfte des 19. Jahrhunderts, ein Jahrhundert früher entstanden die Barockskulpturen. Nach einer umfangreichen Renovierung 1993 sind nun sakrale Kunstwerke zu sehen. In der nächsten Querstraße in nördlicher Richtung, der vul. Novhorodska (вул. Новгородска), ist die **älteste ukrainische Brauerei** aus dem Jahr 1767 zu sehen. Auch heute wird hier noch ein gutes Bier gebraut.

Südlich der Kathedrale beginnt die vul. Bel'veders'ka (вул. Бельведерська). In der Zeit der deutschen Besetzung begann hier das jüdische Ghetto. Tausende Juden wurden hier umgebracht.

Gedenktafel für Theodor Zöckler in der vul. Ivana Franka

Die Westukraine

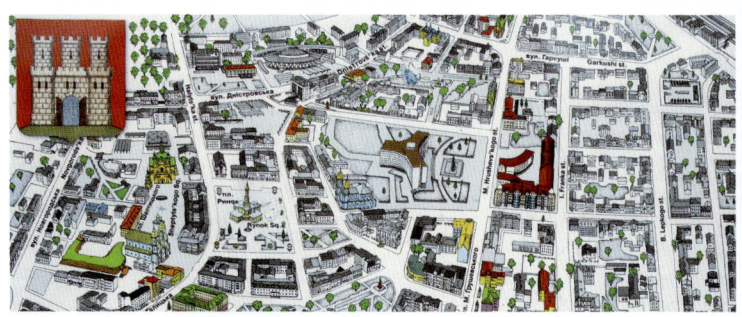

Stadtplan auf einer Informationstafel in Ivano-Frankivs'k

Etwa eineinhalb Kilometer südwestlich vom Zentrum liegen ein schöner Park und ein See. Auf einem Spaziergang dorthin können in der **Ševčenko-Straße** (vul. Ševčenka/вул. Шевченка) einige Villen aus der Zeit vom Anfang des 20. Jahrhunderts bewundert werden. Diese Straße ist eine der ältesten der Stadt und galt schon immer als die schönste. Die vul. Ševčenka 1 beherbergte früher das Hotel ›Österreich‹, das heutige Haus des Volkes. Hier fanden die Sitzungen der Westukrainischen Nationalversammlung (Parlament der Westukrainischen Republik) statt. Am 2. Januar 1919 kam es hier zur Zustimmung zur Vereinigung mit der Ukrainischen Volksrepublik. Das eher unscheinbare Gebäude Nr. 18 war das Wohnhaus der unierten Bischöfe. In der Nr. 20 befand sich bis 1939 die jüdische Gesellschaft ›Goldfaden‹, benannt nach dem jüdischen Dramatiker A. Goldfaden (1840–1908). Das erste ukrainische Gymnasium befand sich im Haus Nr. 44 und wurde 1908 eingerichtet. In einem der wenigen Gebäude aus jüngerer Zeit befindet sich ein sehr empfehlenswertes Restaurant – im ›Bristol‹ (Брістол) speist man sehr gut! Im Hotel ›Dnister‹ (Дністер, früher Hotel ›Odessa‹) hatte 1919 die Regierung der Westukraini-

schen Republik ihren Sitz. E. Petruževyč und L. Bachynski arbeiteten in diesem Gebäude, aber auch Politiker aus Kiev wie M. Hruševs'kyj und S. Petlura kamen zu Besuch.

Auch Ivano-Frankivs'k hat ein ›**Weißes Haus**‹, in der vul. Hruševs'koho 21 (вул. Грушевського) sitzen die örtliche Verwaltung und einige Zeitungsredaktionen. Das etwas überdimensioniert wirkende Gebäude wurde in den 1980er Jahren erbaut und weist einen abgerundeten dreieckigen Grundriss auf. Das Denkmal vor dem Bauwerk besteht aus zwei Skulpturen und einer Stele. Auf dieser befand sich bis 1990 ein Leninrelief. Die Skulptur links symbolisiert die Vereinigung der Westukraine mit der Ukrainischen Volksrepublik und die rechte den Widerstand gegen die Diktatoren Hitler und Stalin.

Unschwer ist auch das **Theater** in der vul. Nezaležnosti 42 als Bauwerk aus den 1980er Jahren zu erkennen. Davor steht ein großes Denkmal für Ivan Franko, den Namensgeber der Stadt.

Auf dem freien Platz vor dem Hotel ›Nadija‹ (Надія) stand die nach dem Kriege von den Sowjets zerstörte evangelische Kirche. Die Parkanlage hinter dem Hotel befindet sich an der Stelle des eingeebneten deutschen Friedhofes.

Karte S. 116

Ivano-Frankivs'k
Vorwahl: 0 34 22.

Die Bahnverbindungen nach Ivano-Frankivs'k sind günstig, da der Ort an der Bahnlinie L'viv–Černivci liegt. Die Verbindung in die Karpaten ist durch die Linie nach Rachiv (Рахів) über Jaremča (Яремча) und Jasinja (Ясіня) gegeben. Im Sommer fahren 4 x täglich Züge, im Winter wird die Strecke nur einmal am Tag befahren.

Von der Busstation neben dem Bahnhof gibt es mehrmals täglich Fahrtmöglichkeiten u. a. nach L'viv, Jaremča und Rachiv.

Direkte Flugverbindungen bestehen nach Frankfurt/Main und Manchester (IATA-Code IFO).

Die Auswahl an Hotels ist nicht besonders groß, aber es ist sicher für jeden Anspruch etwas zu finden.
Hotel Auskoprut (Аускопрут), vul. Hrjunval'ds'ka 7–9 (вул. Грюнвальська), Tel. 2 34 01, www.auscoprut.if.ua, DZ 45–90 Euro. Österreichisch-ukrainisch-amerikanisches Joint Venture, sehr gutes Niveau, es werden

Stadtführungen und Exkursionen in die Umgebung angeboten.
Hotel Nadija (Надія, früher: Ukrajina), vul. Nezaležnosti 40 (вул. Незалежності), www.nadia.if.ua, DZ 35–55 Euro. Sehr zentral und deutlich preiswerter als das Auskoprut.
Hotel Dnister (Дністер), vul. Sičovych Stril'civ 12 (вул. Січових Стрільців), EZ 17 Euro. Klein und einfach.

Eine wirkliche Empfehlung ist das **Bristol'** (Брістол) in der vul. Ševčenka 68 (вул. Шевченка) – tolle Atmosphäre und sehr gute Küche.
Außerdem ist das **Šanson** (Шансон) in der vul. Bel'veders'ka 17 (вул. Бельведерська) sehr ansprechend, www.shansoncafe.com.
In der Fußgängerzone lässt sich im Restaurant **Slovan** (Слован) in der vul. Šatkevyča 2 (вул. Шаткевича) gut sitzen und speisen.

Kunstmuseum im alten Stanislauer Kollegium (Chudožnyj muzej/Художній музей), vul. Halyc'ka 41 (вул. Галицька), tgl. außer Mo 10–18 Uhr.
Regionalmuseum im Rathaus, vul. Halyc'ka 4a, tgl. außer Mo 10–18 Uhr.

www.sbedif.if.ua/city (engl.).

Halyč

Halyč liegt 26 Kilometer nördlich von Ivano-Frankivs'k am Ufer des Dnister. Die Stadt Halyč (Галич) war namensgebend für den ganzen Landstrich Galizien. Sie wurde bereits im Jahre 898 in den Chroniken erwähnt, entwickelte sich von einer kleinen Siedlung zur Hauptstadt der ›Halyčyna‹ (Галичина, Galizien). Auf dem Hügel, der sich über der Stadt erhebt, sind Reste der alten Burg aus dem 14. bis 17. Jahrhundert zu finden.
Der Bau der Burg begann 1367. Zu Beginn des 17. Jahrhunderts versuchten die Tataren mehrmals die Burg zu erobern, was ihnen schließlich 1621 gelang.

Blick von der Burgruine auf Halyč

Nach der Zerstörung und dem mühevollen Aufbau kamen nur wenige ruhige Jahre, bereits 1658 datiert die endgültige Zerstörung durch die Tataren. Es wird jetzt versucht, die Mauern zu sichern und teilweise wohl auch wieder aufzubauen. Die Umrisse der Anlage sind zu erahnen. Gleich vom Marktplatz, der von einem Reiterdenkmal des Gründers der Halyčyna, dem Fürsten Danylo, beherrscht wird, kann man auf einem Weg den Hügel hinaufsteigen. Von oben hat man einen guten Blick auf die Stadt und die Umgebung.

Die Stadt ist berühmt für die galizisch-wolhynische Chronik, die im 13. Jahrhundert hier vollendet wurde. Das sogenannte Halyčer Gesangbuch, eines der ersten schriftlichen Dokumente des Ukrainischen, stammt ebenfalls von hier.

Kolomyja

Kolomyja (Коломия) ist ein hübsches kleines Provinzstädtchen mit einer ziemlich lebendigen Innenstadt und liegt 50 Kilometer südlich von Ivano-Frankivs'k. Als Handelsstadt hatte es im Mittelalter eine große Bedeutung, es kreuzten sich hier mehrere Handelsrouten. 1405 bekam Kolomyja Stadtrecht. In dieser Zeit entwickelte sich vor allem das Handwerk. Außerdem wurde das Privileg an die Stadt vergeben, Salzlager anlegen zu können. Der Reichtum weckte Begehrlichkeiten – und deshalb wurde die Stadt vor allem im 16. Jahrhundert mehrmals überfallen und zerstört. Nach einer völligen Zerstörung entschloss man sich 1620, die Stadt etwas weiter nördlich wieder aufzubauen – seitdem liegt das Zentrum einige Kilometer vom Fluss Prut entfernt. Die Han-

Karte S. 102

Die Westukraine

Das Pysanky-Museum in Kolomyja

delstätigkeit entwickelte sich zu neuer Blüte. Erst im 18. Jahrhundert kam ein Bedeutungsverlust, da sich das nahe Stanislau (Ivano-Frankivs'k) schneller entwickelte und zum Distriktzentrum wurde.

In der österreichischen Zeit konnte sich in Kolomyja neben einem industriellen Aufschwung vor allem die ukrainische Kultur entwickeln. 1848 gründete man in der Stadt das erste Theater in Galizien. Außerdem wurden ukrainische Schulen und Verlage eröffnet. In den geschichtlichen Wechselbädern des 20. Jahrhunderts hatte vor allem die Bevölkerung viel zu leiden. Den Ruf und die Bedeutung als Kulturstadt hat sich Kolomyja bis heute erhalten können. Bildung, Handwerk und ukrainischer Patriotismus haben hier guten Nährboden.

■ **Sehenswürdigkeiten**

Die bedeutendsten Sehenswürdigkeiten sind ohne Zweifel die Museen. Eine Besonderheit ist das **Pysanky-Museum** (музей Писанки). Das Museumsgebäude ist recht originell – es wurde in Form eines Ostereis erbaut. In mehreren Stockwerken sind darin ukrainische Ostereier zusammengetragen. Nicht nur für die Freunde der Volkskunst beeindruckend! Ein weiteres interessantes Museum ist den **Huzulen** und ihrer Kultur gewidmet. Hier werden Einblicke in das Leben des Volksstammes anhand von Möbeln, Einrichtungsgegenständen und Bekleidung gegeben. Außerdem nimmt die Volkskunst – vor allem Schnitzerei und Keramik – einen breiten Raum ein. Westlich vom Zentrum ist die **Marienkirche** zu finden (vul. Karpats'ka/вул. Карпатська). Die im Jahre 1587 errichtete Holzkirche gilt als eines der besten Beispiele der Volksarchitektur der Huzulen.

Das Zentrum wird vom Ševčenko-Platz (пл. Шевченка), einer breiten Fußgängerzone mit Grünanlagen, und dem Vidrodžennja-Platz (пл. Відродження) gebildet.

 Kolomyja

Am Ševčenko-Platz und dem Vidrodžennja-Platz sind viele Cafés und Restaurants zu finden.

🏛

Vor allem die Museen sind interessant:
Pysanky-Museum, pr. Čornovola 43 (пр. Чорновола).
Museum der Huzulenkultur, vul. Teatral'na 25 (вул. Театральна).

www.ko.if.ua (ukr.).

Deutsche Siedlungen in Ostgalizien

Unter Mitarbeit von Hans Christian Heinz

Die Anfänge der deutschen Besiedlung in Galizien liegen im 13. Jahrhundert, als überwiegend deutsche Handwerker und Kaufleute zum wirtschaftlichen Wiederaufbau der Städte herbeigerufen wurden. Diese Einwanderer hatten sich bis zum 16. Jahrhundert völlig assimiliert.

Nach der Ersten polnischen Teilung 1772 fiel Galizien an Österreich. Die von der Habsburger Monarchie organisierte Ansiedlung von Deutschen im neuerworbenen Königreich Galizien und Lodomerien ging in mehreren Etappen vonstatten.

Kaiserin Maria Theresia erließ 1774 das Einwanderungspatent, das sich an ›Händler, Künstler, Fabrikanten, Professionisten‹ (Freiberufler) und Handwerker richtete und die Belebung von Handel und Gewerbe zum Ziel hatte. Den Kolonisten wurden sechs Jahre Steuerfreiheit und der unentgeltliche Erwerb der Bürger- und Meisterrechte zugesagt. Katholiken durften sich überall niederlassen, Angehörige der evangelischen Kirche nur in Lemberg und Brody und in vier Städten in Westgalizien. Daraufhin kamen in den Jahren von 1774 bis 1783 etwa 1000 Deutsche in die Städte Galiziens.

Die ersten ländlichen deutschen Siedlungen wurden von 1782 bis etwa 1790 größtenteils auf staatlichem Großgrundbesitz eingerichtet. Vorausgegangen waren 1781 das Ansiedlungspatent und das Toleranzpatent des Kaisers Joseph II. Dadurch eröffneten sich den Einwanderern völlig neue Perspektiven, zum ersten Mal konnten Evangelische uneingeschränkt einwandern, ihnen wurde völlige Freiheit bei der Ausübung ihrer Religion (zunächst nur in Privathäusern) und eigene Schulen zugesichert, die völlige Gleichberechtigung erfolgte jedoch erst 1861 mit dem Protestantenpatent für die gesamte österreichische Monarchie.

Anders als bei den russischen Ansiedlungsmaßnahmen in der Südukraine war Galizien relativ dicht besiedelt, und die Neusiedler sollten hier im Bereich

Ehemaliges deutsches Wohnhaus in Sokolivka, dem einstigen Falkenstein

Karte S. 102

der Landwirtschaft, aber auch im Handel und Gewerbe innovativ wirken. Trotzdem wurde Land für die Neusiedler benötigt. Die österreichische Regierung löste daher großen weltlichen und geistlichen Grundbesitz auf oder verkleinerte diesen.

Die neuen Siedlungen waren weit übers Land verstreut. Eine Zwangsumsiedlung der slawischen Bauern zum Zwecke der Einrichtung geschlossener deutscher Siedlungsgebiete wurde von den österreichischen Behörden nicht in Erwägung gezogen. Die einheimischen Slawen erhielten andererseits aber auch nicht die Freiheiten und Privilegien der deutschen Kolonisten. Eine rechtliche Gleichstellung erfolgte erst nach der Bauernbefreiung in der Folge der Revolution von 1848.

Die Gesetze stellten die Einwanderer und ihre ältesten Söhne vom Militärdienst frei. Für die Landwirtschaft wurden ein angemessen großer Grundbesitz, ein Hof mit Wohnhaus, Stall, Scheune, Ackergeräten und Vieh sowie zehn Jahre Abgabenfreiheit und sechs Jahre Freistellung von Fronarbeit gewährt.

Herkunft und Anreise

Die Ansiedler im ländlichen Raum Galiziens stammten fast alle aus Südwest-Deutschland. Ein hauptsächlicher Grund war das geltende Erbrecht dieser Regionen. Es galt die Realteilung; das bedeutete, dass der elterliche Grundbesitz gleichmäßig an alle Kinder vererbt wurde (in anderen Teilen Deutschlands bekam meist der erstgeborene Sohn alles). Durch die Aufteilung des Besitzes reichten die einzelnen Flächen für den Lebensunterhalt einer Familie nicht mehr aus. Zudem war die Pfalz häufig Schauplatz verschiedener Kriegshandlungen mit den damit einhergehenden

Verwüstungen, hinzu kamen im späten 17. und im 18. Jahrhundert Missernten infolge von Extremwettern.

Der Anreiseweg für die deutschen Kolonisten war vorgeschrieben. Aus ihrer Heimat führte der Weg zunächst zur österreichischen Residenz in Mannheim oder Frankfurt am Main, dann weiter nach Ulm, Donaueschingen oder Regensburg, wo sie per Kahn auf der Donau nach Wien zur Registrationsstelle fuhren. Von dort ging es später über Land in die neue Heimat. Schon im Jahre 1782 kamen die ersten Kolonisten nach Galizien. 1784 waren auch erstmals Mennoniten, unter anderem aus dem westpreußischen Weichselwerder, als Einwanderer zugelassen. Wegen des unerwartet großen Andranges von Ansiedlern in Wien wurde die Zahl der einwandernden Kolonistenfamilien mehrmals beschränkt. Planung und Einrichtung von Kolonien hinkten dem Zustrom der Siedler nach. Die Kolonisten mussten zum Beispiel teilweise in verlassenen Klöstern Lembergs jahrelang auf ihre Unterbringung warten.

Die Gesamtzahl der Ansiedler, die sich während der Josephinischen Kolonisation in Galizien niederließen, liegt zwischen 15 000 und 20 000 Personen; es gibt jedoch nur Schätzungen, da die anfangs penibel geführten Ansiedlungslisten wegen des großen Ansturms unvollständig blieben.

Der größte Teil der deutschen Kolonien befand sich in Ostgalizien, also im ukrainischen Volksgebiet, etwa östlich des Flusses San. Dabei war die österreichische Regierung auf die räumliche Trennung von Protestanten und Katholiken bedacht, um die für beide Konfessionen getrennte Versorgung mit Kirchen und Schulen leichter und schneller gewährleisten zu können.

Die Westukraine

Siedlungsformen

Die dominierende Siedlungsform war die Reihensiedlung in linienhafter Form, meist schnurgerade angelegt. Die Reihendörfer waren in der Regel zweizeilig, also auf beiden Straßenseiten bebaut (zum Beispiel Gelsendorf, heute Zahirne/Загірне), selten einzeilig (zum Beispiel Neu-Chrusno, heute Chorosno Nove/Хоросно Нове) und an relativ breiten Straßen angelegt. Die Straßenfrontseite der Hofparzellen nahm eine Länge von 20 bis 35 Metern ein. Zwei dieser neueingerichteten Dörfer wurden als parallele zweizeilige Reihensiedlungen angelegt: in Landestreu (heute Zelenyj Jar/Зелений Яр, Verwaltungsgebiet Ivano-Frankivs'k) lagen die beiden Wohnstraßen nur gut 50 Meter auseinander, in Mokrotyn-Kolonie (Мокротин) dagegen etwa zwei Kilometer. Es entstanden auch mehrere Kolonien mit Schachbrettgrundriss (etwa Brigidau, heute Lanivka/Ланівка, Dornfeld, heute Ternopillja/Тернопілля, Josefsberg, heute Korosnycja/Коросниця) in Kreuzform (zum Beispiel Bruckenthal/gegen Ende des Zweiten Weltkrieges zerstört; Falkenstein, heute Sokolivka/Соколівка, Kaisersdorf, heute Kalyniv/Калинів, Wiesenberg, heute Vizenberh/Візенберг; Kranzberg, heute Teil von Dubljany/Дубляни) und sogar eines mit Pentagongrundriss (Königsau, heute Rivne/Рівне). Bei der Anlage dieser geplanten Siedlungen wurde auf die natürlichen Gegebenheiten des Landschaftsreliefs zunächst keine Rücksicht genommen. So standen diese Kolonien in starkem Kontrast zu den umliegenden slawischen Haufendörfern, deren Anlage den landschaftlichen Gegebenheiten folgte.

Die Errichtung der Häuser war Aufgabe der österreichischen Regierungsbehörde. Das Wohnhaus der Kolonisten sollte einen Grundriss von 8 mal 8,5 Metern einnehmen, im Gebäude waren Wohnstube, Schlafkammer, Küche, Diele und ein gemauerter Rauchfang vorgesehen. Dies war nach heutigen Gesichtspunkten keine sehr große Wohnfläche, doch ungewohnter Standard im ländlichen Raum der damaligen Zeit und gerade im Vergleich zu den slawischen Bauernhäusern – diese verfügten über nur einen Raum und waren meist schornsteinlos. Auch äußerlich wichen die Kolonistenhäuser von denen der Einheimischen ab. Durch die deutschen Ansiedler verbreiteten sich nun beispielsweise das Steildach mit Fenstern und der typisch deutsche Fachwerkbau.

In der Amtszeit von Kaiser Franz II. führte sein Bruder, Erzherzog Karl, noch einmal staatliche Ansiedlungsmaßnahmen in Galizien durch. Diese Kolonisation (1802–1805) war mit weniger Privilegien für die Angeworbenen verbunden, die zum Beispiel keine Reisekosten mehr erhielten. Insgesamt wanderten in dieser Zeit nochmals 1232 Familien nach Galizien ein.

Das Ende der deutschen Siedlungen

Nach 1815 hatte der österreichische Staat unter der Regierung Metternichs kein Interesse mehr an den kostenaufwendigen Kolonisationsmaßnahmen. In Galizien lebten im Jahre 1810 fast 50 000 Deutsche, 1848 waren es bereits rund 100 000 in etwa 300 Siedlungen. Danach nahm ihre Zahl beständig ab. Die Gründe für diese Entwicklung liegen in der schwierigen Situation für die römisch-katholischen Deutschen in Galizien, die ständigen Polonisierungsbestrebungen in Kirche und Schule ausgesetzt waren, und in der um 1900 einsetzenden massiven Abwerbungs-

Die Westukraine

Das Schulgebäude im ehemaligen Dornfeld

kampagne des preußischen Staates. Aus vielen intakten deutschen Siedlungen wurde ein beträchtlicher Teil der Bevölkerung zur Übersiedlung in die Provinzen Westpreußen und Posen bewogen. Im Ersten Weltkrieg flohen viele Galiziendeutsche vor den herannahenden russischen Truppen bis nach Österreich. Während der russischen Besatzung waren die in Galizien verbliebenen Deutschen der ständigen Willkür der Zarenarmee ausgesetzt, beim Rückzug verschleppte die russische Armee einen Teil der galiziendeutschen Intelligenz nach Sibirien.

Nach dem Zusammenbruch der österreichisch-ungarischen Doppelmonarchie 1918 kämpften zahlreiche Galiziendeutsche als Offiziere und Unteroffiziere in der Ukrainisch-Galizischen Armee (UHA), die aus den ukrainischen Regimentern der Habsburger Armee hervorgegangen war, gegen polnische Einheiten. In der kurzen Zeit der Westukra-

inischen Volksrepublik nach dem ersten Weltkrieg verhielten sich die Deutschen in Galizien loyal zum jungen, kurzlebigen westukrainischen Staat.

Nach den Bürgerkriegswirren und der Auflösung des selbständigen ukrainischen Staates, der dem wiederauferstandenen polnischen Staat einverleibt wurde, kam auch die deutsche Bevölkerung zu Polen, das eine eher intolerante Nationalitätenpolitik betrieb. Besonders das Wirken der deutschen Lehrer und Pfarrer wurde misstrauisch beäugt. Wer als Deutscher im Staatsdienst bleiben wollte, musste seine Kinder in polnischsprachige Schulen schicken und seinen Namen polonisieren.

Der Zweite Weltkrieg und die Folgen

Mit dem Ribbentrop-Molotov-Pakt vom August 1939, in dem sich das nationalsozialistische Deutschland und die Sowjetunion über eine Zerschlagung Polens verständigten, wurde Ostgalizien der sowjetischen Interessensphäre zugeschlagen und den dortigen deutschen Siedlern in einem weiteren Abkommen das Recht zur Umsiedlung nach Deutschland verbrieft. Die von der UdSSR zugesagte Umsiedlungsmöglichkeit wurde nach der Besetzung Ostgaliziens durch die Rote Armee den Galiziendeutschen zwar nicht streitig gemacht, jedoch oft äußerst erschwert. Die Sowjetmacht versuchte mit erheblichem Propagandaaufwand, die deutsche Bevölkerung in ihrem Herrschaftsbereich zum Bleiben zu bewegen, gleichzeitig wurde aber ihr Besitz ›nationalisiert‹, also praktisch enteignet.

Nahezu 60 000 Galiziendeutsche konnten 1939/40 zunächst in Übergangslager nach Thüringen, Sachsen und dem Sudetenland umsiedeln, bevor man die ersten Familien im Frühjahr 1940 gegen ihren Wunsch in den ›Reichsgau Wartheland‹ verbrachte. Die von ihnen erhoffte Ansiedlung im südwestdeutschen Auswanderungsraum der Vorfahren war politisch nicht gewollt. Stattdessen missbrauchte die politische Führung in Berlin die Galiziendeutschen als ›Wehrbauern‹ im annektierten Warthegau, das bis 1939 zum polnischen Staatsgebiet gehört hatte. Die polnischen Vorbesitzer der Hofstellen wurden oft vor den Augen der Umsiedler enteignet und in das sogenannte Generalgouvernement abgeschoben.

In Ostgalizien kam es während der ersten sowjetischen Besatzungszeit von 1939 bis 1941 in den verlassenen deutschen Siedlungen teilweise zu Plünderungen durch Einwohner der ukrainischen Nachbardörfer, meist wurden Hofstellen in Besitz genommen. Im Juni 1941 wurde die Deutsche Wehrmacht bei ihrem Einmarsch zunächst noch als Befreier von der Sowjetherrschaft begrüßt, einzelne Galiziendeutsche kehrten sogar in den sogenannten Distrikt Galizien zurück.

Nach der Eroberung durch die Rote Armee im Sommer und Herbst 1944 kam es zu grundlegenden Veränderungen in der Bevölkerungsstruktur Ostgaliziens, das gemäß der Vereinbarungen der Alliierten dem sowjetischen Staatsgebiet zufallen sollte. Moskau und die von ihr gelenkte Lubliner Übergangsregierung Polens vereinbarten bereits im Herbst 1944 den Bevölkerungsaustausch von hunderttausenden Polen aus den neuen westlichen Gebieten der Sowjetunion sowie von Ukrainern aus Polen in das jeweils andere Staatsgebiet, der bereits 1947 im wesentlichen abgeschlossen war.

Ein Teil dieser Ukrainer musste in die zentrale und östliche Ukraine umsiedeln, woher im Gegenzug als linientreu geltende Ostukrainer und Russen als Funktionäre nach Ostgalizien und in die übrige Westukraine migrierten. Der jahrhundertelang währenden Bevölkerungsmischung insbesondere in den Städten Ostgaliziens aus Polen, Juden, Ukrainern, Deutschen, Armeniern und anderen folgte nun eine bis dahin ungekannte, ethnisch weitgehend homogene Bevölkerungsstruktur.

Die neuen Bewohner fanden in den verlassenen Dörfern oft Gebäude vor, die sie für Wohnzwecke ganz oder teilweise instandsetzen, in vielen Fällen völlig neu aufbauen mussten. Die gemeinschaftlich genutzten Bauten wie Schule, ›Klub‹, Laden oder Mühle erhielten bei Renovierungen und Umbauten ein anderes Aussehen. Die vormaligen Kirchengebäude verloren zumeist ihre Funktion und dienten als Lagerraum, Werkstatt oder Getreidespeicher.

Die Dörfer heute

Bis auf wenige Ausnahmen ging der mit dem Zweiten Weltkrieg begonnene Degradierungsprozess der früheren deutschen Siedlungen weiter und setzt sich bis in die Gegenwart fort. Einige schon während des Krieges stark zerstörte Kolonien wurden dem Erdboden gleichgemacht, zum Beispiel Bruckenthal und Ugartsberg; verwertbare Baumaterialien aus diesen Orten nutzte man zum Haus- und Straßenbau in Nachbardörfern. Nur eines der ehemals deutschen Dörfer bewahrte sich nicht nur seine politische Eigenständigkeit, sondern konnte auch die Höhe der früheren deutschen Einwohnerzahl halten: Brigidau (heute Lanivka/Ланівка), nordwestlich von Stryj (Стрий), die etwas abgelegene, aber traditionell in besonders engem Kontakt mit den ukrainischen Nachbarn lebende größte deutsche Kolonie Galiziens.

Wer sich auf Spurensuche in frühere deutsche Siedlungen in Ostgalizien begibt, darf keine herausgeputzten Häuser und Ortschaften erwarten. Die angeführten Orte und Gebäude befinden sich in sehr unterschiedlichem Erhaltungszustand, der von relativ gut über baulich verändert bis hin zu teilweise oder völlig zerstört reicht. Dennoch sollte man sich das eine oder andere Zeugnis deutscher Vergangenheit in diesem Raum ansehen. Nicht zuletzt durch die regelmäßige Präsenz und das Engagement der früheren deutschen Bewohner und ihrer Nachfahren, die seit 1991 wieder ungehindert ihre Heimat besuchen können, ist auch das Bewusstsein bei den einheimischen Ukrainern geweckt worden, behutsam mit diesem Erbe der galizischen Kulturlandschaft umzugehen.

Nach Jahrzehnten der Vernachlässigung und des Verfalls werden Kirchengebäude renoviert und von den örtlichen Gemeinden genutzt, Friedhöfe wieder freigelegt und gepflegt, und mancherorts erinnern heute von den ukrainischen Einwohnern aufgestellte Gedenktafeln und -steine an die früheren deutschen Kolonisten.

Die Westukraine

ℹ️ **Galiziendeutsche**

Hans Christian Heinz lebt seit mehreren Jahren in L'viv und arbeitet an der dortigen Universität. Er ist ein profunder Kenner der galiziendeutschen Siedlungen. Auf Wunsch kann er vor Ort Exkursionen in die ehemaligen galiziendeutschen Dörfer anbieten und steht auch als Ansprechpartner für detaillierte Informationen und für Ratschläge zur Verfügung. Außerdem kann er bei der Organisation von Exkursionen in die Karpaten helfen. Diese sind insbesondere für kleinere Gruppen günstig und finden unter fachkundiger Leitung statt.
Anschrift in der Ukraine:
79000 L'viv (Львів)

vul. Petra Dorošenka 41 (вул. Петра Дорошенка 41)
Heohrafičnyj fakul'tet LNU im. I. Franka (Географічний факультет ЛНУ ім. І. Франка)
Kafedra ekonomičnoji i social'noji heohrafiji (Кафедра економічної і соціальної географії)
Hans Christian Heinz
Tel. privat: 00 380/67/3 97 12 24.
myfmax@yahoo.de
Außerdem ist Herr Heinz Betreuer des Galiziendeutschen Heimatarchivs, und weitergehende Anfragen können an das Galiziendeutsche Heimatarchiv, Benzinoring 6, D-67657 Kaiserslautern, Fax 06 31/3 60 93 47, gerichtet werden.

Ehemalige galiziendeutsche Dörfer

Die Aussicht auf kostenlosen Landbesitz in Osteuropa verleitete viele Südwestdeutsche zur Übersiedlung. Oft kamen kleine Gruppen aus der gleichen Herkunftsregion, die sich gemeinsam in den neuen Dörfern niederließen. Hier einige Empfehlungen für eine Spurensuche:

■ **Brigidau (Lanivka, Ланівка)**
Im 1783 mit Schachbrettgrundriss angelegten Ort sind noch einige deutsche Kolonistenhäuser vorhanden. Sehenswert ist besonders das Ensemble am Dorfplatz. Die Kirche – heute griechisch-katholisch – ist ebenso erhalten wie die gegenüberliegende Schule und das rechts unter Bäumen versteckte Dorfgemeinschaftshaus. Seinem nördlichen Giebel gegenüber befindet sich das vormalige Pfarrhaus. Der Friedhof ist am östlichen Ortsrand (oberhalb der Kirche nach rechts). Rechter Hand am Ortsrand gibt es einen Gedenkstein, den die ukrainischen Bewohner den früheren deutschen Siedlern von Brigidau errichtet haben.
Anfahrt: 6 km nordwestlich von Stryj (auf der Straße nach Drohobyč) an einer Kreuzung nach Norden, von dort 3 km bis Lanivka.

■ **Königsau (Rivne, Рівне)**
Der Grundriss der 1783 gegründeten Kolonie in Form eines regelmäßigen Fünfecks (Pentagon) ist einmalig unter den ländlichen Siedlungen Europas. Das Schulgebäude wurde 1904 als Fachwerkkonstruktion errichtet und ist heute ungenutzt. Die frühere römisch-katholische Holzkirche aus dem Jahr 1846 auf dem zentralen Dorfplatz wurde 1995 abgetragen. Das Baumaterial wurde auch zum Neubau der griechisch-katho-

Im galiziendeutschen Dorf Lanivka

lischen Kuppelkirche verwendet. Gleich am Ortsausgang (links) bietet der Friedhof einen gepflegten Anblick.
Anfahrt: M 06 von Stryj in Richtung L'viv, 4 km östlich von Stryj nach links (unscheinbarer Wegweiser ›Kavs'ke‹).

■ **Dornfeld (Ternopillja, Тернопілля)**
Am Ortseingang befindet sich die 1937 eingerichtete Mühle mit ihrem bis heute voll funktionsfähigen Walzenmühlwerk (kann besichtigt werden!).
Der Ortsgrundriss besticht durch seine planmäßige, aus neun Feldern bestehende, Schachbrettstruktur, mit Kirche und umgebendem Platz im zentralen Feld in der Ortsmitte und einem sie umgebenden Park mit Alleen. Die Kirche selbst wurde im Zweiten Weltkrieg zerstört, die Ruine vor einigen Jahren abgetragen, an ihrer Stelle wird derzeit ein neuer Kirchenbau errichtet.
Die nördliche Allee führt zum Pfarrgebäude aus der Mitte des 19. Jahrhunderts. Die östliche Allee führt von der Kirche zum früheren Deutschen Haus, in dem Gemeindeverwaltung, Versammlungsraum, Volksbücherei und Kreditge-

nossenschaft untergebracht waren. Die westliche Allee führt zur Schule, einem zweistöckigen Gebäude von 1920, das Elemente der Moderne und traditioneller deutscher Architektur in sich vereinigt. In gutem Zustand befindet sich der Friedhof jenseits des Teiches im Norden des Ortes.

Anfahrt: M 06, Abzweig nach Westen 20 km südlich von L'viv (markant sind zwei stillgelegte Kalkbrennöfen beiderseits der Straße).

■ Potelyč

In Potelyč ist, neben zwei steinernen Kirchengebäuden, auf der östlichen Seite der Dorfstraße die hölzerne Heilig-Geist-Kirche am Hang äußerst sehenswert, denn es handelt sich um die älteste Holzkirche Galiziens. Der Glockenturm von 1593 ist ein quadratischer Bau mit einer Arkadengalerie und einem hohen Zeltdach, das mit einem Kreuz abschließt. Die bereits 1502 errichtete Kirche erfuhr mehrere Umbauten, so dass die ursprüngliche Schlichtheit überdeckt wurde. Im Inneren sind wertvolle Malereien aus dem 17. Jahrhundert erhalten, die trotz ihrer eingeschränkten

Ehemalige römisch-katholische Kapelle in Kranzberg/Dubljany

Farbskala durch die Lebendigkeit und Gefühlstiefe der Szenen beeindrucken. Im südlichen Ortsteil rechts empfängt den Besucher das Torgebäude des westukrainischen Sammelfriedhofes für deutsche Gefallene – einer von fünf zentralen deutschen Soldatenfriedhöfen des Zweiten Weltkrieges in der Ukraine, die seit Mitte der 1990er Jahre neu angelegt wurden.

Anfahrt: Von L'viv auf der E 81 (M 09) bis Rava Rus'ka, dort nach Westen orientieren und die Bahngleise überquerend nach Potelyč fahren (3 km).

■ Einsingen (Dev'jatyr, Девятир)

Die galiziendeutsche Bevölkerung dieses Ortes ging bereits im September 1939 geschlossen mit der Deutschen Wehrmacht über die nahe Demarkationslinie nach Westen. Die Einsinger Kolonistengebäude dienten daraufhin als Quartier für eine sowjetische Militäreinheit. Das Schulgebäude und das Ortsvorsteherhaus mit Versammlungssaal werden nach wie vor genutzt. Zahlreiche Gehöfte sind erhalten, mit sehenswerten Details wie Pumpbrunnen und Lauben, einige leider ruinös. Ironischerweise liegt der weitaus größere Ortsteil, das frühere ukrainische Haufendorf Dev'jatyr, durch die Grenzziehung nach dem Zweiten Weltkrieg mitsamt Bahnhof und Friedhof nun als Dziewięcierz vollständig auf polnischem Staatsgebiet.

Anfahrt: Direkt nach dem Ortseingang von Potelyč (s. o.) nimmt man die erste, zunächst noch befestigte, Straße nach rechts, an der nächsten Gabelung auf freiem Feld den Weg nach links (Sandpiste) bis Dev'jatyr (4 km). An der Kreuzung in der Ortsmitte ist links in einem Wäldchen der Friedhof zu erkennen. Rechts steigt der Weg zur früheren deutschen Kolonie Einsingen an.

Die Westukraine

In den Karpaten

Die ukrainischen Karpaten sind ein gewaltiger Gebirgszug, der sich über 280 Kilometer von Nordwesten nach Südosten mit durchschnittlich 100 Kilometern Breite hinzieht und im Süden in die rumänischen Karpaten übergeht. Sie gehören mit zu den größten Waldgebirgen Europas. Typisch sind Berge mittlerer Höhe und ein warmes, feuchtes Klima. Knapp die Hälfte der Fläche ist mit Buchen- und Tannenwäldern bedeckt. Der mittlere Jahresniederschlag dieser Klimazone ist mit bis zu 1200 Millimetern der höchste der Ukraine. Die Karpaten sind reich an Süß- und Mineralwasserquellen.

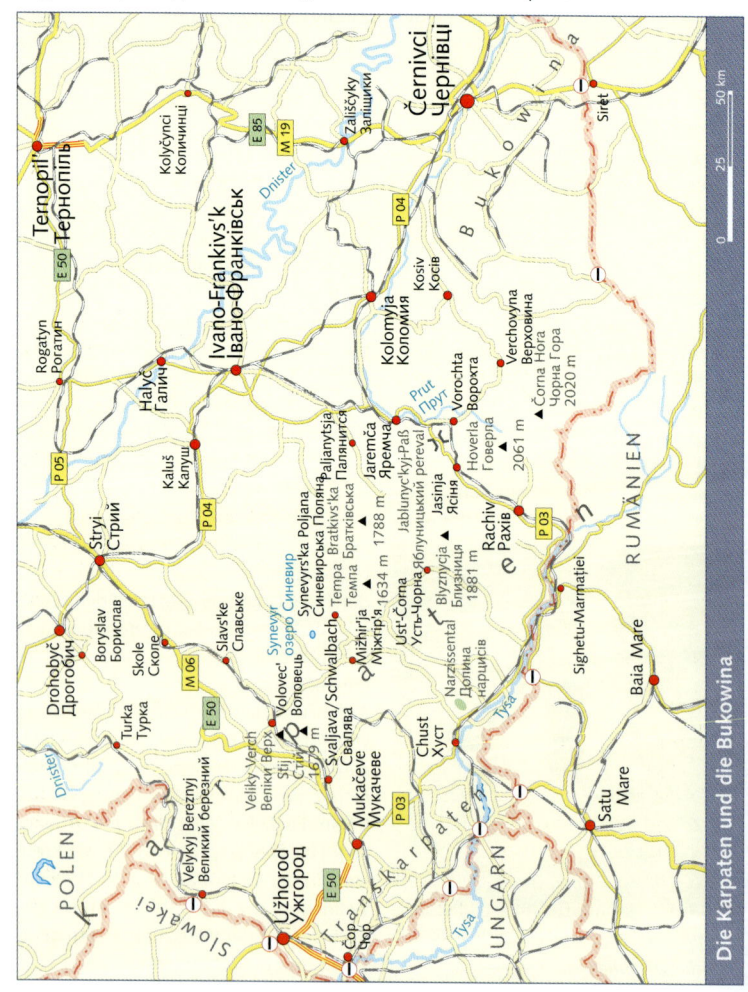

Die Karpaten und die Bukowina

Die Karpatenregion ist das geographische Zentrum Europas – bei Rachiv (Рахів) gibt es sogar ein Denkmal am geographischen Mittelpunkt, wobei es allerdings auch Geographen gibt, die diesen Mittelpunkt in Litauen verorten. Wie dem auch sei – die Mischung der Sprachen und Kulturen hat dieser Region eine interessante und wohl auch einmalige Atmosphäre gegeben. Hier haben sich verschiedene Einflüsse gebündelt, die Region hat im Laufe ihrer Entwicklung zu verschiedenen Ländern gehört. Erst 1944 wurde das Gebiet wieder an die Ukraine angegliedert.

Die ukrainischen Karpaten bilden den östlichen Teil des Karpatenbogens und erreichen mit der Hoverla (Говерла) immerhin eine Höhe von 2061 Metern. Die Region hat Mittelgebirgscharakter, nur wenige Teile sind nicht von Wald bedeckt. Im Prinzip gibt es nur vier bedeutende Straßen und drei Bahnlinien, die den langen ukrainischen Karpatenkamm schneiden.

Die touristische Erschließung ist für westliche Vorstellungen ziemlich mangelhaft. Das beginnt schon bei der Vorbereitung. Kartenmaterial ist nur schwer zu bekommen. Alte Karten zeigen oft nur die Ausschnitte der als offizielle ›Marschrouten‹ ausgewiesenen Touristenwege und sind zudem ungenau. Neuere Karten sind besser, aber kaum in den Buchläden zu sehen.

Die Markierungen der Wege in der Natur sind nicht immer ausreichend und oft nicht gepflegt. Vor allem im Wald ist die Orientierung nicht einfach – umgestürzte Baumstämme oder Veränderungen durch die Forstwirtschaft können zusätzliche Probleme bereiten. Oberhalb der Baumgrenze findet man sich natürlich besser zurecht. Auf den Kammwegen kann man sich zusätzlich an den alten Grenzmarkierungen orientieren: die Grenze, die Polen und die Tschechoslowakei zwischen den Weltkriegen trennte, trennt jetzt den Transkarpatenbezirk vom Bezirk Ivano-Frankivs'k.

Es gibt bis jetzt keine Kammwanderungen im eigentlichen Sinne. Von den einzelnen Standorten aus kann man verschiedene Wanderungen unternehmen. Es werden jetzt aber auch geführte Touren angeboten, auf Wunsch über mehrere Tagesetappen. In den Gebirgsorten ist es möglich, in sogenannten Tourbasen zu übernachten, bei längeren Touren ist ein Zelt unbedingt erforderlich. Die Tourbasen sind mit einfachen Jugendherbergen zu vergleichen, viele haben nur in der Saison geöffnet. Es gab in den letzten Jahren ein Förderprogramm, deshalb sind in dieser Region nun viele kleine Hotels und Pensionen entstanden. Man setzt auf Tourismus!

Für die Einheimischen sind lange Wanderungen in den Bergen allein oder zu zweit meist unvorstellbar. Der übliche Tourismus findet dort in großen Gruppen unter der Leitung erfahrener Bergkenner statt.

Bei eigenen Wanderungen sollte man ausreichend Verpflegung mitnehmen, denn es gibt nur wenige Berghütten und unterwegs keine Imbiss-Stände und dergleichen.

Jaremča

Jaremča (Яремча) liegt in malerischer Umgebung am Ufer des Prut (Прут), umgeben von Wäldern. Der Ort gehört zur Huzulenregion, das heißt, überall trifft man auf die für Huzulen typische Holzarchitektur. In Jaremča wohnen etwa 10 000 Menschen, aber vor allem in der Sommer- und Wintersaison bevölkert den Ort eine Vielzahl von Touristen.

Es gibt mehrere Hotels und Tourbasen. Am bekanntesten ist die **Tourbasa Hucul'ššyna** (Гуцульщина) am südlichen Ortsende. Unweit davon, direkt am Berghang, befindet sich der neue große Erholungskomplex Karpaty (Карпати), der gut ausgestattet ist und sich auch preislich deutlich von ähnlichen Einrichtungen abhebt. Neben Räumen verschiedener Kategorien gibt es Bars, ein Restaurant, Schwimmbad, Sauna, Kino, Tennisplatz und anderes mehr.

Der Prut entspringt nahe der Hoverla (Говерла) und ist bis Jaremča schon zu einem beachtlichen Fluss angewachsen. Der Fluss, der sogenannte **Wasserfall** (der eigentlich eine Kaskade von Stromschnellen darstellt) und die **Dovbuš-Felsen** (skeli Dovbuša/скелі Довбуша) sind die touristischen Höhepunkte des Ortes. Dovbuša gilt als eine Art ukrainischer Robin Hood und hatte an den Felsen, die etwa drei Kilometer vom Ort entfernt sind, seine Verstecke.

Jaremča ist das Ziel vieler einheimischer Erholungssuchender, die den Anblick der Berge und Wälder genießen, aber auf Bequemlichkeit nicht verzichten möchten.

In den Karpaten

■ **Dora**

Im Norden des Ortes, nahe des Dorfes Dora (Дора), befindet sich die **Kirche des heiligen Michael**, eine Holzkirche im Huzulenstil aus dem 17. Jahrhundert, vul. Halan 32 (вул. Галан). Die Bemalung des Innenraumes stammt allerdings aus dem 20. Jahrhundert. Im Ortskern, in der vul. Kovpak 2 (вул. Ковпак), steht die **Kirche des heiligen Johannes**. Auch diese Kirche aus dem 18. Jahrhundert ist im Huzulenstil erbaut.

 Jaremča

Vorwahl: 0 34 34.

Jaremča liegt 65 Kilometer südwestlich von Ivano-Frankivs'k an der P 03.

Die Busstation befindet sich im Zentrum des Ortes. Es gibt mehrmals täglich Verbindungen nach Rachiv (Рахів), Jasinja (Ясіня), Vorochta (Ворохта), Mukačeve (Мукачеве) und Užhorod (Ужгород).

Der Bahnhof ist im südlichen Ortsteil gelegen. Täglich fahren zwei Züge nach Rachiv und vier nach Ivano-Frankivs'k.

Der **Erholungskomplex Karpaty** (Карпати) liegt am Berghang am südlichen Ortsende und ist eigentlich nicht zu übersehen. Die Preise liegen zwischen 25 und 45 Euro, vul. Dašna 30 (вул. Дашна), Tel. 2 23 89 und Fax 2 21 34.

Karte S. 130

Huzulen, Bojken und Lemken

Bei der letzten ukrainischen Volkszählung bezeichneten sich 10 000 Bewohner der ukrainischen Karpaten selbst als Ruthenen. Einzelne Vertreter dieser Volksgruppe, die aus verschiedenen Stämmen besteht, nennen allerdings sehr viel höhere Zahlen; es ist die Rede von bis zu 400 000 Menschen. Die Abgrenzung ist schwierig, da Ruthenen oder Ruthenier einst auch als Bezeichnung für alle Ukrainer Verwendung fand und sich die kulturellen Eigenarten nicht überall erhalten konnten. Die größten Stämme der Ruthenen in Transkarpatien sind die Lemken, die Bojken und die Huzulen.

Die ruthenische Sprache gilt bei manchen Sprachforschern als Dialekt des Ukrainischen, andere sehen sie wiederum als eigenständige Sprache.

Die waldreichen Täler des Prut und des Čeremoš und die rumänische Maramures sind die Heimat der Huzulen. Regionale Zentren sind Rachiv (Рахів), Kosiv (Косів) und Kolomyja (Коломия). In Kosiv findet ein bekannter Markt mit Volkskunst der Huzulen statt. Ein empfehlendwertes Museum für die Alltagskultur und Volkskunst der Huzulen

Huzulenkirche in den Karpaten

befindet sich in Kolomyja. Sie betreiben Viehzucht und Forstwirtschaft, außerdem sind sie für ihre kunsthandwerklichen Fähigkeiten bekannt wie Holzschnitzerei, Kupferarbeiten, Weberei, Töpferei und besonders das Verzieren von Ostereiern. Die Herkunft der Huzulen ist trotz vieler Theorien ungeklärt. Bei den Huzulen haben sich eine Vielzahl alter Vorstellungen und Gebräuche erhalten, so zum Beispiel interessante Hochzeitsbräuche und Beerdigungsrituale.

Der Volksstamm der Bojken ist auch in Ostpolen und der Slowakei vertreten, in den ukrainischen Karpaten besiedeln sie den zentralen und westlichen Teil, zum Beispiel in der Gegend von Volovec' (Воловець) und Mižhir'ja (Міжгір'я).

Die in der Ukraine lebenden Lemken wurden zum Großteil erst nach 1945 aus den polnischen Karpaten umgesiedelt. Ursprünglich lebten die Lemken als Hirtennomadenvolk im Norden der Slowakei und Südosten Polens. Jetzt betreiben sie vor allem Viehzucht und Handel. Im Internet kann man sich unter www.maramures.de informieren.

Vorochta

Die Stadt liegt etwa 100 Kilometer südlich von Ivano-Frankivs'k in einer Höhe von 747 Metern. Vorochta (Ворохта) ist ein Hauptskizentrum der Ukraine mit einem Sprungschanzenkomplex und mehreren Skiliften, allerdings ist schlecht abzuschätzen, wie gut oder schlecht die technischen Bedingungen für den Wintersport sind. Im Ort gibt es viele Ferienheime, die früher von Betrieben unterhalten wurden. Ein Individualtourismus hat sich bislang kaum entwickelt, was sich aber sicher ändern wird. Denn ringsum liegen Berge und endlose Wälder, der junge Fluss Prut mäandert durch den Ort – Natur pur.

Vorochta ist günstig mit der Bahn zu erreichen (Linie Ivano-Frankivs'k–Rachiv). Mit dem Auto muss man von der Hauptstraße Jaremča–Jasinja noch vor dem Jablunyc'kyi-Pass (Jablunyc'kyj pereval/Яблуницький pereval) in südliche Richtung abbiegen. Die Busverbindungen sind die gleichen wie nach Jaremča.

■ Von Vorochta zur Hoverla

Für die Unternehmungslustigen gibt es von hier aus die Möglichkeit, den Gipfel der Hoverla zu ersteigen. Allerdings ist für die Anfahrt zum Startpunkt ein Auto

Karte S. 130

Karpatenlandschaft bei Bukovel'

notwendig. Ausgangspunkt für die Wanderung ist ein Sportkomplex im Nationalpark etwa 15 Kilometer von Vorochta entfernt. Die Straße biegt von der P 24 Richtung Verchovyna (Верховина) ab und führt entlang des Prut genau auf die Hoverla zu. Am Eingang des Nationalparks ist an einer Schranke ein kleiner Betrag zu entrichten (Einlass nur bis 12 Uhr mittags). Nun geht es etwa fünf Kilometer auf unbefestigter Piste, die aber auch mit dem Pkw befahrbar ist, bis zu einem Parkplatz am Sportkomplex. Von dort ist der Gipfel in etwa zwei Stunden zu erreichen. Der Weg ist markiert und führt in Verlängerung der Straße bergan durch den Wald, bis die alte Grenzmarkierung erreicht wird. Von da ab verfolgt man den Höhenrücken nach links, verlässt bald den Wald und wandert den nun steilen Weg bis zum Gipfel. Der Rundblick entschädigt für alle Anstrengungen.

Skigebiet Bukovel

Das Skigebiet Bukovel (Буковел) liegt zwischen Jaremča und Jasinja bei dem Dorf Paljanycja (Паляниця). Es wurde völlig neu gebaut, kann auf eine gute Auswahl von Abfahrten verweisen und ist das einzige Skigebiet, das ›europäischen‹ Standard bietet. Der Werbeaufwand, mit dem Bukovel in der Ukraine bekannt gemacht wird, ist enorm – man bemüht sich auch um ausländische Gäste – zum Beispiel über eine auch in englisch gepflegte Webseite. Angefangen von Skiausleihe über Sauna bis zu guten Restaurants gibt es alles. Die Abfahrten sind zwischen 600 und 4000 Meter lang, es gibt 14 Lifte und zahlreiche Abfahrten unterschiedlicher Schwierigkeitsgrade. Für einen Skipass müssen pro Tag 16 Euro einkalkuliert werden, es gibt jede Menge ›special tickets‹.

Die Westukraine

 Bukovel

Vorwahl: 03 42.

Die Übernachtungskosten sind je nach Saison verschieden, Haupt-, Neben- und Sparsaison werden unterschieden, der Jahreswechsel ist besonders teuer! Für ein Doppelzimmer in einem der Cottages sind zwischen 28 Euro im Dezember und April und 60 Euro im Februar fällig. Aber in der Umgebung gibt es auch preiswertere Unterkünfte.

Die kulinarische Versorgung ist gesichert. Bestes Restaurant am Platze ist das **Kosačok** (Козачок).

www.bukovel.com (engl., ukr., russ.).

Jasinja

Der Legende nach ist der Ort entstanden, weil hier der huzulische Schafhirte Ivan Struk aus Dankbarkeit eine Kirche und Siedlung begründet hat. Zu Dankbarkeit fühlte er sich verpflichtet, weil an diesem wunderbaren Weideplatz seine im Herbst zurückgelassenen Schafe im Winter überlebt haben.

Die heutige **Strukovs'ka-Holzkirche** stammt aus dem 18. Jahrhundert. Sie gehört zu den wertvollsten Denkmälern der Huzulenarchitektur. Man findet sie in der Nähe des Bahnhofes, außerhalb des Stadtzentrums. Sie liegt auf der anderen Flussseite, hinter Bäumen versteckt auf einem kleinen Hügel. Den Fluss kann man auf einer der Hängebrücken überqueren.

Sonst bietet Jasinja nicht allzuviel, das Zentrum ist schnell erkundet. Bei schlechtem Wetter kann es etwas langweilig werden. Bei guter Witterung dagegen kann man auch schöne Streifzüge durch diese ausgeprägte Streusiedlung unternehmen. Schöne einfache Gehöfte und Häuser, umgeben von steilen Wiesen, liegen oft kilometerweit von der Straße entfernt. Die idyllische Exotik verdeckt etwas den harten und entbehrungsreichen Alltag für die Menschen, die hier leben und arbeiten.

■ **Wanderungen von Jasinja aus**

Jasinja (Ясіня) ist ein guter Ausgangspunkt für Bergtouren. Der Ort liegt westlich des Jablunyc'kyj-Passes, etwa vierzig Kilometer von Jaremča entfernt. Tagestouren zur Blyznycja (Близниця) und zur Hoverla (Говерла) sind möglich.

Um zur **Blyznycja** zu gelangen, muss man am südlichen Ortsende an einer Brücke die Hauptstraße verlassen. In einer Gaststätte kann man sich für den

In Jasinja

Die Westukraine

reichlich dreistündigen Aufstieg stärken. Auf einer unbefestigten Trasse geht es von hier etwa eine Stunde bis zu der **Berghütte Dragobrat** (Драгобрат), die mitten im Wald liegt. Diese hat sich noch nicht auf Einzelwanderer eingestellt, sondern wird meist von Waldarbeitern bevölkert. Im Bogen um das Gebäude führt der Weg entlang der Stromleitung bis zu einem alten Haus auf einer Lichtung. Hier muss man sich nach links halten und verlässt die Baumgrenze, nun wird es steiler, aber der Gipfel ist schon sichtbar.

Die Blyznycja ist 1881 Meter hoch und erhebt sich von einem größeren Hochplateau, welches oberhalb der Baumgrenze liegt und deshalb sehr gut einzusehen ist.

■ **Skigebiet Dragobrat**

Das Skigebiet Dragobrat (Драгобрат) liegt an den Bergen Stig (Стіг) und Blyznycja (Близниця) zwischen Jasinja und Rachiv und zählt zu den höchstgelegenen Gebieten in der Ukraine. Die Gipfel erreichen Höhen bis zu 1800 Metern und die Lifte führen immerhin bis auf 1500 Meter. Der Schnee liegt bis in den April und Mai hinein. Zur Zeit gibt es sieben Skilifte und Abfahrten verschiedener Kategorien. Das Skigebiet hat eine gewisse Tradition in der Ukraine. Nachteilig ist die relativ schlechte Erreichbarkeit. Denn von Jasinja sind es etwa 18 Kilometer bis zu den Liften (die Strecke wird unregelmäßig per Jeep befahren). Informationen (teilweise auf englisch) unter www.dragobrat.org.

 Jasinja

Jasinja gehört eigentlich bereits zum Transkarpatenbezirk, ist aber gleichermaßen von dort als auch vom Bezirk Ivano-Frankivs'k (Івано-Франківськ) zu erreichen.

Der Busbahnhof befindet sich im Zentrum der Stadt. Es gibt Verbindungen nach Rachiv (Рахів), Jaremča (Яремча), Vorochta (Ворохта), Mukačeve (Мукачеве) und Užhorod (Ужгород). Die Fahrt nach Užhorod dauert etwa sieben Stunden.

Der Hauptstraße nach Süden folgend, kommt man nach zweieinhalb Kilometern zum Bahnhof. Auch dieser liegt an der Bahnlinie Linie Ivano-Frankivs'k–Rachiv.

Im Ort befinden sich Übernachtungsmöglichkeiten in Tourbasen, Privatquartieren und ersten kleinen Hotels. Die **Tourbasa Edelweiß** (Edel'vejs/ Едельвейс) liegt nur wenige Meter nordwestlich des Busbahnhofes in der vul. Borkanjuka 9 (вул. Борканюка). Die **Tourbasa Tysa** (Тиса), vul. Franka 33 (вул. Франка), liegt ebenfalls im Ortszentrum.

Das **Hotel Jablunycja** (Яблуниця) liegt sehr malerisch wenige hundert Meter oberhalb des Passes westlich der Straße. Das Hotel wird sehr gut geführt, und man hat einen sehr schönen Blick auf die Umgebung. Das DZ kostet ca. 50 Euro, www.jablunitsa.com.ua.

Die Strukovs'ka-Kirche im Karpatenort Jasinja ist über eine Hängebrücke zu erreichen

Wanderung auf die Hoverla

Die Tour zum Gipfel der Hoverla ist, vor allem bei guter Sicht, ein lohnender Ausflug und kann durchaus auch von der Tourbasa Edelweiß als lange Tagestour bewältigt werden. Da einige Kilometer Straße bzw. befahrbarer Weg dabei sind, sollte man vielleicht eine Mitfahrgelegenheit nutzen.

Ausgangspunkt ist Lazeščyna (Лазещина), östlich von Jasinja (beide Orte gehen ineinander über). Wenn die Hauptstraße nach Norden in Richtung Jablunyc'kyi-Pass (Jablunyc'kyj pereval/ Яблуницький перевал) abbiegt, folgt man **von Jasinja kommend, dem rechten Abzweig** (eigentlich fast geradeaus) und läuft vorbei am Bahnhof bis zum Ortsende. Dort überquert die Bahnlinie über eine **markante Brücke** das Tal. Von der Tourbasa Edelweiß bis hierher sind es rund 90 Minuten.

Eine Stunde braucht man nun bis zur **Tourbasa Hoverla.** Der Weg bis dorthin steigt nur wenig an, geht entlang des Flusses und ist nur an manchen Stellen etwas durch die Forstfahrzeuge zerfahren. Die Tourbasa besteht aus mehreren kleinen Holzhütten auf einer schönen Wiese unmittelbar am Weg. Etwa fünf Minuten nach der Tourbasa verzweigt sich der Weg. Geradeaus über die Brücke führt der **direkte Weg zur Hoverla (grüne Markierung)**; rechts ab geht es zum Berg Pietros, über welchen man den Gipfel der Hoverla auch erreichen kann.

Wählt man die erste Variante, muss man sich am nächsten Abzweig rechts halten und an verlassenen Hütten vorbeiwandern. Weitere 40 Minuten später kommt man an den **Zusammenfluss zweier kleiner Flüsse.** Der Weg wird nun steil, und man erreicht nach circa 50 Minuten eine **große Lichtung**, die

Auf dem Weg zur Hoverla

man queren muss, um nach 20 Minuten im Wald auf den **alten Grenzpfad** zu kommen. Nun sind es noch etwa 75 Minuten bis zum Gipfel. Es geht zwischen Krüppelkiefern steil nach oben bis zum Sattel und dann auf dem freien Rücken bis nach oben.

Alternativ ist es auch möglich, auf der Lichtung weiter konsequent nach oben zu gehen und so auf einem Bergrücken die Baumgrenze schnell hinter sich zu lassen. Ein Pfad führt dann fast in gerader Linie auf den Gipfel zu.

Schöne Blicke von ganz oben in alle Richtungen belohnen die Anstrengungen. Auf dem Gipfel befinden sich die ukrainische Fahne, das ukrainische Symbol – der Dreizahn – und ein von einem ehemaligen Bukowiner gestiftetes Gipfelkreuz. Die Hoverla ist längst auch Ort für politische Manifestationen. Der spätere Präsident Viktor Juščenko erklomm den Berg seit 1971 mehr als dreißig Mal. 2001 verkündete er auf dem Gipfel

Karte S. 130
▲

die Gründung seiner Partei ›Unsere Ukraine‹ (Наша Україна). In den Jahren seiner Amtszeit waren die sommerlichen Touren Juščenkos ein Massenspektakel mit zum Teil mehr als 10 000 Teilnehmern.

Den **Rückweg** kann man über den bereits erwähnten **Pietros-Sattel** wählen. Man verlässt den Berg in westlicher Richtung und kommt auf den Hauptweg, der ganz beschaulich zum Sattel führt (90 Minuten). Es gibt keinen markierten Pfad auf den Pietros-Gipfel, der Pfad vom Sattel ist aber gut erkennbar. 470 Meter Höhenunterschied bis auf 2020 Meter müssen überwunden werden (in etwa 45 Minuten zu schaffen). Der Weg **nach Jasinja zurück** folgt der **roten Markierung** bergab nach Norden. An einem Gehöft vorbei kommt man schließlich auf einen Weg, der in bequemen Serpentinen bergab führt. Bis zur Tourbasa Hoverla braucht man etwa eine Stunde und vierzig Minuten.

Slavs'ke

Durch das malerische Tal des Flusses Opir gingen schon in grauer Vorzeit Verkehrswege, und bereits die Mongolen drangen über diesen Weg nach Ungarn vor. Der Flussname bedeutet soviel wie ›Widerstand‹ und kommt sicher nicht von ungefähr.

Slavs'ke (Славське) wirkt jetzt zwar etwas verschlafen, aber vielleicht ändert sich dies ja noch. Der Ort galt immer als bedeutendes Wintersportzentrum und ist auch als Ausgangspunkt für Wanderungen geeignet. In Slavs'ke gibt es mit 2700 Metern den längsten Skilift der GUS-Staaten, über dessen Einsatzfähigkeit hier allerdings keine Aussagen gemacht werden können.

Eine Vielzahl von Heimen und Unterkünften, die direkt von Betrieben unterhalten werden, sind im Ort zu finden. Die **Tourbasa Slavs'ke**, unweit vom Busbahnhof im Zentrum des Ortes gelegen, bietet preiswerte Zimmer. Das **Sanatorium** steht für alle offen und bietet günstige Übernachtung mit Vollverpflegung. Das moderne große Gebäude ist am Rande des Ortes am Berghang nicht zu übersehen.

Eine Wanderung auf den 1232 Meter hohen **Troscjan** ist leicht möglich und wegen der Aussicht auch durchaus empfehlenswert. Für die Strecke sind etwa drei Stunden einzuplanen, entweder man geht direkt an der Seilbahn nach oben oder etwas bequemer den Weg in der Nähe des Skiliftes.

Slavs'ke liegt unweit der Hauptstrecke durch die Karpaten. Von der M 06/E 471 zwischen Mukačeve (Мукачеве) und Stryj (Стрий) liegt es nur 21 Kilometer entfernt, im Oblast L'viv. Die wichtigste Bahnstrecke führt dagegen direkt durch den Ort.

Mit der Karpatenbahn unterwegs

Die Westukraine

Die Transkarpaten

Die Transkarpaten sind die westlichste Region der Ukraine. Auf einer Fläche von 13 000 Quadratkilometern leben mehr als 1,2 Millionen Menschen. Die Hauptstadt der Region ist Užhorod mit 120 000 Einwohnern. Die Landschaft ist sowohl von den Bergen und den langen Tälern geprägt als auch vom Tiefland der Theiß. Die Karpaten trennen die Region vom Rest der Ukraine ab, es gibt wenige Verbindungsstraßen. Das Flachland ist relativ dicht besiedelt, und traditionell gehen die Verkehrs- und Handelswege in Richtung Westen, vor allem in die Slowakei und nach Ungarn. Mitte des 13. Jahrhunderts erkämpften sich die Ungarn den Anspruch auf die Region und waren seitdem immer präsent.

Die Bezeichnung Transkarpaten oder Zakarpattja (Закарпаття, ›hinter den Karpaten‹) weist eindeutig auf die Ausbildung des Begriffs in der ukrainischen und russischen Sprache hin. Vor allem im 14. bis 16. Jahrhundert gab es eine Wanderungsbewegung der ukrainischen Bevölkerung über die Karpaten hinweg bis in die Ebene hinunter.

Auch nach 1918 blieben die Transkarpaten unter der Verwaltung und Rechtsprechung Ungarns. Im Jahr 1919 hielt Sowjetrussland die Transkarpaten für 40 Tage besetzt, aber nach dem Friedensvertrag von Saint Germain 1919 fiel die Region als ›Karpato-Ukraine‹ an die Tschechoslowakei. Im Zweiten Weltkrieg wurde das Gebiet von Ungarn, dem Verbündeten Deutschlands, besetzt. Im Herbst 1944 besetzte die Rote Armee die Region, die dann mit der Ukraine vereinigt wurde.

Die slawische Bevölkerung der Transkarpaten hatte sich schon immer eher zur Ukraine zugehörig gefühlt. In den letzten Jahren nach 1990 kam es allerdings in Teilen der Transkarpaten zu einer Bewusstwerdung der ethnischen Gruppe der sogenannten Russinen. Es entstand die ›Gesellschaft der Karpaten-Russinen‹ in Užhorod, die als Sprachrohr einer Autonomiebewegung der Russinen dient. Bis dahin galt die Bezeichnung Russine oder auch Rusnjak als Synonym für Ruthene, der österreichischen Bezeichnung für Ukrainer. Worin der Unterschied zwischen Ukrainern und Russinen besteht, kann wohl kaum jemand rational erklären, die Auseinandersetzungen werden sehr emotional geführt. In Užhorod gibt es seit 1993 eine ›Provisorische Regierung der Subkarpatischen Rus'‹ unter Vorsitz des Biochemieprofessors Ivan Turjanyca, deren Ziel eine regionale Autonomie ist. In Kiev sieht man dieses Problem etwas anders und wartet erst einmal ab.

Die Karpatendeutschen

In der Vergangenheit lebten die verschiedenen Nationalitäten in Eintracht. Die Mischung von Kulturen und Sprachen hat in dieser Region eine interessante und einmalige Atmosphäre geschaffen. Auch in den Transkarpaten lebten und leben Deutsche, wenngleich der Anteil heute bei nur 0,3 Prozent liegt – immerhin der höchste Anteil in der Ukraine. Drei große Wellen deutscher Immigranten waren zwischen dem 12. und 19. Jahrhundert zu verzeichnen. Die frühen Siedler haben sich weitgehend mit den Slawen und Ungarn vermischt, im Gegensatz zu den Deutschen, die etwa seit 1730 übersiedelten. Bayern, Franken und auch Österreicher werden in den Transkarpaten zwar über einen Kamm geschoren und alle als ›Schwa-

Karte S. 130 ▲

Ortsschild von Deutsch Mokra

ben‹ bezeichnet, haben aber ihre unterschiedlichen Dialekte beibehalten. Insgesamt leben wohl an die 3500 Deutsche in den drei Siedlungsgebieten. Südlich von Mukačeve gibt es sieben ›deutsche‹ Dörfer: Pauschnig (Pavšyn/Павшин), Kroatendorf (Pidhorod/Підгород), Palankendorf (Palanik/Паланік), Unterschönborn (Nove Selo/Нове Село), Oberschönborn (Verchnij Koropec'/Верхній Коропець), Deutsch-Kučava (Nemecka Kučava/Немецка Кучава) und Bartfeld (Norodivka/Нородівка). In den Dörfern Pidhorod, Palanik, Pavšyn und Verchnij Koropec' leben zur Hälfte – in Nove Selo sogar ausschließlich – Deutsche. Diese Siedlungen stehen im Zusammenhang mit den Herren von Schönborn, einem Adelsgeschlecht aus Franken, das in Würzburg und Bamberg residierte. Sie mischten auch in der Politik kräftig mit und bekamen vom Kaiser in Wien Anfang des 18. Jahrhunderts riesige Ländereien in den Transkarpaten. Auf die Verfügung des Herren von Schönborn kam es 1730 zu einem regen Zustrom von fränkischen Bauern. Vor Ort leitete übrigens Balthasar Neumann als Verwaltungschef die Siedlungspolitik. Er ist der bekannteste unter allen fränkischen Barockbaumeistern und vor allem als der Erbauer der Würzburger Residenz und der Wallfahrtskirche von Vierzehnheiligen in die Annalen eingegangen.

Das zweite deutsche Siedlungsgebiet liegt nördlich von Mukačeve um das Rayonzentrum Svaljava (Schwalbach/Свалява). Dort gibt es Erwinsdorf (Suskove/Сускове), Dornendorf (Dročyna/Дрочина) und die kleinen abgelegenen Siedlungen Blaubad (Synjak/Синяк) und Reschendorf (Grabove/Грабове). Das jüngste deutsche Siedlungsbebiet ist sehr abgelegen und besteht aus den Orten Königsfeld (Ust'-Čorna/Усть-Чорна) und Deutsch Mokra (Komsomol's'k/Комсомольськ).

Die Karpatendeutschen blieben als einzige von Aussiedlungen und Deportationen im Zweiten Weltkrieg verschont. Weder fand die ›Heimholung‹ ins Reich statt, noch wurden Deportationen nach Sibirien durch die Sowjets durchgeführt. Trotzdem hat die Zahl der Deutschen von 13 250 (1930) auf etwa 3500 (1995) abgenommen. Die deutschen Siedler haben durch eine enge Zusammengehörigkeit und die Pflege der Sprache ihre kulturelle Identität bewahrt. Da die Deutschen aus verschiedenen Gegenden Bayerns und Österreichs kamen, gibt es auch heute noch verschiedene Dialekte. In einigen Dörfern ist sogar noch bekannt, woher die Vorfahren stammen. Die Siedler in den Dörfern Kučava und Verchnij Koropec' stammen zum Beispiel ursprünglich aus Nürnberg und Bamberg.

Holzkirchen in der Ukraine

Holzkirchen sind für die Westukraine sehr typisch. Die Volksbaukunst ist an den Kirchen am besten erhalten, bemerkenswert sind vor allem die Malereien und Schnitzereien. Die Kirchen sind sowohl in Dörfern und Städten anzutreffen. Die Kirchengebäude sind in der Ukraine Ort und Gegenstand der Auseinandersetzung. Bewahrung alter Baukunst oder gar Denkmalpflege spielen meist keine Rolle, deshalb findet man auch Holzkirchen mit einer neuen Blecheindeckung oder desolate Kirchengebäude und daneben ein neu errichtetes Gotteshaus.

Im Karpatengebiet unterscheidet man fünf traditionelle Typen von Holzkirchen: drei nach den Volksgruppen – Lemken, Bojken und Huzulen – benannte Typen und gotische bzw. barocke Holzkirchen. Die Kirchen der Lemken und Bojken sind in der Bauweise durch die Zahl drei besonders geprägt. Die Kirchen bestehen aus drei Räumen und drei Kuppeln. Als religiöser Hintergrund besteht der Bezug zum Prinzip der heiligen Dreifaltigkeit. Die einzige erhaltene Lemken-Kirche steht im Freiluftmuseum in Užhorod. Bojkenkirchen gibt es nördlich von Užhorod. Die Kirchen der Huzulen zeichnen sich durch die Kreuzform aus – die Holzkirche in Jasinja ist ein Beispiel dafür. Die Unterscheidung zwischen gotischen und barocken Kirchen kann vor allem an der Turmform erfolgen. Die spitzen gotischen Türme sind vor allem in der Theiß-Region zu finden. Üppige Barocktürme kommen dagegen in der Karpatenregion zwischen Volovec' und Mižhir'ja vor.

Die älteste erhaltene Holzkirche steht Seredne Vodjane (Region Rachiv), die Kirche des heiligen Nikolai (Св. Миколай) wurde im Jahre 1428 erbaut. Insgesamt haben sich bis die heutige Zeit mehr als hundert Holzkirchen in der Westukraine erhalten, die meisten im Karpatengebiet.

Die Michaelskirche in Dora, nahe Jaremča

Užhorod

Užhorod (Ужгород) ist eine der ältesten Städte der Ukraine. 2003 feierte sie ihr 1100jähriges Jubiläum. Bei einem Spaziergang durch das alte Zentrum spürt man eine besondere Atmosphäre. Die Stadt mit alter Architektur ist durch ihre Bewohner jung und aufgeschlossen. Die Nähe zur Slowakei, zu Ungarn und Polen und die gewachsenen Verbindungen dahin bringen ein eigenes Flair in die Vielvölkerstadt. Die Vielfalt der verschiedenartigsten Kuppeln und Türme spiegelt die unterschiedlichsten religiösen Richtungen der Užhoroder Bevölkerung wider. Hier leben römisch-katholische, orthodoxe, reformierte, protestantische und jüdische Gläubige nebeneinander und miteinander.

Es gibt eine kleine **Fußgängerzone**, und man kann in Ruhe die Einkaufsstraßen auf und ab schlendern. Die Wiege Užhorods liegt auf dem Schlossberg, auf dem sich bereits seit dem 9. Jahrhundert Festungsanlagen befinden. Hier lag die Residenz des Fürsten Laborec' (Лаборец). Bei den Tatarenüberfällen im Jahre 1241 wurde die alte Burg zerstört. Die heutige **Burganlage** stammt aus dem 16. Jahrhundert und beherbergt das **Heimatmuseum** mit Abteilungen zur Naturkunde, zu Trachten der Region und zu alten Musikinstrumenten.

Im nahegelegenen Park befindet sich unter freiem Himmel das **Museum für Volksarchitektur**. Hier sind Häuser der Bojken, der Huzulen, der Karpatenungarn und Ukrainer sowie alte Wassermühlen ausgestellt. Von besonderem Interesse ist die Holzkirche aus dem Dorf Želestovo (Желестово). Sie ist ein charakteristisches Beispiel für die Baukunst der Lemken. In der Architektur der Kirche aus Želestovo spiegelt sich in besonderem Maß der westliche wie auch östliche Einfluss in der Holzarchitektur der Karpaten wieder. Der Grundriss erzählt von ihrer östlichen Herkunft, der Glockenturm von der Verbindung zur westlichen Kunst, die mehretagigen Kegeldächer sind Zeugnisse der Architektur der Bojken aus den nördlichen Karpaten.

Zu den schönsten und eindrucksvollsten sakralen Bauten zählt die **Kreuzerhöhungskirche** (Chrestovozdvyžens'kyj kafedral'nyj sobor/Хрестовоздвиженський кафедральний собор) in der vul. Kapitul'na (вул. Капітульна) aus dem 17. Jahrhundert. Sie wurde als Kirche des Jesuitenklosters erbaut. Nach der Vertreibung des Jesuitenordens aus dem österreichischen Imperium Ende des 18. Jahrhunderts wurde sie der unierten Gemeinde übergeben. 1858 erfolgte eine barocke Umgestaltung, später wurden klassizistische Elemente eingebracht. Bemerkenswert ist der schöne Ikonostas im Inneren der Kirche.

In der Fußgängerzone von Užhorod

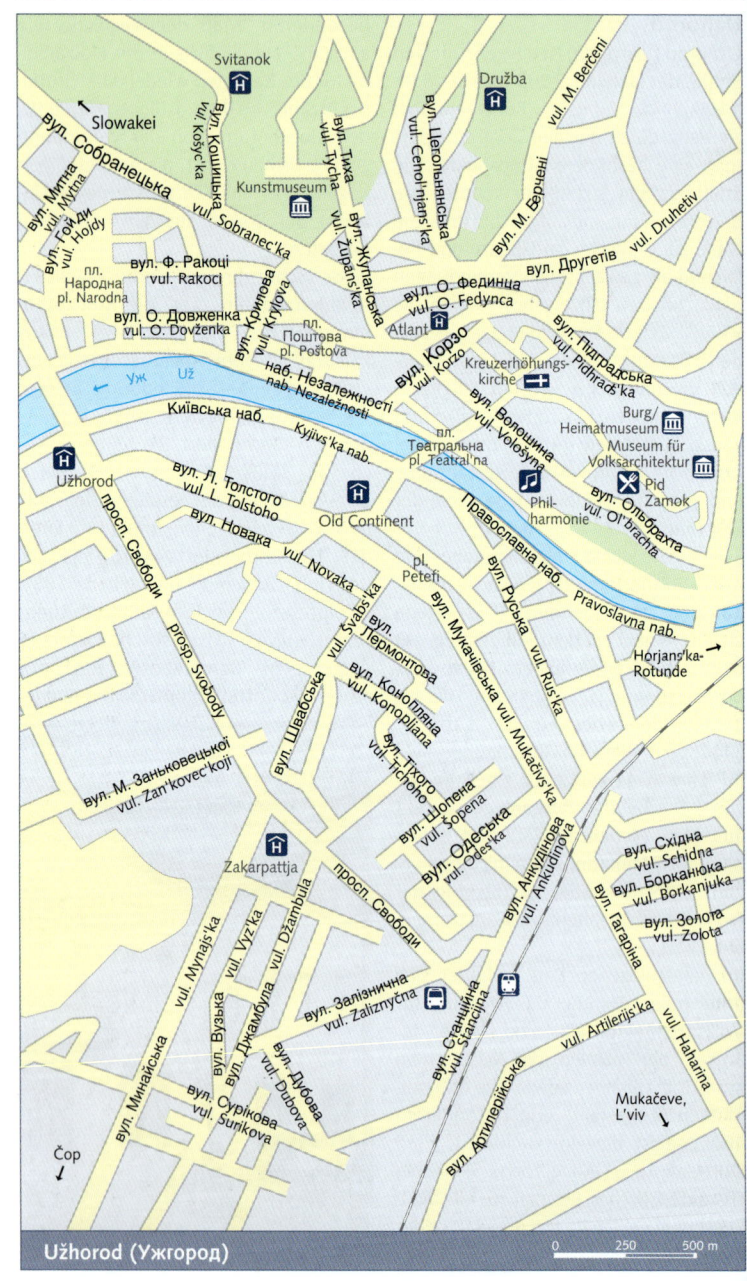

Slowakei

Svitanok

Družba

вул. Собранецька
vul. Košyc'ka
вул. Кошицька

вул. Митна
vul. Mytna
вул. Гойди
vul. Hojdy

вул. Тиха
vul. Tycha

вул. Щеголянянська
вул. Сеhol'njans'ka

вул. М. Берчені

вул. М. Верчені

вул. Другетів
vul. Druhetiv

Kunstmuseum

вул. Сабранецька
vul. Sobranec'ka

вул. Жупанська
vul. Župans'ka

вул. Ф. Ракоці
vul. Rakoci

пл.
Народна
pl. Narodna

вул. О. Довженка
vul. O. Dovženka

вул. Кринова
vul. Krynova

вул. О. Фединца
vul. O. Fedynca

вул. Підградська
vul. Pidhrads'ka

вул. Корзо
vul. Korzo

Atlant

пл.
Поштова
pl. Poštova

наб. Незалежності
nab. Nezaležnosti

Уж   Už

Кreuzerhöhungs-
kirche

вул. Волошина
vul. Vološyna

Burg/
Heimatmuseum

Київська наб.
Kyjivs'ka nab.

пл.
Театральна
pl. Teatral'na

Museum für
Volksarchitektur

Užhorod

вул. Л. Толстого
vul. L. Tolstoho

вул. Новака
vul. Novaka

Old Continent

Phil-
harmonie

вул. Ольбрахта
vul. Ol'brachta

Pid
Zamok

Православна наб.
Pravoslavna nab.

проп. Свободи
prosp. Svobody

пл.
Petefi

вул.
Лермонтова

вул. Руська
vul. Rus'ka

Horjans'ka-
Rotunde

вул. М. Заньковецької
vul. Zan'kovec'koji

вул. Швабська
vul. Švabs'ka

вул. Конопляна
vul. Konopljana

вул. Мукачівська
vul. Mukačivs'ka

вул. Тихого
vul. Tichoho

вул. Шопена
vul. Šopena

Zakarpattja

просп. Свободи

вул. Одеська
vul. Odes'ka

вул. Анкудінова
vul. Ankudinova

вул. Східна
vul. Schidna

вул. Борканюка
vul. Borkanjuka

вул. Золота
vul. Zolota

вул. Гагаріна

вул. Мунайська
vul. Vzz'ka

вул. Вузька
vul. Vuz'ka

вул. Джамбула
vul. Džambula

вул. Залізнична
vul. Zaliznyčna

вул. Дубова
vul. Dubova

вул. Станційна
vul. Stancijna

вул. Артилерійська

вул. Сурікова
vul. Surikova

вул. Милайська

Čop

Mukačeve,
L'viv

0   250   500 m

Die ehemalige Synagoge beherbergt heute die Philharmonie

Das repräsentative Gebäude links neben der Kirche gehört heute zur Universität, wurde aber 1646 als Residenz des Episkopats errichtet.

Beim Bummeln entlang des Flussufers oder rund um den **pl. Teatral'na** (пл. Театральна) begegnet man vielen kleinen Geschäften und vor allem Restaurants und Cafés, die den westeuropäischen Einfluss nicht verleugnen können. Die Grenznähe und vor allem die Beziehungen und Geschäftsverbindungen in das Ausland haben in der Stadt Spuren hinterlassen. Es gibt Ukrainer in der Slowakei und Minderheiten von Ungarn und Slowaken in den Transkarpaten, so dass sich auch über persönliche Beziehungen der Kleinhandel schnell entwickelt.

Direkt am Ufer des Flusses, am Fuße des Schlossberges, fällt ein großes Gebäude durch seine Farbigkeit und Formenvielfalt auf. Das jetzt als **Philharmonie** genutzte Bauwerk stammt aus dem Jahr 1904 und wurde als Synagoge im maurischen Stil errichtet. Die Eingangsseite bildet den Abschluss des Theaterplatzes.

Die Fassade ist mit roten Ziegelplatten gestaltet und auch im Inneren kann man einige schöne Details entdecken, wenn auch natürlich durch die langjährige zweckentfremdete Nutzung vieles verändert wurde. Gleich nebenan ist eine **Kindereisenbahn** in den Sommermonaten eine Attraktion. Beschaulich fährt diese am Flussufer entlang, das Besondere daran ist, dass sie auch von Kindern betrieben wird.

Etwas schwer zu erreichen ist eines der ältesten Bauwerke der Gegend, die **Horjans'ka-Rotunde** (Horjans'ka rotonda/Горянська ротонда) in der vul. Hirka (вул. Гірка). Sie liegt am Rande der Stadt in dörflicher Umgebung und ist nicht leicht zu orten, da sie klein und von Bäumen umgeben ist. Die Rotunde soll aus dem 12. Jahrhundert stammen. Die Kirche besteht aus zwei Teilen. Der runde Teil besticht durch seine archaische Einfachheit und seine mächtigen Mauern, die immerhin über zwei Meter dick sind. Unmittelbar daran schließt sich ein später angefügtes Kirchlein an. Leider ist die Kirche fast immer verschlossen, und es sollten sich wohl nur wirkliche Enthusiasten auf den Weg machen.

Die Horjans'ka-Rotunde

Užhorod

Vorwahl: 03 12.

Die Bahnstrecke von Užhorod über die Karpaten wird nur selten befahren. Fast alle Züge fahren von Užhorod über Mukačeve (Мукачеве) und queren dann bei Volovec' die Karpaten.

Die große Busstation befindet sich neben dem Bahnhof. Mehrere Verbindungen am Tag gibt es nach Rachiv (Рахів), Jasinja (Ясіня), Mižhir'ja (Міжгір'я), Černivci (Чернівці) und eine nach Ust'-Čorna (Усть-Чорна). Gute Verbindungen existieren auch in das nahegelegene Mukačeve.

Hotel Old Continent, pl. Petefi 4 (пл. Петефі), www.hoteloldcontinent. com, DZ ca. 75 Euro. Bestes Haus am Platze.

Hotel Atlant (Атлант), pl. Korjatovyča 27 (пл. Корятовича), www.hotel atlant.com, 17–25 Euro. Klein, aber gut geführt und zentrumsnah.

Hotel Družba (Дружба), vul. Vysoka 12 (вул. Висока), DZ 30–45 Euro. Es liegt hoch über der Stadt und ist recht gut eingerichtet.

Hotelkomplex Svitanok (Світанок), vul. Košyc'ka 30 (вул. Кошицька), Tel. 64 38 52, Fax 64 30 21, www.tok-svitanok.uzhgorod.ua. Verschiedene Zimmerkategorien, von einfachen Räumen bis zu Luxuszimmern. Die einfache bis mittlere Preiskategorie liegt dabei bei 10–30 Euro. Es werden Exkursionen in die Berge angeboten.

Hotel Zakarpattja (Закарпаття), pl. Kyryla i Mefodija 5 (пл. Кирила і Мефодія), ca. 30 Euro.

Hotel Užhorod, vul. Chmel'nyc'koho 2 (Хмельницького), preiswerter als das oben genannte, aber dafür dezentral gelegen.

In der kleinen, aber schönen Fußgängerzone um den pl. Teatral'na (пл. Театральна) gibt es einige Cafés und Restaurants.

In der vul. Korzo (вул. Корзо) wartet das **Café Luksor** (Луксор) auf Gäste. Gleich nebenan sind das interessant eingerichtete **Café Kaktus** (Кактус) und eine schmucke Pizzeria zu finden.

Außerdem gibt es im **Hotel Atlant** ein gutes Restaurant, pl. Korjatovyča 27. Ein sehr schönes Café mit liebevoll eingerichteten Räumen und dem Namen **Pid zamok** (Під замок) gibt es in der vul. I. Ol'brachta 3 (вул. I. Ольбрахта). Hier treffen sich die Künstler der Stadt.

Heimatmuseum im Schloss (Zakarpats'kyj krajeznavčyj muzej/Закарпатський краєзнавчий музей), vul. Kapitul'na 33 (вул. Капітульна), tgl. außer Mo 9–17 Uhr. Zu sehen sind alte Musikinstrumente, Folkloretrachten und eine naturkundliche Abteilung.

Museum für Volksarchitektur (Zakarpats'kyj muzej narodnoji architektury/Закарпатський музей народної архітектури), gleich nebenan, tgl. außer Di 9–17 Uhr.

Kunstmuseum (Chudožnyj muzej/Художній музей), pl. Županats'ka 3 (пл. Жупанатська), tgl. außer Di 9–17 Uhr. Neben einer Dauerausstellung ukrainischer Kunst sind jeweils kleine Sonderausstellungen zu sehen.

Mukačeve

Mukačeve (Мукачеве) ist über 1000 Jahre alt. Einen Aufschwung erfuhr die Stadt unter ungarischer Herrschaft ab 1393. Die rege Bautätigkeit hat bis heute ihre Spuren hinterlassen. Im vorigen Jahrhundert entwickelte sich eine große jüdische Gemeinde, die über bedeutende Schulen und dreißig Synagogen verfügte. Die Stadt war das bedeutendste Zentrum der jüdischen Orthodoxie und des Chassidismus im damaligen Ungarn. Der Anteil der jüdischen Bevölkerung lag bis zum Zweiten Weltkrieg bei über 40 Prozent.

Heute steht die Stadt etwas im Schatten von Užhorod und ist ein lokales Industriezentrum. Mukačeve wirkt ruhig und beschaulich. Die bedeutendste Sehenswürdigkeit, das **Schloss Palanok** (замок Паланок), liegt etwa drei Kilometer westlich vom Zentrum auf einem Vulkankegel. Die Buslinie Nr. 3 führt vom Zentrum bis zum Fuß des Schlossberges. Das Schloss wurde im 14. Jahrhundert als Residenz des ungarischen Fürsten Korjatovyča erbaut, musste aber mehrfache Umbauten über sich ergehen lassen. Die Mauern des Schlosses widerstanden vielen feindlichen Attacken. Im vorigen Jahrhundert diente es vor allem als Gefängnis, heute beherbergt es das **Geschichtsmuseum**. In den letzten Jahren sind umfangreiche Restaurierungsarbeiten durchgeführt worden. Von oben hat man einen sehr schönen Blick

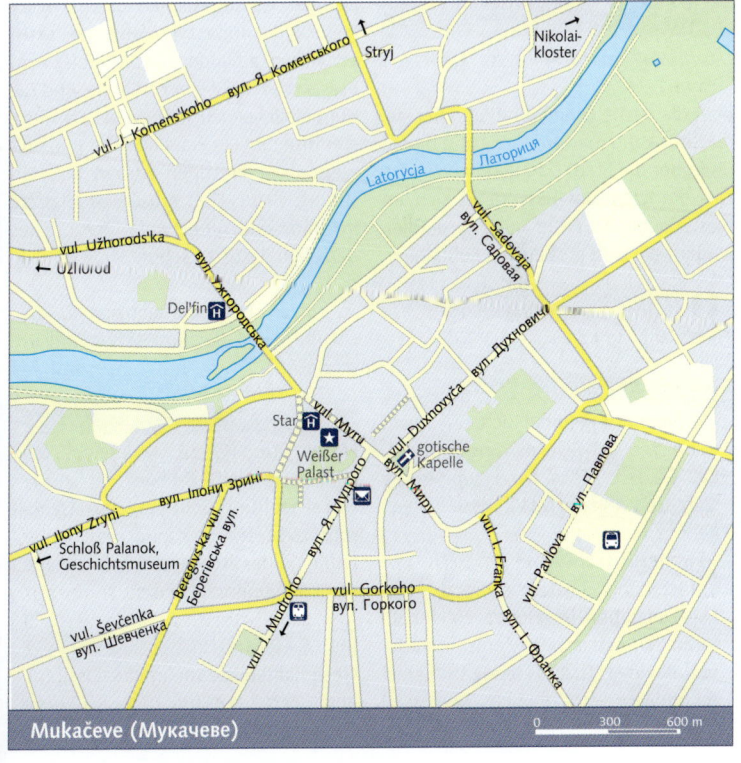

Mukačeve (Мукачеве)

Die Westukraine

Das Nikolaikloster in Mukačeve

über die flache Umgebung, und bei klarer Sicht kann man weit ins Land hinein und über die Stadt schauen.

Das Stadtzentrum beschränkt sich im wesentlichen auf die vul. Myru (вул. Миру), die zum großen Teil Fußgänger-zone ist. Sie beginnt am Fluss Latorycja (Латориця) und führt auf etwa zwei Kilometern Richtung Südost. Hier gibt es Geschäfte, Restaurants und Cafés.

Erwähnenswert sind außerdem der **Weiße Palast** (Bilyj Budynok/Білий Буди-нок), die Residenz des Fürsten Rakoczi und später der Herren von Schönborn, in der vul. Myru 28. Vom Vorgängerbau aus dem 15. Jahrhundert ist nach dem Barockumbau von 1746 nichts mehr zu sehen. Beachtenswert sind die reichen Ornamente und das Portal.

In der gleichen Straße befindet sich eine kleine gotische **Kapelle** aus dem 15. Jahrhundert. Etwas außerhalb des Zentrums, am Ufer des Flusses Latorycja in der vul. Pivnična 2 (вул. Північна) gelegen, ist das **Nikolaikloster** (Mykolajivs'kyj monastyr/Миколаївський монастир) zu finden. Der Komplex liegt etwas erhöht auf einer Anhöhe, und die Kuppeldächer leuchten weit. Das Kloster ist heute ein Frauenkloster und fällt wegen der kräftigen Farben auf. Ursprünglich aus Holz erbaut, ist jetzt die im Barockstil umgebaute Version aus dem Jahr 1772 zu sehen.

 Mukačeve
Vorwahl: 0 31 31.

Der Bahnhof befindet sich eineinhalb Kilometer südwestlich vom Zentrum. Die Stadt liegt an der Hauptstrecke Čop–L'viv (Чоп–Львів), deshalb verkehren viele Züge.

Die Busstation liegt etwa eineinhalb Kilometer östlich vom Zentrum in der vul. Pavlova (вул. Павлова). Es ist empfehlenswert, den Bus und nicht die Bahn für die Fahrt nach Užhorod zu nutzen. Užhorod liegt nur 40 km entfernt, und der Bus ist wesentlich schneller.

Hotel Star (Стар), vul. Myru 20 (вул. Миру), 50–60 Euro.
Hotel Del'fin (Дельфін), vul. Užho-rods'ka 1a (вул. Ужгородська), unmittelbar an der Brücke, sehr angenehme Atmosphäre, ca. 33 Euro.

Geschichtsmuseum im Schloss, tgl. außer Mo 9–17 Uhr.

Volovec′

Wenige Kilometer von der Haupttrasse M 06 entfernt ist man von ruhigen Dörfern und ganz ursprünglicher Karpatenlandschaft umgeben.

Volovec′ (Воловець) ist als Ausgangspunkt für Wanderungen auf den 1598 Meter hohen Velykyj Verch (Великий Верх) und die angrenzende Bergkette bestens geeignet. Außerdem liegt der Ort an der Bahnhauptstrecke und ist somit auch mit internationalen Zügen erreichbar. Ansonsten ist der Ort nicht gerade ein Schmuckstück, das Beste ist die Lage.

■ Wanderung zum Velykyj Verch

Der Ausflug zum Velykyj Verch ist ein langer Tagesmarsch und sollte nur bei gutem Wetter unternommen werden, denn nur dann werden die Anstrengungen mit einem Rundblick belohnt. Wenn die Berge erklommen sind, kann man relativ einfach weitere Gipfel erreichen, aber der Weg nach oben will erst einmal geschafft sein. Es gibt mehrere Möglichkeiten, vielleicht findet jemand sogar eine günstigere als die beschriebene.

Die Karpaten bei Volovec′

Vom **Bahnhof** geht man im 90-Grad-Winkel auf die Hauptstraße, die **vul. Karpats′ka** (вул. Карпатська), dort hält man sich **links** und geht nach etwa 10 Minuten zwischen Sportplatz und Bach **links unter der Eisenbahn** hindurch. Auf einem Waldweg mit ausgefahrenen Spuren geht es weiter. Der Weg folgt dem Bach, der immer zur Rechten bleibt. Nach etwa 20 Minuten wird der Weg zum Pfad (bei Regen sehr viele sumpfige Abschnitte), und man verlässt diesen nach links, Richtung Südost. Über eine **breite Schneise** geht es auf den Bergrücken zu, der nicht von Bäumen bedeckt ist.

Von der Schneise hat man in Richtung Südwesten einen Blick auf den 1343 Meter hohen Temnatyk (Темнатик), den Hausberg von Volovec′. Vom Bergrücken genießt man einen wunderbaren Blick auf Berge und Ausläufer der Siedlung. Auf dem **Rücken verläuft der Weg nach rechts** (nach Süden) bis zum Wald. Dort geht es über eine gerodete Fläche, und nach etwa fünf Minuten erreicht man einen **Waldweg**. Achtung, es gibt zwei parallele Wege, man nimmt den **oberen** und folgt diesem etwa eine halbe Stunde.

Anfangs geht es relativ eben dahin, später wird der Weg steiler, schließlich läuft man über Geröll zwischen zwei steilen Hängen. Umgefallene Bäume erschweren das Vorankommen. Der Weg stößt auf einen **Pfad**, dem man für zehn Minuten nach links folgt, der Berg liegt zur Rechten. Zwei Taleinschnitte kommen unmittelbar nacheinander. Im **zweiten Talabschnitt** geht es im Buchenwald steil nach oben.

Man stößt auf einen Geröllpfad, der auf eine Wiese führt (10 Minuten). Von dort steigt man zum rechten Waldrand hoch und nimmt den aufwärts führenden Pfad, wobei man geradewegs auf das erste Gipfelkreuz zuhält (20 Minuten). Über ein weiteres Gipfelkreuz gelangt man zum Gipfel des **Temnatyk** (ohne den Umweg über das zweite Kreuz dauert dies etwa 45 Minuten). Über den Kamm erreicht man nun einfach den **Plaj** (Плай). Dort empfangen einen nach 45 Minuten trostlose Barakken und Funkeinrichtungen.

Über den **Kamm** kann man nun weiter zum Velykyj Verch wandern (60 Minuten). Vom 1598 Meter hohen Gipfel bietet sich ein schöner Blick auf die Berge ringsum, der Stij (Стій) im Süden ist mit 1679 Metern noch etwas höher. Nach kurzer Gipfelrast geht es zurück zur Hausruine nördlich des Plaj über einen Weg, der einige Höhenmeter unterhalb des Gipfels auf der Ostseite des Plaj an **Stromleitungen entlangführt** (etwa 60 Minuten). Weiter runter geht es über einen breiten Fahrweg. Diesem folgt man kurz (Strommasten), und nach 45 Minuten macht der Weg eine S-Schleife. Dort biegt man auf einem kleinen Weg (erster nennenswerter Weg) nach links ab; Achtung, auf den ersten zehn Metern ist der Abzweig kaum als Weg erkennbar, danach weitet er sich zum schmalen Fahrweg. Nach etwa 30 Minuten ist man schon im Tal, der Weg ist teilweise steil. Danach muss man entlang der Wiese dem Bach folgen und erreicht vor den ersten Häusern eine kleine Holzbrücke.

🚉 Volovec'

Folgende internationale Züge halten in Volovec': Moskau–Budapest, Moskau–Čop, Kiev–Košice (letzterer mehrmals täglich).

🛏

Es sind einige kleine Hotels entstanden, jeweils mit Restaurant, alle liegen im Zentrum, die Preise liegen bei ca 20 Euro für ein DZ, z.B. **Nadija** (Надія) in der vul. Karpats'ka (вул. Карпатська), Tel. 0 31 36/2 27 36. Die Herberge **Plaj** (Плай) in der vul. Lenina 100 (вул. Леніна) ist gleich neben dem Bahnhof zu finden.

Mižhir'ja und der Bergsee Synevyr

Mižhir'ja (Міжгір'я) hieß bis 1953 Volove und ist ein regionales Zentrum. Auf der Straße zwischen Volovec' und Mižhir'ja kommt man durch beschauliche Dörfer, die meist auch sehenswerte Holzkirchen aufweisen. Oft ist leider der Erhaltungszustand schlecht, da der kulturelle Wert dieser Holzkirchen noch kaum eine Rolle im Denken und Handeln der Dorfbewohner spielt.

Eine wirklich beeindruckende **Holzkirche** ist etwa zwei Kilometer abseits der Straße im **Dorf Huklyvyj** (Гукливий) zu finden. Da die Dorfstraße sehr schlecht ist, empfiehlt sich ein Spaziergang. Die Kirche stammt aus dem 18. Jahrhundert und wurde aus Fichtenholz auf einem Steinsockel errichtet. Das Äußere des Bauwerkes besticht durch die kunstvollen und wohlproportionierten Formen.

Mizhir'ja ist Ausgangspunkt für Exkursionen zum **Bergsee Synevyr** (озеро Синевир). In den ukrainischen Karpaten gibt es kaum Seen, sicher erfreut sich der Bergsee Synevyr deshalb so

Karte S. 130

Holzkirche in Huklivi

großer Beliebtheit. Er ist umgeben von Wäldern und besitzt ein schönes Ufer mit vielen Buchten, die gern für ein Picknick genutzt werden. Große Holzplastiken stellen Syn und Vyr dar, die Namensgeber des Sees. Vyr, ein Schäfer, ertrank, und Syn war so traurig darüber, dass ihre Tränen den See füllten. Die geologischen Fakten sind weniger aufregend, denn der 972 Meter hoch gelegene Bergsee wurde durch eine Geröllbarriere aufgestaut. In der Nähe des kleinen Sees steht eine Tourbasa. Die Anreise ist nicht einfach, denn der See liegt am Ende eines langgestreckten Tales in einer Sackgasse. Die letzten zehn Kilometer der Trasse sind unbefestigt und in schlechtem Zustand. Wer schon viele andere Bergseen kennt, ist vielleicht von der ›Perle der Karpaten‹ etwas enttäuscht. Andererseits ist die Anreise – und vor allem die Fahrt durch die letzte Siedlung, die

Synevyrs'ka Poljana (Синевирська Поляна) – eine Fahrt in die Ursprünglichkeit der Karpatenlandschaft. Die einfachen, aber durchaus reizvollen Holzhäuser der Dorfbewohner, die weiten Wiesen und vor allem der Wald sind eindrucksvoll.

Ein interessantes **Museum über die Holzflößerei** befindet sich unweit des Dorfes Synevyr an der Ozerjanka (Озерянка), einem Nebenfluss des Tereblja (Теребля). Der Fluss wurde angestaut und die Holzstämme in den Staubereich gebracht. Beim Ziehen des Wehres war es dann möglich, eine große Menge Holz Richtung Süden zu transportieren. Fotos, Werkzeug, Modelle und das Wehrsystem geben einen guten Einblick in die schwere Arbeit der Flößerei.

Das Museum wurde allerdings bei einem Hochwasser weitgehend zerstört, es soll aber wieder aufgebaut werden.

 Mižhir'ja

Der See liegt in einem Naturschutzpark, und nach dem Dorf Synevyr muss Eintritt bezahlt werden.

🛏

Das **Hotel Kam'janka** (Камьянка) kann empfohlen werden, es liegt auf dem Höhenzug zwischen Mižhir'ja und Synevyr, und der sehr schöne Blick Richtung Synevyr macht diese Unterkunft unvergesslich. Tel. 050/ 435 38 98, www.kamyanka.com.ua.

Die **Tourbasa Karpaty** (Карпати) ist in der vul. Radjans'koji Armiji 61 (вул. Радянської Армії) in Mižhir'ja zu finden.

Rund um Chust

Zum Schutz des Salzweges wurde bereits im 12. Jahrhundert eine Burganlage durch die ungarischen Könige errichtet. Den Ort Chust (Хуст) gab es wahrscheinlich schon etwas früher. Der Name des Ortes stammt laut einer Legende von einem Heerführer Husti, der auch Schlossherr war. Der Hügel bei Chust war für eine solche Anlage bestens geeignet, das erwies sich zum

Beispiel bei der Belagerung durch die Mongolen unter Khan Batu 1242. Nach langer Belagerung wurde die Burg allerdings doch eingenommen und vollständig vernichtet.

Im 13. und 14. Jahrhundert gehört Ort und Burg zum galizischwolhynischen Fürstentum, Anfang des 16. Jahrhunderts wurde es an einen ungarischen Adligen verschenkt und 1526 dem Transsylvanischen Fürstentum einverleibt. Während der Befreiungskriege zwischen 1703 und 1711 war Chust Ausgangspunkt des Aufstandes gegen die Habsburger Herrschaft. Durch einen Brand nach einem Blitzeinschlag brannte die Burg schließlich 1766 aus. Jetzt sind nur noch Ruinen erhalten.

Der Ort selbst hat eine gewisse regionale Bedeutung, ist aber nicht aufregend für den Reisenden. Der Charme eines Handelsplatzes in Grenznähe ist nie besonders erhebend. Hinzu kommt, dass die Ortschaft sehr in die Fläche gebaut ist und ein richtiges Zentrum fehlt.

■ Das Narzissental

Wer zur Zeit der Narzissenblüte in der Gegend unterwegs ist, sollte einen Abstecher in das Narzissental (Долина нарцисів) in der Nähe von Chust einplanen. Der größte europäische Bestand von Sternnarzissen ist in diesem Taleinschnitt auf einer Höhe von etwa 200 Metern zu finden. Diese ansonsten in den Alpen und auf dem Balkan (da kommt sie in einer Höhe von mindestens 1500 Metern vor) verbreitete Blumenart hat sich in diesem Biotop aufgrund der besonderen Bedingungen nach der letzten Eiszeit erhalten. Neben den Narzissen gibt es noch mehr als 400 andere Pflanzenarten. Das Gebiet gehört zum Karpaten-Biosphärenreservat. Das Tal ist ausgeschildert und liegt nordöstlich der Stadt in Richtung Iza.

Das Städtchen **Iza** (Iза) ist als Korbmacherstadt bekannt. Für diese harte Arbeit muss die ganze Familie ran. Es müssen die Weidenruten geschnitten und vorbereitet werden, anschließend kommt die eigentliche Flechtarbeit. In den Höfen kann man diese Handwerksarbeit beobachten. Die Erzeugnisse reichen vom Korbsofa bis zur Obstschale. Vor vielen Häusern kann man die aufgebaute Palette bewundern und bei Bedarf natürlich auch kaufen. Das Städtchen selbst macht allerdings einen ziemlich trostlosen Eindruck.

■ Holzkirchen bei Chust

Nur wenig abseits der Hauptstraße können drei Holzkirchen in Sokyrnycja (Сокирниця), Krajnykovo (Крайниково) und Danylovo (Данилово) besichtigt werden. Diese sind eingebettet in die dörfliche Struktur und wirken auch als Gesamtensemble sehr schön.

Das Dorf **Sokyrnycja** befindet sich ca. acht Kilometer östlich von Chust an der Hauttrasse. Ins Zentrum biegt man Nordosten ab. Die Mikolai-Wundertäterkirche wurde Anfang des 17. Jahrhunderts aus Eichenholz gefertigt. Aus dem Jahre 1770 stammt der Glockenturm.

Nach **Krajnykovo** gelangt man bereits nach einem Kilometer weiter ostwärts. Die Kirche stammt etwas aus der gleichen Zeit und liegt sehr malerisch im Dorfzentrum, umstanden von Bäumen. Allerdings sind einige Aufwendungen nötig, um die Kirche noch lange zu erhalten.

Nur drei Kilometer entfernt ist in **Danylovo** die nächste Holzkirche zu finden. Dazu fährt man von Krajnykovo genau nach Norden. Dort liegt auf einem Hügel die Mikolaikirche aus dem Jahr 1779. Bemerkenswert ist der schlanke Kirchturm, der der Kirche etwas Zierliches verleiht.

Ust'-Čorna

Der mühevolle Weg nach Ust'-Čorna (Усть-Чорна, dt. Königsfeld) lohnt, wenn man das abgelegenste von Deutschen bzw. Österreichern besiedelte Gebiet in den Transkarpaten besuchen will. Außerdem erlebt man die Wildheit und Schönheit der Berge.

Auf Anordnung der Kaiserin Maria Theresia kam 1775 eine Gruppe von 100 Waldarbeitern vom österreichischen Salzkammergut aus Ischl und Gmunden in die Karpaten. Sie sollten Holz für die Salzbergwerke an der Theiß einschlagen. Im November bauten die Waldarbeiter mit ihren Familien eine aus 16 Hütten bestehende Ortschaft, die Deutsch-Mokra genannt wurde. Erst 1815 kam es dann zur Gründung von Königsfeld, da Deutsch-Mokra zu klein geworden war. Heute leben nur noch etwa 20 Familien in Königsfeld, deren Vorfahren aus dem Salzkammergut kommen. Ihr Einfluss ist aber nicht zu verkennen, denn neben dem deutschen Ortseingangsschild gibt es das Geschäft ›Ischl‹ und das Café ›Absatz‹, beides lokale Treffpunkte in dem langgestreckten Straßendorf.

Wer auf alte Spuren der Siedler stoßen will, der muss an der Kirche oder besser noch auf dem Friedhof – am Berg hinter der Schule – nachschauen. Dort gibt es viele **Grabsteine mit deutschen Inschriften**, die einiges von dem schweren entbehrungsreichen Leben in der Abgeschiedenheit erzählen könnten.

Leider sind die Gleise der beeindruckenden Schmalspurbahn durch Hochwasser zerstört worden, und die Dampflok kann nun nicht mehr das Holz auf kleinen Wagen Richtung Süden ziehen.

Das letzte Haus des Ortes ist die **Tourbasa Jalynka** (Ялинка), die im Alpenstil nicht unbedingt zu den einfachen Holzhäusern der Umgebung passt. Die Übernachtung mit Vollverpflegung kostet 5 Euro.

Die Trasse geht über **Rus'ka-Mokra** (Руська-Мокра) weiter nach **Komsomol's'k** (Комсомольськ), dem früheren Deutsch-Mokra. Allerdings braucht man einen Jeep, um weiterzukommen.

Um nach Königsfeld zu gelangen, muss man dem Teresva-Flusstal (Тересва) von Süden etwa 50 Kilometer nach Norden folgen. Busverbindungen bestehen nach Užhorod (Ужгород) und Tjačiv (Тячів).

Rachiv

Dieser Gebirgsort im Südosten der Region ist eines der größten Ski- und Wanderzentren. Mit 820 Metern ist Rachiv (Рахів) der höchstgelegene Ort der Ukraine.

In den ukrainischen Karpaten hat Rachiv eher eine Randlage – die Grenze zu Rumänien ist nur wenige Kilometer entfernt. Von Rachiv aus kann man lohnende Touren in Richtung Blyznycja (Близниця) und Hoverla (Говерла) unternehmen. Allerdings ist es ausschließlich zu Fuß etwas weit.

Rachiv wurde von Huzulen aus Galizien besiedelt und fand im Jahr 1447 erste Erwähnung, damals gehörte es zum Königreich Ungarn; 400 Jahre später dann automatisch zu Österreich-Ungarn. In den Nachkriegswirren des Ersten Weltkriegs schloss sich Rachiv zunächst der ungarischen Räterepublik an, wurde dann kurzzeitig von Rumänien besetzt, und schließlich erfolgte die Angliederung an die neugebildete Tschechoslo-

In Rachiv

Einer von mehreren Mittelpunkten Europas

wakei. In den ›goldenen Zwanzigern‹ erlebte die bergige Region um Rachiv eine touristische Blütezeit. Als Ungarn Transkarpatien in den Jahren 1938 und 1939 annektierte, endete diese Phase abrupt. 1944 rückte die Roten Armee in die Region ein, und 1945 wurde ganz Transkarpatien Teil der Ukrainischen Sowjetrepublik.

In der Nähe des Ortes, beim **Dorf Dilove** (Ділове), steht am Punkt der **geographischen Mitte Europas** ein Denkmal. 1887 wurden in der Gegend für den Bau der Eisenbahnlinie Vermessungsarbeiten durchgeführt. Die Ingenieure stellten fest, dass hier der geographische Mittelpunkt Europas liegen müsse. Nach gründlicher Überprüfung bestätigten Wiener Wissenschaftler diese These. 1887 wurde ein zwei Meter hohes Denkmal aus Beton errichtet, das im Original bis heute erhalten ist. Auf dem Gedenkstein steht (allerdings in Latein): »Durch ziemlich genaue Nivellierung ist der ständige Ort festgelegt, der nach der Einmessung der Längs und Breitengrade der europäische Mittelpunkt genannt wird.« Die berechneten Koordinaten sind 47° 56' 3' nördlicher Breite und 24° 11' 30' östlicher Länge. Zur Festlegung des geographischen Mittelpunktes gibt es indes keine genauen Richtlinien, deshalb ist dieser Mittelpunkt auch nicht völlig unumstritten, aber im allgemeinen akzeptiert. Für die meisten Mitteleuropäer ist es eigentlich unvorstellbar, dass der ›Mittelpunkt‹ so weit im Osten liegt. Dabei ist gerade die Festlegung der Grenzen Europas im Osten durch den Ural und das Kaspische Meer eindeutig und unbestritten. In der unabhängigen Ukraine hat man die Bedeutung des Punktes für die Region erkannt: Zuerst wurde zusätzlich nur ein einfacher Stein errichtet, danach ein Denkmal aus Stahl, jetzt wird ein neues erbaut!

Die Westukraine

🚆 Rachiv

Hier enden die Züge aus Richtung Ivano-Frankivs'k (Івано-Франківськ), Rachiv ist damit gut erreichbar, mit dem Zug aus Norden und mit Bussen aus Westen.

🛏

Im Zentrum ist das **Hotel Europa** in der vul. Myru 42 (вул. Миру) zu finden, www.hotel-europa.com.ua. Die Preise für ein DZ sind mit 17 Euro moderat.

Unweit davon in der vul. Franka 1 (вул. Франка) liegt der **Touristenkomplex Tysa** (Тиса).

Sehr familär geht es im **Hotel Smerekova Chata** (Смерекова Хата) zu, vul. Ševčenka 8 (вул. Шевченка), www.rakhiv-tour.narod.ru, moderate Preise. Das Hotel liegt unmittelbar an den Marktständen nördlich des Zentrums.

###

www.rakhiv.com (russ.).

Die Bukowina

Die Bukowina ist eine historische Landschaft in den nordöstlichen Karpaten und deren Vorland. Das Gebiet ist reich an Wald, Bergen und Geschichte. Der Name stammt aus dem Slawischen, in deutscher Übersetzung ist ›Buchenland‹ gebräuchlich. Eine andere Quelle erklärt die Herkunft des Namens so: Ende des 15. Jahrhunderts belagerte ein polnisches Heer den Ort Suceava (heute Rumänien), wurde aber von den moldauischen Fürsten vernichtend geschlagen. Über 20 000 Gefangene, meist Edelleute, mussten das Schlachtfeld umpflügen und mit Eichen und Buchen bepflanzen. Der Wald wurde wegen des vergossenen Blutes der rote Wald genannt – Bukowina.

Im Jahre 1412 wird die ›Große Bukowina‹ (am Seret) und die ›Kleine Bukowina‹ (am Prut) erwähnt. Der Landstrich gehörte zum Einflussbereich des rumänischen Fürstentums Moldau. 1514 kam das Gebiet unter türkische Oberhoheit, das heißt es musste Tribut an den Sultan in Konstantinopel gezahlt werden; darüber hinaus nahmen die Türken relativ wenig Einfluss.

Die Bukowina war immer wieder Schauplatz von Feldzügen und Plünderungen. 1709 kamen die Schweden auf dem Rückzug durch das Land und wurden von den russischen Heeren vertrieben. 1739 drangen Russen und Kosaken unter General Münich ein und verschleppten viele Bürger. Im Jahre 1774 besetzten österreichische Truppen das Land, im Mai 1775 traten es die Türken für die Vermittlerrolle Österreichs in den Auseinandersetzungen mit Russland im Frieden von Kutschuk-Kainardschi feierlich an Österreich ab. Nun erfuhr das Land eine lange Friedens- und Aufbau–

periode, die den Mythos Bukowina begründete.

Ursprünglich lebten im Süden der Region überwiegend Rumänen und im Norden Ukrainer. Es gab auch einige Deutsche, die aus dem nahen Siebenbürgen kamen. Unter österreichischer Herrschaft kam es zu einer systematischen Einwanderungspolitik, und vor allem Deutsche, Juden und Armenier, aber auch Ungarn kamen ins Land. Kaiser Joseph II. bereiste die Bukowina 1783 und 1786. Der erste Plan, das Land zu einem militärischen Grenzposten auszubauen, wurde dabei fallengelassen, und der Kaiser verfügte am 6. August 1786 die Vereinigung der Bukowina mit Galizien. Bis dahin unterstand das Land direkt der österreichischen Militärverwaltung. Erst nach langem Ringen um die Unabhängigkeit von Galizien erfolgte nach Annahme der neuen Reichsverfassung von 1849 die Zuerkennung der Autonomie und die Erhebung zu einem Kronland. Die Bukowiner Juden erhielten nun die volle Gleichberechtigung, sie konnten sogar Grundbesitz erwerben, und ab 1867 gab es keine Beschränkungen hinsichtlich der Berufsausübung mehr. Die Emanzipation der Juden rief eine Zuwanderung aus anderen Landesteilen, insbesondere Galizien, hervor, und der jüdische Bevölkerungsanteil stieg stark an. In der zweiten Hälfte des 19. Jahrhunderts übernahmen die Juden in der Bukowina sowohl die wirtschaftliche als auch die gesellschaftliche Führung des Landes. In allen angrenzenden Ländern (Galizien, Russland, Rumänien) erstarkte indes der Antisemitismus.

Im November 1918 besetzte Rumänien die Bukowina. Dieser Zustand wurde durch die Zerschlagung der Habsburger Monarchie und den Vertrag von St. Germain 1919 festgeschrieben. Rumänien betrieb eine ausgesprochen nationalistische Politik. Vor allem über eine restriktive Sprachenpolitik kam es in der Öffentlichkeit zur Zurückdrängung der deutschen Sprache und einer starken Verbreitung des Rumänischen. Beamte mussten innerhalb weniger Monate Kenntnisse der rumänischen Sprache vorweisen. Außerdem gab es schon vorher im alten Rumänien einen starken Antisemitismus, der sich nun schnell ausbreitete. Dabei waren die Juden in der Bukowina vor allem in den 1920er Jahren noch ungefährdet, da die wirtschaftliche Potenz der Region für die rumänische Wirtschaft unverzichtbar war.

Im Juni 1940 wurde nach einem dreitägigen Ultimatum gegenüber Rumänien die Nordbukowina an die Sowjetunion angegliedert; auch dies war Bestandteil des sogenannten Hitler-Stalin-Paktes. Die deutschstämmige Bevölkerung der Bukowina wurde ins Deutsche Reich umgesiedelt. Etwa 95 000 Menschen mussten sich mit nur 50 Kilogramm Gepäck auf einen ungewissen Weg machen.

Die deutschsprachigen Juden waren davon ausgeschlossen. Zugleich mit dem deutschen Überfall auf die Sowjetunion im Sommer 1941 marschierte auch die mit der Wehrmacht verbündete rumänische Armee wieder in der Bukowina ein. SS-Einheiten wurden unter rumänischer Herrschaft aktiv und betrieben vor allem die Vernichtung der jüdischen Bevölkerung.

Im September 1941 wurde in Czernowitz ein Ghetto eingerichtet, welches vor allem als Sammellager für die Deportationen nach Transnistrien, dem Gebiet zwischen Dnister, Bug und Schwarzem Meer, diente. Viele kamen bereits beim Transport ums Leben. In Transnistrien erwarteten die Juden unvorstellbare Zustände. Kälte, Hunger, Epidemien und die harten Arbeitsbedingungen rafften etwa 65 000 Menschen dahin, nur 9000 überlebten. Die verbliebenen durften 1944 wählen, ob sie in der Sowjetunion bleiben oder nach Rumänien gehen wollten. Die prominentesten Literaten gingen nach Bukarest, viele von dort weiter nach Israel oder Westeuropa.

Nach dem Krieg verblieb die Nordbukowina bei der Sowjetunion, der Süden kam wieder zu Rumänien.

Gedenktafel am Geburtshaus von Rose Ausländer in Czernowitz

Černivci – Czernowitz

Die Stadt Černivci (Чернівці), das ehemalige Czernowitz, soll im 12. Jahrhundert gegründet worden sein, Burg und eine Siedlung überstanden aber die Angriffe der Mongolenheere nicht. Erste urkundliche Erwähnung fand der Ort erst 1408 als Zollstation. Etwa 50 Jahre später wurde die Stadt aufgewertet, sie wurde Bezirksstadt und Sitz des Starosten – des Vertreters des moldauischen Fürsten. Das Jahr 1775 wurde zum Wendepunkt in der Geschichte der Siedlung. Unter österreichischer Herrschaft entwickelte sich das ›Dorf‹ Czernowitz des 18. Jahrhunderts innerhalb eines Jahrhunderts zu einem ›Klein-Wien‹, zu einem multiethnischen Zentrum. Dabei sollte am Beginn eigentlich das nahegelegene Gartenberg ausgebaut werden. Das später in Sadagora umbenannte Städtchen war aber immer wieder durch Überschwemmungen gefährdet, und so gab man dem auf einem Berg liegenden Czernowitz den Vorzug. Sadagora blieb immer die Vorstadt, auf die die Bürger etwas herabblickten.

Sadagora wurde ein Zentrum des Chassidismus, einer eher weltlich und liberal orientierten Strömung des Judentums, die seit dem 18. Jahrhundert in Osteuropa verbreitet war. Dem Zaddik – so nannten sich die Lehrer des Chassidismus – Israel Friedmann verweigerte man ein Bleiberecht in Czernowitz, und so richtete er sich in einem architektonisch merkwürdigen Palast in Sadagora ein. Sein Charisma und sein Ruf als Wunderrabbi zogen tausende Anhänger an. Sein luxuriöser Lebensstil stand im schreienden Gegensatz zum Elend seiner Anhänger. Die Grabstätte der Familie Friedmann auf dem jüdischen Friedhof im Norden der Vorstadt zeigt etwas von dem Glanz und der Popularität der Wunderrabbis.

Czernowitz bestand 1775 aus einer morastigen Straße und etwa 200 Holzhütten. Die Bevölkerung war buntgemischt, neben Deutschen, Armeniern, Juden und Türken gab es Ruthenen (Ukrainer), Tschechen, Griechen und Polen. Die Vielzahl der Religionen, Konfessionen und Riten war groß. Hinzu kamen dann noch Lipovaner oder Phillliponen, das waren Altgläubige, die vor der Verfolgung aus Russland hierher kamen. Im Jahre 1787 gab es die erste Grundstücksvermessung und Hausnumerierung. Immerhin war in den wenigen Jahren die Zahl der Häuser bereits auf 414 angewachsen, und es gab 34 öffentliche Gebäude. Ein gewisser Völker – ein Deutscher – baute das Wirtshaus ›Zum schwarzen Adler‹ und stellte einen

Vieles wurde bereits renoviert

Karte S. 159

Die Westukraine

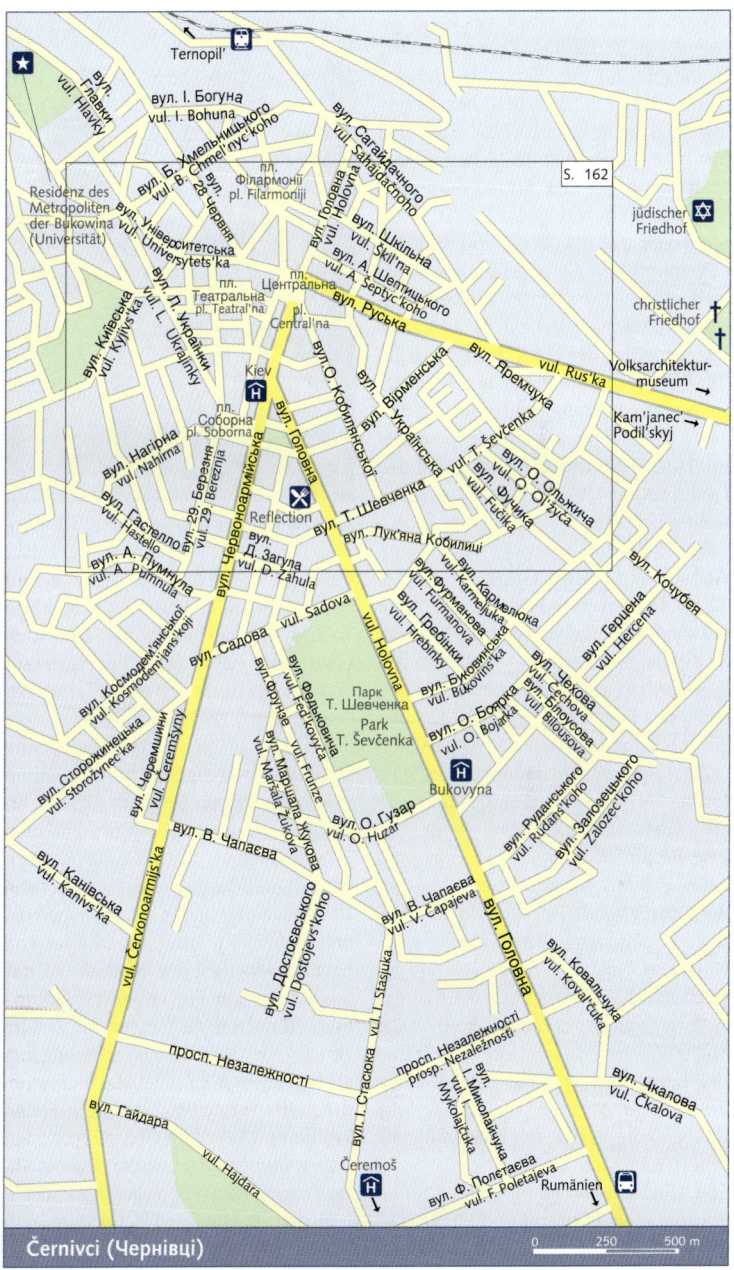

Ternopil'

вул. Главки / vul. Hlavky

вул. І. Богуна / vul. I. Bohuna

вул. Сагайдачного / vul. Sahajdačnoho

S. 162

jüdischer Friedhof

вул. Б. Хмельницького / vul. B. Chmel'nyc'koho

пл. Філармонії / pl. Filarmoniji

вул. 28. Червня / vul. 28. Červnja

вул. Голована / vul. Holovna

вул. Шкільна / vul. Škil'na

christlicher Friedhof

Residenz des Metropoliten der Bukowina (Universität)

вул. Університетська / vul. Universytets'ka

вул. А. Шептицького / vul. A. Septyc'koho

Volksarchitektur-museum →

вул. Київська / vul. Kyjivs'ka

вул. Л. Українки / vul. L. Ukrajinky

пл. Театральна / pl. Teatral'na

пл. Центральна / pl. Central'na

вул. Руська / vul. Rus'ka

Kam'janec'-Podil'skyj →

Kiev

пл. Соборна / pl. Soborna

вул. О. Кобилянської / vul. O. Kobyljans'koji

вул. Вірменська / vul. Virmens'ka

вул. Українська / vul. Ukrajins'ka

вул. Яремчука / vul. Jaremčuka

вул. Нагірна / vul. Nahirna

вул. 29. Березня / vul. 29. Berežnja

вул. Головна / vul. Holovna

вул. Т. Шевченка / vul. T. Ševčenka

вул. О. Ольжича / vul. O. Ol'žyča

вул. Гастелло / vul. Hastello

Reflection

вул. Д. Загула / vul. D. Zahula

вул. Т. Шевченка / vul. T. Ševčenka

вул. Фучіка / vul. Fučika

вул. А. Пушкіна / vul. A. Puškina

вул. Лук'яна Кобилиці

вул. Кармелюка / vul. Karmeljuka

вул. Герцена / vul. Hercena

вул. Космодем'янської / vul. Kosmodem'jans'koji

вул. Садова / vul. Sadova

вул. Фурманова / vul. Furmanova

вул. Буковинська / vul. Bukovins'ka

вул. Чехова / vul. Čechova

вул. Кочубея / vul. Kočubeja

вул. Сторожинецька / vul. Storožynec'ka

вул. Серетупу / vul. Seretupu

вул. Фрунзе / vul. Frunze

Парк Т. Шевченка / Park T. Ševčenka

вул. Гребінки / vul. Hrebinky

вул. Биковинська / vul. Bykovins'ka

вул. Єпносова / vul. Jepnosova

вул. Руданського / vul. Rudans'koho

вул. Черемшини / vul. Čeremšyny

вул. Фельковича / vul. Fed'koviča

вул. Маршала Жукова / vul. Maršala Žukova

вул. О. Боярка / vul. O. Bojarka

вул. Білоусова / vul. Bilousova

Bukovyna

вул. О. Гузар / vul. O. Huzar

вул. Канівська / vul. Kaniv's'ka

вул. В. Чапаєва / vul. V. Čapajeva

вул. Головна / vul. Holovna

вул. Червоноармійська / vul. Červonoarmijs'ka

вул. Достоєвського / vul. Dostojevs'koho

вул. Ковальчука / vul. Koval'čuka

вул. Залозецького / vul. Zalozec'koho

просп. Незалежності / prosp. Nezaležnosti

вул. І. Стасюка / vul. I. Stasjuka

вул. В. Чапаєва / vul. V. Čapajeva

просп. Незалежності / prosp. Nezaležnosti

вул. Чкалова / vul. Čkalova

вул. Миколайчука / vul. Mykolajčuka

вул. Гайдара / vul. Hajdara

Čeremoš

вул. Ф. Полєтаєва / vul. F. Poletajeva

Rumänien

0   250   500 m

Teil seines Grundstückes der Stadt als Markt zur Verfügung. Damit war der Grundstein für den Ringplatz und das spätere Hotel mit gleichem Namen gelegt. Das erste zweistöckige Haus ließ der Jude Karl Nadler 1824 bauen. Einschneidend für die Entwicklung der Stadt waren die Ereignisse 1849, in deren Folge die Bukowina von Galizien abgetrennt und als selbständiges Kronland mit Czernowitz als Landeshauptstadt wurde. Ab 1864 gab es autonome Bürgermeister der Stadt. Von 1848 bis 1910 stieg der Anteil der Juden an der Gesamtbevölkerung von 6 auf 32 Prozent. Der Beiname ›Jerusalem an der Pruth‹ verdeutlicht die Stellung und den Einfluss dieser Volksgruppe in der österreichischen Zeit.

Die Czernowitzer Universität

Aufschwung und Glanz

1875 fanden die Festlichkeiten zur 100jährigen Zugehörigkeit der Bukowina zu Österreich statt. Aus diesem Anlass kam es zur Gründung einer Universität, der Francisco-Josephina. Sie war ein Jubiläumsgeschenk des Kaisers und sollte die politischen Interessen des Staates vertreten und eine Stätte der deutschen bzw. österreichischen Kultur sein. Eine Besonderheit war die Einrichtung einer griechisch-orthodoxen Fakultät, denn dafür gab es kein Vorbild an anderen europäischen Universitäten.

Nachdem bereits 1781 der orthodoxe Bischofssitz von Radautz nach Czernowitz verlegt worden war, konnte die Stellung dieses Bistums durch den Bau der Kathedrale und der bischöflichen Residenz gefestigt werden. 1873 erfolgte sogar die Weihe des Bukowiner Bischofs zum Metropoliten.

Seit 1866 waren Lemberg und Czernowitz mit einer Bahnlinie verbunden. Die Bahn überquerte den Prut auf einer Brücke, die bereits 1868 unter einem fahrenden Zug einstürzte. Es soll keine Todesopfer gegeben haben. Die Stadt Czernowitz hatte durch ihre Lage am Berg verkehrstechnisch einige Schwierigkeiten. Die Czernowitzer waren stolz darauf, dass in ihrer Stadt die elektrische Straßenbahn sechs Monate früher als in Wien den Betrieb aufnahm (1897). Allerdings hatte die Bahn manchmal Schwierigkeiten, die Steigung zu überwinden, und bergab sollen die Bremsen allzuoft versagt haben, weshalb man die Bahn schließlich wieder abschaffte.

Eine Besonderheit des ›Klein-Wien‹ war das ausgeprägte Pressewesen. Während es 1775 noch keine Schulen und Zeitungen gegeben hatte, die Bevölkerung fast ausschließlich aus Analphabeten bestanden hatte, erschienen vor dem Ersten Weltkrieg allein fünf deutschsprachige Tageszeitungen. Neben der ›Czernowitzer Zeitung‹, der ›Bukowiner Rundschau‹ und den ›Bukowiner Nachrichten‹ gab es ab 1903 auch noch das ›Czernowit-

Karte S. 159

zer Tageblatt‹ und die ›Czernowitzer Allgemeine Zeitung‹. Daneben erschienen noch Wochenzeitungen. Die Herausgeber aller Zeitungen waren ausnahmslos jüdisch. Mit den ›Czernowitzer Blättern‹ gab es bis 1938 auch eine jiddische Zeitung. Nach dem Ersten Weltkrieg ging die Zahl der nichtrumänischen Blätter zurück. Insgesamt wurden zwischen 1848 und 1940 über 370 verschiedene Zeitungen verlegt, darunter 200 deutschsprachige, 68 ukrainische, 50 rumänische, 28 polnische und 24 jiddische.

In Czernowitz hatte eine Verbürgerlichung und Verstädterung eines Teils der Juden stattgefunden, sie konnten ihre Anpassungsfähigkeit und Mobilität ausnutzen und übernahmen Verantwortung für die deutsche Kultur. Nirgends war die deutschjüdische Kultursymbiose enger.

Repräsentative Fassaden in der Innenstadt

Weltkriege und Niedergang

Die eigentliche Blütezeit von Czernowitz lag vor dem Ersten Weltkrieg. Danach hat die Geschichte der Stadt und den darin wohnenden Menschen übel mitgespielt. In der Zeit zwischen 1914 und 1918 erlebte Czernowitz drei Invasionen der russischen Armee. Der Handel kam zum Erliegen, die Lebensbedingungen wurden schwierig, Brennmaterial und Lebensmittel waren knapp. Am 11. November 1918 besetzte eine rumänische Division die Stadt. Bald begann auch die rumänische Verwaltung zu arbeiten. Insbesondere das vorher durch seine Vielfalt beachtenswerte Schulwesen und die deutschsprachige Universität wurden schnell rumänisiert. Als die Schlussszene von Schillers ›Räubern‹ gespielt wurde, stürmten am 2. Januar 1922 rumänische Studenten die Bühne, besetzten das Theater und riefen ein rumänisches Nationaltheater aus. Nun konnten nur noch im Deutschen Haus Theaterstücke in deutscher Sprache aufgeführt werden.

Der Zweite Weltkrieg begann für Czernowitz in Juni 1940 mit dem Einmarsch der sowjetischen Truppen. Von der jüdischen Bevölkerung wurde dies anfangs mit einer gewissen Hoffnung auf Erleichterung verbunden, da die antisemitische rumänische Politik zu einer starken Benachteiligung geführt hatte. Die Hoffnungen zerstoben schnell, und tausende Juden wurden verhaftet und nach Sibirien verbannt. Das finsterste Kapitel begann, als im Juni 1941 die rumänischen Truppen die Stadt besetzten und gemeinsam mit den SS-Einheiten tausende Juden ermordeten. Im Oktober kam es zur Einrichtung eines Ghettos um die alte jüdische Gasse herum und zur Umsiedlung aller Juden der Stadt dorthin. Außer etwa 20 000 Personen, die man für unabkömmlich erklärte, wurden die

Die Westukraine

Gefangenen mit Viehwaggons nach Transnistrien transportiert. Der grausame Tod und die Vernichtung machten alle gleich; die Tragödie nivellierte alle Unterschiede zwischen Zionisten und Kommunisten, arm und reich.

Nach diesen Ereignissen waren zwei Bevölkerungsgruppen der Vorkriegszeit aus der Stadt vertrieben und damit ihre Rolle als Kulturmittler verloren. Für Czernowitz bedeutete dies das Ende des deutschsprachigen Kulturlebens.

Czernowitz wurde nach dem Kriege Hauptstadt eines Verwaltungsbezirkes in der Sowjetukraine. Mit Industrieprojekten kamen Menschen aus allen Teilen der Sowjetunion, Industrieanlagen und Neubaugebiete entstanden.

Heute leben nur noch etwa 4000 Juden hier, die wenigsten sprechen Deutsch, die meisten sind aus anderen Gegenden der Ukraine zugezogen. Von den ehemals über 70 Synagogen funktioniert nur noch eine. Deutsche leben weniger als hundert in der Stadt, die auch nach neuen Volkszählungen über 35 Nationalitäten beherbergt.

Ringplatz

Der zentrale Platz ist der Ringplatz, das war zu allen Zeiten so. Hoch thront das Rathaus, das aus dem Jahr 1843 stammt. Die Bedeutung dieses Gebäudes ist unschwer am Turm zu erkennen. Heute heißt der Ringplatz Central'na plošča (Центральна площа).
Die Wandlungen, die die Stadt im 20. Jahrhundert durchlief, kann an den Denkmälern gut nachvollzogen werden. Bis 1920 stand in der Mitte des Platzes eine Marienstatue. Der rumänische Staat entfernte diese und errichtete fast an gleicher Stelle ein Vereinigungsdenkmal: ein Soldat mit rumänischer Fahne, die von einem knienden jungen Mädchen ehrfürchtig geküßt wird, dahinter ein Auerochs als Wappentier der Bukowina, der wütend den österreichischen Doppeladler zertritt. Das war ein eindeutiges Sinnbild, dem sich nicht alle Einwohner anschließen konnten. Spassvögel stellten nachts dem Tier immer wieder Heu und Wasser vor die Füße. Ab 1952 stand an dieser Stelle dann das unvermeidliche Lenindenkmal, mit erhobener Hand wies er die Richtung, auch dies Anlass zu mancherlei Witzen. Die ausgestreckte Hand wies nämlich in Richtung Notenbank – vielleicht eine Aufforderung, sich das einem Zustehende selbst zu holen? Von Herbst 1991 bis 1999 gab es nur Blumenrabatten auf dem Platz. Nun gibt es wieder ein **Denkmal – für Taras Ševčenko**! Was der ukrainische Nationaldichter mit Černivci zu tun hat, wissen wohl nicht mal die Befürworter der Ševčenko-Denkmal-Schwemme im Land.
Das **Hotel Schwarzer Adler**, ein dreistökkiger Bau, der sich in die alte Tempelgasse erstreckt, war einst eine glanzvolle Adresse. Nach einer Renovierung ist in dem Gebäude nun ein Bildungszentrum der Banken eingerichtet. Vor allem die Juden verbinden eine sehr unangenehme Erinnerung mit dem Schwarzen Adler. Hier bezog 1941 beim Einmarsch der rumänischen Truppen die Gestapo

Blick über Černivci

ihr Quartier und begann mit der Vernichtung der Bukowiner Juden.

Nebenan steht das ehemalige Rumänische Haus und daran anschließend die **alte Sparkasse**, die jetzt ein Kunstmuseum beherbergt. Dieses Jugendstilgebäude aus dem Jahr 1901 stammt vom Architekten Gessner. Das Besondere ist das große Mosaik an der Fassade, mit allegorischen Mitteln wird die Aufnahme der Bukowina in den Kreis der österreichischen Kronländer dargestellt. Auch der Eingangsbereich ist beeindruckend, viele Verzierungen und interessante Ornamente zeichnen das großzügige Treppenhaus aus. Ein Museumsbesuch kann nur empfohlen werden.

Immerhin acht Straßen treffen sich am Platz. Die schönste und reichste war und ist die einstige Herrengasse, die heutige vul. O. Kobyljans'koji (вул. О. Кобилянської). Sie beginnt zwischen dem alten Café Habsburg, links mit hohem Turm, und dem Hotel, Restaurant und Café Bellevue, jetzt beides Banken. Die Häuserzeile neben dem Café Habsburg war im Volksmund auch als Pardinihöhe bekannt, denn hier gab es den berühmten Buchladen Pardini, davor befand sich ein beliebter Fiaker-, später Taxistandplatz.

Herrengasse

Bis heute gilt die vul. O. Kobyljans'koji (Herrengasse) als die Flaniermeile der Stadt. Das Straßenpflaster wie auch die Kanalisation stammen noch aus der Kaiserzeit. Herrschaftliche Häuser, von Weinreben umkränzte Balkone, Straßencafés und schlendernde Menschen gibt es zuhauf. Nur wenige Mauern geben etwas von ihrer Geschichte preis. Wie eine Gedenktafel verrät, wohnte in der Herrengasse 23 von 1961 bis 1981 der Dichter Moshe Altmann.

Die armenische Kirche dient als Konzerthalle

Etwa in der Mitte der Straße gibt es zwei Museen: das **Heimatmuseum** (Krajeznavčyj muzej/Краєзнавчий музей) und das **Gedenkmuseum für J. Fed'kovyč** (музей ім. Ю. Федьковича). Die **rumänisch-orthodoxe Kathedrale** (Kafedral'nyj sobor Sv. Ducha/Кафедральний собор Св. Духа) aus dem Jahr 1864, umgeben von einer Grünfläche, stellt die Verbindung zur vul. Holovna (вул. Головна) her. Gegenüber zweigt die vul. Virmens'ka (вул. Вірменська) ab. Ihr folgend stößt man auf die **armenische Kirche** (Virmens'ka cerkva/Вірменська церква). Sie wurde 1875 nach Plänen des Architekten Hlavka erbaut und dient seit 1992 als Konzerthalle.

In der nächsten Straße Richtung Süden steht das **Geburtshaus von Paul Celan**. In der alten Wassilkogasse geht es ruhig zu, es hat sich nicht soviel geändert, und man kann sich Gedanken machen, wie wohl Paul Antschel, der sich später

Celan nannte, hier aufwuchs. Einer Initiative aus Österreich ist es zu danken, dass am Geburtshaus eine Tafel angebracht ist (vul. Saksahans'koho 5/вул. Саксаганського).

Zurückgekehrt zur Herrengasse, ist es nun nicht mehr weit zum **Deutschen Haus** (Nimec'kyj narodnyj dim/німецький народний дім). Das große Gebäude mit abstrakten neogotischen Details stammt aus den Jahren 1906 bis 1910 (Herrengasse 53).

Über die vul. Ševčenka (вул. Шевченка) erreicht man die vul. Holovna. An der nächsten Straßenecke ist ein **Denkmal für Paul Celan**, ebenfalls eine Stiftung aus Österreich, zu sehen.

Eine Parallelstraße der vul. Ševčenka ist die vul. Kobylyci (вул. Кобилиці). In einer kleinen Seitenstraße, der vul. Dymytrova 5 (вул. Димитрова), kann man das **Gedenkmuseum für Ol'ha Kobyljans'koji** – eine ukrainische Dichterin, die auch viele Werke der Weltliteratur übersetzt hat – besuchen. Einige hundert Meter weiter bergab ist die einzige noch funktionierende Synagoge der Stadt zu finden (vul. Kobylyci 53). Sie ist im maurischen Stil erbaut, wirkt eher unauffällig und ist vor allem an der jüdischen Jahreszahl auf dem Dach zu erkennen.

Rund um den pl. Soborna

Eine weitere Spur im Leben Celans kann man am ehemaligen Ferdinandsplatz finden – das **Gymnasium**. Heute heißt der Platz pl. M. Bachrušyna (пл. М. Бахрушина). Hier drückte Paul Celan einige Jahre die Schulbank. Außerdem ist hier das Jesuitenkloster mit der **Herz-Jesu-Kirche** von 1891 zu sehen. Auf dem Platz wurde früher ein Vieh- und Krämermarkt abgehalten. Auch jetzt stehen hier Verkaufsstände.

Über die vul. Červonoarmijs'ka (вул. Червоноармійська) gelangt man zu einem weiteren wichtigen Platz der Stadt – zum Austriaplatz, dem heutigen pl. Soborna (пл. Соборна). Dieser Platz ist der größte der Stadt, er geht in den Franz-Josef-Park über. Ganz im Westen steht ein rotes Gebäude – das **Landgerichtsgebäude** mit Gefängnis von 1819. An der Südostecke stand die ›Austria‹, eine Frauengestalt, die dem Platz den Namen gab.

Südlich vom Austriaplatz schließt sich der Franz-Josef-Park an; heute fällt dort vor allem das Denkmal zu Ehren des Sieges im Zweiten Weltkrieg auf. In österreichischen Kaiserzeiten schmückte eine Büste der Kaiserin Elisabeth den Park. Das repräsentative ehemalige Regierungsgebäude von 1873 steht an der Südseite.

Über die vul. Červonoarmijs'ka verlässt man den Platz in Richtung Norden. An der nächsten Straßenecke rechts (die vul. Červonoarmijs'ka stößt auf die

Das Rathaus ist ukrainisch blau

vul. Holovna) steht ein geborstener Quader. An dieser Stelle befand sich das alte Kriegerdenkmal aus dem Jahr 1901 zum Gedenken an das Hausregiment der Stadt (das Regiment des Erzherzog Eugen). Nach dem Zweiten Weltkrieg wurde es zerstört. Der geborstene Sockel trägt gleichlautende Inschriften in rumänisch, ukrainisch und deutsch. An der linken Straßenseite steht das Haus der Lipovaner, der Altgläubigen, die aus Russland fliehen mussten. Daneben empfängt das **Hotel Kiev** – früher Hotel Kronprinz – seine Gäste.

Man folgt dem prov. Hotel'nyj (пров. Готельний), einer kleinen Seitenstraße, nach links zur alten Liliengasse (vul. I. Franka/вул. І. Франка). An der Straßenecke ist ein Ausstellungssaal mit wechselnden Kunstausstellungen zu empfehlen. Das **alte Gewerbemuseum** aus dem Jahr 1885 steht am nächsten Straßenabzweig nach links in der vul. Mickevyča (вул. Міцкевича). Daneben der mächtige **Justizpalast** aus dem Jahr 1906, der mit roten und grünen Klinkern verziert ist. Die Liliengasse bergab fällt eine schöne Passage ins Auge – der **Mathildenhof** mit einer großen Glaskuppel und ausgewogenen Symmetrien (vul. I. Franka 13). Die Nachbargebäude zum Rathaus werden im Volksmund Zwillingshäuser genannt. Die identischen Gebäude wurden 1906 für zwei Schwestern gebaut, die, in getrennten Häusern wohnend, doch den Plausch über den Balkon pflegen konnten.

Theaterplatz

Kurz vor dem Ringplatz führt die vul. Eminesku (вул. Емінеску) zum Theaterplatz (пл. Театральна). Auf der linken Straßenseite finden wir das **älteste Gymnasium** der Stadt aus dem Jahr 1817. Viele später zu Ehren gekommene Personen drückten als Schüler hier die harten Bänke. Der rumänische Nationaldichter Mihai Eminescu lernte hier von 1860 bis 1863, und eine Tafel erinnert daran. Von einer anderen Tafel erfahren wir etwas über die Brüder Stern. Die vier Söhne einer armen jüdischen Bauernfamilie gingen alle hier zur Schule und wurden in unterschiedlicher Weise in die politischen Umschwünge dieses Jahrhunderts verwickelt. Manfred Stern nahm am Ersten Weltkrieg teil, war später Spanienkämpfer, verbrachte danach 15 Jahre in sowjetischen Lagern und starb am Tag der Entlassung. Wolf Stern war Soldat in der deutschen Wehrmacht, wurde im Osten gefangengenommen und gehörte dann zu den Gründern des Nationalkomitees ›Freies Deutschland‹, der Organisation deutscher Kriegsgefangener und kommunistischer Emigranten in der Sowjetunion. Leo Stern war Geschichtsprofessor in Wien und später in Halle. Lebenswege des 20. Jahrhunderts – Lebenswege, die viele Altczernowitzer quer durch die Nationalitäten in ähnlicher Härte und Tragik erlebten – Lebenswege, an die fast nichts mehr erinnert.

Im habsburgischbarocken Gewand zeigt sich das **Kobyljans'ka-Theater**, dessen geistige Väter F. Fellner und H. Helmer aus Wien kamen. 1905 fand die erste Vorstellung statt. Die vielen Schmuckelemente zeigen Themen der griechischen Mythologie und Persönlichkeiten der Weltliteratur. Vor dem Gebäude stand bis Ende des ersten Weltkrieges ein Schillerdenkmal, danach ein Denkmal für den rumänischen Schriftsteller Mihai Eminescu, jetzt eines für die ukrainische Schriftstellerin Ol'ha Kobyljans'ka, nach der das Theater heute benannt ist. Es gab bereits ab 1878 ein festes Theater, allerdings war es aus Holz und ent-

Die Wiener Architekten Helmer und Fellner bauten auch das Theater in Czernowitz

sprach bald nicht mehr den feuerpolizei-lichen Bestimmungen.

Das Theaterleben der Stadt war immer sehr reichhaltig; das ›Moskauer Künst-lertheater‹ trat mit russischen Stücken auf, im ukrainischen Volkshaus wurde ukrainisch gespielt. Außerdem gab es natürlich Aufführungen in Jiddisch. Das **jüdische Theater**, genannt ›La Scala‹, an der Ecke vul. Šillera/vul. L. Ukrajinky (вул. Шіллера/вул. Л. Українки),

Schillerbüste am Theater

stammt aus den 1920er Jahren. Nach dem Krieg fungierte es noch für drei Jahre als jiddisches Theater, danach wur-de es von der Universität genutzt. Mitt-lerweile ist das Gebäude renoviert, und der wegen der guten Akustik gerühmte Konzertsaal fungiert als Aula der Buko-winischen Medizinischen Akademie.

Spuren jüdischen Lebens

Das **Jüdische Haus** (Jevrejs'kyj narodnyj dim/Єврейський народний дім) steht an der Ecke zur vul. Štejnbarga (вул. Штейнбарга) und wurde 1907 errich-tet. 1908 fand hier die Jiddische Sprach-konferenz statt, auf der über die künf-tige nationale Sprache der Juden ent-schieden werden sollte. Nathan Birn-baum eröffnete die Konferenz mit einer Rede, die er sich erst aus dem Deut-schen ins Jiddische hatte übersetzen lassen müssen – er beherrschte als Ver-fechter des Jiddischen bis dahin die jid-dische Sprache kaum. Zu den Teilneh-mern der Konferenz zählten neben Zio-nisten auch Vertreter der jüdischen Ar-beiterbewegung, Linguisten und zum Beispiel die Schriftsteller Schalom Asch und Jizchak Leib Perez; Scholem Ale-jchem konnte wegen Krankheit nicht erscheinen.

Das Dilemma der Sprachfrage lag darin, dass Hebräisch zwar die Sprache der Juden war, aber praktisch nicht gespro-chen wurde, das Jiddische demgegen-über zwar eine lebendige Sprache war, jedoch nicht anerkannt war. Die Gruppe der assimilierten Juden (zum Teil in Rus-sland und Polen, aber vor allem im deut-schen Kulturkreis) war gegen die Aner-kennung eines ›Dialekts‹ als Sprache. Nach einer etwa einwöchigen Debatte wurde Jiddisch dennoch als eine natio-nale Sprache des jüdischen Volkes aner-kannt. Allerdings war der Widerstand der immer mehr Zulauf erhaltenden Zionisten sehr stark. Der Mitinitiator Birnbaum blieb noch einige Jahre in seiner Wahlheimat Czernowitz und gab eine deutsche (›Das Volk‹) und eine jiddische Zeitung (›Dr. Birnbojms Wochnblat‹) heraus.

Das Jüdische Haus beherbergte nach dem Zweiten Weltkrieg übrigens den ›Club der Leichtindustrie‹ – den Davidsternen im schmiedeeisernen Treppengeländer sägte man kurzerhand zwei Zacken ab, zumindest an solche jüdischen Symbole wollte man nicht erinnert werden. Mittlerweile sind die Zacken wieder angeschweißt (einige der Sterne beließ man als Mahnung ohne Zacken), und der jüdische Kulturverein ›Elieser Steinbarg‹ kann im Haus tagen und Kulturveranstaltungen anbieten. Im Erdgeschoss gibt es seit kurzem ein kleines Museum, das an die jüdische Geschichte der Stadt erinnert.

An der vul. Štejnbarga 19 befindet sich eine **Gedenktafel**, die daran erinnert, dass der Fabeldichter Elieser Steinbarg von 1919 bis 1931 hier wohnte.

Neben dem Jüdischen Haus lag ein freier Platz, der im Winter zum Eislaufen genutzt wurde. Jetzt steht dort der **rumänische Kulturpalast** aus den dreißiger Jahren mit Wohnungen und Büros. Außerdem gibt es die Gaststätte ›Sezam‹ (Сезам), deren Freisitz im Sommer empfohlen werden kann. Gegenüber an der anderen Seite des Platzes befanden sich die Handels- und Gewerbekammer und das Café ›Kaiser‹ mit einer Terrasse.

Nach Plänen des polnischen Architekten Zachariewicz erbaute man in den Jahren 1873 bis 1877 den **jüdischen Tempel**. Durch den maurischen Baustil, die große Kuppel und das schöne Portal bekam das Bauwerk eine ganz besondere Wirkung. Der Tempel war die ranghöchste Synagoge und deshalb auffälliger als andere jüdische Gotteshäuser gestaltet. Am 7. Juli 1941 kam es zur Zerstörung, das Dach brannte aus. Nach dem Krieg eröffnete in dem wiederhergestellten Gebäude das Kino ›Oktober‹, welches vor einigen Jahren in ›Černivci‹ umbenannt wurde. Im Innenraum befindet sich eine Gedenktafel für Josef Schmidt (1904–1942), den berühmten Czernowitzer Opernsänger. Er wurde durch Rundfunk, Schallplatte und Film weltbekannt; seinen Hit ›Ein Lied geht um die Welt‹ kannte vor dem Krieg jeder.

Universität

Der vul. Universytets'ka (вул. Університетська) kann man bis zur jetzigen Universität Richtung Nordwest folgen. Die Trolleybusse 2 und 4 bringen einen schneller ans Ziel, und die Fahrt ist auch ein Erlebnis.

Zu den markantesten Gebäuden der Stadt gehört die **Residenz des Metropoliten der Bukowina** (Rezydencija mytropolyta/Резиденція митрополита). Der u-förmig angeordnete Komplex wurde von 1864 bis 1882 nach Plänen des Architekten Hlavka errichtet. Er besteht aus dem Metropolitenhaus, dem Seminartrakt mit einer Kirche und einem Gästehaus. Die Gebäude sind im historisierenden Stil unter Verwendung byzantinisch-rumänischer Formen errichtet. Viel Wert wurde auf die schmückenden Details gelegt. Durch die Verwendung unglasierter Ziegel und farbiger Dachziegel ergeben sich interessante Effekte. Die fünfkupplige Kirche ist in einen Sei-

Karte S. 162 ▲

Im Treppenhaus der Universität

tenflügel eingepasst. Auf einem Platz ist die Büste des Architekten Hlavka aufgestellt. Nach dem Zweiten Weltkrieg zog die Universität in die Gebäude der alten Residenz. Vorher war die Universität in drei Gebäuden in der Universitätsgasse untergebracht. Im Hauptflügel der Universität befindet sich seit einigen Jahren das **Bukowina-Zentrum** mit der Österreichischen Bibliothek. Es werden Lesungen veranstaltet, Bücher herausgegeben und Konferenzen durchgeführt. Ziel ist es, die geschichtlichen Traditionen aufzuarbeiten und die Verbindung zu anderen ethnischen Gruppen zu suchen.

Rechts vom Universitätskomplex führt die vul. Hlavky (вул. Главки) zur **Habsburghöhe**, einem Park, der ein beliebtes Ausflugsziel darstellt. Ein Gedenkstein mit Medaillon des Kaisers und eingefasster Quelle wurde zu Ehren des Kaisers Franz Josef 1888 errichtet. Das in Sowjetzeiten entfernte Kaisermedaillon erstrahlte nach der Wiedereinweihung 1998 in neuem Glanz, wurde jedoch kurz darauf entwendet.

In der vul. Hlavky 1 kann ein **Museum für die ukrainische Diaspora** besichtigt werden (muzej bukovyns'kji diaspory/ музей буковинської діаспори). Es widmet sich der Aussiedlung aus der Bukowina und vor allem der Emigration der Ukrainer nach Übersee. Anhand vieler Fotos und Dokumente kann die Entstehung ukrainischer Gemeinden in Australien, Argentinien, USA und Kanada verfolgt werden.

Rund um den pl. Filarmoniji

Für den Rückweg zum Central'na plošča sollte man auf die Bequemlichkeiten des Trolleybusses zurückgreifen. Die alte Postgasse, heute vul. Chudjakova (вул. Худякова), führt zum **Postamt** aus dem Jahr 1850. Bei diesem Gebäude ist der Wunsch der aufstrebenden Stadt zur Repräsentation verkörpert. Von hier sind es nur ein paar Schritte bis zum ehemaligen Rudolfsplatz, dem heutigen pl. Filarmoniji (пл. Філармонії). Dieser Platz war immer vom Handel geprägt, und der volkstümliche Name Mehlplatz deutet dies auch an; heute stehen hier feste Verkaufsstände, und die Bäuerinnen der Umgebung bieten ihre Waren feil. An der Ostseite des Platzes steht das **Musikvereinsgebäude (Philharmonie)** mit dem griechischen Dachaufsatz. Die Ecke zur vul. Zan'kovec'koji (вул. Заньковецької) beherrscht das einst vornehme Hotel Bristol, allerdings ist es schon eine ganze Weile her, dass hier der letzte Gast abstieg.

Über die vul. Betchovena (вул. Бетховена), die alte Pfarrgasse, gelangt man zum ältesten Platz der Stadt. Der jetzt namenlose Platz existierte bereits in vorösterreichischer Zeit. Der Springbrunnenplatz war im Volksmund als Schiffplatz bekannt, und wenn man das Gebäude an der Ecke vul. Holovna und vul. Šolom Alejchema (вул. Шолом Алейхема) anschaut, weiß man auch warum. Das **Wirtshaus Zum goldenen Schiff** ist zweifellos sehr markant.

An der Westseite steht die römisch-katholische **Heiligkreuzkirche** (kost'ol Sv. Chresta/костьол Св. Хреста). Ursprünglich 1814 eingeweiht, erlitt die Bausubstanz im Laufe der Zeit einige Schäden: 1840 stürzte der Glockenturm ein, 1864 brannte das Kirchenschiff aus. Eine Sonnenuhr am Gebäude zeigt übrigens noch heute die österreichische Zeit. Nebenan steht das alte Offizierscasino von 1782, in dem heute das Puppentheater untergebracht ist.

Schräg gegenüber ist das älteste Gebäude der Stadt zu finden, das **Generalsgebäude** mit dem Stadtkommando aus

Die Nikolaikathedrale

ker, hatte in Czernowitz viele Anhänger. Die Siebenten-Tags-Adventisten haben das Haus nun in ihrem Besitz.

Kirchen an der vul. Rus'ka

Die orthodoxe **Nikolaikathedrale** (Mykolajivs'kyj sobor/Миколаївський собор) fällt durch den hohen Kuppelturm und die vier gedrehten Seitentürme auf. Sie stammt aus dem Jahr 1820 und steht in der vul. Rus'ka 28 (вул. Руська). Die **griechisch-katholische Kirche** (Uniats'ka cerkva/Уніатська церква) ist an den klassischen Zwiebeltürmen zu erkennen. Die Kirche ist nicht sehr alt, sie wurde 1936 erbaut (vul. Rus'ka 15). Unweit davon steht eines der ältesten Werke der bukowinischen Holzarchitektur, die **Mykolajivs'ka cerkva** (Миколаївська церква) aus dem Jahr 1607. Nach dem Zweiten Weltkrieg war dort eine Sportorganisation untergebracht. Die Kirche ist 1992 abgebrannt, und man hat sie danach neu errichtet. Am **Geburtshaus von Rose Ausländer** in der vul. Sahajdačnoho 57 (вул. Сагайдачного) ist seit ihrem 100. Geburtstag im Jahre 2001 eine Gedenktafel angebracht.

Sehenswerte Friedhöfe

Wahrscheinlich das bedeutendste Kulturerbe der Stadt ist der **jüdische Friedhof** mit über 50 000 Gräbern in der vul. Zelena (вул. Зелена). Der jüdische Friedhof von Czernowitz zählt zu den größten erhaltenen. Bis vor wenigen Jahren standen hier hohe Bäume, und die Reihen zwischen den Gräbern waren so zugewuchert, dass kein Begehen möglich war. Anfang der 1990er Jahre nahmen Grabschändungen zu, so dass die örtliche Verwaltung auf Drängen der jüdischen Gemeinde die Bäume fällte. Dabei wurden leider auch einige

dem Jahr 1780. Das alte Judenviertel schließt sich von der vul. Šolom Alejchema nach Osten an. Im Zweiten Weltkrieg wurde in diesem Areal das Ghetto eingerichtet, und die jüdische Bevölkerung der Stadt musste auf engstem Raum zusammengepfercht leben. Die meisten Menschen wurden von hier aus weiter nach Transnistrien deportiert.

In der Schulgasse 2, der vul. Škil'na (вул. Шкільна), gibt es wieder eine **jüdische Schule**. Sie wurde durch den Präsidenten der Ukraine eingeweiht und steht allen Schülern offen. Die Schule erfreut sich großer Beliebtheit, auch unter den Ukrainern. Gelehrt wird die hebräische Sprache, nicht die jiddische. In der Türkengasse, der vul. Turec'ka (вул. Турецька), ist noch der alte Türkenbrunnen zu sehen. Außerdem gibt es die Toynbee-Halle. Vor dem Zweiten Weltkrieg befand sich in dem Gebäude ein zionistisches Vereins- und Kulturzentrum mit Bibliothek, Sport- und Kultursaal. Alfred Toynbee, ein englischer Histori-

Grabstellen beschädigt. Nun wird mit vielen Helfern und Unterstützung aus dem Ausland daran gearbeitet, die Grabreihen wieder vom Bewuchs freizumachen und die Grabsteine zu reparieren. Die alte Friedhofssynagoge ist völlig verfallen und demoliert, aber sie steht noch. Es finden sich viele Grabstellen von bedeutenden Persönlichkeiten und Familien. Auf dem Friedhof sind Grabsteine mit deutschen, hebräischen, jiddischen, russischen und ukrainischen Inschriften zu sehen. Gleich am Hauptweg sind sehr schöne **Grabstellen mit deutschen Inschriften** zu erkennen. Max Ritter von Anhauch war der Begründer der Holzindustrie in der Bukowina. Dr. Max Fischer – betitelt als Edler von Monzara – war Stifter des Kinderspitals, Dr. Eduard Reis war von 1910 bis 1913 der erste jüdische Bürgermeister der Stadt, Dr. Salomon Weisselgerber, später geadelt, der letzte jüdische Bürgermeister der Stadt. Er wurde 1914 von den russischen Truppen nach Sibirien verschleppt und zwei Jahre später freigelassen.

Mauer aus alten Grabsteinen auf dem Jüdischen Friedhof

An der Hauptmagistrale links ist das **Grab von Elieser Steinbarg** zu finden, der Künstler Arthur Kolnik, der auch Fabeln von Steinbarg illustriert hatte, entwarf das Grabmal. Von manchen wird es als das schönste des Friedhofs bezeichnet, andere behaupten das Gegenteil. Die von Zweigen, Vögeln, Mond und Sternen umrahmte hebräische Grabinschrift lautet: »Traurig ist das Leben, liebe Kinder, traurig und bitter, deshalb wollen wir uns mit einer kleinen Geschichte erheitern«.

Etwas abseits liegt das sogenannte **Brüdergrab**, eine Gedenkstelle an die während des Holocaust umgekommenen Juden.

Unweit davon sieht man das gut gepflegte **Grab von Edi Wagner,** einem jungen beliebten Musiker, dessen gewaltsamer Tod im August 1936 in rumänischer Haft nach schlimmer Folter

Karte S. 159

Auf dem Jüdischen Friedhof

ein Zeichen des zunehmenden Antisemitismus war – ein politischer Mord an einer charismatischen Persönlichkeit, die Toleranz vorlebte, aber gerade dadurch zur Zielscheibe der Nationalsozialisten wurde.

Der Friedhof wird auch jetzt noch benutzt, einige neue Grabsteine weisen die typisch russische Gestaltung mit den Porträts der Verstorbenen auf. Die aus entfernten Gebieten der ehemaligen Sowjetunion kommenden Juden haben oft keine Verbindung mehr zu den traditionellen jüdischen Vorstellungen und übertreten das jüdische Bilderverbot aus purer Unkenntnis.

Gleich am Eingang rechts sind nebeneinander die Gräber von Mathias Zwilling und Rosa Roth-Zuckermann zu finden, den ›Filmhelden‹ des Dokumentarfilms von Volker Koepp (erster Weg neben dem Zaun, etwa 100 Meter von der Friedhofssynagoge entfernt). Am stadtwärts gelegenen Ende des Friedhofs kann man einen schönen Blick auf die Stadt mit ihren Türmen und Plätzen werfen. Hier sieht man die wichtigsten Kirchen friedlich vereint: die rumänische, die armenische, die griechisch-katholische und die russisch-orthodoxe, daneben noch den Rathausturm.

Auf der anderen Seite der vul. Zelena liegt der **christliche Friedhof**, er ist flächenmäßig noch größer als der jüdische. Neben ukrainischen und russischen Gräbern gibt es auch sehr viele deutsche und polnische Gräber auf diesem Friedhof.

 Černivci

Vorwahl: 0 37 22.

Frau Tatjana Berezhna bietet als selbständige Reiseleiterin **Exkursionen und Stadtrundgänge an** (www.tet-ukraine. cv.ua). Sie spricht sehr gut deutsch (Tel. 4 75 40, mobil +380/50/ 37 40 3 68, tet.ukraine@gmail.com – möglichst vorher anmelden). Außerdem engagiert sie sich im sozialen Bereich und ist Mitbegründerin eines Vereins, der sich um Drogenabhängige und Aidskranke kümmert, deren Zahl in der Ukraine rasant ansteigt

Černivci liegt 280 km südöstlich von L'viv nahe der rumänischen Grenze. Bis Ivano-Frankivs'k sind es 140 km.

Der Bahnhof liegt nördlich des Zentrums. Gute Zugverbindungen bestehen nach L'viv und Kiev sowie nach Sofia und Bukarest.

Die Trolleybuslinien 3 und 5 fahren vom Bahnhof Richtung Süden, ab Zentrum haben die Linien 1 und 6 die gleiche Richtung. Für die Ost-West-Richtung nutzt man die Linien 2 und 4, sie verbinden die Universität mit den Friedhöfen bzw. dem Architekturmuseum. Die Busstation liegt im Süden der Stadt (vul. Holovna/ вул. Головна), mit den Trolleybussen 3 und 6 kommt man vom Zentrum aus dahin.

Hotel Čeremoš (Черемош), vul. Komorova 13 (вул. Коморова), www. cheremosh.com.ua, DZ ca. 55 Euro. Vier Kilometer südlich der Stadt. Anfahrt mit den Trolleybussen 5 und 6.

Hotel Bukovyna (Буковина), vul. Holovna 141, www.bukovyna-hotel.com, ca. 30–50 Euro. Gegenüber dem Ševčenko-Park südöstlich des Zentrums.

Die Westukraine

Hotel Kiev (Київ), vul. Holovna 46, www.kiev-hotel.com.ua, DZ 30 Euro. Sehr zentral, einfach, etwas laut.

Restaurants und Cafés sind vor allem in der alten Herrengasse, der vul. O. Kobyljans'koji (вул. О. Кобилянської), zu finden. Im Hof des Hauses Nr. 6 befindet sich der Eingang zur rustikalen ukrainischen Gaststätte **Koleso** (Колесо). Das **Wiener Café** bietet alten Charme und ist am hinteren Ende der Herrengasse (Nr. 49) zu finden. Im sogenannten Deutschen Haus (Herrengasse 53) liegt das **Restaurant Kärnten** (Karintija/Карінтія).

Zentral liegen das **Restaurant Sezam** (Сезам) am Theaterplatz und das **Efes** (Ефес) in der vul. I. Franka 13 (вул. I. Франка), letzteres ist sehr beliebt und kann mit schmackhafter (türkischer) Küche aufwarten.

Eine wirkliche Empfehlung ist das **Restaurant Reflection** in der vul. Holovna 66, es wird mit dem Spruch beworben: ›Erhole Dich jedes Mal auf andere Art, das ist Kunst, nicht wahr?‹ Auf jeden Fall kann man sich hier von einer sehr guten Küche verwöhnen lassen.

Teuer, aber auch sehr gut kann man **Café Francais**, vul. Ukrajins'ka 1 (вул. Українська), unweit der vul. Šeptyc'koho, speisen (französische Küche und Weine).

Knaus ist ein zentral gelegenes Restaurant (Zugang über vul. Holovna 26a) und bietet auch Appartements und verschiedene touristische Dienstleistungen an.

Im Gebäude der Philharmonie – Eingang von der vul. Čajkovskoho 5 - ist das sehr angenehme Art-Café **Harmonija Kawy** zu finden.

In Czernowitz gibt es eine ganze Reihe von Museen.

Zu empfehlen ist vor allem das **Kunstmuseum** (Chudožnyj muzej/Художний музей) am pl. Central'na 10 (пл. Центральна), täglich außer Mo von 9–17 Uhr.

Heimatmuseum, zusammen mit der Gedenkausstellung für den ukrainischen Schriftsteller J. Fed'kovyč (Ю. Федькович), es verfügt über sehr viele Räume, ist aber recht interessant, vul. O. Kobyljans'koji 28; tgl. außer Mi 9–17 Uhr.

Ol'ha-Kobyljans'ka-Museum (Музей Ольги Кобилянськи), vul. Dimitrova 5 (вул. Дімітрова), tgl. außer Mo 10–17 Uhr.

Etwas entfernt vom Zentrum und auch nicht besonders gut in Schuss ist das **Volksarchitekturmuseum** in der vul. Svitlovods'ka 2 (вул. Світловодська). Der Eingang liegt rechts gegenüber der Endhaltestelle von Trolleybus 4, geöffnet ist es täglich außer Mo von 10–17 Uhr.

Schlendern und schauen kann man in der Herrengasse. Wer richtiges Markttreiben erleben will, sollte den großen Markt am nördlichen Prutufer ansteuern. Er heißt Kalynivs'kyj Rynok (Калинівський Ринок) und kann mit dem Bus 25 ab vul. Rus'ka (вул. Руська, in Friedhofsnähe) erreicht werden. Es gibt alles mögliche, auch viele Waren aus Rumänien, der Türkei und Mittelasien.

www.city.cv.ua und www.czernowitz.de (Informationen über die Bukowina, engl./deutsch).

Literatur aus Czernowitz

Mutterland

Mein Vaterland ist tot
sie haben es begraben
im Feuer
ich lebe
in meinem Mutterland
Wort

Dieses Gedicht von Rose Ausländer kann als Symbol für die Literatur dieser Stadt gelten. Denn obwohl eine ganze Reihe von Schriftstellern und Lyrikern in Czernowitz lebte und schrieb und sich bei fast allen Autoren ein sehr starker Bezug zur Heimat und zu der turbulenten Geschichte dieses Jahrhunderts findet, existiert das alte Czernowitz als Kristallisationspunkt und Ausgangspunkt dieser Literatur nicht mehr. Über 50 Jahre war in Černivci der Bezug zu dieser Literatur abgeschnitten, und erst langsam werden wieder Verbindungen hergestellt, Orte und Plätze mit Erinnerungen und Geschichte angefüllt.

Eigentlich gab es nicht nur eine Literatur, sondern mehrere; neben der deutschen zumindest noch die jiddische, die ukrainische und die rumänische. Der rumänische Nationaldichter **Mihai Eminescu** (1850–1889) trug hier seine Gedichte vor, die wegweisend für die Lyrik seiner Sprache wurden. Die ukrainische Lyrikerin **Ol'ha Kobyljans'ka** (1863–1942) wohnte in der jetzigen vul. Dymytrova. **Jurij Osyp Fed'kovyč** (1834–1888), der Klassiker der ukrainischen Literatur, stammte aus dem Huzulendorf Putila und lebte lange in Czernowitz.

Jiddische Literatur

Für die jiddische Literatur stehen Namen wie **Elieser Steinbarg** (1880–1932), **Itzig Manger** (1901–1969) und **Moshe Altmann**. **Itzig Manger**, der ›Prinz der jiddischen Ballade‹, kehrte in seinem unruhigen Wanderleben immer wieder in seine Geburtsstadt Czernowitz zurück. Seine in eindringlicher Sprache geschriebenen Balladen wurden unter anderem auch von Rose Ausländer ins Deutsche übersetzt.

Elieser Steinbarg war Lehrer für Jiddisch und Hebräisch und verhalf der versbaften Fabel zu neuem Ruhm. Seine Fabeln sind originell und greifen keine volkstümlichen Stoffe auf. Seine Popularität und sein Einfluss in Czernowitz, der Stadt, in der er nur elf Jahre lebte, waren bedeutend. Es ist kein Zufall, dass der jüdische Kulturverein heute seinen Namen trägt.

Zu nennen ist auch der 1912 geborene **Josef Burg**, der letzte jiddisch schreibende Autor in der Ukraine. Der Sohn eines Flößers aus Vyžnycja schreibt außerdem in Deutsch, Hebräisch und Russisch. Einem Ahasver gleich, dem ewig umherirrenden Juden, lebte und überlebte Burg in der Sowjetunion: in Sibirien, Mittelasien, an der Wolga, in Moskau. Als er wieder nach Czernowitz kam, blieb er und ist bis heute der Repräsentant der jiddischen Kultur in Czernowitz. Schicksal der jiddischschreibenden Autoren ist es, im deutschsprachigen Raum mangels Übersetzungen kaum bekannt zu sein.

Deutschsprachige Literatur

Die deutschsprachige Literatur der Region ist am bekanntesten, weil ihre Vertreter es geschafft haben, weit über Czernowitz und die Bukowina hinaus Wirkung zu erzielen.

Ein früher Vertreter der deutschen Literatur ist **Karl Emil Franzos** (1848–1904), der mit seinen Erzählungen aus der Welt des osteuropäischen Judentums auch in Westeuropa Erfolg hatte und als Wunderkind des österreichischen Liberalismus galt. Mit ihm bekam die Literatur der Bukowina überregionale Bedeutung. Er hatte in Czernowitz das Gymnasium besucht.

Imanuel Weißglas (1920–1979) war Übersetzer und Lyriker. Er überlebte die Zeit in Transnistrien und ging nach dem Krieg nach Bukarest. Die Übersetzung von Goethes ›Faust‹ ins Rumänische machte ihn bekannt.

Alfred Margul Sperber (1898–1967) besuchte das Gymnasium in Czernowitz, um dann im Ersten Weltkrieg als Offizier für Österreich zu kämpfen. Nach Aufenthalten in Paris und New York kam er 1924 wieder in seine Heimat und veröffentlichte Gedichte und Prosa. Schon 1940 ging er nach Bukarest und entkam so der Verfolgung und Vernichtung.

Selma Meerbaum-Eisinger (1924–1942) begann schon im Alter von 15 Jahren deutsche Gedichte zu schreiben. Sie wurde nach Transnistrien verschleppt und starb dort an Flecktyphus. Ihre Gedichte kamen nach Israel und erschienen dort 1968.

Moses Rosenkranz (1904–2001) entstammte einer armen ostjüdischen Bauernfamilie und unterscheidet sich bereits dadurch von den meisten seiner Dichterkollegen. Er war das sechste von neun Kindern und blieb bis zum vierzehnten Lebensjahr stumm. Als er einen toten Soldaten auf dem Hof entdeckte, fing er zu sprechen an. Er wanderte durch Österreich und Frankreich, lebte in Prag und Czernowitz, später in Rumänien. Nach dem Zweiten Weltkrieg wurde er auf offener Straße in Bukarest verhaftet und des Widerstandes gegen den Kommunismus angeklagt. Über zehn Jahre verbrachte er unter schlimmsten Bedingungen in Gefängnissen und sowjetischen Arbeitslagern. Der Lyriker schrieb immer in deutscher Sprache und verbrachte seine letzten Lebensjahre in Süddeutschland.

Alfred Kittner (1906–1991) arbeitete als Redakteur und veröffentlichte 1934 seinen ersten Gedichtband. Er überlebte die Deportation nach Transnistrien und übersiedelte dann nach Bukarest, wo er einen wichtigen Einfluss auf die Entwicklung der deutschsprachigen Literatur in Rumänien ausübte.

Georg Drozdowski (1899–1987) ist einer der wenigen deutschstämmigen Dichter aus Czernowitz. Mit seinem Buch ›Damals in Czernowitz und rundum‹ verewigte er die Erinnerungen all derer, die die Stadt vor dem Zweiten Weltkrieg kannten.

Rose Ausländer wurde als Rose Scherzer 1901 geboren und ist wohl die bekannteste deutschsprachige Lyrikerin aus Czernowitz. Sie studierte Germanistik und Philosophie und gehörte zum ›Ethischen Seminar‹, einem Freundeskreis, der sich mit den Gedanken Spinozas und Constantin Brunners auseinandersetzte. Ihr späteres Leben war geprägt durch die Suche nach Heimat. Auf die Frage, warum sie schreibe, antwortete sie: »Vielleicht, weil ich in Czernowitz zur Welt kam. Jene besondere Landschaft. Jene besonderen Menschen. Märchen und Mythen lagen in der Luft, man atmete sie ein. Das viersprachige Czernowitz war eine musische

Stadt, die viele Künstler, Dichter, Kunst-, Literatur und Philosophieliebhaber beherbergte.« Rose Ausländer überlebte das Ghetto in der Kriegszeit und verließ Czernowitz 1946. Über Bukarest ging sie nach New York, wo sie bereits in den 1920er Jahren für einige Zeit gelebt hatte. 1965 siedelte Rose Ausländer nach Düsseldorf über und starb 1988 nach langer schwerer Krankheit. Ihre Heimat, die Bukowina, und das Reisen sind zentrale Themen ihrer Lyrik.

Gregor von Rezzori (1914–1998) setzte Czernowitz mit seinen ›Maghrebinischen Geschichten‹ und dem Roman ›Ein Hermelin in Tschernopol‹ ein Denkmal. Die Verbindung von Anekdoten und beißender Satire fand nicht immer den ungeteilten Beifall der ›alten Czernowitzer‹, die ihre Stadt nicht ausreichend gewürdigt sahen. Rezzori entstammte einer österreichischen Beamtenfamilie und wuchs in einem besseren Viertel der Stadt (in der Gartengasse hinter dem Park) auf.

Der Lyriker **Paul Celan** nannte seine Heimat bei der Entgegennahme eines Literaturpreises in Bremen eine »Gegend, in der Menschen und Bücher lebten«. Er konnte sie nicht vergessen. 1920 als Sohn von assimilierten Juden geboren, überlebte er als einziger seiner Familie den Krieg in rumänischen Arbeitslagern. Noch einmal kehrte er kurz nach Czernowitz zurück, um dann mit der Zwischenstation Bukarest 1948 nach Paris zu gehen. Interessant ist, dass er neben Deutsch auch Französisch, Rumänisch und Russisch beherrschte, nicht aber das in seinem Elternhaus verpönte Jiddische. Paul Celan nahm sich 1970 in Paris das Leben.

Notturno

Schlaf nicht. Sei auf der Hut.
Die Pappeln mit singendem Schritt
ziehn mit dem Kriegsvolk mit.
Die Teiche sind alle dein Blut.

Drin grüne Gerippe tanzen.
Eins reißt die Wolke fort, dreist:
verwittert, verstümmelt, vereist,
blutet dein Traum von den Lanzen.

Die Welt ist ein kreißendes Tier,
das kahl in die Mondnacht schlich.
Gott ist sein Heulen. Ich
fürchte mich und frier.

Paul Celan, 1941

Podolien

Erwähnt wird Podolien erstmals im 14. Jahrhundert. Podolien – das ›Land am Fuße des Gebirges‹ – liegt etwa 100 Kilometer östlich vom Karpatenhauptkamm entfernt. Eingegrenzt wird die Landschaft vom Dnister und dem Südlichen Bug. Mit Podolien bezeichnet man eine geographische Region, die in etwa durch die Verwaltungsbezirke Ternopil', Chmel'nyc'kyj und Vinnycja gebildet wird. Das Gebiet ist ein flaches Hochland und wird durch eine etwa 300 bis 500 Meter hohe Platte mit tief eingeschnittenen Tälern geformt, in denen es zahlreiche Höhlen gibt. Die meisten Flüsse fließen in den Dnister. Die natürlichen Bedingungen sind günstig; es gibt sehr fruchtbare Böden. Deshalb ist die Region auch schon lange besiedelt und hauptsächlich durch kleinere Städte und Dörfer geprägt.

Chotyn

Die Stadt Chotyn (Хотин) liegt am Dnister und ist wegen ihrer **Festung** sehr bekannt geworden. Hier gab es eine Furt, wichtige Handelswege waren zu schützen, deshalb erlangte die Befestigungsanlage große Bedeutung. Außerdem war die Stadt ein bedeutendes jüdisches Zentrum, es gab 36 Synagogen und berühmte jüdische Schulen. Über die Hälfte der Bevölkerung waren Juden.

Die sehenswerte Festung wurde von den Slawen zum Schutz des Dnister-Überganges errichtet. Erste Bauten aus Holz sind bereits im 12. Jahrhundert verbürgt. Umbauten erfolgten im 13. und im 15. Jahrhundert und nach starken Kriegsschäden in den Jahren 1544 bis 1548. Bis ins 20. Jahrhundert blieb sie bedeutend und war Schauplatz mehrerer wichtiger Schlachten. König Wladyslaw IV. von Polen schlug hier im Jahre 1621 gemeinsam mit den Kosaken ein türkisches Heer. Damit konnte der Vormarsch der türkischen Streitkräfte gestoppt werden. Später gelang es Kosakenverbänden, die Festung zweimal einzunehmen. Jan Sobieski, König von Polen, besiegte in der Schlacht von Chotyn am 11. November 1673 die Türken zusammen mit moldauischen und kosakischen Truppen, wodurch der Friede von Buczacz annulliert wurde. Während der russischtürkischen Kriege im 18. Jahrhundert war Chotyn mehrmals Schauplatz von Kämpfen, 1739 siegten die Russen, 1768 hatten die Türken die Oberhand.

Der Grundriss der Festung ist unregelmäßig. Der umschlossene Hof ist 130 mal 55 Meter groß, es gibt zwei Palast- und ein Wohngebäude. Beherrschend wirken die fünf Türme: drei fast quadratische Türme unterschiedlicher Abmessung und zwei runde Türme. Auch die Höhe ist unterschiedlich und liegt zwischen 30 und 35 Metern.

Die viereinhalb Meter dicken Mauern erscheinen unbezwingbar, denn sie steigen stattliche 32 Meter empor und sind von Schießscharten bekrönt. Als Mauerabschluss verlief einst ein geschlossener Wehrgang rundum; nur am Nordturm sind davon Teile erhalten. Die südlichen Teile der Befestigung und der Torturm wurden bei den Umbauten im 16. Jahrhundert errichtet. Sie sind mit sparsamen Ornamenten aus roten Ziegeln

Karte S. 68/69
▲

Die Festung Chotyn

dekoriert, die sich vom sonst weißgrauen Steinmauerwerk gut abheben.

Die Burg zählt zu den schönsten Werken der ukrainischen Wehrarchitektur. Es ist nicht verwunderlich, dass die Anlage für Filmaufnahmen sehr beliebt ist, bis jetzt sind über 50 Spielfilme hier entstanden.

  Chotyn

Von Černivci besteht eine gute Busverbindung zum etwa 60 Kilometer entfernten Chotyn, allerdings ist die Festung etwa drei Kilometer vom Stadtzentrum entfernt. Mit dem Auto ist die Stadt von Černivci über die M 20 zu erreichen. Auf einer kleinen Straße (der Weg zur Festung ist ausgeschildert: Хотинська Фортеця) fährt man in östlicher Richtung etwa drei Kilometer. Dann erreicht man Kassen, Parkplatz und Souvenirladen.

Kam'janec'-Podil's'kyj

Nur zwanzig Kilometer von Chotyn entfernt, bereits im Bezirk Chmel'nyc'kyj, liegt Kam'janec'-Podil's'kyj (Кам'янець-Подільський). Die Stadt besitzt eine außergewöhnliche Lage und hatte deshalb in allen Zeiten ihre Reize. Das Flüßchen Smotryč (Смотрич) mäandert in einer ansonsten leicht welligen Landschaft Podoliens und bildet ein tief eingeschnittenes Tal. Ein Mäander umschließt förmlich eine Halbinsel. Die Strategen vergangener Tage haben diesen Vorteil erkannt und eine Stadt mit Befestigungsmauern auf die Halbinsel und eine Festung an den schmalen Zugang zur Stadt gebaut. Die neue Stadt wirkt allerdings auf den ersten Blick nicht gerade einladend, denn es gibt jede Menge Neubaugebiete und Industrieanlagen.

■ **Geschichte der Stadt**

Kam'janec'-Podil's'kyj ist eine der ältesten Städte der Ukraine. Im Jahre 1106 wurde der Ort schon als Stadt in Chroniken erwähnt. Den Tatarenansturm im 13. Jahrhundert überlebte sie recht unbeschadet. Zeugnisse der alten Befestigungsanlagen sind erhalten oder wurden bei Grabungen gefunden. Die städtische Holzarchitektur ist allerdings mehreren Stadtbränden zum Opfer gefallen. Vom 14. bis zum 18. Jahrhundert erlebte die Stadt Aufschwung und Blütezeit. Von 1373 bis 1430 stand sie unter litauischer Herrschaft, danach war sie mit einer kurzen Unterbrechung bis 1792 zu Polen gehörig. Die kurze Unterbrechung waren die Jahre der türkischen Herrschaft (1672–1699). Nach 1772 kam die Stadt unter russischen Einfluss. In den Zeiten des Bürgerkrieges von 1917 bis 1920 spielte sie eine große Rolle. Aus der polnischen Bastion des Katholizismus wurde ein Symbol für die freie Ukraine. 1918 gründete man hier die erste ›ukrainische‹ Universität, und 1919 war Kam'janec'-Podil's'kyj Interimssitz der ukrainischen Nationalregierung.

In Kam'janec'-Podil's'kyj gab es im wesentlichen drei Bevölkerungsgruppen: die Ukrainer, die Polen und die Armenier. Alle drei Gruppen haben ihre Spuren in der Stadtarchitektur hinterlassen. In der Blütezeit von Kam'janec'-Podil's'kyj soll es über 30 Kirchen und Klöster gegeben haben, 13 sind bis heute erhalten. Die älteste erhaltene Kirche ist die Verkündigungs-Kirche (Blahoviščens'ka cerkva/-Благовіщенська церква) im armenischen Viertel aus dem 13. Jahrhundert. In der Zeit der Türkenherrschaft wurde sie zerstört, nur der Altarraum blieb unbeschädigt und wurde später in eine Kapelle umgewandelt.

Karte S. 181 ▲

Die Westukraine

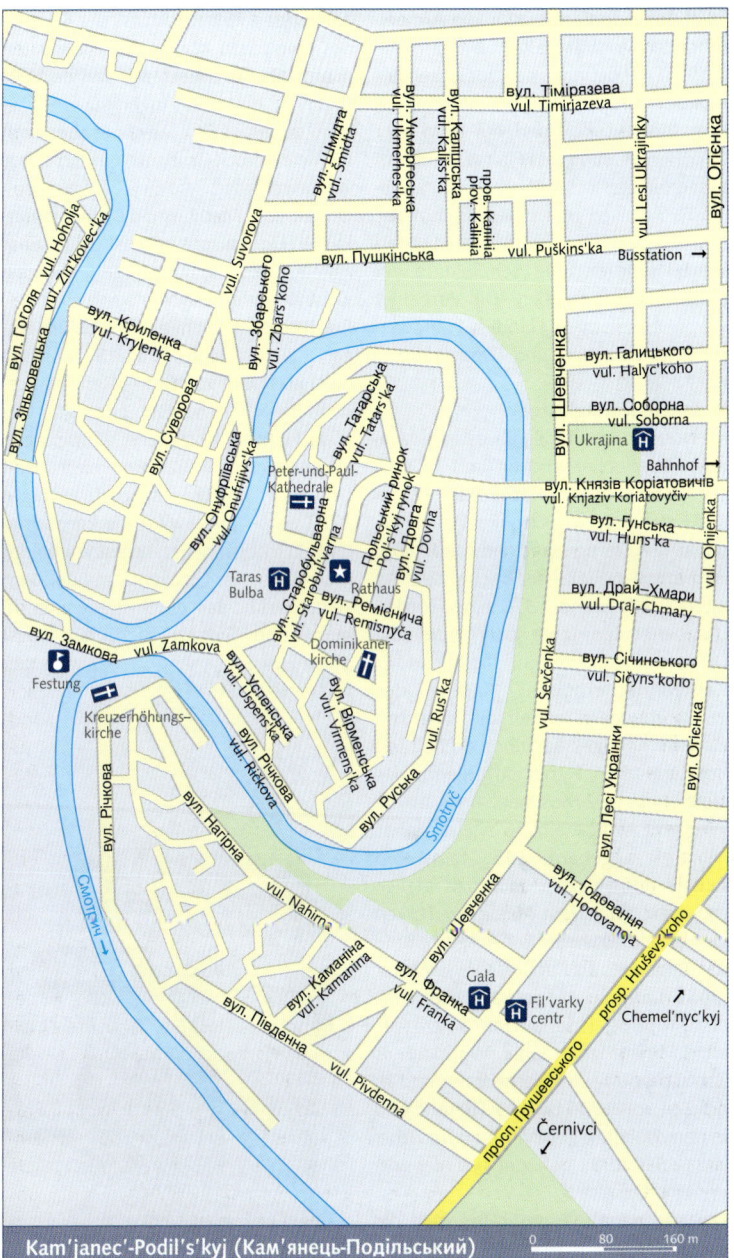

вул. Тімірязева
vul. Timirjazeva

вул. Калицька
vul. Kaliss'ka

вул. Ужмереєвська
vul. Užmerhes'ka

вул. Шмідта
vul. Smidta

пров. Калініа
prov. Kalinia

вул. Лесі Українки
vul. Lesi Ukrajinky

вул. Огієнка

вул. Пушкінська   vul. Puškins'ka   Busstation →

вул. Гоголя vul. Hohofja

вул. Зіньковецька vul. Zin'kovec'ka

вул. Криленка
vul. Krylenka

вул. Суворова
vul. Suvorova

вул. Зваського
vul. Zbars'koho

вул. Шевченка vul. Ševčenka

вул. Галицького
vul. Halyc'koho

вул. Соборна
vul. Soborna

Ukrajina

Bahnhof

вул. Князів Коріатовичів
vul. Knjaziv Koriatovyčiv

вул. Татарська
vul. Tatars'ka

вул. Онуфріївська vul. Onufriïvs'ka

Peter-und-Paul-
Kathedrale

вул. Старобульварна vul. Starobul'varna

Польський ринок
Pol's'kyj rynok

вул. Довга
vul. Dovha

вул. Гунська
vul. Huns'ka

вул. Драй-Хмари
vul. Draj-Chmary

Taras
Bulba

Rathaus

вул. Реміснича
vul. Remisnyča

вул. Січинського
vul. Sičyns'koho

вул. Замкова   vul. Zamkova

Dominikaner-
kirche

вул. Успенська vul. Uspens'ka

вул. Вірменська
vul. Virmens'ka

вул. Руська
vul. Rus'ka

вул. Огієнка

Festung

Kreuzerhöhungs-
kirche

вул. Річкова vul. Rička

вул. Нагірна

вул. Рикова vul. Rykova

вул. Руська
vul. Rus'ka

Smotryč

вул. Лесі Українки

вул. Голованця
vul. Hodovanja

просп. Грушевського prosp. Hruševs'koho

Смотрич Smotryč

vul. Nahirna

вул. Каманіна
vul. Kamanina

вул. Шевченка

вул. Франка
vul. Franka

Gala

Fil'varky
centr

Chemel'nyc'kyj

вул. Південна   vul. Pivdenna

просп. Грушевського

Černivci

0   80   160 m

Es ist unbekannt, seit wann die Armenier in der Stadt siedelten. Das armenische Viertel befindet sich im Südteil der Altstadt rund um die vul. Virmens'ka (вул. Вірменська), und die Bewohner schafften es, südliches Flair zu zaubern. Immerhin gab es 1575 über 300 armenische Familien und einen Bischof der armenischen Kirche. Im armenischen Viertel wurden eine Schule und ein Krankenhaus betrieben. Die Armenier waren vor allem als Händler, Handwerker sowie Juweliere und Töpfer tätig.

■ Sehenswürdigkeiten

Im Norden der Stadt gab es eine Vielzahl katholischer Kirchen und Klöster. Die **Peter-und-Paul-Kathedrale** (Kafedral'nyj Petropavlivs'kyj kost'ol/Кафедральний Петропавлівський костьол) ist römisch-katholischer Bischofssitz. An dieser Stelle stand 1370 eine Holzkirche, bereits fünf Jahre später wurde die Diözese eingerichtet und die Kirche zur Kathedrale erhoben. Anfang des 16. Jahrhunderts erhielt die Kirche in etwa ihr heutiges Aussehen. In der Zeit der türkischen Herrschaft diente das Gotteshaus als Moschee, und an die Westseite wurde ein 36 Meter hohes Minarett angebaut. 145 Steinstufen musste der Muezzin mehrmals täglich ersteigen. Nach dem Abzug der Türken kam es schnell wieder zur Ausgestaltung des Gebäudes als Kirche. Die 3,5 Meter große Jungfrau Maria kam allerdings erst im Jahre 1756 auf die Spitze des alten Minaretts. Im Jahre 1936 kam es zur Schließung der Kathedrale, und in der Zeit von 1946 bis 1990 befand sich in dem Gebäude das Museum für Atheismus. Seit 1991 befindet sich hier wieder eine Diözese.

Das sogenannte **Triumph-Tor** stellt die Verbindung zum Marktplatz her. Das Tor wurde 1781 aus Anlass des Besuchs des polnischen Königs Stanislaw II. errichtet. Der Architekt war Jan de Witt – er war eigentlich Ingenieur und Festungskommandant, zeichnet aber auch für viele Barock-Umbauten in der Stadt verantwortlich.

Unweit vom Markt ist die **Dominikanerkirche** (Dominikans'kyj kost'ol/-Домініканський костьол) zu finden, auch sie weist eine wechselvolle Geschichte auf. Das heutige Aussehen wird von der langen Baugeschichte (15.–18. Jahrhundert), das heißt von Gotik-, Renaissance- und Barockelementen geprägt. Die ursprüngliche Holzkirche wurde nach einem Brand 1420 in Stein erbaut. Nach Umbauten im Renaissancestil erfolgte 1737 unter Jan de Witt die Barockisierung. Wichtiger neuer Akzent wurde der dreigeschossige Glockenturm über dem Hauptportal, das durch Säulenumrahmung und Giebelverzierungen stark

Die Peter-und-Paul-Kathedrale

betont wird. Im Inneren der Kirche finden sich alle drei Baustile in einer originellen Vermischung.

Das älteste öffentliche Gebäude ist das **Rathaus** auf dem Marktplatz, der je nach Sichtweise als polnischer oder ukrainischer Markt bezeichnet wird. Trotz des mehrmaligen Umbaus ist der ursprüngliche gotische Stil des Rathauses nicht ganz überdeckt worden. Heute befinden sich darin **mehrere Ausstellungen**. Einige Räume sind der Zeit des Zweiten Weltkrieges gewidmet. Mit vielen Dokumenten aus der Stadt und Originalstücken wird die Zeit der Okkupation und Befreiung dargestellt. In anderen Räumen sind die Projekte und Vorhaben zur Sicherung und zum Wiederaufbau der Altstadt dargestellt. Modelle und Karten verdeutlichen die Schwierigkeit der Aufgabe, die in den letzten Jahren erfolgreich begonnen wurde. Der **Rathausturm** kann bestiegen werden, und von dort ist ein wundervoller Blick über die kleine, aber einzigartige Altstadt von Kam'janec'-Podil's'kyj zu genießen. Vor dem Rathaus steht der armenische Brunnen aus dem Jahr 1638. Er ist umbaut und das Gebäude frisch restauriert.

Das mittelalterliche Stadtbild wurde durch einige größere Bauten im 19. Jahrhundert nachhaltig verändert, zum Beispiel durch das erste russische Gymnasium um 1841 und Geschäftshäuser am armenischen Markt.

Es gibt auch heute noch eine Holzkirche in der Stadt – die **Kreuzerhöhungskirche** (Chrestovozdvyžens'ka cerkva/Хрестовоздвиженська церква). Sie steht am Ufer der Smotryč, unweit der schmalen Landzunge zur befestigten Altstadt, und wurde 1700 errichtet. Die drei Raumzellen – Altarraum, Schiff und Babynec' – sind gut zu erkennen. Der Glockenturm

Skulptur an der Peter-und-Paul-Kathedrale

ist direkt an die Kirche angebaut. Das Ensemble wirkt wuchtig und kompakt, die Kirche wird sowohl von waagerechten, als auch senkrechten Linien beherrscht. Wegen der Ausgewogenheit des Baus und der gelungenen Proportionen zählt sie zu den bedeutendsten Holzkirchen Podoliens.

Auch um die Altstadt herum gibt es **Festungsanlagen**, die ältesten aus dem 16. Jahrhundert, natürlich an den Stellen, wo das Steilufer nicht so ausgeprägt ist – so zum Beispiel am polnischen Tor (unterhalb des Peter-und-Paul–Klosters). Besonders ausgeklügelt war die Anlage des polnischen und des am Ufer gegenüber liegenden ruthenischen Tors. Im Angriffsfall konnten über Wehre die Bereiche geflutet werden, und ein Angriff war unmöglich. So trutzig und malerisch die Anlage auch war, immer wieder gab es Belagerungen und Schlachten. Insgesamt wurde die Stadt samt Festung jedoch nur zweimal erstürmt: 1393 durch den Großfürsten von Litauen und 1672 durch die Türken. Letztere rückten mit einer sechzigmal stärkeren Truppe als die Verteidiger an. Zwar waren die Festungsanlagen modern, aber der polnische Staat war zu dieser Zeit schwach.

■ Die Festung

Eine bedeutende Sehenswürdigkeit ist natürlich die Festung. Man erreicht sie über eine Brücke in Westen der Altstadt. Die gegenwärtige Festung ist durch viele Um- und Erweiterungsbauten der ursprünglichen Festung aus dem 11. Jahrhundert entstanden. Aber auch davor gab es bereits Festungsanlagen aus Stein und noch früher aus Holz. In der Mitte des 15. Jahrhunderts wurden die meisten der insgesamt neun Türme errichtet. Ein Jahrhundert später kamen als letzte Türme der neue Westturm und der neue Ostturm (links neben dem Eingang, dort ist der alte Brunnen zu besichtigen) hinzu. Den Verteidigungscharakter der Türme erkennt man an den vielen Pechnasen. Die Türme haben verschiedene Grundrisse – von rund über fünfeckig bis zu quadratisch.

Am Beginn des 17. Jahrhunderts hatte sich die Militärtechnik bereits weiterentwickelt, und gegen Artilleriegeschütze reichten die bisherigen Festungsbauten nicht mehr aus. Thefil Schomberg, ein Militärspezialist, ließ eine Bastion aus Stein und Erdwällen bauen, die als neue Festung (Novyj zamok/Новий замок) bezeichnet wird. Sie liegt westlich von der alten Festung, auf der der Stadt abgewandten Seite. Viele bedeutende Personen weilten auf der Festung, es sei nur Peter der Große genannt, der sich 1711 hier aufhielt und von den Anlagen stark beeindruckt war. Ende des 18. Jahrhunderts wird in den Büchern bereits vermerkt, dass sie »ehedem für eine starke Festung gehalten wurde, nun aber sehr verfallen, jedoch die beste Festung in Polen ist«.

Bereits 1928 wurden die Festung und die Altstadt unter Schutz gestellt. Nun wird vieles restauriert, wegen Geldmangel gehen die Arbeiten zwar langsam voran, aber es wurde bereits Beachtliches erreicht.

Die beeindruckende Festungsanlage in Kam'janec'-Podil's'kyj

Kam'janec'-Podil's'kyj

Vorwahl: 0 38 49.

Ein Ausflug nach Kam'janec'-Podil's'kyj ist von Černivci aus günstig zu organisieren und kann nur empfohlen werden. Die Entfernung von Černivci beträgt auf der M 20 ca. 90 km.

Die Haupteinfallstraßen tangieren mehr die Neu- und nicht die Altstadt. Vom Černivci kommend, muss man auf der Hauptstraße Richtung Norden fahren und dann nach links zum Zentrum.

Der Bahnhof liegt nordwestlich der Altstadt in der vul. Pryvokzal'na (вул. Привокзальна).

Der Busbahnhof liegt westlich der Altstadt an der Kreuzung vul. Pryvokzal'na und vul. Knjaziv Koriatovyčiv (вул. Князів Коріатовичів). Es gibt mehrmals am Tag Busverbindungen, die Fahrzeit nach Černivci beträgt ca. 3 Stunden.

Es gibt zudem Sammelbusse und Linienbusse in Richtung Chmel'nyc'kyj, Vinnycja oder von Kiev bis Kam'janec'-Podil's'kyj

7 Dnej (7 ДНЕЙ/7 Tage) vul. Soborna 4 (вул.Соборна 4) DZ etwa 30–50 Euro, modern eingerichtet und groß.

Fil'varkycentr (Фільваркицентр), vul. L. Ukrajinky 99, www.filvarki.km.ua, DZ 20–45 Euro. Neues Haus, recht empfehlenswert.

Gala-Hotel, vul. L. Ukrajinky 84, DZ 25–32 Euro.

Hotel Ukrajina (Україна), vul. L. Ukrajinky (вул. Л. Українки). Das Hotel liegt unweit der der Altstadt und wird gerade umgebaut. Es soll 2011 wieder eröffnen.

Im alten Zentrum:

Tarac Bul'ba (Тарас Бульба), vul. Starobul'varna 6 (вул. Старобульварна), DZ 30–50 Euro (taras-bulba.com.ua).

Gleich nebenan für den gehobenen Anspruch: Hotel **Amadeus-Klub**, vul. Starobul'varna 2, DZ 80 ab Euro

In der Altstadt gibt es mittlerweile einige Restaurants, sie liegen alle auf der vul. Starobul'varna:

Das Restaurant Hostynyj dvir (Гостиний двір) ist gut, etwas groß und teuer; kleiner und angenehmer ist es im **Polizeimeister** (neben dem Hotel Tarac Bul'ba).

Im **Pid Bramim** hat man zwar einen schönen Blick, das Essen ist aber oft enttäuschend.

In der **alten Festung** kann eine ethnographische Ausstellung und ein Festungsmuseum besucht werden. In letzterem wird versucht, die Geschichte der Festung mit Dioramen zu verdeutlichen.

Im **Rathaus** sind zwei Ausstellungen zur Stadtgeschichte zu besichtigen. Alle Museen sind tgl. außer Mo 10–18 Uhr geöffnet.

www.kamenets-tour.com (sehr informativ, aber nur russ.).

Die Westukraine

Höhlen in Podolien

In der Ukraine gibt es eine Reihe interessanter Höhlen, diese sind allerdings wenig bekannt und leider bis jetzt auch schwer zugänglich. Bei den Höhlen handelt es sich meist um Karsthöhlen, und sie sind in zwei Gebieten des Landes zu finden: am Dnister und auf der Krim.

Die **Optymistyčna-Höhle** (Optymistyčna pečera/Оптимістична печера) im Dnistergebiet ist die zweitlängste Höhle der Erde. Sie wurde erst 1965 entdeckt, jede Expedition fand neue Passagen. 2001 waren über 212 Kilometer kartografiert. Experten schätzen die Gesamtausdehnung auf das Doppelte! Sie liegt etwa 10 Kilometer südwestlich von Borščiv.

In der **Verteba-Höhle** (Verteba pečera/Вертеба печера) hat sich während des Zweiten Weltkrieges eine Gruppe Juden versteckt. Als in dieser Höhle nicht mehr genug Wasser zu finden war, konnte die Gruppe in eine nahegelegene, bis dahin unbekannte Höhle umziehen. Alle Mitglieder der Gruppe, die größtenteils zu einer Familie gehörten, überlebten. In den zwei Jahren (!) hatten sie sich sehr gut an das Höhlenleben gewöhnt und konnten sich auch ohne Hilfsmittel im Dunkeln gut zurechtfinden. Die Höhle liegt unweit der M 19 bei Čortkiv, etwa auf halbem Weg zwischen Černivci und Ternopil'.

■ Kryštaleva-Höhle

Die Kryštaleva-Höhle (Kryštaleva pečera/Кришталева печера) ist die einzige frei zugängliche Höhle. Sie liegt ebenfalls im Gipskarst Podoliens. Die Ausdehnung beträgt immerhin 22 Kilometer. In der Höhle herrscht eine Temperatur von etwa 10 Grad. Es gibt geführte Touren, spezielle Ausrüstung ist nicht erforderlich. Die Höhle ist bereits seit 1745 bekannt und wurde 1933 detailliert beschrieben. In den 1930er Jahren war sie bereits für Touristen zugänglich. Gerühmt werden die zahlreichen schönen Stalaktiten und Stalagmiten aus Calcite, Aragonite und Gips. Die Höhle befindet sich im Dorf Kryvče (Кривче), 170 Kilometer südlich von Ternopil' (Тернопіль). Die Führungen werden u.a. von Frau Nadija Romanivna Semenok angeboten. Ihr Haus liegt am Dorfanfang (von Norden), der Hofeingang befindet sich in der Kurve neben einem Holzkreuz, außerdem kann man sich telefonisch anmelden (Tel. 035 41/ 37728).

Bevor die Hauptstraße zum südlichen Ortsteil (da stehen noch die Ruinen der alten Festung) bergan verläuft, biegt ein kleiner Weg rechts ab, der im Tal entlang, vorbei an Häusern nach ca. zwei Kilometern zu einem Parkplatz führt. Von dort beginnt auch der Weg zum Höhleneingang (ca. 5 min). Die Wegstrecke von der Hauptstraße zum Parkplatz ist miserabel, und es ist schon verwunderlich mit welch stoischer Gelassenheit hier auch Busse und schicke Familienwagen entlangfahren. Das Dorf selbst liegt etwa 45 Kilometer nordwestlich von Chotyn und 10 Kilometer südöstlich der Stadt Borščiv.

■ Červonohrad

Als ein reizvolles Beispiel von anmutiger Natur, interessanter Geschichte und verfallenem Glanz kann Červonohrad (Червоноград) am Westrand des podolischen Karstes dienen. Auf einer Landzunge, tief eingeschnitten im Flusstal des Džuryn, wenige Kilometer bevor dieser in den Dnister mündet, liegt sehr malerisch die Ruine einer Schlossanlage. Das Örtchen selbst galt als eines der ältesten Podoliens, wurde aber nach dem Zweiten Weltkrieg zerstört und die Bewohner ermordet oder vertrieben. Dies geschah im Zusammenhang mit der ›Aktion Weichsel‹, der Zwangsumsiedlung der Ukrainer und Polen. Der Name des Ortes (Rotburg) rührt vom roten Lehm her, der überall zwischen dem Grün zutage tritt. Vom einstigen Palast sind nur zwei große runde Türme übriggeblieben. Von manchen wird dies als die schönste Ruine der Westukraine beschrieben.

Etwas entfernt steht die Ruine der Pfarrkirche aus dem 18. Jahrhundert. Das Surreale der Situation wird durch einen Mönch unterstrichen, der vor einigen Jahren beschloss, an dieser Stelle in einem sehr spartanischen Haus zu wohnen und eine Kapelle einzurichten. Bevor man zu den Ruinen gelangt, muss man durch eine Art Ferienlager, welches aber die besten Zeiten schon eine Weile hinter sich hat.

Die Ruine Červonohrad

🚗 **Červonohrad**

25 km südlich von Čortkiv (Чортків) biegt man von der M 19 auf die P 24 Richtung Horodenka und Kolomyja ab, nach 5 km fährt man an einer Kreuzung in Richtung Nordwesten, nach 4 km, am Beginn des Dorfes Hyrkiv (Гирків), ist das Anwesen unten im Tal zu erblicken (1,5 km). Der Weg hinunter ist für mitteleuropäische PKW grenzwertig!

Ternopil'

Die Stadt Ternopil' (Тернопіль) liegt nicht nur am Fluss Seret (Серет), sondern auch an einem angestauten See. Dies gibt dem Ort ein sehr angenehmes Flair. Die Stadt entwickelte sich um eine Befestigungsanlage, die Handelswege sicherte. 1540 wurde der polnische Militärstützpunkt gegründet, bereits acht Jahre später wurde das Stadtrecht verliehen. Für 200 Jahre spielte Tarnopol (so hieß die Stadt bis 1939) eine wichtige Rolle in der Wojewodschaft Ruthenia im polnischlitauischen Staat. Danach gehörte Tarnopol zum österreichisch-ungarischen Kronland. Im Ersten Weltkrieg wurde die Schlacht bei Tarnopol zu einem Wendepunkt beim Vormarsch der österreichisch-ungarischen und deutschen Truppen. Zar Nikolaus II. übernahm auf russischer Seite persönlich den Oberbefehl über die Armee und ging zur erfolgreichen Gegenoffensive im September 1915 über. Die Kämpfe setzten sich fort bis zur Neujahrsschlacht, nach der auch die Ostfront auf der Linie zwischen Czernowitz und Dubno zum Stellungskrieg erstarrte.

Ende des 19. Jahrhunderts war ein industrieller Aufschwung zu verzeichnen, sicher auch bedingt durch die Eisenbahnanbindung. Von den über 18 000 Juden, die vor dem Zweiten Weltkrieg

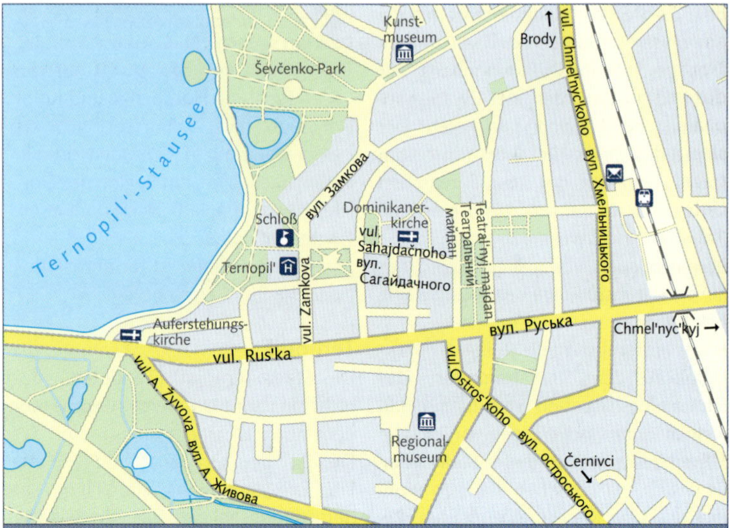

Ternopil' (Тернопіль)

in der Stadt lebten, überlebten nur wenige hundert.

Wohl niemand weiß, was wirklich vom alten **Schloss** aus dem Jahr 1540 erhalten ist. Diverse Umbauten und Zerstörungen führten zu Veränderungen. Die letzte gründliche Sanierung erfolgte 1954. Das Schloss behergt heute ein Sporttrainingszentrum, deshalb kann man sich vor allem an der Lage des Gebäudes erfreuen – am Rande eines kleinen Parkes und mit Blick auf den Stausee. Eine Anlegestelle für Rundfahrten auf dem See befindet sich unterhalb des Schlosses.

Die anderen alten Gebäude in der Stadt sind Kirchen. Der Architekt der **Kirche des ehemaligen Dominikanerklosters** war Jan de Witt. Die Bauzeit des barokken Gebäudes erstreckte sich von 1749 bis 1779. Jetzt ist hier die unierte Kirche zu Hause.

Blick über den Stausee auf die Neustadt

Die **Christi-Auferstehungs-Kirche** liegt an der belebten vul. Rus'ka (вул. Руська). Trotzdem vermag das Innere der orthodoxen Kirche eine entrückte Atmosphäre zu vermitteln. Ein schöner Ikonostas und die eindrucksvolle Bemalung tragen zweifelsohne dazu bei. Das Gotteshaus wurde in der Zeit zwischen 1602 bis 1608 errichtet.

 Ternopil'
Vorwahl: 03 52.

Im Hotel Ternopil' (s. u.) gibt es ein kleines privates Reisebüro von Herrn Ruslan Cholovskyy (Руслан Холовський). Er spricht sehr gut deutsch und organisiert gern Reisen oder Ausflüge. Außerdem bietet er Dolmetscherdienste an. Kontakt über ternopiltravel@ukr.net oder Tel. 0 67/3 52 05 54.

Ternopil' liegt verkehrsgünstig sowohl an der Nord-Süd-Trasse (M 19) als auch an einer West-Ost-Verbindung (M 12), die Entfernung nach L'viv beträgt 130 km, nach Dubno 110 km, nach Chmel'nyc'kyj (Хмельницький) 120 km, nach Czernowitz 170 km.

Die Hotels Ternopil' (Тернопіль) und Halyčyna (Галичина) gehören zusammen und sind vergleichbar in Ausstattung und Preis, der gemeinsame Internetauftritt ist unter www.hotelternopil.com zu finden.

Das **Hotel Ternopil'** liegt zentrumsnah in der vul. Zamkova 14 (вул. Замкова), DZ 28–58 Euro, das **Hotel Halyčyna** liegt am anderen Seeufer, vul. Čumac'ka 1a (вул. Чумацька), DZ 28–58 Euro.

Das **Zentrum der Stadt** erstreckt sich zwischen dem See im Westen und dem Theaterplatz im Osten. Insbesondere die vul. Het'mana Sahajdačnoho (вул. Гетьмана Сагайдачного) lädt zum Bummeln und Verweilen ein – auf dieser Fußgängerzone sind auch eine Reihe von guten Restaurants zu finden.

In der vul. Sahajdačnoho (вул. Сагайдачного) liegen gleich mehrere empfehlenswerte Restaurants nebeneinander, z. B. **Memfis** (Мемфіс) und **Jevropa** (Європа).

Regionalmuseum (großer Neubau aus Sowjetzeit), tgl. außer Mo und Mi 10–17.30 Uhr.
Kunstmuseum (Художний музей) mit Gemälden und Volkskunst, tgl. außer Sa 10–18 Uhr, ebenfalls im Neubau.

www.times.te.ua (ukr.), viele historische Fotos.

■ Zbaraž

Der Ort Zbaraž (Збараж) liegt zwölf Kilometer nördlich von Ternopil', unweit der M 19 Richtung Norden, und ist einen kleinen Abstecher wert. Er war vor 800 Jahren bereits Zentrum eines kleinen Fürstentums mit einer Burg. Später für lange Zeit im Besitz der polnischen Adelfamilie Zbaraski erlebte die Burg einige Zerstörungen. Ursprünglich stand die Burg im heutigen Staryj Zbaraž; im Jahre 1620 wurde die Anlage als Wehrschloss an der heutigen Stelle aufgebaut. Zentral liegt das **frühbarocke**

Schloss nun – umgeben von Bastionen und Erdwällen. An der Verteidigungsarchitektur wurde immer gearbeitet, und so kam es, dass 1648 Chmel'nyc'kyjs Truppen kampflos einmarschierten. Im Sommer 1649 dagegen – nach entsprechenden Erweiterungen – wurden Stadt und Burg von der kosakisch-tatarischen Armee unter Chmel'nyc'kyj und Khan Islam III. Girey mehrere Wochen erfolglos belagert.

Im 18. Jahrhundert wurde das Schloss mehrmals geplündert. Unter der Herrschaft von Österreich diente es ab 1833 als Zuckerfabrik. Jetzt ist ein Museum eingerichtet, und neben Wechselausstellungen sind Exponate der abwechslungsreichen Geschichte des Schlosses zu sehen (tgl. außer Mo 10–17).

Vom Eingang zum Schlossbereich hat man einen Blick über das kleine Städtchen und kann erahnen, dass die Bedeutung des Fleckchens einmal größer gewesen sein muss. Weithin sichtbar ist die **Bernhardinerkirche**. Das große Klostergebäude und die Kirche entstanden 1723 an der Stelle kleinere Vorgängerbauten. Erst seit 1990 sind einige wenige Mönche wieder vor Ort. Diese versuchen den Verfall aufzuhalten. Ein großes Unterfangen, wenn man die riesigen Gebäude inmitten zusammengewürfelter sowjetisch geprägter Kleinstadtarchitektur betrachtet.

Chmel'nyc'kyj

Die Stadt ist nicht sonderlich alt, sondern fand erst 1493 erste schriftliche Erwähnung. Die eigentliche Entwicklung der Stadt vollzog sich im 19. und 20. Jahrhundert – Industriebetriebe wurden gebaut und Bildungseinrichtungen gegründet. Chmel'nyc'kyj (Хмельницький) entstand im 15. Jahrhundert als Ploskyriv, wurde 1880 in Proskuriv umbenannt. 1954 erfolgte dann zu Ehren von Bohdan Chmel'nyc'kyj die jetzige Namensgebung. Fast alle Gebäude der Stadt sind jünger als 50 Jahre, und die Anlage der Stadt entstand mehr oder weniger am Reißbrett. Deshalb gibt es in dieser Provinzstadt nichts wesentliches für Touristen zu sehen. Weder gibt es aufregende Architektur, noch bedeutende Museen. Trotzdem macht die Stadt keinen traurigen Eindruck, sondern kann wegen des Lebens auf der Straße den Anschein angenehmer Geschäftigkeit hinterlassen.

Für einen erholsamen Zwischenstop bietet sich das Zentrum der Stadt durchaus an. Der Südliche Bug fließt nördlich am Stadtzentrum vorbei, leider sind die Strandanlagen nicht besonders einladend.

ℹ Chmel'nyc'kyj

Vorwahl: 03 82.

🚌

Chmel'nyc'kyj liegt an der West-Ost-Verbindung L'viv–Uman' (M 12) auf halbem Wege zwischen Ternopil' (Тернопіль) und Vinnycja (Вінниця), jeweils 120 km entfernt.

Zbaraž ist ein typisches Provinzstädtchen

Karte S. 68/69

Hotels mit gutem Standard sind nahe dem Zentrum zu finden: **Enejida** (Енеїда) am Teatralʼna bul. 8 (Театральна бул.), DZ ca 60 Euro, und **Podillja** (Поділля) in der vul. Ševčenka 34 (вул. Шевченка).

In der Fußgängerzone gibt es ausreichend Lokalitäten.

Vinnycja

Der Name der Stadt wird manchmal auch Winniza, Winnyzia oder Winnica geschrieben. Der Ursprung des Wortes kann aus dem Wort ‹Wein› stammen – in der Vergangenheit war die Stadt für ihre Weinkeller gut bekannt.

Vinnycja (Вінниця) hat heute mehr als 390 000 Einwohner. 1362 wurde die Siedlung am rechten Ufer des Südlichen Bug erstmals erwähnt. Eine große Burg schützte die Einwohner vor den Überfällen der Tataren. Der aus Schlesien stammende Deutsche Bernhard von Prittwitz kämpfte in der Zeit von 1530 bis 1550 als Starost sehr erfolgreich gegen die Tataren und wurde zum ›Schrecken der Tataren‹. Über ein Jahrhundert später entstanden Steinbauten, die sich zum Teil noch erhalten haben. Zu erwähnen ist die Nikolaikirche (1746) in der Altstadt, die Bauten der einstigen Klöster der Kapuziner (1760) sowie der Jesuiten und der Dominikaner (17. bis 18. Jahrhundert).

Das weitläufige Zentrum liegt in einer Flussschleife des Südlichen Bug. Der Fluss durchschneidet die Stadt von Nord nach Süd. Die Stadt wirkt etwas zerrissen und zumindest auf den ersten Blick auf den Reisenden nicht aufregend. Weithin sichtbar ist eine Kathedrale mit goldenen Kuppeln – die **Preobražensʼkyj-** Kirche (Преображенський собор). Diese liegt an der Soborna vul. (Соборна вул.), der Hauptstraße im Zentrum der Stadt, die von Geschäften und Restaurants gesäumt wird. Als gastronomischer Höhepunkt kann das Restaurant Tetatet in der Soborna vul. empfohlen werden. Neben der Kathedrale befinden sich die wichtigsten **Museen** der Stadt. Das übliche Regionalmuseum hat einen Neubau (offensichtlich aus den 1970er Jahren) bekommen und steht neben der Synagoge, die erhalten, aber ungenutzt ist, gleich nebenan findet sich auch das Kunstmuseum, das ebenfalls eher bescheiden wirkt.

Sehenswert ist der **Gorki-Park** westlich vom Stadtzentrum. Die Anlage ist nicht nur sehr gepflegt, sondern auch aufwendig gestaltet. Ein Erlebnis ist auch ein Besuch des Žovtnevyj-Restaurants (Жовтневий) im gleichnamigen Hotel (Kellereingang). Die Innenräume sind mit Requisiten des sowjetischen Lebens und der Propaganda geschmückt. Für manche eine Zeitreise, für andere zumindest der Kontakt mit Dingen, die das sowjetische Leben mitbestimmten.

Vinnycja am Südlichen Bug

Die Westukraine

Die Sehenswürdigkeit schlechthin ist das **Museum Pirogov** (музей садиба Вінниіц ім. М. І. Пирогова). Im Südwesten der Stadt, südlich von einem angestauten Nebenarm des Bug, befindet sich das ehemalige Dorf Pyrohovo (Пирогово, einstmals Wischnja). Dort liegt ein Landgut – eine parkähnliche Anlage mit dem Museum für den Arzt Pirogov. Er lebte mit Unterbrechungen fast 20 Jahre bis zu seinem Lebensende hier. Die Verehrung für diesen verdienten Chirurgen hält sich bis heute. Das Museum ist gut besucht, und man verzichtet auf einen regulären Eintrittspreis, sondern quittiert eine Spende. Pirogov ließ sich einbalsamieren, und man kann sein Mausoleum besuchen. Vom Park aus muss man in westliche Richtung in einen dorfähnlichen Vorort und dort auf der Pirogov-Straße bis zu der kleinen Kirche etwa zwei Kilometer vom Park entfernt fahren.

Nördlich von Vinnycja, in der Ortschaft Stryžavka (Стрижавка), befinden sich die Überreste des östlichsten der insgesamt sieben Führerhauptquartiere Adolf Hitlers mit dem Namen **Eichenhain** (Deckname Werwolf 1). Im November 1941 wurde der Komplex fertiggestellt. Hitler hielt sich zweimal hier auf: im Zeitraum von Juni bis Oktober 1942 und im Februar/März 1943. Auf dem Rückflug von Werwolf am 13. März 1943 scheiterte ein Bombenanschlag (organisiert unter anderem von Henning von Tresckow) auf die Führermaschine, weil der Zünder einfror. Gleich am Ortseingang rechts stößt man auf große Stahlbetonblöcke im Kiefernwald – das ist alles was vom östlichsten Quartier geblieben ist.

 Vinnycja

Vorwahl: 04 32.

Vinnycja liegt an der West-Ost-Verbindung L'viv–Uman' (M12). Bis L'viv sind es 370 km, bis Uman' (Умань) 160 km.

Nahe dem Zenrum gibt es einige Hotels, die alle einen ähnlichen Standard aufweisen:
Podillja (Поділля), vul. Puškina 4 (вул. Пушкіна), DZ 60 Euro.
Vinnycja (Вінниця), vul. Soborna 69 (вул. Соборна), DZ 35 Euro.
Žovtnevyj (Жовтневий), vul. Pyrohova 135 (вул. Пирогова), DZ 40 Euro.
Ukrajina, vul. Kozuc'koho 36 (вул. Козицького), DZ 40 Euro.

Restaurant Tet a tet, vul. Soborna 58. Eine echte Empfehlung – sehr gute Küche!
Im **Restaurant Žovtnevyj**, vul. Pyrohova 135, kann man nicht nur gut essen, sondern sich auch auf eine Zeitreise begeben.

Das **Museum am Landsitz des Arztes Pirogov** (музей садиба Вінниіц ім. М. І. Пирогова) ist tgl. außer Mo 10–17 Uhr geöffnet, der Eintritt wird nach Ermessen gegeben.
Regionalmuseum, vul. Soborna, tgl. außer Mo 10–18 Uhr.
Kunstmuseum (Chudožnyj muzej/Художний музей), vul. Soborna, Mo–Fr 10–18 Uhr.

www.city.vin.com.ua (engl., ukr.).

Karte S. 68/69

Pirogov – Arzt und Pädagoge

Der Arzt Nikolai Ivanovič Pirogov lebte von 1810 bis 1881 und wurde hoch verehrt. Er war nicht nur ein berühmter Wissenschaftler, Pädagoge und Chirurg, sondern erwarb sich auch große Anerkennung als Feldarzt. Dabei hatte er als 13. Kind einer Offiziersfamilie eher schlechte Voraussetzungen, besonders da sein Vater früh verstarb. Ein Freund der Familie setzte sich für den begabten Jungen ein und so kam es, dass Pirogov bereits mit vierzehn Jahren begann, in Moskau Medizin in Moskau zu studieren, nach drei Jahren konnte er das reguläre Studium beenden, vervollkommnete aber an der damals weithin berühmten Universität Dorpat (Tartu, Estland) sein

Nikolai Pirogov

Wissen und unternahm Studienreisen an die Universitäten von Berlin und Göttingen. Mit 26 Jahren übernahm er den Chirurgischen Lehrstuhl an der Universität Dorpat, vier Jahre später erhielt er den Ruf zum Professor nach St. Petersburg. Pirogov wandte bei Operationen erfolgreich die Äthernarkose an, die er anfangs bei sich selbst ausprobiert hatte. Außerdem setzte er erfolgreich Gipsverbände bei Knochenbrüchen ein.

Pirogov bat während des Krimkrieges 1854 um den Einsatz als Militärarzt. Als Chirurg entwickelte er eine neue Möglichkeit der Fußamputation, die es den Betroffenen ermöglichte, ohne Prothese zu laufen. Diese nach ihm benannte Methode wurde auch noch im Zweiten Weltkrieg angewandt.

Im Jahre 1856 kehrte er nach St. Petersburg zurück und verfasste ein vielbeachtetes Buch über pädagogische Fragen. Darin prangerte er die Behinderung von Armen in der Ausbildung an und setzt sich für die Ausbildung von Frauen ein. Über die Stationen Odessa und Kiev kam er auf sein Landgut in Vinnycja. Pirogov wurde Friedensrichter und schrieb sein berühmtes Werk: ›Die Fragen des Lebens‹. Ein Minister in Moskau holte ihn jedoch in den Staatsdienst zurück. Fortan beriet und betreute er russische Studenten im Ausland – längere Aufenthalte in Deutschland, aber auch in Frankreich, Rumänien, Bulgarien und anderen Ländern folgten.

Nach einem wechselvollen Leben starb Pirogov am 5. Dezember 1881 auf seinem Landgut und wurde einige Tage später einbalsamiert – auf eigenen Wusch und nach eigenem Rezept. Und so kommt es, dass er, ähnlich wie Lenin oder Mao Tse-Tung, auch heute noch betrachtet werden kann. In der Krypta der Nikolaevskaja-Kirche kann man den Leichnam aus gebührender Entfernung betrachten. In einen gläsernen Sarkophag liegt, bekleidet mit einem schwarzen Anzug, der Arzt – wie eine Figur aus Wachs. Der Leichnam wirkt letztlich doch unwirklich, und vielleicht ist es kein Zufall, dass die alten Ägypter ihre einbalsamierten Pharaonen den Blicken der Nachwelt entzogen. Immerhin – es stellt sich in der Krypta kein Schauder ein wie bei anderen Einbalsamierten. Im Falle des Arztes Pirogov scheint eine echte Verehrung vorzuliegen.

Nach Osten! – Unterwegs zwischen L'viv und Kiev

Zwischen L'viv und Kiev liegen gut 500 Kilometer Landstraße. Die Europastraße E 40 führt als M 06 durch Galizien und Wolhynien in die ukrainische Metropole. Die ›Trasse‹, wie Hauptstraßen in der Ukraine genannt werden, ist meist gut ausgebaut, Tankstellen gibt es zur Genüge, auch Rastplätze mit Imbissbuden oder richtigen Raststätten. Umgehungsstraßen führen an den Städten vorbei, es geht durch Wälder und an endlosen Feldern vorbei, und je näher man Kiev kommt, desto glatter wird die Piste. Was bisher noch nicht vierspurig war, soll bis zum Beginn der Fußball-EM ausgebaut werden. So perfekt, dass man nach den Worten eines hochrangigen Regierungsmitgliedes dann für die Strecke Berlin–Kiev nur noch zwölf Stunden benötigen soll. Wunschdenken? Egal, wer Zeit hat, sollte jedenfalls von der Europastraße abbiegen: Brody (Броди), Dubno (Дубно), Žytomyr (Житомир), Berdyčiv (Бердичів) sind nicht nur Orte in der Provinz, sie sind Literatur und Religion, sie erzählen Geschichten von Toleranz und von unbändiger Feindschaft, sie erzählen von Juden, Ukrainern, Polen und Deutschen, von Pogromen, Vertreibung und vom Krieg.

Vor den Toren von Joseph Roths Heimatstadt Brody fielen im Sommer 1914 Österreicher und Russen übereinander her. Zwei Klöster waren Zeugen, das eine orthodox, das andere katholisch. Nach Weltkrieg und Revolution hat der rote General Budjonnij mit seiner rabiaten 1. Reiterarmee gegen den polnischen General Pilsudski gekämpft, mit dabei – Josef Stalin als Kriegskommissar. Als Korrespondent ebenfalls dabei – der Schriftsteller Isaak Babel'. Seinem Tagebuch vertraut er an: »Wie wir die Freiheit bringen – schrecklich.« In seiner Erzählsammlung ›Die Reiterarmee‹ beschreibt er später dieses Entsetzen. Stalin hat ihn später deswegen erschießen lassen. Bei Oles'ko (Олесько) hat man den Reitern Budjonnijs 1975 ein gigantisches Denkmal errichtet.

Das Schloss in Dubno hat einst Taras Bulba mit Kosaken belagert. Als herauskam, dass sein jüngster Sohn wegen eines Mädchens zu den Polen übergelaufen war, erschoss ihn Bulba eigenhändig. Später wurde der Alte von den Polen bei lebendigem Leibe verbrannt. So erzählt es jedenfalls Nikolai Gogol, der mit seiner Novelle den ungestümen Taras Bulba unsterblich machte. Heute erinnert ein Rockfestival in Dubno an Bulba.

Berdyčiv war das ›Wolhynische Jerusalem‹ – bis im August 1941 die Deutschen einmarschierten. Heute blüht langsam das jüdische Leben wieder auf. Chassidische Juden aus aller Welt pilgern zum Grab von Levi Jizchak, dem großen Rebbe von Berdyčiv. In der Stadt wurde der Pianist Vladimir Horowitz geboren und vor ihren Toren der Erzähler Joseph Conrad. Und Honoré de Balzac, noch ein Literat, kam aus Paris nach Berdyčiv, nämlich um zu heiraten.

Oles'ko

Der Flecken Oles'ko (Олесько) liegt sehr verträumt zwischen Bus'k (Буськ) und Brody (Броди), etwa 75 Kilometer von L'viv entfernt und wird von einem mäch-

Karte S. 68/69

▲

Denkmal für die Reiterarmee von General Budjonnyj bei Oles'ko

Schloss Oles'ko

tigen Schloss überragt, das 1327 erstmals erwähnt wurde. Viele Jahre quälte
sich der Verkehr durch den Ort, nun
führt eine Umgehungsstraße nördlich an
Oles'ko vorbei. Der Weg zum **Schloss**
(Oles'kyj zamok/Олеський замок) ist
ausgeschildert. Der streng und schlicht
wirkende Komplex erhielt seine endgültige Gestalt Anfang des 17. Jahrhunderts, als er im Stil der italienischen Renaissance umgebaut wurde. 1605
gingen Schloss und Dorf in den Besitz
des Magnaten Ivan Danylovyč über, in
dessen Diensten als Offizier der Vater
von Bohdan Chmel'nyc'kyj stand. 1629
wurde der spätere polnische König Jan
III. Sobieski im Schloss geboren, der
1683 vor Wien die kaiserlichen Truppen
zum Sieg über die Türken führte.
Seit Mitte der 1970er Jahre sind in den
Räumen Werke der bildenden Kunst
ausgestellt. Freunde der Ikonenmalerei
kommen auf ihre Kosten, und auch der
Schlosspark lädt mit zahlreichen Teichen
und Skulpturen ein. Die Ausstellung umfasst vor allem Werke aus dem Zeitraum
vom 10. bis zum 18. Jahrhundert und
ist ein Teil der L'viver Gemäldegalerie.
Am Fuße des Hügels steht eine Klosteranlage des Kapuzineror-dens. Erhalten
sind die Kirche des heiligen Joseph und
Mönchszellen. Die 1739 erbauten Ge-

bäude wurden nach Zerstörungen durch
ein Erdbeben im 19. Jahrhundert wieder aufgebaut und beherbergen jetzt
Ausstellungen.
Fährt man weiter in Richtung Osten, erblickt man bald das monströse **Denkmal
zu Ehren des roten Generals Semjon Budjonnij** und seiner 1. Reiterarmee. Das
Fundament des 1975 errichteten Giganten ist so tief, dass eine Sprengung nicht
möglich ist. Die Beleuchtung ist defekt,
nachts hängt es wie ein Schatten am Himmel. Mancher hat schon in seine metalli-
sche Haut geritzt – allein, die apokalypti-
schen Reiter werden noch lange von
Gewalt und vom Zorn künden, die das
Land einst erfassten.

ℹ Oles'ko

Das Schloss Oles'ko ist von 10–17
Uhr, Sa/So ab 11 Uhr geöffnet,
Mo geschlossen.

🛏

Es gibt eine Pension, vul. Ševčenko 85 (вул. Шевченко), in der man
aber nur im Notfall absteigen sollte;
ab 15 Euro.

Schloss Pidhirci

Wenige Kilometer weiter östlich erblickt
man rechter Hand und etwas entfernt
an einem Hang ein Schloss mit großem
Garten. Das Schloss Pidhirci (Підгірці)
ist einen Abstecher wert, wenn auch vor
allem längst vergangene Pracht zu bewundern ist. Das arg mitgenommene
Schloss wird seit 1997 renoviert, allerdings geht es nur langsam voran. Die
Gebäude stammen aus den Jahren 1635
bis 1640 und fügen sich sehr gut in das
Gelände ein. Talwärts wirkt das Schloss
noch größer und mächtiger, nach innen
gibt es einen gut befestigten Hof und
ausladende Terrassen. Früher befanden

sich im Schloss sehr reich ausgestattete Räume, viele Gemälde, Rüstungen und Möbel. Die Einrichtung fand auf verschlungenen Wegen nach Brasilien, wo heute noch alles erhalten sein soll.

Im Park findet man unter anderem ein Barocktor und zwei Kirchen. Der Komplex wurde von französischen Architekten erbaut. Nach einer Legende soll unter einer 400jährigen Linde im Park Kosakenhetman Chmel'nyc'kyj sein Zelt errichtet und genächtigt haben. Die Anlage war nach dem Zweiten Weltkrieg Teil eines Lungensanatoriums.

Die Kirche zum heiligen Joseph an der Bergseite, die 1766 vollendet wurde, wirkt wie zwischen hohen Bäumen eingewachsen. Kuppel und Portal sind mächtig, doch ihnen scheinen Seitenflügel zu fehlten. Das ganze weitläufige Gelände hat etwas Verwunschenes. Bei einem Spaziergang und einem Picknick kann man diese Stimmung auf sich wirken lassen. Man sollte sich jedoch vor der Rast mit dem nötigen Proviant eindecken, in dem 1000-Seelen-Dorf hätte man Mühe, etwas zu bekommen.

Brody

Die Geschichte Brodys (Броди) begann 1630 mit dem Bau einer Stadtanlage mit regelmäßigen, sich rechtwinklig kreuzenden Straßen und einer Festung, von der heute noch manche Schanzen erhalten sind. Als Festungs- und Grenzstadt wurde Brody bedeutsam. In Brody lebte Anfang des 19. Jahrhunderts die größte jüdische Gemeinde Galiziens. Die Stadt war immer mehrheitlich von Juden bewohnt, zeitweise erreichte ihr Anteil an der Bevölkerung über 70 Prozent. Die jüdische Gemeinde Brody hatte ein hohes Ansehen unter den ostjüdischen Gemeinden und galt als Zentrum der jüdischen Orthodoxie.

Ruine der Großen Synagoge in Brody

Wegen des regen Handels und der Grenze kam es zu vielen Kontakten, auch zu deutschen Juden. Die Gedanken der deutschen Aufklärung und der jüdischen Haskala fanden in Brody Einzug. Von den Orthodoxen war das nicht gern gesehen, es wurde sogar wegen der Gründung der deutschsprachigen Realschule ein Bann gegen Brody ausgesprochen. Letztlich setzte sich eine offene, bildungsfreundliche Haltung unter den Juden der Stadt durch, wobei aber in der privaten Religionsausübung doch die Regeln der Orthodoxie befolgt wurden.

Bereits 1773 besuchte der Kaiser Joseph II. die ein Jahr zuvor im Zuge der Ersten Polnischen Teilung an Österreich gefallene Stadt. Er muss sich wohlgefühlt haben, denn 1779 erhielt Brody ein hohes Privileg – die Zollbefreiung, wodurch der Außenhandel gewaltig zunahm. Die jüdische Gemeinde hatte wegen der Nähe zu Russland eine besondere Last zu tragen. Junge Juden flohen aus Russland, um dem 20jährigen Militärdienst zu entgehen. Zeitweise sollen bis zu 1000 Flüchtlinge pro Tag gekommen sein. Viele wurden zunächst in Brody versorgt und konnten danach mit Unterstützung von Hilfsorganisationen auswandern, meist nach Amerika.

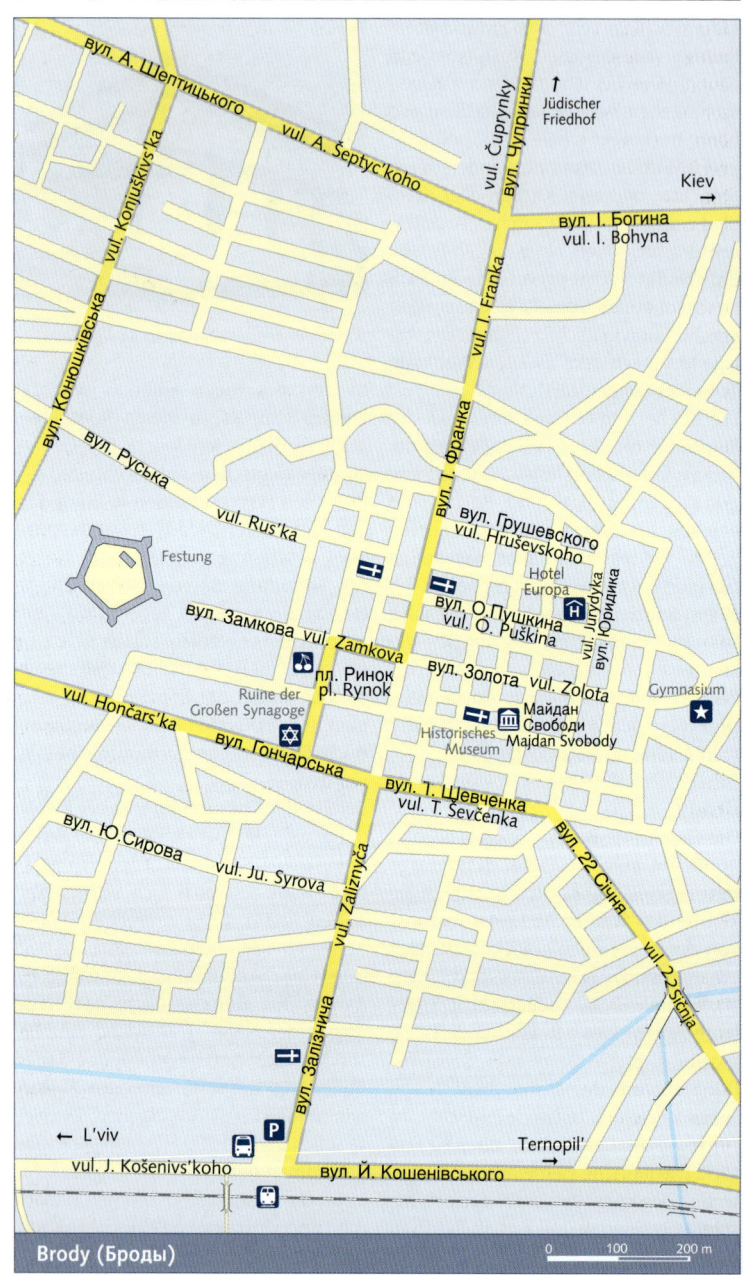

вул. А. Шептицького
vul. A. Šeptyc'koho

vul. Čuprynky
вул. Чупринки

↑ Jüdischer
Friedhof

Kiev
→

вул. І. Богина
vul. I. Bohyna

vul. Konjuškivs'ka

вул. Конюшківська

вул. Руська

vul. Rus'ka

vul. I. Franka
вул. І. Франка

Festung

вул. Грушевского
vul. Hruševskoho

Hotel
Europa

вул. Замкова vul. Zamkova

вул. О.Пушкина
vul. O. Puškina

вул. Юридика
vul. Jurydyka

пл. Ринок
pl. Rynok

вул. Золота vul. Zolota

Ruine der
Großen Synagoge

vul. Hončars'ka

вул. Гончарська

Historisches
Museum

Майдан
Свободи
Majdan Svobody

Gymnasium

вул. Т. Шевченка
vul. T. Ševčenka

вул. Ю.Сирова

vul. Ju. Syrova

vul. Zaliznyča

вул. Залізнича

вул. 22 Січня

vul. 22 Sičnja

← L'viv

P

Ternopil'
→

vul. J. Košenivs'koho

вул. Й. Кошенівського

Brody (Броды)

0   100   200 m

Darüber hinaus wurden Flüchtlinge auch integriert und in wohlhabende Familien aufgenommen. Die Entscheidung zwischen Assimilation (und Aufklärung) und Orthodoxie oder der (antimodernen) Strömung des Chassidismus bedeutete für die Juden zugleich auch die Entscheidung für die bevorzugte Sprache. Von den gebildeten und wohlhabenden Juden der Stadt wurde Deutsch und später vor allem Polnisch gesprochen. Die unteren Schichten und damit die Mehrheit der Juden in Galizien sprachen Jiddisch. Städte wie Brody und Lemberg bildeten eine Ausnahme.

Brody ist bis heute eine typische Kleinstadt. Juden leben kaum noch hier, ihre Nachfahren sind in alle Welt verstreut. 1993 kamen viele von ihnen nach Brody zurück zum 3. Weltkongreß der Broder. Broder, Brody oder Brodski sind typische Familiennamen von Juden aus Brody, die man heute auf allen Kontinenten finden kann.

»In Brody ist alles eintönig und langweilig; eine kleine Abwechslung brachte nur die Zeit in Lemberg... Die Welt ist so schön und ich dürste danach sie [in] ihrer Herrlichkeit einmal sehen zu können. Ich will hoffen, daß die Gelegenheit einmal dazu kommen wird...« Das Urteil, das der 18jährige Joseph Roth über Brody einem Brief an seinen Onkel anvertraut, gibt gut über sein Gefühl für seine Heimatstadt Auskunft.

Das Geburtshaus von Joseph Roth steht nicht mehr. Einen Besuch ist das Gymnasium wert, in dem neben Roth noch einige, zumindest in der Ukraine berühmt gewordene Personen lernten. In Brody ist man darauf stolz und hat den Schülern vor dem Gymnasium ein Denkmal errichtet. Im Jahre 1815 wurde eine jüdische Realschule eröffnet, die Kosten dafür trug die jüdische Gemeinde. 1865 erfolgte die Transformation der Realschule in ein Gymnasium, die auch von der jüdischen Gemeinde finanziert wurde. Als dies später nicht mehr möglich war, teilten sich Staat und Stadt die Kosten. 1881 wurde das heutige Gebäude der Schule erbaut. Das Gymnasium heißt heute Schule Nr. 1., im kleinen Traditionszimmer wird an berühmte Schüler erinnert, auch an Joseph Roth.

Sehenswürdigkeiten

An die österreichische Grenzstadt erinnern nur noch wenige, mit Patina überzogene Gebäude. Aber immer noch weckt der **Bahnhof** Fernweh und strahlt gleichzeitig die Ruhe einer Provinzstation aus. Die Station liegt im Süden am Ende der vul. Zaliznyčna (вул. Залізнична) jenseits des Flüßchens Bovdurka (Бовдурка) und den Sümpfen, die Joseph Roth schon beschrieben hat. Bepackte Menschen warten seelenruhig auf den nächsten Zug oder Bus oder auf die Verwandten, die irgendwann mit dem Pferdewagen oder dem klapprigem Lada vom Dorf kommen werden.

Der Bahnhof von Brody

Die Westukraine

■ Goldgasse

Man erreicht die Schule über die vul. Zolota (вул. Золота), die alte Goldgasse. Sie war die wichtigste Straße der Stadt und verband das alte Schloss im Westen mit dem Gymnasium im Osten. Vom heute beinahe leer wirkenden **Marktplatz** (pl. Rynok/пл. Ринок) führt sie geradewegs zum **Schulgebäude**, das etwa einen Kilometer entfernt ist. Hinter dem Markt steht, wie eine Mahnung, die eingefallene Große Synagoge, die ›Alte Schul‹ – seit langem ohne Funktion, in einem wirren Korsett von Holzgerüsten eingefasst und seit einigen Jahren mit provisorischem Dach. Das Gebäude wurde 1742 an Stelle eines durch Brand vernichteten Vorgängerbaus errichtet. Vom Typ her zählt sie zu den Festungssynagogen.

Auf dem jüdischen Friedhof

Wenigstens neben dem Marktplatz in der vul. Zamkova (вул. Замкова) wird noch kräftig um Tomaten und Waschschüsseln gefeilscht. Da findet der echte **Markt** statt. Wer Durst hat, kann auf der Straße Kvas trinken, wer Hunger hat, kann in den Imbiss ›Fortecja‹ (Фортеця) in der vul. Sonjačna (вул. Сонячна) gehen. Der Name der bescheidenen Absteige weist auf die Festung hin, deren Reste am Ende der vul. Zamkova aufragen. Wer ordentlich essen will und eine Toilette braucht, sollte aber auf jeden Fall auf das Restaurant ›Orion‹, das sich im Kaufhaus am Marktplatz befindet, zusteuern.

Die Goldgasse war die Flaniermeile und sie ist auch heute noch die Geschäftsstraße der Stadt. Kleine schmiedeeiserne Balkonbrüstungen erinnern ebenso an die alte Zeit wie das **ehemalige Hotel Bristol**. Isaak Babel' war im Juni 1920 Gast in dem Hotel: »...Kellnerinnen, ›westeuropäische‹ Kultur, und wie gierig man sich auf sie stürzt,« notiert er in sein Tagebuch. Am Gebäude, in dem heute die Staatsanwaltschaft sitzt, wird gebaut. Sollte es je wieder das ›Bristol‹ werden?

■ Freiheitsplatz

Bevor man das Gymnasium erreicht, öffnet sich die Goldgasse zu einem Platz, der weitaus mehr Charme verströmt als der Markt, es ist der heutige Majdan Svobody (Майдан Свободи), der Freiheitsplatz mit erstaunlich bequemen Bänken. Auf sauber gepflasterten Wegen schreiten Mädchen, kaum volljährig, mit enganliegenden, kurzen Kleidern in Leopardenoptik über den Platz als wär's ein Laufsteg in Paris. Über dem Platz lärmen russische Schlager. Die Mädchen wissen die Blicke der Jungs, die mit ihren Bieren auf den Bänken lungern, fest auf sich gerichtet. Gleich neben der unschuldigen Show steht das große bronzene Kreuz, das an die Opfer der Stalinschen Repression erinnert.

Das bedeutendste Haus am Platz ist das **frühere Gebäude der Prager Bank**, in dem heute die Miliz eher haust als residiert. Doch selbst mit undichtem Dach, bröckligen Schornsteinen und windschiefen Antennen strahlt es immer noch die Würde eines soliden Bankhauses aus. Und wer genau hinschaut, sieht unter Patina noch Blattgold leuchten. Stolz ist man auf den **Uhrenturm** mit seinem Fachwerkimitat schräg gegenüber. Drinnen befindet sich zeitgemäß ein Internetcafé. Im Haus am Majdan Svobody 5 war einst die k.u.k. Ortsverwaltung untergebracht, heute hat dort das **Historische Museum** seinen Sitz.

■ **Jüdischer Friedhof**
Am nördlichen Stadtrand liegt an einem Wald der ›neue‹ jüdische Friedhof. Von der vul. Čuprynky (вул. Чупринки), die nach Berestečko (Берестечко) führt, biegt man an einer Gastankstelle nach links in die vul. Pidlisna (вул. Підлісна) ein. Nach etwa 500 Metern gelangt man zum Friedhof, der sehr idyllisch ist. Die reich geschmückten Grabsteine fallen sofort ins Auge. An einigen Steinen hat sicher der Urgroßvater von Joseph Roth, der Grabsteinmetz Moische Jossif Gräber, mitgearbeitet. Der Friedhof ist seit Anfang des 19. Jahrhunderts in Benutzung.

Das neue Tor und der massive Zaun sollen auch vor Vandalismus schützen. Wer als Tourist vor dem verschlossenen Tor steht, kann sich rechts vom Tor, am Zaunende zum Nachbargrundstück, pikanterweise einem militärischem Übungsgelände, durch eine Zaunritze zwängen, und schon steht er auf dem Friedhof.

 Brody

Vorwahl: 0 32 66.
Das **Postamt** liegt am Marktplatz (pl. Rynok/пл. Ринок).
In der Stadt gibt es einige **Geldautomaten** sowie Bankfilialen, in denen man wechseln kann.

Bahnhof und Busbahnhof liegen am südlichen Ende der Stadt an der vul. Zaliznyčna (вул. Залізнична).
Električkas fahren nach Rivne (Рівне), L'viv und Zdolbuniv (Здолбунів), **Fernzüge** u.a. nach Kiev, Ivano-Frankivs'k (Івано-Франківськ) und Užhorod (Ужгород). Die Eisenbahnkasse ist mit kurzen Unterbrechungen rund um die Uhr geöffnet.
Busse fahren u.a. nach Luc'k (Луцьк), Ternopil' (Тернопіль), Kremenec' (Кременець), Pidkamin' (Підкамінь) und Truskavec' (Трускавець).

Ein ordentliches Hotel ist das Europa (Європа), vul. Jurydyka 8 (вул. Юридика), Tel. 2 60 35, ab 35 Euro, mit abschließbarem Parkplatz.

Das **Restaurant Orion** im Kaufhaus, vul. Zaliznyčna 4, tgl. 12–24 Uhr, ist preiswert und das beste der Stadt.
In der **Goldgasse** (вул. Золота) und ihren Nebenstraßen sind einige Cafés und Läden, von denen einige bis nach 22 Uhr geöffnet haben.
Im **Bahnhof** gibt es ein ganz nettes Café, tgl. 9.30–22 Uhr, Pause 16–17 Uhr.

Historisches Museum, Majdan Svobody 5 (Майдан Свободи), 10–18 Uhr, So bis 16 Uhr, Sa geschlossen.

Pidkamin' und Počajiv

Nichts deutet in der sanft hügligen Landschaft südlich und östlich vom sumpfigen Brody darauf hin, dass hier jemals mehr war als weite Felder und weidende Kühe. Und doch sind hier im 20. Jahrhundert Zehntausende Soldaten gefallen. Im Ersten Weltkrieg begann hier an der Grenze zwischen Russland und dem Habsburger Reich der Krieg an der Ostfront. 1920 kämpften Rotarmisten gegen polnische Truppen. Dann verlief hier die Grenze zwischen Sowjetrussland und Polen. Im Sommer 1941 überrollten die Deutschen alle Grenzen, und im Juni 1944 sollte hier die Waffen-SS-Division ›Galizien‹ die sowjetische Gegenoffensive stoppen – 14 000 blutjunge, unerfahrene Ukrainer im Dienste Hitlers. Die kampferprobten sowjetischen Truppen rieben sie im ›Kessel von Brody‹ auf, nur 3000 kamen zurück. In all dem Gemetzel ragten zwei Klöster in den Himmel, die wenige Kilometer voneinander entfernt liegen. Das eine ist das heute goldglänzende und stattliche Maria-Entschlafens-Kloster von Počajiv. Das andere ist das ehemalige Dominikanerkloster von Pidkamin', eine barocke Anlage, der das 20. Jahrhundert übel mitgespielt hat. Wer Zeit hat, sollte beide besuchen.

■ Kloster Pidkamin'

Um nach Pidkamin' zu kommen (Підкамінь), muss man bei Brody von der Trasse Richtung Süden nach Ternopil' abbiegen. Nach gut 20 Kilometern erreicht man den 2300-Einwohner-Ort, das Kloster jedoch ist schon weit vorher zu sehen. In Klosternähe und ebenfalls gut sichtbar ist der mächtige, 17 Meter hohe Fels, der unvermittelt in der Landschaft auftaucht. Ohne Zweifel gab es an diesem markanten Platz schon zu heidnischer Zeit eine Kultstätte. Im

17. Jahrhundert legten Kosaken unterhalb des Felsens einen Friedhof an und gaben der Siedlung ihren Namen: Unter dem Stein – Pidkamin'.

Die Zufahrt zum Kloster liegt etwas versteckt und führt von der Ortsmitte über ausgefahrene Wege. Je näher man kommt, um so sichtbarer sind die Spuren des Verfalls, insbesondere am mächtigen Turm der **Hauptkirche** mit seinen barocken Figuren. Wer durch das Tor tritt, kann sich auf dem Gelände bewegen – allerdings mit großer Vorsicht in der Nähe der baufälligen Kirche. Besser ist es, sich zuerst bei den Mönchen zu melden. Von ihnen erfährt man, dass das Kloster seit dem 15. Jahrhundert besteht und die meisten Gebäude im 16. und 17. Jahrhundert errichtet wurden, allein an der Hauptkirche baute man von 1612 bis 1695. Lange Zeit war es nach dem Wallfahrtsort Tschenstochau das bedeutendste Kloster für die polnischen Katholiken, es beherbergte eine wundertätige Ikone, die Pilger aus allen Himmelsrichtungen herführte. Im 19. Jahrhundert wurden an großen Feiertagen über 100 000 Gläubige gezählt, sogar aus Kroatien sollen sich manche auf den Weg gemacht haben.

Die Zäsur kam mit der Sowjetmacht. Das Kloster wurde enteignet und 1946 zu einem Sammellager für politische Gefangene, die dann weiter nach Sibirien und Nordrussland deportiert wurden. 1956 zog dann in den weitläufigen Zellengebäuden eine geschlossene psychiatrische Anstalt mit mehreren hundert Patienten ein. Der Hof wurde einem Kolchos übergeben, in den Nebengebäuden stellte man Traktoren unter, die Kirche verfiel.

1997 wurde das Kloster zurückgegeben. Im **Zellengebäude** ist – etwas verkleinert – weiterhin die Psychiatrie untergebracht, deren Insassen sich vor dem Haus langweilen und daher Fremde gern in Gespräche verwickeln. Die Mönche gehören der unierten Kirche an und haben nach Kräften begonnen, das Kloster wieder aufzubauen – eine Jahrhundertaufgabe. Doch bei genauerem Hinsehen haben sie schon einiges geschafft. Das **Torhaus** ist restauriert – dort befindet sich ein Museum – die **Mariensäule** ist wiedererrichtet, und selbst die Hauptkirche ist nicht tot: in der restaurierten **Krypta** mit ihren neuen Fresken wird wieder Gottesdienst gefeiert. Übrigens mit Hilfe aus Deutschland: Das Bistum Mainz hat unter Karl Kardinal Lehmann Heizung und Elektrik finanziert.

■ Kloster Počajiv

Die orthodoxe ›Konkurrenz‹ zu Pidkamin' ist von der Zinne der dortigen Klostermauer mit bloßem Auge zu erkennen. In etwa 15 Kilometer Entfernung leuchten die Kuppeln des Maria-Entschlafen-Klosters (Svjato-Uspens'ka Počajivs'ka Lavra/Свято-Успенська Почаївська Лавра) von Počajiv. Zwar gibt es auch einen direkten Weg zwischen beiden Orten, besser ist es jedoch, von Pidkamin' zur Trasse zurückzukehren und Richtung Kiev zu fahren. Schon nach zehn Kilometern zweigt eine Straße nach Počajiv (Почаїв) rechts ab. Schneeweiß wie ein Gebirge, goldbekrönt und intakt grüßt das Kloster von weitem. Auch der Ort mit seinen 8000 Einwohnern ist ganz anders gestimmt als Pidkamin': Pilger wanken zum Haupttor, Händler verkaufen schnell noch dünne Kopftücher, Imbissbuden und Taxis warten auf Kundschaft. Hier weht der Geist mit ganzer, geradezu diesseitiger Kraft.

Das Kloster ist nach dem Kiever Höhlenkloster das zweitgrößte im Land und

Kloster Počajiv

trägt wie jenes seit 1833 den Ehrennamen Lavra. Schon um 1200 gab es hier eine Einsiedelei, die ein griechischer Mönch begründete, der vom Berg Athos aus Griechenland gekommen war. Nach dem Tatarenüberfall verschlug es Kiever Mönche hierher, die in Höhlen lebten. Die Einsiedler hatten eine Marienerscheinung, die einen Fußabdruck hinterließ. An dieser Stelle errichtete man zuerst eine Holzkirche. Das heutige Ensemble wurde zwischen dem 15. und dem 19. Jahrhundert errichtet. Die Hauptkirche ist die **Maria-Entschlafens-Kathedrale**, die im barocken Stil in den Jahren 1771 bis 1773 unter dem Architekten Gottfried Hofmann errichtet wurde. Sie ist ein dreischiffiger Kreuzkuppelbau mit Platz für bis zu 6000 Personen. Das Bauwerk wird von einer 45 Meter hohen Kuppel dominiert.

Besonders verehrt wird die **Ikone der Muttergottes von Počajiv**. Diese ist ein

Geschenk der Gutsherrin Anna Gojs'ka und kam 1597 ins Kloster. Das Innere ist für eine orthodoxe Kirche erstaunlich lichtdurchflutet. Beeindruckend ist der Blick in die Kuppel, Ikonostas und Wandmalereien stammen aus dem 19. Jahrhundert. Die Kathedrale ist das ausgewogenste und schönste Bauwerk des Klosters – waagerechte und senkrechte Linien, Details wie Säulen, Ziergiebel und Fensterumrahmungen gliedern das Bauwerk. Unter der Kirche befinden sich die **Höhlen**. Deshalb steht das Gebäude auf einem terrassenartigen Sockel. Die Einsiedlerhöhle mit dem Sarg des Klostergründers ist auch heute noch zugänglich, der Eingang ist etwas versteckt an der Westseite der Kirche. Östlich der Kathedrale liegt ein kleiner Hof, der von **Refektorium** und **Zellengebäuden** umgeben ist.

Die kleine **Dreieinigkeitskirche** ist gedrungener und entspricht mit ihrer dunklen Atmosphäre im Inneren eher einer typisch orthodoxen Kirche. Sie entstand 1906 im altrussischen Stil an der Stelle einer Holzkirche. Neben der Kirche steht der Glockenturm, der 1869 im barocken Stil der Kathedrale erbaut wurde. Die Höhe ist mit 65 Metern ebenso beachtlich wie das Gewicht der Glocke – elf Tonnen.

Das Kloster gehört zur ukrainisch-orthodoxen Kirche, die dem Moskauer Patriarchat unterstellt ist. Es war über Jahrhunderte ein russisch-orthodoxer Vorposten im Westen und ein Hort des Widerstandes gegen die Lubliner Union. Umgeben von katholischen Polen und unierten Ukrainern, demonstrierte es den Anspruch Moskaus auf geistliche Vorherrschaft. Und so ist die Nähe zum Dominikanerkloster von Pidkamin' kein Zufall. Nach dem Zweiten Weltkrieg wurden die Ländereien und Werkstätten verstaatlicht, in den 1960er Jahren dann die Mönche vertrieben. 1990 kehrte das religiöse Leben zurück, ein Geistliches Seminar wurde eröffnet und 1997 der 400. Jahrstag des Einzugs der wundertätigen Ikone der Gottesmutter gefeiert. Mehr Informationen allerdings nur in russischer und ukrainischer Sprache gibt es unter: www.pochaev. org.ua.

Seit 2011 gibt es in Počajiv das komfortable **Hotel Reikartz**, vul. Losjatyns'ka 4 (вул. Посятинська), ab 40 Euro, mit westeuropäischem Standard, www.reikartz.com.

Dubno

Es war der Morgen, an dem Beata Dolska, die Nichte eines polnischen Magnaten, in Dubno (Дубно) heiraten wollte. Schloss und Stadt waren in Feierlaune und ganz mit sich beschäftigt, die Braut aber stieg noch einmal auf die Bastion. Da erblickte sie das Tatarenheer. Kurzerhand zündete sie die Kanone, die Kugel traf mitten ins Zelt des Khans, die Tataren deuteten das als böses Zeichen und zogen sofort ab. Beata stieg herunter und sagte zu Bräutigam und den verdutzten Gästen: »So, nun können wir heiraten!«

Die Geschichte von 1578 ist zu schön, um wahr zu sein. Eines aber stimmt: Festung und Schloss Dubno sind bis 1920 nicht eingenommen worden – weder von Tataren, noch von Russen, noch

Der Eingang zur Kathedrale von Počajiv

von Kosaken. Auch in Nikolai Gogols Erzählung ›Taras Bulba‹ gelingt es den Kosaken nicht, das Schloss zu erobern. Wer vor der Mauer steht und in den Graben blickt, glaubt es sofort.

Die Kreisstadt mit ihren knapp 40 000 Einwohnern liegt direkt an der Trasse, knapp 200 Kilometer östlich von L'viv und 70 von Brody. Hierher lässt Joseph Roth seinen Mendel Singer kommen, um ›Papiere zu machen‹, damit er nach Amerika reisen kann. So erzählt es Roth in seinem Roman ›Hiob‹. Sein Schriftstellerkollege Jaroslav Hašek traf 1915 in Dubno ein – als Kriegsgefangener. Die ersten, die Dubno eroberten, sind die roten Reiter unter General Budjonnij.

Der Ort wurde im Jahre 1100 erstmals erwähnt. 1386 erwarb Fjodor Ostroz'kyj das Gut, 1492 begann ein Nachfahre mit dem Bau des Schlosses, und 1507 wurde Dubno das Stadtrecht verliehen. Bis zum 18. Jahrhundert wurden nicht weniger als fünf Klöster gegründet, unter ihnen ein Bernhardiner- und ein Karmeliterkloster, aber auch orthodoxe Gemeinschaften. Das führte wiederholt zu Spannungen, die sich etwa 1875 entluden, als orthodoxe Mönche das Bernhardinerkloster gewaltsam in Besitz nahmen. Handel und Wirtschaft belebten sich, als ab 1774 Jahrmärkte veranstaltet wurden. Das Schloss wurde im Laufe der Jahrhunderte mehrmals umgebaut und erweitert, wechselte die Besitzer und wurde natürlich wiederholt belagert.

Wer heute über die mächtige Brücke in die Burganlage geht, gelang zuerst in das Torhaus mit Kasse sowie Touristeninformationen und dann zum Innenhof. Linker Hand liegt der Palast, den Mychajlo Ljubomyrskyj im 18. Jahrhundert errichten ließ, als die Jahrmärkte Wohlstand und Gäste brachten, die unterhalten werden wollten. Nach rechts gelangt man zu den Kasematten. Das ganze Gelände ist sehr weitläufig, auf der Rückseite liegt ein Teich, der vom Flüßchen Ikva (Іква) gespeist wird. Vieles ist restauriert worden, vieles muss noch getan werden.

Mitte Juli findet hier im Hof das Rockfestival ›Taras Bulba‹ statt, zu dem tausende Fans aus der ganzen Ukraine anreisen, wobei es eine Besonderheit gibt – es dürfen nur ukrainische Bands auftreten. Inzwischen sind es jedes Mal an die 50 Bands, die hier spielen (www.tarasbulbafest.kiev.ua).

Karte S. 68/69

▲ *Eingang zum Schloss Dubno*

Dubno
Vorwahl: 0 36 56.

Der Bahnhof befindet sich außerhalb der Stadt, Električkas fahren nach L'viv und Rivne. Es fahren Busse ins Zentrum.

Der Busbahnhof liegt in der vul. Zabrama 26 (вул. Забрама), Busse fahren mehrfach tgl. nach Luc'k (Луцьк), Rivne (Рівне), L'viv (Львів) und Ternopil' (Тернопіль), zwei fahren nach Brody (Броди).

Іn der Stadtmitte gibt es ein gutes und preiswertes **Hotel und Restaurant Dubno** (Дубно), vul. D. Halyc'koho 9 (вул. Д. Галицького), Tel. 4 10 86 oder 4 18 02, ab 30 Euro. Nebenan liegt ein bewachter Parkplatz. Restaurant tgl. 12–16 und 17–24 Uhr.

Nicht weit entfernt, aber etwas versteckt liegt die **Kneipe Al't** (Пивний клуб ›Альт‹), ein echter Geheimtipp, vul. Svobody 5 (вул. Свободи), 10–24 Uhr, an Wochenenden mit Livemusik. Sehr moderate Preise.

Das **Schloss** (Dubens'kyj zamok/Дубенський замок) befindet sich in der Stadtmitte an der vul. Zamkova 7a (вул. Замкова), tgl. 8–19 Uhr, vom 1. 10.–1. 4. nur bis 17 Uhr.
Das **Heimatmuseum** liegt in der vul. Ševčenko 10 (вул. Шевченко).

www.dubno-adm.rv.ua (engl.).

Kremenec'

Zwischen Dubno und Počajiv liegt Kremenec' (Кременець). Von Dubno fährt man 35 Kilometer nach Süden Richtung Ternopil', von Počajiv sind es 15 Kilometer. Kremenec' ist eine liebenswürdig unspektakuläre Stadt mit reicher Vergangenheit, die eingebettet inmitten von Hügeln liegt. Auf einem von ihnen, dem Berg Bona (Бона), thront eine **Festung**. Wer noch Zeit hat und Sinn für die Provinz, kann sich das Städtchen mit seinen 20 000 Einwohnern ansehen, das im frühen 19. Jahrhundert den Beinamen ›Wolhynisches Athen‹ erhielt. Erstmals wurde der Ort 1226 erwähnt, 1366 kam er unter litauische Herrschaft, 1438 erhielt er das Magdeburger Recht. Gleichzeitig begann man auf einem Hügel mit dem Bau des Schlosses. 1539 ging Kremenec' in den Besitz der zweiten Frau des polnischen Königs Sigismund I., Bona Sforza, über. Diese stammte aus Mailand und war eine Verwandte des Kaisers Maximilian I. Unter Bona wurde das Schloss zur Festung ausgebaut, und der Schlossberg wurde ihr zu Ehren umbenannt. Doch 1648 wurde die Burg eingenommen und zerstört, zurück blieben Mauern und Ruinen, die heute noch sehr pittoresk die Stadtsilhouette prägen.
1701 kamen Jesuiten hierher und eröffneten ein **Kollegium**. Der barocke Bau dominiert heute noch die Stadt. Auf Basis des Jesuiten-Kollegiums wurde 1805 das Höhere Wolhynische Gymnasium gegründet, das 1819 in ein Lyzeum umgewandelt wurde. Außerdem legte man 1809 einen Botanischen Garten von 200 Hektar an, der zu den besten in Russland zählte. Die Stadt erwarb sich

jenen Ruf des ›Wolhynisches Athen‹, der ihr 1830 allerdings wieder abhanden kam. Weil Schüler am polnischen Aufstand teilnahmen, wurden Lyzeum, Bibliothek und die Sammlung des Botanischen Gartens zur Strafe nach Kiev verlegt, wo sie den Grundstock der dortigen Universität bildeten. Kiev hat Kremenec' also gründlich beerbt. Wer ein typisch westukrainisches Städtchen kennenlernen will, mit vielen Kirchen, einigen Läden, einer langen Hauptstraße mit tiefen Löchern, die trotz aller Unzulänglichkeiten Charme verströmt, ist in Kremenec' genau richtig.

■ Friedhöfe

Die berühmte Vergangenheit der Stadt kann auch an den zahlreichen Friedhöfen der Stadt abgelesen werden. Im Süden der Altstadt liegt der **Tunitskyj-Friedhof**, hier wurden im Juli 1941 Massenexekutionen von den Nazis durchgeführt, ein Denkmal erinnert daran.

An der vul. Zatyžžja am Volovytsia-Berg liegen ein **alter Klosterfriedhof** – auf dem aufwendige Grabmale vieler Lehrer des Lyzeums zu finden sind – und an der anderen Hügelseite der **polnische Friedhof**.

An der Ostseite der Hauptstraße liegt ein alter Friedhof am Chercha-Hügel, der **Pjatnyc'kyj-Friedhof**. Die 1648 bei der Eroberung des Schlosses gefallenen Kosaken sollen hier begraben sein.

Auf der anderen Seite des kleinen Tales befindet sich der älteste Friedhof der Stadt, der **jüdische Friedhof** mit über 1000 Grabsteinen. Juden lebten seit dem 15. Jahrhundert in Kremenec'. Bei Massenhinrichtungen und dem Brand des Ghettos im September 1942 wurden nahezu alle Juden der Stadt umgebracht.

Kremenec' (Кременець)

Blick von der Festung auf die Stadt

Juliusz Słowacki, neben Adam Mickiewicz der bedeutendste polnische Nationaldichter der Romantik wurde am 1809 in Kremenec' geboren. Seine bekannten Werke schuf er allerdings nicht hier, sondern in Paris.

  Kremenec'

Der Ort hat keinen Anschluss an das Bahnnetz, der Busbahnhof liegt westlich vom Stadtzentrum an der Hauptstraße.

Das **Hotel Edem** (Едем), vul. O. Ljaturins'koji 15/2 (вул. О. Лятуринської) ist vergleichsweise komfortabel, ab 30 Euro. Ebenfalls für 30 Euro bietet das **Hotel Kremin** (кремін) Unterkünfte an, vul. 107-ï Kremenec'koji dyviziji 32 (вул. Кременецької ди-візії 32). In derselben Straße, Nummer 14a, befindet sich auch das **Hotel Rutenija** (Рутенія).

Luc'k

Luc'k (Луцьк) wurde 1085 in der ›Hypatian‹-Chronik erstmals erwähnt. Über den Ursprung des Namens gibt es verschiedene Theorien, entweder er leitet sich von Luka – einer Schleife im Fluss – ab, oder er geht auf einen ostslawischen Stammeshäuptling zurück. Die Stadt liegt bis heute nahezu vollständig in einer Schleife des Flusses Styr (Стир).

In der Mitte des 12. Jahrhunderts war die Stadt immerhin schon eine der größten innerhalb des galizischwolhynischen Staatswesens. Im 13. und 14. Jahrhundert wurde Luc'k zu einem Zentrum der Ikonenmalerei. Die Lage der Stadt am Kreuzungspunkt von Handelsstraßen führte insgesamt zu einer schnellen Entwicklung. Luc'k ist eine Oblasthauptstadt und es leben hier gut 200 000 Einwohner.

Die Sehenswürdigkeiten sind alle im Altstadtbereich (südlich vom Zentrum) konzentriert. Nördlich davon schließt sich eine längere Fußgängerzone an, die die Verbindung zum modernen Zentrum mit Theaterplatz (Театральнй майдан) und Prospekt Voli (пр. Волі) herstellt.

■ Die Altstadt

Als Ausgangspunkt für eine Besichtigung bietet sich die **Burganlage** an, diese befindet sich am südöstlichen Zipfel der Altstadt. Die Befestigungsanlage stammt aus dem 13. und14. Jahrhundert und weist drei Türme auf. Die Anlage wird seit den 1970er Jahren rekonstruiert. Die Arbeiten sind noch nicht ganz zu Ende geführt, neben einem Rundgang auf den Befestigungsanlagen und den Ausblicken auf die Burg und die Stadt kann man sich auch zwei Museen anschauen. Im Vladycha-Turm gibt es ein

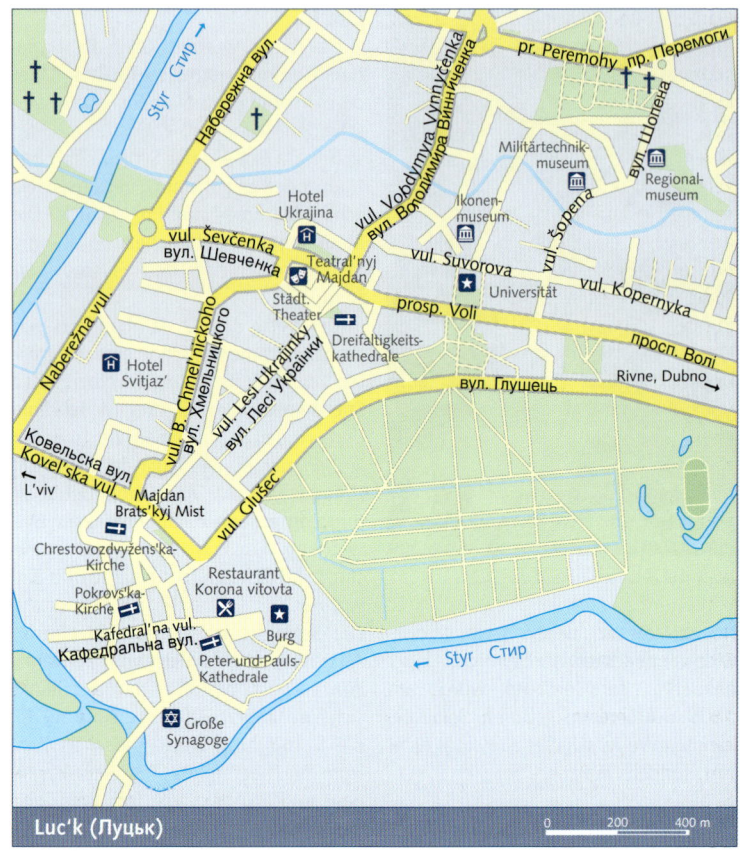

Luc'k (Луцьк)

0   200   400 m

kleines **Glockenmuseum**, in einem Gebäude im Innenhof ist das **Kunstmuseum** untergebracht. Von den Türmen
bietet sich ein schöner Rundblick auf die
Stadt und auf die Burganlage selbst. Zu
den meistfotografierten Motiven gehört
zweifelsohne der Eingangsturm.
Der Altstadtbereich wurde nahezu vollständig restauriert, und es gibt in allen
Straßen schöne Gebäude zu entdecken.
Man versucht auch, Geschäfte und
Restaurants hier anzusiedeln und so ist
das Bummeln recht abwechslungsreich.
Es lohnt, einiges genauer anzuschauen.

Das **Jesuitenkloster** am Platz vor der
Burg stammt aus dem Jahr 1606. Das
Kloster wurde 1847 geschlossen und in
ein Militärhospital umgewandelt. Jetzt
beherbergen die Mauern eine Wirt-
schaftschule. Die zugehörige katholische Peter-und-Pauls-Kathedrale ist frisch
restauriert. Die weitläufige ›Unterwelt‹
unter der Kirche ist nach mühevoller
Arbeit einiger Enthusiasten auch zugänglich. Neben theatralisch ausgebrei-
teten Knochenresten beeindrucken vor
allem die gut erhaltenen Mauern und
Kuppeln.

Die Westukraine

Ganz im Süden, nahe der Brücke, steht die **Große Synagoge**. Das Gebäude stammt aus dem Jahr 1622 und wurde im Renaissancestil errichtet. Eine Besonderheit stellt der kleine Turm dar. Im Zweiten Weltkrieg wurde die Synagoge zerstört. Glücklicherweise ist das Ensemble wieder restauriert. Jetzt wird die alte Synagoge als Turnhalle genutzt. Die etwa eintausend in der Stadt lebenden Juden nutzen eine andere Synagoge im Stadtzentrum.

Die Burg von Luc'k

Den Altstadtbereich prägen neben Burg und Bürgerhäusern vor allem Kirchen und immerhin vier Klöster. Am westlichen Ende der vul. Kafedral'na (вул. Кафедральна) fällt eine **Kirche im neogotischen Stil** auf. Das Gebäude stammt vom Ende des 19. Jahrhunderts und wird jetzt von der Adventistischen Gemeinde genutzt. Unweit davon steht die orthodoxe Pokrovs'ka-Kirche aus dem 15. Jahrhundert.

Eine weitere Besonderheit ist die erhaltene Kirche eines Klosters aus dem Jahr 1619. Die **Chrestovozdvyžens'ka-Kirche** steht am nördlichen Ende der Altstadt am Majdan Brats'kyj Mist (Майдан Братський Міст) versteckt im Grünen vor einem Wohnblock und fällt durch ihre blaue Farbe auf. Die Kirche gehörte zum Vasilius-Kloster, das von einer orthodoxen Bruderschaft geführt wurde. Zum Kloster gehörten auch ein Hospital und eine Schule.

■ Die Neustadt

In der ›Neustadt‹ sind für den Reisenden vor allem zwei Straßen interessant. Die vul. Lesi Ukrajinky (вул. Лесі Українки) verbindet als **Fußgängerzone** die Altstadt mit dem Zentrum der ›Neustadt‹. Auf dieser Geschäftsstraße flaniert die Jugend und alle, die gesehen werden wollen. Dementsprechend sind hier

Cafés und Restaurants zu finden. Den Abschluss der Fußgängerzone bildet der **Theaterplatz** (Teatralnyj Majdan/ Театральний Майдан).

In der Mitte des Platzes steht ein Denkmal für die Dichterin Lesa Ukrajinka. Westlich vom Platz schließt sich ein großes modernes Theatergebäude an und östlich davon ist die orthodoxe **Kathedrale der Heiligen Dreifaltigkeit** zu finden. Das zum ehemaligen Bernhardinerkloster gehörende Gebäude wurde 1752 errichtet. Die neugedeckten Kuppeln, die liebevoll gepflegten Blumenrabatten und die aufwendigen Kunstschmiedearbeiten an Tor und Zaun zeigen: Hier ist die zentrale Kirche in Luc'k. Obwohl es in der Stadt alle christ-

Die Kathedrale der Heiligen Dreifaltigkeit

lichen Konfessionen gibt – evangelisch, katholisch, uniert –, ist doch die orthodoxe vorherrschend.

Im rechten Winkel zur vul. Lesi Ukrajinky verläuft der **Prospekt Voli**. Diese breite Straße wird von repräsentativen Gebäuden gesäumt und strahlt vor allem den Charme der 1950er Jahre aus. Auffallend ist vor allem das Hauptgebäude der Universität mit dem übergroßen Denkmal für Taras Ševčenko davor – diesmal in ungewohnter Pose – dynamisch und innehaltend zugleich.

Es gibt einige Museen in Luc'k – das Ungewöhnlichste ist sicher die **Ausstellung von sowjetischer Militärtechnik**. Auf einem überschaubaren Gelände stehen dichtgedrängt Flakgeschütze, Panzer, Hubschrauber und Kampfflugzeuge in allen Varianten. Vom Panzer T-34 bis zum Überschalljäger SU 24 ist alles zu finden.

In unmittelbarer Nähe verläuft die **Kindereisenbahn** – mit einem sehr schönen Bahnhofsgebäude. Leider fährt sie nur noch am Wochenende!

 Luc'k

Vorwahl: 0 33 22.

Luc'k liegt etwa 140 km nordöstlich von L'viv (Verbindungsstraße T 1401 über Kam'janka Buz'ka). Die Lage an der M 08 macht die Stadt zu einem Verkehrknotenpunkt, die Entfernung nach Dubno beträgt 55 km.

Bahnhof und Busbahnhof sind nordöstlich vom Zentrum am Pryvokzal'nyj Majdan zu finden.

Ukrajina (Україна), vul. Slovac'koho 1 (вул. Словацького), am zentralen Theaterplatz, www.hotel-lutsk.com, DZ 40–50 Euro. Zweifellos das beste Hotel der Stadt.

Preiswertere Alternativen stellen das **Svitjaz'** (Світязь), zentrumsnah in der Naberežna vul. 4 (Набережна вул.), und das **Luces'k** (Лучеськ), pr. Vidrodžennja 1 (пр. Відродження), am östlichen Stadtrand (in Richtung Rivne/Рівне) dar. In beiden kostet das DZ 15–20 Euro.

Eine sehr gute Empfehlung ist das **Korona vitovta** (Корона вітовта) in der vul. Kafedral'na 18 (вул. Кафедральна) unmittelbar an der alten Burganlage. Nicht nur das Ambiente ist ansprechend, es gibt eine breite Auswahl an guter ukrainischer Küche, tgl. 12–24 Uhr.

Weitere empfehlenswerte Gaststätten sind vor allem auf der Fußgängerzone in der vul. Lesi Ukrajinky zu finden.

Die **Ausstellung der Militärtechnik** ist in der Nähe der Kindereisenbahn in der vul. Šopena (вул. Шопена) zu finden. Ohne Ruhetag kann die Freiluftausstellung tgl. 9–20 Uhr besucht werden.

Das **Regionalmuseum** in der vul. Šopena 20 hat von 10–18 Uhr geöffnet, außer Sa und Mo.

Ein kleines **Museum für wolhynische Ikonen** befindet sich in der vul. Jaroščuka (вул. Ярощука) – in einer kleinen Seitenstraße hinter der Universität. 10–18 Uhr, außer Sa und Mi.

www.lutsk.ua (ukr., engl.).

Žytomyr

Žytomyr (Житомир) ist kein Ort für Sentimentalität – man kann an der Stadt vorbeifahren. Wer aber eine sowjetisch geprägte Industriestadt besuchen will, ist hier am rechten Ort, denn vom alten Žytomyr ist nichts mehr zu sehen.

Die Stadt mit heute 300 000 Einwohnern ist eine der ältesten in diesem Teil der Ukraine. Im Jahre 884 wurde sie gegründet. 1240 wurde sie von Mongolen zerstört, kam im 14. Jahrhundert zu Litauen, dann zu Polen. Und war immer ein Nest, kaum dreitausend Einwohner, ein Drittel Juden. Dies blieb so bis zur Zweiten Polnischen Teilung 1792, als Russland begann, seinen hinzugekommenen jüdischen Untertanen in Galizien und Wolhynien Wohnrecht nur an bestimmten Orten zu geben, in Žytomyr etwa. 1804 wird Žytomyr die Hauptstadt des Gouvernements Wolhynien. Ende des 19. Jahrhunderts lebten in der Stadt 30 000 Juden, fast die Hälfte der Einwohner. Anfang des 20. Jahrhunderts wurden der Pianist Svjatoslav Richter und der Vater der sowjetischen Raumfahrt, Sergej Koroljov hier geboren. Der Start des Sputnik 1957 und des Raumschiffs Vostok 1 mit Jurij Gagarin gingen zu großen Teilen auf sein Konto. Wegen der Geheimhaltung beim sowjetischen Raketenprogramm war Koroljov zu Lebzeiten kaum bekannt, heute erinnert ein Denkmal auf dem Majdan Rad (Майдан Рад) an ihn. Es gibt auch ein Museum für Raumfahrt.

Gleich am 22. Juni 1941, am frühen Morgen jenes Tages, an dem Deutschland die Sowjetunion überfiel, wurde Žytomyr bombardiert. Am 9. Juli 1941 marschierte die Heeresgruppe Süd der Wehrmacht ein, im September erschossen die Einsatzgruppen 18 000 Juden. Ende 1943 geriet Žytomyr wieder in sowjetische Hand. Als die Rote Armee dauerhaft Fuß fasste, war die Stadt zerstört. Danach begann der Aufbau zur typisch sowjetischen Stadt mit Repräsentationsbauten und Magistralen.

■ Stadtzentrum

Die Hauptstraße, zwischenzeitlich die Leninstraße, die von Kiev in die Stadt führt, heißt wieder **Kiever Straße** (Київська вул.). An der Ecke Kiever/Moskauer Straße steht das graue **Kaufhaus CUM** (ЦУМ) mit der üblichen Mischung aus westlicher und chinesischer Produktion. Auf der Kiever Straße steht die **Michaelskirche**, bald darauf läuft die Straße auf den Mittelpunkt der Stadt zu, den **Sobornyj Majda**n (Соборний Майдан), den Kathedralplatz. In nördlicher Richtung ist schon die größte und repräsentativste Kirche der Stadt zu sehen, die **Christi-Verklärungs-Kirche**, die 1874 geweiht wurde. Dahinter erstreckt sich der **Siegesplatz** (Majdan Peremohy/ Майдан Перемоги) mit dem Panzerdenkmal von 1965. Der Siegesplatz hat sicher schon bessere Zeiten erlebt, heute ist er Marktplatz, Taxistand und Treffpunkt. An seiner Rückseite befindet sich das Hotel Žytomyr, aus der Ferne stattlich, aus der Nähe eher bescheiden.

Der schönste Winkel von Žytomyr liegt versteckt im Süden. Man muss sich auf dem Weg Richtung Čudniv (Чуднів) machen oder in die Trolleybusse der Linien 22 und 52 steigen. Kurz vor der Stadtgrenze muss man auf der vul. Černjachovs'koho (вул. Черняховського) aussteigen. Südlich davon fließt der Teteriv (Тетерів) durch eine bizarre Landschaft, der Fluss wird durch eine Staumauer aufgehalten, oberhalb der Mauer ist ein See entstanden, unterhalb gibt es manch schroffe Felswand, alles ist sehr idyllisch.

Die Westukraine

Žytomyr
Vorwahl: 0412.

Bahn- und Busbahnhof liegen am Majdan Pryvokzal'nyj (Майдан Привокзальний). Züge fahren u.a. nach Kiev, Korosten' (Коростень), über Berdyčiv nach Vinnycja, nach Rivne und L'viv.

In Žytomyr gibt es zwei solide Hotels: **Ukrajina** (Україна), vul. Kyjivs'ka 3 (вул. Київська), Tel. 375083, ab 20 Euro, bewachter Parkplatz auf dem Hof. Im Hotel gibt es ein gutes **Restaurant mit georgischer Küche**, es heißt Pirostani (Піростані), tgl. 8–23 Uhr.

Hotel Žytomyr, Majdan Peremohy 6 (Майдан Перемоги), Tel. 228693, ebenfalls ab 20 Euro.
An der Trasse östlich von Žytomyr in der Siedlung Glubočycja (Глубочиця) liegt das **Hotel Lazerservis** (Лазерсервіс), Tel. 409453, ab 25 Euro.

Raumfahrtmuseum (Музей космонавтики), vul. Dmytrivs'ka (вул. Дмитрівська) 5, tägl. außer Mo von 10–13 und 14–18 Uhr.

www.city.zt.ua (engl.), viele Fotos auf www.zhitomir.de.

Berdyčiv

Gut 40 Kilometer südlich von Žytomyr, etwas abseits der Trasse, liegt Berdyčiv (Бердичів). Die Hauptstadt der Schtetljuden, das ›wolhynische Jerusalem‹, war im 19. Jahrhundert weit bekannt. Mit dem Aufstieg Berdyčivs zu einer Messestadt begann die Zuwanderung durch die Juden. Erste urkundliche Erwähnung fand 1732 die jüdische Schneidergilde. 1884 hatte Berdyčiv 78000 Einwohner, davon waren 62000 Juden. Heute hat die Stadt 90000 Einwohner, nur wenige Hundert sind Juden. Von einst vielen Synagogen existieren noch zwei. Die größte war die Choralsynagoge. Heute rattern dort die Strickmaschinen einer Handschuhfabrik.

In Berdyčiv arbeiteten Kaufleute, Kornhändler, Bäcker und was man sonst noch brauchte – nahezu ausnahmslos Juden. Die Aufzählung könnte vom Schriftsteller Vasilij Grossman stammen, der 1905 in Berdyčiv geboren wurde. Grossman wurde zunächst als Kriegsreporter der Armeezeitung ›Krasnaja Zvezda‹ bekannt, der 1942/43 das Grauen von Stalingrad in Worten fasste. Diese Aufzeichnungen bildeten später die Grundlage für seinen Jahrhundertroman ›Leben und Schicksal‹, in dem er mit den totalitären Ideologien seines Jahrhunderts abrechnete. Wen wundert's, dass der Roman bis zu Grossmans Tod 1964 ungedruckt blieb. Der KGB zog das Manuskript ein. Nur durch Zufall gelangte doch eine Kopie in den Westen, wo das Buch 1980 erstmals erschien. Grossman beschrieb aber auch in Reportagen und Erzählungen sein Schtetl, aus dem er kam. Und er schrieb über die Vernichtung der Juden von Berdyčiv. Und so landet man mit Grossman bald im Karmeliterkloster, das im 17. Jahrhundert oberhalb des Flusses errichtet wurde (vul. Soborna/вул.

Zwischen Žytomyr und Kiev

Соборна 25). In der Nacht zum 3. November 1941, so erzählt Grossman, trieben die Einsatzgruppen Juden im Kloster zusammen. Ein Teil von ihnen wurde sofort erschossen, ein anderer Teil vor der Stadt. Über 38 000 Juden sollen dabei den Tod gefunden haben. Vasilij Grossman erzählt aber auch eine andere Geschichte. Die von Klavdia Vavilova, der Kommissarin der Roten Armee im Bürgerkrieg, die schwanger geworden war. Die Weißen rücken vor, die Roten müssen die Schwangere zurücklassen – beim jüdischen Kesselflicker Efim in Berdyčiv. Der sagt: »Eine Macht ist weg – die andere noch nicht da. Das ist die beste Zeit für die Menschen, Genossin Vavilova.« Der Regisseur Aleksandr Askoldov hat die Geschichte 1967 verfilmt. ›Die Kommissarin‹ kam sofort unter Verschluss. Erst mit Glasnost und Perestroika fand der Film 1987 in die Kinos und erhielt auf der Berlinale im Jahr darauf einen Silbernen Bären.

■ **Sehenswürdigkeiten**
Das **Karmeliterkloster** war einst das Schloss des Wojewoden Janusz Tyszkiewicz. Weil er aus der tatarischen Gefangenschaft befreit wurde, stiftete er sein Schloss zum Dank den Karmelitern. 1642, bei der Weihe der Unterkirche, kam die Wundertätige Ikone der Muttergottes von Berdyčiv, lange Eigentum der Familie Tyszkiewicz, in Klosterbesitz. Allzu viel Freude hatten die Karmeliter nicht, schon 1648 belagerte Hetman Bohdan Chmel'nyc'kyj das Kloster und vertrieb die Mönche. Erst in den 1740er Jahren kamen sie zurück und Jan de Witte wurde mit dem Bau einer barocken Kirche beauftragt. Die Ikone der Muttergottes blieb und überdauerte die Wirren der Revolution. 1926 wurde das Kloster verstaatlicht, die Hauptkirche

wurde ein Museum, die Krypta ein Kino. 1941 zerstörte ein Feuer das Kloster und mit ihm vermutlich auch die Ikone. Sie ist seitdem verschollen. Später wurde die Befestigung abgebrochen, die Seitentürme waren ohne Helme, die Kuppel notdürftig gesichert. Seit 1993 wird das Kloster restauriert. Seine Mauer ist wiedererrichtet, die Fassade der Hauptkirche fertig, im Innenraum stehen Gerüste. Die Krypta ist vollendet. Und dort ist wieder die **Ikone der Mutter Gottes von Berdyčiv** – die neue, die nach dem Vorbild der alten gemalt wurde.

Neben dem Kloster liegt das **Historische Museum**. Es ist angefüllt mit allerlei Erinnerungsstücken – mit Dreschflegeln, Bienenkörben, einer italienischen Vase, einem österreichisches Feuerzeug, einem türkischen Samowar und einem Mammutzahn. Wer etwas über das jüdische Leben sucht, wird enttäuscht. Eine kleine Vitrine ist alles. Wenigstens mit den jüdischen Söhnen schmückt man sich: allen voran mit Klavierlegende

Das Karmeliterkloster

Schülerinnen der jüdischen Mädchenschule mit ihrem israelischen Lehrer

Die Westukraine

Vladimir Horowitz, der 1903 in Berdyčiv geboren wurde. Es gibt auch nichtjüdische Prominenz: In Terechovo (Терехово) bei Berdyčiv wurde 1857 Teodor Józef Konrad Korzeniowski geboren. Weltberühmt wurde er als Joseph Conrad, einer der größten englischsprachigen Erzähler. Seit 1987 gibt es in Terechovo ein kleines **Conrad-Museum**. Das Dorf liegt ein wenig südlich von Berdyčiv, im Dorf Chažyn (Хажин) biegt man nach rechts ab.

Honoré de Balzac wurde zwar nicht in Berdyčiv geboren, aber er wäre fast hier gestorben. Dabei kam er, um die polnische Gräfin Ewelina Hanska zu freien, die auf dem **Gut Verchivnja** (Верхівня), 35 Kilometer östlich von Berdyciv, lebte. Balzac und Hanska verband eine Brieffreundschaft. Am 2. März (14. März) 1850 heiratete der Romancier die Gräfin in der katholischen Kirche der heiligen Barbara (vul. Libknechta/вул. Лібкнехта). In der Nacht nach der Trauung erlitt der herzkranke Balzac einen Anfall, gestorben ist er fünf Monate später in Paris. Im Schloss der Hanska in Verchivnja ist heute eine landwirtschaftliche

Fachschule untergebracht, aber auch ein Museum, das an die lange Beziehung und die kurze Ehe zwischen den beiden erinnert. Der Weg dorthin führt über die Kreisstadt Ružyn (Ружин).

■ Spuren jüdischen Lebens

In der vul. Sverdlova 8 (вул. Свердлова) befindet sich die heutige **Synagoge,** gleich schräg gegenüber liegt die **ehemalige Choralsynagoge** (Nr. 2) mit der Handschuhfabrik. Den etwa 15 Hektar großen **jüdischen Friedhof** findet man anderthalb Kilometer vom Zentrum entfernt an der vul. Lenina (вул. Леніна) in Richtung Žytomyr. Für einen halbstündigen Fußmarsch ist das zwar nicht zu weit, man kann jedoch auch mit einem Maršrutne-Taxi (Linie 1) oder einem Taxi fahren. Die Mauer des Friedhofs ist teilweise eingestürzt, vom Haupteingang führt ein Asphaltweg zum Grabmal des Zaddik Levi Jizchak, der von chassidischen Juden aus aller Welt verehrt und besucht wird. Über dem Grabmal steht ein kleines, 1990 erbautes Haus, das verschlossen ist. Der Schomer (›Wächter‹) ist telefonisch unter 0 67/

698 06 65 zu erreichen. Im Grabmal selbst ist Platz für Pilger zum Gebet, und es sind Briefe aufbewahrt, die an den Zaddik gerichtet sind. Wem das zu weit ist, der kann in den **Ševčenko-Park** (парк ім. Шевченка) gehen. Dort war einst der alte jüdische Friedhof. Ein einziges

Grab ist noch erhalten. Wenn man durch das Tor den Hauptweg entlang und an dessen Ende nach rechts geht, findet man das Grab des Rabbi Levinsohn, ein Berdyčiver Rabbi aus dem 18. Jahrhundert, hinter einem Eisenzaun.

 Berdyčiv

Vorwahl: 0 41 43.

Die Suche nach dem **jüdischen Berdyčiv** ist mühsam. Wer etwas Geduld mitbringt, wird dennoch einiges finden. Ein guter Anlaufpunkt ist die ›Jüdisch-religiöse Gesellschaft der Freunde von Berdyčiv‹, vul. Soborna 9/12 (вул. Соборна), Tel. 4 08 82, dort findet man englischsprechende Mitarbeiter, die behilflich sein können. Allerdings ist die Gesellschaft kein Informations- oder Reisebüro. Spenden für die Arbeit sind willkommen.

Bahnhof und Busbahnhof am Pryvokzal'na pl. (Привокзальна пл.), mehrmals tgl. fahren Vorortzüge von und nach Kiev, Fahrzeit etwa 3,5 Stunden, Preis etwa ein Euro, Busse fahren in die Umgegend.

Im realsozialistischen **Hotel Družba** (Дружба), vul. Libknechta 82 (вул. Лібкнехта), Tel. 2 10 37, kann man ab 15 Euro absteigen, ein bewachter Parkplatz liegt auf dem Hof.

Mehr Komfort bietet das **Hotel Mirabela** (Мірабела), vul. Lenina 20 (вул. Леніна), Tel. 4 09 70, ab 25 Euro, Parkplatz sowie Restaurant. Der Zugang liegt am Hintereingang.

Das **Pan-Hotel** (Пан) befindet sich am Pryvokzal'na pl. 1a, (Привокзальна пл.), ab 25 Euro.

Es gibt einige ordentliche Restaurants, in denen man gute einheimische Küche serviert bekommt:

Am vornehmsten ist das **Café Oskar** (Оскар), vul. Libknechta Ecke vul. Enhel'sa (вул. Енгельса).

Auch das **Café Kaskad** (Каскад) in der vul. Libknechta 19 und das **Café Kaska** (Каска) in der vul. Libknechta 35 sind ordentlich.

Das **Restaurant Blahodar'** (Благодарь) im städtischen Kulturpalast, vul. Libknechta 116, hat eine einfache, aber gute Küche. Weil es ein christlich geführtes Restaurant ist, gibt es keinen Alkohol.

Festung mit Kloster und Historischem Museum in der vul. Soborna 25 (вул. Соборна), tgl. außer Mo 9–18 Uhr, Pause 13–14 Uhr, Sa/So 9–17 Uhr, Mo geschlossen.

Im Dorf Terechovo (Терехово), fünf Kilometer von Berdyčiv, befindet sich ein kleines **Joseph-Conrad-Museum**. Im Dorf Verchivnja (Верхівня), 35 km östlich von Berdyčiv, gibt es ein **Balzac-Museum**.

www.berdichev.org – viele Informationen über die Geschichte des jüdischen Berdyčiv (engl.).

Josef Roth – Ein Jude auf Wanderschaft

»Ich bin Ostjude, und unsere Heimat ist überall, wo wir unsere Toten haben. Die Ostjuden haben nirgends eine Heimat, aber Gräber auf jedem Friedhof.«

Das etwa 100 Kilometer nordöstlich von L'viv gelegene Brody, wo Josef Roth 1894 geboren wurde, war damals die letzte Kleinstadt der nordöstlichen Provinz Galizien der Habsburger Monarchie vor der russischen Grenze: »Sie fängt mit kleinen Hütten an und hört mit ihnen auf, die Häuser lösen die Hütten ab, da beginnen die Straßen, eine läuft von Süden nach Norden, die andere von Osten nach Westen, im Kreuzungspunkt liegt der Marktplatz. Die Stadt hat 18 000 Einwohner, von denen 15 000 Juden sind.«

Das Geburtshaus von Joseph Roth steht nicht mehr. Roth ging in das ›k.u.k. Kronprinz-Rudolf-Gymnasium‹, das eines der wenigen mit deutscher Unterrichtssprache war. Im Gegensatz zum Großteil der Mitschüler, die entweder Polnisch sprachen oder zionistischen Gedanken aufgeschlossen waren, war Roth an deutscher Sprache und Kultur interessiert. In der Schule lernte er Deutsch, Polnisch, Hebräisch und Griechisch, im Alltag kamen Jiddisch und Ukrainisch hinzu, später Russisch. Das Studium führte ihn nach Lemberg, in die erste große Stadt seines Lebens, in die er oft zurückkehrte. Mit neunzehn ging er nach Wien, wo seine schriftstellerische Laufbahn begann.

Mit Ausbruch des Ersten Weltkrieges entzog er sich zunächst einer Einberufung, doch als er hörte, dass sich die Russen seiner Heimat näherten, meldete er sich freiwillig. Nach dem Krieg zogen durch Europa die Heimkehrer, auf ihrer »Flucht ohne Ende«. Mit ihnen zog Josef Roth. Zunächst nach Wien, wo er sich als Beobachter seiner Zeit schnell einen Namen machte. Sein Beruf führte ihn durch ganz Europa: »Ich könnte jahrelang zu Hause sitzen und zufrieden sein, wenn nur nicht die Bahnhöfe wären.«

Die nächste Station war Berlin, wo er als Feuilletonkorrespondent der ›Frankfurter Zeitung‹ arbeitete. Roth musste später fliehen, denn auch seine Bücher gingen 1933 in Flammen auf. »Es ist Zeit wegzugehen, sie werden unsere Bücher verbrennen und uns damit meinen.« Stationen seiner Flucht waren Amsterdam und Paris, schließlich wieder Wien. 1938 erfolgte der Anschluss Österreichs an Deutschland, und Roth verlor nicht nur sein Land und sein Einkommen, sondern auch seine Sprache.

Roth flüchtete sich mehr und mehr in den Alkohol. Seine finanzielle und gesundheitliche Lage verschlechterte sich zusehends. Im Mai 1939 starb er in einem Pariser Armenhospital. Bei seiner Beerdigung auf dem Friedhof Thiais bei Paris kam es zu »jüdisch-katholisch-sozialistisch-monarchischen Gespensterszenen«, wie sein Biograph Wilhelm von Sternburg schreibt. Die Sozialisten warfen rote Nelken, die Kaisertreuen spendeten einen Kranz, ein katholischer Priester zelebrierte das Begräbnis, und die anwesenden Juden waren empört. Es war die ›Wiener Melange‹, die Roth das letzte Geleit gab, alle Himmelsrichtungen und alles Europa – und angefangen hatte es einst in Brody.

In den Romanen ›Radetzkymarsch‹ und ›Kapuzinergruft‹ hat Roth sein Bild von der Tragik der untergehenden Donaumonarchie gezeichnet – auch als Metapher auf die menschliche Armseligkeit. »Ich hörte, was die Leute einander sagten, und fühlte die Armut ihrer Schicksale, die Kleinheit ihres Erlebens, die Enge und Gewichtlosigkeit ihrer Schmerzen«, schrieb er 1925. Aber Roth beobachtete keineswegs nur die anderen, sondern auch sich selbst. Kurz vor seinem Tod, beim Anblick eines Porträts von sich selbst, soll er gesagt haben: »Das bin ich wirklich: böse, besoffen, aber gescheit.«

»Die zählebigste Stadt der
Ukraine. Die Kastanien stehen
voller Kerzen – rosagelbe
Federbusch-Knallbonbons.
Junge Damen in geschmuggel-
ten Seidenjackets.«

Osip Mandel'štam,
Das Rauschen der Zeit

Kiev und Umgebung

Kiev

Kiev (Київ), die Hauptstadt der Ukraine, ist eine grüne Stadt. Wer von Osten über den Dnepr auf das Stadtzentrum blickt, sieht dichtbewaldete Uferhänge, aus denen die goldenen Kuppeln der Kirchen ragen. Dabei ist Kiev mit seinen 2,6 Millionen Einwohnern (zusammen mit den Vororten sind es mehr als 3 Millionen) keinesfalls nur eine Stadt historischer Bausubstanz und vergangener Größe, sondern die pulsierende Metropole eines aufstrebenden Staates. Kiev ist längst dabei, den alten Zentren mit ihrer Schwerindustrie im Osten des Landes durch moderne Industrien und Dienstleistungen den Rang abzulaufen. Sichtbares Zeichen des neuen Selbstbewusstseins sind die Appartementhochhäuser am Ostufer. Zur Sowjetzeit war das linke Ufer des Dnepr nur eine einzige langweilige Schlafstadt, die neuen Reichen blicken in Zukunft aus ihren gut gesicherten Appartements aus hundert Metern Höhe über den Fluss auf die Parks, die gleißenden Kuppeln und den nicht abreißenden Verkehr auf den Uferstraßen.

Denkmal für die Stadtgründer am Ufer des Dnepr

Karte vordere Umschlagklappe ▲

Orientierung

So unübersichtlich Kiev auf den ersten Blick erscheinen mag, es gibt klare Orientierungen. Die erste ist der **Dnepr** (russ. Днепр, ukr. Дніпро), der die Stadt teilt. Auf der westlichen Seite erstreckt sich der ältere Teil mit allen seinen Sehenswürdigkeiten. Die Wohnviertel am Ostufer können damit nicht konkurrieren. Wer aber einen Blick in das andere, weniger aufregende Kiev werfen möchte, das für die meisten Einwohner Alltag bedeutet, sollte hinüberfahren und durch die Parks am Ostufer spazieren.

Die zweite Orientierung sind die **Dneprbrücken**. Es wird ab 2012 sechs Straßenbrücken (zwei zusätzlich mit Gleiskörpern, eine mit Metrolinie) und zwei Eisenbahnübergänge geben. Dazu kommt eine Fußgängerbrücke, die jedoch nur auf die Insel Truchaniv (Труханів) führt. Im Norden und im Süden der Stadt wurde lange an zwei Brücken gebaut. Der mächtige Neubau im Norden, die Podiler Brücke, ist vom Flusshafen gut zu sehen. Die kombinierte Straßen-Eisenbahnbrücke ist 7,5 Kilometer lang. Die Darnyc'ker Brücke (Дарницький міст) im Süden, ebenfalls eine Straßen-Eisenbahnbrücke, wurde 2011 eröffnet. Im Bereich des Stadtzentrums gibt es nur zwei Brücken von Bedeutung: Die Metrobrücke (Міст Метро) und die Patonbrücke (Міст Патона) verbinden die östlichen Teile mit dem Zentrum. Die Metrobrücke führt über die Insel Hidropark (Гідропарк), das Ausflugsgebiet der Kiever im Herzen der Stadt. Wegen des Uferhanges bündelt sich der Autoverkehr am Westufer direkt am Flussufer zwischen Patonbrücke und dem Stadtteil Podil

(Поділ) auf der Uferchaussee (Nabe-režne šose/Набережне шосе). Eine große Orientierungshilfe ist zudem das bislang 63 Kilometer lange **Metronetz**, das aus drei Linien mit insgesamt 49 Stationen besteht, die sich unter dem Stadtzentrum kreuzen und ein Drei-eck dicht beieinander liegender Halte-stellen bilden. Die Linien sind durch Farben gekennzeichnet: Die rote Linie führt von West nach Ost durch die Stadt, die blaue von Nord nach Süd und die grüne von Nordwest nach Südost. Die drei Umsteigebahnhöfe unter der Oberstadt haben für jede Linie eigene Namen und sind durch Tunnel miteinan-der verbunden. Wer den Eingang zur Metro passiert hat, kann solange und sooft hin und herfahren wie er will. Die letzte U-Bahn fährt gegen 24 Uhr, wenn die Metro geschlossen wird. Die ersten Metrozüge rollen am Morgen wieder gegen 6 Uhr.

Geschichte der Stadt

An das vermeintliche Urdatum von der **Gründung Kiews** erinnert eine Legende, die viel zu schön ist, um wahr zu sein.

Die mittelalterliche Nestorchronik, die wahrscheinlich in Kiev entstanden ist, berichtet, dass der Apostel Andreas auf seinem Weg nach Rom den Dnepr hin-aufgefahren sei, Hügel gesehen und zu seinen Schülern gesprochen habe: »Seht ihr diese Berge? Über ihnen wird Gottes Gnade erstrahlen. Hier wird einst eine große Stadt sein, und Gott wird viele Kirchen errichten.« Danach soll er ein Kreuz errichtet haben.

Nun ist die Nestorchronik mit großer Wahrscheinlichkeit in Kiev entstanden, und der Apostel müsste schon sehr vom Weg abgekommen sein, um den Dnepr als Route zu nutzen. Die Sache ist also ziemlich durchsichtig: Der Verfas-ser der Chronik wollte mit einem promi-nenten Stadtgründer aufwarten. Immer-hin steht heute auf einem Hügel über dem Dnepr die barocke Andreaskirche (Andrijivs'ka cerkva/Андріївська цер-ква), und seit dem Jahr 2000 gibt es in Kiev ein Denkmal für den berühmten Reisenden unweit der Metrostation Arsenal'na im Park ›Askold-Grab‹ (park Askol'dova mohyla/парк Аскольдова могила).

Noble Häuserzeile am Sophienplatz

Die Kiever Metro

Kiev ist eine sehr alte Stadt, denn der Dnepr war frühzeitig eine wichtige Wasserstraße, nicht erst seit den **Warägern**. Doch mit ihnen und ihren Fahrten von Skandinavien ins Mittelmeer erhielt das Verkehrsnetz eine geradezu europäische Bedeutung – mittendrin: Kiev. Nicht alle Waräger reisten bis ins Mittelmeer. Viele ließen sich nieder, gründeten Siedlungen und Herrschaften und vermischten

Metroplan Kiev

An anderer Stelle ist die Chronik schon weit näher an der Wirklichkeit. Sie erwähnt, dass drei Brüder, Kyj (Кий), Šč* (Щек) und Choriv (Хорів), gemeinsam mit ihrer Schwester Lybed' (Либедь) auf einem Hügel über dem Dnepr eine Burg gebaut haben, die nach dem ältesten Bruder Kyj den Namen Kiev trug. Tatsächlich fanden Archäologen 1908 die Reste einer Burg aus dem 5./6. Jahrhundert, und tatsächlich kennen byzantinische Chroniken jener Zeit einen Fürsten Kyj. Und so feierte Kiev 1982 das 1500. Stadtjubiläum, dabei wurde unter anderem das Denkmal für Kyj, Šč* und Choriv errichtet, das die Brüder am Heck ihres Bootes feierlich mit Speer und Bogen zeigt, während sich ihre Schwester Lybed' abenteuerlustig in den Bugwind wirft. Inzwischen ist das Ensemble unweit der Patonbrücke im Süden der Stadt zu einem Wahrzeichen geworden. Ein Denkmal neueren Datums zeigt die Geschwister auf dem Majdan Nezaležnosti (Майдан Незалежності) schon in weitaus ›coolerer‹ Pose.

sich mit den ansässigen Slawen. Einer von ihnen war Fürst Oleg aus dem Geschlecht der Rjurikiden, der über Novgorod herrschte. 882 machte er sich mit einem Heer nach Süden auf, eroberte Kiev, erschlug die beiden Herrscher Askold und Dir, vereinte die beiden Fürstentümer und prophezeite: »Kiev soll die Mutter der russischen Städte werden!« So erzählt es die Chronik.

Kiev und Novgorod wurden die **Zentren der Kiever Rus'**, eines ostslawischen Reiches das von Galizien bis zum Ladoga-See reichte. In Folge der Taufe unter Großfürst Volodymyr 988 entwickelte sich die Stadt, Handel und Handwerk erblühten, Kiev gehörte im 11. Jahrhundert mit mehreren zehntausend Einwohnern zu den größten Städten Europas. Doch der zunehmende Bruderzwist un-

Portalfries an der Michaelskirche in Kiev

ter den Herrschern schwächte die Rus'. Der jähe Absturz kam 1240, als Kiev in die Hand der **Mongolen** fiel und zerstört wurde. Das Zentrum der Rus' verlagerte sich in der Folge nach Moskau. Im 14. Jahrhundert geriet Kiev unter litauische Herrschaft, dann unter polnische, zwischendurch wurde es noch einmal von Mongolen heimgesucht.

Erst mit dem Auftreten der Kosaken als politische Akteure und der Bildung des **Hetmanats** rückte Kiev im 17. Jahrhundert wieder in den Blick. Mit dem Vertrag von Perejaslavl 1654 kam Kiev unter Moskauer Oberhoheit, mit Hetman Ivan Mazepa erlebte es eine neue Blüte. Mit der Aufhebung des Hetmanats unter **Katharina II.** wurde Kiev Gouverneursstadt und politisches und kulturelles Zentrum der Ukraine.

Mit den unter Katharina hinzugewonnenen neurussischen Gebieten am Schwarzen Meer wuchs auch Kiev eine größere Rolle zu. Die **Industrialisierung** tat ein übriges. 1853 wurde die erste Dnepr-

brücke eröffnet, 1870 dampfte die erste Eisenbahn aus der Stadt. Vor dem Ersten Weltkrieg war die Stadt auf 600 000 Einwohner angewachsen. Kiev war auch ein Zentrum der ukrainischen Nationalbewegung. Revolution und Bürgerkrieg zogen die Stadt arg in Mitleidenschaft. 1919 bestimmten die Bolschewiki Charkiv zur Hauptstadt der Sowjetukraine, erst 1934 übernahm Kiev diese Funktion.

Im **Zweiten Weltkrieg** leistete Kiev dem deutschen Angriff im September 1941 unerwartet lange Widerstand. Deutsche Einsatzgruppen richteten wenige Tage nach ihrem Einmarsch ein gewaltiges Blutbad an: Um den geplanten Mord als Evakuierung zu tarnen, veröffentlichten sie folgenden Aufruf: Alle Juden Kievs und der Umgebung sollten sich am Montag, den 29. September 1941, um 8 Uhr. auf der vul. Mel'nykova mit Ausweis, Geld, Wertsachen und warmer Kleidung einfinden. Nachdem sich Zehntausende, zumeist Alte, Frauen und Kinder, eingefunden hatten, wurden die meisten innerhalb von 36 Stunden in der Schlucht Babyn Jar mit Maschinengewehren erschossen. Insgesamt sind bis zum 12. Oktober 1941 über 50 000 Juden ermordet worden. Dort befindet sich heute eine Gedenkstätte (unweit der Station Dorohozyci/Дорогожичі, grüne Metrolinie).

Nach dem Krieg wurden die Zerstörungen beseitigt, der Chreščatyk mit stalinistischem Barock zur Pracht- und Paradestraße ausgebaut. Kiev wurde ein wirtschaftliches und kulturelles Zentrum der **Sowjetunion**. 1990 wurde über dem Kiever Rathaus die ukrainische Flagge gehißt, und seit der Unabhängigkeitserklärung vom 21. August 1991 ist Kiev die **Hauptstadt der unabhängigen Ukraine**.

Karte vordere Umschlagklappe

Als der mit dem Zerfall der Sowjetunion einsetzende wirtschaftliche Niedergang Ende der 1990er Jahre gestoppt war, setzte eine rasante Entwicklung ein. Wirtschaftlich gewinnt der Großraum Kiev von Jahr zu Jahr an Bedeutung, damit einher geht ein enormer Bauboom, der noch lange nicht abgeschlossen ist. Hotels und Bürohäuser bedrängen das historische Zentrum, am Ostufer wachsen Appartementtürme in den Himmel, nur die Infrastruktur kann mit all dem nicht mithalten. Nicht alle Kiever sind über die oft rücksichtslose Bebauung glücklich. Eine wachsende Zahl fürchtet inzwischen um die historische Gestalt der Stadt.

Die Oberstadt

Die Hügel, auf denen sich die drei Stadtgründer Kyj, Šček und Choriv nebst Schwester Lybed' niedergelassen haben sollen, liegen am Westufer des Dnepr und bilden das heutige Stadtzentrum. Zwischen beiden Anhöhen verlief ein Tal

Blick vom Höhlenkloster auf die Neubauviertel am östlichen Ufer des Dnepr

mit Namen Chreščatnyj jar, in dem ein Bach zum Dnepr eilte. Kurz bevor er in den Fluss mündete, strömte er durch eine Niederung. Das ist heute der Majdan Nezaležnosti (Майдан Незалежності), wo im November 2004 die Orangene Revolution ihren Höhepunkt fand. Das Tal nennt sich heute Chreščatyk, dort wachsen Kastanien und pulsiert der Verkehr. Es ist die Vorzeigemeile der Stadt. Auf dem nördlichen Hügel liegt die Oberstadt mit den gleißenden Kuppeln von Sophienkirche und Michaelskloster, auf dem südlichen Hügel recken sich die Türme des Höhlenklosters in den Himmel.

Durch die Oberstadt zieht sich die vul. Volodymyrs'ka (вул. Володимирська), benannt nach Großfürst Volodymyr (russ. Vladimir/Владимир) dem Heiligen, der mit seinem Übertritt zum Christentum und der danach erfolgten Massentaufe der Kiever zum Urvater der russisch- und ukrainisch-orthodoxen Kirche geworden ist. Die Oberstadt war das politische, wirtschaftliche und geistliche Zentrum der Kiever Rus'. Wer heute mitten ins Getümmel will, nimmt die Metro und steigt an der Station Zoloti Vorota (Золоті Ворота, Goldenes Tor) aus. Wer wie von alters her auf den Berg gelangen will, steigt an der Metrostation Poštova plošča (Поштова площа) aus, die sich beim Flusshafen befindet. Bequem kann man mit dem altertümlichen ›Funikulaire‹ (Фуникулер), einer Standseilbahn, nach oben fahren, entlang der Seilbahn führen auch Fußwege durch einen Park hinauf, auf denen man zum Michaelskloster kommt. Der Andreasstieg (Andrijivs'kyj uzviz/Андріївський узвіз) hingegen, der sehr malerisch von der Andreaskirche in den Stadtteil Podil hinunterführt, empfiehlt sich eher für einen Abstieg.

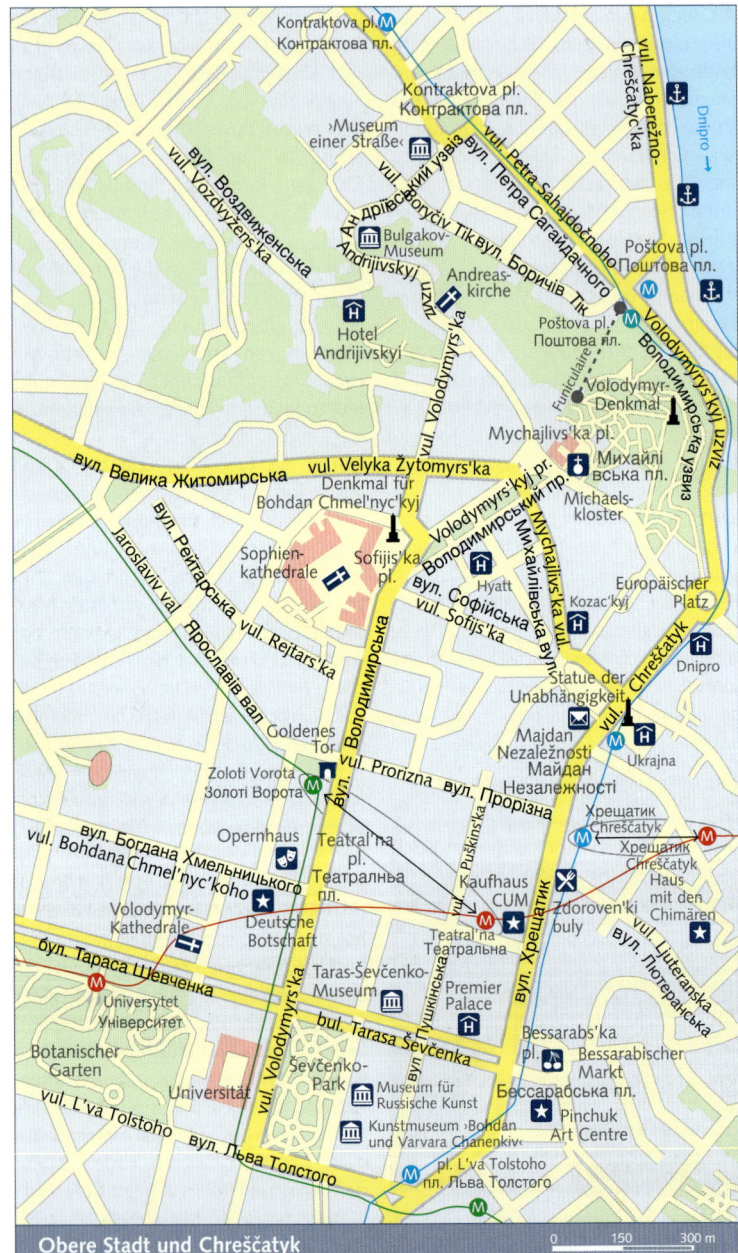

■ Der Ševčenko-Boulevard

Die südliche Begrenzung der Oberstadt bildet der bul. Ševčenko (бул. Шевченко). Hier ging es im 19. Jahrhundert großbürgerlich zu, die Fabrikanten und Akademiker ließen auf der 1834 gegründeten Universität ihre Söhne studieren – unter ihnen ein junger Mann, Michail Bulgakov, Student der Medizin, der später nicht als Arzt, sondern als Schriftsteller Weltgeltung erlangte, leider erst nach seinem Tod. Gleich an der Kreuzung Volodymyrs'ka/Ecke bul. Ševčenko beginnt der Ševčenko-Park. Er ist eine Oase inmitten des Verkehrs, eine Idylle ist er jedoch nicht unbedingt, denn er ist ständiger Treffpunkt der Studenten, die aus dem auffallend rote Hauptgebäude der Universität hinüber ins Grüne strömen, dem mächtigen Ševčenko-Denkmal entgegen, das dem Park sowohl Mitte als auch Namen gibt. Reichlich Parkrestaurants und Biergärten laden ein, und die Studenten müssen sehr standhaft sein, um nicht permanent Vorlesungen und Klausuren zu verpassen.

Alter Moskwitsch

Kvas – ein beliebtes Erfrischungsgetränk

■ Volodymyr-Kathedrale

Gegenüber dem Botanischen Garten (Botaničnyj sad/Ботанічний сад) der Universität steht die Volodymyr-Kathedrale (Володимирський собор) mit ihren tiefblauen Kuppeln. An ihrem Anfang stand die Kritik frommer Kiever, die sich über das Volodymyr-Denkmal erregten, das 1853 am Abhang zum Dnepr aufgestellt wurde. Warum sollte dem Fürsten, der vor Jahrhunderten die Götzenbilder stürzen ließ, jetzt selbst ein solches errichtet werden? Schnell war man sich einig, dass eine Kirche zur 900. Wiederkehr der Taufe 1888 eine viel bessere Ehrung sei. Das Vorhaben sprengte jedoch sehr bald den Zeitplan, die Gründe – fehlende Spenden und Konstruktionsmängel. Und so wurden mehrere prominente Architekten verschlissen und das Projekt so sehr abgespeckt, dass von den einst 13 Kuppeln nur noch 7 übrigblieben. Zwar wurde der Bau 1882 tatsächlich fertiggestellt, als Kirche geweiht wurde er aber noch lange nicht. Das Jubiläumsjahr 1888 verstrich genauso wie die acht folgen-

Die Volodymyrkathedrale

■ Museen

Mehr von Vrubel' kann man unweit der Kathedrale im **Museum für russische Kunst** in der vul. Terešenkivs'ka (вул. Терешенківська) 9 sehen.

Gleich nebenan in der Nr. 15–17, befindet sich das **Kunstmuseum ›Bohdan und Varvara Chanenkiv‹**. Das Industriellenehepaar Chanenko hatte eine umfangreiche Sammlung westeuropäischer Malerei zusammengetragen, das es 1904 der Stadt Kiev vererbte. Diese öffnete mit diesem Grundstock ein Museum, das nach dem Ehepaar benannt ist. Im Hauptgebäude ist reichlich hochkarätige Malerei zu sehen, unter anderem Bilder von Bellini, Rubens, Vernet, Velázquez und David. Allerdings ist auch die Kollektion russischer und byzantinischer Ikonen umfangreich. Als Kontrast dazu gibt es im Nebengebäude Fernöstliches: Schnitzwerk, Fayencen, Gemälde, auch Waffen. Nicht nur die Sammlungen selbst, sondern auch das Interieur des Palais ist sehenswert, gibt es doch, vom Knarren der Dielen begleitet, eine Ahnung der städtischen Pracht im 19. Jahrhundert.

Überhaupt gibt es rund um den bul. Ševčenka einige reich ausgestattete **Adelspalais**. Hier mit ausreichen Abstand zum Trubel der Innenstadt wohnte die Aristokratie. Nach der Oktoberrevolution und der ›Nationalisierung‹, sprich entschädigungslosen Enteignung, quartierten sich in den Repräsentativbauten zuerst die neuen Machthaber selbst ein. Wenn der Platz noch reichte, wurden Museen eröffnet, wie etwa in der vul. Terešenkivs'ka. Aber auch auf dem bul. Ševčenka, im ehemaligen Palais San Donato des Kiever Stadtoberhaupts Fürst Pavel (Nr. 12), war das so. Dort findet sich heute das **Ševčenko-Museum**.

den Jahre, bis die Kirche endlich 1896 unter Anwesenheit von Zar Nikolaus' II. geweiht wurde. Der Grund war der Schatz, den die Kirche bis heute in ihren Mauern birgt: 14 Jahre benötigten Michail Vrubel', Viktor Vasnecov, Michail Nesterov und andere bedeutende russische Maler, um die insgesamt über mehrere tausend Quadratmeter großen **Fresken** fertigzustellen, die das gesamte himmlische Drama entfalten, von der Schöpfung, über Jesu Leben, Sterben und Auferstehung bis zum Jüngsten Gericht – und natürlich der Taufe der Kiever Rus'. Die Kathedrale ist heute die Hauptkirche von Filaret, dem Patriarchen der Kiever Rus' und der ganzen Ukraine.

Karte S. 228

■ **Opernhaus**

In dem Viertel hinter der Kirche haben sich etliche ausländische Vertretungen niedergelassen, unter ihnen seit 2002 auch die **Deutsche Botschaft** mit ihrer neuen Residenz in der vul. Bohdana Chmel'nyc'koho 25 (вул. Богдана Хмельницького). Schräg gegenüber an der Ecke zur vul. Volodymyrs'ka (вул. Володимирська) steht das Kiever Opernhaus, das 1901 eröffnet wurde. Am 1. September (14. September) 1911 wurde bei einer Sondervorstellung der russische Ministerpräsident Pjotr Stolypin, der schon mehrere Anschläge überlebt hatte, von einem Attentäter niedergeschossen. Zeugen der Bluttat waren Zar Nikolaus II. und seine Töchter, die alles aus nächster Nähe miterleben mussten. Stolypin starb vier Tage später, sein Grab befindet sich auf dem Gelände des Höhlenklosters.

■ **Goldenes Tor**

Fünf Minuten von der Oper entfernt verlief im 11. Jahrhundert die Stadtgrenze. 1037 erweiterte Volodymyrs Sohn Fürst Jaroslav Mudryj, genannt der Weise, die zu klein gewordene Stadt und ließ Wälle und vier große Stadttore errichten. Eines davon ist das Goldene Tor (Zoloti vorota/Золоті ворота), das beim Mongolensturm 1240 zwar schwer beschädigt wurde, aber dennoch bis ins 17. Jahrhundert als Einfahrt diente. Danach wurde das Tor mit Erde aufgeschüttet, die im 19. Jahrhundert wieder abgetragen wurde. Aus Anlass der 1500-Jahr-Feier 1982 kam es zu einer umfassenden Rekonstruktion. Über dem Tor thront wieder die **Verkündigungs-Kirche**, neu ist neben dem Tor das Denkmal für Jaroslav, in seiner Hand hält er ein Modell der Sophienkathedrale, deren Bau er veran-

lasst hat. Um das Tor breitet sich ein kleiner Park, wo Springbrunnen und Biergarten zur Pause einladen.

Auf der Kreuzung vul. Volodymyrs'ka/Ecke vul. Prorizna fällt ein **Haus mit üppigen Verzierungen** ins Auge. Der Bauherr, Kaufmann Pjotr Grigorivič-Barskyj, wünschte sich das prächtigste Gebäude der Stadt, koste es was es wolle. So kam es dann auch, allerdings anders als vom Gernegroß gedacht. Einer seiner Gläubiger drehte kurzerhand den Geldhahn zu, übernahm die Baustelle und vollendete das Haus. Die Kiever erinnern sich gern an die Zeit, als hier im Erdgeschoss das Restaurant ›Leipzig‹ mit deutscher Küche geöffnet war. Zu Zeiten des ›unverbrüchlichen Bruderbundes zwischen der UdSSR und der DDR‹ wurde von den Obrigkeiten beider Staaten zwischen Kiev und Leipzig eine Städtepartnerschaft angebahnt. Zwar hatten die Einwohner nicht allzu viel davon, aber die Leipziger hatten auf ihrem Markt ein Spezialitätenrestaurant ›Kiev‹ und die Kiever ihr ›Leipzig‹ – geschlossen sind sie inzwischen beide, die Partnerschaft dauert fort.

Das Goldene Tor

Die Sophienkathedrale

Die Sophienkathedrale (Sofijskyj sobor/ Софійський собор) steht seit 1990 auf der UNESCO-Weltkulturerbeliste. Wie andere Kirchen und Klöster auch, ist das weitläufige Gelände um die Kirche herum eine wohltuende Insel inmitten des Großstadtlärms. Sobald man durch den Eingang am Glockenturm tritt, ist Vogelzwitschern und, wenn man Glück hat, das Lied eines Kobzars, eines typisch ukrainischen Barden, auf seiner Bandura zu hören.

Doch ganz so harmonisch geht es auch in einer Kirche nicht immer zu, wie das **Grab des Patriarchen Volodymyr** vor dem Eingang beweist. Nach dem Willen seiner Anhänger sollte das verstorbene Oberhaupt der ukrainisch-orthodoxen Kirche/Kiewer Patriarchat 1995 in der Kathedrale beigesetzt werden, doch der Leichenzug kam nur bis zum Tor. Denn auf dieses zentrale Heiligtum erhebt auch die moskautreue ukrainisch-orthodoxe Kirche Anspruch, die zum russischen Patriarchen hält. Um Neutralität zwischen den verfeindeten Schwestern zu wahren, verboten die Kiewer Behörden eine Beisetzung – mit guten Argumenten: Die im Staatsbesitz befindliche Kirche ist seit langem ein Museum. Der Leichenzug fand keinen Einlass, und so begann man im heiligen Zorn vor dem Tor die Straße aufzubrechen und ein Grab auszuheben. Es kam zu wüsten Handgreiflichkeiten, Dutzende fanden sich im Krankenhaus wieder. Allein, der Trauerzug hatte sich vergeblich für seinen Patriarchen geprügelt, der Sarg kam nicht aufs Klostergelände. Und so wurde er am Fuße des 76 Meter hohen Glockenturms, quasi auf der Straße, in die

Erde gesenkt. Das Grab, inzwischen kein Provisorium, sondern in Marmor gefasst, erinnert jeden an die kirchliche Spaltung des Landes und irgendwie auch an das Gebot der Nächstenliebe. Gott sei dank geht es drinnen friedlich zu. Das Ensemble der Sophienkathedrale umfasst den **Glockenturm**, die ehemalige **Residenz des Metropoliten**, eine kleinere Kirche, die Umfassung mit zwei Pforten, **Wohn- und Wirtschaftsgebäude** und die Kathedrale, deren Grundstein Fürst Jaroslav der Weise vermutlich 1037 legte. An ihrer Stelle hatte Jaroslav zuvor die Petschenegen, ein Turkvolk, geschlagen. Nun sollte die Kirche der Heiligen Sophia, der göttlichen Weisheit, von der engen Verbindung nach Konstantinopel künden, deren größte und schönste Kirche, die ›Hagia Sophia‹, wie eine mächtige Schwester erschien. Jaroslav ließ kostbare Baumaterialien herbeischaffen, Mosaiken entstanden in den leuchtendsten Farben, das größte: die Oranta (Präsenspartizip von lateinischen Verb orare/beten: die Betende), die betende Gottesmutter, von der bis heute der Glaube umgeht, dass sie die Stadt beschütze. Für den Gottesdienst ließ der Fürst ganze Chöre von Byzanz herbeischaffen, er beschäftigte ein Heer von Kopisten, die Bücher abschrieben, und ließ in unmittelbarer Nähe die erste öffentlich zugängliche Bibliothek und für sich einen Palast errichten. Als 1054 hier der Sarkophag von Jaroslav beigesetzt wurde, war Kiew eine blühende Stadt, ihr Symbol – die Sophienkathedrale.

Und so wurde die Kirche 1240 von Mongolen verwüstet und später mehrfach umgebaut. Die anderen Bauten, die

Karte S. 228 ▲

Blick vom Torturm auf die Sophienkathedrale

Der Glockenturm der Sophienkathedrale

heute zu sehen sind, wurden im 18. Jahrhundert im Stil des ukrainischen Barock errichtet, als dort ein Männerkloster gegründet wurde. Das Kloster hatte nur bis 1786 Bestand. Nach der Revolution wurde das Gelände verstaatlicht und ist seit 1934 ein ›architektur-historischer Museumskomplex‹.
Der **Sarkophag von Fürst Jaroslav** findet sich versteckt in einer Nische im Erdgeschoss, über der goldenen Ikonostase erhebt sich wie vor fast tausend Jahren das **Mosaik der Gottesmutter Oranta**. Es ist zwar das bedeutendste, doch längst nicht das einzige Mosaik. Im Gewölbe erhebt sich Christus Pantokrator, der Allherrscher, dazu kommen Fresken, dargestellt ist unter anderem die Familie des Erbauers Jaroslav. Die Kirche ist auch weiterhin nicht nur Museum ihrer selbst, sondern hat sich durchaus ihre fragwürdige Funktion als **Religionsmuseum** bewahrt. Gerettete Mosaiken und Fresken aus dem 1937

abgerissenen Michaelskloster befinden sich ebenso als Exponate unter ihrem Dach wie Teile der barocken Ausstattung der Andreaskirche. Man kann ahnen, wie sie unter den Sowjets als Prunkstücke einer untergegangenen Kultur vorgeführt wurden. Warum diese Gegenstände nicht längst wieder an ihren angestammten Platz zurückgefunden haben, bleibt ein Rätsel. In einem Nebenraum befindet sich ein Modell des mittelalterlichen Kiev. Die Sophienkathedrale ist Museum, Grabungsstätte, nationales Heiligtum und Streitobjekt in einem – wie vieles in der heutigen Ukraine.
Tickets: Um überall hineinzukommen, muss man übrigens mehr als einmal zahlen. Am Tordurchgang wird der allgemeine Eintritt verlangt, dann aber noch für die Sophienkathedrale selbst und ebenfalls für den Aufstieg zum Glockenturm und für das Museum. Die Tickets kosten maximal vier Euro (Sophienkathedrale) und werden alle im Kiosk im Klosterhof, links neben dem Eingang, verkauft.

Denkmal für Bohdan Chmel'nyc'kyj auf dem Sophienplatz

Karte S. 228

Das wiedererrichtete Michaelskloster

Kiev und Umgebung

■ Sophienplatz

Der **Sophienplatz** (пл. Софійська) war lange Zeit das Zentrum der Stadt. 1648 soll Hetman Bohdan Chmel'nyc'kyj mit seinen Kosaken nach seinem Sieg über die Polen jubelnd begrüßt worden sein. 1888 errichteten ihm Kiever Bürger ein Denkmal. Dessen Entstehungsgeschichte war ein Politikum, denn der Bildhauer Mychajlo Mykešyn wollte am Sockel nicht nur Angehörige russlandtreuer slawischer Völker verewigen, sondern auch besiegte Feinde, unter ihnen Jesuiten, Polen und Juden. Die Stadt fürchtete Konflikte, der Zar segnete das Vorhaben trotzdem ab. Gescheitert ist es dann am Geld, nur ein Drittel der benötigten Spenden kam zusammen. Der grünspanbelegte Kosakenführer, der sich kampfeslustig mit seinem Roß anschickt, in den Himmel zu springen, ist längst ein Wahrzeichen – das sich wie der gesamte Platz inzwischen auch in der Glasfassade eines Nobelhotels spiegelt.

■ Rund um das Michaelskloster

Vom siegreichen Kosaken ist das Michaelskloster (Mychajlivs'kyj Zolotoverchyj monastyr/Михайлівський Золотоверхий монастир) schon nicht mehr zu übersehen: Seine Kuppeln gleißen bei schönem Wetter so feurig, dass man die Augen zukneift. Hinter dem Kloster endet das Plateau, der Abhang führt zum Dnepr, der Park heißt ›Volodymyr-Hügel‹ (Volodymyrs'ka hirka/Володимирська гірка), in seinen Hängen steht das **Volodymyr-Denkmal**. Der Fürst, auf den Kreuzstab gestützt, blickt zum Fluss, dort unten soll 988 die Massentaufe erfolgt sein. Eine Säule erinnert daran. Sie dient interessanterweise gleichzeitig als Denkmal für das ›Magdeburger Recht‹, das Kiev im 15. Jahrhundert verliehen wurde.

Die Promenade vom Glockenturm der Sophienkathedrale und dem Chmel'-nyc'kyj-Denkmal zum Michaelskloster – der **Volodymyr-Gang** (Volodymyrs'kyj

projizd/Володимирський проїзд) –
scheint wie eine spirituelle Achse Resultat frommer Stadtplanung. Das Gegenteil ist der Fall. Als diese Schneise 1934
geschlagen wurde, riss die Sowjetmacht
das Michaelskloster ab, daneben – auch
dort stand eine Kirche – errichtete es
den **Monumentalbau,** in dem anfangs
das Zentralkomitee der ukrainischen
Kommunisten residierte und heute das
Außenministerium untergebracht ist. Ein
ebensolcher Bau sollte symmetrisch auf
den Trümmern des Klosters errichtet
werden, dazwischen ein 75 Meter hoher
Lenin mit Blick zum Fluss. Dieser monströse Plan wurde nie verwirklicht.

Auch das **Denkmal für die Fürstin Olga**
auf dem pl. Mychajlivs'ka (пл. Михайлівська) wurde abgebrochen. Seit
1996 steht die Figurengruppe, aus Marmor neugeschaffen, wieder an ihrem
Platz. Neben der Regentin Olga, Volodymyrs Großmutter, die als erste Russin
zum Christentum übergetreten ist, grup-
pieren sich der Apostel Andreas und die

Denkmal für die Opfer der Hungersnot 1933

griechischen Mönche Kyrill und Me-
thod, die den Slawen das Alphabet
brachten. Die ursprünglich 1911 von
Ivan Kavaleridse geschaffene Trias ist
somit die Ahnengalerie der ukrainisch-
und russisch-orthodoxen Kirche.

Als das im 11. Jahrhundert entstandene
Michaelskloster in den 1930er Jahren
zerstört wurde, hat es vielen Kievern das
Herz zerrissen, doch nur einer protestier-
te offen. Ein Historiker verweigerte seine
Unterschrift, die die Sowjets von Fach-
leuten als Zustimmung verlangt hatten:
Professor Mykola Makarenko. Makarenko wurde in ein sibirisches Gefängnis
geworfen, wo er wenig später starb. In
dem 1997 bis 2000 wiederaufgebauten
Kloster steht heute eine Büste des cou-
ragierten Professors. Das Kloster ist inzwischen auch in einem anderen, wesentlich umfangreicheren Sinn Mahnmal
für die Opfer des Stalinismus. Neben
dem Eingang mit seinen biblischen Fresken erinnert seit 1993 ein weiteres
Denkmal an die Toten der Hungersnot
von 1932/33 (Holodomor/Голодомор).
Nach der Zwangskollektivierung wurden

▲ *Fürstin Olga – die erste slawische Christin*

die Bauern zu immer höheren Abgaben gepreßt. Stoßtrupps wurden auf die Dörfer geschickt, um die Bauern zur Herausgabe der Ernte zu zwingen. Der Hintergrund: Obwohl die eigenen Menschen hungerten, verkaufte Sowjetrussland in den dreißiger Jahren auf dem Weltmarkt riesige Mengen Getreide sowie andere Lebensmittel, um im Gegenzug immense Rüstungsprojekte zu finanzieren. Schließlich sollte die Weltrevolution eines Tages auch wirklich in die Welt hineinmarschieren. Die seit 1861 freie Bauernschaft in der Kornkammer Ukraine trug die Hauptlast. Die Bauern, denen man nicht nur das Land, sondern auch die Ausweise abgenommen hatte, so dass sie sich nicht mehr frei bewegen konnten, waren zu Leibeigenen der Sowjetmacht geworden. Wer sich wehrte, wurde erschossen. Tausendfach wurden Todesurteile vollstreckt. Die ausgeplünderte Landbevölkerung verhungerte, es kam zu Kannibalismus. Schätzungsweise sechs Millionen Menschen hat diese bewusst von Stalin in Kauf genommene Tragödie das Leben gekostet, die meisten in der Ukraine. Inzwischen haben viele Staaten, darunter die EU und die USA, den Holodomor als Völkermord anerkannt, nicht jedoch Russland. Moskau weist kühl darauf hin, dass nicht allein Ukrainer Opfer des Hungers geworden waren, man folglich nicht von einem Völkermord sprechen könne.

Das **Klostergelände** mit Garten und Brunnen ist ein stiller Ort, wer es durch den Hinterausgang verlässt, gelangt zur Standseilbahn Funiculaire, die wieder zum Fluss führt. Wer noch nicht pflastermüde ist, sollte aber an der Andreaskirche vorbei den gleichnamigen Stieg hinabgehen. Allerdings ist das nichts für Eilige, denn die gepflasterte Gasse ist einer der schönsten Wege der Stadt.

■ Die Andreaskirche

Wenn man vom Bohdan-Chmel'nyc'kyj–Denkmal der vul. Volodymyrs'ka weiter folgt, wird die Straße jenseits der belebten vul. Velyka Žytomyrs'ka (вул. Велика Житомирська) zunehmend ruhiger. Maler bieten ihre Bilder an, Wälder, der Dnepr, Stadtansichten, auch Kirchen als Motive, natürlich auch die, die gleich hinter den Kastanien erscheint – die Andreaskirche (Andrijivs'ka cerkva/ Андріївська церква).

Unter allen Kiever Kirchen mit all ihrer Pracht und ihrem Glanz ist diese eine ganz besondere: Es sind nicht nur Gestalt und Farbe, es ist auch ihre Lage, die sie so einzigartig macht. Es ist die barocke Inszenierungslust, die noch heute zu spüren ist. Nähert man sich von der Stadt, steht man plötzlich vor ihr, nähert man sich vom Fluss, grüßt sie von weitem und scheint dabei über dem Hügel zu schweben. Sie wirkt wie ein Schmuckkästchen in Gold und Türkis und hat doch gewaltige Fundamente,

Die Andreaskirche

um sich am Hang zu halten. Sie lehnt sich in der Gestalt an die vielen älteren Kirchen an und hat doch eine ganz eigene Form.

Zarin Elisabeth I., die Tochter Peters des Großen, regte das Vorhaben an und legte 1744 auch den Grundstein. Bei der Wahl des Bauplatzes folgte man der mittelalterlichen Nestorchronik, die berichtet, hier auf dem Hügel habe der Apostel Andreas einst ein Kreuz errichtet und den Bau der Stadt Kiev vorausgesagt. Andreas, nach dem Johannesevangelium ein Bruder des Simon Petrus und Jünger Jesu, gilt aus diesem Grunde als der ›geistliche Stadtgründer‹ Kievs, er wurde später zum ›Nationalheiligen‹ der Russen befördert. Zwar hält diese vorweggenommene Stadtgründung kritischer Betrachtung nicht stand, Andreas ist hier nie gewesen, aber der Hügel hieß von alters her der Andreashügel und an dem Platz hatten schon zuvor Kirchen gestanden.

Der Bauplan stammt von Elisabeths Haus- und Hofarchitekten und Liebhaber Bartolomeo Rastrelli, auf dessen Pläne in und um St. Petersburg etliche Paläste zurückgehen. 1767 wurde die 46 Meter hohe Kirche geweiht – einer der schönsten Bauten des sogenannten ukrainischen Barock, einer Mischung westlicher und östlicher Stile. Gottesdienste fanden hier nur statt, wenn die Zarenfamilie in Kiev zu Gast war. Nach der Oktoberrevolution wurde sie der ukrainischen autokephalen orthodoxen Kirche (UAOK) übertragen, die sie bis 1938 nutzte. Seit 1968 ist die Kirche ein Museum, ein Teil der prächtigen Inneneinrichtung wurde aber in die Sophienkathedrale ausgelagert und befindet sich noch dort. An die Urheberin Elisabeth erinnert in allen vier vergoldeten Giebeln deren Monogramm. Seit dem Jahr 2000 feiert die UAOK hier wieder Gottesdienste, und deren Oberhaupt bemüht sich inzwischen kräftig, das ar-

Karte S. 228

▲ *Der Andreassteig unterhalb der Andreaskirche*

chitektonische Juwel zurückzubekommen. Mehrmals wöchentlich finden am Abend Konzerte statt.

Gleich neben der Kirche buhlt auf dem Bürgersteig ein Galan, der auf die Knie gefallen ist, um die Gunst einer Dame. Es ist der Barbier Svirid Golochvastov der sich um Pronja Prokopovna bemüht. Die Szene ist natürlich nicht echt – im doppelten Sinn. Die beiden sind nur aus Bronze, und die Avancen macht der Barbier der Dame nur des Geldes wegen. So erzählt es jedenfalls die Komödie ›Hinter zwei Hasen‹. Sie wurde hier 1961 im historischen Ambiente gedreht. Die Skulptur, 1999 aufgestellt, erinnert an den populären Film.

■ Der Andreassteig

An der Andreaskirche beginnt der Andreassteig (Andrijivs'kij uzviz/Андріївський узвіз) mit seinem buckligen Pflaster. Schon lange hatten Künstler hier ihre Ateliers, und diese Tradition setzten Maler, Restauratoren und andere Künstler zur Sowjetzeit fort, als sie sich in den 1970er und 1980er Jahren verstärkt hierher zurückzogen. Sie haben sich hier, weitab vom Chreščatyk, wo die Paraden stattfanden, ein Refugium geschaffen. Hier, wo man beim besten Willen nicht marschieren kann, haben sie diskutiert, gearbeitet, gefeiert. Und das alles im Milieu von Michail Bulgakov, dem wohl berühmtesten Kiever Schriftsteller mitsamt seinem literarischen Personal, allen voran aus dem ›Meister und Margarita‹, einem der grandiosesten Romane der frühen Sowjetzeit. Bulgakov wohnte hier zu verschiedenen Zeiten im Haus seiner Eltern. Die Gasse war ein Stück vorrevolutionäres Kiev in der sowjetischen Stadt. Die Künstler boten schon damals am Fuße der Andreaskirche ihre Werke an.

Seit Jahren liegt Flohmarktstimmung in der Luft, Leninbüsten, Medaillen, Keramik – vieles wird verkauft, Cafés und Biergärten preisen ihre Lage, dazwischen Galerien, Theater, Museen. Heutzutage wird das alles schon gern mit Montmartre in Paris verglichen. Doch die Kiever sollten keine Vergleiche bemühen, ihr Andreassteig ist einzigartig. Einmal sollte jeder Kiev-Besucher diese Gasse hinabgebummelt sein. Ob in der Sommerhitze oder im Schnee, ob am Morgen oder in der Abenddämmerung – sie bezaubert zu jeder Zeit. Wer es sich aussuchen kann, gehe in der Ruhe der frühen Morgenstunde über den Steig oder am späten Abend, wenn sich die Scharen von Touristen bereits wieder verlaufen haben. Aber wie auch immer - der Andreassteig wird niemanden enttäuschen. Nur auf zwei Dinge sollte man unbedingt achten: Darauf, dass man die Straße von oben nach unten entlang bummelt und – noch wichtiger als anderswo – dass man gutes Schuhwerk trägt, denn die Katzenköpfe sind fußballgroß und auch das Trottoire zeigt ein beachtliches, teilweise riskantes Gefälle.

Wer das Pflaster hinunterbummelt, wird sich bald in das vorrevolutionäre Kiev hineinversetzt fühlen. Und wenn nicht ein chromblitzender Geländewagen, sondern eine Droschke das Pflaster hinabrollen würde, wäre die Illusion perfekt.

■ Bulgakov-Museum

In der Nr. 13, einem zweigeschossigen Haus, hat Michail Bulgakov gewohnt. Es wird auch ›Haus der Turbins‹ genannt und beherbergt heute das Kiever Bulgakov-Museum. Die Turbins, eine bürgerliche Familie im revolutionären Kiev, waren die Protagonisten in Bulgakovs Revolutionsroman ›Die weiße Garde‹. Später gestaltete Bulgakow aus dem

Stoff das Bühnenstück ›Die Tage der Turbins‹. Das Obergeschoss, wo die Familie von Afanasij Bulgakov, Professor an der Kiever Geistlichen Akademie, tatsächlich wohnte, ist im Stil jener Jahre eingerichtet, als die Bulgakovs hier lebten. Im Untergeschoss ist Platz für wechselnde thematische Ausstellungen.

An Bulgakov, lange Zeit vom sowjetischen Kulturbetrieb verunglimpft, erinnert erst seit der Perestroika 1986 eine Plakette neben dem Eingang. Drei Jahre später beschloss der Stadtrat, hier auch ein Museum einzurichten, das dann zum 100. Geburtstag des Schriftstellers, am 15. Mai 1991, eröffnet wurde. Vom Nachbarhaus blickt inzwischen fett und frech der Kater Behemoth auf die Passanten, der allerdings – anders als im Roman ›Der Meister und Margarita‹ – nicht mehr gefährlich werden kann.

Gedenktafel für Michajl Bulgakov an seinem ehemaligen Wohnhaus am Andreassteig

■ Schloss Löwenherz

Gleich nach dem Museum kommt mit der Nr. 15 eine neogotische Phantasieburg mit Türmchen und Zinnen in den Blick. Es ist das sogenannte ›Schloss des Richard Löwenherz‹ aus dem Jahr 1904. Der Bauherr Dmitrij Orlov hatte damit kein Glück. Plagiatsvorwürfe wurden laut, so ein Haus gebe es schon in St. Petersburg, hieß es. 1911 verunglückte der Hausherr unter ungeklärten Umständen im Fernen Osten, und die Witwe, allein mit fünf Kindern, war gezwungen, das prächtige Haus zu verkaufen. Spätere Mieter behaupteten ernsthaft, dass es im Haus spuke, und wähnten den verunglückten Bauherrn am Werk. Geklärt wurden die Vermutungen nie, manche nannten Baumängel, andere den toten Hausherrn als Ursache. Den Titel ›Schloss Löwenherz‹ erhielt das Haus vom 1911 in Kiev geborenen Schriftsteller Viktor Nekrasov. Nekrasov,

inzwischen nur noch wenigen bekannt, verarbeitete seine Erlebnisse im Zweiten Weltkrieg literarisch, war ein überzeugter Gegner des Stalinismus und starb 1987 im französischen Exil. In das Haus soll nach großer Renovierung ein Hotel einziehen. Hoffentlich hört dann der Geist auf zu spuken – es sei denn, ein cleverer Besitzer spannt ihn kurzerhand ins Hotelmarketing mit ein.

■ Museum einer Straße

Weiter links unten im Haus Nr. 2b, kurz vor dem Kontraktplatz (Kontraktova pl./Контрактова пл.), hat der Andreassteig sein eigenes ›Museum einer Straße‹ (Музей однієї вулиці), wo mit viel Hintersinn die Atmosphäre des vorrevolutionären Kiev wie in einer Puppenstube eingefangen ist. Da hockt ein Schneider am Nähtisch, ein Herr liest Zeitung, und ein Fräulein spielt am Piano Romanzen. Es war ursprünglich das Haus des Lederwarenhändlers Akim Frolov, und das inszenierte Leben könnte sich 1915 durchaus so zugetragen haben, als das Jugendstilhaus fertiggestellt wurde.

Michail Bulgakov

Das Telefon läutet am 18. April 1930 in der Mittagszeit. »Ja, wir müssen die Zeit finden, uns zu treffen. Jetzt wünsche ich Ihnen erst einmal alles Gute!« sagt Josef Stalin zu Michail Bulgakov und legt auf. Drei Wochen zuvor hatte der Schriftsteller dem Kreml einen verzweifelten Brief geschrieben. »Beim Sichten der Zeitungsausschnitte stellte ich fest, dass es innerhalb von zehn Jahren in der sowjetischen Presse 301 Besprechungen meiner Werke gegeben hat. Drei davon haben mich gelobt, 298 feindselig zerrissen.« Bulgakov bittet, das Land verlassen zu dürfen. Wenn ihm das verweigert werde, wolle er als Statist oder Bühnenarbeiter arbeiten. Bulgakov ist am Ende. Der einst gefeierte Autor wird totgeschwiegen. Mit dem Roman ›Die weiße Garde‹ war er berühmt geworden, ein Buch über die bürgerliche Gesellschaft nach der Revolution. Die Sympathie für die ›Klasse der Bourgeoisie‹ ist nicht ungefährlich. Doch sie bleibt vorerst folgenlos. Im Gegenteil: Auf Anregung des Moskauer Künstlertheaters schreibt Bulgakov eine Bühnenfassung, ›Die Tage der Turbins‹. Die Premiere ist ein Triumph.

Michail Bulgakov wird als ältestes von sieben Kindern am 3. (15.) Mai 1891 in Kiev geboren. Sein Vater unterrichtet an der Geistlichen Akademie, schon am Gymnasium verfasst der junge Bulgakov Satiren und Epigramme, dennoch schreibt er sich an der Kiever Universität für Medizin ein. Als Arzt wird er im Ersten Weltkrieg eingesetzt, erlebt Revolution und Bürgerkrieg. 1921 geht er nach Moskau, wo er sich als Schauspieler und Journalist durchschlägt.

Mit dem Erfolg der ›Turbins‹ 1926 kommt die Anerkennung. Doch schon 1929 sind seine Stücke von den Spielplänen verbannt. Die Zensurbehörde verbietet alle weiteren, kein Verlag nimmt mehr ein Manuskript entgegen, eine Auslandsreise wird ihm verweigert. Ende März 1930 schreibt er den Brief an Stalin, drei Wochen später kommt der Anruf. Bulgakov geht nicht ins Exil, er erhält eine Anstellung in Moskau. Im Künstlertheater, wo er wenige Jahre zuvor als Autor gefeiert wurde, darf er nun als Regieassistent arbeiten. Auf ein Treffen mit Stalin wartet Bulgakov vergebens. Einmal noch inszeniert er ein eigenes Stück. ›Die Kabale der Scheinheiligen‹ hat 1936 Premiere. Doch nach sieben Aufführungen wird das Stück abgesetzt, Bulgakov verlässt das Theater.

Bulgakov erkrankt an einem Nervenleiden. Ängste bemächtigen sich seiner. Da arbeitet er schon an seinem größten Werk, dem Roman ›Meister und Margarita‹. In einem Anfall verbrennt er den ersten Entwurf. Im Herbst 1939 erblindet, diktiert er seiner Frau die letzten Kapitel.

Der ›Meister und Margarita‹ ist ein vielschichtiger Roman. In das Moskau der 1930er Jahre bricht das Böse ein. Der Teufel in Gestalt des Professors Voland trifft auf eine korrupte Gesellschaft. Er kommt mit seinem Gefolge und bringt die sowjetische Gesellschaft mit ihrem Atheismus, ihrem historischen Materialismus und ihrem belanglosen Optimismus gehörig durcheinander. Die einzigen, die positiv gezeichnet werden, sind ein Autor, der nicht gedruckt wird und der in die Psychiatrie eingewiesen wurde, und seine Geliebte – der Meister und Margarita.

Am 10. März 1940 stirbt Michail Bulgakov in Moskau. Fragmente des ›Meisters und Margarita‹ erscheinen erstmals 1966 in der Literaturzeitschrift ›Moskva‹. Noch am Erscheinungstag ist die Auflage von 150 000 Exemplaren vergriffen. In deutscher Sprache erschien das Buch erstmals 1975.

Podil

Der Andreassteig endet im Herzen von Podil (Поділ). Das Viertel am Wasser war Schmelztiegel, das Geschehen dominierten Kauf- und Fahrensleute. Hier wurde nicht repräsentiert, hier wurde gelebt: Jeder Händler fand einen Käufer, jeder Beter eine Kirche und jeder Durstige ein Bier. Noch heute trotzt an der Uferstraße eine alte Brauerei den Giganten der Branche (vul. Naberežno-Chreščatyts'ka/Ecke vul. Borisohlibs'ka). Das grüne, verschnörkelte Gebäude ist inzwischen ein schönes Beispiel für die Industriearchitektur des frühen 20. Jahrhunderts. Den Schornstein kann man leicht vom Hafen aus entdecken, leider gibt es dort kein frisch gezapftes Bier zu genießen. Wer aber möchte, findet in Podil erstaunlich viele Restaurants und Bars – nicht nur in der vul. Petra Sahajdačnoho, quasi der Hauptstraße des Viertels, die vom Postplatz zum Kontraktplatz (Kontraktova pl.), dem Herzen von Podil, führt.

Handelsniederlassungen und Speicherhäuser wechselten sich hier ab. Der jüdische Zuckerkönig Lazar Brodsky besaß neben dem Postplatz die größte Mühle der Stadt, in ihrem Förderturm ist heute die Parlamentsbibliothek untergebracht. Griechische Siedler gründeten am Kontraktplatz ein eigenes Kloster, heute ist dort eine Filiale der Nationalbank. Und Studenten gehörten hier schon zum Straßenbild, als noch Kosaken auf Pferden angesprengt kamen. Die Kosaken sind zu Bronze erstarrt, die Studenten räkeln sich auf den Bänken.

Historisch betrachtet ist Podil allerdings auf dem absteigenden Ast. Nach der Eroberung und Zerstörung Kievs durch die Mongolen im Jahre 1240 zog sich das städtische Leben nach Podil zurück. Der Magistrat nahm hier seinen Sitz, das kulturelle Leben konzentrierte sich ebenso auf Podil wie das religiöse. Seine Blüte erlebte der Stadtteil zur Zeit der polnisch-litauischen Herrschaft und der Zeit des Hetmanats. Unter den Hetmanen begann auch der Wiederaufstieg Kievs. Die Stadt erblühte geistig und kulturell – seinen Anfang nahm es in Podil. Dann wanderten allerdings viele

In der vul. Petra Sahajdačnoho

der hohen Herrn nach und nach wieder in die Oberstadt. Man wollte sich nicht auf den Scheitel starren lassen. Den Rest besorgte ein Großbrand, der 1811 hier wütete. Es wurde stiller in Podil.

Eines hat sich jedoch seit über 300 Jahren erhalten können: Die unnachahmli-

che Mischung aus Business, Kreativität und buntem Studentenleben – alles zusammengehalten durch eine Vielzahl von Kneipen, Bars und Restaurants. Und dann ist da noch der Dnepr, dem man hier so nah ist wie nirgends sonst in der Stadt.

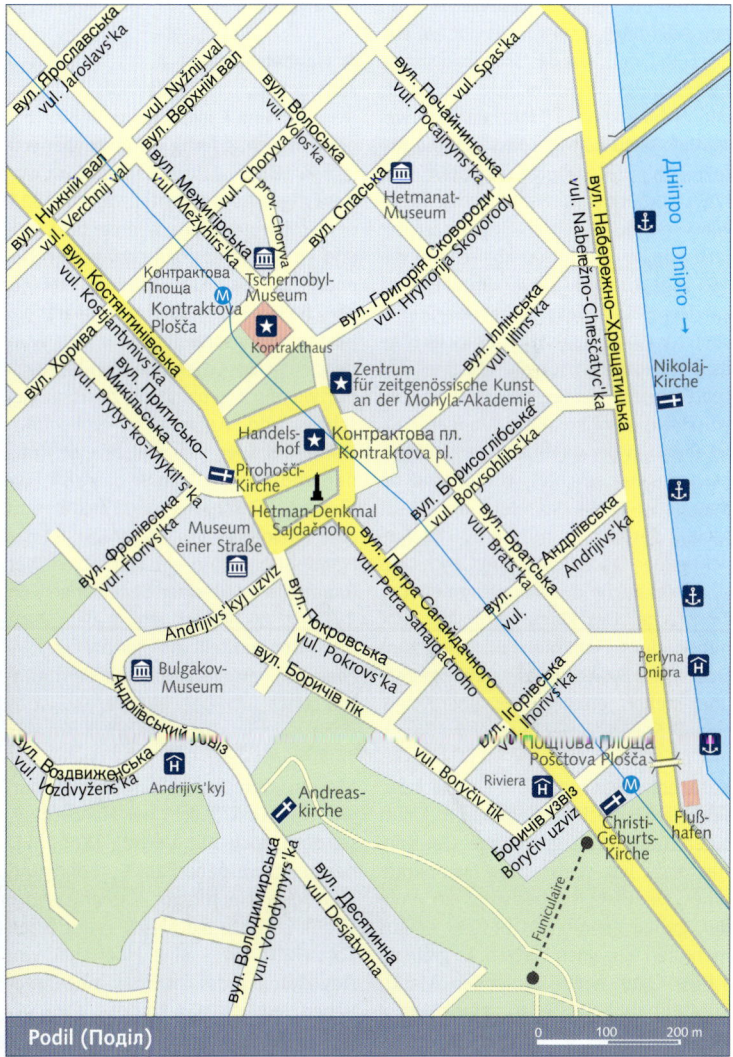

Podil (Поділ)

Kiev und Umgebung

■ **Kontraktplatz**

Wer sich ausruhen will, sollte sich auf dem Kontraktplatz neben dem keuleschwingenden **bronzenen Hetman Konaševyč-Sahajdačnyj** eine Bank aussuchen. Der Hetman, der auch der Straße ihren Namen gab, ging als siegreicher Feldherr über die Türken in die Annalen ein. Allerdings war er nicht nur ein wilder Hau-Drauf, wie das Standbild suggeriert, sondern Politiker und Diplomat, der Anfang des 17. Jahrhunderts wesentlich dazu beitrug, dass sich die Kosaken mit der kulturell-religiösen Elite Kievs verbündeten. Sahajdacnyjs Kosaken verstanden sich als Beschützer der Orthodoxie und traten kollektiv in die 1615 gegründete Kiever Bruderschaft ein. Der Hetman legte damit den Grundstein für ein gemeinsames ethisch-religiöses Bewusstsein für die Ukraine, das später in ein ukrainisches Nationalbewusstsein mündete. Kein Wunder, dass so einem in der unabhängigen Ukraine ein Denkmal errichtet wurde. Und da damals in Podil das Herz des Stadt schlug, geschah es im Mai 2001 folgerichtig hier. Doch Politik und Geschichte sind hier nicht die Hauptthemen der Gespräche. Der kleine gepflegte Park neben dem Denkmal lädt eher zum Dösen ein. Da wo sich die Bänke gegenüber stehen, erinnern drei überdimensionale Speere, unter denen eine Fontäne plätschert, an die namenlosen Kosakenkrieger, ohne die ein Hetman, sei er auch noch so bedeutend, kaum einen Hammel erlegen würde. Der Kontraktplatz hat eben etwas Demokratisches. Der Platz ist überhaupt ein Wunder, genau genommen besteht er aus mehreren einzelnen Plätzen. Es gibt lauschige Orte, einen lärmenden Markt, Straßenbahnhaltestellen, eine Metrostation, Parkplätze. Alles hat Raum. Der Kontraktplatz ist der Treffpunkt des Viertels. Wer will, macht Musik. Wer muss, kauft schnell ein. Straßenbahnen rumpeln, klappern, klingeln – und manchmal fahren sie auch. Mittendrin ruht, wie ein weißleuchtender Berg, der alte zweigeschossige Handelshof ›Hostynnyj dvir‹.

■ **Handelshof**

Mit dem Bau des Handelshofs (Hostynyj dvir/Гостиний двір) wurde 1809 begonnen, richtig fertig wurde er aber erst in den 1980er Jahren. Denn kaum war das Erdgeschoss errichtet, wütete 1811 der Großbrand. Danach fehlte das Geld, und so wurde der Bau provisorisch beendet, die Baupläne galten später als verschollen. Als sie 150 Jahre später bei Restaurierungsarbeiten gefunden wurden, entschloss man sich, den Handelshof wie einst geplant mit zweitem Geschoss und Arkaden zu vollenden. Heute befinden sich hier diverse Kneipen und Cafés, darunter das Irish Pub ›Belfast‹, Geschäfte, ein Theater und eine Bibliothek. Vor allem aber ist der Handelshof heute ein städtebaulicher Raumteiler: Mit einer Seitenlänge von 100 mal 60 Metern gibt er dem Platz die Mitte und teilt ihn gleichzeitig.

Mag der heutige Trubel auf dem Kontraktplatz auch beeindrucken, so ist es doch nur ein später Nachhall auf das Treiben von einst. Seit 1797 fanden hier Messen statt, und sie konnten nicht nur, wie bis dahin üblich, per Handschlag, sondern auch mit Vertrag (Kontrakt) besiegelt werden. Paul I., Sohn und glückloser Nachfolger Katharinas der Großen, führte das als zivilisatorischen Fortschritt ein – eine Heerschar von Advokaten muss ihm das eingeredet haben. Jedenfalls waren diese Jahrmärkte bald kaum weniger bedeutsam als die

Karte S. 243

Kiev und Umgebung

Überall werden Altbauten renoviert

damaligen Messen in Leipzig. Der Januar, in dem sie ausgerichtet wurden, war für Podil die fünfte Jahreszeit, wo jeder ein Geschäft oder doch Geschäftchen machen konnte. Es gab alles außer genügend Quartieren. Das chaotische Treiben überlebte zunächst zwar die Oktoberrevolution, brach aber mit dem Ende der ›Neuen ökonomischen Politik‹, einer Zeit vorübergehender witschaftlicher Liberalisierung, in den späten 1920er Jahren ab. Damals hieß der Platz Roter Platz, erst seit 1990 trägt er wieder dauerhaft seinen ursprünglichen Namen.

■ Kontrakthaus

Zentrales Gebäude für diese neuen Märkte war das in Weiß und Gelb leuchtende Kontrakthaus (Kontraktovyj budynok), das sich mit seinem klaren rechteckigen Korpus und dem Säulenportal im Norden des Platzes erstreckt. Hier wartete die Heerschar von Anwälten und Notaren darauf, die Verträge zu beglaubigen und Streitigkeiten zu schlichten. Wenn wider Erwarten alles glattging, konnten die Vertragsparteien gleich die Geigen aufspielen lassen. Das stattliche Gebäude verfügt in der zweiten Etage über einen Konzertsaal, wo während der Messen ›Superstars‹ der damaligen Zeiten auftraten, unter ihnen Franz Liszt, der 1847 hier konzertierte und dabei Fürstin Carolyne zu Sayn-Wittgenstein kennenlernte. Die Begegnung war so eindrücklich, dass Liszt sein Virtuosendasein endgültig an den Nagel hängte und sich mit der Fürstin dauerhaft in Weimar niederließ. Eine Plakette erinnert am Portal des Kontrakthauses an die Begegnung.

Das Vertragshaus ist heute, die edlen Karossen auf dem bewachten Parkplatz nebenan verraten es, Valuta-Börse. Der erste Präsident der ukrainischen Nationalbank, Vadym Get'man, ging hier ein und aus. Get'man war in den 1990er Jahren ein Hoffnungsträger in der sonst tristen postsowjetischen Finanzwelt. Er scharte junge Talente um sich, unter ihnen ein Banker, den er bald zu seinem Stellvertreter machte: Viktor Juščenko. Im Frühjahr 1998 wurde Get'man in seinem Haus erschossen. Der Mord war ein Schock für die Ukraine. Juščenko, ursprünglich eher ein etwas blasser Technokrat, entwickelte sich nach dem Verbrechen mehr und mehr zum Politiker, allerdings zu einem vorsichtigen. Seine Zurückhaltung legte er erst in den Tagen der ›Orangenen Revolution‹ ab, als er zum dritten Präsidenten der Ukraine gewählt wurde. Eine Tafel neben dem Eingang erinnert an Vadym Get'man, der 53 Jahre alt wurde.

■ Ukrainische Nationalbank

Die Finanzwelt hält am Kontraktplatz noch zwei weitere Gebäude besetzt, die wegen ihrer Höhe unübersehbar sind und in blassem Grün und Blau leuchten. Die **Filiale der ukrainischen National-bank** in der Ecke zwischen vul. Illins'ka und vul. Petra Sahajdačnoho hat eine wechselvolle Geschichte: Hier stand zuerst eine Kirche für die Griechen, die sich in Podil niedergelassen hatten. Später wurde ein griechisches Kloster gebaut. Nach Abriss und Umbauten wurde das Hauptgebäude 1914 vollendet, die Kirche rechts daneben stammt in ihrer jetzigen Form aus dem Jahre 1996. Schon durch den goldbelegten Zwiebelturm ist der Gebäudekomplex heute wieder eine Dominante des an herausragenden Bauwerken reichen Kontraktplatzes.

Die Mohyla-Akademie

■ Mohyla-Akademie

Allerdings hat nicht nur das Geld auf dem Kontraktplatz eine Heimstatt, sondern auch der Geist. 1632 gründete der Metropolit von Kiev und Galizien, Petro Mohyla, nach dem Vorbild der Jesuitenkollegs, die er in Mitteleuropa kennengelernt hatte, im Kiever Höhlenkloster aus einer Klosterschule heraus ein Kollegium, das später entscheidend die Vermittlung westlicher Ideen beeinflusste, insbesondere, als es 1701 in eine Akademie umgewandelt wurde. 1819 zog die Schule nach Podil um und wandelte sich zu einer geistlichen Akademie. Knapp hundert Jahre später wurde sie geschlossen. Die Bolschewiki, die nicht nur die Kirchen, sondern auch die Theologie mit Stumpf und Stiel ausrotten wollte, übergaben die Gebäude der Dnepr-Flottille. Erst 1992 erwachte der Lehrbetrieb von neuem, heute studieren in der Kijevo-Mohyljans'ka Akademija

Karte S. 243

etwa 3000 Studenten Sozial- und Geisteswissenschaften, Kunst, Wirtschaft, Informatik und Recht.

Es gibt einen alten, beschaulichen Korpus mit schönem Innenhof und nebenan einen repräsentativen neuen mit klassizistischem Portal (beide Kontrakova pl.). Im **Zentrum für zeitgenössische Kunst** im alten Korpus stellen Studenten und Absolventen regelmäßig ihre Ideen zu Schau: Graphische Arbeiten, Videokunst, Installationen. Wem inzwischen der Magen knurrt und wer sich endlich unter die Studenten mischen will, gehe über die Straße in die Kantine der Akademie (Kontraktova pl. 4), die ›Trapezna Akademiija‹, wo man für umgerechnet fünf Euro gut isst. Nach dem Essen lohnt sich ein Besuch beim erwähnten ›Zentrum für zeitgenössische Kunst‹ an der Ecke vul. Skovorody (вул. Сковороди). Und der Innenhof ist allein schon eine Idylle. Gleich gegenüber fällt noch eine silbrig leuchtende Kuppel auf. Es ist das **Musiktheater für Kinder und Jugendliche** (vul. Mezhygirs'ka 2).

■ Samsonbrunnen

Auch auf die Gefahr hin, vom Platz nicht mehr wegzukommen – zwei Sehenswürdigkeiten müssen noch erwähnt werden. Zum einen ist das der Samsonbrunnen (Fontan Samson) am nordwestlichen Ende des Platzes an der vul. Kostjantynivs'ka. Der Brunnen samt Rotunde wurde errichtet, als in Podil das erste Wasserleitungssystem fertiggestellt wurde. 1809 erhielt der Bau die hölzerne Figur des Samson, der beherzt einem Löwen ins Maul greift. Es geht bis heute die Legende, dass derjenige, der aus dem Brunnen trinkt, immer in Kiev bleiben wird. Man möge sich also genau überlegen, ob man wirklich aus dem Brunnen trinken will. Eine groteske und bedrückende Begebenheit wird außerdem über den Brunnen erzählt. Als in den 1930er Jahren ein hoher Kiever Parteifunktionär Müll um den Brunnen herumliegen sah, sagte er: Das muss man wegmachen! Seine ängstlichen Untergebenen ließen nicht etwa den Müll wegräumen, wie er tatsächlich gemeint hatte – sie ließen den Brunnen abreißen! Glücklicherweise wurde der hölzerne Samson gerettet. 1981 wurde der Brunnen wieder aufgebaut, der Samson ist seitdem eine Kopie aus Beton.

■ Pirohošči-Kirche

Die zweite Sehenswürdigkeit war für Jahrzehnte ebenfalls verschwunden, die Pirohosšči-Kirche der Heiligen Gottesgebärerin. Die Kirche wurde im 12. Jahrhundert unter Fürst Mstyslav erbaut. Ihren Namen erhielt sie von der byzantinischen Ikone der Gottesmutter Pirohošča, die hier einst gezeigt wurde. Im 17. Jahrhundert war sie eine der Hauptkirchen Kievs. Das hinderte die Bolschewiki jedoch nicht daran, sie 1935 abzureißen. Erst 1998 wurde sie wieder aufgebaut. In einem der Häuser hinter der Kirche befindet sich die Botschaft der Niederlande.

Wer nun aber glaubt, dass hier Podil sein Ende findet, dem sei gesagt, hinter dem Kontraktplatz geht Podil erst richtig los. Hübsch sanierte Gebäude, daneben alte Fabriken, übergangslos Bankfilialen, dazwischen Botschaften, Kirchen und immer wieder Restaurants und Straßencafés. Natürlich reichlich Staub und hohe Bordsteine – für die Füße ist Podil nichts.

■ Museen in Podil

Wer noch Reserven hat, sollte ein Stück auf der vul. Kostjantynivs'ka spazieren. Nicht weit vom Kontraktplatz ist das **Haus Peters I.** zu sehen. Eigentlich nennen sie es seit Generationen ›Häuschen‹ – verglichen mit dem Kreml in Moskau ist das wahrlich bescheiden, dennoch ist es mit seinen zwei Etagen keine Hütte. Ob Peter wirklich hier abgestiegen ist, lässt sich nicht mehr nachweisen, Tatsache ist, dass Zar Peter im August 1706 und im Januar 1707 in der Stadt war, um den Bau der Kiever Festung am Höh-

Ein der vielen Kirchen in Podil

Das Hetmanats-Museum

lenkloster zu beaufsichtigen. Tatsache ist ferner, dass das Haus um 1700 für das Kiever Stadtoberhaupt Jan Bykovič errichtet wurde und den großen Brand von 1811 überstanden hat. Um das Jahr 1800 diente es als Irrenanstalt, später war es Sonntagsschule, dann Waisenhaus. Wen wundert es also, dass nun in dem Haus, das 2007 restauriert wurde, neben einer Galerie auch ein Museum für die Geschichte der Wohltätigkeit der Stadt Kiev seinen Platz hat.

Das **Hetmanats-Museum** (Muzej Get'manstva, vul. Spas'ka 16 b), das etwas zurückgesetzt in einem hübschen Garten steht, wird im Volksmund ›Mazepas Haus‹ genannt. Zwar stammt das Haus tatsächlich aus der Zeit des Hetman Mazepa, doch ist eine direkte Verbindung von diesem zweigeschossigen, durchaus repräsentativen Gebäude zu Ivan Mazepa nicht belegt. In der Exposition spielt Mazepa, diese tragische Figur zwischen Verrat und ukrainischer Selbstbehauptung natürlich eine wesentliche Rolle.

Keine fünf Minuten vom Hetmanats-Museum, jedoch etwas versteckt, liegt das **Tschernobyl-Museum** (Ukrajinskyj nacional'nyj muzej Čornobyl'). Es liegt in der Choryva-Gasse (prov. Choryva 1), die die vul. Spas'ka mit der vul. Choryva verbindet. In der vul. Choryva kann man es lange vergeblich suchen! Das Museum befindet sich seit 1992 in der alten Podiler Feuerwache und erzählt die Geschichte der größten Katastrophe in der zivilen Nutzung der Atomenergie. Über dem Eingang ist der lateinische Spruch eingelassen ›Est dolendi modus, non est timendi!‹ – Der Schmerz kennt Grenzen, die Furcht nicht.‹ Versinnbildlicht wird diese Aussage des römischen Senators und Schriftstellers Plinius des Jüngeren, durch die Skulptur vor dem Museum: Eine Mutter, vor sich ihr Kind in der Geste des Gekreuzigten, neben sich zwei Glocken. Die Katastrophe von Tschernobyl vom April 1986 wirkt fort; in den Gestorbenen und den Hinterbliebenen, in den Umgesiedelten und den Entwurzelten; und sie wirkt fort in einer Region, die auf unabsehbare Zeit unbewohnbar bleiben wird – und weniger als 100 Kilometer von Kiev entfernt beginnt.

■ Postplatz

Am Kontraktplatz beginnt die vul. Petra Sahajdačnoho (вул. Петра Сагайдачного), die vorbei an kleinen Läden, Cafés, Restaurants schnurgerade zum Postplatz (Poštova pl.) führt. Die Straße hat ihre jetzige Gestalt 1811 nach einem Großbrand erhalten. Zwei- bis dreistökkige Häuser bestimmen das Straßenbild, vieles ist restauriert, Messingschilder glänzen, im Parterre warten sie mit schicken Boutiquen, Pizzerien und Restaurants auf, sie heißen ›Double Coffee‹, ›Celentano‹, ›Korsar‹ oder ›Marrakesch‹ und machen sich auf den Bürgersteigen breit. Auf der Straße stehen teure Karossen im Stau, auf dem Trottoir geht es nicht minder edel zu.

Karte S. 243 ▲

Über allem flattert Reklame, alles ist da, auch, direkt am Postplatz, eine Erotik-Show, nur Bäume fehlen. Die findet man hier nur in den Nebenstraßen.

Der Postplatz gleich neben dem Flusshafen wird heute noch gelegentlich das ›Tor nach Podil‹ genannt. Allerdings ist das Tor ramponiert und ein Sorgenkind der Stadtplaner. Vom Autoverkehr völlig eingekreist hat man in den 1990er Jahren zugelassen, dass in seiner Mitte eine McDonald's-Filiale errichtet wurde. Das Gebäude versperrt derart den Blick, dass selbst Fast-Food-Freunde inzwischen jammern, zumal der Platz nach all den planlosen Plänen, den Feuersbrünsten, dem Krieg und den ideologischen Abrissorgien im 20. Jahrhundert nach einer grundlegenden Neuordnung ruft. Die Pläne sind weit gediehen und die Architekten versprechen, bis zur Fußball-EM 2012 soll der Platz nicht wiederzuerkennen sein – abgesehen von der **Christi-Geburtskirche**, die dann endlich als alleinige Dominante das ›Tor nach Podil‹ schmücken soll. Spätestens dann soll auch die Fußgängerbrücke zum Fluss ausgedient haben. Allein das wäre die Anstrengung wert.

Nachrichten wurden auf dem Postplatz schon immer genauso gern umgeschlagen wie Roggen und Weizen. Offiziell wurde der Platz 1865 nach dem Postamt benannt, das auf Geheiß von Zar Nikolai I. hier eröffnet wurde. Von dem größeren Komplex hat sich nur dessen kleines Stationsgebäude erhalten, das hinter dem Wald von Sonnenschirmen fast nicht mehr zu sehen ist und heute als Ausstellungssaal genutzt wird. An der Spitze des Fortschritts stand der Platz, als 1892 die erste elektrische Straßenbahn im ganzen Zarenreich hier ihren Betrieb aufnahm und auf dem Vladimirssteig (Volodymyrs'kyj uzviz)

Die Christi-Geburtskirche am Flusshafen

zwischen Podil und dem Chrescatyk verkehrte. Mit dem Metro-Zeitalter wurde diese Linie zwar 1975 eingestellt, was geschichtsbewusste Kiever nicht daran hinderte, ihr zum 100. Geburtstag 1992 ein Denkmal zu errichten. Andere Linien fahren hier ja noch. Auf der Bergseite des Postplatzes ist der **Zugang zur Standseilbahn**, dem Funikulaire (Фуні-купер) Über die Fußgängerbrücke gelangt man zum **Flusshafen**. Hier blubbern die Kreuzfahrtschiffe, tuten die Dampfer und schreien die Möwen. Wer reif ist für den Dampfer, kann jetzt ablegen und sich die Stadt unter Schonung der Füße vom Wasser aus betrachten. Tickets werden bei den diversen Booten an Bord verkauft, Rundfahrten dauern meist anderthalb Stunden.

Chreščatyk

Von seinen Anfängen als schlichtes sumpfiges Tal hat sich der Chreščatyk in den vergangenen 1000 Jahren schon sehr gemausert. Die eigentliche Straße wurde im 18. Jahrhundert geschaffen, nach 1900 war sie unangefochten die Hauptstraße mit Rathaus, Börse, Banken, Hotels, Telegrafenamt und – ganz neu – Kinotheatern. Der Zauber endete mit Beginn des Zweiten Weltkrieges. Als im September 1941 die deutschen Truppen einmarschierten, sprengte die Rote Armee als letzte verzweifelte Abwehrmaßnahme die Straße in die Luft. Unter deutscher Besatzung wurde der Chreščatyk in Eichhornstraße umbenannt nach einem kaiserlichen Generalfeldmarschall, der hier 1918 bei einem Attentat getötet wurde. Drei Jahre später zog durch dieses Ruinenfeld das endlose Heer der geschlagenen Wehrmachtssoldaten, ehemalige deutsche Besatzer, denen man Kriegsverbrechen vorwarf, wurden hier öffentlich gehenkt. Später dann ließen sich zwischen den, von deutschen Kriegsgefangenen errichteten Bauten des Stalin-Barock die Kremlherrscher zujubeln, und schließlich standen hier 2004 die Zelte der ›Orangenen Revolution‹ im Schneematsch. Der damals an die Macht gekommene Präsident Juščenko bekräftigte hier mit Militärparaden am Tag der Unabhängigkeit den Anspruch seines Landes auf eine Nato-Mitgliedschaft – ganz unbeeindruckt davon, dass die Ukraine darüber völlig zerrissen ist.

Im Alltag ist der Chreščatyk eine lange und breite Straße mit noch breiteren Bürgersteigen, mit flanierenden Leuten und Händlern, die ihren Krimskrams unters Volk bringen wollen. Der Verkehr pulsiert ohne Ende, und es gibt ein großes Problem – man kommt einfach nicht über die Straße. Höchstens unterirdisch, doch auch die Unterführungen reichen nicht. Und es ist ja in einem ganz anderen Sinne unterirdisch, die Passanten in die Unterwelt zu verbannen, damit oben der Verkehr ohne Hindernisse rollt, oft genug auch auf den Bürgersteigen. Sowjetdenken trifft hier auf PS-Mentalität. Wenigstens das hat die Stadt geändert: An den Wochenenden ist der Chreščatyk ab Samstag mittag zwischen Majdan Nezaležnosti und Bessarabischem Platz für den Autoverkehr gesperrt.

Der Chreščatyk war und ist der Prachtsaal für öffentliche Aufführungen aller Art. Das einzige beständige in diesem Wandel scheinen die Kastanien zu sein. Doch Achtung, die Bäume sind in großer Gefahr – der Grund: die Miniermotte, die auch in Mitteleuropa eingefallen ist, und die Rosskastanien schon im August so trocken und braun aussehen lässt, als wäre es Oktober. Lange halten das die Bäume nicht aus, und es hat den Anschein, als litten sie in Kiev noch mehr als in Berlin. Noch spenden sie Schatten und noch blühen im Mai die weißen Kerzen, doch die Rosskastanie, Kievs schönster und prägendster Baum, ist schwerkrank.

Sowjetischer Klassizismus

Der Bessarabische Markt am südlichen Ende des Chreščatyk ist einen Besuch wert

Kiev und Umgebung

■ Bessarabischer Markt

Am Bessarabischen Platz boten einst Bauern aus Bessarabien Melonen, Auberginen und was sie sonst noch herangekarrt hatten unter freiem Himmel feil. Ab 1912 konnten sie das im überdachten Bessarabischen Markt tun. Der Bau ähnelt in vielem einem Theater. Nicht nur, weil die Händler ihre Tomaten und Pflaumen zu gewagten Pyramiden auftürmen und auch sonst gern eine Show abziehen, auch seine Pracht könnte es mit der Oper aufnehmen. Wer sich hier mit Obst und Gemüse eindecken will, wird fündig, doch was Angebot und Preise betrifft, hat sich der Markt den Edelboutiquen angenähert, die in einem Shoppingcenter unter dem Platz ihre Waren anbieten. Das ist für westliche Geldbeutel zwar seltener ein Problem, doch einfache Kiever wird man hier kaum noch treffen.

■ PinchukArtCentre

Noch seltener sieht man sie nebenan im PinchukArtCentre – obwohl dort freier Eintritt ist. Das erste Museum für zeitgenössische Kunst in der Ukraine ist eine Idee des Oligarchen Viktor Pinčuk, der sein persönliches Prestigeprojekt 2006 am Bessarabischen Platz im Luxusquartier ›Arena City‹ eröffnet hat. Das Museum solle die Ukraine zivilisieren und als Brücke zwischen ukrainischer und internationaler Kunst fungieren, sagte Pinčuk zur Eröffnung. Damit sich diese Ambitionen zumindest teilweise erfüllen, hat das Museum seit Oktober 2008 einen der profiliertesten Kunstmanager zum Direktor, den Deutschen Eckhard Schneider, der zuvor acht Jahre das Kunsthaus in Bregenz geleitet hat.

■ Kaufhaus CUM

Der Chreščatyk ist mehr und mehr der Treffpunkt junger zahlungskräftiger Kiever, die sich zur Elite zählen und das auch stets gern zeigen. Unter der feierlichen Kühle der Monumentalbauten hat sich ein erstaunliches Eigenleben entwickelt, das die sowjetischen Stadtplaner gar nicht vorgesehen hatten. Staatsrituale und Paraden, das schon. Aber Biergärten und Nachtclubs? Boutiquen und Einkaufstempel? Wenigstens einer der Tempel geht auf ihr Konto:

Das Kaufhaus CUM, Nr. 38/2. Wer gut, preiswert und ukrainisch essen will, sollte in das **Schnellrestaurant Zdoroven'ki buly** schräg gegenüber einkehren. Es ist die ukrainische, sehr sympathische Antwort auf McDonald's und liegt versteckt hinter einem Durchgang, der am Haus Nr. 21 auf die Ljuterans'ka vul. führt. Allerdings ist dort zur Mittagszeit inzwischen kaum noch ein freier Platz zu finden. Am Durchgang verkauft eine **Theaterkasse** Karten für alle Bühnen.

■ Haus mit den Chimären

Wer die Ljuterans'ka vul. hinaufläuft, kommt rechter Hand bald an dem Haus vorbei, das der Straße den Namen gab: Die kleine deutschlutherische Kirche von 1857. Noch etwas weiter oberhalb zweigt linker Hand die vul. Bankova (вул. Банкова) ab. Das hohe schwarze Tor und der Wachtposten wirken abweisend, dennoch kann man in die Straße einbiegen. Der Grund für den Kontrolle ist bald gefunden: In dem grauen Monumentalbau zur Rechten residierten zur Sowjetzeit die Statthalter des Moskauer Kreml, heute hat hier die Präsidialverwaltung ihren Sitz. Gleich gegenüber steht das seltsamste Haus von Kiev, das ›Haus mit den Chimären‹. Als ob es eigens dazu errichtet worden wäre, um dem Ort die Wuchtigkeit zu nehmen, glotzt aus dessen Fassade ein Heer von Fröschen, Hirschen, Nashörnern, Elefanten, Fischen und Fabelwesen auf die Besucher herab. Der Kiever Architekt Vladislav Horodec'kyj baute sich das Haus zwischen 1902 und 1903 als Wohnhaus nach damaliger Mode im Jugendstil. Horodec'kyj war nicht nur einer der erfolgreichsten Architekten der Stadt, sondern auch Exzentriker und Großwildjäger. Das ›Haus mit den Chimären‹ kündet von seiner Meisterschaft wie von seinen beiden Leidenschaften.

■ Der Majdan

Die ganze urbane Unrast kulminiert am Majdan Nezaležnosti (Майдан Незалежності), kurz Majdan genannt. Wie in einem Wohnzimmer hat man hier in den 1990er Jahren die Tapeten gewechselt und komplett neu möbliert: Zuerst wurde Lenin vom Sockel gestoßen, dann

Der Majdan ist das Herz der Stadt

Kosakendenkmal auf dem Majdan

Selbstbewusstsein demonstriert. Geblieben ist die Umgebung: Das jetzige **Hotel Ukrajina**, das **Haus der Gewerkschaften** mit sowjetisch anmutender Digitaluhr nebst elektronischem ›Glockenspiel‹ auf dem Dach, die **Hauptpost**, das **Konservatorium**.

Als alles eingerichtet war, haben die Ukrainer ihre gute Stube gleich für ein ganz großes politisches Fest gebucht: Ende November/Anfang Dezember 2004 war hier das Zentrum der Proteste gegen die Wahlfälschung der Präsidentschaftswahlen. In Folge der ›Orangenen Revolution‹ löste Viktor Juščenko den abgehalfterten Leonid Kučma als Staatspräsidenten ab. Kučma selbst hatte seinen Favoriten Viktor Janukovič als Nachfolger – auch mit Wahlmanipulation – durchbringen wollen. Das Menschenmeer auf dem Majdan hat das verhindert. Tage und Nächte schallte der Revolutions-Rap ›Razom nas bahato!‹ (Gemeinsam sind wir viele!) aus hunderttausenden Kehlen. Aus allen Ecken der Ukraine waren Juščenkos Anhänger hierher zusammengeströmt, wo sie sich mit den Kievern zusammentaten.

der gläserne Einkaufspalast ›Globus‹ gebaut, der vom Keller bis zum Himmel reicht, neue Wasserspiele und ein Denkmal für die Stadtgründer Kyj, Šček und Choriv hingezaubert, das Hotel Moskva patriotisch in Ukrajina umbenannt und als Krönung, die man keinesfalls übersehen kann, das **Monument der Unabhängigkeit** hingepflanzt. Es ist im Jahr 2001 genau an der Stelle aus der Erde gewachsen, wo einst der granitene Lenin verstoßen wurde. Ein ukrainisches Künstlerkollektiv hat das patriotische Ensemble erschaffen, auf einer schneeweißen Säule mit goldglänzendem Kapitell reckt die Figur der Unabhängigkeit, eine ukrainische Freiheitsstatue im strengen heimatlichen Gewand, einen güldnen Zweig über dem Haupt. Sehr barock, irgendwie katholisch, insgesamt 62 Meter hoch – es gibt sicher geschmackvolleres, aber nichts, was mehr

Demonstration auf dem Chreščatyk

Kiev und Umgebung

Das ist allerdings schon lange her, die Protagonisten von damals sind zerstritten, und Viktor Janukovič löste 2010 ganz legal und ohne Wahlfälschung als Präsident den glücklosen Juščenko ab. Wer heute nach der Revolution sucht, muss in den Untergrund gehen. Im Gewirr zwischen den Metroeingängen ist ein ›Revolutionsmuseum‹ versteckt, winzig wie eine Puppenstube, in dem man hauptsächlich allerlei orangefarbene Devotionalien kaufen kann. Glanzstücke sind Gipsbüsten von Viktor Juščenko und seiner damaligen politischen Gefährtin und heutigen Erzfeindin Julija Tymošenko.

■ Europäischer Platz

Den Abschluss des Chreščatyk bilden am Europäischen Platz (Jevropejs'ka pl./ Эвропейська пл.) das **Ukrainische Haus** von 1981, Kulturhaus und Ausstellungshalle, das ursprünglich als Leninmuseum bestimmt war, und die **Philharmonie**, die 1882 als Haus der Kaufmannsversammlung eröffnet wurde.

■ Chreščatyj-Park

Rechts neben der Philharmonie führt ein Fußweg in den Chreščatyj-Park. Nach 100 Metern steht man auf einem Platz, vor sich den **Bogen der Völkerfreundschaft**, ein gewaltiges Halbrund aus Titan, 50 Meter im Durchmesser, der 1982 errichtet wurde. Er soll die Freundschaft zwischen den Brudervölkern der Russen und der Ukrainer symbolisieren und an den Vertrag von Perejaslav erinnern. In dem kleinen Ort etwa 100 Kilometer flussabwärts von Kiev haben 1654 der ukrainische Hetman Bohdan Chmel'nyc'kyj und Abgesandte des Moskauer Zaren einen für die Geschichte der Ukraine folgenschweren Vertrag unterzeichnet.

Chmel'nyc'kyj stellte das Hetmanat unter den Schutz Moskaus. Für die Kosaken war das nichts weiter als ein gewöhnlicher Treueeid – quasi auf Augenhöhe –, der ihnen viele Rechte und Privilegien sicherte. Moskau sah das völlig anders. Mit dem Vertrag von Perejaslav begann die Eingliederung der Ukraine in den russischen Staat. Kein Wunder, dass der Bogen heute deplaziert wirkt, er erinnert zu sehr an Moskaus Hegemonie. Wegräumen kann man ihn nicht, doch mit offizieller Missachtung strafen, das geht. Aus der Nähe macht er nicht mehr den besten Eindruck, die Figurengruppen zu seinen Füßen wirken antiquiert, umrahmt wird das Monument von einem Rummel und einem Freilichttheater. Trotzdem ist der Platz ein Treffpunkt, von dort hat man einen herrlichen Blick auf den Dnepr, auf Podil und auf den Flusshafen.

Unterwegs zum Höhlenkloster

Wer vom Europäischen Platz zum Höhlenkloster will, kann die vul. Mychajla Hruševs'koho (вул. Мухайла Грушевського) parallel zum Dnepr nach Südosten laufen. In der Nr. 6 auf der rechten, der Stadtseite, befindet sich unübersehbar in einem angegrauten Repräsentativbau mit mächtigem Portikus das **Nationale Kunstmuseum der Ukraine**. Drinnen geht es farbenfroher zu: von Ikonen über Realismus bis zur Russischen Avantgarde – die Kollektion umfasst über 20 000 Werke, unter anderem von Kasimir Malewitsch, der 1878 in Kiev geboren wurde.

Auf der Parkseite zieht sich der Chreščatyj-Park etwas hin, später das Dynamostadion und der Stadtgarten, zur Stadtseite befinden sich Regierungsgebäude. Allerdings ist das ein Weg von rund zweieinhalb Kilometern.

■ Arsenalplatz

Sinnvoller ist es, den Weg vom Majdan Nezaležnosti zum Arsenalplatz (Arsenal'na/Арсенальна) mit der Metro zu verkürzen. Auch wer sich direkt vom Flusshafen zum Höhlenkloster im Stadtteil Pecers'k aufmacht, fährt bis zum Arsenalplatz. Die dortige Metro-Station gilt mit einer Tiefe von 102 Metern als eine der tiefstgelegenen U-Bahn-Stationen weltweit. Auf der Rolltreppe verbringt man einige Minuten, bis man oben angekommen ist. Dort gibt es zwei Möglichkeiten: Entweder man

Rund ums Höhlenkloster

Kiev und Umgebung

folgt sofort der Straße zum Höhlenkloster nach links, oder man macht zuerst einen Abstecher in die entgegengesetzte Richtung zum sehenswerten **Marienpalast**, der in einem Park liegt. Das Barockschloss in der vul. Mychajla Hruševs'koho 5 ist auf Geheiß von Zarin Elisabeth I. von ihrem Haus- und Hofarchitekten Bartolomeo Rastrelli errichtet worden, Elisabeths Nachfolgerin Katharina II. residierte 1787 einige Wochen hier, im 19. Jahrhundert war es die Residenz des Generalgouverneurs. Das Gebäude brannte später ab und erhielt seine jetzige Gestalt 1870. Heute dient es dem Präsidenten für Staatsempfänge und als Gästehaus. Etwas deplaziert wirkt neben der barocken Pracht das **Parlamentsgebäude** (Verchovna Rada) mit seiner gläsernen Kuppel. In dem 1939 eingeweihten Bau proklamierte der damalige Oberste Sowjet der Ukraine am 24. August 1991 die Unabhängigkeit. Während der Orangenen Revolution ging es im Parlament hoch her, und auch heute geht es hier immer noch oft genug handgreiflich zur Sache.

Der **Arsenalplatz** hat eine militärische Prägung, in einer ehemaligen Kaserne befindet sich heute noch die Kiever Militärkommandantur. Unweit von hier befand sich die Neue Perčersker Festung und die Waffenschmiede ›Altes Arsenal‹. Viele Arbeiter vom › Arsenal‹, die stets leichten Zugriff zu den Waffen hatten, waren Parteigänger der Bolschewiki. Als sich die Ukrainische Zentralrada, die provisorische Vertretung einer zukünftig souveränen Ukraine, im Januar 1918 für unabhängig erklärte, erhoben sich die ›Arsenalisten‹ dagegen, da sie ihre Hoffnung auf die Sowjetmacht setzten. Ihr Aufstand wurde zwar niedergeschlagen, doch die später auch in Kiev siegreichen Bolschewiki setzten ihren Kämpfern 1923 ein Denkmal: Gegenüber dem Eingang zur Metrostation steht auf einem Sockel aus rotem Granit ein kleines Geschütz, von dem die Bolschewiki behaupteten, dass die ›Arsenalisten‹ damit ihren ersten Schuss auf die ›Konterrevolutionäre‹ abgefeuert haben. Sehr wahrscheinlich ist das nicht.

■ Eine Straße, viele Namen

Doch wie auch immer, genutzt hat es auf Dauer nichts. Schlimmer noch, im Jahre 2007 wurde die Straße des Januaraufstandes, die an die Ereignisse von 1918 erinnerte und die von hier nach Süden zum Höhlenkloster führt, ganz im Geiste der Orangenen Revolution und ihrer Rückbesinnung auf die ukrainische Geschichte in Ivan-Mazepa-Straße (vul. Ivana Mazepy/вул. Івана Мазепи) umbenannt, eine ideologische Kehrtwende um 180 Grad. Die Revolutionäre von gestern galten als Verderber, und der Verräter von einst war nun der Held. Doch damit nicht genug. Im Zuge der politischen Neuausrichtung verlangte der Kiever Stadtrat im Sommer 2010 zwar keine nochmalige Kehrtwende, aber eine Abmilderung: Der südliche Teil der Straße, der am Höhlenkloster vorbeiführt, wurde geschichtspolitisch unverfänglich in Lavra-Straße (Lavrs'ka vul./вул. Лаврська) umbenannt, zu deutsch in etwa Klosterstraße. Das macht natürlich auch Touristen zu schaffen! In vielen Stadtplänen ist die für Besucher nicht unwichtige Straße noch fälschlicherweise mit vul. Sičnevoho povstannja (вул. Січневого повстання) oder durchgehend mit vul. Ivana Mazepy/вул. Івана Мазепи angegeben, und auch nicht allen Einheimischen sind diese Umbenennungen schon zu Ohren gedrungen. Von der Metrostation Arsenal'na führt also zunächst die vul. Ivana Mazepy zum

Höhlenkloster. In etwa einer Viertelstunde gelangt man, vorbei am **Hotel Saljut**, zur zentralen Gedenkstätte für die Gefallenen des Zweiten Weltkrieges, den sogenannten **Park des Ruhmes**. Hier beginnt die ›neue‹ vul. Lavrs'ka und hier hat die Ukraine sichtbar und wie es scheint dauerhaft mit der russisch-sowjetischen Geschichtsschreibung gebrochen. Nicht am Ehrenhain selbst, doch gleich nebenan hat der Kiever Stadtrat eine **Gedenkstätte für die Opfer des Holodomor** errichtet. Das Nationale Museum ›Mahnmal zum Gedenken an die Opfer des Holodomor in der Ukraine‹ (Національний музей Мерморіал пам'яті жертв голодоморів в Україні) erinnert seit November 2008 an die vermutlich sechs Millionen Toten, die bei der Hungersnot 1932/33 ums Leben gekommen sind. Die Hungertoten waren von Stalin bewusst in Kauf genommen und die Tragödie von der Sowjetgeschichtsschreibung geleugnet worden. Zentrales Bauwerk ist ein Glockenturm im Form einer stilisierten Kerze. Von hier ist es nicht mehr weit zur Dreieinigkeits-Torkirche des Höhlenklosters.

Altes Arsenal

Dem Höhlenkloster gegenüber streckt sich ein schier endloses Gebäude – das ehemalige ›Alte Arsenal‹, die bereits erwähnte Waffenschmiede des Zaren. Zu Sowjetzeiten war hier ein Rüstungsbetrieb, der entsprechend abgeschirmt wurde. Jetzt stehen die Tore weit offen. Schon einen Monat nach seinem Amtsantritt hat der damalige Präsident Juščenko im März 2005 einen Erlass unterzeichnet, der aus der Waffenkammer eine Heimstatt der Künste machen soll. Vermutlich schwebte Juščenko eine ukrainische Eremitage oder ein Kiever Louvre vor, von der Fläche her auf jeden Fall. In der Kunstszene ist das Projekt inzwischen hochumstritten. Viele sehen in den Plänen die von Juščenko kontrollierte Idee einer nationalistisch-religiösen Wiedergeburt der ukrainischen Kunst als Gegenentwurf zum weltoffenen Pinchuk-ArtCentre des Oligarchen Viktor Pinčuk. Ob nun ein Zentrum für Gegenwartskunst entstehen wird oder doch eher ein ukrainisches Walhalla – die üblichen Verzögerungen eingerechnet, werden die Arbeiten jedenfalls weit über das Jahr 2014 andauern, das ursprünglich als Eröffnungsjahr geplant war. Doch bereits jetzt gibt es hier Ausstellungen.

Park des Ruhmes und Mutter Heimat

Es wirkt schon seltsam, dass ausgerechnet das Höhlenkloster im 19. Jahrhundert von einer Festung umbaut wurde, deren Schanzen und Tore heute noch zu sehen sind. Noch seltsamer ist es, dass die Sowjetmacht das Kloster mit atheistischen Kultstätten regelrecht umzingelt hat. Im Norden stößt der Park des Ruhmes mit Obelisk, Heldengräbern und Ewiger Flamme an die Kloster-

Unübersehbar thront die ›Mutter Heimat‹ über dem Fluss

mauer. Im Süden erhebt die gewaltige ›Mutter Heimat‹ düster Schild und Schwert. Beide Anlagen heroisieren den Kampf im Zweiten Weltkrieg gegen die deutschen Eindringlinge. Die Aufstellung hat ihre innere Logik: Gegen das reaktionäre, unwissenschaftliche Christentum mit seinen Ikonen und Mönchen setzten die Genossen einen sozialistischen Kultus, und es ist nur konsequent, dass die 530 Tonnen schwere Mutter Heimat mit 108 Metern den Großen Glockenturm um zehn Meter übertrifft. Allein das Schwert ist 16 Meter lang und wiegt neun Tonnen.

Das 20 Hektar große Gelände um die metallene Göttin, die 1981 eingeweiht wurde, beherbergt das **Museum der Geschichte des Großen Vaterländischen Krieges**, das vor allem aus Waffentechnik mehrerer Generationen besteht, die unter freiem Himmel zur Schau gestellt wird. Dazu kommen die üblichen Figurenkompositionen kämpfender Sowjetsoldaten, getragene Musik und das eigentliche Museum, das unter dem Sockel der ›Mutter‹ zu Hause ist und einen guten Einblick in die Besatzungszeit gewährt. Im Sockel selbst ist so etwas wie eine kommunistische Kirche eingerichtet mit viel Marmor und den Namen der Kriegshelden. Dass die Heroisierung selbst ein Anachronismus geworden ist, belegen drei Dinge überdeutlich: Die beiden Panzer, ein sowjetischer und ein westlicher, die an den Kanonen zusammengebunden sind und das Ende der Blockkonfrontation symbolisieren, das obsolet gewordene Sowjetwappen auf dem Schild der eisernen Frau und das Afghanistanmuseum, das etwas abseits Platz gefunden hat.

Das **Museum für die Opfer des Afghanistankrieges** ist es wert, besucht zu werden. Im Foyer hängen von der Dek-

Das Museum für die Geschichte des Vaterländischen Krieges

ke herab Rotorblätter von Hubschraubern, auf denen zu Tausenden die Fotos der Gefallenen geheftet sind, als wäre es ein erdrückender Himmel für Soldaten. Junge Männer, alle geboren zwischen 1958 und 68, die kaum älter als 20, 25 Jahre waren und vom vollständig senilen Politbüro im Moskauer Kreml als ›Internationalisten‹ – man kann es nicht anders sagen – ›verheizt‹ wurden. Wie das genauer vonstatten ging, davon kann man sich im Obergeschoss ein Bild machen. 15 000 sowjetische Soldaten sind zwischen 1979 und 1989 im Zinksarg nach Hause geflogen, wenn überhaupt.

Wenn man sich von dem zerstörerischen Geist etwas erholen will, braucht man sich nur auf die Balustrade vor der Dame aus Eisen zu setzen. Von dort hat man ein herrliches Panorama über den Dnepr, und die beiden bunten Panzer nebenan, Überbleibsel der Perestroika, sind inzwischen beliebter Kinderspielplatz.

Karte S. 225

Das Höhlenkloster

Das Höhlenkloster ist ein Heiligtum. Schon sein vollständiger Name ›Heiliges Kiever Maria-Entschlafens-Höhlenkloster‹ (Свято-успенська Києво-Печерська лавра) klingt wie ein in Jahrhunderten erworbener sakraler Titel und lässt den Rang aufscheinen, den das Kloster seit einem Jahrtausend in der orthodoxen Kirche ostslawischer Prägung genießt – und das nicht nur auf religiösem, sondern auch auf kulturellem und politischem Gebiet. Das Kloster war Ursprung geistlichen Lebens, Stätte des Aufbruchs und Hort der Bewahrung, der Bildung, des konfessionellen Kampfes und der geistlichen Übung – und natürlich immer Ziel für orthodoxe Pilger. Vor dem Tor und den Kirchen bekreuzigt und verbeugt sich die nicht abreißende Schar der Gläubigen, noch mehr vor den hunderten Ikonen, tausende Kerzen werden täglich entzündet, Gebete gestammelt, Mönche hasten in ihrer schwarzen Kluft über das Pflaster – kurzum: Das Kloster ist nicht nur eine Sehenswürdigkeit für weitgereiste Touristen und seit 1990 UNESCO-Weltkulturerbe, sondern das lebendige religiöse Herz der Ukraine.

Die Anfänge des Klosters gehen ins 11. Jahrhundert zurück. Der Einsiedler Ilarion soll sich am Steilufer des Dnepr eine Höhle gegraben haben, später wurde er erster Kiever Metropolit. Antonij, ein Mönch, der auf dem Heiligen Berg Athos in Griechenland weilte, soll hinzugekommen sein. Er gilt als Gründer des Klosters, als erster Abt gilt Varlaam. Feodossij stellte den Mönchen ein Ordnungsbuch zusammen, das sogenannte Typikon, in dem Vorschriften zum gemeinsamen Leben, zu geistlicher Übung und körperlicher Arbeit festgehalten waren. Unter Feodossij begann auch der oberirdische Ausbau des Klosters. Es erhielt Zulauf, und die Einsiedler gruben immer mehr Höhlen als Orte der Einkehr, als Kirchen und Begräbnisplätze. Bald war das Höhlenkloster religiöser und kultureller Mittelpunkt der Kiever Rus'. Ab 1169 wurde es als Lavra bezeichnet, eine Ehrenbezeichnung. Offiziell hat das Kloster den Titel aber erst 1786 erhalten.

Nach dem Mongolensturm erlitt die Klostergemeinschaft große Verluste, zudem wanderte das kirchliche Zentrum der Rus' in die Wälder im russischen Nordosten aus. Dort beerbte das aufstrebende Moskau Kiev politisch und kirchlich. Doch das Kloster existierte weiter.

Im 18. Jahrhundert begann seine zweite Blüte. Es wurde rege gebaut, das heutige Erscheinungsbild nahm Gestalt an. Außerdem übte das Höhlenkloster als Zentrum der Bildung großen Einfluss auf das Hetmanat aus. Die Zäsur kam mit der Oktoberrevolution. 1927 schlossen die Bolschewiki das Kloster und befestigten an der Hauptkirche, der Maria-Entschla-

Besucher im Höhlenkloster

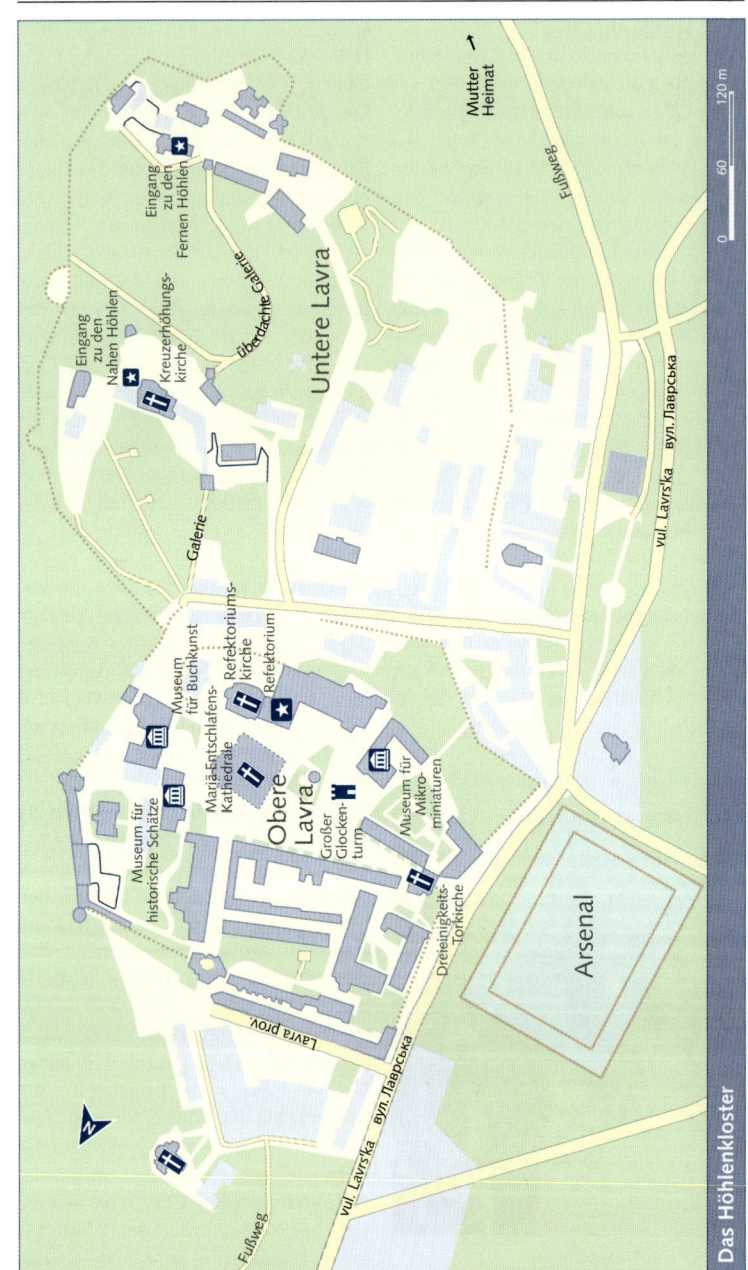

Das Höhlenkloster

Mutter Heimat

Untere Lavra

Eingang zu den Fernen Höhlen

Eingang zu den Nahen Höhlen

Kreuzerhöhungs-kirche

überdachte Galerie

Galerie

Refektoriums-kirche

Refektorium

Museum für Buchkunst

Mariä-Entschlafens-Kathedrale

Museum für historische Schätze

Obere Lavra

Großer Glocken-turm

Museum für Mikro-miniaturen

Dreieinigkeits-Torkirche

Arsenal

Lavra prov.

vul. Lavrs'ka   вул. Лаврська

vul. Lavrs'ka   вул. Лаврська

Fußweg

Fußweg

0   60   120 m

fens-Kathedrale, das Transparent ›Mönche sind die Blutfeinde der Werktätigen!‹ Im November 1941 wurde die Kathedrale gesprengt – bis heute ist unklar, wer diese Barbarei begangen hat: sowjetische Partisanen oder deutsche Besatzer.

■ Besichtigung des Klosters

Wer heute von der vul. Lavrs'ka durch die **Dreieinigkeits-Torkirche** in das Kloster tritt, dessen Blick wird wieder von den goldenen Kuppeln der **Maria-Entschlafenskathedrale** angezogen als wäre sie nie zerstört worden. Nach zweijährigem Wiederaufbau wurde die Kathedrale, die aus dem 11. Jahrhundert stammte, im Jahr 2000 erneut geweiht. Nur der Pavillon vor der Kirche, der ein Ruinenstück präsentiert, erinnert an die unsinnige Vernichtung.

Auf dem Weg zur Kathedrale passiert man den mächtigen, fast 100 Meter hohen **Großen Glockenturm**, der zwischen 1731 bis 1744 errichtet wurde. Wer über ausreichend Kondition verfügt, kann die 239 Stufen bis zum vier-

Die Dreieinigkeits-Torkirche

ten Ring erklimmen. Dort wird er mit einem eindrucksvollen Panorama für die Strapaze entlohnt. Wer seine Kräfte schonen will, kann unten im Ikonenladen zumindest Ansichtskarten und Poster kaufen.

Rings um den Glockenturm liegt eine wohltuende Ruhe in der Luft, die von den Schlägen der Turmuhr nur milde unterbrochen wird. In den flachen Gebäuden zu beiden Seiten sind Mönchszellen eingerichtet, es gibt aber auch thematisch wechselnde Ausstellungen zum Kloster zu sehen. Um die Maria-Entschlafenskathedrale sind **Wirtschaftsgebäud**e gruppiert: Die alte Druckerei, die Bäckerei, die nach ihrem Erbauer auch Kovnir-Bau genannt wird, und das **Refektorium** – der Speisesaal der Mönche. Im Schatten des Turmes liegt außerdem die **Residenz des Metropoliten**.

Das Refektorium (Trapezna) mit seinem auffallend grünen Dach und der angren-

Die Refektoriumskirche

zenden Kirche war gegen Ende des 19. Jahrhunderts nötig geworden, denn die Zahl der Mönche hatte die Tausend überschritten. Die **Refektoriumskirche** lehnt sich mit ihrer zwanzig Meter breiten Kuppel an Byzanz mit der Hagia Sophia an, das zu jener Zeit längst Geschichte war. Am Refektorium haben drei Männer der russisch-ukrainischen Geschichte ihre letzte Ruhe gefunden, die alle eines gewaltsamen Todes starben: Der russische Ministerpräsident Pjotr Stolypin wurde 1911 bei einem Attentat in der Kiewer Oper erschossen. Von Staats wegen getötet wurden hingegen Vasili Kočubej und Ivan Iskra. Kočubej hatte Zar Peter I. vom bevorstehenden Verrat Hetman Ivan Mazepas unterrichtet, der mitsamt seinen Kosaken zu den Schweden überlaufen wollte. Aber der Zar vertraute Mazepa mehr als den beiden und ließ die Unglücklichen 1708 enthaupten. Kurz darauf wechselte Mazepa tatsächlich die Fronten und so wurden den beiden Unschuldigen diese Ehrengräber zuteil. Ivan Mazepa war es auch, der das Kloster mit wehrhaften Mauern, Türmen und Toren hat versehen lassen. Mit dem Refektorium endet der Gang durch die Obere Lavra.

■ Die Nahen und Fernen Höhlen

Eine Galerie führt hinter dem Refektorium zur Unteren Lavra, wo sich die Höhlen befinden. Mittelpunkt des unteren Teils ist die **Kreuzerhöhungskirche**. Neben der Kirche, die von 1700 bis 1704 erbaut wurde, ist der Eingang zu den **Nahen Höhlen**. Der Eintritt ist kostenlos, wer allerdings in kurzen Hosen daherkommt, muss bei einer der Frauen, die dort Wache halten, einen Kittel für etwa vier Euro mieten – was für einheimische Touristen schon schmerzhaft sein kann. Außerdem gibt es einen schwunghaften Handel mit Kerzen, von denen man schon deshalb ein, zwei kaufen sollte, da sie als Lichtquelle gut zu gebrauchen sind. Aus den Gängen quillt feuchte, warme Luft, Schatten tanzen an der Wand, und wenn sich das Auge an die Dunkelheit gewöhnt hat, tauchen in den Nischen die ersten Särge auf, über denen rote Lämpchen glühen. Unter den Glasdeckeln liegen, gut eingewickelt, Mumien, zu ihren Häuptern sind die Namen geschrieben. In den Höhlen gibt es insgesamt drei Kirchen, Führer erklären gestenreich deren Bedeutung und Aufseher ermahnen jeden, der sich erdreistet, hier zu fotografieren.

Nirgendwo sonst im Kloster kommen sich Touristen und Pilger so nah, und es ist eine Frage des persönlichen Einstellung, ob man durch die Höhlen mit religiöser Andacht oder wohligem Gruseln durchquert. Unabhängig davon ist es jedoch eine Sache des Respekts, dass man sich in den Höhlen, wenn überhaupt, nur leise unterhält. Immerhin ruhen hier nicht nur der Klostergründer Antonij, der Chronist Nestor und anderer Heilige der russisch-ukrainischen Kirchengeschichte, sondern unzählige Einsiedler, und die Höhlen sind demzufolge auch Grablege.

Um die Gänge ranken sich wundersame Erzählungen, so etwa, wie die Gebeine der Sagengestalt Il'ja Muromec hierher gekommen sein sollen. Die fromme Legende berichtet, dass der Recke, von einem Speer tödlich verwundet, von Engeln ins Höhlenkloster getragen worden sei, um am heiligen Ort zu sterben

Karte S. 260

▲

Die Maria-Entschlafenskathedrale im Kiever Höhlenkloster

und begraben zu werden. Auch sollen der Überlieferung nach die Gänge über hunderte von Kilometern bis Moskau und Novgorod führen. Ihre wahre Länge beträgt etwa 400 Meter, und nur ein Teil ist für Besucher zugänglich. Der Ausgang führt direkt in die Kreuzerhöhungskirche hinein.

Wenn man wieder ans Tageslicht gekommen ist, kann man über eine lange hölzerne Galerie zu den **Fernen Höhlen** laufen. Wenn die Füße schon schmerzen, empfiehlt sich das aber nicht, zumal sich diese Höhlen nicht von den Nahen Höhlen unterscheiden: in den Särgen liegen, in edles Tuch gehüllt, die Mönchsmumien. Das Areal mit Kirchen und kleinem Friedhof hat aber einen großen Vorzug: Eben weil es so abseits liegt und seltener besucht wird, ist es eine Idylle mit einzigartigem Blick auf das gesamte Kloster.

■ **Museen im Höhlenkloster**

Auf dem Klostergelände befindet sich, gut verteilt auf verschiedene Gebäude, eine ansehnliche Museumslandschaft. Die einzelnen Museen haben vortreffliche Expositionen, die jedoch thematisch wenig mit dem Kloster zu haben. Ursache ist die Sowjetmacht, die das Kloster in ein Museum umgewandelt hat. Insbesondere nach dem Krieg wurden in den leerstehenden Gebäuden nach und nach Museen angesiedelt wie das **Museum für Theater-, Musik- und Filmkunst**, das **Museum für Buchdruck** in der ehemaligen Druckerei, das **Museum für historische Schätze** mit wertvollen Exponaten im Kovnir-Bau. Letzteres beherbergt unter anderem bedeutende Goldfunde aus der Skythenzeit.

Zu empfehlen ist auf jeden Fall das **Museum für Mikrominiaturen** im Gebäude des Metropoliten, das mit solchen Ku-

Abgebaute Kuppeln im Höhlenkloster

Karte S. 260

Zwei Priester im Gespräch

riositäten wie der kleinsten Uhr und dem kleinsten Elektromotor der Welt aufwarten kann.

Es ist sicher sinnvoll, sich vorher zu entscheiden, welche Ausstellungen man besuchen will, da sie in ihrer Gesamtheit selbst den eifrigsten Besucher überfordern.

Wenn man sich sattgesehen hat, kann man das Kloster über die Untere Lavra über eine Steintreppe und einen Rosengarten zur Flussseite hin verlassen oder wieder auf die vul. Lavrs'ka zurückkehren.

Freilichtmuseum Pyrohiv

Das ›Museum für Volksarchitektur und Lebensweise des Ukrainischen Volkes‹ (музей народноï архей народ і побуту) in Pyrohiv (Пирогів) ist ganz und gar nicht so langweilig wie seine umständliche Bezeichnung Glauben machen will – nur hölzern, das ist das Museum, das

1976 seine Pforten öffnete, in weiten Teilen tatsächlich. Mehrere Mühlen, noch mehr Häuser, einige Kirche, Ziehbrunnen und reichlich frische Landluft bietet das Freilichtmuseum in Pyrohiv einige Kilometer südlich von Kiev. Ein Abstecher in das 150 Hektar große Areal lohnt sich und so ziemlich jeder, der hier war, ist begeistert zurückgekommen. Ist doch in diesem Museumsdorf das ländliche Leben der Bauern und Handwerker, das die Ukraine geprägt hat und bis in die Gegenwart hinein prägt, mit Händen zu greifen. Das Museum ist in einzelne Dörfer aufgeteilt, die jeweils Kultur und Lebensweise einer Region, etwa Podolien, der Sloboda-Ukraine oder der Schwarzmeerregion präsentieren. Alle Bauten sind Originale und wurden in ihrem Ursprungsort abgebaut, restauriert und hier wieder aufgebaut.

Die allesamt betagten hölzernen ›Exponate‹ haben der Museumsleiterin Anna Skrypnik schon manche schlaflose Nacht beschert. Hier ging schon so manches Mal der Feuerteufel um, was einen beim Anblick der vielen Strohdächer, Balken und Flechtzäune nicht wundert. Das letzte große Feuer 2006 war von Hand gelegt, um einen Diebstahl, der vorausgegangen war, zu vertuschen. Zur Sowjetzeit, klagt Anna Skrypin, wachte über das Museum eine eigene Feuerwehr. Die ist zum Leidwesen der Museumsdorfbürgermeisterin allerdings aus Kostengründen aufgelöst worden. An warmen Wochenenden ist es voll im Museum, denn auch die Kiever wissen das bukolische Ambiente zu schätzen. Und viele Helfer in historischer Tracht backen, schnitzen, töpfern und kochen nur so um die Wette, und irgendwo hinter der Kirche spielt sicher auch ein ›Volkskunstkollektiv‹.

Kiev-Informationen

Allgemeines

Touristeninformationen

Exkursionen in die Stadt und ins Umland werden in den Hotels angeboten. Informationen über Clubs, Cafés, Konzerte etc. bei www.afisha.ua.

In Kiev finden ständig Festivitäten statt. Die größte planmäßige ist der Stadtfeiertag, der am letzten Wochenende im Mai gefeiert wird.

Post, Telefon

Vorwahl: 0 44.

Hauptpost, Chreščatyk 22 (Хреща-тик), am Unabhängigkeitsplatz.

Anreise

Mit der Bahn

Der **Hauptbahnhof** befindet sich am Rande des Stadtzentrums und hat zwei Eingänge. Das alte Bahnhofsgebäude mit seinem Haupteingang führt nach Nordosten zum Stadtzentrum, das schicke neue Empfangsgebäude, der Südbahnhof führt in die entgegengesetzte Richtung, beide sind durch einen Übergang verbunden. Der Bahnhof ist durch die Station ›Volkzal'na‹ (Вок-зальна) an das Metronetz angeschlossen. Kiev ist als Hauptstadt mit allen Landesteilen sehr gut verbunden. Die **Vorverkaufskasse** befindet sich auf dem bul. Ševčenko 38/40 (бул. Шевченка).

Der Bahnhof bietet ein **Servicecenter** (Tel. 2 23 20 80), das jeder Reisende gegen einen kleinen Aufpreis nutzen kann. Es befindet sich neben dem Haupteingang des alten Empfangsgebäudes. Mit einem Zuschlag von etwa vier Euro kann man dort ohne Warteschlange Fahrkarten kaufen. Allerdings auch nur, solange Plätze vorhanden

sind. Man sollte also rechtzeitig kommen. Wer Sprachschwierigkeiten hat, ist hier gut aufgehoben, da man auf englisch angesprochen wird. Es gibt außerdem Duschen, Büroplätze, Gepäckaufbewahrung und ein **Hotel** (Tel. 4 65 20 80). Keine Reservierung möglich, die aussichtsreichste Tageszeit, um ein Zimmer zu bekommen, ist der Mittag. Weitere Übernachtungsmöglichkeiten gibt es auch im **Südbahnhof** (Tel. 2 39 89 62).

Fahrpläne und weitere Informationen über www.uz.gov.ua (auf russisch und ukrainisch). Auch auf www.bahn.de kann man sich innerukrainische Verbindungen anzeigen lassen.

Wer vor dem Bahnhof in ein Taxi steigt, muss wissen, dass er voraussichtlich einen überhöhten Preis zahlen wird. Da hilft nur, zu handeln oder die Metro zu nehmen.

Mit dem Bus

Der **Zentrale Busbahnhof** befindet sich am pr. Nauky (пр. Науки, neben dem Moskovs'ka pl./Московська пл.), zu erreichen über die Metrostation Lybids'ka (Либідська, südliche Endstation der blauen Linie), dann noch eine Trolleybushaltestelle. Von hier aus starten die meisten Busse im internationalen Verkehr.

Darüber hinaus gibt es nicht weniger als fünf weitere Stationen, die alle etwa gleichrangig sind:

Station Darnycja (Дарниця), pr. Haharina 1 (пр. Гагаріна, Metro Černihivs'-ka/Чернігівська), Busse Richtung Černihiv (Чернігів).

Station Dačna (Дачна), pr. Peremohy 142 (пр. Перемоги, Metro Žytomyrs'-ka/Житомирська), Busse Richtung Žytomyr (Житомир).

Karte vordere Umschlagklappe

Station Podil (Поділ), vul. Ninžyj val 15a (вул. Ніжний вал, Metro Kontraktova/Контрактова), Richtung südliches Umland.

Station Pivdenna (Південна), pr. Hluškova 3 (пр. Глушкова, Metro Lybids'-ka/Либідська), weiter mit Trolleybus oder Maršrutka, Richtung Odessa (Одеса).

Station Polissja (Полісся), an der nördlichen Peripherie am pl. Ševčenka 2 (пл. Шевченка), Busse Richtung Nordwesten.

Mit dem Flugzeug

Der Internationale Fughafen **Kiev-Boryspil'** (Бориспіль) liegt etwa 40 Kilometer östlich von Kiev, der Flughafen wird u.a. von Berlin, Frankfurt, Düsseldorf, München, Wien, Genf, Zürich und Luxemburg angeflogen (www.airportborispol.kiev.ua). Flüge kosten bei rechtzeitiger Buchung ab 150 Euro (IATA-Code KBP). Zwischen dem pr. Peremohy sowie dem Hauptbahnhof und dem Flughafen pendelt ein Zubringerbus, der ca. 1 Std. braucht und alle halbe Stunde fährt, außerdem verkehren Taxis, man sollte nicht mehr als 25 Euro für eine Tour zahlen. Man kann am Flughafen gleich ein bisschen Geld für den Bus etc. tauschen.

Einzig die polnische Billigfluglinie Wizzair fliegt von Lübeck, Dortmund, Köln und Memmingen den südwestlich gelegenen alten Stadtflughafen **Klev-Zhuljany** an, von dem aus das Stadtzentrum deutlich schneller zu erreichen ist (www.wizzair.com).

Öffentlicher Nahverkehr
Schiffstouren

Neben dem Hafen am Poštova pl. (Поштова пл.) bieten Dampfer Rundfahrten an, die meist anderthalb Stunden dauern, Fahrkarten werden meist direkt an Bord verkauft.

Metro

Die Kiever U-Bahn ist das beste Mittel, um in der Stadt zügig voranzukommen. In den Eingangsbereichen der Metrostationen werden Jetons verkauft, die man in einen Automaten am Zugang werfen muss. Danach kann man solange fahren, bis man das Metronetz wieder verlässt. Es gibt auch Zeitkarten für 14 Tage oder für 4 Wochen. Sie kosten für alle Verkehrsmittel, also auch Bus, Straßenbahn und Trolleybus, etwa 60 Hryvnja (etwa 7 Euro) für 4 Wochen und etwa 30 Hryvnja für 2 Wochen (▶ Metrokarte S. 224).

Busse und Trolleybusse

Sehr dicht ist das **Busnetz**, das die gesamte Stadt (Ost- und Westufer) durchzieht mit einer Unzahl von Haltestellen, allerdings ist das Netz daher auch am unübersichtlichsten. Die einzige Hilfe: Man kann sich nur anhand eines detaillierten Stadtplans die jeweils wichtigen Linien herausfischen, zumeist von bzw. zu den jeweiligen Metrostationen.

Das **Trolleybusnetz** ist schon lichter, aber auch unübersichtlich. Eine Linie verbindet über die Patonbrücke (Mist Patona) beide Ufer, eine weitere nördlich von Podil über den prosp. Moskovs'kyj/prosp. Generala Vatutina ebenfalls die Stadthälften. Ansonsten hilft nur ein Blick in den Stadtplan.

Straßenbahnen

Anders das Straßenbahnnetz: Es ist übersichtlich, allerdings in der Innenstadt kaum vertreten, am ehesten helfen sie in Podil. Hauptknoten- und Umsteigepunkte der Straßenbahn (auch zur Metro) am **Westufer** sind die Haltestellen pl. Kon-traktova (Podil), pl. Peremohy (nahe Hauptbahnhof), pl. Tarasa Ševčenka (Podil's'kyj rajon), vul. Skljarenka/вул. Скляренка (Podil's'kyj rajon, kein Metroanschluss).

Umsteigepunkte am **Ostufer** von der Metro zur Straßenbahn sind die Haltestellen Černihivs'ka/Чернигивська und Lisova/Лісова. Achtung, das Straßenbahnnetz am Ostufer ist nicht mit dem Linien am Westufer verbunden. Eine wichtige Linie ist die **Nr. 5**, sie führt am Westufer entlang von Podil (pl. Kontraktova) nach Süden und endet an der Patonbrücke (Haltestelle bul. Družby Narodiv.

Hotels

In Kiev gibt es inzwischen über 50 Hotels und jährlich werden es mehr. Einen guten Überblick erhält man bei www.allhotels.com.ua oder www.hotelskiev.com. Das Preisniveau liegt höher als in den meisten anderen Städten der Ukraine, hier eine Auswahl, die absteigend nach Preisen sortiert ist:

Hyatt Regency, vul. Ally Tarasovoï (вул. А. Тарасової) 5, Tel. 581 12 34, ab 500 Euro, gegenüber der Sophien-Karthedrale (▸ Karte S. 228).

Premier Palace, vul. Ševčenko 5–7 (бул. Шевченко), Tel. 5 37 45 00, www.premierpalace.com. DZ ab 450 Euro. Zweifellos das edelste Hotel in Kiev mit 5 Sternen (▸ Karte S. 228).

Podol Plaza, vul. Kostjantynivs'ka (вул. Костянтинівська) 7a, ab 200 Euro, mitten in Podil gelegen (▸ Karte S. 243).

Prezydent (Президент), Hospital'na prov. 12 (Госпітальна пров.), Tel. 2563256, ab 150 Euro (▸ Karte S. 255).

Riviera, vul. Petra Sahajdačnoho (вул. Петра Сагайдачного) 15, Tel. 58128 38, ab 200 Euro, am Postplatz in Podil (▸ Karte S. 243).

Hotelschiff Perlyna Dnipra (Перлина Дніпра), neben dem Flusshafen, vul. Naberežno-Chreščatyc'ka (вул. Набережно-Хрещатицька), Anleger Nr. 5, Tel. 4515566, ab 160 Euro. Wen es zum Fluss zieht, der ist auf dem Hotelschiff neben dem Hafen gut aufgehoben (▸ Karte S. 243).

Kiev (Київ), vul. Mychajla Hruševs'koho 26/1 (вул. Мухайла Грушевського), Tel. 2530155, ab 150 Euro (▸ Karte S. 255).

Lybid' (Либідь), pl. Peremohy (пл Перемоги) 1, Tel. 2397600, ab 100 Euro (▸ vordere Umschlagklappe).

Dnipro (Дніпро), Chreščatyk (Хрещатик) 1/2, Tel. 2546777, ab 100 Euro (▸ Karte S. 228).

Hotel Express (Экспресс), bul. Ševčenko 38/40 (бул. Шевченко), Tel. 234 21 13, DZ ab 100 Euro. (▸ vordere Umschlagklappe).

Saljut (Салют), vul. Ivana Mazepy (вул. Івана Мазепи) 11a Tel. 494-14 20, ab 100 Euro. Zwischen Regierungsviertel und Höhlenkloster gelegen (▸ Karte S. 255).

Ukrajina (Україна), vul. Instytuc'ka 4 (вул. Інституцька), Tel. 2 29 22 66, DZ ab 95 Euro. Es liegt dem Kozac'kyj gegenüber (▸ Karte S. 228).

Kozac'kyj (Козацький), vul. Mychajlivs'ka 1/3 (вул. Михайлівська), Tel. 2 79 03 41, DZ ab 70 Euro. Das Zwei-Sterne-Hotel liegt günstig am Unabhängigkeitsplatz (Майдан Незалежності) und ist relativ preiswert, man sollte eine Woche vorher reservieren (▸ Karte S. 228).

Hotel Andrijivs'kyj (Андріївський), vul. Vozdvyzhens'ka 60 В (вул. Воздвиженська), Tel. 425 87 30, etwas versteckt seitab vom Andreassteig, ab 60 Euro (▶ Karte S. 228).

Slavutyč (Славутич), vul. Entuziastiv 1 (вул. Ентузіастів), Tel. 561 11 56, DZ ab 55 Euro. Eine preiswerte, relativ ruhige Alternative ist dieses große Hotel am linken Ufer des Dnepr mit Panorama auf Höhlenkloster und Mutter Heimat, bewachter Parkplatz. Durch eine Trolleybuslinie ist das Hotel gut mit dem rechten Ufer verbunden (▶ vordere Umschlagklappe).

Restaurants

Die Auswahl an Restaurants und Cafés ist riesengroß, hier einige Empfehlungen, nach Stadtvierteln sortiert:

Rund um den Chreščatyk

(▶ Karte S. 228)

Šynok u Seni i Hohy (Шинок у Сені і Гоги), vul. Šota Rustaveli 4 (вул. Шота Руставелі), tgl. 11–23 Uhr. Gute ukrainische Küche nahe dem Bessarabischen Markt.

Korčma bud'mo! (Корчма будьмо!), vul. Mychajlivs'ka 22a (вул. Михайлівська), tgl. 11–23 Uhr. Auch dieses Retaurant (Guten Appetit!) bietet ukrainische Küche.

Kneipen-Club Kupidon (Купідон), vul. Puškins'ka 1–3/5 (вул. Пушкінська), Mo bis Do 10–24 Uhr, Fr/Sa bis 02 Uhr. Ebenfalls unweit des Majdan treffen sich junge Literaten und Künstler im Keller des Hauses, wo man außer frisch gezapftem Bier auch neueste Literatur kaufen kann.

Schnellrestaurant Zdoroven'ki buly (Здоровеньки були), es befindet sich links hinter dem Haus Chreščatyk 21, von 8–22 Uhr.

Beliebt sind auch die **Schnellrestaurants der Kette Puzata Chata** (Пузата

Хата), die rustikale ukrainische Küche bietet und allein in Kiev neunmal vertreten ist, u.a. auf dem Chreščatyk 15/4 a, 8–23 Uhr, in der vul. Petra Sahajdačnoho 24 (вул. Петра Сагайдачного), 8–23 Uhr, und in der vul. Basejna 1/2 a (вул. Басейна) am Bessarabischen Platz, 7.30–23 Uhr.

Podil (▶ Karte S. 243)

Trapezna Akademija (Трапезна Академія), pl. Kontraktova 4 (пл. Контрактова), 9–22 Uhr, Sa/So ab 10 Uhr. Eine Mischung aus Mensa und Kneipe in Podil.

Restaurant Korsar (Корзар), vul. Petra Sahajdačnoho 14, 10–23 Uhr.

Restaurant Marrakesch (Марракеш), vul. Petra Sahajdačnoho 24 (вул. Петра Сагайдачного), 11–01 Uhr.

Café-Konditorei Repriza (Кафе Репріза), vul. Petra Sahajdaćnoho 10/5 (вул. Петра Сагайдачного), 10.30–22 Uhr.

Jüdisches Restaurant Cymess (Цимесс), vul. Ihorivs'ka 5 (вул. Ігорівська), ab 11 Uhr.

Irish Pub Belfast (Белфаст) pl. Kontraktova 4 (пл. контрактова) rund um die Uhr geöffnet.

Museen

In Kiev gibt es über 50 Museen, hier eine Auswahl:

Höhlenkloster, (Святоуспенська Києво-Печерська лавра), vul. Lavrs'ka 21 (вул. Лаврська, Metro Arsenal'na/ Арсенальна), tägl. von 9.30–19 Uhr, Winter bis 18 Uhr, Kasse schließt eine Stunde früher, Exkursionen kann man unter Tel. 2 80 30 71 buchen (▶ Karte S. 260).

Weitere Museen, die sich auf dem auf dem Klostergelände befinden: Museum für Theater-, Musik- und Filmkunst,

Kiev und Umgebung

Museum für Buchdruck, Museum für historische Schätze, Museum für Dekorativkunst und Museum für Mikrominiaturen.

Nationales Kunstmuseum (Художній Музей України) Mychajla Hruševs'koho 6 (вул. Мухайла Грушевського), Mi/Do/So 10–17 Uhr, Fr 12–19 Uhr, Sa 11–18 Uhr.

Museen der Oberstadt

(▶ Karte S. 228)

Sophienkathedrale (Софійський собор), vul. Volodymyrs'ka 24, 9–19 Uhr, Museum von 10–18 Uhr, Mi bis 17 Uhr.

Taras-Ševčenko-Museum (Тараса Шевченка будинокмузей), bul. Ševčenko 12 (бул. Шевченко), tgl. außer Mo 10–18 Uhr, letzter Mittwoch im Monat freier Eintritt, letzter Freitag im Monat geschlossen.

Museum für Russische Kunst (музей російського мистецтва), vul. Tereščenkivs'ka 9 (вул. Терещенківська), Sa/So/Mo 10–18 Uhr, Di 11–19 Uhr, Fr 12–20 Uhr, Mi/Do geschlossen.

Kunstmuseum Bohdan und Varvara Chanenkiv (Художний музей Богдан і Варвара Ханенків), vul. Tereščenkivs'ka 15, 10.30–17.30 Uhr, Mo/Di geschlossen.

Nationales Literaturmuseum (музей Літератури), vul. Chmel'nyc'koho 11 (вул. Хмельницького), tgl. außer So 10–17 Uhr.

PinchukArtCentre, vul. Červonoarmijs'ka/Basejna 1/3–2, Block A (вул. Червоноармійська/Басейна, блок А), Di–So 12–21 Uhr, Mo geschlossen.

Museen in Podil (▶ Karte S. 243)

Bulgakov-Museum (музей Булгакова), Andrijivs'kyj uzviz 11 (Андріївський узвіз), tgl. außer Mi 10–17 Uhr.

Museum einer Straße (музей однієє вулиці), Andrijivs'kyj uzviz 2b, tgl. außer Mo 12–18 Uhr.

Hetmanat-Museum (музей Гетьманства), vul. Spas'ka 16a (вул. Спаська), tgl. außer Fr 10–17 Uhr.

Tschernobyl-Museum (музей Чорнобиль), prov. Choryva 1 (пров. Хорива), bitte nicht verwechseln mit der nahegelegenen vul. Choryva!, Mo bis Fr von 10–18 Uhr, Sa bis 17, So geschlossen.

Zentrum für zeitgenössische Kunst an der Mohyla-Akademie (Академія Петра Могили), vul. Skovorody 2 (вул. Сковороди), von 13–18 Uhr, Sa/So geschlossen.

Sonstige Museen

Museum des Großen Vaterländischen Krieges, vul. Ivana Mazepy 44 (вул. Івана Мазепи), von 10–17 Uhr, Mo geschlossen. Gleich nebenan befindet sich das **Afghanistan-Museum**, von 10–17 Uhr, Mo/Di geschlossen, Ausstellung Militärtechnik 9–19 Uhr.

Museum für Volksarchitektur und bäuerliche Lebensweise (музей народної архітектури та побуту), am südlichen Stadtrand im Dorf Pyrohiv (Пирогів), tägl. 10-18 Uhr. Zu erreichen ist es über die Metro-Endhaltestelle Lybids'ka (Либідська), weiter mit Bussen oder Trolleybussen Richtung Pyrohiv. Auch von der Metrostation Respublikans'kyj stadion (Республіканський стадіон) fahren Busse nach Pyrohiv.

Mahnmal zum Gedenken an die Opfer des Holodomor in der Ukraine (Націо-нальний музей Мерморіал пам'яті жертв голодоморів в Україні), vul. I. Mazepy 15 a (вул. Іван Мазепи), 10–18 Uhr, außer Mo.

Theater und Konzert

Opernhaus (Опера), vul. Chemel'-nyc'koho 5 (вул. Хмельницького), Kasse von 11–19.30 Uhr, Pause von 14–15 Uhr, Mo 15–19 Uhr. Programminformationen teilweise in Englisch unter www.opera.com.ua. Im Repertoire sind alle rennomierten Komponisten wie Verdi, Rossini und Bizet, einen Schwerpunkt bilden natürlich Tschaikowski, Schostakowitsch und Rimski-Korsakow.

Nationale Philharmonie (Національна Філармонія), Volodymyrs'kyj uzviz 2 (Володимирський узвіз). Programminformationen, leider nur in ukrainischer Sprache unter www.filarmonia.com.ua.

Ukrainisch-Dramatisches Theater Ivan Franko (Театр iм. Iвана Франка), pl. Ivana Franka 3 (пл. Iвана Франка). Das Theater hat vor allem zeitgenössische ukrainische und russische Theaterstücke im Programm, aber auch Klassiker wie Dostojewski und Tschechow werden gespielt. Programminformationen unter www.frankotheatre.kiev.ua.

Einkaufen

Einkaufsmöglichkeiten gibt es viele, insbesondere auf dem **Chreščatyk** (Хрещатик) und dem **Unabhängigkeitsplatz** (майдан Незалежності), in Podil auf der **vul. Petra Sahajdačnoho** (вул. Петра Сагайдачного).
Für Obst, Gemüse, Fleisch, Käse und anderes vom Lande ist der **Bessarabische Markt** (Bessarabs'kyj rynok/ Бессарабський ринок), pl. Bessarabs'ka (пл. Бессарабська) nach wie vor eine gute Adresse.
Souvenirs und Künstlerisches findet man um die **Andreaskirche** (Андріївська церква) und am **Andreassteig**

Baden

Kiev bietet eine einzigartige Flusslandschaft mit vielen Stränden mitten in der Stadt, die über zwei bequeme Anlaufpunkte leicht zu erreichen sind und den Kievern als Naherholungsgebiete dienen, wobei man an der Wasserqualität sicher Abstriche machen muss.
Den **Hidropark** erreicht man über die Metrostation Hidropark (Гідропарк). An der Metrostation sind allerlei Buden aufgebaut. Ein Weg führt nach Süden zum Dnepr, wo man direkt gegenüber dem Höhlenkloster im Fluss baden kann. Dort findet man auch einige Biergärten und Cafés.
Schicker geht es am **Strand Sun City** zu, der nördlich der Metrostation hinter einer Brücke liegt, die über den Venezianischen Arm auf der Dolobec'kyj-Insel (остров Долобецький) führt. Von dort führt ein Weg zum **Venezianischen Strand**. Dort kann man mit einem Boot zum **FFK-Strand Dovbychka** (Довбихка) übersetzen.

Kiev im Internet

Einen Überblick bietet **www.kiev.info** sowie **kyiv.com**, **www.kievtown.net** (beide auf englisch), eine große Auswahl an Adressen hat **www.catalog.kyiv.ru**.

Fußball

Das EM-Stadion Olimpijs'kyj liegt an der vul. Velyka Vasyl'kivs'ka 55 (вул. Велика Васильківська), die nächste Metrostation trägt noch den alten Stadion-Namen Respublikans'kyj Stadion (Республіканьский стадіон), etwa 15 Minuten Fußweg. Es ist zu erwarten, dass die Station bis zur EM in ›Olympijs'kyj‹ umbenannt wird.

Kiev und Umgebung

Tschernobyl und die Folgen

In der Nacht vom 25. zum 26. April 1986 unternahm die Schicht des Blocks 4 im Atomkraftwerk Čornobyl' (russ. Černobyl'), etwa 100 Kilometer nördlich von Kiev gelegen, bei einer Routineabschaltung einen Versuch. Es sollte die Frage geklärt werden: Liefern die Dampfturbinen bei einem totalen Stromausfall noch etwa 40 bis 60 Sekunden lang ausreichend Strom, bis die Notstromaggregate anspringen, um dann den Reaktor sicher herunterzufahren?

Der Reaktor, in den kritischen Minuten von Hand gesteuert, geriet außer Kontrolle. Dabei erwiesen sich grundlegende Konstruktionsmängel des sowjetischen Reaktortyps RBMK als verhängnisvoll. Wegen Überhitzung und den dadurch im Reaktorblock ausgelösten chemischen Reaktionen rissen um 1.24 Uhr zwei Explosionen den tausend Tonnen schweren Reaktordeckel und das darüberliegende Dach auseinander, und ein großer Teil des radioaktiven Inhalts wurde in die Atmosphäre geschleudert. Innerhalb weniger Augenblicke war das Schicksal weiter Landstriche in der Ukraine und in Weißrussland besiegelt. Der von vielen gefürchtete GAU eines Atomkraftwerks, der ›größte anzunehmende Unfall‹, war eingetreten.

Eine Wolke mit über 100 radioaktiven Elementen, darunter Jod, Strontium 90 und Cäsium 137, breitete sich aus und zog mit dem Wind nach Nord-Nordwest. Etwa 150 000 Quadratkilometer in der Ukraine, Russland und vor allem in Weißrussland wurden durch den Fallout radioaktiv verseucht. Die Katastrophenbekämpfung im Kraftwerk setzte sofort ein, tausende Kraftwerksmitarbeiter, Feuerwehrleute, Soldaten, Bauarbeiter wurden eilig herangeholt, um unter unglaublichen Anstrengungen den Brand zu löschen und den Reaktorblock notdürftig mit Sand, Bor und Blei zu bedecken. Die sogenannten Liquidatoren, von denen viele nicht wussten, welcher Gefahr sie sich aussetzten, arbeiteten ohne oder nur mit dürftigem Schutz gegen die Strahlung.

In den ersten Stunden brachte man über 200 Menschen in Krankenhäuser, von denen 31 starben. Erst 36 Stunden nach der Explosion wurde die unmittelbar am Kraftwerk gelegene 50 000 Einwohner-Stadt Stadt Pryp'jat' evakuiert. Dies verlief jedoch völlig unkoordiniert und mit der absurden Zusage, dass man bald wieder nach Hause zurück könne. Es vergingen noch einmal Tage, bis angesichts der gesundheitlichen Gefährdung weitere Städte und Dörfer geräumt wurden. Danach zog man um das Kraftwerk eine 40-Kilometer-Sperrzone.

Die Verantwortlichen in Kiev und Moskau verschleierten die Gefahr und ließen es zu, dass in Kiev der alljährliche Umzug zum 1. Mai stattfand, obwohl dadurch Zehntausende unnötig der Strahlung ausgesetzt wurden. Mehr als zwei Tage nach der Explosion – schwedische Meßstationen hatten die radioaktive Wolke inzwischen nachgewiesen – sprach die sowjetische Nachrichtenagentur TASS vage davon, dass es im Atomkraftwerk Čornobyl' einen Unfall gegeben habe. Noch später meldete der Kreml die Katastrophe der Internationale Atomenergiebehörde IAEO in Wien.

In den folgenden Tagen verteilte sich der Fallout über Polen und Skandinavien bis nach England, er erreichte die Türkei und Rumänien. In Westdeutschland waren vor allem Bayern und Baden-Würtemberg betroffen. Der havarierte Reaktorblock 4, der insgesamt zehn Tage gebrannt hatte, wurde in den Monaten danach mit einer Hülle aus Beton und Stahlplatten, dem sogenannten Sarkophag, umbaut und verschlossen.

Insgesamt sind etwa 350 000 Menschen umgesiedelt worden. Die geräumten Gebiete in der Ukraine und in Weißrussland werden für lange Zeit unbewohnbar sein. Die Zahl der Erkrankungen an Schilddrüsenkrebs, Leukämie und anderen Krebsarten ist in den belasteten Gebieten nach der Katastrophe sprunghaft angestiegen. Wie viele von den Liquidatoren erkrankt und gestorben sind, ist ungewiss. Bis Anfang der 1990er Jahre sollen es mehrere Hunderttausend gewesen sein, die an den Aufräumarbeiten teilgenommen haben. Eine genaue Zahl aller Opfer ist vermutlich nicht mehr zu ermitteln. Der Kreml sprach am Anfang von jenen 31 Menschen, die kurz nach der Havarie an der intensiven Strahlung gestorben seien. Das ukrainische Gesundheitsministerium nannte 2002 andere Zahlen: Die Rede ist von 15 000 Todesopfern unter den Liquidatoren. Und die Weltgesundheitsorganisation WHO überraschte 2005 wieder mit neuen Zahlen. Sie gab an, dass 56 Menschen direkt an der Strahlung gestorben seien und es etwa 4000 Verstrahlte gebe. Diese Zahlen wurden sofort angezweifelt. Denn viele Liquidatoren kehrten ohne fachgerechte medizinische Betreuung nach dem Einsatz in ihre Heimatregionen zurück. Außerdem ist es nach dem Zerfall der Sowjetunion unmöglich geworden, die Liquidatoren, inzwischen Bürger von fünfzehn autonomen Staaten, in einer gemeinsamen Statistik zu erfassen.

Noch im Jahr 1986 gingen die übrigen Kraftwerksblöcke von Čornobyl' wieder ans Netz. Erst nach langem Verhandeln und auf Drängen der EU wurde der letzte Block des Atomkraftwerks endlich am 15. Dezember 2000 abgeschaltet. Weil der hastig gebaute Sarkophag bald Risse zeigte, einigten sich die EU, die USA und die Ukraine auf ein Projekt, den Block 4 bis etwa 2010 mit einem neuen und stabileren Sarkophag sicher und dauerhaft zu versiegeln. Der Auftrag wurde 2007 an ein französisch geführtes Baukonsortium vergeben, das sich eigens für den Bau gegründet hat und zu dem auch die deutsche ›Hochtief‹ gehört. Die Kosten dafür und für weitere Schutzmaßnahmen, u.a. für den Bau eines Zwischenlagers, belaufen sich auf über einer Milliarde Euro.

Die Ukraine, die fast die Hälfte ihres Stroms aus Atomkraft bezieht, hat angekündigt, dass sie bis 2030 elf neue Reaktoren bauen will. Kraftwerke arbeiten bisher bei Rivne, Chmel'nyc'kyj, Enerhodar und Pervomajs'k.

Für Reisende, die sich meist nur wenige Tage oder Wochen im Großraum Kiev aufhalten, besteht keine Gefahr durch radioaktive Strahlung. Allerdings sollte man darauf verzichten, Pilze und Wild aus der Region zu essen, und man sollte auch die Sperrzone meiden – auch wenn Reisebüros inzwischen ›Erlebnistouren‹ für zahlungskräftige Touristen in das Atomkraftwerk anbieten.

Es gibt auch wieder Heimkehrer in die Dörfer der Zone. Von den Behörden nicht erlaubt aber geduldet, sind inzwischen weit über tausend sogenannte Selbstsiedler (samosely) zurückgekommen, um in ihrer Heimat zu leben – und zu sterben.

Auch über zwanzig Jahre nach der Katastrophe ist der Name Tschernobyl weiterhin ein Synonym für die Gefahren der Atomkraft. Der Widerstand gegen die ›friedliche Nutzung des Atoms‹ nahm in den Folgejahren deutlich zu, Regierungen, u.a. die deutsche Bundesregierung im Jahr 2002, beschlossen den ›Atomausstieg‹, d.h. die mittelfristige Abschaltung aller Reaktoren. Allerdings mehren sich langsam die Anzeichen, dass der Schrecken, den das Wort Tschernobyl auslöst, zu verblassen beginnt. In vielen Ländern wird wieder neu über den Bau von Atomkraftwerken nachgedacht – als vermeintliche Retter vor der nächsten Katastrophe: dem Klimawandel.

Černihiv

Wer dem lärmenden Kiev für einen Tag oder auch für länger entfliehen will, der fahre nach Černihiv (Чернігів), zumal es dank guter Verkehrsverbindungen schnell zu erreichen ist. Černihiv hat alles: frische Luft, ringsum Wald und Wasser, alte, sehr gut restaurierte Kirchen mit goldenen Kuppeln, stattliche Klöster, einen gepflegten Park, einen Fluss mit Hafen, ein Theater, eine Philharmonie, einen Roten Platz in der Stadtmitte, einige Museen, ein paar Restaurants, Bierstuben und eine der größten Brauereien des Landes. Sogar Einsiedlerhöhlen wie in der Kiever Lavra gibt es. Alles ist wohlgeordnet, nur eines bleibt ein Rätsel: Wo sind die 300 000 Menschen, die in Černihiv leben sollen? Die Stadt macht den Eindruck, als wäre sie ein großes hübsches Dorf. Doch das darf man in Černihiv nicht zu laut sagen, denn dann bekommt man zu hören, dass es eine der ältesten und mächtigsten Residenzen der Kiever Rus' gewesen sei, ebenbürtig mit Kiev und Novgorod.

Geschichte

In einer Chronik von 907 wurde Černihiv erstmals erwähnt. Lokalhistoriker beeilen sich zu sagen, Münzfunde bewiesen, dass der Ort schon zur Zeitenwende besiedelt gewesen sei. Die Christi-Verklärungs-Kathedrale, die in der ersten Hälfte des 11. Jahrhunderts gebaut wurde, ist eine der ältesten Kirchen der ostslawischen Christenheit. Ihre Silhouette kennt inzwischen sogar jeder Ungläubige, da sie die Brauerei ›Desna‹ (Десна) lange Jahre für ihre populäre Biermarke ›Černihivs'ke‹ (Чернігівське) zum Logo erkoren hat. Inzwischen haben sich fromme Bürger wohl darüber erregt, und die Brauerei hat das

Logo aus dem Verkehr gezogen. Tradition und Marketing liegen eng beieinander, die Stadt wirbt mit ihren Attraktionen, da sie seit dem Zerfall der Sowjetunion im nördlichsten Winkel der Ukraine etwas abseits zwischen Weißrussland und Russland liegt.

Černihiv bedeutet soviel wie Schwarze Stadt, aber woher sich der Name ableitet, ist unklar. Die einen meinen, dass er von den dunklen Wäldern herstamme, die Černihiv in früher Zeit umgaben. Andere glauben, dass der Fürst Černij Namensgeber gewesen sei. Seine strategisch günstige Lage am rechten hohen Ufer der Desna ließ Černihiv früh aufblühen, Zentrum der Stadt war die sogenannte Detynec' mit Kirchen, Herrscherhäusern und Befestigungsanlagen. Heute befindet sich dort der Kocjubyns'kyj-Kulturpark.

Nach dem Ende der Kiever Rus' wurde Černihiv eigenständiges Fürstentum, 1239 wurde die Stadt von den Mongolen erobert und zerstört. Im 14. Jahrhundert kam sie unter litauische Herrschaft, in 16. Jahrhundert zum Moskauer Staat, 1618 dann zu Polen. Die Detynec' wurde zur Festung ausgebaut. 1654 ging die Stadt wieder an Moskau. Nach den häufigen Wechseln fand sie nicht mehr zu früherer Größe zurück. Doch kulturell und wirtschaftlich blieb sie ebenso ein Zentrum wie für die Verwaltung der umliegenden Gebiete. 1802 wurde das Černihiver Gouvernement gegründet, was der Stadt wegen der bescheidenen 7000 Einwohner den spöttischen Titel Gouvernementsweiler einbrachte.

Im 20. Jahrhundert nahm die Einwohnerzahl zwar zu, doch Černihiv blieb eine Stadt an der Peripherie, auch wenn sie nur 130 Kilometer von der Metropole Kiev entfernt liegt. Doch das ist ihr Charme. Mag anderswo die Welt einstürzen, Černihiv bleibt ruhig. Nur einmal ist den Einwohnern der Kragen geplatzt. 1990 war zufällig der ›Wolga‹ des Gebietsparteichefs in einen Unfall verwickelt. Als dabei dessen Kofferraum aufsprang und die Sonderration an Wurst und Kaviar zum Vorschein kam, die sich der Genosse unter den Nagel gerissen hatte, schoben erzürnte Bürger das Auto vor die Parteileitung. Wenige Tage später war der Parteichef gestürzt. Černihiv ist ein friedlicher Ort. Aber man sollte ihn nicht unterschätzen.

Rundgang durch Černihiv

Černihiv hat zwei Stadtzentren, ein altes, historisches und ein neues; beide liegen dicht beieinander. Der **Rote Platz** (Красна пл.) mit seinem Theater und dem Hotel ›Desna‹ ist heute der Mittelpunkt. Über den Friedensprospekt (prosp. Myru/просп. Миру) ist er mit dem Teil Černihivs verbunden, der über Jahrhunderte das Herz der Stadt und des Fürstentums war: Die **Detynec'** (Детинець) ist heute ein weitläufiger Museumspark, der sich hoch über der Desna erhebt und in dem das halbe Dutzend historischer Gemäuer fast verschwindet.

■ Museumspark Detynec'

Selten sind historischer Stadtkern und Erholungspark so miteinander verschmolzen wie hier. Alles ist möglich: Kirchgang, Museumsbesuch oder Biergarten, die einen fläzen sich auf den Bänken, die anderen posieren zu Pferde und lassen sich ablichten, wieder andere schauen gedankenverloren über den Fluss, und Brautpaare legen Taras Ševčenko an Wochenenden pfundweise

Blumen zu Füßen. Der Nationaldichter, noch jung, sitzt entschlossen in seinem Gehrock auf der Bank und nimmt die Sträuße entgegen. Dieses Denkmal hebt sich von den meisten anderen im Lande ab, wo der Künstler gealtert und mit Wahlroßbart auf sein Volk herabschaut.

Der Detynec'-Park – offizieller Titel Kozjubyns'jyj-Kulturpark (парк ім. Коцюбинського) – ist gut 15 Hektar groß, teilweise dicht mit Kastanien, Linden und anderen Laubbäumen bewachsen, sie beginnt bei der vul. Preobražens'ka und findet ihr Ende an dem steilen Hang, der zum Fluss abfällt. Wer zum Wasser will, findet unweit des Ševčenko-Denkmals eine Treppe, die zum Hafen hinunterführt.

■ Christi-Verklärungs-Kathedrale

Das älteste Gebäude ist die Christi-Verklärungs-Kathedrale (Spaso-Preobražens'kyj sobor/Спасо-Преображенський собор) aus dem 11. Jahrhundert, die als Grablege der Černihiver Fürsten diente. Als Mstyslav Volodymyrovyč 1036 starb, waren die Mauern der Kirche jedoch nicht höher als ein Pferd samt Reiter. Dennoch wurde der Fürst dort beigesetzt. Unter seinem Bruder, dem Kiever Fürsten Jaroslav der Weise, wurde der Bau fortgesetzt.

Die ursprünglich im byzantinischen Stil errichtete Kathedrale wurde mehrmals zerstört und wieder aufgebaut. Ihre Gestalt hat sich dadurch erheblich verändert. Die jetzigen Kuppel- und Turmformen rühren aus dem späten 18. Jahrhundert her, als die Kirche im klassizistischen Stil umgebaut wurde. In ihrem Innern haben sich Fragmente von Fresken aus der Kiever Rus' erhalten, der Ikonostas stammt aus dem 18. Jahrhundert.

Kiev und Umgebung

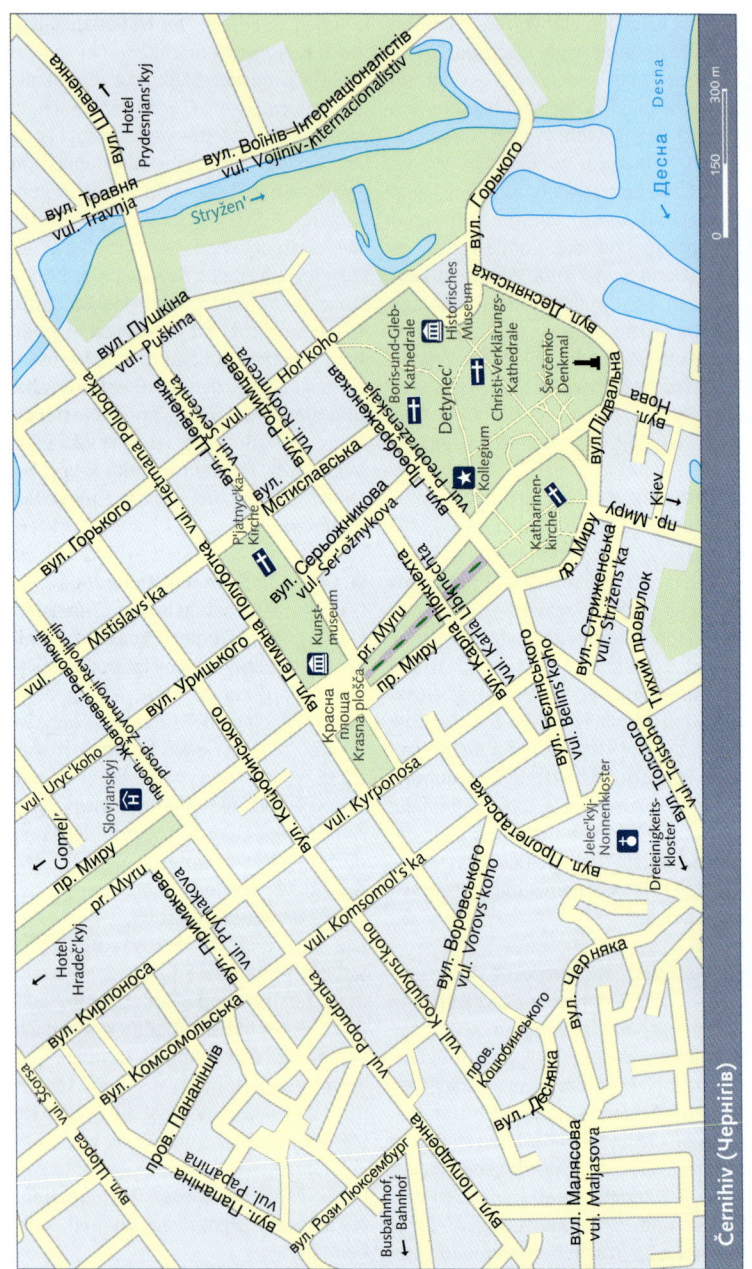

Boris-und-Gleb-Kathedrale

In Sichtweite liegt die Boris-und-Gleb-Kathedrale (Borysoglibs'kyj sobor/Борисоглібський собор), die im frühen 12. Jahrhundert als Hauskirche der Fürsten errichtet wurde. Boris und Gleb waren zwei der zehn Söhne des Kiever Fürsten Volodymyr, der die Rus' hatte taufen lassen. Mstyslav, der nebenan begraben liegt, war einer ihrer Brüder. Ihr Halbbruder Svjatopolk ließ Boris und Gleb während des Machtkampfes um das Erbe des Vaters 1015 ermorden. Nach dem Untergang von Svjatopolk wurden sie auf Betreiben ihres anderen Halbbruders Jaroslav, der nun in Kiev herrschte, heilig gesprochen. Die Nestorchronik erzählt, dass sich die beiden dem Mordplan ihres Bruders nicht gewaltsam entgegengestellt, sondern vielmehr wie der Heiland selbst mit frommem Gebet den Tod erduldet hätten. Und so wurden Boris und Gleb die ersten und für lange Zeit die am meisten verehrten Heiligen der ostslawischen Christenheit. Obwohl auch die Boris-und-Gleb-Kirche im Laufe der Jahrhunderte mehrfach in Mitleidenschaft gezogen wurde, ist ihre ursprüngliche Gestalt besser erhalten als in der Christ-Verklärungs-Kathedrale. Gegenwärtig wird die Kirche, die zum Museum umgewidmet ist, umfassend restauriert.

Hinter der Boris-und-Gleb-Kathedrale befindet sich die frühere Residenz des Erzbischofs (будинок архієпископа).

Museen

Gleich nebenan liegt das Kollegium (будинок колегіуму) mit seinem mächtigen Turm, das 1700 gegründet wurde und eine der ersten profanen Schulen in der linksufrigen Ukraine war. Der Gebäudekomplex ist ein hervorragendes Beispiel ukrainischen Barocks. Heute befindet sich im Turm ein kleines **Museum zur Stadtgeschichte**.

In der Detynec' stehen weiterhin die ehemalige Gouverneursresidenz von 1804, in der heute das **Historische Museum** untergebracht ist, sowie das ehemalige Mädchengymnasium, in dem jetzt das **Kunstmuseum** beheimatet ist. Im Jahre 2006 wurde das Museum restauriert und neu eröffnet.

Katharinenkirche

Zu den weiteren Ausläufern des Detynec' gehört auch die Katharinenkirche (Katerynyns'ka cerkva/Катерининська церква) auf der anderen Seite des Friedensprospekts, auf die drohend die zwölf bronzenen Böller der alten Festung gerichtet sind. Trotzig leuchten ihre goldenen Kuppeln weithin sichtbar, als wäre sie auf einem Präsentierteller errichtet. Die Kirche wurde zu Ehren der Černihiver Kosaken errichtet, die 1696 am Sturm auf die türkische Festung

Die Katharinenkirche ist Sitz des Museums für Volkskunst

Asov teilgenommen und durch ihren Heldenmut beeindruckt hatten. Die Kirche wurde 1715 geweiht, heute beherbergt sie das **Museum für dekorative Volkskunst** mit allerlei folkloristischen Exponaten von Keramik über Flechtkunst bis zu Textilien.

■ Paraskeva-P'jatnic'ka-Kirche

Eine kleine, aber sehr schöne Kirche versteckt sich im neuen Stadtzentrum hinter dem Theater. Es ist die P'jatnyc'ka-Kirche (П'ятницька церква) aus dem späten 12. Jahrhundert mit ihrer schlichten backsteinernen Fassade, die Teil eines Frauenklosters war. Das Kloster wurde 1786 geschlossen. Doch während kurze Zeit später alle Gebäude abgerissen wurden, um Platz für die Erweiterung der Stadt zu machen, blieb diese Kirche unversehrt.

Das Jeleckyj-Kloster in Černihiv

■ Jelec'kyj-Nonnenkloster

Zwei Klöster haben sich in Černihiv erhalten, beide befinden sich an der vul. Tol'stoho (вул. Тольстого). Sie sind zu Fuß zu erreichen, wer sich allerdings etwas schonen möchte, kann ein Stück mit dem Trolleybus Nr. 8 fahren, der auf der vul. Tol'stoho verkehrt.

Zum Eingang des Jelec'kyj-Nonnenklosters (Jelec'kyj monastyr/Єлецький монастир), das etwa einen Kilometer von der Detynec' entfernt ist, gelangt man aber über die vul. Proletars'ka 1 (вул. Пролетарська). Fürst Svjatoslav Jaroslavič gründete im 11. Jahrhundert das Kloster.

Die **Maria-Entschlafens-Kathedrale** aus dem 12. Jahrhundert ist dessen Hauptkirche, in ihrem Inneren haben sich Reste von Wandmalereien aus dem 12. bis 18. Jahrhundert erhalten. Auf dem Gelände des Klosters steht das **Haus des Archimandriten** Feodosij Uglič'kyj von 1688, das alle Stürme und Feuersbrünste überstanden hat, und somit das älteste erhaltene Holzhaus der linksufrigen Ukraine ist.

Die P'jatnic'ka-Kirche in Černihiv

Karte S. 276

■ Dreieinigkeitskloster

Auf den Boldin-Hügeln (Boldyni hory/Болдині гори) an der vul. Tolstoho 92 befindet sich das Dreieinigkeitskloster (Trojic'kyj monastyr/Троїцький монастир) mit seinem rund 60 Meter hohen Glockenturm. Von der Spitze hat man einen weiten Blick über die flache Landschaft mit ihren Feldern und Wäldern, durch die sich recht malerisch und naturbelassen die Desna schlängelt, die zu beiden Ufern schon viel Sand angespült hat. Da zum Kloster eine Kirchenmusikschule gehört, hat man gute Chancen, einem der jungen Mönche beim Geläut zuzusehen. Dann schlägt er sehr geschickt und melodisch die vielen Glokken, deren Klöppel durch ein ganzes Knäuel von Fäden mit den Händen des Mönchs verbunden sind. Bald schon erfüllt ein Konzert die Luft und legt sich über die vielen kleinen Häuser und Gärten, aus denen Černihiv von hier oben zu bestehen scheint.

Die Ursprünge des Klosters gehen in das 11. Jahrhundert zurück, als der legendäre Gründer des Kiever Höhlenklosters, der Mönch Antonij, 1069 aus Kiev flüchtete, in Černihiv Zuflucht fand und drei Jahre dort lebte. Auch hier grub er sich eine Höhle und schuf damit eine Einsiedelei.

Im 12. Jahrhundert wurde über den Eingang der Höhle die **Elias-Kirche** (Illins'ka cerkva/Іллінська церква) errichtet. Die Elias-Kirche ist vom eigentlichen Dreieinigkeitskloster durch ein Tal getrennt, aber durch einen Fußweg mit diesem verbunden. Die direkte Zufahrt erfolgt jedoch über die vul. Uspens'koho 33 (вул. Успенського). Die Höhlen sind täglich für Besichtigungen von 9 bis 17 Uhr geöffnet. Erst 1672 wurde das Ensemble dann zum benachbarten Hügel hin erweitert und die **Dreieinigkeitskathedrale** errichtet. Bald wurde das Kloster Zentrum des Buchdrucks und verfügte über eine umfassende Bibliothek mit mehr als 11 000 Bänden. Ab 1790 residierte in dem Kloster auch der Erzbischof von Černihiv.

Kiev und Umgebung

Die Kuppeln des Dreieinigkeitsklosters

Černihiv

Vorwahl: 0462 bei sechsstelligen Nummern, 046 22 bei fünfstelligen Nummern.

Das **Hauptpostamt** befindet sich auf dem pr. Myru 28 (пр. Миру).

Der Bahnhof befindet sich am pr. Peremohy 1 (пр. Перемоги), von Kiev verkehren regelmäßig Züge.

Die einfachere Variante ist aber die Anreise mit dem Bus. Die zentrale Busstation liegt direkt am Bahnhofsvorplatz.

Von Kiev aus fahren viele Busse vom Busbahnhof Darnycja (Дарниця), pr. Haharina 1 (пр. Гагаріна, Metro Černihivs'ka/Чернігівська) Richtung Černihiv.

Mit den Trolleybussen der Linien 1, 3 und 11 ist der Bahnhof von Černihiv mit dem Stadtzentrum gut verbunden.

Hotel Slov'janşkyj (Словьянский), pr. Myru 33, Tel. 74604, DZ ab 40 Euro.

Hotel Prydesnjans'kyj (Придеснянський), vul. Ševčenka 99a (вул. Шевченка), Tel. 95 48 02, DZ ab 30 Euro, mit bewachtem Parkplatz.

Hotel Hradec'kyj (Градецький), pr. Myru 68, Tel. 45025, DZ ab 20 Euro, ebenfalls mit bewachtem Parkplatz.

Viele Cafés, Restaurants und Einkaufsmöglichkeiten findet man entlang der Hauptstraße der Stadt, dem pr. Myru.

 Historisches Museum (Історичний музей), vul. Hor'koho 4 (вул. Горького), 9–17 Uhr, Sa/So 10–18 Uhr, Do geschlossen.

Kunstmuseum (Художній музей), vul. Hor'koho 6, tgl. außer Mo 9–16.30 Uhr.

Museum im ehem. Kollegium, 9–17 Uhr, Fr bis 16 Uhr.

Museum für dekorative Volkskunst in der Katharinenkirche, Allee der Helden (Alleja Herojiv/Аллея Героїв), 9–16 Uhr, Mi/Do geschlossen.

Antonij-Höhlen (Антонієві печери), vul. Uspens'koho 33 (вул. Успенського), tgl. 9–17 Uhr.

Aleksandr-Dovženko-Museum, 90 Kilometer östlich von Černihiv liegt die Siedlung Sosnycja (Сосниця), in der 1894 der sowjetische Regisseur Aleksandr Dovženko geboren wurde. Ihm ist ein Museum im 2. provulok Dovženka (2й провулок Довженка) gewidmet.

Musikalisch-Dramatisches Theater, Krasna pl. 1 (Красна пл.), Kasse tgl. außer Mo 12–19 Uhr, Pause 15–16 Uhr. Das Theater bietet das klassische Crossover von Gogol' über Gorki zu Tschaikowski, das Repertoire wird ergänzt durch regelmäßige Gastspiele aus Kiev, L'viv, Charkiv und anderen Städten.

Philharmonie, pr. Myru 15, Kasse tgl. außer Mo 13–19 Uhr.

Eine bunte Černihiv-Mischung bietet www.chernigov-ukraine.info (engl.).

Kaniv

Kaniv (Канів) ist viel zu klein geraten. Nach seiner Bedeutung für die ukrainische Seele müßte das Städtchen groß wie Kiev sein – jedenfalls beinahe. Die früheren Stadtväter haben das wohl auch gespürt und in ihrer Stadt so viele Museen eröffnet und Denkmäler eingeweiht, dass sogar Kiev neidisch werden könnte. Diese Museen sind zwar bescheiden, und selbst wenn die Hauptstadt eines Tages dem kleinen Kaniv sämtliche Museen abschwatzen, abkaufen oder gar stehlen würde, das Grab von Taras Ševčenko bliebe doch da, wo es der Maler und Dichter in seinen Versen bestimmt hat: Oberhalb des silbrig glänzenden Dnepr in der 26 000-Einwohner-Stadt Kaniv – genaugenommen oberhalb der Buswendeschleife am Ende der heutigen Ševčenko-Straße (вул. Шевченка). Da wo der Flusshafen ist und wo die viel zu vielen Stufen hinaufführen, da wacht der ukrainische Nationalpoet Ševčenko wie ein bronzener Titan über das ganze Land. Da bleibt mancher vor Ehrfurcht lieber unten, wo das Holzfeuer qualmt, Schaschlyk gebraten und Bier gezapft wird.

Man kann den Dichter ehren, man kann aber auch ins Wasser springen und man kann natürlich möglichst regungslos im Schatten von Pappeln sitzen, Limonade trinken und ein zweites Frühstück einnehmen, wie das die drei Verkäuferinnen vom Schaschlykstand tun. Ab und zu wandert natürlich auch ein Schluck Selbstgebrannter in ihre Münder. Für Kundschaft ist es noch zu früh. Gerade ist der erste Bus mit einer Schulklasse herangerollt. Ein Schwarm von Halbwüchsigen lärmt die Betontreppe hinauf, die mit vielen rechten Winkeln aufwendig in den Hügel hineinkonstruiert

Blick vom Taras-Hügel über den Dnepr

wurde. Die Mädchen würdigen die Alten, die am Treppenabsatz warten und Tulpensträuße feilbieten, keines Blicks. Die Jungs sowieso nicht. Nur die Lehrer kaufen pflichtbewusst je einen Strauß, um ihn vierzig Meter höher am Grabhügel von Taras Ševčenko wieder abzulegen. Doch erst müssen sie die Treppe hinauf, vorbei an den Ständen mit den bestickten Decken und Ukrainerblusen und der Frau, die ihre eigenen Gedichte anbietet.

Das Denkmal für Taras Ševčenko

Oben angekommen, werden die Sträuße niedergelegt, die Mädchen posieren auf der Balustrade der Terrasse für die Fotoapparate der Jungs. Dabei blicken sie so sehnsuchtsvoll zum Dnepr und seinen Inseln, zum flachen Ostufer mit seinen Wäldern und dieser Weite, dass man glauben könnte, die Ukraine wäre grenzenlos.

Irgendwo hier oben – wo genau, weiß keiner mehr – hat wohl Taras Ševčenko gestanden, als er aus dem Exil zurückgekehrt und dabei auch durch Kaniv gereist ist, das er von früheren Besuchen schon kannte. Hier oben hat er davon geträumt, sich niederzulassen. Zu Lebzeiten hat sich das nicht erfüllt. Einzig sein Bild ›Bei Kaniv‹, das er hier gemalt hatte, erinnerte Ševčenko, der bis ans Ende seiner Tage im russischen St. Petersburg leben musste, an seine ukrainische Heimat, in die er erst als Toter zurückkehren durfte.

Ševčenko, der zuerst in St. Petersburg beigesetzt worden war, wurde bereits gut zwei Monate nach seinem Tod 1861 exhumiert, nach Kaniv überführt und in dem Grabhügel beigesetzt. Darüber wurde ein Holzkreuz errichtet, das aber schon 1884 durch ein eisernes ersetzt wurde. 1923 schuf ein Amateurbildhauer die erste einfache Ševčenko-Skulptur, die – ganz im Stile der Zeit – von Arbeitern einer Zuckerfabrik gegossen und aufgestellt wurde. 1939, zum 125. Geburtstag des Malers und Dichters, ließ die Staatsmacht dann diese Figur ersetzen. Man beauftragte Matvej Genrichovič Maniser und den Architekten Levinson mit dem Ševčenko-Monument, das sich recht harmonisch in den Hügel fügt – abgesehen von dem sehr hohen Sockel aus Granit.

Unten am Fluss sitzen die drei Verkäuferinnen im Schatten von Pappeln und frühstücken immer noch – Tanja, Lena und Olja, die so dick ist, dass sie nicht mehr in den Stuhl passt und daher mit einem stabilen Eisenhocker vorlieb nehmen muss.«360 Stufen sind es hinauf«, sagt ihr Chef, der sich dazugesellt hat, in einem Ton, dass jeder weiß, dass der Mann Jahre nicht mehr oben war. Er blickt hinauf zum Denkmal, das aus den Baumwipfeln schaut. Von hier aus könnte es genauso gut ein bronzener Lenin sein. »Anstrengend ist das«, bekräftigt der Inhaber des Schaschlykstandes, scheucht mit dem Hinweis auf wartende Kundschaft die Frauen kurz hoch und greift zum Glas. Augenblicke später sitzen sie wieder beisammen und Olja verrät ein Rezept: 6 Kilo Zucker, ein halbes Kilo Hefe, 30 Liter Wasser, zwei Wochen warten und dann brennen – ergibt 6 Liter Samohon (самогон), wie der Selbstgebrannte hier genannt wird, mit gut 50 Prozent. Der auch bald wieder nötig sein wird, denn die Vorräte auf dem Tisch gehen zur Neige. Und während sie so redet und mit zarten Fingern und kräftigem Arm das Gläschen vor ihrem kirschroten Mund hält, kommt ein Hubschrauber geflogen, kreist über dem Grabhügel und filmt mit einer Kamera minutenlang den bronzenen Dichter wie ein Naturschauspiel. Und das Hündchen, das bisher unter dem Tisch gesessen hat, kriecht still in Oljas Rock hinein und genießt mit hängender Zunge den Schatten.

Die Stadt Kaniv

Kaniv erstreckt sich am rechten Ufer des Dnepr. Weil der Fluss hier relativ schmal ist, wurde Kaniv ein wichtiger Marktplatz, aber auch ein bedeutender strategischer Außenposten der Kiever Rus. Hier begann das ›Wilde Feld‹ - ›Dyke pole‹ – Steppe, Niemandsland, das die

Kiever Rus' nach Osten abgrenzte, in Wirklichkeit aber offen hielt für Eroberer aus den Tiefen Asiens. Und so ist es kein Wunder, dass die Stadt erstmals im Jahre 1144 erwähnt wird, als der Ort eine Festung wurde. Allerdings war es auch kein Wunder, dass Kaniv daher 1240 von den Tataren erobert und zerstört wurde. Später kam die Stadt unter litauische, dann polnische Herrschaft, war aber auch lange Zeit ein Zentrum der Kosaken. Erst nach der Zweiten Polnischen Teilung 1793 kam die Region wieder unter russische Herrschaft.

Noch unter polnischer Herrschaft kam es 1787 hier zu einer denkwürdigen Begegnung. Auf dem Weg nach Süden weilte Katharina die Große mit ihrer Armada in Kaniv. Es war ein delikater Besuch, den Grigori Potjomkin organisieren musste. Hatte seine Herrin doch hier ein Stelldichein mit ihrem einstigen Liebhaber, den inzwischen durch Katharinas Mithilfe zum polnischen König aufgestiegenen Stanislaus Poniatowski. Das Rendezvous fiel allerdings ins Wasser. Von heftigen Regenschauern zerzaust, stieg Stanislaus, inzwischen 55 Jahre alt, zur 58jährigen Katharina auf die Galeere. Auch sonst stand die Begegnung unter keinem guten Stern. Nach der Zusammenkunft kamen beide recht kühl und enttäuscht aus der Kajüte. Auf dem vom König ausgerichteten Ball erschien Katharina nicht mehr, sondern fuhr am nächsten Tag ohne Adieu davon. In einem Wutanfall über das misslungene Treffen verprügelte Potjomkin noch seinen polnischen Schwager, über den sich Poniatowski beschwert hatte. Sechs Jahre später kam Kaniv zum Zarenreich, ein Jahr später wurde der Stanislaus Poniatowski, den die Zarin einst so heiß begehrt hatte, entmachtet.

■ Stadtzentrum

Im Zentrum der Stadt fällt der Blick auf den schneeweißen Zentralbau der **Maria-Entschlafens-Kirche** mit seinen drei Kuppeln, der sich auf einem Plateau über dem Dnepr erhebt. Er ist der unbestrittene Mittelpunkt des alten Kaniv und ein Beispiel frührussischer Architektur. Die Kirche, mit deren Bau Fürst Vsevolod Ol'govič 1144 begann, ist das älteste Gebäude der Stadt. Bereits 1149 wechselte in Kaniv der Bauherr, als Jurij Dolgorukij, der Gründer Moskaus, in jenem Jahr aber gerade Großfürst von Kiev geworden, seinen Sohn Gleb in Kaniv einsetzte. Eine Tafel am Eingang erinnert daran, dass der Sarg mit dem Leichnam von Taras Ševčenko vor dem Begräbnis zwei Tage lang hier aufgebahrt worden war. Die Kirche – wie viele andere während der Sowjetzeit zweckentfremdet – steht seit 1990 wieder für Gottesdienste offen.

Um die Kirche herum scharen sich verschiedene Denkmäler und Museen, außerdem hat man vom kleinen Park einen weiten Blick über die Stadt mit ihrem Markt und den Wohnsiedlungen hinüber zum Fluss und zur Brücke, die nur zur Hälfte vom anderen Ufer herüberreicht. Unübersehbar ist das **Mahnmal für die Soldaten der Ersten Ukrainischen Front**, die 1943/44 hier gefallen sind.

Das **Museum für Volkskunst** in der vul. Lenina (вул. Леніна), bietet über 5000 verschiedene Exponate aus den zentralukrainischen Gebieten um Kiev, Čerkasy und Poltava. Wer mehr über den Zweiten Weltkrieg erfahren möchte, findet im **Klub der Veteranen des Großen Vaterländischen Krieges** Material. Im Klub gibt es ein kleines Museum mit Karten und Fotos von den Kämpfen am Dnepr. Etwas weiter die Straße hinunter liegt das **Historische Museum**.

Ševčenko-Gedenkstätte

Durch das Gelände um das Ševčenko-Denkmal besitzt Kaniv zwei touristische Zentren: Der Taras-Hügel (Tarasova Hora/Тарасова Гора) mit dem Grabmal von Taras Ševčenko im Südosten und das kleine Stadtzentrum, das sich ebenfalls auf einem Hügel oberhalb des Flusses um die Maria-Entschlafens-Kirche erstreckt. Vom Zentrum gelangt man mit dem Bus oder dem Maršrutne Taxi, (jeweils die Nummer 2) über die Ševčenkostraße am Ufer entlang zum ›Nationalen Schutzgebiet Ševčenko‹, wie das Areal umständlich genannt wird.

Die viereinhalb Kilometer sollte man nicht unbedingt zu Fuß gehen, da man am Ende des Weges noch einiges an Kraft braucht, um die 360 Stufen zum Taras-Hügel hinaufzukommen. Am Anfang der Treppe werden die Besucher voller Symbolik vom Plätschern des Brunnens ›Ewiger Quell der Kunst Taras' Ševčenkos‹ begrüßt. Auch auf der Treppe selbst gibt es dann noch einen zweiten.

Oben angekommen, kann man direkt zum Grab eilen, man kann aber auch schon vor dem Denkmal an einer Terrasse den Blick über den Fluss wandern lassen – was zum Programm eines jeden geschichtsbewussten Ukrainers gehört. Sehr gut ist von oben der Fluss zu überblicken und als Kontrast in der Ferne das Wasserkraftwerk und der Kaniver Stausee, der sich hinter der Staumauer ausbreitet. Das Kraftwerk mit seinen 24 Turbinen und seinem Staudamm, einem von sechs in der Ukraine zwischen Kiev und Nova Kachovka, wurde 1975 vollständig in Betrieb genommen. Die Anlage liegt jedoch in so weiter Ferne, dass sie die Einkehr, die der Hügel auch dem weitgereisten Besuchern zweifelsohne bietet, nicht stört.

Karte S. 283 ▲

Nichts um das Nationalheiligtum wurde dem Zufall überlassen: Die Eichen neben dem Grab wurden zum 100. Geburtstag des Dichters 1914 gepflanzt, die Kastanienallee 1939 zum 125. Geburtstag, ein weiterer Eichenhain kam zum 100. Todestag 1961 hinzu. Außerdem wurden Apfelbäume gepflanzt – und weil der Gärtner Jadlovs'kyj ein halbes Jahrhundert lang alles so hervorragend gepflegt hatte, begrub man ihn 1933 hinter den Äpfeln.

Hinter dem Grabmal ist schon das **Museum** zu sehen, das wie das Denkmal selbst 1939 erbaut worden ist,. Das Gebäude wurde lange Zeit renoviert. Im Museum wird die Lebensgeschichte von Ševčenko erzählt, Zeugnisse seiner Zeit ausgestellt – unter anderem eines der letzten Selbstportraits des Malers und dessen Totenmaske– sowie Veröffentlichungen zu Ševčenko aus späterer Zeit und Übersetzungen seiner Werke.

Versteckt hinter dem Hauptgebäude des Museums befindet sich eine **Lehmhütte**, die nach Skizzen von von Ševčenko erbaut worden ist, der sich so sein Landhaus erträumt hatte. Dieses Häuschen mit Stroh und Moos auf dem Dach war das erste, noch bescheidene Ševčenko-Museum und ist heute ein romantisches Relikt aus einer Zeit, als der Ševčenko-Kult noch bescheidener zelebriert wurde.

Dieses Häuschen war die Keimzelle des Museums

Ausflüge in die Umgebung von Kaniv

Wen es nach soviel Literatur und Geschichte zurück in die Natur zieht, braucht nicht lange zu suchen. Die direkte, aber auch die weitere Umgebung bieten genügend Gelegenheit zu Spaziergängen und ausgedehnten Erkundungen. Wenn man die Treppe wieder abgestiegen ist und der Uferstraße nach rechts Richtung Pekari (Пекарі) folgt, gelangt man bald zum Eingang der Kaniver Physikalisch-Geographischen Station, an der Mitarbeiter der Kiever Ševčenko-Universität forschen. Diese Station liegt im **Kaniver Naturschutzgebiet**, das über 2000 Hektar groß ist, am südwestlichen Rand der Stadt beginnt, sich am Gelände des Ševčenko-Denkmals vorbei zum Dnepr erstreckt und im Osten von den beiden Flussinseln Kruhlyk (Круглик) und Šelestiv (Шелестів) begrenzt wird. Die Mitarbeiter der Station bieten nach Voranmeldung Exkursionen zu den geologischen, botanischen, zoologischen und archäologischen Sehenswürdigkeiten dieses Gebietes an (Tel. 04736/32991), außerdem kann man werktags das dortige Naturkundemuseum besuchen. Mit ein bisschen Glück bekommt man in den eigentlich für die Studenten vorgesehenen einfachen Quartieren auch eine preiswerte Unterkunft. Eine telefonische Vorankündigung ist also auf jeden Fall ratsam.

Wer weiter Richtung Pekari fährt oder wandert, kann mit etwas Geduld auch am Flussufer einen schönen Lagerplatz für ein Nachtquartier finden.

Wer es komfortabler mag, muss auf das Flusspanorama nicht verzichten. Auf dem Rückweg zur Stadt liegt linker Hand das Hotel ›Knjažna Hora‹, mit seinem auffallend grünen Dach. Im Restaurant kann man gut und recht preiswert essen, und wer seinen Stadtspaziergang auf den nächsten Tag verlegen will, wird im Hotel auch sehr gut untergebracht.

 Kaniv

Vorwahl: 0 47 36.

Kanivturservis (Канівтурсервіс), vul. Herojiv Dnipra 35 (вул. Героїв Дніпра), Tel. 3 30 22, bietet touristischen Service, u.a. Exkursionen.

Kaniv hat keinen Bahnanschluss und verfügt daher nur über einen Busbahnhof, der sich in der Nähe des Hafens in der vul. Herojiv Dnipra 1 befindet. Mehrmals täglich fahren Busse nach Kiev und nach Čerkasy.

Hotel Staryj Kaniv (Старый Канів), vul. Lenina 17 (вул. Леніна), Tel. 3 54 38, ab 20 Euro.

Etwas außerhalb vom Zentrum Richtung Ševčenko-Denkmal liegl sehr schön am Dneprufer das **Hotel Knjažna Hora** (Княжна Гора), vul. Dniprovs'ka 1 (вул. Дніпровська), Tel. 3 55 83, ab 20 Euro, bewachter Parkplatz auf dem Grundstück, im Hotel befindet sich ein gutes Restaurant.

Schlichter, aber auch preiswerter sind die **Studentenunterkünfte in der Physikalisch-Geographischen Station** der Kiever Ševčenko-Universität, vul. Ševčenka (вул. Шевченка), für etwa 10 Euro, allerdings sollte man sich unbedingt vorher anmelden (Tel. 3 29 91), da zu bestimmten Zeiten die Quartiere von Studenten belegt sind. Die Station befindet sich rechts hinter dem Ševčenko-Denkmal, wenn man den Parkplatz hinter sich lässt und die Uferstraße Richtung Pekari (Пекарі) weiterfährt.

Ein gutes Restaurant mit ukrainischer Küche gibt es im Hotel **Knjazha Gora**, vul. Dniprovs'ka 1.

Das **Restaurant Elit**, ebenfalls am Fluss gelegen, befindet sich in der vul. Herojiv Dnipra 35.

Im Hotel **Staryj Kaniv** (s.o.) befindet sich ebenfalls ein Restaurant.

Ševčenko-Museum, Tarasova Hora (Тарасова Гора), tgl. 8.30–16.30 geöffnet.

Museum für Volkskunst (Музей народногодекоративного мистецтва), vul. Lenina 64 (вул. Леніна), 8–17 Uhr, Fr nur bis 16 Uhr, Pause von 13–14 Uhr, Sa/So geschlossen.

Historisches Museum (Історичний музей), vul. Lenina 15.

Das kleine **Museum im Klub der Kriegsveteranen** in der vul. Lenina 29 ist Mo–Fr von 8–17 Uhr geöffnet.

An der vul. Ševčenka sind drei Badestrände ausgewiesen, einer direkt am Hotel Knjažna Hora. Baden ist möglich, doch die Qualität von Strand und Wasser entspricht nicht westeuropäischem Standard.

Taras Ševčenko und das Vermächtnis seines Lebens

So mancher prominente Platz, den bis zum Ende der Sowjetunion ein überlebensgroßes Leninstandbild beherrscht hatte, beherbergt heute einen ebenso großen Taras Ševčenko. Und es scheint, dass da gedankenlos ein Heros gegen den anderen ausgetauscht worden sei. Weit gefehlt. »Die Geschichte meines Lebens ist ein Teil der Geschichte meines Volkes«, schreibt Ševčenko selbst in seiner Autobiographie.

Taras Hryhorovyč Ševčenko wurde am 25. Februar (9. März) 1814 in dem Dorf Morynzi bei Kiev (heute Gebiet Čerkasy) als Sohn von Leibeigenen geboren. Bald wurde sein Mal- und Zeichentalent entdeckt. 1825, nach dem Tod seines Vaters (die Mutter starb schon zwei Jahre früher), nahm sein Grundherr, der Generalleutnant Vasyl Vasyl'ovič Engel'gardt, den talentierten Jungen als Kammerdiener zu sich.

Der junge Ševčenko begleitete seinen Herren auf Reisen nach Polen, Litauen und nach St. Petersburg, wo er später eine Ausbildung als Maler begann. Ševčenko erhielt eine umfassende Bildung und fand erste Anerkennung als Künstler. Zwar wurde dadurch sein Selbstwertgefühl gestärkt, andererseits erlebte er das Gefühl der Leibeigenschaft, in der er sich noch immer befand, um so schmerzvoller. 1837 konnte er sich mit Hilfe von Freunden loskaufen und wurde Student an der Akademie der Künste.

Ševčenko konzentrierte sich in seinem künstlerischen Schaffen jedoch mehr auf die Literatur und veröffentlichte ab 1840 erste Werke in ukrainischer Sprache, was ihm Anerkennung, aber auch heftige Kritik bescherte. Anerkennung für sein lyrisches Empfinden, Kritik deswegen, weil er die ›bäuerliche‹ ukrainische Sprache verwendete, die vielen in St. Petersburg doch nur als ein primitiver Dialekt des Russischen galt.

Seine Gedichtsammlung ›Kobzar‹ (Кобзар), die 1840 nur stark zensiert herausgegeben wurde, widmete Ševčenko dem Kobzar, einem durchs Land ziehenden Sänger. Mit dieser Widmung machte Ševčenko klar, wo sein Thema lag: in seiner Heimat, der Ukraine, die damals üblicherweise und abschätzig ›Kleinrussland‹ genannt wurde. Während seiner Petersburger Zeit reiste Ševčenko dreimal in die Ukraine. Diese Reisen hatten eine große Wirkung auf den Künstler. Eine davon war der Eintritt in die geheime ›Kyrill-Methodius-Bruderschaft‹, die sich für die Abschaffung der Leibeigenschaft und für die Gleichberechtigung aller slawischen Völker im Zarenreich einsetzte.

1847 wurde Ševčenko wie alle anderen Mitglieder verhaftet und wenig später verurteilt. Ševčenko wurde zu lebenslangem Dienst als einfacher Soldat verurteilt und ans Kaspische Meer verbannt. An den Rand des Urteils soll Zar Nikolaus I. eigenhändig geschrieben haben: »Unter strengster Aufsicht und dem Verbot, zu schreiben und zu malen.« Ganz so hart geriet die Strafe dann doch nicht, Ševčenko gelang es zu zeichnen und zu malen, und es entstanden einige Novellen in russischer Sprache.

1857, zwei Jahre nach dem Tod von Zar Nikolaus I., kam Ševčenko wieder frei, allerdings durfte er sich nicht in der Ukraine ansiedeln. Zumindest war es ihm aber erlaubt, Verwandte und Freunde dort zu besuchen. Ševčenko lebte bis zu seinem Tode am 25. Februar (10. März) 1861 in St. Petersburg unter Polizeiaufsicht. An seiner Petersburger Beerdigung nahmen Persönlichkeiten wie Fjodor Dostojewski, Nikolai Nekrassov und Michail Saltykov-Ščedrin teil.

Bereits zwei Monate später wurde der Leichnam Ševčenkos in die Ukraine überführt – so wie es sich der Dichter in seinem ›Vermächtnis‹ gewünscht hatte. Nahe seinem

Geburtsort Morynzi, der 1929 in Ševčenkove umbenannt werden sollte, wurde er wie ein Herrscher in den Mönchsbergen bei Kaniv, oberhalb des Dnepr, beigesetzt, die seitdem den Namen Tarashügel tragen. Seit 1939, dem 125. Geburtstag, erhebt sich über seinem Grabhügel ein bronzener Ševčenko, geschaffen vom Künstler Matvej Genrichovič Manizer (1891–1966), der viele Lenin- und Ševčenko-Statuen schuf.

In manchen Darstellungen wird Ševčenko überzogener ukrainischer Nationalismus vorgehalten, er wird auch als ›Russenhasser‹ etikettiert und zum Antipoden von Nikolai Gogol, dem ›Russenfreund‹, stilisiert, der wie Ševčenko aus der Ukraine stammt und der doch sein gesamtes literarisches Werk in Russisch verfasst hat. Ševčenkos ›Vermächtnis‹ ist wahrlich eine Kampfansage an die Feinde seiner Heimat, die aus Moskau und St. Petersburg kamen, doch sein Zorn richtete sich wohl weniger gegen das Nachbarvolk, sondern gegen die selbstherrliche zaristische Herrschaft.

Vermächtnis

In einem Hügelgrab der Steppe,
wenn ich sterben werde,
senkt mich, Brüder, daß mich decke
Ukrainererde,
daß ich kann des Dneprs Schnellen,
seine Ufer schauen,
daß ich höre, wie er rauschend
strömt durch weite Auen!

Wenn er aus der Ukraine
Feindesblut wird tragen
In das Meer, will ich den Fluren
Und den Höhn entsagen,
will, auf Flügeln des Gebetes
auf zu Gott mich schwingen –
ehe dies geschieht, mag nimmer
ich dem Herrn lobsingen!

Senkt ins Grab mich und erhebt euch,
werft die Ketten nieder,
tränkt mit bösem Feindesblute
eure Freiheit wieder!
Dann im freien Bruderkreise
Mögt ihr meiner denken,
mögt ein stilles, liebes Wörtlein
mir, oh Freunde, schenken!

Uman'

Es ist wie eine Geschichte aus Tausendundeiner Nacht. Auf dem Sklavenmarkt von Istanbul erscheint ein polnischer Edelmann, erblickt eine blutjunge griechische Schönheit, verliebt sich in sie, kauft sie frei und reist mit ihr auf seine Ländereien. Als sie dort eintreffen, erblickt das Mädchen eine Traumlandschaft mit Seen, auf denen Nachen schwimmen, mit Hainen, Grotten und Wasserfällen, mit Fontänen, und Pavillons, und mittendrin eine badende Venus und eine ganzen Heerschar antiker Philosophen, Helden und Götter. Das Mädchen, gerade 13 Jahre alt, sprachlos vor Glück, erblickt über dem Eingang ihren Namen – ›Sophia‹. Danach lebten sie glücklich allezeit.

Das ist natürlich ein Märchen, aber man erzählt es gern in Uman' (Умань). Die Wirklichkeit ist interessanter. Sophia, um die es hier geht, wird 1760 in der Nähe von Istanbul in einer edlen griechischen Familie geboren und hat eine behütete Kindheit. Nach mehreren Schicksalsschlägen, die zur Verarmung der Familie führen, dient sie zusammen mit ihrer Schwester in der polnischen Gesandtschaft von Istanbul als Erzieherin. Mit ihrer Anmut und ihrer Klugheit bezaubert die 17jährige ihre Umgebung, und so will sie der polnische Gesandte, als er abberufen wird, zu sich nach Warschau holen.

Sophia reist ihm hinterher, doch bei einem Aufenthalt in der Festung Kam'-janec-Podil's'kyj verliebt sich Joseph de Witte, der Sohn des Kommandanten, in die inzwischen 19jährige. Sie heiraten, und Sophia bleibt in der Stadt. Auch dort beeindruckt sie ihre Umgebung und wird wegen ihres ausgezeichneten diplomatischen Fingerspitzengefühls und wegen ihrer Kenntnis mit politischen Geschäften betraut. Zarin Katharina II. und Fürst Potjomkin werden auf die junge Frau aufmerksam, und sie gewinnt deren Gunst.

In Warschau begegnet sie 1789 dem Mann, der ihr über ein Jahrzehnt später

Orangerie im oberen Teil des Landschaftsparks

*Pavillon der Göttin Flora im Land-
schaftspark ›Sofijivka‹*

ein märchenhaftes Gartenreich schenken wird: Graf Stanislaw Szczesny Potocki. Der 36jährige Pole verliebt sich
unsterblich in die verheiratete Frau. Bis
sie sich vermählen können, gibt es noch
allerlei politische Verwicklungen, eine
Flucht ins Ausland und zwei Eheschei-
dungen zu überstehen. In dieser Zeit
besucht Sophia den Landschaftspark
Arkadia bei Warschau. »Ich bin ganz
verrückt nach Arkadia, es gibt auf der
Welt nicht eine einzige Pflanze, die es
hier nicht auch gäbe«, schreibt sie Potocki. Sie bittet den Grafen, er möge ihr
auf der Krim doch ein Dorf kaufen und
einen ebensolchen Garten anlegen.
Noch bevor Sophia eintrifft, beauftragt
Potocki seinen Adjutanten Ludwig Met-
zel, einen Garten zu bauen – nicht auf
der Krim, sondern auf seinem Gut bei
der Stadt Uman'. Im Mai 1802 ist es
soweit: Zur Einweihung erscheint Sophia
als Venus vor ihren Gästen, und Potocki
lässt einen Obelisken enthüllen mit der
in Lateinisch und Griechisch verfassten
Inschrift ›In Liebe für Sophia‹. Das Para-

dies in der ukrainischen Provinz ist vollendet. Sie ist 42 Jahre alt, er 49. Es
bleiben ihnen noch drei Jahre.
Nach Potockis plötzlichem Tod hat Sophia alle Mühe, den Besitz zusammen-
zuhalten. Es gelingt ihr. Was ihr nicht
gelingt, ist die Beisetzung ihres Mannes
in einer Pyramide auf der Insel Anti-
Circe im Park. Seine Kinder sind dagegen. Sophia stirbt 1822, sie wird in
einem feierlichen Zug, dem 50 Geistliche vorangehen, bei Nacht in einer
Kirche in Uman' bestattet. Ihre letzte
Ruhe findet sie damit nicht. 1838 wird
die Region von einem heftigen Erdbeben erschüttert, bei dem die Kirche so
arg beschädigt wird, dass man den Sarg
umbetten muss. Ihre endgültige Ruhe-
stätte findet sie in Tal'ne östlich von
Uman', während Graf Potocki westlich
der Stadt in Tul'čyn begraben wurde.
Zwischen ihnen liegen 150 Kilometer
– und ihr Paradies, der Landschaftspark
›Sofijivka‹.

Geschichte der Stadt

Uman' (Умань), gut 200 Kilometer südlich von Kiev gelegen, ist eine Stadt mit
heute knapp 90 000 Einwohnern. Sie
wurde Anfang des 17. Jahrhunderts an
der Kreuzung zweier Handelswege gegründet und entwickelte sich wegen
ihrer günstigen Lage schnell. Allerdings
wurde die Stadt regelmäßig von Tataren
und Türken heimgesucht, ebenso regelmäßig wurde sie wieder aufgebaut. Ab
1726 war der Ort im Besitz der Familie
Potocki und blieb es auch, als Uman'
nach der Zweiten Polnischen Teilung
1793 zu Russland kam und Kreisstadt
wurde. Unter den Potockis blühte Uman'
auf, doch nach den Unruhen in Polen
1830/31, an denen der Sohn von Stanislaw Potocki beteiligt war, konfiszierte
der russische Staat die Güter mitsamt

dem Landschaftspark. Die Potockis fanden behutsame Nachfolger, um so mehr, da der Park bald der Fachschule für Gartenbau anvertraut wurde. Nach der Revolution hieß er zwar ›Park der III. Internationale‹, blieb aber in kundiger Hand und kam 1955 unter die Obhut der Akademie der Wissenschaften der Ukraine.

Der Sofijivka-Park

Der heute 170 Hektar große Park ›Sofijivka‹ (Софіївка) ist in der Ukraine berühmt. Er wird von der Kam'janka durchflossen, die Seen und Wasserfälle speist. Der Fluss war im Frühjahr 1980 Ursache für die bisher größte Überschwemmung des Gartens, die verheerende Folgen hatte. Die Schäden sind längst repariert, und der Garten steht mit seinem Ensemble vom 1. Mai bis 15. November Besuchern offen. Wer Kiev für ein, zwei Tage den Rücken kehren will, ist hier gut aufgehoben. Wer zum Schwarzen Meer reist, kann in Uman' eine erholsame Pause einlegen. Das Gelände, das auch über Cafés und Sanitäranlagen verfügt, befindet sich in einem sehr guten Zustand. Es ist weitläufig, und auch fernab der Hauptwege gibt es vieles zu entdecken. Wie andere Landschaftsparks jener Zeit atmet er den Geist der Klassik. Doch die Wiederkehr antiker Motive hat im Uman' noch einen besonderen Grund: Graf Potocki wünschte, dass sich seine Frau, fernab Kleinasiens, in dieser vom Altertum inspirierten Landschaft an ihre Heimat erinnern fühlen sollte.

Der Haupteingang in der vul. Sadova (вул. Садова) ist leicht zu finden. Der Turm am ›Haus der Wissenschaftler‹, das auf einem Hügel thront, ist eine gute Orientierung. Eine Allee, auf der Andenkenhändler Souvenirs anbieten, führt zum Pavillon der Göttin Flora. Wenn man nicht den direkten Weg

nimmt, sondern nach rechts abschweift, passiert man Miniaturlandschaften wie den ›Genfer See‹ und die ›Kleine Schweiz‹. Diese Reminiszenz stammt schon aus der Zeit nach Sophia. Den ›Tarpejischen Felsen‹ hingegen, der zwischen beiden liegt, gab es schon bei der Eröffnung 1802. Hinter dem Pavillon erstreckt das ›Ionische Meer‹, aus dessen Mitte der mächtige Strahl der Schlangen-Fontäne schießt.

Rechts am See vorbei führt der Weg über das **Venezianische Brücklein** in den höher gelegenen Teil des Parks. Dort wird man vom Rauschen des **Großen Wasserfalls** empfangen, bald finden sich dicht an dicht die Tantalus- und die Skylla-Grotte, das Tal der Giganten und ein Amor. Am oberen Ende dieser antiken Kulisse wird man vom Wasserrauschen der Amsterdamer Schleuse am **Oberen Teich** begrüßt. Von der Schleuse führt unterirdisch der Fluss Styx ab, der später den Großen Wasserfall versorgt. Am Teich ist ein mittelgroßes Gewimmel, da allerlei Verkaufsstände, ein Tretbootverleih, eine venezianische Gondel und sogar ein Raddampfer vor

Skulptur im Park

allem die jungen Spaziergänger locken. Mit einem Boot kann man dann auf die Insel Anti-Circe reisen, wo Graf Potocki einst beigesetzt werden wollte. Heute steht dort der Rosen-Pavillon.

Hält man sich links, kommt man zum **Englischen Park**. Vorbei an einem Container (das einzige Bauwerk, das nicht in den Park passt), in dem ein **Wachsfigurenkabinett** der Familie Potocki untergebracht ist, führt der Weg zur **Agrarakademie von Uman'** mit ihrer Campusgeschäftigkeit. Von dort gibt es einen Anstieg über die Serpentinen des weitläufigen Amphitheaters zum östlichen Teil des Parks.

Beschließen kann man den Ausflug in das Gartenreich mit einem Besuch im **Haus der Wissenschaftler** (Budynok tvorčosti včenyx/Будинок творчості вчених). Dort ist im Wintergarten ein Museum für antike Marmorskulpturen untergebracht, es gibt ein großes Restaurant und auch ein sehr ordentliches Hotel. Von den Terrassen kann man noch einmal weit in den Park blicken.

Das Grab des Rebbe Nachman

Uman' ist auch aus einem ganz anderen Grund Reiseziel: In der Stadt, in der um 1900 noch drei Viertel der Einwohner Juden waren, befindet sich das Grab des Rebbe Nachman von Braclav, der 1772 in Medžybiž geboren wurde und 1810 in Uman' starb. Der Rebbe Nachman war Urenkel des berühmten Baal Schem Tow, dem Begründer des Chassidismus. Nachman wird von chassidischen Juden in aller Welt als Zaddik, als Gerechter, verehrt. Unter ihm fand der Chassidismus zu einer letzten Blüte. Der Rebbe gilt als letzter großer Vertreter einer weit zurückreichenden jüdischen Mystik. Eine Vielzahl von Geschichten ist von ihm überliefert, die schönsten hat später der jüdische Religionsphilosoph Martin Buber in einem Buch zusammengetragen. Zu den großen jüdischen Feiertagen pilgern aus aller Welt chassidische Juden nach Uman', sie kommen mit Bussen, Autos und Charterflugzeugen, es sind jedes Mal mehr als 10 000, die sich am Grab des Rebbe in der

▲ *Eingang zum Grab des Rebbe Nachman*

vul. Puškina (вул. Пушкіна) drängen und voller Inbrunst ihre Gebete verrichten. Das Haus mit dem Grab des Rebbe steht im Schatten eines sowjetischen Neungeschossers und ist gut bewacht. Mit einer Kopfbedeckung steht es auch Nichtjuden offen. Während der Feierta-ge wie etwa Pessach und Rosch Haschana ist die Stadt allerdings in einer Art Ausnahmezustand. Doch so plötzlich wie sie gekommen sind, reisen die vielen Pilger auch wieder ab – und Uman' versinkt aufs Neue in die Beschaulichkeit der ukrainischen Provinz.

ℹ Uman'

Vorwahl: 0 47 44.

Der **Park Sofijivka** (Софіївка), vul. Kyjivs'ka (вулі Київська) 12 a, ist vom 1. Mai–15. November, tgl. 9–18 Uhr geöffnet. Der Eintritt kostet 6 Hryvnja (ca. 80 Cent) für Erwachsene, die Hälfte für Kinder. An Sonn- und Feiertagen wird der Eintrittspreis verdoppelt. Bootsfahrten, Reiten und Videoaufnahmen kosten zusätzlich, der Parkplatz ist ebenfalls bewirtschaftet. Es werden Exkursionen auf englisch und deutsch für 150 Hryvnja (etwa 20 Euro) angeboten, deutsche Exkursionen müssen vorher angemeldet werden, Tel. 3 22 10.

Uman hat zwar einen Bahnhof am südlichen Stadtrand, pl. Haharina (пл. Гагаріна), allerdings endet dort nur eine Nebenstrecke. Der Busbahnhof befindet sich ganz in der Nähe das Landschaftsparks in der vul. Kyjivs'ka (вул. Київська). Da sich bei der Stadt zwei große Hauptstraßen kreuzen, sind die Verbindungen in alle vier Himmelsrichtungen gut, allen voran nach Kiev und Odessa.

Das **Hotel im Haus der Wissenschaftler** (Budynok tvorčosti včenych/Будинок творчості вчених), vul. Sadova 53 (вул. Садова), Tel. 3 35 27, hat gute Zimmer ab 25 Euro. Es gibt auch ein Restaurant, tgl. 11–23 Uhr, im Wintergarten befindet sich das Museum der Marmorskulpturen, wo Originale und Kopien antiker Statuen zusammengetragen sind.

In der jüdischen **Pilgerherberge Schaarei Zion**, vul. Puškina 27a (вул. Пушкіна), Tel. 3 17 72, findet man preiswerte und gute Quartiere ab 5 Euro – nur an jüdischen Feiertagen bleibt sie Pilgern vorbehalten. Achtung, das Haus ist kein Hotel, sondern eine religiöse Herberge mit entsprechenden Regeln und Einschränkungen, etwa am Sabbat.

Sowjetstandard bietet das **Hotel Uman'**, vul. Radjans'ka 7 (вул. Радянська), Tel. 5 26 32, ab 15 Euro.

Hinter einem Seiteneingang zum Keller des Hotels ›Uman'‹ gibt es zünftige ukrainische Küche im **Šynok Kadubok** (Шинок Кадубок), tgl. 12–24 Uhr, zu guten Preisen.

🏛

Historisches Museum (Istoryčnyj muzej/Історичний музей), vul. Žovtneva 31 (вул. Жовтнева), 10–18 Uhr, Mi geschlossen.

🖥

www.sofiyivka.org.ua, Homepage des Landschaftsparks auf russisch und englisch.

Raketenmuseum Pervomajs'k

Etwa 70 Kilometer südlich von Uman' versteckt sich nahe der Stadt Pervomajs'k (Первомайськ) eine bizarre Hinterlassenschaft der Blockkonfrontation: Die 43. Raketenbasis der Raketendivision ›Unterer Dnepr‹. Natürlich ist die Basis nicht mehr ›heiß‹, die Interkontinentalraketen RT-23 (Nato-Codename SS-24 ›Scalpel‹) sind alle längst zerlegt, die atomaren Mehrfachsprengköpfe nach Russland überführt und eines der größten Raketensilos der Sowjetunion und des Warschauer Paktes seit Oktober 2001 ein Museum.

Die RT-23 wurde in der letzten heißen Phase des Kalten Krieges ab 1982 getestet. Sie war eine dreistufige Feststoffrakete mit einer Länge von 19 Metern und einem Durchmesser von 2,4 Metern. Sie konnte von unterirdischen Rampen gestartet werden, aber auch von speziellen Rampen auf Schienenfahrzeugen. Ihre Reichweite betrug 10 000 bis 11 000 Kilometer mit einer Zielgenauigkeit von 150 bis 250 Metern, und jede Rakete trug zehn Mehrfachsprengköpfe. Man kann sich vorstellen, wie mancher sowjetische General verzückt war. Das sollten die ›Liebesgrüße aus Moskau‹ für den Gegner in Washington sein, das war die knappe Sprache der Kalten Krieger, das waren die Atom-Fäuste, mit denen der Kreml der Nato drohen wollten. Doch wenn man sich zu sehr aufpumpt, kommt es meist anders – erst als der Kalte Krieg fast vorüber war und Michael Gorbatschow längst mit dem Erzfeind an einem Tisch saß, wurden die Raketen Ende der 80er Jahre stationiert. 36 Raketen in mobilen Einheiten, 56 in Silos, die meisten hier bei Pervomajs'k.

Man kann im ›Museum der strategischen Raketenstreitkräfte‹ (Музей ракетних військ стратегічного призначення) den Hauch einer untergegangenen Epoche verspüren, man kann sich etwas gruseln, aber auch die völlig sinnlose Vernichtung von Ressourcen betrauern. Man kann aber auch einfach ein paar Raketentriebwerke besichtigen, Raketentransporter, Betankungsanlagen, das Modell eines atomaren Mehrfachsprengkopfes, Raketen vom Typ R-12, die in der Kubakrise eine Schüsselrolle gespielt haben, sowie Raketen des Typs RS-20 (SS-18 ›Satan‹). Man kann sich über den damaligen Alltag der Soldaten informieren, über den ständigen Wechsel von unterirdischem und überirdischem Dienst, über die Geschichte der Raketendivision, und ein Videofilm zeigt die Geschichte der Interkontinentalraketen. Zum offiziellen Rundgang gehört auch die Fahrt mit dem Lift 40 Meter tief in die Erde, wo sich der Platz mit

Im unteririschen Kontrollraum

Karte S. 300

Auf dem Gelände des Raketenmuseums

dem vermeintlich roten Knopf befindet, den der Wachhabende im Falle des Falles die Raketen gedrückt hätte – natürlich auf Befehl aus Moskau. Es kam nie dazu – Gott sei Dank.

Wer übrigens das westliche Pendant dazu besuchen wollte, müßte in die Wüsten von Arizona nach Green Valley, südlich Tucson, fliegen. Ähnlich abgelegen wie hier, hält dort ein US-Raketensilo inzwischen seine Tore und Deckel auf – natürlich mit den ›Liebesgrüßen‹ aus Washington – 33 Meter langen Titan-II-Raketen.

Raketenmuseum

Anreise: Es versteht sich von selbst, dass so ein Museum etwas abseits liegt. Anfahrt mit dem Auto von Uman' Richtung Odessa (M 05), nach 35 Kilometern Richtung Osten auf die Straße nach Pervomajs'k/Mykolajiv (M 23), nach wiederum etwa 35 Kilometern, beim Ort Pobuz'ke (Побузь-ке) bei einem blauen Museums-Wegweiser (›Museum of Strategic Rocket Troops‹) links halten. Ein besserer Kiesweg führt zum Museum.

Eintritt: Ganz ist der Kalte Krieg hier noch nicht vorbei, ausländische Besucher müssen in harter Währung und deutlich mehr zahlen als Einheimische, 10 Dollar statt 5 Hryvnja, mit Exkursion 15 Dollar statt 15 Hryvnja zusätzlich, gerade so als ob man die (westlichen) Ausländer noch nachträglich spüren lassen will, dass der ganze Plunder nur ihretwegen hier in die Landschaft gestellt wurde. Das Museum ist Filiale des Zentralen Museums der Streitkräfte der Ukraine in Kiev und hat täglich von 10 bis 17 Uhr geöffnet (www.rvsn.com.ua).

»Wie berauschend, wie prächtig ist ein Sommertag in Kleinrußland! Wie drückend heiß sind die Stunden, in denen der Mittag still und glutheiß erstrahlt und der blaue, unermeßliche Ozean, der sich wie eine wollüstige Kuppel über die Erde neigt, zu schlafen scheint, wonniglich verzückt, da er die Schöne in seinen luftigen Armen hält und sie umfängt!«

Nikolai Gogol', Abende auf dem Weiler bei Dikanka

Zentral- und Ostukraine

Die Sloboda-Ukraine

Mit der Überquerung des Dnepr verändert sich nicht die Landschaft. Ausgedehnte Wälder, vor allem aber weite, von kleinen Flüssen durchzogene Felder prägen weiterhin das Land. Es ist die Geschichte, die die Sloboda-Ukraine von den Gebieten westlich des Dneprs unterscheidet.

In den vorchristlichen Jahrhunderten siedelten hier in der Steppe die Skythen, jenes Volk, das Herodot im fünften vorchristlichen Jahrhundert in seinen Historien als kriegerische Reiter beschrieben hat, die hervorragend mit dem Bogen umgehen konnten und die sich bei den Persern und anderen Nachbarn als Söldner verdingten. Unzählige steinerne Zeugnisse, die in Museen zusammengetragen wurden, künden von der Kultur der Skythen.

Die Sloboda-Ukraine (russ. Слободская Украина, ukr. Слобідська Україна) ist aber vor allem bekannt als das ›Land der freien Gemeinden‹. In der in damaliger Zeit unbesiedelten Region an der Südwestgrenze des Moskauer Reiches ließen sich seit Mitte des 17. Jahrhunderts freie Kosaken und geflohene Bauern nieder, ihre Siedlungen wurden ›Sloboda‹ (Слобода) genannt, was man mit ›Freien Kosakensiedlungen‹ übersetzen kann. Eine dieser Siedlungen war die Charkivs'ka Sloboda, aus der sich die Stadt Charkiv entwickelte, die heute mit 1,6 Millionen Einwohnern zweitgrößte Stadt der Ukraine ist. Die neuen Siedler wurden mit Privilegien ausgestattet und in der stets offenen Flanke des Moskauer Staates Richtung Kaukasus und Asien als Wehrbauern und Wehrkosaken eingesetzt. Gut hundert Jahre währte dieser halbautonome Status, bis Katharina die Große die Sloboda-Ukraine in den Rang einer Provinz herabstufte.

Die Sloboda-Ukraine ist die Heimat von Nikolai Gogol (1809–1852), der ihr in seinen Erzählzyklen ›Abende auf dem Weiler bei Dikanka‹ und ›Mirgorod‹ ein

Die Birke, ukrainisch ›bereza‹, gilt als Symbol des Frühlings

Denkmal gesetzt hat. Im fernen St. Petersburg, wo der Schriftsteller lebte, nannte man dessen Heimat stets nur ›Kleinrussland‹. Der Ukrainer Gogol, der dennoch Zeit seines Lebens auf russisch geschrieben hat, schuf mit dem wilden Kosaken Taras Bulba, mit dem gradlinigen Imker Rudyj Pan'ko, aber auch mit den Streithähnen Ivan Ivanovič und Ivan Nikiforovič sehr lebensnahe und sehr bodenständige Gestalten der Weltliteratur.

Es scheint, dass in diesem unaufgeregten Landstrich zwischen Myrhorod, Dikanka und Poltava mit seinen Mais- und Weizenfeldern, seinen Flechtzäunen, seinen Flussufern und Mückenschwärmen die Ukraine ganz bei sich ist – fernab von fremden Grenzen, unentwirrbar verwoben in russischer Geschichte, ukrainischer Selbstbehauptung und Kosakentum. Eine ländliche Idylle – eine Idylle, die in nahezu jedem Jahrhundert fremde Heere verwüsteten, und die auch die Russische Revolution nicht verschonte. Jetzt, so möchte man glauben, hat die Region Ruhe verdient. Eine gute Zeit zum Reisen.

Myrhorod

Myrhorod (Миргород) gehörte vermutlich zu einer Reihe von befestigten Städten, die in der Zeit der Kiever Rus' als Außengürtel des Reiches gegründet worden sind. Neben der strategischen Bedeutung wurde dort auch stets Handel mit den Polovzern und anderen Turkvölkern getrieben, und der Name Myrhorod, die ›friedliche Stadt‹, deutet auch auf eine eher ruhige Bestimmung hin. Allerdings findet sich die erste urkundliche Erwähnung Myrhorods nicht vor Mitte des 16. Jahrhunderts, als die Stadt auch das Magdeburger Recht erhielt. 1648 wurde Myrhorod Regimentsstadt und 1802 Kreisstadt im Gouvernement Poltava.

Das ist der Zustand, den Nikolai Gogol in seinem Novellenzyklus beschreibt: »Mirgorod ist eine nicht besonders große Stadt am Fluss Chorol. Sie hat eine Seilerei, eine Ziegelei, vier Wasser- und 45 Windmühlen.« Der Aufschwung kam mit der Entdeckung der Heilquellen und dem Ausbau der Stadt zum Kurort.

■ Der Kurpark

Als Ausgangspunkt für Erkundungen bietet sich der Eingang zum Kurpark an. Der Brunnen vor den Kolonnaden ist vor nicht allzu langer Zeit aufgestellt worden. Hier ist das Herz der Stadt, das von drei Seiten vom Chorol umflossen wird. Zu beiden Seiten des Eingangs finden sich Restaurants, das Hotel ›Myrhorod‹, das beste Haus am Platze, ist nicht fern, und wer weniger gut betucht ist, kann sich im Pavillon neben dem Brunnen, der rund um die Uhr geöffnet ist, ein Privatquartier vermitteln lassen. Geht man die Allee hinunter, passiert man bronzene Figurengruppen, die allesamt Gogolschen Erzählungen entsprungen sind, und bald kommen die ersten Sanatorien in Sicht; wenn man sich rechts hält, gelangt man zum kleinen **Museum zur Geschichte des Kurparks**, im ersten Stock eines unscheinbaren Gebäudes. Wer auf dem Hauptweg bleibt, überquert bald den Fluss Chorol, wo rechts im Sommer ein Strandbad einlädt. Etwas später passiert man die Diskothek, die wegen der Farbe ihres Daches ›Grünes Theater‹ heißt. Das Gebäude – halb Zelt, halb Halle – ist bei der Jugend sehr beliebt. Weiter auf dem Weg findet man Cafés und Biergärten. Zentrum des Parks ist der Platz, wo sich der **Kulturpalast** und der **Pavillon für das**

Die Zentral- und Ostukraine

Kursk

Voronež

R U S S L A N D

Belgorod

Charkiv
Харків

Šarivka
Шарівка

Ljubotin
Люботін

M 03

Cuguiv
Чугуїв

Kup'jans'k
Купьянськ

Донецьк Donec'k

M 03

Kloster
Svjati Hory
Святі Гори

Svjatihirs'k
Святігірськ

Pervomajs'k
Первомайськ

M 26

Slov'jans'k
Словьянськ

Artëmivs'k
Артемівськ

Lugans'k
Луганьськ

Novomoskovs'k
Новомосковськ

Pavlohrad
Павлоград

M 04

Krasnoarmijs'k
Красноармійськ

Dnipropetrovs'k
Дніпроретровськ

Krasnoe
Красное

Antracyt
Антрацит

Donec'k
Донецьк

Zaporižžja
Запоріжжя

Huljajpole
Гуляйполе

Tel'manove
Тельманове

Rostov-na-Donu
Ростов-на-Дону

Steingräber
Камьяні Могили

NSG
Chomutivs'kyj step
Хомутівський степ

Taganrog
Таганрог

M 14

Tokmak
Токмак

Mariupol'
Маріуполь

Melitopol'
Мелітополь

Jalta
Ялта

Berdjans'ka
kosa

Ursuf
Урсуф

M 14

Berdjans'k
Бердянськ

A z o v s c h e s   M e e r
А з о в с к о е   м о р е

0   40   80 km

Heilwasser befinden. Dazwischen liegt ein großer, in Beton eingefasster Teich, in dem Wildenten paddeln. Palast und Pavillon bilden mit ihren bunten Fenstern und dem reichlich verbauten Beton unübersehbar ein Ensemble der späten 1970er, frühen 1980er Jahre. Doch im Kulturpalast bietet längst ein Nachtclub seine üblichen Attraktionen an.

Auch wenn man nicht magenleidend ist, sollte man im Pavillon für zehn Kopeken einen Becher Wasser probieren, das es in zwei Darreichungsformen gibt: kalt oder 40 Grad warm. Einheimische und Gäste kaufen gleich kanisterweise das Wasser. Über der Kasse blickt Doktor Zubkovs'kyj, der Begründer der Kurtradition, aus dem Ölgemälde.

Wer sich ein edleres Trinkgefäß zulegen will, kann sich gleich links neben der Trinkhalle in einem Kiosk umsehen. Schon für umgerechnet wenige Euro kann man dort Andenken kaufen – neben Tassen sind das Aschenbecher, Vasen und andere Keramik.

Vor dem Kiosk findet man ein Denkmal für die berühmtesten Edelmänner der Stadt – wenn sie denn je gelebt hätten: die Streithammel Ivan Ivanovič und Ivan Nikiforovič, die sich eines alten Gewehres, eines Ganters und eines schwarzen Schweins wegen bis ans Ende ihrer Tage vor Gericht gestritten haben. So beschreibt es Nikolai Gogol in einer seiner Erzählungen, und so haben die Myrhoroder beide als Mahnung aufgestellt.

Den Hauptweg entlang, gelangt man zum hinteren Teil des Parks, der nicht mehr so akkurat gepflegt ist, und die Bettenhäuser wirken sowjetischer. Dahinter überquert eine Hängebrücke, die Fußgängern vorbehalten ist, den Chorol und führt in den ausgedehnten Waldpark, der zur Stadtgrenze hinausführt.

Büste von Nikolai Gogol vor dem Museum in Velyki Soročynci

Velyki Soročynci

Von Myrhorod aus sind es nur noch 25 Kilometer nach Velyki Soročynci (Велики Сорочинци), am Flüßchen Psjol (Псёл) gelegen, wo Nikolai Gogol geboren wurde. Dass er dort das Licht der Welt erblickte, war eine reine Vorsichtsmaßnahme seiner Mutter Maria Ivanovna, da sie schon zwei Fehlgeburten erlebt hatte. Um sich endlich über ein Kind freuen zu können, reiste sie zur Entbindung von ihrem Gut Vasil'evka zum berühmtesten Arzt der Umgegend, den Doktor Trochimovs'kij, der in Velyki Soročynci praktizierte. Am 20. März (1. April) 1809 gebar sie ihren Sohn und nannte ihn Nikolai, am selben Tag wurde der Junge in der nahen **Christi-Verklärungs-Kirche** getauft. Diese Kirche aus dem Jahr 1732 ist vor allem durch einen riesigen Ikonostas berühmt, der eine Breite von 20 Metern und eine Höhe von 17 Metern aufweist.

Das Haus des Doktors ist seit 1929 ein **Museum**, vor dem Portal wurde eine Gogol-Büste des Bildhauers Ginzburg aus dem Jahr 1911 aufgestellt. Drinnen empfangen den Besucher das Interieur des frühen 19. Jahrhunderts, persönliche Sachen des Dichters, unter anderem ein Tuch, ein Zylinder und eine Weste, Schriftstücke, Erstausgaben, Tagebücher und Reisenotizen, Illustrationen, gesammelte Aussagen von Zeitgenossen Gogols, Zeugnisse der Rezeptionsgeschichte, Skulpturen seiner Helden – unter ihnen der sterbende, aber noch wilde Taras Bulba, an einen Baum gebunden – und Gogols Totenmaske.

■ **Der Jahrmarkt von Velyki Soročynci**
Dank Gogol hat auch der Jahrmarkt von Velyki Soročynci Eingang in die Literatur gefunden. Gogols Erzählung vom Jahrmarkt, von einer komplizierten Hochzeit und allerlei Spuk hat dazu geführt, dass man seit Generationen zum ›Jahrmarkt von Velyki Soročynci‹ einlädt, der seit 1999 gar den Status eines ›nationalen Ereignisses‹ hat. Seit einiger Zeit findet er nun am vorletzten Augustwochenende statt. Zu den Ochsengespannen, Pferden, Schaustellern und allerlei Leuten in bunten Blusen, mit Fellmützen auf dem Kopf, Bastschuhen an den Füßen und angeklebten krummen Nasen, die auf dem weiten Festgelände am Rande des Ortes auftreten, gesellt sich auch Nikolai Gogol, meist im Gehrock, und gibt Autogramme. Zehntausende strömen an diesem Wochenende zusammen, und in Gogolscher Tradition wird auch heute gefeiert, getrunken, der ›Preis für den schönsten Frauenzopf‹ vergeben und sicher so manche Hochzeit angebahnt. Spuken mag es auch noch – wenn nicht von allein, dann helfen die Organisatoren gewiss etwas nach.

 Myrhorod
Vorwahl: 0 53 55.
Postamt, vul. Hoholja 96 (вул. Гоголя), 8–18 Uhr, Sa bis 17 Uhr, So bis 14 Uhr. Dort befindet sich auch eine Wechselstube.
Ein weiterer Geldwechsel befindet sich in der vul. Hoholja 82, täglich ab 8 Uhr, Pause 12–13 Uhr. Ein Geldautomat befindet sich am Kaufhaus ›Spektr‹ (Спектр), vul. Hoholja.
Der **Tourismus** in der Region steht zwar noch auf vergleichsweise schwachen Füßen, aber er entwickelt sich schnell. Die Zahl der Unternehmen nimmt von Jahr zu Jahr zu, und so sind auch die Kurgesellschaften auf Privatpatienten eingestellt.
Der **Pavillon am Haupteingang** zum Kurpark, vul. Hoholja 112 vermittelt außer Zimmern auch sehr günstig **Ein- oder Mehrtagestouren** in die Umgebung, z.B. Schlauchbootfahrten, Abende mit Schaschlyk und Musik, Reiten, im Winter Schlittenfahrten, und Ausflüge in Gogols Geburtsort Velyki Soročynci (Agentur ›Meridian‹, Tel. 4 74 53).
Wer will, kann auch eine **Kur** antreten. Drei Wochen für zwei Personen werden für etwa 500 Euro angeboten: **Sanatorium Gogol**, Tel. 4 64 97, bzw. **Sanatorium Chorol**, Tel. 5 21 25.
Der **Nationale Jahrmarkt** von Velyki Soročynci findet jedes Jahr am vorletzten Wochenende im August statt. Zu dieser Zeit gibt es auch besondere Busverbindungen von Myrhorod, einfache Unterkünfte und Möglichkeiten zum Zelten sind im Ort vorhanden.

Der Bahnhof von Myrhorod befindet sich außerhalb des Zentrums und etwas versteckt am südlichen Stadtrand am Ende der vul. Spartakivs'ka (вул. Спартаківська). Züge fahren mehrmals täglich direkt von und nach Poltava-Südbahnhof, mit Umsteigen sind auch Kiev und Charkiv (Харків) zu erreichen. Kasse 8–19.30 Uhr, Pause 12–13 Uhr.

Der Busbahnhof befindet sich in der vul. Voskresins'ka 9 (вул. Воскресінська), die am Eingang zum Kurpark beginnt. Vom Bahnhof fahren täglich Busse Richtung Kremenčuk, Poltava, Čerkasy und Velyki Soročynci.

Ein bewachter Parkplatz befindet sich im hinteren Teil des Busbahnhofs, wo man für umgerechnet weniger als einen Euro seinen PKW abstellen kann.

Gute Hotels sind das **Myrhorod**, es befindet sich in der vul. Hoholja 124, unweit vom Eingang zum Kurpark, und das **Gogol'** (Гоголь) in der vul. Jakova Usyka 18 (вул. Якова Усика), beide ab 40 Euro.
In der vul. Hoholja 112, findet man zwei **private Zimmervermittlungen**: Ein kleiner Pavillon (Tel. 4 66 59) arbeitet rund um die Uhr. Die Konkurrenz ist ein Stand (Tel. 2 30 82) direkt daneben, der von 7–19 Uhr besetzt ist. Einfache Zimmer werden für 20 Hryvnja, gut 2 Euro, pro Tag vermittelt. Allerdings wird oft auf einen Mindestpreis von drei Übernachtungen bestanden. Auch die **Sanatorien** (s.o.) vermieten Zimmer.
In Velyki Soročynci lädt ein klassischer ukrainischer Chutor (Хутор) Gäste ein. In fünf stilvollen Maisstrohhütten kann man einkehren, ausgiebig speisen und über Nacht bleiben, Wer will, kann im Badehaus, der Banja, entspannen: **Hotel Gogolev Chutor** (Гоголев Хутор), vul. Legejdy 7 (вул. Легейди).

Über gute Restaurants verfügen die **Hotels Myrhorod** und **Gogol'**. Nicht nur Pizza gibt es in der **Grand Pizza**, vul. Hoholja 116, tgl. 9–24 Uhr.
Das Restaurant **Kozacki Rozvagi** (Козацкі Розваги, ›Kosakenvergnügen‹) mit Kosakenambiente und traditionellen ukrainischen Speisen befindet sich in der vul. Hoholja 25, 8–2 Uhr.
Eine einfache Gaststätte befindet sich im Busbahnhof, 7.30–24 Uhr.

Museum zur Geschichte des Kurortes im Kurpark, Mo, Di, Fr 8–16 Uhr, Pause 12–13 Uhr, Mi, Do 8–12 Uhr, Sa/So geschlossen.
Heimatkundemuseum (Краєзнавчий музей), vul. Hoholja 146, Do–Di 9–17 Uhr.
Gogol-Literaturmuseum in Velyki Soročynci, vul. Hoholja 34, 10–18 Uhr, Di geschlossen.
Christi-Verklärungs-Kirche (Spaso-Preobražens'ka cerkva/Спасо-Преображенська церква), Gogols Taufkirche, mit sehenswertem Ikonostas in Velyki Soročynci, vul. Hoholja.

Das größte **Kaufhaus** der Stadt, Spektr (Спектр), vul. Hoholja, ist Di–Sa 9–18 Uhr geöffnet, So bis 15 Uhr, Mo 10–18 Uhr.
Der **Markt** in der vul. Voskresins'ka gegenüber dem Busbahnhof hat tgl. außer So ab 7 Uhr geöffnet.

Ein **Internetcafé** gibt es in der vul. Nezaležnosti 3 (вул. Незалежності), 9–21 Uhr. www.mirgorod.com.ua, viele Informationen (russ.).

Karte S. 300

Nikolai Gogol'

»Alles ist wie gestorben; nur oben in der Himmelstiefe zittert der Lerchensang, und die silbernen Lieder fliegen die luftigen Stufen zur verliebten Erde herab; nur ab und zu hört man den Schrei einer Möwe oder die helle Stimme einer Wachtel, die in der Steppe widerhallt. Träge und gedankenlos, wie Wandelnde ohne Ziel, stehen die in die Wolken ragenden Eichen, und die blendenden Blitze der Sonnenstrahlen entzünden auf einmal ganze Massen des malerischen Laubes und werfen auf andere einen Schatten so schwarz wie die Nacht, in dem nur bei starkem Winde goldene Funken aufleuchten. Smaragde, Topase und Saphire der ätherischen Insekten schwirren über den bunten, von stolzen Sonnenblumen überragten Gemüsegärten. Graue Heuschober und goldene Korngarben lagern wie ein Kriegsheer auf dem Felde, wie Nomaden auf seinem unermeßlichen Räume. Die unter der Last der Früchte sich beugenden breiten Äste der Kirsch-, Pflaumen-, Apfel- und Birnbäume, der Himmel und sein klarer Spiegel, der Fluß in seinem grünen, stolz erhobenen Rahmen ... wie voll Wollust und Wonne ist der kleinrussische Sommer!«

Im September 1831 erschien der Novellenzyklus ›Abende auf dem Weiler bei Dikanka. Vom Imker Rudyj Pan'ko herausgegeben‹. Kurz darauf war der wirklicher Verfasser, der 22jährige Nikolai Gogol', ein bekannter Autor.

Er wurde am 20. März (1. April) 1809 geboren. Seine Kindheit verbrachte er auf dem Gut Vasil'evka, gut 30 Kilometer von Dikan'ka entfernt. Von 1821 bis 1828 besuchte er das Gymnasium in Nižyn, nordöstlich von Kiev. Anschließend zog er nach St. Petersburg und verdingte sich als Schreiber. Gogol's erster literarischer Versuch, die Romanze ›Hans Küchelgarten‹, die er unter Pseudonym veröffentlichte, war ein Reinfall. In dieser Krise wurden zwei Dinge wichtig: Die Freundschaft zu Alexander Puschkin und die Rückbesinnung auf seine ukrainische Heimat.

Nach dem Fortsetzungszyklus ›Mirgorod‹, wo er noch einmal – allerdings schon weniger leicht – das ländliche Leben thematisierte, wandte sich Gogol' der Großstadt zu. Es entstanden Erzählungen, in denen zwar auch kleine Leute auftreten, aber von Selbstbewusstsein ist nichts zu spüren. Die Hauptstadt und ihre Bewohner – kleine Beamte, Flaneure, Eigenbrötler, die darin untergehen. Gogol' beschreibt dieses Räderwerk teils satirisch, teils phantastischgrotesk – immer pessimistisch.

Gogol' verließ 1836 Russland und lebte zwischen 1836 bis 1848 in Rom. Dort entstand auch sein berühmtestes Werk, die ›Toten Seelen‹. Sein Held ist Pavel Ivanovič Čičikov, ein verschlagener Geschäftsmann, der ›tote Seelen‹ kauft, kurz zuvor verstorbene Leibeigene, die noch nicht von den Steuerlisten gestrichen sind, und für die die Gutsherren deswegen noch Abgaben leisten mussten – ein Panoptikum der Verkommenheit.

Gogol', der viele Jahre im Ausland verbrachte, überkamen Unbehagen und tiefe Zweifel über sein Werk. In einer persönlichen Krise pilgerte er 1848 von Neapel nach Jerusalem. Weil ein religiöses Erlebnis ausblieb, kehrte er nach Russland zurück. Dort geriet er an einen Priester, der seine Werke für sündhaft hielt. Der Geistliche verordnete ihm Fasten und Schlafentzug. Gogol's Zustand verschlechterte sich, voller Verzweiflung verbrannte er große Teile des Fortsetzungsmanuskriptes der ›Toten Seelen‹. Das Werk blieb unvollendet. Nikolai Gogol' starb am 21. Februar (4. März) 1852 in Moskau und wurde auf dem Friedhof des Danilov-Klosters begraben – er war erst 42 Jahre alt.

Dykan'ka

Erstmals erwähnt wurde Dykan'ka (Диканька) 1658. Kurz darauf, 1687, belehnte Hetman Ivan Samuilovič den höchsten Richter der Zaporižžjer Kosaken, Vasilij Kočubej, mit dem Flecken Dykan'ka. Kočubej war ein Enkel des krimtatarischen Edelmanns Andrij Kučuk-Bej, der zum orthodoxen Glauben konvertiert war.

Dieser Vasilij Kočubej wird 21 Jahre später Opfer der bekanntesten Intrige im russisch-ukrainischen Machtkampf des 18. Jahrhunderts. Im Jahr 1708 zeigt Kočubej den zum Kosakenhetman gewählten Ivan Mazepa bei Zar Peter I. an, weil Mazepa mit seinem Heer zu Peters Gegenspieler im Nordischen Krieg, dem Schwedenkönig Karl XII., überwechseln wolle.

Allerdings glaubt Peter den Treuebekundungen Mazepas mehr als Kočubej. Als in einer Untersuchung Kočubej keine Beweise vorlegen kann und sich in Widersprüche verwickelt, lässt der Zar Kočubej kurzerhand enthaupten. Noch im selben Jahr wechselt Mazepa tatsächlich die Seite und verbündet sich mit dem Schwedenkönig. In der Entscheidungsschlacht im Juni 1709 bei Poltava wird Karl XII. von Peter I. vernichtend geschlagen.

Die Familie der Kočubej in Dykan'ka wird rehabilitiert und 1831 in den Fürstenstand erhoben. Sie wird dem Zaren die Treue halten und Dykan'ka bis zur Oktoberrevolution prägen. Das blutbefleckte Hemd, das Vasilij Kočubej bei der Hinrichtung getragen hatte, ist heute im Historischen Museum von Poltava ausgestellt. Über die Intrige und den Tod Kočubejs hat Peter Tschaikowski nach dem Poem ›Poltava‹ von Alexander Puschkin die Oper ›Mazeppa‹ geschaffen.

■ Unterwegs in Dykanka

Dykan'ka hat heute rund 9000 Einwohner, ist Zentrum des Kreises Dykan'ka und eine ›Siedlung städtischen Typs‹.

Im Stadtzentrum von Dykan'ka befindet sich das **Historische Museum**. Ein großer Teil der Ausstellung würdigt das Werk Nikolai Gogol's und das Wirken der Familie Kočubej. Einiges an alter Sowjetpropaganda ist auch erhalten, doch eine kleine Ecke ist auch der Hungersnot von 1932/33 gewidmet, erinnert wird ebenso an die Opfer der ›Großen Säuberung‹ und an die Reaktorkatastrophe von Tschernobyl.

Als Ausgangspunkt für eine Exkursion bietet sich der **Triumphbogen** an, der den Eingang zum **Schloss der Kočubejs** bildete und der nicht zu übersehen ist, wenn man von Poltava aus Dykan'ka erreicht. Den Triumphbogen ließ die Familie Kočubej 1820 von dem Architekten italienischer Abstammung, Luigi Ruska (1758–1822), bauen, als Erinnerung an den Besuch von Zar Alexander I. drei Jahre zuvor. Nach dem Sieg über Napoleon 1813 waren solche dem Pariser Triumphbogen nachempfundene Bögen beliebt geworden.

Der Bogen ist das einzige Bauwerk, das vom Ensemble des Schlosses übriggeblieben ist. Die Allee von Pappeln, die bei ihm beginnt und die früher von Kastanien gesäumt war, führt ins Leere. Die Straße endete am schneeweißen Schloss, das ab 1800 errichtet worden war. Der klassizistische Bau wurde in der Oktoberrevolution bis auf die Grundmauern niedergebrannt und später abgerissen, die Kočubejs flüchteten ins Ausland. Wenigstens die **Nikolaikirche** hat – stark lädiert – Revolution und Bürgerkrieg überlebt. Wenn man die Allee hinunterfährt, ist die Kuppelkirche, wie das Schloss im klassizistischen

Der ehemalige Eingang zum Schloss der Kočubejs

Stil errichtet, etwas zurückgesetzt linker Hand nicht zu verfehlen.

Hierher kam die Mutter von Nikolai Gogol', um vor dessen Geburt an der wundertätigen Ikone des heiligen Nikolai für eine ruhige Niederkunft zu beten. In den 1930er Jahren zur Ruine verkommen, wurde die Kirche 1963 zum ›atheistischen Museum‹ umgewidmet und erst 1989 wieder als Gotteshaus eröffnet. Die Restaurierung ist zum großen Teil abgeschlossen, ein breiter aus Eiche gefertigter Ikonostas füllt das Rund unter der himmelblauen Kuppel. Im Vorraum befindet sich ein Verkaufsstand für Devotionalien, Karten und Prospekte. In der Kirche ist tagsüber eine Aufsicht, oft ist es Priester Vasilij Molnar selbst. Molnar zeigt auch gern den Weg zur Grablege der Kočubej mit den Marmorsarkophagen im Untergeschoss der Kirche, das noch auf die Restaurierung wartet.

■ Der Eichenhain

Von der Kirche aus empfiehlt sich ein Spaziergang zu einem alten Eichenhain. Vom Parkplatz bei der Kirche führt ein Weg in den angrenzenden Laubwald, nach etwa 300 Metern und einer Biegung findet man die drei Eichen, deren Äste wie riesige Geweihe in den Himmel ragen. Schätzungen zufolge sind die Bäume mehr als 800 Jahre alt. Sie sind bis zu 1,80 Meter dick, bis zu 22 Meter hoch und stehen seit 1964 unter Naturschutz. Alexander Puschkin hat die Eichen in seinem Poem ›Poltava‹ verewigt. Einer Legende zufolge soll sich an einer der Eichen im Hain, die sich allerdings nicht erhalten hat, die Tochter Kočubejs mit Hetman Mazepa, mit dem sie ein Verhältnis hatte, getroffen haben. Eines ist sicher: Sowohl unter den Eichen als auch nebenan auf einer Streuobstwiese lässt es sich auch heute noch sehr beschaulich rasten.

■ Der Fliederhain

Von der Kirche führt auch ein Weg direkt zu einem Fliederhain, der unter Dendrologen aus aller Welt wegen seiner Einzigartigkeit als Geheimtipp gilt. Dieser Weg dorthin ist allerdings bei nassem Wetter nicht zu empfehlen. Es ist besser, wenn man von der Kirche zur Hauptstraße zurückkehrt, ihrem Verlauf folgt und an der nächsten Kreuzung nach links abbiegt. Nach etwa 200 Metern zweigt etwas versteckt links eine Pflasterstraße ab. Wenn am linken Straßenrand Fliederbüsche stehen, ist man richtig, später ist noch eine Schwester der drei Eichen zu sehen. Kurz darauf liegt links der Eingang zum Fliederhain, dem ›Buzkovyj gaj‹ (Бузковий гай), den Vasilij Pavlovič Kočubej 1822 für sein Töchterchen, das an einer Krankheit litt, anlegen ließ. Er ließ Gehölze aus ganz Europa kommen und legte den zwei Hektar großen Garten in einer Senke an. Der Tochter habe der Aufenthalt zwischen den blühenden Fliederbüschen, so wird berichtet, tatsächlich geholfen. Seit 1908 grenzt ein Fichtenhain an den Garten, und wer sich am Verlauf der Pflasterstraße orientiert, gelangt zu einem sehr schönen Weiher.

■ Ausflüge von Dykan'ka

Wer motorisiert ist, kann zwei Ausflüge unternehmen: Literaturinteressierte sollten einen Abstecher nach **Hoholeve** (Гоголеве) in Betracht ziehen, dem früheren Vasil'evka, das zu Ehren Nikolai Gogols nach ihm benannt wurde. Hoholeve liegt etwa 25 Kilometer westlich von Dykan'ka (über Baljasne/Балясне in Richtung Schischaky/Шишаки, 10 km hinter Baljasne links abbiegen, nicht zu verwechseln mit dem gleichnamigen Ort bei Myrhorod!). Im dortigen Gutshaus ist Nikolai Gogol aufgewachsen. Im Haus, das im Zweiten Weltkrieg zerstört und danach wieder aufgebaut worden ist, befindet sich seit 1984 eine Gedenkstätte. Die Anlage verschafft eine gute Vorstellung von der Kindheit Gogols und dem Landleben, das ihn geprägt hat – einzig die Bohrtürme in der Ferne stören vielleicht. Gleich neben dem Gutshaus gibt es ein ganz passables Restaurant. Wer **Keramik** mag, sollte sich in das 20 Kilometer nördlich von Dykan'ka

Karte S. 300

▲ *Pferdefuhrwerk auf den Land*

gelegene **Opišnja** (Опішня) aufmachen, denn der kleine Ort ist traditionelles Zentrum ukrainischer Töpferkunst. Dort lädt das Nationale Museum und das Forschungszentrum für ukrainische Keramik zur Besichtigung ein, und an der Hauptstraße breitet sich ein **Töpfermarkt** aus, der täglich ab 7 Uhr geöffnet hat und auf dem man von einfacher Gebrauchskeramik bis hin zu künstlerisch Anspruchsvollem allerlei finden kann.

 Dykan'ka-Informationen

Die touristische Infrastruktur ist noch schwach entwickelt. Die Anfahrt mit öffentlichen Verkehrsmitteln ist schwer und zeitraubend. Wer kann, sollte sich mit einem Auto von Poltava (Полтава) oder Myrhorod (Мирpropod) aus auf den Weg machen.

Dykan'ka wird von Bussen der Linie Poltava–Gadjac angefahren.

In Dykan'ka selbst gibt es kein Hotel. Im nördlich von Dykan'ka gelegenen **Dorf Velyki Budušča** (Велики Будуща) befindet sich das **Restaurant Dorožne** (Дорожне), vul. Vojtenko 29 (вул. Войтенко), das auch Unterkünfte ab 5 Euro pro Person anbietet.
Die bessere Wahl ist allerdings das südlich von Dykan'ka gelegenen **Dorf Stasi** (Стасі). Ein junger Unternehmer hat eine ehemalige Unterkunft der dort ansässigen Hühnerfarm zu einer Pension ausgebaut. Einfache Doppelzimmer sind ab 12 Euro zu haben, ein üppig ausgestattetes Appartement gibt es für etwa 35 Euro. Der Manager spricht Englisch und sorgt auch für Verpflegung. Als Rarität in der Gegend gehört zur Pension die **Wintersportbasis Korčak** (Корчак) mit Abfahrtspiste, Schlepplift und sogar einer Schneekanone. Der Manager verleiht Ausrüstung, organisiert im Winter Baudenabende und im Sommer Lagerfeuer mit Schaschlyk sowie Reitausflüge. Tel. 0 50/3 05 37 94 (Sergej).

Empfehlen kann man nur den ›**Historisch-kulturellen Komplex Abende auf dem Weiler bei Dykan'ka**‹ im Weiler Proni, diesen aber um so mehr. Wenn man von Dykan'ka nach Poltava reist, kommt nach etwa 3 km ein kaum zu übersehendes Hinweisschild mit der Aufschrift ›Šynok‹ (Шинок), das links zum Weiler weist. Das traditionelle ukrainische Restaurant ist tgl. 10–23 Uhr geöffnet, hat eine sehr gute Küche und moderate Preise. In Zukunft sollen dort auch Unterkünfte angeboten werden. Im Weiler kann man angeln, Boot fahren, auf Pferden und Eseln reiten, Musik- und Theateraufführungen erleben (nach Vorbestellung) und Souvenirs erwerben. Ein Anruf bei ›Pan Holova‹ (Vladimir Vasiljevič Udovicenko Tel. 0 50/3 05 51 92) lohnt sich also.

Historisches Museum Dykan'ka (Диканський історикокраєзнавчий музей), vul. Lenina 68 (вул. Леніна), 9–17 Uhr, Sa/So geschlossen.
Gogol-Museum in Hoholeve (Гоголеве), Di–Sa 8.30–17.30 Uhr, So bis 16.30, Mo geschlossen.
Nationales Museum für ukrainische Keramik in Opišnja (Опішня), vul. Partyzans'ka 102 (вул. Партизанська), tgl. 9–17 Uhr.

Zentral- und Ostukraine

Ein Abend auf dem Weiler bei Dykan'ka

Unglaublich, dass die zierliche Pani Oksana mit dem schweren Tablett nicht ausrutscht! Schon wieder trippelt sie über den mit Bohlen ausgelegten Pfad und trägt dampfenden Borschtsch, Wodka, Brot, Schaschlyk, Salat und Geräuchertes zu den Gästen, die in den Maisstrohhütten gleich neben dem Weiher den Fröschen lauschen. Und das macht sie flink und mit so einem Liebreiz, dass Bändchen und Rockschöße flattern, man könnte meinen, sie würde fliegen. Dabei sind die Bohlen ganz glitschig vom Regen, und mancher Gast wäre auf dem Weg zum Klohäuschen fast ausgerutscht, ohne dass er irgend etwas vor sich hergetragen hätte.

Hier also ist der Weiler bei Dykan'ka, der heute Proni (Прони) heißt, und dem Nikolai Gogol zu literarischem Ruhm verholfen hat? Pani Oksana setzt sich, schlägt die Augen nieder und fängt mit süßer Stimme an zu lispeln: Ja, gewiss, sie sei die Pani Oksana, drinnen in der Küche wirtschafte die Pani Solocha, und der Pan Holova sei zu Geschäften nach Poltava geeilt. Und sie alle seien schnurstracks der Erzählung ›Die Nacht vor Weihnachten‹ entsprungen, die zur Sammlung ›Abende auf dem Weiler bei Dikanka‹ des hochverehrten Nikolai Gogol gehöre. Die Hexe auf dem Küchendach, und die Katze und auch der Teufel, der sich irgendwo versteckt hält, und sogar der Esel, der jetzt blökt wie eine rostige Wasserpumpe – sie alle gehören zur großen Gogol-Familie, und das Fleckchen sei der historische Weiler bei Dykan'ka. So flötet Pani Oksana, klappert unschuldig mit den Äuglein und erwirkt so noch die eine oder andere Bestellung. Alles weitere könne Pan Golova berichten, der diesen ›Šynok‹ (Шинок), diese Gastwirtschaft gegründet hat, wenn er endlich aus Poltava zurück sei, zwitschert sie und fliegt auf ihren Schuhchen zurück in die Küche.

Nikolai Gogol'

Gott sei dank ist es nicht so klirrend kalt wie in der ›Nacht vor Weihnachten‹, in der der Teufel ein letztes Mal versucht, sich beim jungen Schmied Vakula zu rächen, weil dieser nicht nur gut schmieden, sondern auch noch gut malen kann und der Kirche von Dykan'ka ein Bild geschenkt hat, auf dem er sich über den Teufel lustig macht. Und so führt dieses Rachegelüst zu allerlei Verwirrungen in dem kleinen Dykan'ka, wo plötzlich der Teufel den Mond vom Himmel stiehlt und in die Tasche steckt. Zu allem Überfluss ist der rabenschwarze Teufel höchstpersönlich hinter Pani Solocha her, da diese von Zeit zu Zeit – als eine Art Hobby – auf einem Besen durch die Lüfte reitet.

Wer wohl heute abend hinter Pani Solocha her ist? Drinnen in der kleinen Küche knetet sie Teig für Piroggen. Schweißperlen stehen ihr auf der Stirn. Im Vorhof brät ein braun-gebrannter junger Kosak in Pluderhosen Schaschlyk und begrüßt jeden – damit auch ja keiner zweifelt – mit einer Verbeugung auf dem ›Weiler bei Dikanka‹. Vom Wasser quaken tausendfach die Frösche, manchmal ruft ein Kuckuck herüber, und – um der Wahrheit die Ehre zu geben – die Mücken sind eine Pein. Pani Oksana schafft im Laufe des Abends so viele Tellerchen, Schüsseln und Krüge herbei, dass in der Maisstrohhütte kaum noch Platz auf dem Tischchen ist und die Herzen schon schneller schlagen.

Und da erscheint auch Pan Holova, der Gemeindevorsteher aus Gogols Erzählung, der eigentlich Vladimir Vasilevič heißt. Er verschwindet noch einmal kurz und kommt im Festtagskleid zurück: Ukrainerbluse, Pluderhose und Lammfellmütze schräg auf dem Kopf, lässt noch einmal auffahren, Pani Oksana muss laufen, und Pan Holova kredenzt stolz Schwarzbier mit Namen ›Dykan'ka-Abende‹. Pan Holova erzählt, dass er von 1998 bis 2002 Bürgermeister von Dykan'ka war, also tatsächlich ein ›Pan Holova‹, ein ›Herr Gemeindevorsteher‹. Nach seiner Amtszeit sei er ins Archiv nach Kiev gereist, habe sich Auszüge besorgt, und dieses Material beweise folgendes: Hier auf dem Weiler Proni, ganze drei Kilometer vor Dykan'ka, ist der legendäre Weiler gewesen, auf dem Nikolai Gogol Station gemacht hat, wenn er von St. Petersburg über Kiev und Poltava in sein Heimatdorf Vasil'evka gereist ist. Hier wurden die Pferde ausgespannt, bei Bedarf der Wagen repariert, hier saßen sie zusammen, haben allerlei Geschichten zum besten gegeben und haben sich gestritten, ob Äpfel, die eingelegt werden sollen, nun mit Frauenminze bestreut werden sollen oder lieber doch nicht.

Dann fuhr Gogol auf einem alten Weg, der an Dykan'ka vorbeiführt, durch den Wald, geradewegs an den drei uralten Eichen, die Puschkin schon besungen hat und die heute noch stehen, vorbei nach Hause. Pan Golova hat diesen Weiler wiederbelebt, diesen ›Šynok‹, dieses traditionelle ukrainische Wirtshaus eröffnet und dazu noch eine Hütte aufgebaut mit traditionellem Ofen, die vorher auf dem Gut des Fürsten Kočubej in Dykan'ka gestanden hatte. Heute wohnen drei Familien mit insgesamt acht Personen auf dem Weiler, dazu Schafe, Pferde und der Esel.

Das Dykan'ka-Bier, nach geheimem Rezept gebraut, zeigt langsam Wirkung. Pan Holova selbst wohnt nicht hier, deshalb verabschiedet er sich, die Musik, die den ganzen Abend über geplärrt hat, ist abgeschaltet, und Pani Oksana und Pani Solocha sitzen Schulter an Schulter im Auto und wollen heim nach Dykan'ka. Auf dem Weiler ist es still, sogar die Frösche schweigen, sie starren einfältig zum Himmel, wo die Sterne funkeln, und warten auf den Mond. Dumm nur, dass er nicht aufsteigen wird, denn den hat der Teufel in seine Tasche gesteckt. Aber was wissen schon die Frösche auf dem Weiler bei Dykan'ka von Gogol?

Poltava

Poltava (Полтава) hat etwas, wovon viele andere Städte in der Ukraine nur träumen: Die Stadt besitzt ein klares Zentrum und ein sehr schönes und gepflegtes dazu. Keine endlose Magistrale zerschneidet die 300 000-Einwohner-Stadt, kein Aufmarschgelände für Heere von Werktätigen wurde über die Parks und Wiesen asphaltiert. Poltava hat es umgekehrt gemacht: Aus einem früheren Exerzierplatz ist ein Park geworden, der Runde Platz (Korpusnyj sad/ Корпусний сад) ist der geographische und der gesellschaftliche Mittelpunkt der Stadt. Alles fing mit Peter dem Großen, den Schweden und einem Krieg an, in dem sich das damalige Garnisonstädtchen unvergeßlich in die russische Geschichte eingeschrieben hat.

Geschichte der Stadt

Russland suchte im beginnenden 18. Jahrhundert Anschluss an Europa, Zugang zur Ostsee und strebte unter dem ehrgeizigen Zar Peter eine größere Rolle im europäischen Machtgefüge an. Und so war es unausweichlich, dass sich Schweden, Herrscher über die Ostsee, herausgefordert fühlte. Die Auseinandersetzung begann im Jahr 1700, endete 1721 und ging als Zweiter Nordischer Krieg in die Annalen ein. Anfangs eilte der schwedische König Karl XII. durch große Gebiete Mittel- und Osteuropas und errang Sieg um Sieg, bis sich in der Schlacht von Poltava am 27. Juni 1709 das Blatt wendete. Durch den Winter und die ständigen Angriffe der Russen bereits zermürbt, belagerte Karl XII. Anfang April 1709 die kleine Garnison Poltava. Die Stadt verteidigte sich fast drei Monate, so dass die russischen Haupttruppen unter Peter Zeit genug

hatten, sich bei Poltava zu sammeln. Am Ufer der Vorskla (Ворскла) kam es zur Entscheidungsschlacht, bei der die Schweden vernichtend geschlagen wurden.

Der Krieg dauerte noch an, aber die Würfel waren gefallen: Schweden büßte seine Vormachtstellung ein, während Russland in kürzester Zeit mit Estland und anderen baltischen Gebieten Zugang zur Ostsee erhielt. Peter ließ die Hauptstadt von Moskau in das neu gegründete St. Petersburg verlegen. Russland stieg zur Großmacht auf. Und Poltava war der Schlüssel. Die Herrscher dankten es der Stadt, insbesondere als 1796 das kleinrussische Gouvernement geteilt wurde. Ursprünglich wegen seiner Randlage gar nicht favorisiert, wurde Poltava dann nicht nur Hauptstadt des Gouvernements Poltava, sondern auch Sitz des Generalgouverneurs von Kleinrussland. Diese Entscheidung führte zu einer umfassenden Neugestaltung. Poltava bekam ein klassizistisches Gesicht mit akkurat geführten Straßen, geometrisch angelegten Plätzen und Repräsentativbauten und sollte so eine Kopie der neuen Hauptstadt St. Petersburg werden, damit sich die von dort entsandten Beamten in der Provinz ein wenig zu Hause fühlten. Diesen Hintergedanken – so wird überliefert – hatte Fürst Kurakin, der damalige Generalgouverneur in Poltava. Andere führen die Idee auf Zar Alexander I. zurück.

Der Runde Platz mit seinen 300 Metern Durchmesser, mit der aus Anlass des hundertsten Jahrestages der Schlacht errichteten, gut 16 Meter hohen Ruhmessäule und dem goldenen Adler obenauf ist der Ort, wo die Wege zusammenlaufen. Genau an dieser Stelle

Karte S. 313

soll sich der siegreiche Peter einen Tag nach der Schlacht mit dem Kommandanten der Garnison und Poltavaer Bürgern getroffen haben. Heute treffen sich dort, wo einst Soldatenstiefel geknallt haben, Jugendliche, um Bier zu trinken oder ins Kino zu gehen. Die Poltavaer sind stolz auf ihre Stadt, die mehrfach den Preis im Städtewettbewerb um die sauberste Stadt der Ukraine gewonnen hat.

Mag Poltava nicht mehr in der allerersten Liga der ukrainischen Städte spielen und mag auch der Fußballverein ›Vor-skla‹ Mühe haben, sich im Oberhaus zu behaupten – der Ruhm ist es, der Poltava geadelt hat. Kultur und Geschichte sind die Ressourcen – wenn man von ein paar Erdölfeldern ringsum absieht. Diese Güter sind zu besichtigen im Museum für die Schlacht vor der Stadt und im Historischen Museum mit den Pretiosen der Sammlung von Pavel Bobrovs'kyj, sie spiegeln sich im wiedererrichteten Glockenturm der zerstörten Maria–Himmelfahrts-Kirche und in den goldenen Kuppeln des Kreuzerhöhungsklosters.

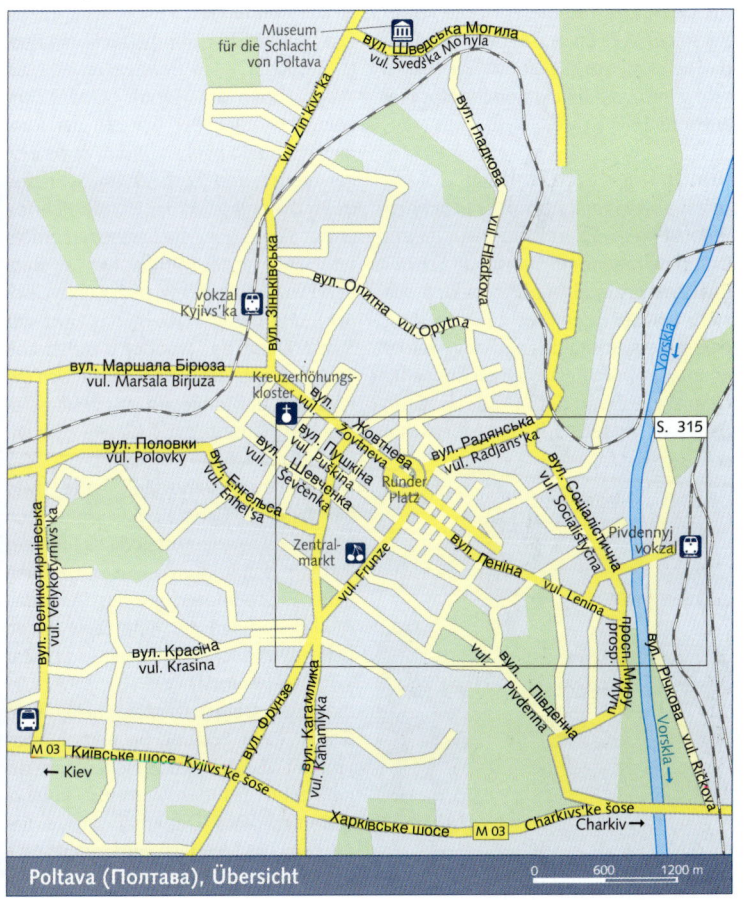

Poltava (Полтава), Übersicht

Zentral- und Ostukraine

Man kann sie spüren in der vul. Žovtneva (вул. Жовтнева) mit ihrem Pflaster, ihren Laternen und Linden und in den Gesichtern der Kosaken, wenn sie sich an Feiertagen um das Grab von Ivan Kotljarevs'kyj scharen, um den ukrainischen Dichter zu ehren.

Ivan Kotljarevs'kyj wurde in Poltava geboren, gilt als Begründer der ukrainischen Literatur und hat Vergils Aeneis im frühen 19. Jahrhundert aus dem Lateinischen ins Ukrainische übertragen. Interessieren sich Kosaken übermäßig für die Antike? In diesem Falle schon. Bei seiner Version der Aeneis, der ›Eneida‹, ließ Koljarevs'kyj griechische Götter sehr effektvoll als ukrainische Kosaken auftreten.

Rundgang durch Poltava

Poltava ist eine Stadt mit angenehmen Proportionen. Sie ist nicht so ausufernd, dass man unter dem Dunst von Schwerindustrie an endlosen Prospekten spaziert, und sie ist erst recht nicht winzig, dass einem so bald langweilig werden könnte. Poltava besitzt einen doppelten Ursprung: Zwar gilt 1174 als Gründungsdatum der Stadt, da es aber schon

Auf dem Runden Platz

aus dem Jahr 899 Zeugnisse von einer ersten Siedlung gibt, führt Poltava stolz an, dass es schon über 1100 Jahre alt ist. Allerdings war Poltava noch weit bis nach der Entscheidungsschlacht zwischen Russen und Schweden 1709 nur eine Garnison mit 4000 Soldaten und noch einmal so vielen Zivilisten. Besucher aus dem Jahr 1782 bezeugen zwei, höchstens drei steinerne Häuser in der ganzen Stadt. 25 Jahre später hätten sie das Städtchen nicht wiedererkannt.

■ Der Runde Platz

Egal, aus welcher Himmelsrichtung heute Besucher nach Poltava reisen, die Wege enden am ›Orjol‹ (Орёл), am goldenen Adler, der sich auf der Ruhmessäule niedergelassen hat, seine Flügel breitet und Lorbeer im Schnabel trägt. Die anlässlich der Hundertjahrfeier des Sieges über die Schweden errichtete Säule ist der Mittelpunkt des Runden Platzes (Korpusnyj sad/Корпусний сад), und dieser Platz ist das Herz der Stadt. Denn da, wo einst zaristische Truppen exerziert haben, breitet sich ein Park aus, der umgeben ist von klassizistischen Häusern mit schlanken Säulen und schneeweißen Portalen.

Die Idee zur Ruhmessäule hatte 1804 der damalige Generalgouverneur Kurakin, der die Jubiläumsfeierlichkeiten der Schlacht damit krönen wollte. Der Bildhauer F. Ščedrin fertigte das Denkmal. Ähnliche Säulen aus jener Zeit finden sich heute noch in Riga und vor dem Winterpalais in St. Petersburg. Der Unterbau des Denkmals ist aus hellgrauem Granit, einer Festung nachempfunden und mit 18 Kanonen versehen, von denen zehn aus der Garnison Poltava stammen. Das Denkmal wurde am 27. Juni 1811 feierlich eingeweiht. Pech für den Initiator Kurakin, denn der war

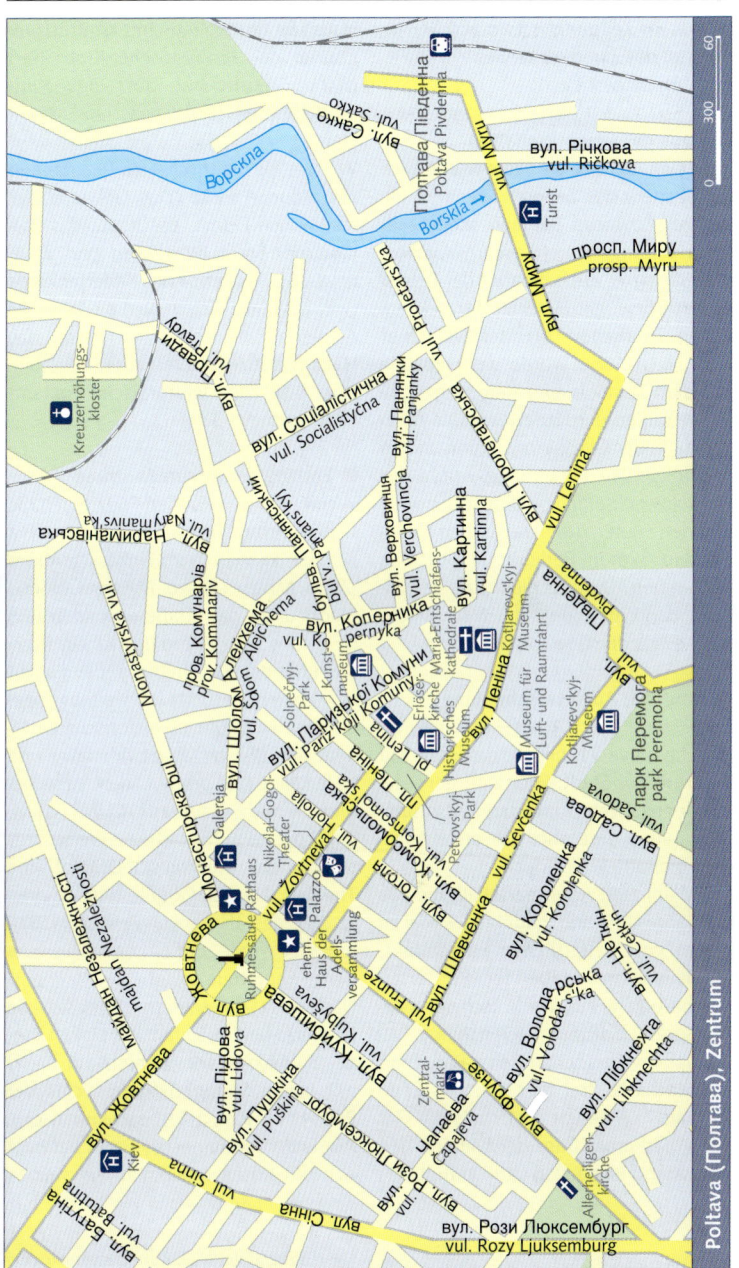

вул. Сакко
vul. Sakko

Полтава Південна
Poltava Pivdenna

вул. Річкова
vul. Rіčkova

просп. Миру
prosp. Myru

Ворскла

Borskla

вул. Миру / vul. Myru

вул. Проєзатазка / vul. Projezatazka

Turist

Kreuzerhöhungs-
kloster

вул. Соціалістична
vul. Socialistyčna

вул. Панянки
vul. Panjanky

вул. Пушкіна / vul. Pu'kina

вул. Верховина
vul. Verchovinča

вул. Картинна
vul. Kartinna

вул. Пролетарська
vul. Proletarska

вул. Леніна
vul. Lenina

вул. Нарманівська
vul. Narymanivs'ka

Панянський / vul. Panjans'kyj

вул. Молодіжна / vul. Molodіžna'ska

вул. Копарника
vul. Ko...
пернука

Erlöser-
kirche Maria-
kathedrale
Entschlafens-

Historisches
Museum

Museum für
Luft- und Raumfahrt

пл. Леніна
pl. Lenina

Kotljarevs'kyj
Museum

вул. Ленина Котляревського / vul. Lenіna Kotljarevs'ka

пров. Комунарів
prov. Komunariv

вул. Шолома Алейхема
vul. Šolom Alejchema

вул. Паризької Комуни
vul. Pariž'koj Komuny

вул. Пушкіна / vul. A.Lejchema

Kunst-
museum

Solnečnyj
Park

Petrovs'kyj
Park

парк Перемога
park Peremoha

вул. Садова
vul. Sadova

вул. Шевченка
vul. Ševčenka

вул. Гоголя / vul. Hoholja

вул. Пролога / vul. Prolohа

вул. Комсомольська
vul. Komsomols'ka

Nikolaj-Gogol-
Theater

Palazzo

ehem.
Haus der
Adels-
versammlung

вул. Монастирська
vul. Monastirs'ka

вул. Жовтнева
vul. Žovtneva

Galereja

Ruhmessaale Rathaus

вул. Котляревська
vul. Koliarevska

вул. Фрунзе
vul. Frunze

вул. Кульжева
vul. Kul'ževa

вул. Короленка
vul. Korolenka

вул. Володарська
vul. Volodar's'ka

вул. Сейн
vul. Seйn

вул. Лібкнехта
vul. Libknechta

майдан Незалежності
majdan Nezaležnosti

Kiev

вул. Підова
vul. Lidova

вул. Пушкіна
vul. Pu'kina

вул. Рози Люксембург
vul. Rozy Ljuksemburg

Zentral-
markt

вул. Чапаєва
vul. Čapajeva

вул. Синна
vul. Sinna

вул. Батутіна
vul. Batutіna

Alierheiligen-
kirche

zu diesem Zeitpunkt schon zum Innenminister des Zaren Alexander I. in St. Petersburg aufgestiegen.

■ Haus der Gewerkschaften

Im selben Jahr wie die Säule wurde auch die Residenz des Generalgouverneurs in der vul. Žovtneva 37 (вул. Жовтнева) unter Leitung Andrej Sacharovs vollendet. Sacharov, auch Erbauer der Petersburger Börse, gilt als einer der bekanntesten russischen Architekten seiner Zeit. Nach 1856 wurde das Gebäude mit dem Portikus und den sechs ionischen Säulen der Kadettenschule übergeben. In der Oktoberrevolution und im nachfolgenden Bürgerkrieg wurde das Haus abwechselnd von den Bolschewiki und den Leuten des ukrainischen Nationalisten Symon Petljuras in Beschlag genommen. Danach diente als Technikum, dann als Schule der Miliz, heute ist es Haus der Gewerkschaften.

■ Haus der Adelsversammlung

Das Haus der Adelsversammlung, vul. Žovtneva 31, bildete das kulturelle Zentrum der Stadt. Hier kam der Adel aus dem ganzen Gouvernement zusammen, hier wurde auch die erste Allgemeinbibliothek eröffnet.

Die Wahl zum Adelsmarschall, die alle drei Jahre stattfand, geriet jedes Mal zu einem gesellschaftlichen Höhepunkt, mit Bällen, Theaterabenden, Konzerten und natürlich Feuerwerk. Tschaikowski, Mussorgski, Šaljapin, Rachmaninov – alles was im Russischen Reich Rang und Namen hatte, trat hier auf. Das Ende kam am 9. Februar 1919, als der Rat der Volkskommissare der Ukraine den Adelsstand im ganzen Land aufhob; ins

Haus zog als ideologisches Kontrastprogramm der Proletarische Klub ›Karl Marx‹. Heute hat dort das Kino ›Kotljarevs'kyj‹ (Котляревський) seinen Platz.

Weitere klassizistische Bauten rahmen den Runden Platz: Das Gebäude der städtischen Duma, das heute das **Rathaus** der Stadt beherbergt (vul. Žovtneva 36), das **Petrovskyj Kadettenkorps** (vul. Žovtneva 42), in dem bis 1995 die Artillerieschule ihren Sitz hatte, das **Haus des Vize-Gouverneurs** (vul. Žovtneva 40), das **Kleinrussische Postamt** (vul. Žovtneva 33).

■ Entlang der Žovtneva-Straße

Wenn man den Runden Platz durch die Unterführung Richtung vul. Žovtneva verlässt, kann man im Einkaufszentrum ›Zlato Misto‹ (Злато Місто, Goldene Stadt) unter der Straße einkaufen und Geld tauschen. Allerdings ist ein Bummel über die vul. Žovtneva, die hier für den Verkehr gesperrt ist, weitaus angenehmer. Hier gibt es historische Laternen, altes Pflaster, eine Lindenallee und viele kleine und große Läden. Links befindet sich das **Kaufhaus ›CUM‹** (ЦУМ, vul. Žovtneva 28), etwas weiter zur rechten das **Musikalisch-Dramatische Theater** ›Nikolai Gogol‹ (vul. Žovtneva 23), das als neoklassizistischer Bau errichtet wurde und ein heimatverbundenes Repertoire pflegt.

Nach etwa 200 Metern öffnet sich die Straße zu beiden Seiten. Zur Linken liegt der **Solnečnyj-Park** (Солнечный парк) mit einem Springbrunnen, rechts der **Petrovs'kyj-Park** (Петровський парк). Am Ende des Solnečnyj–Parks befindet sich das **Kosakendenkmal**: ein steiner-

Fassadenschmuck am Heimatmuseum

nes Kreuz, vor dem Schild und Speer aus Bronze abgelegt sind – und ein Tatarenschopf. Hinter dem Denkmal hat man auch einen sehr schönen Blick über die tiefer gelegenen Viertel der Stadt.

■ Historisches Museum

Im Petrovs'kyj-Park befindet sich ein Denkmal für Taras Ševčenko, ihm gegenüber ist der Haupteingang zum Historischen Museum, einem der interessantesten Gebäude Poltavas (pl. Lenina/пл. Леніна 2). Der Adel des Gouvernements ließ das Haus zu Beginn des 20. Jahrhunderts als ein Repräsentationsbau errichten, der Architekt P. Kostyrko, Professor am Kiever Künstlerischen Institut, lieferte die Entwürfe, und es entstand eines der bemerkenswertesten Jugendstilhäuser der Ukraine. An der Außenfassade sind die Wappen aller Kreise des Gouvernements angebracht. Die Ausstellung ist umfangreich und lohnend: allerlei Naturkundliches, ein Mammutskelett, ein zehn Meter langer Einbaum, vieles zur Stadtgeschichte, zum Zweiten Weltkrieg.

Einiges Material ist auch über die damals streng geheimgehaltene **Operation Frantic** zu finden, als vom Sommer 1944 bis zum Jahreswechsel 1944/45 über 100 Boeing–17-Bomber, sogenannte ›Fliegende Festungen‹ von Poltava aus in ›Pendelflügen‹ Luftangriffe gegen die Deutschen führten, dann Richtung Italien und England weiterflogen und von dort, aufgetankt und versorgt, wieder gen Osten starteten. Über 1000 amerikanische Soldaten waren als Piloten und Bodenpersonal bei dem Einsatz in Poltava stationiert, der auf höchster Ebene zwischen Roosevelt und Stalin vereinbart worden war. Auf jenem Fliegerhorst westlich der Stadt können heute in einem Freilichtmuseum neun

sowjetische Langstreckenbomber besichtigt werden.

Eine gut gesicherte Sonderausstellung des Museums ist die **Sammlung Bobrovs'kyj**. Pavel Bobrovs'kyj (1861–1943) war ein Poltavaer Geschäftsmann, Sammler und offenbar auch Weltenbummler, der mehr als 3000 sehr unterschiedliche Exponate zusammengetragen hat. Da finden sich Kultgegenstände aus Pharaonengräbern, Amulette, Funde aus dem nahen Dykan'ka, das blutbefleckte Hemd, in dem der unschuldige Vasilij Kočubej von Zar Peter dem Großen hingerichtet wurde, Münzen aus der Zeit der Völkerwanderung, Samurai-Uniformen aus Japan, Waffen – unter anderem ein handliches Taschengewehr mit aufgepflanztem Bajonett für Damen, das in jede Handtasche passte – und liturgische Geräte. Die Sammlung ist hochkarätig, wenn auch in der Zusammensetzung etwas zufällig. Wer nach dem Museumsbesuch etwas verschnaufen will, findet neben dem Gebäude ein einfaches und gutes Selbstbedienungs-Café.

■ Die Spas'ka-Straße

Im letzten Abschnitt der vul. Žovtneva erreicht man noch einmal einen Erinnerungsort der Schlacht von Poltava. Links geht die vul. Spas'ka (вул. Спаська) ab, dort befand sich das Haus des Garnisonskommandanten, in dem sich, wie berichtet wird, Zar Peter nach der Schlacht von den Strapazen ausgeruht hat. Natürlich erinnert dort ein **Denkmal** an diese Stunden, Schild und Schwert ruhen auf einem Sockel, in ihm eingelassen ist ein bronzenes Relief von einem schlafenden Löwen – Allegorie auf den siegreichen Herrscher. In Sichtweite liegt die **Erlöserkirche**, in der Peter zum Dankgebet für die Rettung der

Stadt eingekehrt sein soll. Die Kirche ist aus Holz, allerdings wurde sie zu ihrem Schutz in der Mitte des 19. Jahrhunderts auf Veranlassung Zar Alexanders II. mit einer steinernen Hülle umgeben. In der Straße befindet sich heute auch eine Großkonditorei mit Firmenladen. Etwa 200 Meter weiter die vul. Spas'ka hinab gelangt man zum **Kunstmuseum** der Stadt mit der Hausnummer 11.

■ Kathedralenplatz

Zurück auf die vul. Žovtneva ist es nur noch ein kurzer Weg zur 1934 von der Sowjetmacht zerstörten **Maria-Entschlafens-Kathedrale** (Uspens'kyj sobor/ Успенський собор), deren Ursprünge auf das Jahr 1748 zurückgehen und die nach Erweiterungsbauten über 10 000 Gläubigen Platz bot. Der weiße Glockenturm mit seinen vier himmelblauen Kreuzen, der selbst schon wie eine Kirche anmutet, konnte im Jahre 2004 wieder eingeweiht werden, auch die Kirche selbst wurde in den letzten Jahren wieder aufgebaut. Trotz der Zerstörungen ist der Platz, der nach der Oktoberrevolution Sowjetplatz, heute aber wieder Kathedralenplatz (пл. Соборна/ pl. Soborna) heißt, der schönste in ganz Poltava. Das natürliche Relief der Stadt und ihr architektonisches Panorama verbinden sich zu einem unübertroffenen Rundblick. Als klassizistisches Zitat haben die sowjetischen Stadtväter 1954 die **Rotunde der Völkerfreundschaft** errichten lassen, die in Poltava jeder nur ›weiße Laube‹ nennt. Ein gleichartiger Vorgängerbau, der 1909 zum 200. Jahrstag der Schlacht errichtet worden war, war während der deutschen Besatzung zerstört worden. Von dort hat man den Drei-Kirchen-Blick: Zur Rechten die Nikolaikirche von 1775, links die goldenen Kuppeln des Kreuzerhöhungsklosters und im Rücken die Maria-Entschlafens-Kathedrale.

■ Kreuzerhöhungskloster

Den schönsten Anblick bietet ohne Zweifel das Kreuzerhöhungskloster in der vul. Sverdlova 2 (вул. Свердлова), das 1650 gegründet wurde und in dem vor der Schlacht mit Peter dem Großen der schwedische König Karl XII. residierte. Das Kloster bescherte dem König kein Glück, am Vorabend der Schlacht sei er unterhalb der Klostermauer am Bein schwer verwundet worden, heißt es. Das Männerkloster war im 18. und 19. Jahrhundert kulturelles Zentrum mit Bibliothek und Geistlichem Seminar, in dem um 1900 etwa 40 Mönche lebten. Die Bolschewiki schlossen 1923 das Kloster. Danach wurde der Ikonostas der Kreuzerhöhungskathedrale zerstört, die Gräber des Klosterfriedhofes beim Glockenturm wurden geplündert, die Grabsteine herausgerissen und zum Straßenbau verwendet. Wegen seiner Abgeschiedenheit ließ der NKWD dann in den 1930er Jahren dort ein Strafarbeitslager für Kinder und Jugendliche errichten. Erst im Kriegsjahr 1942 durften in

Die Rotunde der Völkerfreundschaft

das halbzerstörte ehemalige Männerkloster Nonnen einziehen.

1960 wurde das Kloster im Zuge einer Atheismuskampagne wieder zweckentfremdet. Funktionäre des Komsomol schickten einen Großteil der Nonnen in ein anderes Kloster, und in die freigewordenen Gebäude zogen Abteilungen des Psychiatrischen Bezirkskrankenhauses von Poltava ein. Doch insbesondere den Anstrengungen einer ehemaligen Krankenschwester und Frontkämpferin ist es zu verdanken, dass am 19. Dezember 1991 erstmals wieder im Kloster die Göttliche Liturgie gefeiert werden konnte. Nonnen kehrten zurück, die Gebäude wurden restauriert, und aus den Resten der zerstörten Grabsteine, die wiedergefunden wurden, errichtete man einen kleinen Ehrenhügel. Seitdem ist das heutige Nonnenkloster mit dem Glockenturm, der Kreuzerhöhungskathedrale, der 1999 wiedererrichteten Dreieinigkeitskirche und der Simeonskirche wieder ein geistliches Zentrum der Stadt und der Umgegend. Leider kann man nicht auf direktem Weg vom Kathedralplatz mit seinem Drei-Kirchen-Blick zum Kloster gelangen, sondern nur mit dem Autobus 10 ab pl. Lenina Ecke Peršotravnevyj pr. (Першотравневий пр.).

Denkmal für Peter den Großen vor dem Museum für die Schlacht von Poltava

■ Kotljarevs'kyj-Museum

Bequem zu erreichen ist das neben der ›weißen Laube‹ gelegene Museum für Ivan Petrovyč Kotljarevs'kyj, pl. Soborna 3, der einer der vielen Absolventen des Geistlichen Seminars im Kloster gewesen ist. 1969, zum 200. Geburtstag des Dichters, wurde die Hütte, in der er gelebt hat, mitsamt Scheune und Brunnen originalgetreu wieder aufgebaut. Kotljarevs'kyj, 1769 als Sohn eines kleinen Beamten geboren, gilt neben Taras

Ševčenko als der Begründer der ukrainischen Literatur. Er arbeitete nach dem Militärdienst zuerst im ›Erziehungsheim für die Kinder verarmter Adliger‹ in Poltava, gründete 1812 eine Kosakeneinheit, die im Befreiungskrieg gegen Napoleon kämpfte, und wurde 1816 Direktor des Theaters seiner Stadt. In seinem grotesk-satirischen Poem ›Eneida‹ verlegt er Vergils Aeneis in die Ukraine, lässt antike Götter als Kosaken auftreten, verwendet die Alltagsprache seiner Umgebung und nimmt Sitten und Gebräuche seiner Zeit auf. So ist ein überaus populäres Werk entstanden, das bis heute auf den Bühnen der Ukraine gerne gespielt wird und das in einzigartiger Weise das ländliche Leben in der Ukraine um das Jahr 1800 spiegelt.

Ivan Kotljarevs'kyj ist in Poltava gestorben und neben der Allerheiligenkirche begraben. An dem einzelnen Grab an der Stelle, wo die vul. Frunze (вул. Фрунзе) und die vul. Rozy Ljuksemburg (вул. Рози Люксембург) zusammenlau-

Karte S. 315

fen, werden auch heute noch regelmäßig Blumen niedergelegt, insbesondere von den Kosaken Poltavas, die Kotljarevs'kyj als einen der ihren ansehen.

Wer sich nun sattgesehen hat und wem an der ›weißen Laube‹ der Magen knurrt, der kann gleich nebenan in das schicke Restaurant ›Ivanova hora‹ (Іванова гора) einkehren. Allerdings ist das nicht für jeden Geldbeutel. Wer es nicht ganz so üppig hat, hält noch etwas durch, kehrt um und sucht sich in der vul. Žovtneva oder der parallel verlaufenden vul. Lenina etwas Passendes.

■ Park des Sieges

Wen es ins Grüne zieht, der sollte in den Park des Sieges (парк Перемоги) gehen, den man über den 1.-Mai-Prospekt (Peršotravnevyj pr./Першотравневий пр.) erreicht. Dort befindet sich im Haus mit der Nummer 18 ein **weiteres Kotljarevs'kyj-Museum**. Ausgefallener ist das kleine **Museum für Luft- und Raumfahrt** schräg gegenüber (Nr. 16). Wer zum Ufer der Vorskla will, findet hinter dem Hotel ›Turist‹, vul. Myra 12 (вул. Мира), einen **Bootsverleih**.

■ Museum für die Poltavaer Schlacht

Das Museum für die Poltavaer Schlacht liegt draußen vor der Stadt. Zum 300. Jahrestag der Schlacht 2009 wurde hier kräftig renoviert. Vor dem Tor empfängt ein lebensgroßer Zar Peter in Bronze die Besucher, er blickt auf einen Hügel, Grab für 1345 gefallene russische Soldaten. Zu seiner Linken gibt es nun auch ein Mahnmal für die toten Schweden. Drinnen sind Pistolen, Spieße, Gewehre, Säbel zu sehen, eine nachgebaute russische Kapitänskajüte als Zeichen der neuen Herrschaft über die Meere, dazu allerlei Kriegsgeräte, unter denen das unangenehmste eine dicke

Achse, eher schon eine Walze mit haufenweise eisernen Zacken ist. So haben sich die edlen Herren bekriegt, und die einfachen Männer mussten bluten. Das Ende ist wie immer still, Abgüsse der Totenmasken beider Herrscher liegen unter einem Dach vereint, ihre Gesichter erzählen das Finale: Der schwedische König Karl XII. schläft sehr friedlich und sehr müde, er ist gerade einmal 36 Jahre alt geworden. Zar Peter hingegen – kleiner Mund und so große Augen, als ob er sich geweigert hatte, zu sterben – ist sehr entschlossen. 52 Jahre alt war er, als er starb.

Mit der Schlacht war auch das Schicksal des Kosakenhetmans Ivan Mazepa besiegelt. Sein Traum von einer Ukraine, die von Russland unabhängig sein sollte, war ausgeträumt. Der Hetman war vor der Schlacht mit 3000 Kosaken zu den Schweden übergelaufen. Rasend vor Wut ließ Peter in Ermangelung des echten Mazepa, dem die Flucht zu den Türken gelang, dessen Bildnis gleich mehrfach aufknüpfen. Mazepa wurde zum Synonym für einen Verräter. Das war unter den Zaren so, und das hielten auch die Sowjetherrscher bei, für die es unvorstellbar war, dass die ›slawischen Brudervölker‹ nicht einmütig unter dem Regiment des Kreml marschierten. Es ist die Moskauer Perspektive, die das Museum tradiert. Mazepas Konterfei ist zwar fast so oft wie das Zar Peters oder des Schwedenkönig Karls ausgestellt, doch Mazepas Gesicht ist stets ein anderes: mal mit großen Ohren, mal mit Kinnbart, mal ein rundes, mal ein längliches Gesicht – als wäre er nur ein Phantom. In der heutigen Ukraine trägt jeder den ›Verräter‹ mit sich herum: ein alter Mann mit langem Schnurrbart und strengem Blick, rehabilitiert auf der Zehn-Hryvnja-Banknote.

Zentral- und Ostukraine

ℹ️ Poltava

Vorwahl: 05 32

Poltava hat zwei Bahnhöfe, den Kiever Bahnhof (vokzal Kyjivs'ka/вокзал Київська) in der vul. Kondratenka 12 (вул. Кондратенка) und den Südbahnhof (vokzal Pivdenna/вокзал Південна) am Platz des Ruhmes (pl. Slavy 1/пл. Слави).

Vom **Kiever Bahnhof** fahren die Züge in Richtung Westen nach Kiev und in Richtung Nordosten nach Charkiv.

Vom **Südbahnhof** geht es nach Kremenčuk (Кременчук) und weiter ans Schwarze Meer sowie über Donec'k (Донецьк) in der Ostukraine bis nach Rostov (Ростов) in Südrussland. Beide Bahnhöfe sind durch den Trolleybus Nr. 1 verbunden, der auch den Runden Platz anfährt.

Der Busbahnhof befindet sich am Stadtrand in der vul. Velykotyrnivs'ka 7 (вул. Великотирнівська). Er ist mit dem Autobus 20 und den Trolleybussen 5 und 8 ab Rundem Platz (Korpusnyj sad/Корпусний сад) zu erreichen (▶ Karte S. 313).

🛏️

Eher schlicht ist das **Hotel Kiev** (Київ), vul. Sinna 2/49 (вул. Сінна), Ecke vul. Žovtneva (Жовтнева), ab 20 Euro, inkl. Frühstück, eigener Parkplatz. Das **Hotel Turist** (Туріст), vul. Mira 12 (вул. Міра), Tel. 57 27 61, ist von ähnlicher Qualität und liegt nur zehn Minuten Fußweg vom Südbahnhof entfernt am Fluss Vorskla mit Bootsausleihe und Badestrand.

Am Park Peremohy liegt das **Klubhotel Gold** (Голд), Peršotravnevyj pr. 17 b (Першотравневий пр.), ab 35 Euro. Zentral und komfortabel ist das **Alleja Grand** (Аллея-Гранд), vul. Žovtneva 57 (вул. Жовтневa), ab 65 Euro.

Noch höheren Ansprüchen genügen die Vier-Sterne-Hotels **Galereja** (Галерея), vul. Frunze 7 (вул. Фрунзе), mit Tiefgarage, Galerie und Schwimmhalle, und das **Palazzo**, vul. Hoholja 33 (вул. Гоголя), Tel. 61 12 05, beide ab etwa 80 Euro.

Restaurants und Cafés gibt es genügend in Poltava, insbesondere auf der **vul. Žovtneva** und der Parallelstraße **vul. Lenina** zwischen Rundem Platz und Kathedralenplatz (pl. Soborna).

Eine gute und preiswerte **Selbstbedienungsgaststätte** befindet sich neben dem Historischen Museum am Leninplatz (pl. Lenina).

Ein Restaurant der oberen Kategorie ist das **Kaštanova Aleja** (Каштанова Алея), vul. Žovtneva 58a.

Casino, Bowling und Billard bietet das Kino Kolos (Колос) über den Seiteneingang, vul. Hoholja 22.

🏛️

Das Museum der Schlacht von Poltava, vul. Šveds'ka mohyla 32 (вул. Шведська могила), liegt außerhalb der Stadt, tgl. 9–17 Uhr, Mo und zusätzlich jeden letzten Tag im Monat geschlossen, zu erreichen mit den Autobussen 5 und 37. Nebenan befindet sich das Café Redut (Редут), tgl. außer Mo 10–23 Uhr (siehe Karte S. 310).

Historisches Museum, pl. Lenina 2, Mo 10–17 Uhr, Di bis So 9–17 Uhr, Mi geschlossen.

Kotljarevs'kyj-Museum, Peršotravnevyj pr. 18, tgl. 9–17 Uhr, Fr/Sa geschlossen.

Museum für Luft- und Raumfahrt, pr. Peršotravnevyj 16, tgl. 9–16.30 Uhr, Fr bis 16 Uhr, letzter Tag im Monat geschlossen.
Museum der Langstreckenbomber, vul. P. Jurcenko (вул. П. Юрченко), tgl. 10–17 Uhr, außer Mo/Di, nur mit Voranmeldung! Tel. 068/922 29 65 oder 050/584 54 18.

Musikalisch-Dramatisches Theater Nikolai Gogol, vul Žovtneva 23.
Puppentheater, vul. Puškina 32 (вул. Пушкіна), Vorstellungen ab 10, 11 und 12 Uhr.
Konzertsaal Lystopad (Листопад), vul Žovtneva 58.
Staatliche Philharmonie, vul. Gogolja 10.

Einkaufsmöglichkeiten bieten die vul. Žovtneva und die vul. Lenina. Allerlei Souvenirs, Keramik und Bilder lassen sich im **Kunstgewerbegeschäft**, vul. Žovtneva 27, Mo bis Fr 10–18 Uhr, Sa/So 11–16 Uhr, erwerben.
Der **zentrale Markt** ist in der vul. Novyj bazar 2 (siehe Karte S. 310).

Ein Badestrand liegt neben der Vorsklabrücke an der vul. Mira, fünf Minuten vom Südbahnhof entfernt. Schräg gegenüber beim Hotel Turist ist eine Bootsausleihe.

www.poltava.biz, Basisinformationen (russ.), www.museum.poltava.ua, ein virtuelles Museum Poltavas (russ.).

Kremenčuk

Kremenčuk (Кременчук) hat rund 230 000 Einwohner, liegt im Gebiet Poltava und und ist nach Poltava die zweitgrößte Stadt, doch Kremenčuk wirkt in seinem Zentrum eher beschaulich.
1571 wurde die Stadt am Dnepr erstmals erwähnt, ihr Name leitet sich vom türkischen Wort ›Kermen‹ ab, das ›Festung‹ bedeutet. Mit großer Wahrscheinlichkeit ließ der polnische König Sigismund II. hier am Flussübergang tatsächlich ein Fort der polnischen Rzeczpospolita errichten, um die Region gegen die Tataren zu schützen. Sein Nachfolger Sigismund III. ließ die Anlage

Auf dem Hauptplatz

Zentral- und Ostukraine

noch ausbauen. Nach den Kosakenaufständen gegen die polnische Krone 1648 bis 1654 kam die Stadt zuerst unter die Kontrolle der Kosaken, später fiel sie an die Zaren. Sie wurde Verwaltungszentrum und war eine zeitlang Hauptstadt des Neurussischen Gouvernements. Um auf der Reise nach Süden innezuhalten, hatte Grigorij Potjomkin hier 1787 für Zarin Katharina ein Stabsquartier errichten lassen. Das leistete umgehend noch andere wichtige Dienste: Während des russisch-türkischen Krieges, der in Folge der Reise ausbrach und bis 1791 dauerte, war es eine Basis der russischen Truppen, auf der auch Schiffe für die Schwarzmeerflotte gebaut wurden. Um 1800 war Kremenčuk nach Poltava und Černihiv mit etwa 10 000 Einwohnern die drittgrößte Stadt im Gouvernement Poltava, besaß über 900 Häuser, davon aber nur zwei aus Stein. Zwar sank die politische Bedeutung der Stadt im 19. Jahrhundert,

und Feuersbrünste und mehrere Hochwasser haben ihr arg zugesetzt, doch bedingt durch ihre günstige geographische Lage entwickelte sich die Wirtschaft rasant. Zu Beginn des 20. Jahrhunderts hatte sich die Einwohnerzahl verfünffacht, fast die Hälfte davon waren Juden.

Nach Oktoberrevolution und Zweitem Weltkrieg begann eine neue Etappe der Industrialisierung. 1959 lieferte das Wasserkraftwerk den ersten Strom, und im Kremenčuker Autowerk, einer ehemaligen Mähdrescherfabrik, liefen die ersten schweren LKW vom Typ KrAS vom Band, ein Fahrzeug – lange Zeit mit Zweitakt-Dieselmotor ausgerüstet –, das zum großen Teil militärisch genutzt wurde und für seine Robustheit auch in der DDR bekannt war. Das 230 000 Einwohner zählende Kremenčuk ist heute ein Industriezentrum mit Fahrzeugbau-Betrieben, Waggonbau, Leichtindustrie und einer Raffinerie.

Kremenčuk (Кременчук)

■ Das Stadtzentrum

Die vul. Žovtneva (вул. Жовтнева) und
die vul. Lenina (вул. Леніна) bilden gemeinsam die Doppelachse der Stadt.
Auf dem pl. Peremohy (пл. Перемоги)
steht wie eh und je der Lenin. Zwischen
diesem Platz und dem Platz der Unabhängigkeit (пл. Незалежності) muss
man das Zentrum von Kremenčuk verorten – wobei es heute wenig zu verorten gibt.

Die **Uspenskijkirche** wurde 1940 abgerissen, um dem Siegesplatz und dem
Lenin darauf das nötige Gewicht zu geben. Eine kleine Tafel in der Grünanlage
unweit des Revolutionärs erinnert an die
Kirche.

Vier Kirchen insgesamt verstecken sich
noch in Kremenčuk, zwei kann man
sogar finden. Um die goldene Kuppel
der **Dreifaltigkeitskirche** zu sehen, muss
man schon einiges an Weg zurücklegen,
sie versteckt sich am äußersten nordöstlichen Zipfel des Stadtzentrums in der
vul. 60 rokiv Žovtnja 9 (вул. 60 років
Жовтня). Die Kirche ist, abgesehen von
dem Gold der Kuppel, von bescheidener
Gestalt und vor nicht allzu langer Zeit
errichtet worden.

Goldene ›Kuppelchen‹ hat auch die **St.-
Nikolaikirche** in der vul. 29 Veresnja
16/34 (вул. 29 Вересня). Die Kirche
aus Backstein liegt etwa 300 Meter vom
Unabhängigkeitsplatz entfernt Richtung
Norden, wurde 1910 fertiggestellt und
war ursprünglich für die katholische Gemeinde errichtet worden. Später ist sie
mit etwas Gold und drei kleinen Kuppeln ›auf orthodox‹ getrimmt worden.

Auf den beiden Hauptstraßen vul. Lenina und vul. Žovtneva ziehen sich Läden,
Restaurants, Cafés hin – es ist alles da,
auf der vul. Lenina ein Einkaufszentrum
mit Namen ›Europa‹ (Европа) und mit
einem guten Buchladen, der auch Stadt-

Die St. Nikolaikirche

pläne und anderes Kartenmaterial führt.
Es gibt ein Irish Pub, ein Denkmal für
Puschkin, Mahnmale für die Opfer des
Zweiten Weltkrieges, auch für die Opfer
der Stalinschen Repression und eine blit-
zende Metallstele zum 400. Stadtjubiläum. Trotzdem wirkt die Stadt wie stein-
gewordene Provinz. Wer vorgestern
noch in Kiev war, für den hat die Stadt
kaum Attraktionen.

Aber halt! Auch die Provinz hat ihren
Reiz, einer ist der wirklich schöne **Bauernmarkt** an der vul. Peršotravneva/
Ecke vul. Proletars'ka (вул. Першо-
травнева/вул. Пролетарська) nur einen
Kilometer vom Schiffsanleger entfernt.
Hier gehen Fleischstücke über die Theke
– oft genug noch die wahre Währung
für hiesige Hausfrauen – und ein paar
Proben von Speck und Obst sind auch
nicht zu verachten.

■ Heimatmuseum

In der Nähe des Lenindenkmals befindet sich das Kreisheimatmuseum (vul. Žovtneva 2, 9–17 Uhr, Mo/Di geschlossen), in dem auf drei Etagen Natur und Geschichte der Region von den prähistorischen Anfängen bis zum Ende der Sowjetära erzählt werden.

Man erinnert hier auch gern an die Kosmonauten, die in der Fliegerschule zu Piloten ausgebildet wurden, unter ihnen der mehrmalige Kosmonaut Alexej Leonov, der 1965 zum ersten ›Weltraumspaziergang‹, der damals 24 Minuten dauerte, aus dem Raumschiff krabbelte und der fast in einer Katastrophe endete. Leonovs Raumanzug hatte sich im Vakuum des Alls so sehr aufgebläht, dass er nicht mehr durch die Luke passte. Leonov behielt kühlen Kopf, ließ Druck aus dem Anzug, schlüpfte wieder ins Raumschiff ›Voschod 2‹ zurück und wurde ein Held.

Eine weitere spätere Berühmtheit wurde in Kremenčuk geboren. Dimitri Tiomkin wurde kam hier 1894 in einer jüdischen Familie zur Welt, erhielt am Konservatorium in St. Petersburg seine musikalische Ausbildung und emigrierte 1925 in die USA. Tiomkin wurde in Hollywood zu einem der erfolgreichsten Komponisten, er schuf u.a. 1952 für den Fred-Zinnemann-Film ›High Noon‹, einen düsteren Western, den Soundtrack und erhielt für seine Filmmusiken dreimal den Oskar und vier Golden Globes. 1979 ist Tiomkin in London gestorben.

■ Am Dnepr

Wer jedoch baden will – immerhin wird Kremenčuk vom Dnepr regelrecht umschlungen – hat es auch nicht weit. Am südlichen Ende der Peršotravneva vul. (Першотравнева вул.) befindet sich der Flusshafen, gleich daneben erstreckt sich ein langer Sandstrand, der an schönen Tagen zum Sonnen verführt. Nebenan im Park Jubilejnyj (Ювілейний) laden einige Cafés und Biergärten ein. Zu erreichen ist der Flusshafen mit Trolleybussen der Linie 1 und Marsrutkas der Linie 15, die beide den Bahnhof passieren.

 Kremenčuk

Vorwahl: 0536.

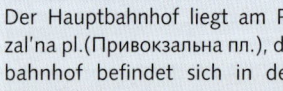

Der Hauptbahnhof liegt am Pryvokzal'na pl.(Привокзальна пл.), der Busbahnhof befindet sich in der vul. Vorovs'koho (вул. Воровського) 32/6

Es gibt zwei gute Hotels, das **Kremin'** (Кремінь), vul. Žovtneva 1 (вул. Жовтнева), Tel. 792300, ab 40 Euro, und das **Ontario** (Онтаріо), vul. Butyrina 15 (вул. Бутріна), Tel. 21180, ab 100 Euro.

Auf den beiden Hauptstraßen vul. Lenina (вул Леніна) und vul. Žovtneva (вул. Жовтнева) findet man erstaunlich viele Cafés und Restaurants sowie Einkaufmöglichkeiten wie etwa das **Einkaufszentrum Evropa** in der vul. Lenina 7, u.a. mit gutem Buchladen und reicher Auswahl an Kartenmaterial.

Rustikal präsentiert sich das ukrainische Restaurant **Chutirec'** (Хутірець) in der vul. 60 rokiv Žovtnja 7a (вулп 60 років Жовтня) 7a. In derselben Straße Nr. 58a präsentiert sich auch ein **Irish Pub** und in der vul. Lenina 23 lädt eine **Sushi-Bar** ein.

Charkiv

Charkiv (Харків, russ. Char'kov/Харьков) hat es schwer – selbst bei den eigenen Leuten. Es gibt viele Vorurteile: Die zweitgrößte Stadt des Landes wäre grau und schmutzig, heißt es oft, eine sowjetisch geprägte, konturlose Millionenstadt mit Panzerschmiede und Traktorenwerk, mit Stalinbauten und zugigen Plätzen, auf denen mehrere Armeen bequem aneinander vorbei marschieren könnten. Das mit den Plätzen stimmt, das mit den Panzern und Traktoren auch. Doch man muss nicht auf den Plätzen bleiben, man kann auf den Straßen flanieren, und wem es dort zu laut ist, der kann in die Parks gehen oder in die Kirchen mit ihren goldbelegten Kuppeln. Und noch eins: Selbst die Ukrainer hielten es kaum für möglich, dass die Stadt Spielort für die Fußball-EM 2012 werden könnte. Zunächst kam Charkiv nur als Reserve in Frage. Doch 2010 hat Charkiv das favorisierte Dnipropetrov'sk aus dem Rennen geschlagen und ist nun einer der vier ukrainischen EM-Ausrichter.

Geschichte der Stadt

Die Gründung der Stadt ist eng verbunden mit der Geschichte der Kosaken im 17. Jahrhundert. Nach dem Aufstand unter Bohdan Chmel'nyc'kyj 1648 gegen Polen-Litauen, vor allem aber nach einer Niederlage, die Polen den Kosaken drei Jahre später zufügte, zog es viele Kämpfer auf das linke Ufer des Dnepr in die Sloboda-Ukraine, wo sie sich ansiedelten. Der Moskauer Zar ließ das nicht nur geschehen, sondern nutzte es zu seinem Vorteil, indem er dort einen Befestigungsgürtel anlegen ließ, um die offene Südostflanke seines Reiches zu schützen. Eine dieser Anlagen war die Charkivs'ka sloboda (Харківська слобода) am Zusammenfluss von Lopan' (Лопань), Uda (Уда) und Char'kov, die von einer doppelten hölzernen Befestigung mit zehn Türmen und einem tiefen Graben umgeben war. Legendärer Gründer der Stadt soll der Kosak Charko gewesen sein, dem aus Anlass des 350. Stadtjubiläums ein Reiterstandbild errichtet wurde unweit des Deržprom-Gebäudes auf dem Leninprospekt (pr. Lenina/пр. Леніна).

Charkiv ist eine vergleichsweise junge Stadt, aber mit immerhin alt genug, um die älteste Universität der Ukraine zu beherbergen, die Zar Alexander I. 1805 hier gegründet hat. Charkiv wuchs schnell, Handwerk und Handel erblühten, und nach der Auflösung des Hetmanats 1764 wurde Charkiv Hauptstadt des gleichnamigen Gouvernements und entwickelte sich schnell zu einem Wirtschafts- und Handelszentrum. Handelsverbindungen reichten über Bessarabien und die Walachei bis zum Mittelmeer. 1791 eröffnete das erste feste Theater.

Sommerfest in Charkiv

Das Deržprom-Gebäude

1812 wurde die erste Wochenzeitung herausgegeben, kurz darauf auch die erste Satirezeitschrift der Ukraine, 1869 dampften erstmals Eisenbahnen von Charkiv nach Moskau.

Weil viele russische Industriearbeiter nach Charkiv gezogen waren und sich die Bolschewiki einen stärkeren Rückhalt für die Oktoberrevolution erhofften als in Kiev, das für die Kommunisten noch lange unsicher blieb, wurde Charkiv 1919 zur Hauptstadt der ukrainischen Sowjetrepublik ernannt. 1934 verlegte man sie dann doch nach Kiev. Charkiv ist seitdem die Hauptstadt des gleichnamigen Gebietes und Industrie- und Wissenschaftszentrum der Ukraine. Lev Landau, Vater der theoretischen Physik in der Sowjetunion, lehrte in den 1930er Jahren hier. 1962 erhielt er den Nobelpreis für Physik. Heute gibt es eine Universität für Radioelektronik und eine Luft- und Weltraumuniversität, außerdem noch einige andere Universitäten, darüber hinaus ein Forschungsinsti-

tut für Laserbiologie und medizin, eines für Luftstreitkräfte und eines für Monokristalle; Mittelstreckenflugzeuge werden in Charkiv gebaut und schwere Traktoren.

Charkiv war eine Stadt der Avantgarde. Junge Literaten gründeten hier 1925 die VAPLITE (ВАПЛІТЕ, Вільна Акамедія Пролетарської Літератури), die freie Akademie der proletarischen Literatur, die eine neue ukrainische Literatur zu schaffen versuchte. Doch im neuen Sowjetstaat gerieten die Literaten schnell unter Generalverdacht, da halfen keine Selbstbezichtigungen und keine Ausschlüsse von allzu unliebsamen Dichtern. Schon 1928 war die Zeit von VAPLITE wieder vorbei. Die neuen Herren brauchten keine neue Literatur, sondern neue Häuser, groß und mächtig und mit vielen Büros. Junge Architekten haben zwischen 1925 und 1929 das Deržprom-Haus (Держпром, russ. Gosprom/Госпром) errichtet, das Haus der staatlichen Industrie – und damit den größten Stahlbetonbau der Sowjetunion. Ein Haus im Stil des Konstruktivismus, es war das damals größte Gebäude Europas: 300 Meter Fassadenlänge und 60000 Quadratmeter Grundfläche. So ein Monument war nach dem Geschmack der Revolution, da konnte Vladimir Majakovskij nicht schweigen: »Zusammengebunden zum stählernen Band, zur Hauptstadt erwacht, das ukrainische Charkow, lebend und schaffend aus Stahlbeton.«

Das Stadtzentrum

Der heutige **Freiheitsplatz** und frühere Dzeržinskijplatz (Majdan Svobody/Майдан Свободи) ist mit zwölf Hektar der größte Platz Europas. Hinter dem Lenindenkmal ist er jetzt bepflanzt, davor gähnt eine gepflasterte Leere, die

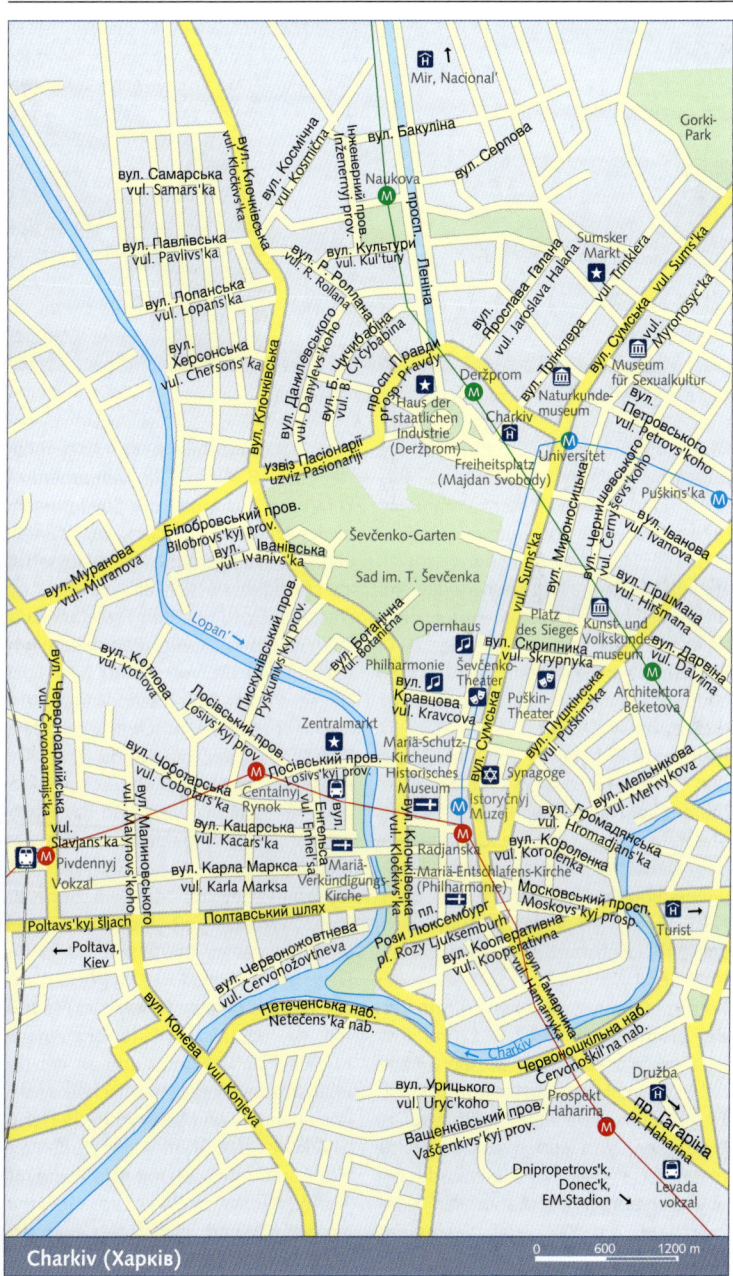

вул. Самарська
vul. Samars'ka

вул. Павлівська
vul. Pavlivs'ka

вул. Лопанська
vul. Lopans'ka

вул. Херсонська
vul. Chersons'ka

вул. Клочківська
vul. Kločkivs'ka

вул. Космічна
vul. Kozmična

Інженерний пров.
Inženernyj prov.

вул. Р. Роллана
vul. R. Rollana

вул. Культури
vul. Kul'tury

вул. Данилевського
vul. Danylevs'koho

вул. Б. Чичибабіна
vul. B. Čyčybabina

узвіз Пасіонарії
uzviz Pasionariji

Білобровський пров.
Bilobrovs'kyj prov.

вул. Муранова
vul. Muranova

вул. Іванівська
vul. Ivanivs'ka

вул. Котлова
vul. Kotlova

Пискунівський пров.
Pyskunivs'kyj prov.

Лосівський пров.
Losivs'kyj prov.

вул. Червоноармійська
vul. Červonoarmijs'ka

вул. Чоботарська
vul. Čobotars'ka

вул. Малиновського
vul. Malynovs'koho

Лосівський пров.
Losivs'kyj prov.

вул. Кацарська
vul. Kacars'ka

вул. Карла Маркса
vul. Karla Marksa

вул. Енгельса
vul. Enhel'sa

вул. Клочківська
vul. Kločkivs'ka

Полтавський шлях
Poltavs'kyj šljach

← Poltava,
Kiev

вул. Червоножовтнева
vul. Červonožovtneva

вул. Конева
vul. Koneva

Нетеченська наб.
Netečens'ka nab.

вул. Урицького
vul. Uryc'koho

Ващенківський пров.
Vaščenkivs'kyj prov.

вул. Бакуліна

вул. Серпова

Наукова
Naukova

просп. Леніна

Інженерний пров.

просп. Правди
pr-spt Pravdy

вул. Ярослава Галана
vul. Jaroslava Halana

вул. Трінклера
vul. Trinklera

Держпром
Deržprom

Charkiv

Universität

Freiheitsplatz
(Majdan Svobody)

Ševčenko-Garten

Sad im. T. Ševčenka

вул. Ботанічна
vul. Botanična

Opernhaus

Philharmonie

вул. Кравцова
vul. Kravcova

Ševčenko-
Theater

Zentralmarkt

вул. Скрипника
vul. Skrypnyka

Platz
des Sieges

Puškin-
Theater

Mariä-Schutz-
Kirche und
Historisches
Museum

Maria-Entschlafens-Kirche
(Philharmonie)

Рози Люксембург пл.
pl. Rozy Ljuksemburh

вул. Кооперативна
vul. Kooperatyvna

Haus der
staatlichen
Industrie
(Deržprom)

Sumsker
Markt

вул. Сумська
vul. Sums'ka

вул. Мироносицька
vul. Myronosyc'ka

вул. Сумська
vul. Sums'ka

Museum
für Sexualkultur

Naturkunde-
museum

вул.
Петровського
vul. Petrovs'koho

вул. Черни шевського
vul. Černyševs'koho

Puškins'ka

вул. Іванова
vul. Ivanova

вул. Гіршмана
vul. Hiršmana

вул. Дарвіна
vul. Davina

Kunst und
Volkskunde-
museum

Architektora
Beketova

вул. Пушкінська
vul. Puškins'ka

Synagoge

Historisches
Muzej

Istoryčnyj
Muzej

Radjanska

вул. Мельникова
vul. Mel'nykova

вул. Громадянська
vul. Hromadjans'ka

вул. Короленка
vul. Korolenka

Московський просп.
Moskovs'kyj prosp.

Turist

вул. Гамарника
vul. Hamarnyka

Червоношкільна наб.
Červonoškil'na nab.

Charkiv

Prospekt
Haharina

пр. Гагаріна
pr. Haharina

Družba

Levada
vokzal

Dnipropetrovs'k,
Donec'k,
EM-Stadion ↘

Mariä-
Verkündigungs-
Kirche

Centralnyj
Rynok

Pivdennyj
Vokzal

Poltavs'kyj šljach

vul.
Slavjans'ka

Mir, Nacional'

Gorki-
Park

0   600   1200 m

Der Freiheitsplatz, im Hintergrund das Deržprom-Gebäude

kaum zu ertragen ist. Zu Lenins Rechten dudelt ein Rummel mit Karussells, Riesenrad und bunten Lichtern Vergnügen herbei und wirkt doch nur wie ein Fliegenschiß. Der Platz ist wie ein schwarzes Loch, in dem alles verschwindet. Nur die deutschen Flugzeuge mit Hakenkreuz am Seitenleitwerk, die hier 1941 landeten, verschwanden nicht. Überhaupt der Krieg: Weil eine Einkesselung drohte, hat die Waffen-SS die Stadt im Februar 1943 freiwillig geräumt. Gegen den Befehl Hitlers. SS-Obergruppenführer Paul Hausser wollte kein zweites Stalingrad. Dann wurde Charkiv von den Deutschen zurückerobert. Dann wieder von den Russen.

Nach all den Kämpfen ist es erstaunlich, wieviel Bausubstanz erhalten geblieben ist. Es gibt noch weitere Zeugnisse des Konstruktivismus, etwa den **Kulturpalast der Eisenbahner** von 1932 (vul. Kotlova/вул. Котлова 83), dessen Inneres mit Wandmalereien ausgeschmückt ist. Es gibt auch viele **Jugendstilhäuser** zu entdecken, von denen das sorgfältig restaurierte ehemalige Gebäude der St. Petersburger Internationalen Kommerzbank am Platz der Verfassung (pl. Konstituciji/пл. Конституції 22)

eines der schönsten ist. Ihm gegenüber steht das 18 Meter hohe **Monument zu Ehren der Ausrufung der Sowjetmacht in der Ukraine**, auf dem vier Männer und eine Frau geradewegs so aussehen als schickten sie sich an, die Bank zu stürmen. Doch aus den Proletarierbrüsten wachsen bereits Bäumchen wie Orden, und im Volksmund heißt das Ding aus rotem Granit schon längst ›Viere tragen einen Kühlschrank aus dem Pfandhaus‹, weil die Fahne über den Häuptern der Männer eher wie ein klobiger Kühlschrank wirkt und das Historische Museum dahinter früher das Pfandhaus war.

Nebenan beginnt die vul. Sums'ka (вул. Сумська), die Prachtmeile der Stadt, mit edlen Boutiquen. Wem die Sums'ka zu mondän ist, sollte auf der vul. Rymars'ka (вул. Римарська) spazieren, die parallel verläuft, um einiges rustikaler daherkommt und an der die Philharmonie liegt, wo Tschaikowski, Rachmaninov und Šaljapin gastierten.

Charkiv ist eine Stadt voller Studenten, eine Stadt mit Clubs, mit Musik und mit Treffpunkten – in Parks, vor Denkmälern, in Kneipen, von denen eine sehr nette das ›Žilibyli‹ (Жилибили) auf der

Karte S. 329 ▲

Sums'ka 37 mit seinem Straßenbahnin- terieur gleich neben dem Ševčenko-Park (сад Шевченка) ist – trotz Rauchverbot und Selbstbedienung. Davor liegt ein Biergarten, und an der Straße gibt es Aushänge über die aktuellen Konzertter- mine, Rockbands kommen, aber auch die in der ganzen früheren Sowjetunion bekannte Riege der Humoristen findet immer noch ihr Publikum.

■ Maria-Schutz-Kloster

Die Maria-Schutz-Kirche ist die Haupt- kirche des Klosters, detailgetreu restau- riert und ein gutes Beispiel für den ukrai- nischen Barock. Sie ist das älteste erhaltene Bauwerk der Stadt und stammt von 1689. Im Kloster wurde 1717 ein Kollegium eröffnet, mit dem Charkiv zum Zentrum der geistlichen Bildung aufstieg. Auf dem Klostergelän- de befindet sich der **Metropolitenpalast** von 1820, in dem heute das **Historische Museum** seine Exposition zum 19. und 20. Jahrhundert untergebracht hat (der übrige Teil befindet sich nicht weit ent- fernt im ehemaligen Pfandhaus in der vul. Universytets'ka 5). Im Klosterhof fällt ein kleines Denkmal für Hryhorij Skovoroda (1722–1794) auf. Der ukrai- nische Philosoph und Mystiker lehrte hier ab 1759 am neu geschaffenen Kol- legium, später wanderte er als ›russi- scher Sokrates‹ mit Bibel und Flöte durchs Land. Er genoß wegen seines einfachen Lebenswandels hohes Anse- hen und gilt als Vater der russischen Religionsphilosophie.

Wer sich – inspiriert vom Ort – mit reli- giösem Gerät von der Taschenikone über Weihrauchfässer und Priesterge- wändern bis hin zur Mitra, der Bischofs- mütze, ausstatten möchte, kann das in dem umfangreichen Geschäft gleich ne- ben dem Eingang zum Kloster tun.

Vermutlich hat das Auge aber schon einen alles überragenden, schlanken Glockenturm entdeckt, der von einer goldenen Kuppel bekrönt wird. Das ist die **Maria-Entschlafens-Kirche** (Успенсь- кий собор, vul. Universytets'ka 11) von 1777, deren 89 Meter hoher Turm zu Ehren des Vaterländischen Krieges ge- gen Napoleon 1844 fertiggestellt wurde – nachdem man 23 Jahre an ihm gebaut hatte. Das Kirchengebäude gehört heu- te der Philharmonie und ist Ort für Orgel- und Kammerkonzerte.

■ Maria-Verkündigungs-Kirche

Zwischen Kloster und Konzerthalle fällt das Gelände nach Westen zum Ufer des kleinen Flusses Lopan' terrassenförmig ab. Hier befand sich bis zum Zweiten Weltkrieg eine Passage, nach dem Krieg wurde das Gelände mit Bauschutt aufge- füllt und als Terrasse mit Treppen, Kas- kaden und einem römischen Brunnen angelegt und begrünt. Dort treffen sich täglich die Künstler der Stadt und bieten ihre Bilder an. Im Hintergrund, auf der anderen Flussseite, kommt eine weitere, sehr große und durch ihren farblichen Kontrast sehr augenfällige Kirche in den Blick, die Maria-Verkündigungs-Kirche (Благовіщенський кафедральний со- бор) mit ihrem knapp 80 Meter hohen Turm, sinnfälligerweise am Karl-Marx- Platz Ecke Friedrich-Engels-Straße (pl. Karla Marksa/пл. Карла Маркса 1). Die Kirche, anstelle eines hölzernen Vorgän- gerbaus vom Architekten M. I. Lovzov im neubyzantinischen Stil errichtet, wurde 1901, nach 13 Jahren Bauzeit, geweiht. Sie bietet 4000 Gläubigen Platz. Wer einen Blick in das Innere wirft, dem bie- tet sich ein Treiben, das am ehesten mit heiliger Geschäftigkeit beschrieben wer- den kann: Singsang dringt von irgendwo her, und scharenweise alte Weiber hu-

schen von Ikone zu Ikone, flüstern Gebete, schlagen Kreuze und tragen dabei
Hausschuhe, als ob sie beschlossen hätten, das Gebäude nie wieder zu verlassen. Interessant auch die Ermahnung an
junge Frauen am Eingang, nicht mit ge-
färbten Lippen einzutreten.

Wer jetzt eine Pause braucht, sollte zum
Ausgangspunkt, dem pl. Konstituzii,
dem ehemaligen Marktplatz, zurückkehren und im sehr schicken Café ›Nika's‹
einkehren (vul. Universytets'ka 2). Das
Café, zwischen dem Historischen Museum und der Staatlichen Akademie für
Kultur gelegen, hat nicht nur eine der
edelsten Toiletten in der ganzen Ukraine, sonder auch ein seltenes, sehr erhol-
sames Musikangebot: Wer sich endlich
einmal von der landestypischen Schla-
gerdauerbeschallung erholen möchte,
ist hier goldrichtig. Allerdings haben die
Preise auch nahezu Westniveau, doch
die Musik ist es wert.

Auf dem Zentralmarkt

Danach kann man den Bursazkij uzviv
wieder zum Lopan' hinunterlaufen und
am anderen Ufer den **Zentralen Markt**
(Central'nyj rynok/Центральний ринок)
mit seiner hohen Fassade, die mit Ju-
gendstilelementen durchsetzt ist, besuchen (vul. Engel'sa/вул. Енгельса 33).

Entlang der vul. Sums'ka

Man kann sich aber auch in die lärmen-
de, edle vul. Sums'ka (вул. Сумська)
mit ihren Repräsentationsbauten werfen, wo man bald das **Ševčenko-Theater**
(vul. Sums'ka 9) passiert, das Shakespeare, Carlo Goldoni, aber auch Solschenizyn im Spielplan führt. Das 1841
errichtete Gebäude erfuhr im Laufe der
Jahre mehrere Umbauten und hat vom
russischen Klassizismus über französische Neorenaissance hin zum Konstruktivismus im Innern einiges an Stilrichtun-
gen zu bieten. Dem Theater gegenüber
befindet sich ein Gogol-Denkmal.

Am neuen **Opernhaus** (vul. Sums'ka
25), das 1991 eröffnet wurde, haben

Karte S. 329

Die Verkündigungskirche

vier Architekten gebaut. Herausgekommen ist eine Mischung aus Flugzeughangar und Hochbunker, sehr zur Freude der Spatzen, die offenbar schon viele Nistplätze gefunden haben, und der Skateboarder, die an Treppen und Betonkanten heruntersausen.

Gegenüber der Oper befindet sich der Brunnen ›Gläserner Strahl‹ (auch ›Spiegelstrahl‹ genannt), über den sich ein Pavillon erhebt. Er ist ein beliebter Treffpunkt für junge Leute. Dahinter erstreckt sich der **Platz des Sieges** (Skver Pobedy/Скер Победи), eine Grünanlage, in der 1958 zum 40. Gründungstag des Komsomol eine Ahnengalerie von jungen Sowjethelden eröffnet wurde, der es inzwischen etwas an Verehrung mangelt. Direkt dahinter findet man übrigens das ›Nürnberger Haus‹, das die fränkische Metropole in ihrer Partnerstadt Charkiv eröffnet hat, im Haus arbeitet auch ein Sprachenzentrum des Goethe-Instituts Kiev.

Wen es jetzt zu Ilja Repins Kosakengemälde zieht, hat es nicht mehr sehr weit. Gleich nebenan befindet sich das **Kunst- und Volkskundemuseum** (Chudožnyj muzej/Художний музей, vul. Radnarkomivs'ka/вул. Раднаркомівська 11), das außer dem bekannten Monumentalbild ›Die Saporosher Kosaken schreiben dem Sultan einen Brief‹ noch einige Zeichnungen des in Čugujiv (Чугуїв) unweit von Charkiv geborenen Repin ausstellt. Von den ›Saporosher Kosaken‹ hängt die bekanntere Fassung allerdings im Russischen Museum in St Petersburg. Dass in Charkiv eine zweite Version (keine Kopie!) existiert, ist kaum bekannt. Zu den Repin-Bildern kommen Arbeiten Vasilij Polenov, Michail Nesterov, Valentin Serov (Валентин Серов) und anderen russischen Realisten des 19. Jahrhunderts.

■ **Ševčenko-Garten**

Hinter dem Opernhaus erstreckt sich zur Linken der Sums'ka der Ševčenko-Garten (сад Шевченка), ein 27 Hektar großer Park und gewiss der Lieblingsplatz der Charkiver. Er bietet frische Luft und eine Vielzahl von Cafés und Kneipen. In seinen Weiten befindet sich außerdem ein Botanischer Garten (ein zweiter liegt im Gorki-Park), der Tierpark und auch ein kombinierter Konzert- und Kinosaal. Ursprünglich hieß der Park ›Universitätsgarten‹, da B. N. Karazin, der Gründer der Universität, diesen Garten für die Studenten anlegen ließ. Nach Karazin ist heute die Universität benannt, ihm ist im Park auch ein Denkmal gewidmet.

Ein weit größeres **Denkmal für Taras Ševčenko** wurde errichtet, als der Park 1935 nach ihm umbenannt wurde. Die Figurengruppe, die direkt an der Sums'ka liegt, stammt vom Bildhauer Matvej

Das monumentale Denkmal für Taras Ševčenko

Genrichovič Manizer. Bedeutungsschwanger schraubt sich eine Menschenschlange aus Bauern, Matrosen, Arbeitern, Soldaten, Bergleuten – bewaffnet mit Gewehren, Bajonetten, Fahnen – von der Knechtschaft zur Freiheit, zur sozialistischen versteht sich. Oben thront der Nationaldichter, die Rechte zur Faust geballt, die Linke hält den Mantel, er ist bereit zum Deklamieren. Das Denkmal ist über 16 Meter hoch, allein der bronzene Ševčenko misst fast fünf Meter.

■ Haus der Staatlichen Industrie

Natürlich ist der Lenin mit wehendem Mantel auf dem Freiheitsplatz (Majdan Svobody), der sich an den Park anschließt, mit über 20 Metern höher als der Dichter. Trotzdem wirkt er winzig, was mit dem Freiheitsplatz zu tun hat, der mit 12 Hektar der größte Platz Europas ist. Und diese Größe musste geschaffen werden, dem der Abriss eines ganzen Viertels vorausging, um dem dominanten ›Haus der staatlichen Industrie‹ (ukr. Deržprom/Держпром, russ. Gosprom/Госпром, Majdan Svobody 2) die nötige Geltung zu verschaffen.

Der ambitionierte Stahlbetonbau besteht aus drei radial angeordneten Baukörpern, die mit Übergängen verbunden sind, dazu kommen mehrere unterschiedlich hohe Geschosstürme. Die Idee zum Haus hatte kein geringerer als Feliks Dzeržinskij, der Begründer der Terrororganisation Tscheka, dem Vorläufer aller folgenden sowjetischen Geheimdienste, nach dem dann folgerichtig der Platz benannt wurde. Das Projekt selbst stammt von den Leningrader Architekten S. Kravec, S. Serafimov und M. Fel'ger, die nach einem Wettbewerb den Zuschlag erhielten.

■ Weitere Großbauten

Das Deržprom-Haus ist nicht der einzige Großbau, der den Freiheitsplatz säumt. Das **Haus der Projekte** von 1932 ist heute ein Universitätsgebäude (Nr. 4), das **Hotel International** ebenfalls von 1932, heute Hotel Charkiv (Nr. 8), wurde auf der Pariser Weltausstellung 1937 mit einer Goldmedaille geehrt. Hinzu kommen das **Haus der Bauorganisationen** (Nr. 10) von 1954 und, an der Sums'ka 64 gelegen, das **Gebäude des Gebiets- und Stadtparteikomitees**, heute Stadt- und Gebietsparlament. Der Platz ist umbenannt, die Gebäude umgewidmet – doch Dzeržinskijs Geist scheint sich in der Wucht und den monströsen Ausmaßen in diesem Teil von Charkiv zu gefallen. Doch immerhin blüht an den Rändern studentisches Leben, Biergärten laden ein, und im ›Ali Baba Fast Food‹ drehen sich die Dönerspieße.

■ Gorki-Park

Wem es nach soviel Stahlbeton wieder ins Grüne zieht, sollte der Sums'ka weiter folgen bis zum Gorki-Park (Park im. Gor'koho/Парк iм. Горького). Wer fußmüde ist, sollte sich aber unbedingt in die Straßenbahn setzen oder ein Maršrutne anhalten, immerhin ist es noch einmal gut einen Kilometer bis zum Park. Der Gorki-Park ist mit seinen 127 Hektar noch viel weitläufiger als der Ševčenko-Garten. Er wurde 1907 eröffnet, hat allerlei Alleen, viele Spielplätze, Tennisplätze, Reitmöglichkeiten, eine Kindereisenbahn, die allerdings nur am Wochenende rollt, einige sehr ordentliche Restaurants und als Clou eine Seilbahn. Man kann 20 Minuten gemütlich über Baumwipfeln zum Stadtteil ›Pavlovo Pole‹ (Павлово Поле) dahingleiten, wo einen allerdings nichts

Karte S. 329 ▲

Die Hauptpost am Bahnhof

Zentral- und Ostukraine

besonderes erwartet und man deswegen nach einem Päuschen wieder die 1,4 Kilometer lange Rückfahrt antreten sollte. TÜVgeprüft ist die Anlage zwar nicht, aber sie arbeitet seit 1971 mit sowjetisch-ukrainischer Robustheit.

■ **Sumsker Markt**

Wer Lust auf einen Markt hat, ist mit dem Sumsker Markt (Sums'koji rynok/ Сумської ринок) an der vul. Kul'tura Ecke vul. Trinklera (вул Культура/ вул. Трінклера) gut bedient. Direkt daneben befindet sich übrigens ein bewachter Parkplatz. Man kann sich jetzt natürlich auch in das **Museum der Sexualkultur der Welt** zurückziehen (vul. Mironosic'ka/вул. Міроносіцька 81a), das bisher einzige seiner Art in der Ukraine. Man kann aber auch vom Majdan Svobody wieder umkehren, sollte das aber dann durch das Viertel östlich der Sums'ka tun, das sich bis zur vul. Puškins'ka (вул. Пушкінська) erstreckt.

■ **Entlang der vul. Puškins'ka**

In der Puškins'ka, der ehemaligen Deutschen-Straße, weil hier sehr viele Deutsche ansässig waren, befindet sich eine Vielzahl Restaurants und Cafés, so dass es nicht schwerfallen dürfte, etwas Passendes zu finden. Sehr rustikal ist etwa das Restaurant Puška (Пушка, Kanone). In der Puškins'ka gibt es noch einige bemerkenswerte Bauwerke zu entdecken: In der Nr. 5 das **ehemalige Donugol'-Haus** von 1925, das heute ein staatliches Bergbauinstitut beherbergt, und das von zwei überlebensgroßen Bergleuten bewacht wird. Das Haus verbindet Züge des Konstruktivismus mit Elementen des Jugendstils, ebenso wie das **Haus des Instituts für Mikrobiologie** (Nr. 14), das ehemalige Haus der Medizinischen Gesellschaft, aus dem Jahr 1913.

Die **Synagoge** (Nr. 12) fällt wegen ihrer eiförmigen Kuppel schon von weitem auf. 1914 wurde sie nach Plänen des

Architekten Gevirz errichtet und war das größte Bethaus der Charkiver Juden. Allerdings wurde es schon 1923 als Klub ›III. Internationale‹ zweckentfremdet, später war hier ein Sportclub. Seit 1990 gehört das Haus wieder den Juden, ist eine Synagoge und in den vergangenen Jahren mit Spenden aus aller Welt restauriert worden. Trotz ihrer Größe – in ihr finden 900 Menschen Platz – wirkt die Synagoge keineswegs kalt und abweisend, sondern durch die hohe Kuppel und die hölzernen Einbauten sehr angenehm. Die Synagoge hat keine Besichtigungszeiten und ist gesichert, wenn man sich aber freundlich an den Wachschutz im Vorhof wendet, wird man sicher nicht abgewiesen – es sei denn, es ist Gebet oder Sabbat. Im Vorraum ist eine kleine Ausstellung liturgischer Geräte zu sehen, an den Wänden sind Tafeln, auf denen die Spender aus aller Welt verewigt sind. Die Geschichte der Charkiver jüdischen Gemeinden und ihre fast vollständige Vernichtung im Holocaust dokumentiert seit 1996 das kleine Charkiver Holocaust-Museum, das erste seiner Art in der Ukraine.

Noch ein Wohnhaus fällt auf: Das **Haus Nr. 19**, das 1907 nach Plänen des Architekten A. Ginzburg errichtet wurde, ist eines der schönsten Jugendstilhäuser der Stadt. Wer mit wachen Augen durch Charkiv geht, wird noch weitere Jugendstilhäuser entdecken; teils sind sie schon restauriert, teils harren sie noch darauf.

ℹ️ Charkiv

Vorwahl: 0572 bei sechsstelligen Nummern, 057 bei siebenstelligen Nummern.

Postämter befinden sich am Bahnhof, pl. Pryvokzal'na 2 (пл. Привокзальна), und in der vul. Kirova 6 (вул. Кірова, Metro: Plošča Povstannja/Площа Повстання oder Sportyvna/Спортивна).

Ausflüge: Als zweitgrößte Stadt der Ukraine hat Charkiv eine recht gute touristische Infrastruktur, die man auch für Exkursionen und Kurzreisen über die Stadtgrenze hinaus nutzen kann. Viele Hotels bieten solche Angebote. Wen Aktivurlaub reizt, der sollte sich bei http://tourist.kharkov.ua umsehen, wer einen preiswerten Trip sucht, wird bei www.stelima.com.ua fündig.

✈️ Der internationale Flughafen, der bis zur Fußball-EM ausgebaut werden soll, befindet sich im Süden der Stadt, vul. Romaškina 1 (вул. Ромашкіна), Tel. 7755357, Es gibt tägliche Verbindungen von allen großen deutschen Flughäfen über Kiev (IATA-Code HRK). Mehrmals wöchentlich wird Charkiv von Wien (Austrian Airlines) aus direkt angeflogen (2,5 Std.). Die Preise beginnen bei ca. 700 Euro bei rechtzeitiger Buchung. Von Charkiv aus gibt es Verbindungen in den Schwarzmeerraum, den Kaukasus, nach Moskau und in die Slowakei.

🚆 Der **Hauptbahnhof** Charkiv-Pasažyrskyj (Харків-Пасажирський) befindet sich westlich vom Zentrum am pl. Privoksal'na (Metro Pivdennyj vokzal/Південний вокзал), es fahren Züge in nahezu alle großen Städte des Landes, nach Kiev, Donec'k, Odessa, Užhorod, Poltava, Černihiv, Simferopol', aber auch nach Moskau, Minsk und in den Kaukasus.

Karte S. 329

Die **Vorverkaufskasse** befindet sich in unmittelbarer Bahnhofsnähe in der vul. Slavians'ka 6 (вул. Славянська), 8–19 Uhr.

Zentraler Busbahnhof, pr. Haharina 22 (Metro: Prospekt Haharina/ Проспект Гагаріна), viele Busse fahren in den Donbass und nach Berdjans'k ans Asovsche Meer, nach Dnipropetrovs'k , Richtung Poltava und weiter nach Kiev, nach Kaniv, Myrhorod, nach Cherson, Odessa und nach Russland.

Ein **weiterer Busbahnhof** ist in der vul. Suzdal's'ki Rjady 12 (вул. Суздальські Ряди) unweit des Zentralen Marktes (Metro: Central'nyj rynok/ Центральний ринок), allerdings fahren nur Busse Richtung Sumy (Суми), Achtyrka (Ахтирка), Lebedyn (Лебедин) Romy (Роми), Talalajeka (Талалаєка) und Pryluky (Прилуки).

Innerhalb der Stadt gibt es ein dichtes Netz von Bus-, Trolleybus und Straßenbahnlinien, die U-Bahn (Metro) ist von 5.30–24 Uhr in Betrieb.

Das **Hotel Cosmopolit** (Космополит) befindet sich in der ul. Ak. Proskury 1 (ул. Ак. Проскуры), Tel. 75 46 8 86, ab 90 Euro.

Das **Hotel Charkiv** (Metro: Universitet/Deržprom, Університет/Держпром) liegt zentral am Majdan Svobody, als Besonderheit hat es einen preiswerten Eingang (Nr. 8) und einen für gehobene Ansprüche (Nr. 7), Tel. 45 61 53 bzw. 45 63 25, wo die Preise bei 80 Euro beginnen. Schonender ist der Eingang Nr. 8, wo man für

25 Euro etwas Ordentliches erhält, allerdings sollte man vorbestellen, Tel. 58 01 53.

In der Nähe des EM-Stadions liegt das **Hotel Gloria** (Глория) ul. Plechanovskaja 57 (ул. Плехановская), Tel. 732 19 05, ab 50 Euro.

Ebenfalls in der ul. Plechanovskaja (Nr. 18) liegt das schlichte **Hotel Start**, Tel. 719 95 47, ab 20 Euro.

Das **Hotel Aurora** (Аврора) liegt zentrumsnah in der ul. Artjoma 10/12 (ул. Артёма), Tel. 752 40 02, ab 90 Euro.

Ebenfalls noch zentrumsnah ist das **Hotel Myr** (Мир), pr. Lenina 27a, Tel. 7 20 55 43 (Metro Botaničnyj sad, Ботанічний сад).

Ein weiteres Hotel an dem Prospekt ist das **Nacional'** (Національ), pr. Lenina 21, Tel. 7 02 16 24.

Das **Hotel Vivat** (Виват) liegt am pr. Gagarina 10/2 (п-т. Гагарина), Tel. 715 13 83, ab 60 Euro.

Im **Motel Družba** (Дружба), am pr. Gagarina 185, in Flughafennähe, Tel. 50 79 19, gibt es Zimmer ab 45 Euro.

Eine preiswerte und zuverlässige Alternative ist das **Hotel Turist** (Турист), pr. Moskovskij 144 (пр. Московский, Metro: Maršala Žukova/Маршала Жукова), Tel. 3 92 01 74 bzw. 392 10 46, wo man ein einfaches Zimmer für 15 Euro bekommt.

Es gibt mittlerweile eine Vielzahl von Restaurants und Cafés, schnell fündig wird man unter anderem im Ševčenko-Garten, auf der vul. Sums'ka, im Gorki-Park und in der vul. Puškins'ka (вул. Пушкінська).

Ein Studententreff ist das **Žilibyli**, vul. Sums'ka 37, tgl. 9–22 Uhr.

Rustikal geht es im **Restaurant Puška** (Пушка) zu, vul Puškins'ka 31, 10–01 Uhr.

Ein edles Restaurant im Ševčenko-Garten ist das **Knjazyj Terem** (Князий Терем), vul. Sums'ka 35, 12–24 Uhr.

Nicht zu vergessen das **Café Nika's** (Ніка'с) , vul. Universytets'ka 2 (вул. Університетська), 9–23 Uhr, das schon wegen seiner entspannenden Musik eine Empfehlung wert ist.

Historisches Museum (Історичний музей), die Exposition ist geteilt und befindet sich in zwei Gebäuden in der vul. Universytets'ka 5 und 10, 10–17 Uhr, Mo geschlossen.

Kunst- und Volkskundemuseum, vul. Radnarkomivs'ka 11 (вул. Раднаркомівська), 10–17.30 Uhr, Mo bis 16.30 Uhr, Kasse schließt eine halbe Stunde vorher, Di geschlossen.

Naturkundemuseum der Karazin-Universität, vul. Trinklera 8 (вул. Трінклера), 10–17 Uhr, Di geschlossen.

Holocaust-Museum, ul. Petrovskogo 28 (ул. Петровского), Mo bis Fr 10–15 Uhr (Metro: Puskinskaja)

Museum der Sexualkultur der Welt, vul. Myronosyc'ka 81a (вул. Мироносицька), werktags 9–19 Uhr.

Ševčenko-Theater, vul. Sums'ka 9, Kasse 10–19 Uhr, 15–16 Uhr Pause.

Lysenko-Theater für Oper und Ballett, vul. Sums'ka 25.

Puškin-Theater, vul. Černyševskoho 11 (вул. Чернишевского).

Philharmonie, Konzertsaal in der vul. Rymars'ka 21 (вул. Римарська), Kasse tgl. 10–19 Uhr, Orgelsaal, vul. Universytets'ka 11.

Vor allem in der vul. Sums'ka gibt es viele Geschäfte. Außerdem gibt es in der Stadt drei große Kaufhäuser:

Univermag Ukraine, pr. Traktorobudivnykiv 56–59 (пр. Тракторобудівн иків).

Univermag Charkiv, pr. Moskovskyj 137.

Univermag CUM (ЦУМ), pl. Rozy Ljuksemburg 1–3.

Märkte: Zentralmarkt (Central'nyi rynok), vul. Engel'sa 33, und Sumsker Markt (Sumskoj rynok), vul. Kul'tury 8 (вул. Культури).

Für religiöse Mitbringsel: **Laden der ukrainisch-orthodoxen Kirche**, vul. Universytets'ka, neben dem Eingang zum Maria-Schutz-Kloster, 9–18 Uhr, Pause 13–14 Uhr, So 9–14 Uhr.

Einen knappen Überblick in deutscher Sprache bietet **www.charkiv.de**.

www.all.kharkov.ua, sehr viele Informationen zur Stadt, u.a. mit kompletten Bus- und Zugfahrplan (russ.).

Ebenfalls viele Infos auf bietet **www.kharkov.ua** (russ.).

Alles über die Theater kann man bei **www.theatre.kharkov.net** (engl.) erfahren.

Eine umfangreiche Linksammlung zur Stadt bietet auch www.bizukraine.com/kharkiv.htm (engl.).

Alles zum Nürnberger Haus, einer deutsch-ukrainischen Kulturinitiative, bietet **www.nuernbergerhaus.kharkov.ua** (deutsch).

Fußball

Das EM-Reservestadion Metallist (Стадион металлист) befindet sich in der ul. Plechanovskaja (вул. Плехановская) 65, Metro Sportivnaja.

Čugujiv

Čugujiv (Чугуїв), der Geburtsort des berühmten Malers Ilja Repin, liegt 30 Kilometer südöstlich an der Europastraße 40 (M03) Richtung Donec'k (Донецьк) und Rostov (Ростов, Russland) am Nördlichen Donec'.

Bekanntheit erlangte Ilja Repin (1844–1930) durch seine Landschafts- und Historienbilder, aber auch durch seine damals neuartigen Alltagsdarstellungen und Portraits wie etwa von Lew Tolstoi, Maxim Gorki und dem Moskauer Kunstsammler Pavel Tretjakov. Repin studierte ab 1863 in St. Petersburg und kam während eines Frankreichaufenthaltes von 1873 bis 1875 unter den Einfluss von Realismus und Impressionismus. Ab 1894 war er Rektor der St. Petersburger Akademie der Künste, 1899 zog er sich auf seinen Landsitz, die Villa Penaten, bei Kuokkala nördlich von St. Petersburg (ab 1917 Finnland) zurück, wo er nach auch begraben wurde.

In der vul. Rozy Ljuksemburg 8 (вул. Рози Люксембург) befindet sich ein kleines Repin-Museum, es ist Teil des Kreisheimatmuseums. Dort sind Arbeiten der örtlichen Maler aus dem 19. Jahrhundert ausgestellt, von denen Repin zuerst unterrichtet wurde. Natürlich sind auch einige Werke des Meisters selbst zu sehen, tgl. 8.30 bis 17 Uhr, außer Mo.

Die 35 000-Einwohner-Stadt hat eine interessante Geschichte, die 1617 begann: 1696 wurden hier an den Rand des Imperiums durch einen Zarenukas Kalmyken (ein ursprünglich westmongolisches Volk aus dem Wolgagebiet) sowie Verbannte und Strafgefangene angesiedelt, später wandelte sich Čugujiv zur Garnisonsstadt. In der Familie eines dorthin abkommandierten Offiziers wurde 1844 Ilja Repin geboren. Čugujiv ist mit Auto, Bus und Zug zu erreichen.

Šarivka

In Šarivka (Шарівка), etwa 50 Kilometer westlich von Charkiv und etwas abseits der Europastraße 40 (Richtung Poltava), liegt am Flüßchen Merčyk ein **Landschaftspark**, dessen Anfänge in das frühe 19. Jahrhundert zurückreichen.

Ende des 19. Jahrhunderts kaufte der Deutsche Leopold König den Park. Der Protestant König hatte sich vom einfachen Zuckersieder zum Zuckerkönig des Zarenreiches hochgearbeitet und wollte fortan auch repräsentieren. König, der zehn Prozent des russischen Zuckermarktes beherrschte, rief aus Riga den renommierten Stadtgartendirektor Georg Kuphaldt, der den Garten umgestaltete.

Um Ruhe zu finden, ließ König 1903 sogar über 1200 Bauern in das Gouvernement Ufa umsiedeln. Doch die Bauern kehrten nach und nach wieder zurück, allerdings war an der Stelle ihres Dorfes längst Wald, den König hatte anpflanzen lassen. So gründeten die Rückkehrer ein neues Dorf mit selbem Namen am gegenüberliegenden Flussufer.

Heute ist im Schloss ein Sanatorium für Tuberkulosekranke eingerichtet. Die Anlagen selbst werden nach und nach restauriert, was noch Jahre in Anspruch nehmen wird. Der Park steht allen offen, Führungen gibt es allerdings nicht. Šarivka ist nur mit dem Auto zu erreichen. Wenn man Richtung Poltava fährt, biegt man hinter Ljubotyn (Люботин) nach rechts Richtung Staryj Merčyk (Старий Мерчик), etwa 30 Kilometer hinter diesem Ort geht es links nach Šarivka.

Zentral- und Ostukraine

Im Donbass – Kosaken, Kohle und Kultur

Das Land zwischen dem Dneprbogen bei Dnipropetrovs'k und Zaporižžja im Westen, dem Nördlichem Donec' mit seinen bewaldeten Ufern im Norden und dem Asovschen Meer im Süden ist ein junges Land. Die Gebiete wurden zum Teil erst Ende des 18. Jahrhunderts in das Russische Reich eingegliedert. Lange Zeit war die Steppe offenes Land – Rückzugsgebiet der Kosaken, Grenzgebiet zu den Krimtataren, Niemandsland.

Die Ostukraine ist andererseits ein altes Land. Es war in vorchristlicher Zeit Siedlungsgebiet der Skythen, dem von Herodot beschriebenen Reitervolk, von dem noch heute die Steinfiguren zeugen, die sie in der Steppe hinterlassen haben. Später siedelte hier das Turkvolk der Petschenegen. Wie in einem Korridor zogen in der Zeit der Völkerwanderung die Hunnen, Ungarn, Awaren und Bulgaren gen Westen, die Goten zogen nach Osten und die Waräger, aus Skandinavien kommend, erkundeten mit ihren Schiffen das Asovsche Meer.

Später siedelten hier die Kyptschaken, die von den Russen Polowzer genannt wurden und mit denen sie sich mal bekriegten, mal verbündeten. Das ›Lied von der Heerfahrt Igors‹, ein mittelalterliches russischen Epos, besingt einen missglückten Feldzug des Fürsten Igor' Svjatoslavič 1185 und beklagt die Zerrissenheit der Russen. Diese Uneinigkeit hatte bald darauf katastrophale Folgen: 1223 – man stand mit den Nachbarn wieder auf freundschaftlichem Fuße – riefen die Polowzer die Russen gegen einen ihnen unbekannten Eindringling zu Hilfe. Die russischen Fürsten brachen mit einem stattlichen Heer von 80 000 Mann in Richtung Asovsches Meer auf. Am Flüßchen Kalka, wo ganz in der Nähe Jahrhunderte später die Stadt Mariupol' gegründet wurde, kam es zur Schlacht. Die Tataren, aus den Tiefen Asiens aufgebrochen und über den Kaukasus in dieses Gebiet vorgedrungen, besiegten die dreifache Übermacht der Russen, nahmen reichlich Beute und kehrten heim. Eine Reihe von russischen Fürsten fand den Tod, darunter die von Černihiv und Kiev.

Und das war nur das Vorspiel: Mit dem Sieg an der Kalka stand die Kiever Rus' schutzlos da. Die Tataren, die wenig später wieder ins Land einfielen, eroberten ein Fürstentum nach dem anderen. 1240 wurde Kiev zerstört. Die Ostukraine kam zum Gebiet der Goldenen Horde, deren Khane bis 1480 Russland beherrschten. Doch die Region selbst war nahezu menschenleer, nur ein paar orthodoxe Einsiedler vergruben sich in ihren Höhlen, wie man sie noch heute im Kloster ›Svjati Hory‹ besichtigen kann. Mit der inneren Schwächung der Goldenen Horde, der darauf folgenden Herrschaft durch das Krim-Khanat und dem dennoch fortschreitenden Zerfall wurde das Gebiet zum Niemandsland, zum wilden Feld, dem ›Dyke pole‹. Es war Hinterland von Kosaken, entlaufenen Bauern und Krimtataren, bis es das expandierende Russische Reich schließlich den Osmanen abknöpfte. Kolonisierung, etwas Handel, Handwerk und Landwirtschaft – viel mehr gab es nicht in dieser vergessenen Region.

Das änderte sich erst Anfang des 19. Jahrhunderts. Dass es in der Gegend Steinkohle gab, war schon Peter dem Großen bekannt. Als er nach einem Feldzug gegen die Festung Asov, die damals den Osmanen gehörte, zurückkehrte, erfuhr er von der Kohle, was er mit

Industrieanlagen bei Zaporižžja

prophetischen Worten kommentierte: »Dieses Mineral wird, wenn nicht uns, so doch unseren Nachkommen sehr nützlich sein.« Es dauerte zwar noch über 100 Jahre, doch dann begann eine Entwicklung, die man mit der des Ruhrgebietes oder Oberschlesiens vergleichen kann. Der Donbass (Donec'kyi basejn/Донецький басейн, dt. Donec'ker Becken) entstand. Mit westeuropäischem Know-how und westeuropäischem Geld, unterstützt von der Eisenbahn, brachen kapitalistische Zeiten über diese stille Region herein. Englische, französische, belgische, auch deutsche Unternehmer gaben den Ton an.

Die Region ist – ganz anders als der Westen des Landes – seitdem stark von russischer Sprache und Kultur geprägt. Städte wuchsen, andere wurden erst gegründet. Beispielhaft ist die Geschichte von Donec'k (Донецьк): Da wo sich heute die Millionenstadt ausbreitet, gründete der Waliser John Hughes 1869 eine metallurgische Fabrik. Die Siedlung, die sich daran anschloss, wurde schlicht nach Hughes ›Juzovka‹ (Юзов-

ка) genannt. Um die Jahrhundertwende hatte der Ort schon 50 000 Einwohner. Russland stieg in jener Zeit dank der Kohle und des Stahls aus dem Donbass zu einem der führenden Stahlhersteller der Welt auf.

Der Aufstieg der Sowjetmacht und die Rüstungsindustrie verstärkten diese Entwicklung. Die Städte wurden in revolutionärem Elan umbenannt, aus Jusovka wurde Stalino. Im zweiten Weltkrieg kam im Gefolge der Wehrmacht die deutsche Großindustrie, die zahlreiche Betriebe übernahm. Die Stahlwerke in Mariupol' am Asovschen Meer arbeiteten als ›Asow-Werke‹ für die Friedr. Krupp AG. Nach dem Krieg, unter dem Druck des Militärisch-Industriellen Komplexes in der Sowjetunion, wurden Bodenschätze immer stärker ausgebeutet, und die Fabriken arbeiteten an den Grenzen ihrer Leistungsfähigkeit, was für die Natur nicht folgenlos blieb. Das Bild der Ostukraine als einer grauen Industrieregion setzte sich fest und verstärkte sich, als nach dem Zerfall der Sowjetunion das ganze Ausmaß des Raubbaus bekannt wurde.

Auch wenn es nach wie vor große Umweltprobleme gibt, die Ostukraine ist weit mehr als rauchende Schlote und ineffiziente Kohleschächte. Auch dort vollzieht sich der Industrieumbau und manche Städte, Donec'k und Dnipropetrovs'k etwa, verdienen weit mehr Aufmerksamkeit, als ihnen bisher zugekommen ist. Die Ostukraine ist weite Landschaft, von Flüssen durchzogen, endlose Felder, Baumreihen, kleine Dörfer. Die bewaldeten Hänge des Nördlichen Donec', die Küste des Asovschen Meeres, die Nehrung bei Berdjans'k und die Klosteranlage ›Svjati Hory‹, die 2004 in den Rang einer Lavra erhoben wurde, sind schon lange eine Reise wert.

Zentral- und Ostukraine

Das Kloster von Svjati Hory

Seit wann tragen Frauen Hosenanzüge? Die Augen des Kosaken verraten die Verwunderung, die seine Zunge für sich behält. Drohend schreitet der Kosak vor dem Eisentor auf und ab, der Lederriemen spannt sich über Brust und Bauch, und als ob das nicht schon reichen würde, steckt eine geflochtene Peitsche im Stiefelschaft. Nein, die Lehrerin, die mit ihrer Mädchenklasse zum großen und ehrwürdigen Maria-Entschlafens-Kloster zu den Heiligen Bergen (Svjati Hory/ Святі Гори) bei Svjatohirs'k (Святогірськ) – auf halbem Weg zwischen Charkiv und Donec'k – gekommen ist, wird nicht eingelassen. Da sind sie nun gekommen und stehen davor wie vorm himmlischen Tor. Die Lehrerin, umringt von ihren Mädchen, wirkt streng in ihrem schwarzen Hosenanzug, exakte Bügelfalten, dunkle Brille, so könnte sie anstandslos sogar auf eine Beerdigung gehen. Aber nicht in dieses Kloster.

Das Kloster ist nicht irgendeines von den vielen im Lande, es ist ein besonderes, vielleicht ist es sogar heiliger als die anderen, auf jeden Fall aber bedeutender. Es ist eine Lavra. Nach dem Kiever Höhlenkloster und dem Kloster von Počajiv im Westen des Landes in dieses hier das dritte mit dieser hohen Auszeichnung. Und das erst seit März 2004. Genau das ist für den Kosaken offenbar der Kern. »Mädchen, das ist verboten!« gebietet der Kosak. »So kannst Du vielleicht in die Disko gehen.« Wie zur Provokation schreitet eine junge Frau im Minirock heran. Wenigstens ein Kopftuch hat sie sich umgebunden, doch der Rest ist inakzeptabel. Basta! Der Kosak kaut Kaugummi, breite goldene Schulterstücke wippen auf seiner Schulter und ebenso breite rote Streifen laufen an seinen Hosenbeinen hinab. Nebenan ist das Motorrad geparkt, auf dem Beiwagen prangt das Wappen der Kosaken, zwei gekreuzte Säbel. Kosaken sind gläubig und streng.

Die Sonne sticht, es geht auf Mittag. Die Lehrerin hat sich mit ihren Mädchen in Sichtweite zurückgezogen. Zwei Priester erscheinen, lange Bärte und lange Ketten, an denen Kreuze baumeln, und verschwinden wieder. Erfinderisch, wie

▲ *Frauen legen zum Betreten des Klosters Kopftücher und Kleider an*

sie ist, hat sich die Lehrerin ihre Jacke um die Hüften gebunden. »Aber was ist das für ein Unterschied?« kommentiert der Kosak. »Ein großer!« gibt sie tapfer zurück. Inzwischen hat sich vor dem Eisentor ein Pfropfen gebildet. Nicht, dass man Eintritt zahlen müßte, aber eine Sichtprüfung muss sein. Das Tor ist zwar groß wie eine Gutseinfahrt, doch nur eine Pforte ist offen, und die ist schmal.

Ein Drängeln und Schieben ist das jetzt. Gleich mehrere Busse mit Touristen an Bord sind angekommen. Da will mancher sich durchluchsen. Und manchem gelingt es sogar – nur nicht der Lehrerin, die so streng aussieht, als sei sie selbst eine Sittenwächterin. Der Kosak kaut herrisch auf seinem Kaugummi herum. Zum Schluss lässt er sie durchgehen. Tut so, als würde er es nicht merken. Die Frau, unsicher, aber eiligen Schritts, verschwindet mit den Schülerinnen im Gemenge. Immerhin hat er sie eine halbe Stunde festgehalten. Die Buße ist offenbar ausreichend. Als Belohnung zündet er er sich genüßlich eine Zigarette an.

Geschichte des Klosters

»Der Ort ist außerordentlich schön und einzigartig: Das Kloster liegt am Ufer des Donec' am Fuße eines riesigen weißen Felsen, wo sich, dicht an dicht, kleinste Gärten, Eichen und hundertjährige Kiefern drängen. Es scheint, dass für die Bäume der Platz nicht reicht, doch irgendeine Kraft zieht sie höher und hält sie fest. Die Kiefern hängen buchstäblich in der Luft und scheinen zu jeden Augenblick zu stürzen. Und Kuckuck und Lerche schweigen weder am Tage noch in der Nacht.« So urteilte Anton Tschechow über das Kloster ›Svjati Hory‹ bei Svjatohirs'k.

Die Anfänge des Maria-Entschlafens-Kloster Svjati Hory liegen im Dunkeln. Die erste Erwähnung des Klosters 1526 verdanken wir dem deutschen Sigismund Freiherr von Herberstein, der als Gesandter der Kaiser Maximilian I. und Ferdinand I. auf ausgedehnten Missionen auch in Moskau weilte und Kenntnis von dem Kloster erhalten hatte. Zu jener Zeit galt das Kloster Svjati Hory als eine weit in den Steppenraum reichende Sicherungswache, deren Aufgabe es war, Alarm zu schlagen, sollten sich von Osten her wieder Reiterheere auf den Weg machen und das Moskauer Reich bedrohen.

Da die Bezeichnung als ›Heilige Berge‹ schon damals auf ein existierendes Kloster hinweist, sind sich zumindest die Geistlichen sicher, dass sich schon viel früher Mönche und Einsiedler so weit in die Steppe vorgewagt haben. Weit verbreitet ist die Annahme, dass sich Mönche aus dem von den Tataren zerstörten Kiever Höhlenkloster Mitte des 13. Jahrhunderts auf den Weg machten, um sich dort in die Kreidefelsen am rechten Ufer des Donec' Höhlen zu graben und ein gottgefälliges, asketisches Leben zu führen. Viele dürften auch als Märtyrer in den Händen der Tataren geendet sein.

Unumstritten ist, dass das Kloster lange Zeit Vorposten des orthodoxen Glaubens in den Tiefen der Steppe und an der Grenze zur Goldenen Horde und zum Krimkhanat blieb.

Erst im 17. Jahrhundert geben Zarenurkunden und Klosterunterlagen genauer Auskunft. Allerdings bleibt die Ratlosigkeit über die Gründung. Dem Archiv ist zumindest zu entnehmen, dass etwa 30 Personen, davon die Hälfte Mönche, hier gelebt haben und dass das Kloster zwischen 1668 und 1737 mindestens viermal – vermutlich von Tataren – überfallen wurde.

Im Jahre 1786 wurde das Kloster aufgelöst. Grigorij Potjomkin, Fürst von Taurien und Herr über die neurussischen Gebiete am Schwarzen Meer, trachtete nach dem reizvollen Ort am Donec'. Zarin Katharina II. schenkte ihrem Freund kurzerhand den ganzen Ort mitsamt Leibeigenen, die Mönche wurden auf andere Klöster verteilt. Potjomkin errichtete einen Palast, der allerdings nicht erhalten geblieben ist. 1844 wurde das Kloster wiedererrichtet, es begann eine rege Bautätigkeit. Der Ort erhielt die Gestalt, wie sie sich heute noch darbietet.

Tschechow schwärmte 1887 zwar von der Gegend, der 27jährige Schriftsteller stöhnte aber in einem Brief an seine Schwester Maria Pavlovna über den religiösen Eifer, den die etwa 500 anwesenden Mönche entfachten:»Gottesdienst ohne Ende. (...) Und jedesmal auf den Fluren das Klagen der Glocken, und ein Mönch läuft umher und lädt ein mit der Stimme eines Gläubigers, der einen an seine Schulden erinnert, dass man ihm nun wenigstens ein Rubelchen herausrücke. (...) Man bleibt peinlich berührt zurück, doch dann stehst du auf und gehst lieber. Ich habe mir ein Plätzchen am Donec' ausgesucht und blieb dort die ganzen Gottesdienste über.«

Die Oktoberrevolution brachte eine Zäsur. Im April 1922 wurde alles beschlagnahmt, das Kloster geschlossen und ein Erholungsheim eröffnet. In der Hauptkirche, der Kuppeln und Kreuze abgeschlagen wurden, richtete man ein Kino ein, in einer der Höhlenkirchen ein Gemüselager, in einer anderen ein ›antireligiöses Museum‹. Im Laufe der Jahrzehnte war die gesamte Anlage mehr und mehr dem Verfall preisgegeben.

Erst Ende der 1970er Jahre änderte sich die Haltung der staatlichen Stellen. Noch vor der Perestroika wurde die Restaurierung der ersten Gebäude in Angriff genommen.

Die Frage der weiteren Nutzung des Klosters führte Anfang der 90er Jahre zu teilweise heftigen Auseinandersetzungen in den regionalen Medien. Führung und Mitarbeiter des Heimes pochten auf Weiterbetrieb, ebenso wie die orthodoxe Kirche auf Rückgabe aller Gebäude und Wiederbelebung als geistliches Zentrum. Einer Reihe von Politikern und Kulturfunktionären schwebte am ehesten eine Umwandlung in ein historischarchitektonisches Museum vor. Um den Prozess in ihrem Sinne zu beschleunigen, schuf die Kirche eine neue, die Donec'ker Eparchie, Bischof wurde der sehr energische Alipij, der sofort zum kirchlichen Verhandlungsführer aufstieg. In mehreren Etappen, angefangen im Jahre 1992, wurde die gesamte Klosteranlage an die Kirche zurückgegeben. Zum Erfolg beigetragen hat mit Sicherheit die alsbaldige Rückkehr von Mönchen, die sofort mit der Wiederbelebung der geistlichen Traditionen begannen. Auch ihre Bautätigkeit war von Anfang an enorm. Die letzten Gebäude gingen im Dezember 2003 an die Kirche zurück. Diese bedankte sich auf ihre Weise und erhob am 9. März 2004 auf Beschluss des Synods der Ukrainischen Orthodoxen Kirche des Moskauer Patriarchats das Maria-Entschlafens-Kloster in den Rang einer Lavra.

Ein Rundgang durch Svjati Hory

Der Zugang zum Kloster erfolgt vom Parkplatz am anderen Flussufer aus. Die Brücke führt direkt auf eine Marienfigur zu, dahinter befindet sich ein Laden für

Das Kloster liegt direkt am Donec'

Devotionalien. Das eigentliche Klostergelände liegt rechter Hand hinter dem Eisentor. Die meisten Bauten erstrecken sich unmittelbar am Flussufer, direkt hinter dem Eingang befindet sich die dreistöckige Pilgerherberge, dahinter, in einem zweigeschossigen Bau, das **Museum**, das ausführlich über die Geschichte des Ortes informiert.

Besonders auffällig ist die tiefblaue Kuppel der **Maria-Schutz-Kirche** (Pokrovs'ka cerkva/Покровська церква) von 1850, auf die man geradewegs zuläuft: hier mischen sich altrussische Elemente mit klassizistischen.

Links, etwas zurückgesetzt, steht die Hauptkirche, die **Maria-Entschlafens-Kirche** (Uspens'kyj sobor/Успенський собор); sie beherrscht mit ihren fünf Kuppeln den unteren Teil des Klosters und wurde im russischbyzantinischem Stil zwischen 1859 und 1868 errichtet. Sie war eines der ersten Gebäude, die restauriert wurden. Bereits 1985 erhielt sie ihre Kuppeln zurück, die daraufhin vergoldet wurden. Die relativ unscheinbare Fläche aller Kuppeln bringt es trotzdem auf etwa 150 Quadratmeter, die Restauratoren kamen dabei dennoch mit 750 Gramm Blattgold aus.

In der Nähe der Kirche befinden sich einige Volieren mit allerlei exotischem Federvieh, daneben auch Springbrunnen. Nicht weit dahinter liegt der Eingang zu den Höhlen, der auch als **Unterer Pilgerpavillon** bekannt ist. Dieser Teil des Klosters wurde in den 1930er Jahren zum ›antireligiösen Museum‹ umfunktioniert. Die **Höhlenkirche** und auch der auf dem Kreidefelsen liegende sichtbare Teil der **Nikolaikirche**, der aus dem 17. Jahrhundert stammt und ältestes erhaltenes Gebäude des Klosters ist, können nur im Zusammenhang mit einer Exkursion besichtigt werden. Die Nikolaikirche erreicht man dann über die Kyrillund-Method-Treppe, die zum Gipfel führt. Dort befindet sich auch die **Andrejever Kapelle**, auch Oberer Pilgerpavillon genannt.

Die Hauptkirche des Klosters

Der Eingang zur **unterirdischen Kirche der Heiligen Antonij und Feodosij** befindet sich hingegen etwas abseits vom Haupteingang und kann auf dem Rückweg, den man über einen offenen Abstieg antritt, besucht werden. Diese Kirche stammt auch aus dem 17. Jahrhundert, sie wurde nach der Revolution als Gemüsespeicher verwendet. Heute ist sie wiederhergestellt, und auch einige Grablegen sind restauriert. Schließlich befand sich in unmittelbarer Nähe der Kirche auch ein Friedhof mit einer Zahl bedeutender Gräber, er allerdings hat die Sowjetzeit nicht überstanden.

Weiter hinten befindet sich das **Grab von Ioann dem Einsiedler**, ein Mönch, der zwischen 1850 und 1867 seine Zelle nicht verlassen hat und hochverehrt gestorben ist. Noch weiter außerhalb, aber kaum zu übersehen, befinden sich das **Artjom-Monument** sowie ein **Soldatenfriedhof** aus dem Zweiten Weltkrieg, da hier bei Kämpfen etwa 3500 sowjetische Soldaten gefallen sind. Über 40 000 Hektar der Umgebung von Svjatihirs'k sind 1997 durch Präsidentenerlass zum ersten **Nationalpark** in der Ostukraine erhoben worden. Die Verwaltung befindet sich in Svjatihirs'k, vul. 60riččja Žovtne (60річчя Жовтне((russ. letija Oktjabrja 1 - ул. 60летия Октября), Tel. 0 62 62/5 56 56, allerdings werden dort keine Exkursionen angeboten.

Beim **Dorf Kryva Luka** (Крива Лука) in der Nähe von Slovjans'k (Слов'янськ) befindet sich das über 1100 Hektar große Reservat ›Krejdjana Flora (Крейдяна Флора), (russ. ›Melovaja Flora‹ (Меловая Флора)), das Teil des Naturschutzgebietes ›Ukrainische Steppe‹ ist und 1988 geschaffen wurde, um die Flora des kreidehaltigen Bodens unter Schutz zu stellen. Etwa ein Drittel des Gebietes ist mit Wald bedeckt.

ℹ Kloster Svjati-Hory

Eintritt in das Kloster wird nicht erhoben, allerdings ist der Besuch des oberen Teils mit den Höhlen nur im Zusammenhang mit einer **Exkursion** in der Zeit von 9 bis 16 Uhr möglich. Die Exkursionen sind kostenlos und dauern etwa 1,5 bis 2 Stunden. Doch ist der Andrang sehr groß, außerdem können sich nur wenige gleichzeitig in den Höhlen aufhalten. Achtung, die **Kleiderkontrollen beim Eingang sind streng**! Insbesondere Frauen sollten ein Kopftuch einstecken (man kann es auch vor dem Eingang kaufen), allzu kurze Röcke und Kleider können ein Problem werden, aber auch Hosen. Man muss sich zumindest auf längere Diskussionen einstellen, kann aber auch vollends abgewiesen werden.

Doch auch Männer sollten lange Hosen und zumindest T-Shirts mit kurzen Ärmeln tragen.

Der Name des dazugehörigen Kurorts mit seinen gut 5000 Einwohnern variiert zwischen Svjatogorsk/Святогорск (russisch) oder Svjatohirs'k/Свято-гірськ (ukrainisch), was zu Verwirrung führen kann.

Der Bahnhof von Svjatohirs'k befindet sich 6 Kilometer außerhalb des Ortes, da er an einer Hauptstrecke liegt, hat man gut Anschluss nach Donec'k, Charkiv, Lugans'k, Mariupol', Kiev, Simferopol' und in andere, auch russische Städte. Vom Kloster fahren täglich acht Busse zum Bahnhof und zurück.

Der Busbahnhof befindet sich unweit des Klosters, Busse fahren täglich mehrere nach Donec'k, einer nach Mariupol', einer nach Berdjans'k, nach Zaporižžja, nahezu stündlich besteht eine Verbindung in die Kreisstadt Slovjans'k.

An der Hauptstraße M 03/E 40 befindet sich ein Hinweisschild. Im Ort selbst gibt es einen großen bewirtschafteten Parkplatz.

Der Eingang zur **Pilgerherberge des Klosters** befindet sich auf der Rückseite, man kann gegen eine Spende bis zu drei Tagen dort nächtigen, Pilger sind verpflichtet, um 5.30 Uhr bzw. um 16.30 Uhr die Zimmer zu räumen und am Gottesdienst teilzunehmen. Rauchen, Lärm und Alkohol sind tabu,

in der Herberge ist von 23 bis 5 Uhr Nachtruhe, sie ist dann verschlossen. Die Aufnahme neuer Gäste erfolgt zwischen 10 und 17 Uhr bzw. 21 und 23 Uhr. Offiziell werden ausschließlich orthodoxe Christen aufgenommen, allerdings gibt es keinerlei Überprüfung.

Das Gegenstück zur Pilgerherberge ist das **Hotel Roche Royal**, vul. 60riččja Žovtne 21 (60річчя Жовтне; russ. 60letija Oktjabrja/60летия Октября), Tel. 050/701 72 72, ab 90 Euro.

Auf der anderen Flussseite sind einige **Zeltrestaurants** aufgebaut, die gar nicht schlecht sind, außerdem gibt es allerlei Stände, die Souvenirs, Eingemachtes und auch Fotomaterial anbieten.

Der **Ikonenladen** neben dem Haupteingang ist 9.30 bis 12 Uhr und 13 bis 17 Uhr geöffnet. Mit seinem Angebot kann man gleich mehrere Kirchen ausstatten, er bietet aber auch nichtreligiöse Audio- und Videokassetten sowie CDs an.

Das Klostermuseum ist tgl. 9–17 Uhr geöffnet.

Bei schönem Wetter lädt ein Badestrand am Donec'k unterhalb des Klosters ein.

Auf www.svyatogorsk.com gibt es eine Fotogalerie vom Kloster sowie den gesamten Bus- und Bahnfahrplan und weitere Informationen, allerdings nur auf russisch.

Artjom – der kommunistische Schutzheilige des Donbass

An Artjom (russ. Артём) kommt in der Ostukraine keiner vorbei. Er ist Held und kommunistischer Schutzheiliger des Donbass. Sein Leben spiegelt sehr exemplarisch den Elan einer ganzen Generation junger, begeisterter Anhänger der Revolution. Fjodor Andreevič Sergeev wurde am 7. (19.) März 1883 in einer Bauernfamilie in einem Dorf im Gouvernement Kursk geboren, 1901 trat er in die Partei ein, studierte an der Moskauer Technischen Universität, wurde wegen revolutionärer Umtriebe exmatrikuliert und verhaftet, emigrierte nach seiner Entlassung nach Paris, war aber schon 1905 wieder in Charkiv, um dort einen bewaffneten Aufstand zu leiten. Er wurde wieder verhaftet und auf Lebenszeit nach Ostsibirien verbannt.

1910 floh er über Korea, China und Japan nach Australien, wo er eine Organisation russischer Emigranten führte. Nach der Februarrevolution 1917 kehrte er nach Charkiv zurück, wo er im Stadtparlament die Fraktion der Bolschewiki anführte. Von da an ging es in der Parteikarriere steil aufwärts: Sekretär des Donec'ker Gebietes, Vorsitzender der Bergarbeitergewerkschaft in Charkiv, Parteitagsdelegierter, Mitglied im Zentralkomitee der Bolschewiki, Mitorganisator der Oktoberrevolution in Charkiv und im Donbass, danach Vorsitzender des Charkiver Sowjets, Aufstieg in die Führungsebene der neuen, noch instabilen Ukrainischen Sowjetrepublik, dann – im Februar 1918 – Vorsitzender des Rates der Volkskommissare und Kommissar für Volkswirtschaft in der Sowjetukraine. Nach dem Ende des Bürgerkrieges leitete er den Wiederaufbau der Kohleförderung im Donbass, ging Ende 1920 nach Moskau und war zuletzt Vorsitzender der Allrussischen Bergarbeitergewerkschaft. Am 24. Juli 1921 kam er bei einem Unfall ums Leben und wurde an der Kremlmauer in Moskau beigesetzt.

Für die Propaganda hatte der Funktionär damit noch lange nicht ausgedient, ›Artjom‹ wurde zum Helden. Im August 1924 wurde die Stadt Bachmut im Donbass ihm zu Ehren

in Artjomivs'k umbenannt. Der Künstler Ivan Petrovyč Kavaleridze schuf gleich zwei gigantische, je 27 Meter hohe Standbilder für den Revolutionär. Das 1924 in Artjomivs'k errichtete Denkmal wurde während des Krieges von den Deutschen zerstört. Nach 1945 wurde es durch ein kleineres ersetzt.

Geblieben ist das weithin sichtbare Monument oberhalb des Klosters von Svjati-Hory, das 1927 eingeweiht wurde und das nach der von den Bolschewiki angeordneten Schließung des Klosters vom Sieg der Revolution über alles vermeintlich Rückständige künden sollte. Der zornige, faustschwingende Kerl aus Beton dürfte so manchem Gläubigen und Touristen als Hinweis auf die Vergänglichkeit weltlicher Macht dienen.

Das Artjom-Denkmal in Donec'k

Donec'k

Donec'k (Донецкь) war zuerst eine Goldgräberstadt, dann unter der Herrschaft von Hammer und Sichel – der Hammer in der Proletenfaust ziert heute noch das Stadtwappen – eine Proletarierstadt, jetzt ist wieder Goldgräberzeit. Die Hülle mag sozialistisch sein, der Inhalt ist neu: Er duftet nach Pariser Schick, nach italienischen Möbeln, deutschen Autos, nach irischem Bier, er riecht nach Spielbanken, nach Hinterzimmern. Die meisten Restaurants und Kneipen haben viel länger auf als die in anderen Städten, manche rund um die Uhr, nichts ist mehr da von komplizierten Öffnungszeiten, Ruhe- und Sanitärtagen und der ehernen Mittagspause. Trotzdem sollte man in vielen Restaurants reservieren, der Andrang ist groß, Geld ist in Bewegung.

Ein Kasino heißt anmaßend ›Drittes Rom‹, ein Nachtklub beziehungsreich ›Chicago‹. Leute, die aus Kiev herüberkommen, sind empört über soviel Reichtum und darüber, dass hier deutlich mehr Luxuswagen unterwegs sind als in der Hauptstadt. Die Suche nach Glück und Reichtum hat viele angelockt, Donec'k ist nach wie vor Schmelztiegel: Tataren aus Kazan und von der Krim, natürlich Russen, Ukrainer, Polen, Bulgaren, Griechen, Juden, Deutsche haben die Stadt geprägt, heute sind viele Türken zugange, Geschäftsleute und Bauarbeiter, Studenten aus China, Indien, aus arabischen Ländern, 116 Nationen sollen in der Stadt leben, die seit 1999 Sonderwirtschaftszone ist. Es wird Russisch gesprochen, auch Stadtpläne und Beschilderung sind überwiegend in russischer Sprache. Viele träumen hier von einer gemeinsamen russischukrainischen Zukunft. Konse-quenterweise war Donec'k in der Orangenen Revolution von 2004 die Bastion der Juščenko-Gegner. Die Empörung war damals groß im Lande, als das Donec'ker Gebietsparlament ein Referendum über eine größere Autonomie der Region ankündigte. Andere redeten schon von Abspaltung. Es ist nicht dazu gekommen, geblieben ist Misstrauen. Als Juščenko Präsident war, fühlte sich Donec'k herabgesetzt. Seit 2010 ist dessen Rivale Viktor Janukovič, im Donbass geboren, Präsident, und Donec'k ist wieder obenauf.

Donec'k ist eine reiche Stadt. Daran ändert auch das Lenindenkmal nichts, das immer noch im Stadtzentrum herumsteht. Wie soll man eine Stadt sonst nennen, die gleich neben dem bronzenen Revolutionär ein Juwelenkaufhaus stehen hat, auf deren Hauptstraße edle Limousinen und schwere Geländewagen rasen und die mit dem ›Donbass Palace‹ gewiss das prunkvollste Hotel zwischen Moskau und Istanbul vorzuweisen hat? Und natürlich kommt Rinat Achmetov aus Donec'k, der seit Jahren reichste Mann der Ukraine. Dessen Vermögen schätzte das Magazin ›Forbes‹ 2010 auf 5,2 Milliarden Dollar – das meiste Geld hat er bisher mit den Früchten des Donbass verdient: Eisen und Stahl. Insbesondere deren Preisverfall hat die Ukraine 2008 an den Rand des Ruins getrieben, viele Donec'ker Hüttenwerker und Bergleute um die Arbeit gebracht und sicher auch einen Oligarchen wie Achmetov gerupft. Aber man muss sich um ihn nicht ängstigen. Immerhin gehört Achmetov auch das Hotel Donbass-Palace, ein schwer durchschaubares Firmengeflecht und vieles andere mehr. Achmetov sei die ›größte nichtformelle

Autorität im Donbass‹, heißt es nebulös. Auf der Straße sind sie weniger diskret. ›Dem gehört fast alles, auch das, was ihm nicht gehört,‹ sagen die Leute, und es schwingt Stolz mit. 2012 wird ein Achmetov-Jahr. Der Fußball-Narr ist Chef des hiesigen Clubs Schachtjor (Шахтёр), der Bau der Donbass-Arena ist sein Werk und die Fußball-EM ›seine‹ EM – zumindest in Donec'k.

Auch Stabhochspringer Sergej Bubka ist ein Donec'ker: Er ist als erster über die sechs Meter gesprungen, er war Olympiasieger und zwischen 1983 und 1997 sechs Mal in Folge Weltmeister. Kein Mensch ist seitdem höher gesprungen, der von ihm immer noch gehaltene Weltrekord liegt seit 1994 bei 6,14 Metern. Und auch nach Karriereende ging es für den 1963 geborenen Bubka aufwärts. Er ist Präsident des Nationalen Olympischen Komitees der Ukraine, Mitglied im Leichtathletikweltverband und im IOC. Nebenbei hat er in Donec'k ein Netz von Supermärkten, eine Backwarenfabrik, und er ist Präsident einer Bank. Er hat zwar noch eine Wohnung in Donec'k, doch die Familie ist längst nach Monte Carlo gezogen. Natürlich wird so einem hier ein Denkmal gesetzt. Bubka wurde als erstem in der unabhängigen Ukraine eines zu Lebzeiten zuteil. Vor dem Sportkomplex ›Olimpijs'kij‹ steht er bronzen auf einer Säule.

Geschichte der Stadt

Auch John Hughes hat sein Denkmal, ein viel kleineres. Dabei fing mit ihm alles an. Zur Förderung des Steinkohlebergbaus und der metallurgischen Industrie gründete die Regierung in St. Petersburg die ›Neurussische Gesellschaft‹, die ihrerseits 1869 den Waliser John Hughes berief, damit dieser ein metallurgisches Werk aufbaute. Knapp drei Jahre später wurde der erste Stahlabstich gefeiert. Die Siedlung, die um das Werk entstand, wurde nach dem Gründer des Werkes ›Juzovka‹ genannt. Wie die Industrie, so entwickelte sich auch das Städtchen rasant. Zur Jahrhundertwende waren es 50 000, im Revolutionsjahr 1917 bereits 70 000 Einwohner.

Die Oktoberrevolution änderte vieles, der Kapitalist John Hughes als Namensgeber hatte ausgedient: 1924 wurde die Stadt zu Ehren Stalins in Stalino umbenannt. Der Stahlhunger der Sowjetunion bescherte der Region weiteren Aufschwung, das Donbass wurde zum sozialistischen Mythos, nach den Zerstörungen des Krieges wurde die Stadt weitläufig und in sowjetischem Gepräge wieder aufgebaut. So weitläufig, dass sie die UNESCO in den 1960er Jahren als ›grünste Stadt ihrer Einwohnerklasse‹ auszeichnete. 1961 wurde Stalino nach dem Fluss Nördlicher Donec' in Donec'k umbenannt. Allerdings fließt der Nördliche Donec' gut 100 Kilometer an Donec'k vorbei. Durch die Stadt fließt der Kal'mius (Кальмиус), ein Flüßchen zwar, doch angestaut ist er immerhin gut 200 Meter breit. 1978 erreichte die Einwohnerzahl die Millionengrenze.

Rundgang durch Donec'k

Donec'k ist eine übersichtliche Stadt. Das Zentrum liegt zwischen dem angestauten Kal'myus im Osten und einem zweiten Stausee im Westen und ist bequem zu Fuß zu erkunden. Genau genommen sind es die Straßen ul. Artjoma

Zentral- und Ostukraine

Denkmal für John Hughes, Stahlwerksunternehmer und Gründer von Donec'k

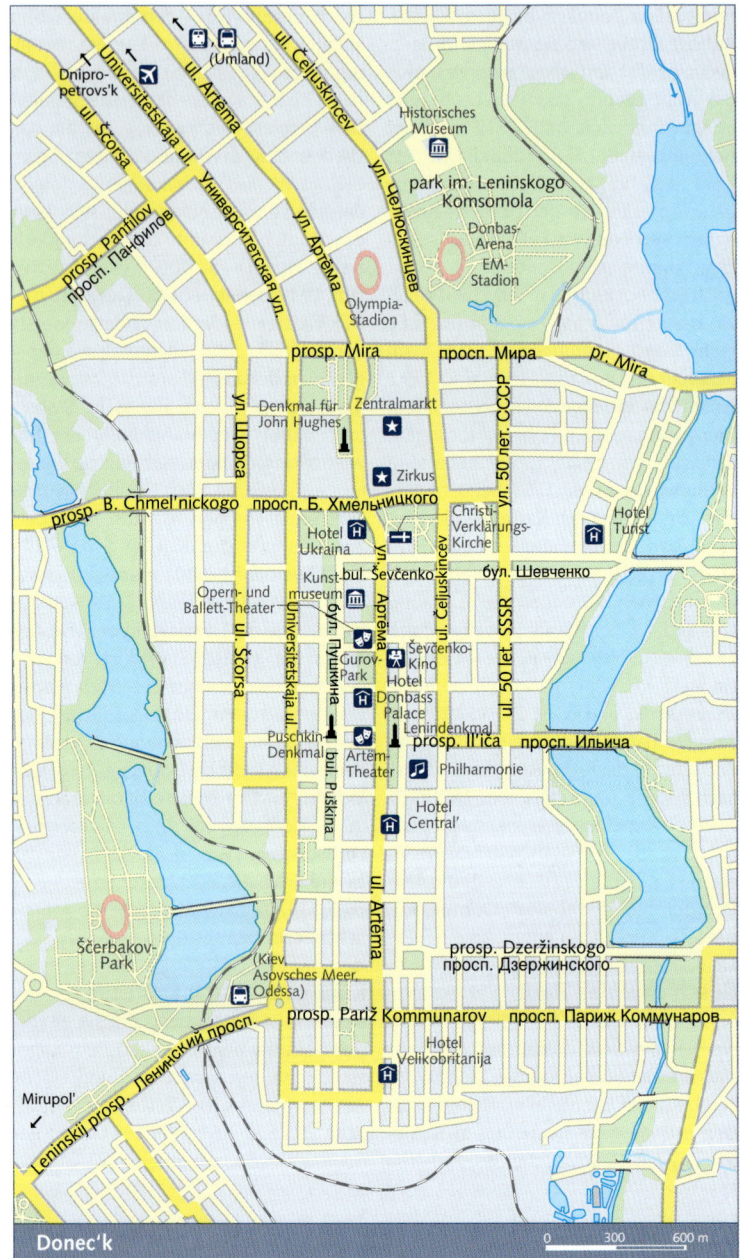

Dnipro-
petrovs'k

ul. Ščorsa
Universitetskaja ul.
ul. Artëma
(Umland)

Historisches
Museum

park im. Leninskogo
Komsomola

prosp. Panfilov
просп. Панфилов

Универсітетская ул.

Donbas-
Arena
EM-
Stadion

Olympia-
Stadion

prosp. Mira   просп. Мира   pr. Mira

ул. Щорса
ул. Челюскинцев
ул. 50 лет. СССР

Denkmal für
John Hughes
Zentralmarkt

Zirkus

prosp. B. Chmel'nickogo   просп. Б. Хмельницкого

Hotel
Ukraina
Christi-
Verklärungs-
Kirche
Hotel
Turist

Kunst-
museum
bul. Ševčenko   бул. Шевченко

ul. Čeljuskincev

Opern- und
Ballett-Theater

Ševčenko-
Kino

ul. Ščorsa
Universitetskaja ul.
bul. Puškina
ul. Artëma
ul. 50 let. SSSR

Gurov-
Park

Hotel
Donbass
Palace
Lenindenkmal
prosp. Il'iča   просп. Ильича

Puschkin-
Denkmal

Artëm-
Theater
Philharmonie

Hotel
Central'

Ščerbakov-
Park

prosp. Dzeržinskogo
просп. Дзержинского

(Kiev,
Asovsches Meer,
Odessa)

prosp. Pariž Kommunarov   просп. Париж Коммунаров

Hotel
Velikobritanija

Mirupol'

Leninskij prosp.   Ленинский просп.

0   300   600 m

(ул. Артёма), bul. Puškina (бул. Пушкина) und ul. Universitetskaja (ул. Университетськая), die parallel verlaufen und die zwischen dem pr. Mira (пр. Мира) im Norden und dem Sadovij pr. (Садовий пр.) im Süden den Stadtkern bilden. Ein guter Ausgangspunkt für einen Rundgang ist das Lenindenkmal am gleichnamigen Platz, der allerdings nicht mehr in allen Stadtplänen als solcher eingezeichnet ist. Mag sein, dass man nicht mehr übermäßig an den Sozialismus erinnert werden möchte, auch wenn der Revolutionär unangefochten den Platz beherrscht und dieser unübersehbar das Zentrum bildet, wo der Fußballklub ›Schachtjor‹ seine Meisterschaften feiert und wo Donec'ker immer wieder gegen die Kiever Politik protestiert haben. Der Leninplatz ist trotz allem gut in jedem Stadtplan zu finden, weil dort auch der pr. Il'iča (пр. Ильича) beginnt, der Lenins Vatersnamen trägt und nach Osten führt.

Donec'k hat eine Reihe von Denkmälern, netten Plätzen und Parks, doch aufgrund seiner jungen Geschichte und der Kriegszerstörungen weist es keine besonders wertvolle Bausubstanz auf. Auch die in der Sowjetzeit entstandenen Bauten fügen sich nicht unbedingt zu einem Ensemble, sie stehen raumgreifend und sind teilweise nach 1990 mit neuen Fassaden ausgestattet worden. Ein Spaziergang durch Donec'k ist dennoch interessant und anregend. Donec'k ist unfertig, unklar, sehr östlich und sehr westlich zugleich.

■ Leninplatz

Der Leninplatz mit seiner über zehn Meter hohen Figur und seiner weit höheren Metallsäule ist dabei ein Anachronismus. »Der Donbass ist keine zufällige Region, sondern es ist die Region, ohne

die der sozialistische Aufbau nur ein schöner Wunsch bleibt.« Dieses Leninwort steht in ehernen Lettern neben dem zehn Meter hohen Denkmal und beschwört nicht mehr die Zukunft, sondern ist Botschaft aus der Vergangenheit. An Lenins Seite laden längst McDonald's und ein Juwelenkaufhaus ein. Neben dem seltsamen Kaufhaus befindet sich das eher bescheidene Gebäude der Donec'ker Philharmonie, ul. Postiševa 117 (ул. Постишева). Das monumentale Gebäude Lenin gegenüber am Ende des Platzes war zur Sowjetzeit Ableger des Bergbauministeriums, heute sind dort öffentliche Verwaltungen untergebracht.

■ Die Artjom-Straße

An der Westseite in der ul. Artjoma 74a steht das ›Ukrainische musikalisch-dramatische Artjom-Theater‹. Das Gebäude mit seinem Portal aus acht korinthischen Säulen wurde 1961 eingeweiht. Auf dem Spielplan stehen ukrainische Klassiker von Kotljarevs'kyj und Lesja Ukrajinka. Gleich nebenan in der ul. Artjoma 76a ist der ›Golden Lion‹, das wohl östlichste Irish Pub der Ukraine. Wenn man in nördliche Richtung weitergeht, gelangt man zum **Hotel Donbass Palace**, ul. Artjoma 80. Das Hotel hieß ursprünglich nur ›Donbass‹ und stammte aus dem Jahr 1938. Die Pläne der Architekten wurden damals nicht komplett umgesetzt, und das kriegszerstörte Haus wurde in noch reduzierterer Form wieder aufgebaut. In der Sowjetzeit leidlich am Leben erhalten, ging es ab 1990 weiter bergab. Im Jahr 2000 übernahm das Management des Fußballklubs ›Schachtjor‹ das Hotel, sprengte es kurzerhand in die Luft und ließ es nach Originalplänen als ›Donbass Palace‹ wieder auferstehen. Das Gebäude erhielt damit endlich auch die von den Architekten vorgesehene Kuppel, in der heute die Royal Suite untergebracht ist, wo man für 2500 Dollar pro Nacht logieren kann.

Zwischen ›Donbass Palace‹ und Opernhaus erstreckt sich der nach einem General benannte **Gurov-Park**, er ist ein beliebter Treffpunkt für Jugendliche.

Das **Opern- und-Ballett-Theater**, ul. Artjoma 82, ist nach Anatolij Solov'janenko (1932–1999) benannt, dem im Haus ein Museum gewidmet ist und dem vor dem Haus im Mai 2002 ein außergewöhnliches Denkmal errichtet wurde. Komplett vergoldet steht der Sänger in Stulpenstiefeln und mit Pelerine da im Kostüm des Herzogs aus ›Rigoletto‹. »Dem Herzog der Bergleute« steht auf dem Sockel. Das Opernhaus ist das bedeutendste Gebäude der Zwischenkriegszeit und wurde nach Plänen des Architekten Kotovs'kij im Stil des russischen Klassizismus erbaut und im November 1940 eingeweiht. In dem rund 1000 Plätze fassenden Theater wird viel Russisches geboten, im Repertoire sind aber auch Verdi, Puccini, Grieg und andere Komponisten.

Gegenüber dem Opernhaus beginnt der Teatral'nij pr. (Театральний пр.), an der Ecke liegt das **Ševčenko-Kino** (ul. Artjoma 123), das heute weitaus mehr beherbergt als ein Lichtspiel. Unter anderem warten das Kasino ›Drittes Rom‹ und der Nachtclub ›Chicago‹ auf Kundschaft. Es gab auch schon eine ganz andere Verwendung: In der Zeit der deutschen Besatzung war dort die deutsche Militärverwaltung untergebracht.

Vorbei an Boutiquen und Restaurants zieht sich die ul. Artjoma weiter nach Norden, bis sie den bul. Ševčenko kreuzt. Hinter dem **Ševčenko-Denkmal** erhebt sich ein Elfgeschosser schroff und abweisend: das **Haus der Gebietsverwaltung mit dem Gebietsparlament**. Weitaus angenehmer ist der Blick auf die **Christi–Verklärungs-Kirche**, ul. Artjoma 129, deren Wiederaufbau 2005 abgeschlossen wurde. Die Kirche, die bis in die 1930er Jahre das Stadtbild prägte, war danach abgerissen worden. Mit ihrer Rekonstruktion erhielt Donec'k ein Wahrzeichen zurück. Direkt bei der Kirche befindet sich die kleine **Sergej-Radonežskyj-Kapelle**.

Wer sich ausruhen will, kann versuchen, einen Platz im ›Quartier Latin‹ (Kafe ›Latyns'kyj kvartal‹/Латинський квартал), ul. Artjoma 92, zu bekommen. Das Café ist eines der angesagtesten der Stadt und meist brechend voll mit Studenten, denn im Umkreis liegen gleich mehrere Universitäten.

Etwa 200 Meter weiter nördlich befindet sich auf der linken Straßenseite in einer Grünanlage das 2001 errichtete **Denkmal für John Hughes**, der 1869 mit der Gründung der ersten Fabrik auch den Grundstein für die Stadt legte.

Karte S. 352

Trödel- und Kunstmarkt am Puškin-Denkmal

Hinter seinem Rücken liegt das Gebäude der Technischen Universität, vor ihm die Universität für Handel und Wirtschaft. Vor dem **Rathaus** in der ul. Artjoma 98 stehen eine Kopie der großen Moskauer Kremlkanone ›Zar-Puška‹ und eine stählerne Glocke, ein Geschenk der Partnerstadt Bochum.

Weiter nördlich kommt man am im Donbass obligatorischen **Artjom-Denkmal** vorbei. Von dort ist es nicht mehr weit zum geschwungenen Eingang des **Sportkomplexes Olimpijs'kyj** (Олимпійський, ehemals ›Lokomotiv‹), wo seit 1999 der in Bronze gegossene Sergej Bubka steht. Direkt dahinter erhebt sich die mächtige **Donbass-Arena**, ein Fünf-Sterne-Stadion mit 50 000 Plätzen. Das 250-Millionen-Dollar-Projekt des Schotten Austin Reilly ist eines der modernsten Stadien Europas und einer der Austragungsorte der Fußball-EM 2012. Architekt Reilly ist mit dem Bau der zweite Brite, der nach John Hughes Großes für Donec'k vollbracht hat. Deutsche Vereine reisen inzwischen häufiger hierher. Schachtjor ist seit Jahren meist vor dem Rivalen Dynamo Kiev ukrainischer Fußballmeister und gewann 2009 auch den UEFA-Pokal.

Daran schließt sich der ›Park des Leninschen Komsomol‹ an, an dessen nördlichen Rand sich das **Historische Museum befindet** (ul. Čeljuskinciv/ул. Челюскінців 189a).

■ Puschkin-Boulevard

Wer nicht ganz soviel Ausdauer hat, sollte bei der Christi-Verklärungs-Kirche umdrehen und über den bul. Puškina zurücklaufen. Auf diesem Boulevard kann man angenehm spazieren und der Verkehr ist nicht so stark wie auf der ul. Artjoma. Außerdem bietet er viele Restaurants und Cafés, darunter auch einiges ausgefallene wie das Café ›Millenium‹ (Миллениум, bul. Puškina 28a), das eine Pyramide ist und in dem im Stile der Pharaonen (oder was man dafür hält) bedient wird. Wer es preiswert mag, sollte aber das Café ›Tri tolstjaka‹ (Три толстяка) vorziehen (bul. Puškina 25). Das **Puschkin-Denkmal** an der Rückseite des Ševčenko-Theaters ist – wie in vielen Orten – ein guter Treffpunkt und entsprechend belebt. Von dort breitet sich an den Wochenenden ein quirliger, unübersichtlicher **Kunst- und Trödelmarkt** aus, der sich bis zum Ščerbakov-Park (парк Щербакова) hinzieht, auf dem man von in Öl gemalten röhrenden Hirschen bis zu Leninbüsten und Wehrmachtstassen vieles kaufen kann.

■ Ščerbakov-Park

An seinem südlichen Ende öffnet sich der bul. Puškina und grenzt an den Ščerbakov-Park. Um diesen zu erreichen, muss man allerdings die sehr belebte Universitetskaja ul. mit einem Tunnel passieren. Vorher kommt man an einem Denkmal vorbei (Pamjatnik stratonavtam/Памятник стратонавтам), das über den Gräbern von vier Ballonfahrern errichtet wurde (pr. 25letija RKKA/пр. 25летия РККА). Diese vier Männer sind 1938 mit ihrem Ballon bei Moskau gestartet, um den Einfluss des Luftdrucks auf den Organismus zu testen. Bei diesem Flug, der in Donec'k endete, sind die vier am 18. Juli 1938 ums Leben gekommen.

Im Ščerbakov-Park gelangt man bald an einen Stausee, den eine lange Fußgängerbrücke überspannt. Erst danach beginnt der eigentliche Park mit seinen Biergärten, Kinderkarussells und Springbrunnen. Vor der Brücke befindet sich rechts ein Strand, die Wasserqualität lädt aber nicht zum Baden ein.

Zentral- und Ostukraine

Donec'k

Vorwahl: 0 62.

Hauptpostamt in der ul. Artjoma 72, 7.30–18.30 Uhr, Sa/So bis 17.30.

Ausflüge: viele Hotels bieten Exkursionen an. Wer auf eigene Faust die Umgebung erkunden will, z.B. ans Asovsche Meer, zum Kloster ›Svjati Hory‹ oder ins Donec'ker Umland, und keine Zeit für Linienbusse hat, wird beim Fahrservice Asov Taksi‹, Tel. 3 85 01 85, www.namore.nm.ru, fündig: Tagsfahrt nach ›Svjati Hory‹ (Свяи Гори) Hin/Rück ab ca. 40 Euro, einfache Fahrt ans Asovsche Meer ab 25 Euro.

Höhepunkt des Jahres ist das letzte Wochenende im August, der Tag der Bergarbeiter, dann wird in Donec'k das **Stadtfest** gefeiert.

Das Schienennetz innerhalb des Donbass' ist eng, es verkehren Električkas ab **Hauptbahnhof**, Vokzal'na pl. (Вокзальна пл.), am nördlichen Ende der ul. Artjoma. Von dort hat man Anschluss an alle großen Städte des Landes (Kiev, L'viv, Odessa, Dnipropetrovs'k, Simferopol', Charkiv u.a.), gute Verbindungen bestehen ebenfalls nach Zentralrussland und in den Kaukasus. Der Bahnhof ist über Trolleybusse (Nr 4 und 30) und Straßenbahn (Linie 33 über die ul. Čeljuskinciv) mit der Innenstadt verbunden.

Die **Vorverkaufskasse** liegt in der Universitetska ul. 35 (Университеська ул.), von 8–19 Uhr, So bis 18 Uhr.

Es gibt mehrere Busbahnhöfe, einen **direkt am Bahnhof** (die meisten Busse fahren ins weitere Umland).

Der größte, **avtovokzal Pivden** (авто-

vokzal Пивдень), befindet sich im südlichen Stadtzentrum, pl. Kommunarov (пл. Коммунаров), von dort fahren Busse ans Asovsche Meer (Mariupol', Jalta, Ursuf), nach Zaporižžja, Odessa, Kiev und nach Tokmak, Kassen 6–19.30 Uhr.

Ein weiterer Busbahnhof, **avtovokzal Putilovs'kij** (автовокзал Путиловсь-кий), befindet sich in Flughafennähe, Vzletna ul. (Взлетна ул.) im Norden der Stadt.

Donec'k hat ein dichtes Trolleybusnetz, es fahren Straßenbahnen, eine U-Bahn wird gebaut.

Der Flughafen, Vzletna ul., wird mehrmals wöchentlich von München (Donbassaero, Lufthansa) und Wien (Austrian Airlines) angeflogen (IATA-Code DOK). Preis ab ca. 450 Euro. Der Flughafen, der bis zur EM durch einen Neubau ersetzt werden soll, wird von Trolleybussen der Linie 2 angefahren.

Ein in jeder Hinsicht sehr ordentliches und zuverlässiges Hotel ist das **Central'** (Централь), ul. Artjoma 87, ab 100 Euro, Tel. 3 32 38 75, www.hotel-central.com.ua, mit Tiefgarage.

Auf ähnlichem Niveau liegt das **Hotel Turist** (Турист), bul. Ševčenko 20 (бул. Шевченко), Tel. 38 17 97 9, mit bewachtem Parkplatz.

In derselben Straße (Nr. 20) liegt auch das **Hotel Atlas** (Атлас), Tel. 38 17 97 9, ab 90 Euro.

Das **Hotel Viktoria** (Виктория) liegt am pr. Myra 14a (пр. Мира), Tel. 38 14 70 0, www.victoria.ua, ab 125 Euro.

Ein bisschen Beatles-Feeling und Life-Music bietet das **Hotel Liverpool**

Donec'k [357]

(Ливерпуль), u. Artjoma 131 B, Tel. 31 25 4 74, ab 60 Euro.

Wer es preiswerter will (ab 30 Euro), sollte es im **Hotel Ukrajina** (Україна), ul. Artjoma 88, Tel. 30 44 5 35, versuchen, allerdings ist die Zahl der Zimmer gering, es ist ziemlich laut und der Service eher mäßig.

Den gleichen Standard und Preis bietet das älteste Hotel der Stadt, das **Velikobritanija** (Великобританія, dt.: Großbritannien) von 1896, ul. Postyševa 20 (ул. Постишева), Tel. 3 05 19 51. In dem Haus hat sich etwas von der alten Atmosphäre erhalten. Nebenan befindet sich ein preiswertes Bistro gleichen Namens, tgl. 7–23 Uhr.

Man kann natürlich im **Donbass Palace** absteigen, ul. Artjoma 80, Tel. 3 43 43 33, ab 230 Euro.

Wer nicht unbedingt in Donec'k wohnen muss, findet in der Hotel- und Wellnessanlage **Forestpark**, ul. Sonjačya 20 (ул. Сонячиа), in Komsomol'skyj (Комсомольский), Tel. 062/ 3 48 16 16, die 50 km südlich von Donec'k in einem Naturpark gelegen ist, ab 75 Euro ein Zimmer (3 Personen/90 Euro); außerdem kann man Sport treiben und für ca. 30 Euro aus diversen Wellness-Programmen auswählen, www.forestpark.com.ua.

Im **Prokofjew-Dorf Krasnoe** (Красное) gibt es einige einfache Privatunterkünfte, die man am einfachsten dort erfragt (siehe nächstes Kapitel).

❌

Donec'k hat eine Vielzahl guter Cafés und Restaurants mit Küchen von japanisch über georgisch und griechisch bis Thai, die meisten auf der ul. Artjoma, Universitets'ka ul. und dem bul. Puškina. Aus der Fülle, der für ukrainische

Verhältnisse meist relativ teuren Restaurants, seien hier einige preislich und thematisch interessante genannt: Das **Café Latyns'kij kvartal** (Латинський квартал, Quartier Latin), ul. Artjoma 92, tgl. 10–23 Uhr, ist eher teuer, abends vorbestellen, Tel. 3 81-7321.

Ein gutes und preiswertes Restaurant (türkische Küche), wo man keine Reservierung braucht, ist das **Café Stambul** (Стамбул), ul. Artjoma 125/2, tgl. 11–23 Uhr.

Gleich nebenan liegt eines der teuersten Restaurants, das **Medvež'ja škura** (Медвежья шкура), ul. Artjoma 125/1, tgl. 12–24 Uhr.

Viel preiswerter ist das **Tri tolstjaka** (Три толстяка), bul. Puškina 25 (bis 22 Uhr mit Biergarten).

Wer irisches Bier mag, wird im **Golden Lion**, ul. Artjoma 76a, tgl. 11–02 Uhr, fündig.

Donec'k ist auch eine Jazz-Stadt, davon kann man sich im **Café Jazz Club**, Universitetskaja ul. 8, 11–23 Uhr, überzeugen.

Es gibt in der Stadt mehrere Schnellrestaurants der Kette **Ukrajins'ke bistro** (Українське бістро), zwei auf der ul. Artjoma zwischen bul. Ševčenko und pr. Mira), die preiswert sind und rund um die Uhr geöffnet haben. Gourmetküche sollte man allerdings hier nicht erwarten.

🏛

Das **Historische Museum** (Історичний музей) befindet sich in der ul. Čeljuskinciv 189a (ул. Челюскинців), 9–15 Uhr, Mo/Di geschlossen.

Das **Kunstmuseum** (Художний музей) liegt auf dem bul. Puškina 35. In der Stadt gibt es ein Planetarium, ul. Artjoma 165.

Opern- und Ballett-Theater, ul. Artjoma 82, Karten zwischen 2 und 7 Euro, Vorstellungen um 18, Uhr sonntags auch um 12 Uhr (www.dopera.org).
Artëm-Theater, ul. Artjoma 74a, Karten zwischen 1 und 4 Euro, Kasse 10–19 Uhr, Pause 14–15 Uhr. Vorstellungen um 18 Uhr.
Philharmonie, ul. Postyševa 117, Kasse 10–18 Uhr, Konzerte um 18 Uhr.

www.donetsk.dn.ua bietet einen sehr guten Überblick (Sehenswürdigkeiten, Unternehmen, Medien), über Links gelangt man zu allen Bus-, Bahn- und Flugplänen (russ.).

In der Stadt gibt es viele Boutiquen und mehrere Kaufhäuser. Mitbringsel kann man im **Ukrajins'kij suvenir** (Український сувенір, Universitetskaja ul. 30, 9–18 Uhr, Sa bis 17 Uhr, So geschlossen, einkaufen.

Fußball

Das EM-Stadion Donbass-Arena (Донбасс-арена) befindet sich im Norden der Stadt im Park imeni Leninskogo Komsomola. Die Adresse lautet ul. Čeljuskinzev (вул. Челюскинцев).

Krasnoe

Für Kenner und Liebhaber der Musik Sergej Prokofjews dürfte das kleine Dorf Krasnoe (Красное) interessant sein, in dem der Komponist am 11. (23.) April 1891 geboren wurde. Das Dorf hieß damals noch Solnzovka. Prokofjews Vater arbeitete als Gutsverwalter, seine Mutter erteilte ihm im Alter von vier Jahren den ersten Klavierunterricht. Mit fünf Jahren soll er seine erste Komposition geschrieben haben. Nachdem sich das Talent des Jungen herumgesprochen hatte, reiste er 1903 in Begleitung seiner Mutter nach St. Petersburg und wurde Student am dortigen Konservatorium. Bis zum Tode seines Vaters im Jahre 1910 kehrte er in den Sommermonaten nach Solnzovka zurück.

Zum 100. Geburtstag des Komponisten wurde in der ehemaligen Dorfschule, die Prokofjew besuchte, ein kleines Museum eröffnet. In Krasnoe steht ihm zu Ehren ein Denkmal und man kann die Peter-und-Pauls-Kirche von 1840 besichtigen, in der er getauft wurde. Neben der Kirche befindet sich das Grab des Vaters. Jährlich wird auch ein Musikfestival, der ›Prokofjewer Frühling‹ veranstaltet. Da der neue Donec'ker Flughafen nach Prokofjew benannt werden soll, ist auch für Krasnoe ein repräsentativer Museumsbau geplant. Das Dorf liegt 30 Kilometer westlich von Donec'k (nicht zu verwechseln mit dem gleichnamigen Dorf bei Artjomivs'k/Артемівськ, russ. Artjomovsk), 9 bis 19 Uhr geöffnet, Di geschlossen.

Zum Dorf gelangt man mit dem Auto, wenn man Donec'k Richtung Mariupol' (Маріуполь) verlässt und hinter der Stadtgrenze bei Širokyj (Широкий) nach Westen auf die Straße T 0805 abbiegt, über Aleksandrovka (Александровка) und Mar'jinka (Марьінка) und hinter Kurachove (Курахове) rechts abbiegt. Dann erreicht man nach sieben Kilometern Krasnoe. Vom Donec'ker Busbahnhof am Flughafen (avtovokzal Putilovskij/автовокзал Путиловский) fährt täglich 9.30 und 18.30 Uhr ein Maršrutne Taxi nach Krasnoe.

▲ Karte S. 300

Das Asovsche Meer

Irgendwann hatte Tanja sogar schon den Gouverneur aus dem russischen Jekaterinburg zu Gast. Tanja wirft mit kräftigen Armen die Betten der Ferienwohnung auf, hält inne und faucht: »Der hat sich beschwert! Ein Schuppen wäre das! hat der gerufen.« Tanja schüttelt wieder die Kopfkissen, draußen wachsen Kartoffeln und Zwiebeln, hundert Meter weiter liegt der Strand, sie hält wieder inne: »Der hat sich gar nicht mehr eingekriegt. ›Bitteschön‹, hab ich gesagt, ›dann geh doch ins Bacchus und leg da deine Dollars hin!‹« Dem Gouverneur war die schlichte Ausstattung – drei Betten, Klo im Garten, Wasser am Brunnen – nicht standesgemäß, aber das Bacchus war ihm dann doch zu teuer. Oder zu anrüchig. »Der hat geknurrt und am nächsten Morgen das Geld hingeworfen.« Viel wird es nicht gewesen sein, was der Mann von Ural hat hinlegen müssen, umgerechnet wahrscheinlich etwa fünf Euro.

Das ist also Jalta. Das Asovsche Jalta. Verwechsle das bitte keiner mit dem Jalta auf der Krim! Dieser Dialog soll sich gelegentlich ereignen: Stoppt ein fremder Autofahrer das entgegenkommende Fahrzeug. »Du, sag mal, wo ist denn nun das Jalta?« – »Na, sieh Dich um, hier hast Du's doch!« Der Fremde guckt ungläubig. »Ich kenne Jalta ja noch nicht richtig, aber wo ist denn der Hafen? Und wo sind denn die Schiffe?« Schiffe? Hafen? Hier weiden Kühe am Straßenrand, eine Alte schiebt auf dem Fahrrad einen Korb mit Pfirsichen nach Hause, und einer sitzt besoffen da. Schiffe haben hier schon lange nicht angelegt. Wo auch? Es gibt keinen Hafen. Ob es der Fremde dann doch noch in das fast 500 Kilometer entfernte Jalta auf die Krim geschafft hat, ist unbekannt. Vielleicht ist er nach dem ersten Schock ja geblieben.

Das Asovsche Meer (Azovskoe more/ Азовское море), 130 Kilometer südlich von Donec'k, ist die Badewanne des Donbass, jedenfalls für die, die kein dickes Bankkonto haben. Die Reichen fliegen auf die Krim, auf die Kanaren oder

Unterkünfte für Touristen bei Tatjana Kalamitra in Jalta am Asovschen Meer

an den Persischen Golf. Die anderen packen ihre Siebensachen und fahren nach Mariupol', nach Berdjans'k, nach Ursuf oder eben nach Jalta und quartieren sich im sogenannten ›častnyj sektor‹, auf deutsch Privatbereich, ein. So heißen die Unterkünfte, die auf den Höfen, in kleinen gemauerten Anbauten im Garten oder in der eigenen Wohnung angeboten werden und die immer diese beiden Merkmale haben: Sie sind spartanisch, und sie sind billig.

Das Asovsche Meer hat keine mondänen Kurorte, keine High Society, aber auch keine Hotelburgen. Es wirkt mit seinen durchschnittlich sieben Metern Tiefe wie eine Pfütze, an der tiefsten Stelle ist es 15 Meter tief, das Schwarze Meer dagegen über 2200 Meter.

»Ja, das ist unser Jalta«, sagt Tanja und schimpft auf ihren Mann Viktor, der schon längst hätte für Wasser sorgen können. Gäste sind gekommen, und es ist immer noch kein Trinkwasser da, das in der Bushaltestelle aus großen Zubern verkauft wird. Tanja und Viktor sind Griechen, Nachfahren jener Kolonisten, die Zarin Katharina II. im 18. Jahrhundert hier hat ansiedeln lassen. Und diese Griechen kamen von der Krim und haben die dortigen tatarischen Ortsnamen einfach mitgebracht. So gibt es hier neben Jalta auch ein Alt-Krim und ein Ursuf (auf der Krim Gursuf), auch die Belosarajskaja kosa hat ihren etymologischen Ursprung auf der Krim.

Nein, sagt Tanja, griechisch sprechen könne sie nicht mehr, aber ein bisschen verstehen und vor allem griechisch kochen, das geht. Und dann erzählt sie vom prominentesten Jaltaer. Gavriil Popov, Anfang der 1990er Jahre Bürgermeister von Moskau, ist ebenfalls griechischer Abstammung, kommt von hier und hat dem Ort eine Kirche mit vergol-

deten Kuppeln geschenkt. Jetzt thront sie über all den Häuschen und glänzt wie ein Goldstück in der Sonne. Tanja würde hier gern etwas Größeres aufmachen. Aber es fehlt an zahlungskräftiger Kundschaft.

Das Asovsche Meer war bisher eher ein Stiefkind des Tourismus. Doch seitdem die Ostküste des Schwarzen Meeres von den russischen Bädern Anapa und Soči bis zum georgischen Batumi Ausland und daher umständlicher zu erreichen ist, gewinnt das Asovsche Meer an Bedeutung. Zumal die Krim vielfach wieder als mondäner Treff der ukrainischen und russischen Oberschicht für den schmaleren Geldbeutel schlicht zu teuer geworden ist.

Die flache und warme Küste am Asovschen Meer holt auf, auch wenn Mariupol' (Мариуполь), die größte ukrainische Stadt der Region, mit ihren Stahlwerken weiterhin vor allem eine qualmende Industriestadt bleibt, ist sie doch das Tor zum Meer. Hier beginnen die Strände, auf denen es ruhiger zugeht, ukrainischer, auch etwas unordentlicher. Das Meer von der Größe des Landes Baden-Württemberg erwärmt sich im Frühjahr schnell, außerdem sind die Ufer flach, an den meisten Stränden kann man dutzende Meter ins Meer hinauslaufen – ideale Bedingungen für Urlaub mit Kindern. Die Wassertemperaturen erreichen im Mai bereits 20 Grad, im Sommer 26 Grad und mehr, die durchschnittlichen Lufttemperaturen liegen zwischen 25 und 30 Grad, und die Sonnenscheindauer steht der auf der Krim in nichts nach. Alles in allem – gute Bedingungen, zumal der Service in den vergangenen Jahren sehr aufgeholt hat und weiter aufholt. Dennoch: Wer westlichen Standard sucht, sollte nicht unbedingt zum Asovschen Meer fahren, sondern sich eher auf

Karte S. 300 ▲

der Krim nach etwas Passendem umschauen. Und einsame Strände wird man zumindest in der Hauptsaison auch am Asovschen Meer nicht mehr finden.

Mariupol'

Mariupol' (Маріуполь) ist mit gut 500 000 Einwohnern nach Donec'k die zweitgrößte Stadt im Donec'ker Gebiet und liegt an der Mündung des Kal'myus (Кальмиус). Ihr Ursprung geht in das 16. Jahrhundert zurück, als Kosaken an der Flussmündung eine kleine Festung gründeten und sie Domacha nannten. Die Festung wurde 1769 jedoch im russischtürkischen Krieg zerstört. Wenige Jahre später wurde an ihrer Stelle die Stadt Pavlovsk gegründet, die man nach der Ansiedlung von Griechen und zu Ehren der Gottesmutter Maria 1780 in Mariupol' umbenannte. Die griechischen Kolonisten, die von der Krim gekommen waren, prägten die Region, bis 1866 gab es in der Stadt und im Umland eine griechische Selbstverwaltung mit eigener Gerichtsbarkeit. Im 19. Jahrhundert wuchs die Bevölkerungszahl zwar stetig an, doch erst an der Schwelle zum 20. Jahrhundert begann eine rasante Entwicklung, als 1899 eine belgische Aktiengesellschaft ein Stahlwerk gründete. Und nach der Oktoberrevolution beschleunigte sich diese Entwicklung noch, so dass die Stadt 1941 bereits 240 000 Einwohner zählte. Nach dem Tod des Stalin-Vertrauten Andrej Ždanov (Андрей Жданов) hieß die Stadt ab 1948 Ždanov, weil der kommunistische Hardliner 1896 in Mariupol' geboren wurde. Doch 1989 erhielt Mariupol' seinen alten Namen wieder zurück.

Die Stadt hat einen Hafen und ist Zentrum der metallurgischen und chemischen Industrie und des Maschinenbaus. Ein Kurort ist sie nicht. Trotzdem hat Mariupol' im zentralen Kulturpark (Park 50riččja Žovtne (Парк 50річчя Жовтне) (russ. park 50letija Oktjabrja - Парк 50летия Октября), mehrere Sanatorien und auf dem pr. Lenina 79 (пр. Леніна) als Besonderheit ein Denkmal für den legendären russischen Schauspieler und Liedermacher Vladimir Vysockij (1938–1980).

Die nächstgelegenen Strände sind die von Melekine (Мелекіне, russ. Melekino/Мелекино) und Bilosarajs'ka kosa (Білосарайська коса, russ. Belosarajskaja kosa/Белосарайская коса). Bei Bilosarajs'ka kosa beginnt die gleichnamige Nehrung. Dort wurde 1995 (kosa) ein Naturschutzgebiet von rund 100 Hektar gegründet. Das mit Sümpfen und Schilf bedeckte Gebiet ist ideal für die Brut der Wasservögel, allerdings auch für Mücken.

In Melekine und in Bilosarajs'ka kosa ziehen sich die Erholungsheime verschiedener Betriebe über Kilometer am Strand entlang. Allerdings gibt es in beiden Orten auch Zeltmöglichkeiten und Ferienunterkünfte in Privathäusern, von Familien

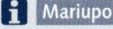 **Mariupol'**
Vorwahl: 06 29.

Der Bahnhof befindet sich am pl. Mičmana Pavlova 10 (пл. Мічмана Павлова), mitten in der Stadt. Vorortzüge, Električkas, fahren mehr als ein Dutzend Mal täglich von und nach Donec'k, tiefer ins Landesinnere fahren täglich Züge nach Kiev und Moskau, jeden zweiten Tag nach Charkiv, Poltava, L'viv und nach Russland.

Zentral- und Ostukraine

Der Busbahnhof liegt in der vul. Artjoma 115 (вул. Артёма), Trolleybus Nr. 9, es gibt eine Vielzahl Verbindungen in die gesamte Süd- und Ostukraine bis nach Odessa, auf die Krim und nach Kiev.

Busse in die unmittelbare Umgebung (Jalta, Ursuf, Bilosarajs'ka kosa) fahren vom Busbahnhof am pr. Lenina (Trolleybusse Nr. 5, 9, 12) ab. Die Strecke Jalta–Mariupol' fahren täglich neun Busse.

In Mariupol' gibt es auch **Privatunterkünfte**, die allerdings nicht unbedingt preiswerter als die Hotels sind.

Das edelste Hotel ist das **Evropejskaja** (Європейская), Prymors'kyj bul. 9 (Приморський бул.), Tel. 53 03 73, ab 120 Euro.

Das **Hotel Spartak** (Спартак) gliedert sich in zwei Einheiten, eine in der Charlampievs'ka vul. 13 (Харлампієська вул.), Tel. 33 42 14, ab 45 Euro, eine zweite am pr. Lenina 83, ab 25 Euro.

Ebenfalls preiswert ist das **Čajka** (Чайка), Prymors'kyj bul. 7, Tel. 37 21 86, ab 35 Euro.

Schlichter ist das **Hotel Turyst** (Турист), Prymors'kyj bul. 1/5, ab 25 Euro.

Historisches Museum (Istoryčnyj muzej/Історичний музей), Georgievs'ka vul. 20 (Георгієвська вул.).

Das **Dramatische Theater** befindet sich am pl. Teatral'na 1 (пл. Театральна), Kasse von 11.30–18 Uhr, Mo geschlossen.

Touristische Informationen bei www. azov-kurort.com, www.azovlux.com. ua, www.berdjansk.ru und www.na-more.nm.ru.

Das Asovsche Jalta

Der größte Ort zwischen Mariupol' und Berdjans'k ist Jalta, das Asovsche Jalta (Azovs'ka Jalta/Азовска Ялта). Bevor man in den Ort – von Bilosarajs'ka kosa kommend – hineinfährt, liegt linker Hand der Strandbereich, vul. Prymors'ka (вул. Приморська), mit Cafés, die Namen tragen wie ›Ekvator‹ (Екватор), ›Levada‹ (Левада) oder ›Argo‹ (Арго).

Dahinter gelangt man zum Strand, der nicht so sauber ist wie in Melekine und Bilosarajs'ka kosa. Was damit zu tun hat, dass die weit auslandende Bucht von Jalta hervorragenden Heilschlamm bietet, der allerdings auch das Wasser trübt. In unmittelbarer Nähe befinden sich das Hotel ›Bacchus‹ und diverse Privatanbieter, die zu einem Bruchteil vermieten.

 Asovsches Jalta

Hotel Bacchus, vul. Prymors'ka 16 (вул. Приморська), ab 50 Euro.
Gleich nebenan offerieren Viktor und Tatjana Kalamitra (Каламітра), vul. Prymors'ka 18, Tel. 0 62 97/9 24 94, einfachste Ferienunterkünfte (sogenannter **Častnyj sektor**) ab 5 Euro.

Auf der Berdjans'ka kosa

Jur'jivka und Ursuf

Jur'jivka (Юр'ївка Юрьївка, russ. Jur'-evka/Юрьевка) ist ein kleines Dorf und liegt im Unterschied zu den vorherigen Orten auf einem Steilufer, was den Zugang zum Strand etwas erschwert. Es gibt im Ort zwei Hotels und außerhalb den Campingplatz Zelennyj mys‹ (Зеленний мис/Grünes Kap), der allerdings nur kleine Hütten vermietet. Stellplätze für Zelte oder Caravans sind eigentlich nicht vorgesehen, dennoch findet sich für weitgereiste Gäste meist eine Möglichkeit. Der Platz ist von Anfang Juni bis in den September hinein geöffnet. Die beiden Hotels befinden sich im Dorfzentrum, eines gehört zum gleichnamigen Geschäft ›Levant‹, ein weiters liegt etwas versteckt, aber unmittelbar dahinter, in Jur'jivka gibt es wie überall viele Privatvermieter sowie mehr als ein Dutzend Kinderferienlager. Das Dorf hat guten Busanschluss nach Mariupol'.

Ursuf (Урсуф) ist vermutlich der populärste Badeort der Region, die Infrastruktur ist gut, es gibt viele Pensionate sowie in der ul. Lenina eine Fußgängerzone mit Cafés und Geschäften, die zum Strand führt. An ihrem Eingang befindet sich eine Zimmervermittlung, etwas weiter werden sehr gute Ferienunterkünfte mit allem Komfort vermietet. Wer kein Geld hat, kann nebenan auf einer Wiese oberhalb des Strandes sein Zelt aufbauen. Allerdings gibt es dort nichts weiter als ein Plumpsklo.

In Jur'jivka:
Hotel Levant (Левант), vul. Naberežna (вул. Набережна), Tel. 066/7148599.
Ein zweites Hotel befindet sich ca. 50 Meter Richtung Meer.
Camping Zelënnyj mys (Залённий мис), Tel. 0297/95694, vom 1. Juni bis in den September hinein, 2-, 3-, 4- und 5-Bett-Hütten, 4 Euro pro Person, es gibt auch einige bessere Unterkünfte für 6 Euro (unbedingt vorbestellen!) vom 1. Juli bis 25. August Anmeldung empfohlen, Mindestaufenthaltsdauer 2 bis 3 Nächte.
Achtung: Zelte und Caravans können nur in Ausnahmefällen abgestellt werden!

In Ursuf:
In der vul. Lenina 2 (вул. Леніна), Tel. 062/9767231, **Ferienunterkünfte** für bis zu vier Personen 60 Euro. An der vul. Lenina gibt es eine **Zimmervermittlung**, http://urzuf.info.

Berdjans'k

Berdjans'k (Бердянськ) ist eine Hafen-, aber auch eine Kurstadt mit rund 120000 Einwohnern. Dem Hafen verdankt die Stadt auch ihre Entstehung. Die neugewonnenen russischen Gebiete und der prosperierende Handel benötigten einen günstig gelegenen Hafen, den eine Kommission 1824 an der weitausgreifenden 23 Kilometer langen Nehrung beim Dorf Berdy fand. Sofort wurde mit dem Bau begonnen, und der Hafen nahm 1830 seine Arbeit auf, in erster Linie wurde anfangs Getreide exportiert. Mit dem Hafen wuchs das Dorf, Händler und Kolonisten kamen, auch Schwaben siedelten sich an, wovon heute noch eine evangelisch-lutherische Gemeinde kündet.

Im Jahre 1841 wurde das Dorf in Berdjans'k umbenannt. Wie viele Städte erhielt auch Berdjans'k in der Sowjetzeit einen anderen Namen: Von 1939 bis 1958 hieß es Osipenko, nach einer Pilotin, die in der Stadt geboren wurde. Nicht nur der Handel, auch die Erholung wurde zu einem Markenzeichen der Stadt, die 1970 zum Kurort erhoben wurde. Die weiten Strände, das warme Wasser und die Berdjans'ka kosa (Бердянська коса) sprachen sich im Landesinneren herum, ebenso die Wirkung des Heilschlamms, der aus den Uferseen gewonnen wird.

Die Eiligen und Kinder springen gleich mitten in der Stadt am bul. Hor'koho (вул. Горького) ins Meer, da wo die Angler ihre Ruten ins Wasser halten, um den Kaulkopf zu fangen, einen hier verbreiteten Fisch, der so begehrt ist, dass sie ihm in Berdjans'k ein bronzenes Denkmal gesetzt haben, dem ›Byčokkormil'ez‹, dem Ernährer-Kaulkopf, oder gar ›Byčokspasitel'‹, dem Retter-Kaulkopf, der in Deutschland auch Groppe genannt wird. In den Hungerjahren 1932/33 und im Krieg hat er die Berdjans'ker am Leben erhalten.

In Berdjans'k wird auch der legendäre Leutnant Peter Schmidt verehrt. Schmidt, als Sohn deutscher Vorfahren hier geboren, war Anführer einer Meuterei in Sevastopol', bei der die Matrosen vom Panzerschiff ›Očakov‹ aus die halbe Stadt in Trümmern schossen. Schmidt wurde dafür 1906 hingerichtet. Popularität erlangte er durch die Vielzahl vermeintlicher Kinder, die schnorrend durch das nachrevolutionäre Russland zogen und eilfertigen Genossen in der Provinz die Rubel aus der Tasche lockten – schließlich konnte man den Nachkommen eines Revolutionärs nichts versagen. So jedenfalls erzählen es Ilja I'lf und Evgenij Petrov in ihrem Schelmenroman ›Das goldene Kalb oder die Jagd nach der Million‹ (Золотой телёнок, 1931), in dem sich ihr Held, der Hochstapler Ostap Bender, als bedürftiger Sohn des Leutnants vorstellt. Die Berdjans'ker haben ihm und seinem Kumpanen Balaganov 2003 im Schmidt-Park ein Denkmal gesetzt,. Im Zentrum gibt es viele Cafés, Bars und Restaurants, ein Teil des Leninprospektes (пр. Леніна) bis zum Wasser ist Fußgängerzone, dort wird man schnell fündig. Wer Zeit hat, fährt jedoch auf die **Berdjans'ka kosa**, über deren gesamte Länge sich die vul. Makarova (вул. Макарова) erstreckt, und sucht sich an einem der Strände einen Platz. Man kann direkt vom Bahnhof mit dem Maršrutne Taxi Nr. 15 und mit den Bus Nr. 17/15 auf die Landzunge hinausfahren. Es gibt Cafés und Bars, auch Übernachtungen werden mit Schildern wie ›Sdam komnaty‹ (Сдам комнати) oder ›Sdajus' komnaty‹ (Сдаюсь комнати) angeboten, Schatten ist allerdings auf der manchmal gerade einmal 60 Meter breiten Nehrung Mangelware.

 Berdjans'k

Vorwahl: 0 61 53.

Vom Bahnhof, Proletars'kyj pr. 117 (Пролетарський пр.), fahren täglich Züge nach Zaporižžja und Moskau, alle zwei Tage nach Dnipropetrovs'k und Kiev, Kasse am Bahnhof 8–22 Uhr.

Vom Busbahnhof, vul. 12oho Hrudnja 4 (вул. 12ого Грудня), fahren Busse nach Donec'k, Zaporižžja, Dnipropetrovs'k, Kiev und Charkiv.

Auf dem Busbahnhof gibt es eine Zimmervermittlung.

Das 15-geschossige **Hotel Berdjans'k**, vul. Djumina 55/33 (вул. Дюміна), ab 40 Euro, befindet sich unübersehbar im Stadtzentrum.

In der strandnahen vul. Liepajs'ka (вул. Ліепайська) liegen das **Arlé** (Ар-ле) in der Nr. 69, ab 50 Euro, und das **Ariana** (Ариана), Nr. 69a, ab 40 Euro.

Erholungskomplex Parus (Парус), vul. Mičurina 95 (вул. Мічуріна), Tel. 41728, ab 20 Euro.

Die **Ferienanlage Oreanda** (Ореанда), vul. Makarova 23 (вул. Макарова), Tel. 92088, ab 100 Euro, liegt auf der Nehrung.

Auch das **Hotel Venezija** (Венеція) liegt zwischen den Wassern, vul. Makarova 119a, Tel. 92111, ab 70 Euro.

Privatpension Valentina Jakovlevna (Валентина Яковлевна), vul. Makarova 67, Tel. 92019, ab 20 Euro, ebenfalls auf der Nehrung.

Historisches Museum (Історичний музей), pr. Peremohy 14 (пр. Перемоги), 9–17 Uhr, Mo geschlossen.

Museum Podvyg (Подвиг), zeitgeschichtliche Exposition, u.a. über den Zweiten Weltkrieg und den Afghanistankrieg, vul. Sverdlova 10 (вул. Свердлова), tgl. 9–17 Uhr.

Museum des Leutnants Schmidt (Музей Лейтенанта Шмідта), vul. Šmidta 8 (вул. Шмідта), 9–17 Uhr, Do/Sa geschlossen.

Die Steppe

Von Mariupol' aus gibt es einige Möglichkeiten, die Steppe (Степ) zu erkunden. Sie hat sich zwar längst in Acker verwandelt, und die frühere Vegetation und landschaftliche Stimmung kann man nur noch ahnen. Allerdings gibt es einige Reservate, die 1961 zum 2500 Hektar großen **Naturschutzgebiet Ukrainische Steppe** (Український степовий заповідник) zusammengefasst wurden.

Von Mariupol' sind es etwa 50 Kilometer zum **Naturschutzgebiet Steingräber** (Камьяні Могили), wo sich beim Dörfchen Nazarovka (Назаровка) aus der Ebene bis zu 70 Meter hohe bizarre Felsformationen erheben, die vulkanischen Ursprungs sind. Nach der Legende soll sich hier 1223 die Schlacht an der Kalka abgespielt haben, bei der die Tataren die Russen erstmals vernichtend geschlagen haben. Eine andere Legende erzählt, dass hier in vorchristlicher Zeit die Skythenherrscher begraben worden sein sollen. Über das Gebiet führen zwei Exkursionspfade, außerdem gibt es eine Sammlung von Steinfiguren aus der Skythenzeit. Die Direktion des 400 Hektar großen Schutzgebietes befindet sich in Nazarovka, Volodarskyj rajon, Tel. 06246/93688. Die Steingräber erreicht man von Mariupol' auf der Straße T 0803 über Volodarsk'e, nach Nazarovka.

65 Kilometer östlich von Mariupol' breitet sich die etwa 1000 Hektar große **Chomutov-Steppe** (Chomutivs'kyj step/ Хомутівський степ) aus, die früher von den Don-Kosaken als Weideland für ihre Pferde genutzt und 1926 in ein Reservat umgewandelt wurde. Das letzte Stück der typischen Azovschen Steppe ist für seinen Pflanzen- und Tierreichtum berühmt. Die Direktion befindet sich im Dorf Samsonovo (Самсоново), im Tel'manovskyj rajon (Тельмановский район), Tel. 06279/29725. Von Mariupol fährt man die M-14/E 58 Richtung Rostov, in Novoazovs'k (Новоазовськ) biegt man links nach Tel'manove (Тельманове) ab (Straße T 0508), nach etwa 20 Kilometern kommt rechts der Abzweig nach Samsonovo.

Dnipropetrovs'k

Dnipropetrovs'k (Дніпроретровськ) ist eine Baustelle. Hochhäuser, Shopping Malls, Kinos, ein Fußballstadion, eine U-Bahn – vieles ist schon da, und was noch fehlt, wird jetzt gebaut. An jeder Ecke Baugruben, Zäune, Kräne, es wird gegraben, geschweißt, gehämmert, gestrichen. Fast immer ist das Architekturbüro von Aleksandr Dol'nyk am Zuge. Dol'nyk hat die beiden über hundert Meter hohen Wohnhochhäuser entworfen, er hat die Rekonstruktion der Synagoge geleitet, und er soll eine Holocaust-Gedenkstätte bauen. Bauen schien der Normalzustand dieser Stadt zu sein, die vor 200 Jahren gerade 6000 Einwohner hatte und heute gut eine Million zählt. Doch inzwischen scheint der Schwung etwas erlahmt. Manches prestigeträchtige Projekt zieht sich endlos hin, wie unübersehbar die grün-gelb-weiße Investruine neben dem Hafen zeigt. Das sollte das Hotel Parus werden, jetzt treffen sich dort nur die Möwen, auch der Bau der U-Bahn ist ins Stocken geraten. Dass die Stadt 2010 bei der Auswahl der Spielorte für die Fußball-EM schließlich doch nicht zum Zuge kam, hat viele hier geschockt, hatte die Stadt doch schon ein neues Stadion gebaut. Statt dessen ist Charkiv nun Gastgeber.

Geschichte der Stadt

Es werden eben nicht alle Träume werwahr, Wagemut und Selbstüberschätzung liegen dicht beieinander, das war schon am Anfang so. Eine Kirche größer als der Petersdom in Rom versprach 1783 Fürst Potjomkin, Freund und Organisationstalent der Zarin Katharina II., seiner Herrin für die neue Stadt. Sieben Jahre zuvor war sie als Jekaterinoslav – als ›Ruhm Katharinas‹ – gegründet worden. Er gab sein Versprechen, als die Stadtgründung schon fast gescheitert war. Die Bauarbeiten an Jekaterinoslav waren ins Stocken geraten, der Platz erwies sich als ungeeignet: Jedes Jahr Hochwasser, alles viel zu sumpfig, und der Dnepr war noch nicht einmal richtig schiffbar an dieser Stelle. Grigorij Potjomkin machte das Projekt zur Chefsache und ließ die Stadt ans andere, hohe Ufer verlegen. Die zweite Gründung gelang.

Im Frühjahr 1787 unternahm Katharina eine Reise nach ›Neurussland‹. Sie zelebrierte ihn wie einen Staatsbesuch. Gemeinsam mit dem römisch-deutschen Kaiser Joseph II., der aus Wien angereist war, legte Katharina in ihrer neuen Stadt den Grundstein für die Christi-Verklärungs-Kirche, welche die Papstkirche übertreffen sollte. Die Idee: Jekaterinoslav sollte dritte Hauptstadt werden, fest gegründet wie Moskau, elegant wie St. Petersburg und ein Tor, nicht nur ein

Kaianlagen am Dnepr

Am Strand des Dnepr in Dnipropetrovs'k

Fenster, zu den Reichtümern des Südens.

Aus der Hauptstadtidee ist nichts geworden, jetzt ist sie die drittgrößte Stadt der Ukraine. Einen zweiten Petersdom sucht man vergebens. Unweit der beiden Hochhaustürme von Aleksandr Dol'nyk steht am Rande des Ševčenko-Parks die Kathedrale, die zum Kirchlein wurde. Der Platz, den sie einnimmt, war ursprünglich nur dem Altarraum zugedacht. Die Reichtümer des Südens waren auch nicht so einfach zu heben. Die Türken erklärten den Krieg, Fürst Potjomkin starb an Malaria, und Katharina hatte einen unberechenbaren, missgünstigen Nachfolger, der das junge Jekaterinoslav zur Kreisstadt degradierte.

Dnipropetrovs'k bot im Kleinen das, was ›Neurussland‹ im Großen war: Schmelztiegel für Kulturen und Völker, für Russen und Ukrainer, Tataren, Armenier, Franzosen, Deutsche, Juden und Kosaken und all die Abenteurer und Sonderlinge, die es in den ›Wilden Westen‹ des russischen Reiches zog. Später kamen Maler, Fotografen und Musiker aus der ganzen Sowjetunion hier zusammen. Alljährlich finden ein Jazz-Festival und ein Festival für modernen Tanz statt, Treffpunkt der Literaten ist seit 1998 das Literaturmuseum auf dem Karl-Marx-Prospekt 64 (pr. Karla Marksa).

Dnipropetrovs'k hat nicht nur Künstler, Geisterseher und Multi-Millionäre hervorgebracht. Der Bauernsohn Leonid Kučma, einst Parteisekretär der Raketenfabrik, hat es bis zum Präsidenten der Ukraine geschafft. Sein Ruf blieb allerdings bis Ende seiner Amtszeit 2004 zweifelhaft. Aus der Stadt kommen drei Ministerpräsidenten, unter ihnen Julija Tymošenko, die Jeanne d'Arc der Orangenen Revolution, die hier als Ingenieurin begonnen hat. 1989 soll sie mit dem Verkauf von Videokassetten zu erstem Vermögen gekommen sein. Und dann ist da Leonid Breschnew. ›Ljonja‹, wie man ihn mit seinem Kosenamen spöttisch nannte, war von 1964 bis 1983 Herr über den Kreml und die halbe Welt. Er stammte aus der nahegelegenen Siedlung Kamenskoje (heute Dniprodzeržyns'k) und hat in Dnipropetrovs'k seine Parteikarriere begonnen.

Bleibt der Dreher Grigorij Ivanovič Petrovskij. Am 20. Juli 1926 nannte das Exekutivkomitee der UdSSR Jekaterinos-

Karte S. 370

lav zu Ehren Petrovskijs in Dnipropetrovs'k um. Der Funktionär war damals Vorsitzender des Obersten Sowjet der Ukraine. Petrovskij fiel 1939 bei der ›Großen Säuberung‹ in Ungnade und arbeitete bis zu seinem Tode 1957 im Museum der Revolution in Moskau. Vor dem Hauptbahnhof steht sein Denkmal. Die Einwohner haben sich an den Namen Dnipropetrovs'k gewöhnt, eine Rückbenennung wie bei anderen Städten gab es nicht. Warum auch? Sie nennen die Stadt sowieso nur ›Dnepr‹.

Rundgang durch Dnipropetrovs'k

Mit den ersten Bauarbeiten an der zukünftigen Stadt begann man 1776, doch mehr als ein Jahrhundert vorher gab es in der weitgehend unbesiedelten Gegend die polnische **Festung Kodak**, die 1635 zum Schutz gegen Kosaken errichtet wurde. Nach vier Wochen allerdings hatten die Kosaken sie das erste Mal erobert und alle Soldaten getötet. Die Festung wurde 1711 auf Verlangen der Türken geschleift. Heute erinnert in dem Dorf Stari Kodaky (Стари Кодакти), das sich unweit des Flughafens befindet, ein Gedenkstein an die Festung.

Das Stadtzentrum erstreckt sich am rechten Ufer des Dnepr zwischen zwei Parks. Der ehemalige Potjomkin-Garten heißt heute Ševčenko-Park (парк Т. Г. Шевченко), der Stadtgarten Globa-Park (парк Глоби). Die Hauptachse bildet der parallel zum Fluss verlaufende Karl-Marx-Prospekt (пр. Карла Маркса), der bis 1932 Katharinen-Prospekt hieß.

legten Zarin Katharina II. und der römisch-deutsche Kaiser Joseph II. am 9. Mai 1787 den Grundstein für den Kirchenbau, der nach dem Wunsch Potjomkins um ›einen kleinen Arschin‹ größer werden sollte als der Petersdom in Rom. Doch der klassizistische Bau, den man heute sieht, ist damit nicht zu vergleichen. Nur noch der Eisenzaun um das Grundstück erinnert daran, wie groß der Bau nach den Plänen des Franzosen Claude Gerois einst werden sollte. Der kurz nach der Grundsteinlegung wieder aufgeflammte russischtürkische Krieg führte dazu, dass sich die Arbeiten von Anbeginn hinzogen. In den ersten zwei Jahren war man mit dem Fundament beschäftigt. Weil auch die sonstigen Arbeiten in der Stadt stagnierten, entband Potjomkin Gerois und beauftragte den St. Petersburger Ivan Starov mit dem Bau. Doch nach dem Tod Potjomkins 1791 verlangsamten sich die Arbeiten weiter. Als nach Katharinas Tod 1796 Paul I. den Thron bestieg, verbot dieser im gesamten Gouvernement das Bauen mit Stein. Erst 1835 wurde der Bau vollendet. Fast hätte Joseph II. recht behalten, als er nach der Grundsteinlegung einem französischen Gesandten zugeflüstert hat: »Die Zarin und ich haben heute etwas ganz Bemerkenswertes getan: Sie hat den ersten Stein für die Kirche gesetzt und ich den zweiten – und letzten!«

Die Kirche war ab 1930 antireligiöses Museum und gehörte ab 1977 als Abteilung zum benachbarten Historischen Museum. Seit 1992 ist sie wieder im Besitz der ukrainisch-orthodoxen Kirche.

■ **Christi-Verklärungs-Kirche**

Offizieller Gründungsort der Stadt ist die Christi-Verklärungs-Kirche am pl. Oktjabr'skaja 1 (пл. Октябрьская). Dort

■ **Historisches Museum**

Dass noch nicht alle ihren Frieden mit der Kirche gemacht haben, zeigen die vier Raketen, die auf sie gerichtet sind.

Zentral- und Ostukraine

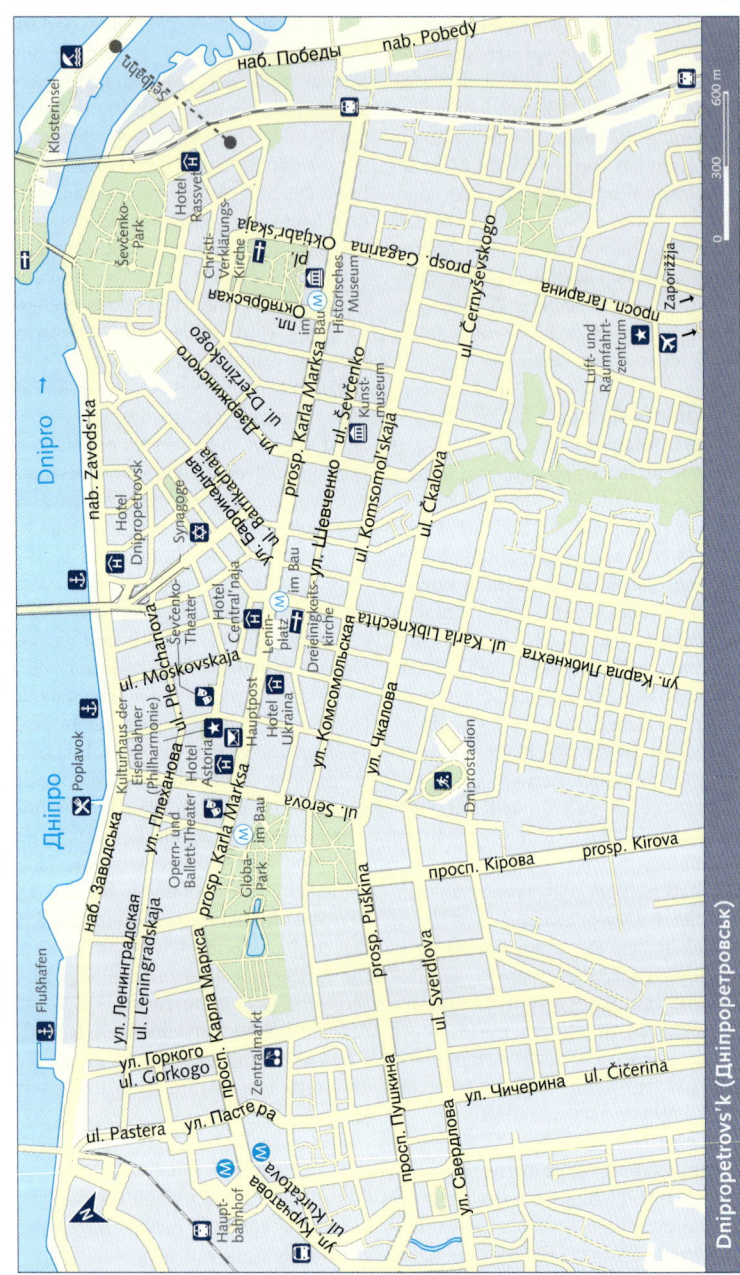

наб. Победы   nab. Pobedy

Szeszári

Klosterinsel

Dnipro ↑

nab. Zavods'ka

Dnipro

Дніпро

Poplavok

Flußhafen

Ševčenko-Park

Hotel Rassvet

Christi Verklärungs-Kirche

пл. Октябрьская   pl. Oktjabr'skaja

Historisches Museum

ул. Дзержинского   ul. Dzeržinskogo

prosp. Karla Marksa

ul. Ševčenko Kunstmuseum

prosp. Gagarina   prosp. Oktjabr'skogo

ул. Чернышевского   ul. Černyševskogo

просп. Гагарина   prosp. Gagarina

Zaporižžja

Luft- und Raumfahrt-zentrum

Hotel Dnipropetrovsk

Synagoge

ул. Варвинская   ul. Varvinskaja

ул. Шевченко   ul. Ševčenko

ул. Комсомольская   ul. Komsomol'skaja

ul. Čkalova

Ševčenko-Theater

Hotel Central'naja

Lenin-platz im Bau

Dreieinigkeits-kirche

ул. Карла Либкнехта   ul. Karla Libknechta

Kulturhaus der Eisenbahner (Philharmonie)

ul. Moskovskaja

ул. Плеханова   ul. Plechanova

Hauptpost

Hotel Astoria

Hotel Ukraina

prosp. Karla Marksa

ул. Комсомольская   ul. Komsomol'skaja

ул. Чкалова   ul. Čkalova

Dniprostadion

наб. Заводская   nab. Zavodskaja

Opern- und Ballett-Theater

Globa-Park im Bau

ул. Серова   ul. Serova

просп. Кірова   prosp. Kirova

ул. Ленинградская   ul. Leningradskaja

prosp. Karla Marksa

Zentralmarkt

просп. Пушкина   prosp. Puškina

ул. Свердлова   ul. Sverdlova

ул. Горкого   ul. Gorkogo

ul. Pastera   ул. Пастера   ul. Pastera

ул. Пушкина   prosp. Puškina

ул. Чичерина   ul. Čičerina

ул. Свердлова   ul. Sverdlova

ul. Kutatova

Haupt-bahnhof

600 m
300
0

Skytische Steinfiguren im Historischen Museum

Eine Laune der Stadtoberen, die ihren größten Stolz wirksam präsentieren – es sind nicht mehr die Kirchen, sondern Raketen aus der Fabrik ›Južmaš‹ (Южмаш), die hinter dem Historischen Museum und dem Weltkriegsdiorama aufgestellt sind. Das Museum selbst (pr. Karla Marksa 16), ist zu empfehlen. Hinter dem alten Gebäude aus dem Jahr 1905 ist ein Bau angefügt, in dem in zehn großen Sälen die Geschichte von Stadt und Region dargestellt ist. Saal Nr. 9 ist den Opfern von Hungersnot und der ›Großen Säuberung‹ aus den 1930er Jahren gewidmet. Neben dem Haupteingang kann man die mit 98 Exemplaren größte Sammlung von skythischen Steinfiguren in der Ukraine bestaunen.

Im Rundbau hinter dem Museum wird das 1975 eingeweihte **Diorama** präsentiert. Solche Schaubilder waren in der Sowjetunion beliebt, und dieses dürfte mit 14 Metern Höhe, 60 Metern Breite und einer Fläche von 840 Quadratmetern zu den größten zählen. Das Bild zeigt Szenen der Schlacht am Dneprbogen, als sowjetische Truppen im Oktober 1943 bei den Dörfern Vojskovoe

und Vovnigi einen Brückenkopf errichteten. Das Pathos der Präsentation mit Schlachtendonner und getragener Musik hat sich seit den Eröffnungstagen erhalten. Als Kontrastprogramm findet Im Diorama seit 1999 freitags der **English Movie Club** statt, wo englischsprachige Filme gezeigt werden. Vor Filmbeginn um 18 Uhr werden einige wichtige Vokabeln durchgesprochen. Für den, der kein Russisch spricht, ist es nicht nur eine gute Möglichkeit, Filme zu sehen und zu verstehen, sondern auch Kontakte zu knüpfen.

■ Ševčenko-Park und Klosterinsel

Verlässt man Museum, Diorama und Kirche über den Oktoberplatz (pl. Oktjabr'skaja, пл. Октябрьская) Richtung Norden, kommt man bald zum Ševčenkoplatz (pl. Ševčenko, пл. Шевченко) mit den Kolonnaden, durch die man in den Ševčenko-Park gelangt. Im Park, dem ehemaligen Potjomkin-Garten, befindet sich der **Potjomkin-Palast**, einer der wenigen Bauten, dessen Fertigstellung der Fürst 1790 noch erlebt hat. Der Bau war in Kriegszeiten mehrfach Lazarett und brannte im

Kirche auf der Klosterinsel

Zweiten Weltkrieg aus. 1952 wurde er in veränderter Gestalt aufgebaut und ist heute das Kulturhaus der Studenten. Vom Ševčenkopark führt eine Fußgängerbrücke auf die Klosteinsel (Monastyrs'kyj ostriv/Монастирський острів).

Auf der Insel gründeten byzantinische Mönche im 10. Jahrhundert ein Kloster, das die Fürstin Olga 957 aufsuchte. 988 soll sich auch ihr Enkel Vladimir, der wenig später für die Kiever Rus' das Christentum annahm, hier aufgehalten haben. 1240 wurde das Kloster von Tataren zerstört. Im 19. Jahrhundert zog man die Insel bei der Gestaltung des Potjomkin-Gartens mit ein. Seit 1932 führt die **Merefo-Chersonsker Eisenbahnbrücke** (Мерефо-Херсонський міст) über sie hinweg, die weltweit als erste vollständig aus Stahlbeton gebaut wurde und heute unter Denkmalschutz steht. Bescheidener fällt die Fußgängerbrücke von 1956 aus; in jenem Jahr wurde die Insel in Komsomol-Insel umbenannt. Obwohl sie heute wieder den alten Namen trägt, ist sie für viele Einheimische immer noch die ›Komsomol'skij‹. Seit 1999 erinnert an ihrer Westspitze eine kleine **Kirche** an das Kloster. Auf der schmaleren Südspitze laden **Sandstrände** zum Baden ein, und ein **Süßwasseraquarium** kann besichtigt werden. Auf die Spitze kann man auch mit einer Seilbahn gelangen. Die liegt allerdings etwas versteckt etwa 100 Meter vom Hotel Rassvet entfernt in der ul. Dimitrija Donskogo (ул. Димитрия Донского).

■ Rund um den Leninplatz

Zurück am Karl-Marx-Prospekt, reihen sich Repräsentativbauten, Hochschulen, Kaufhäuser und Hotels. Gegenüber dem Historischen Museum fällt das Gebäude

Alt und Neu in Dnipropetrovs'k

der 1912 gegründeten **Bergakademie** (pr. Karla Marksa 19) auf. Gleich daneben befindet sich ein Denkmal für den russischen Gelehrten Michail Lomonosov, das 1971 eingeweiht wurde. Der Sockel ist jedoch von 1914 und trug bis zur Revolution eine Skulptur von Katharina II. Geht man über den Prospekt weiter nach Westen gelangt man zum neoklassizistischen Gebäude der ehemaligen städtischen Duma (pr. Karla Marksa 47) von 1901. Heute ist dort die Fachschule für Kultur.

Kurz darauf öffnet sich der Prospekt zum **Leninplatz**, der auch (wie in Donec'k) nicht mehr in allen Stadtplänen als solcher bezeichnet ist. Das Lenindenkmal wurde 1957 errichtet und der Revolutionär blickt auf das zentrale **Kaufhaus CUM** (ЦУМ), den Großbildschirm daneben und einen Brunnen. Dieser ist einer der Treffpunkte in der Stadt. Musik dröhnt, Stände bieten Eis und Bier an und wer dringend das neueste Mobiltelefon haben will, kann es hier kaufen. Das Kaufhaus CUM empfiehlt sich übrigens für den Geldwechsel, da dort meist die besten Kurse angeboten werden. Lenin steht an seinem Platz, doch er ist ein steinerner Anachronismus, der unbeleuchtet in der Nacht kaum noch auffällt, die Leuchtreklame für eine Mobilfunkfirma über seinem Kopf strahlt um so heller.

Auch die grünen Kuppeln der **Dreieinigkeitskirche** (Krasnaja bzw. Trojic'kaja pl. 7/Красная/Троицька пл.) werden angestrahlt. Zur Kirche gelangt man über die ul. Karla Libknechta. Der Bau wurde anstelle einer hölzernen Kirche 1849 errichtet, um ihn herum hielt man bis ins 20. Jahrhundert den Dreifaltigkeits-Markt ab. 1934 wurde die Kirche für Jahre geschlossen und als Lager benutzt.

Vom Leninplatz gelangt man über die ul. Šyršova (ул. Ширшова) zur ul. Šolom Alechejma (ул. Шолом Алехейма), wo die **Choralsynagoge Goldene Rose** (Nr. 4) von 1852 steht. Die Synagoge hatte im 20. Jahrhundert eine bewegte Geschichte, sie wurde geschlossen, umgestaltet, zweckentfremdet, und viele Dnipropetrovs'ker Juden glaubten nicht mehr, dass sie dort noch einmal beten würden. Doch nach Rückgabe und Restaurierung zogen am 20. September 2000 wieder die Thorarollen ein. Mehr noch: Neben der Synagoge wird eine jüdisches Kulturzentrum mit sieben Türmen erbaut, die die Menorah, den siebenarmigen Leuchter, symbolisieren sollen. Das Zentrum soll das größte seiner Art weltweit werden, versprechen die Bauherren. Es wird die Synagoge fast vollständig umfangen und soll Anfang 2012 eröffnet werden.

Im Viertel zwischen Karl-Marx-Prospekt und Dnepr werden nach und nach eine Reihe von Shopping- und Businesscentern eröffnen. Doch noch sind nicht alle Pläne verwirklicht, und das Nebeneinander von Glasfassaden und Straßenhandel mit Gurken, Hühnern und Kartoffeln behält hoffentlich noch lange seinen Charme. Auf dem Teatral'nyj bul. (Театральний бул.) errichten Händler jeden Morgen eine wahre Zeltstadt, in der Bücher, Zeitschriften und CDs gehandelt werden. Es ist ein Antiquariat unter freiem Himmel, das seinesgleichen sucht, und wer sich von der geistigen Vielfalt ausruhen möchte, verschwindet in einem der Schnellrestaurants.

■ Leninstraße

Wenn man sich durch die Bücherstände gekämpft hat, steht man auf der ul. Lenina vor einem der außergewöhnlichsten Gebäude der Stadt, dem **Kulturhaus der Eisenbahner**, in dem auch die Philharmonie untergebracht ist (Nr. 6). Das Haus wurde 1912 von Charkiver Architekten A. Ginzburg im Stil des Konstruktivismus gebaut. Mit seinen streng vertikal untergliederten Fenstern und der schmucklosen, leicht gewölbten Fassade wirkt der Stahlbetonbau inmitten der reich verzierten Nachbarhäuser sehr asketisch. Gegenüber der Philharmonie

Die Synagoge ›Goldene Rose‹

Im Hauptpostamt

befindet sich das **Ševčenko-Theater** für Musik und Schauspiel (vul. Lenina 5). Die Leninstraße mit ihren Linden ist jedoch nicht nur ein Ort der Hochkultur. Sie war einst die Bankenmeile, heute gibt es in dort (ul. Lenina 11) in einem Kellergewölbe das ›**Hände hoch!**‹ (Хэнде хох!), eine beliebte Bierstube, die irgendwie an die Zeit der deutschen Besatzung erinnern will. Wer in der Ukraine deutsches Fassbier vermisst hat, wird hier fündig. Da wo die Leninstraße wieder auf den Karl-Marx-Prospekt stößt, fällt das 1980 erbaute, monströse **Gebäude der Stadtverwaltung** auf. Viel reizvoller ist der **ehemalige englische Club** von 1830. Andrej Dostojewski, Bruder von Fjodor, der hier einige Zeit verkehrte, schwärmte Jahre später noch von der Erhabenheit des Hauses. Später war es die Residenz des Gouverneurs, und heute residiert hier eine Bank.

■ Hauptpost und Literaturmuseum

In der Nachbarschaft befindet sich das alte Hauptpostamt von 1905 (pr. Karla Marksa 62), ein Schmuckstück, das

sorgfältig restauriert wurde. Eine Tafel erinnert an drei sehr unterschiedliche Kunden – Leonid Breschnew, Aleksej Tolstoj und Nestor Machno. Der Staatschef, der Schriftsteller und der Anarchist sind allerdings nicht gleichzeitig hier erschienen. Machno, der aus der Region stammt, bezog während des Bürgerkrieges mit seinen Kämpfern im damals äußerst schicken Hotel Astoria (pr. Karla Marksa 66) Quartier.

In dem Haus dazwischen logierte hundert Jahre zuvor ein anderer eher unfreiwillig: Bei seinem Weg in die Verbannung stieg im Mai 1820 Alexander Puschkin in dem Haus (pr. Karla Marksa 64) ab. Zu jener Zeit war hier die Leitung des Fürsorgekontors für die südrussischen Kolonisten untergebracht. Seit 1998 ist hier das Literaturmuseum beheimatet, in dem sich die Literatenszene und die Intelligenzija der Stadt treffen. Auf der Promenade des Karl-Marx-Prospektes verkaufen in diesem Abschnitt Künstler unter den Robinien Schmuck und Bilder. Wer jetzt eine Pause braucht, kann in das Kartoffelhaus (Kartopljana chata/Картопляна хата, pr. Karla Marksa 83) gehen, das bei Jugendlichen beliebt ist, oder in das ›Juskarnja‹ (Юскарня, ebenfalls pr. Karla Marksa 83) mit ukrainischer Küche.

■ Globa-Park und Uferpromenade

Wer noch nicht müde geworden ist, überquert die ul. Serova (ул. Серова) und passiert das Opern- und Ballett-Theater von 1974 (pr. Karla Marksa 72) mit seiner großen Fontäne, die ebenfalls ein beliebter Treffpunkt Jugendlicher ist. Kurz danach erreicht man den Globa-Park. Der 50 Hektar große Park ist nach einem Kosaken benannt und hieß einst Stadtgarten. Er bietet mit seinen Karussells, Biergärten, einer Diskothek, einer

Freilichtbühne, einem künstlichen See, auf dem Tretboote schwimmen, dem Gorki-Theater und einer Kindereisenbahn wirklich jedem etwas. Wen es aber nach soviel Architektur zum Dnepr zieht, folge der Serovstraße bis zur Uferpromenade. Dort wird man vom Restaurant Poplavok (Поплавок, Boje) empfangen, das in den Fluss hineingebaut ist und rund um die Uhr geöffnet hat. Mit etwas Glück kann man auch gleich auf einen Dampfer steigen. Die Schiffe legen von der Uferpromenade ab. Das Gebäude des Flusshafens, wo Kreuzfahrtschiffe anlegen, ist größtenteils verwaist, nur nebenan ist eine Anlegestelle, von der vor allem am Wochenende Schiffe ablegen.

 Dnipropetrovs'k

Vorwahl: 056 bei siebenstelligen Nummern, 0562 bei sechsstelligen Nummern.

Hauptpostamt, pr. Karla Marksa 62, 8–20 Uhr, So–19 Uhr.

Das **Stadtfest** findet am zweiten Wochenende im September statt.

In der zweiten Oktoberhälfte wird ein **Jazz-Festival** veranstaltet.

Seit 2001 gibt es das **Festival für zeitgenössischen Tanz** ›Free Dance‹ (www.freedance.org.ua).

Im Sommer rollen für Exkursionen zwei **historische Straßenbahnen** durch die Stadt, man kann jederzeit zusteigen, Fahrscheine gibt es beim Schaffner.

Der Hauptbahnhof befindet sich am pl. Petrovskoho (пл. Петровского, Metro: Vokzal'naja/Вокзальная), Züge fahren u.a. nach Simferopol', Berdjans'k, Charkiv, L'viv, Truskavec, Mariupol', Zaporižžja, deutlich schnellere Expreßzüge fahren zweimal täglich jeweils nach Kiev und Donec'k, Električkas fahren u.a. nach Krivij Rih, Dniprodzerzins'k und Zaporižžja.

Zentraler Busbahnhof, vul. Kurčatova 10 (вул. Курчатова, ca. 10 min. vom Bahnhof), Überlandbusse fahren mehrmals täglich u.a. nach Berdjansk, Zaporižžja, Donec'k, Kremenčuk, Poltava, Charkiv, Kiev, in die Umgebung fahren Busse u.a. nach Novomoskovs'k, Nikopol', mehrmals in der Woche fahren Busse nach Deutschland.

In der Stadt verkehren Trolleybusse, Straßenbahnen (Linie 1 verkehrt auf dem Karl-Marx-Prospekt bis Bahnhof) und eine U-Bahn (von 5.30–23 Uhr), die allerdings bisher nur die Industriegebiete westlich der Stadt mit dem Bahnhof verbindet. Die Innenstadt sollte längst angeschlossen sein, doch die Fertigstellung zieht sich hin.

Der Internationale Flughafen (IATA-Code DNK) befindet sich am südlichen Stadtrand bei Starye Kodaky, Tel. 395507, und wird täglich über Wien (Austrian Airlines und Lufthansa, ab 600 Euro) und über Berlin-Tegel (Aerosvit, ab 500 Euro) angeflogen.

Am Flusshafen, vul. Gor'kogo 1 (вул. Горького), legen regelmäßig Kreuzfahrtschiffe an, ansonsten ist er verwaist. Nebenan ist eine Dampferanlegestelle, mehr Verkehr ist aber an der Uferpromenade nahe der Zentralen Autobrücke, wo die vul. Moskovskogo (вул. Московского) endet.

Hotel Dnipropetrovsk (Дніпропетровск), vul. Naberežnaja Zavods'-kaja 33 (вул. Набережна Заводська), Tel. 7 44 11 58, ab 35 Euro. Die Uferpromenade heißt in älteren Stadtplänen häufig noch Naberežnaja im. Lenina (Набережная им. Ленина). Ebenfalls mit Flussblick: **Hotel Rassvet** (Рассвет), vul. Fučika 30 (вул. Фучика), Tel. 46 54 11, ab 25 Euro.

Hotel Astoria (Астория), pr. Karla Marksa 66 (пр. Карла Маркса), Tel. 3 70 42 70, Zimmer ab 70 Euro (Reservierung empfohlen), nächsthöhere Kategorie 85 Euro, www.astoria.com.ua.

Nicht zu verwechseln mit dem **Hotel Astoria Ljuks** (Астория Люкс) gleich nebenan, pr. Karla Marksa 66a, Tel. 3 70 42 70, ab 100 Euro.

Hotel Central'naja (Центральная), pr. Karla Marksa 50, Tel. 7 44 21 63, einfache Zimmer ab 15 Euro pro Person (meist ausgebucht), Doppelzimmer ab 65 Euro.

Grand Hotel Ukraine (Гранд Отель Украина) vul. Korolenko 2 (вул. Короленко), Tel. 34 10 10, www.grand-hotelukraine.dp.ua. Ab 120 Euro.

Mondän ist das **Hotel Axelhof** (Аксельхоф), ul. Mecnikova 14/44 (ул. Мечникова), Tel. 7 44 07 07, ab 200 Euro.

Direkt im **Hauptbahnhof** gibt es die Lux-Suite (Люкс) für etwa 25 Euro pro Person, ohne Frühstück.

Spartanisch aber preiswert sind die Unterkünfte im **Wohnheim Nr. 2** (Общежитиес Nr. 2) der Metallurgischen Akademie, pr. Gagarina 11 (пр. Гагарина), Tel. 46 00 07, etwa 1 km vom Karl-Marx-Prospekt entfernt, allerdings muss man sich durchfragen, da es dort mehrere Wohnheime gibt. Wer das Heim gefunden hat, kann in einfachen Mehrbettzimmern für umgerechnet etwa einen Euro unterkommen. Ein ähnlich spartanisches Angebot offeriert das **Haus des Genossenschaftsbauern**/Dom Kolchoznika (Дом Колхозника) in der ul. Smidta 3 (ул. Шмидта), etwa drei Euro pro Bett in einfachen Dreibett-Zimmern.

In Novomoskovs'k:

Hotel Inturist (Интурист), pl. Lenina 12 (пл. Ленина), Tel. 05 69/38 00 82, ab 25 Euro.

Ferienhotel Samara (готель Самара), ul. Lisna 9 (ул. Лисна) Tel. 05 693/7 32 62, ab 20 Euro.

Die Auswahl an Restaurants und Cafés ist groß, und jeder kann etwas Passendes finden. Einige zur Auswahl:

Kartopljana chata (Картопляна хата, Kartoffelhaus), pr. Karla Marksa 83, 9–23 Uhr.

Juskarnja (Юскарня), ukrainische Küche, pr. Karla Marksa 83, 9–23 Uhr.

Restaurant Poplavok (Поплавок), direkt am Fluss, ul. Naberežnaja im. Lenina 7, 0–24 Uhr.

Café Da Vinci, per. Oktjabr'skij 6 (пер. Октябрьский), am Eingang zum Ševčenko-Park, 10–23 Uhr.

Im dritten Geschoss des **Kaufhauses CUM** (ЦУМ, pr. Karla Marksa 52) gibt es eine preiswerte Selbstbedienung. Ein Bistro der Kette **Mr. Smak** ist beim Buchmarkt am bul. Teatral'nyj (бул. Театральный), 9–23 Uhr.

Bierkeller Hände hoch! (Хэнде хох), ul. Lenina 11, ab 10 Uhr.

Beliebt sind die Restaurants der **Kette Puzata Chata** (Пузата Хата), die rustikale ukrainische Küche anbieten und von denen es inzwischen acht in der Stadt gibt, u.a. in der ul. Libknechta 1 (ул. Либкнехта), 8–23 Uhr, am Hauptbahnhof auf dem pl. Petrovs'kogo (пл. Перовського) 5, 7–23 Uhr, und in der ul. Glinky 1 (ул. Глинкы), im Handelszentrum MOST/МОСТ, 10–23 Uhr.

Ein nettes Café ist der **Coffee room** in der ul. Gopnera 4a (ул. Гопнера), von 9–22 Uhr.

Eine gute Pizzeria ist das **Ole Ole** in der ul. Artjoma 3a (ул. Артёма) von 7–23 Uhr.

Historisches Museum (Історичний музей), pr. Karla Marksa 16, 10–17 Uhr, Mo geschlossen, www.museum. dp.ua.

Diorama Schlacht am Dnepr, pr. Karla Marksa 16, 10–16 Uhr.

Kunstmuseum (Художний музей), ul. Ševčenko 21, 10–18 Uhr, Fr geschlossen.

Literaturmuseum (Литературний музей), pr. Karla Marksa 64, 11–17 Uhr, Do geschlossen, http://dnepr.liter.net.

Luft- und Raumfahrtzentrum der ukrainischen Jugend, pr. Gagarina 26 (пр. Гагарина), Ausstellung von Satelliten und Raketentechnik, www.unaec. dp.ua.

Aquarium für Süßwasserfische auf der Klosterinsel, 10–18 Uhr, Mo geschlossen.

Opern- und Ballett-Theater, pr. Karla Marksa 72, Kasse 10–18 Uhr.

Ševčenko-Theater für Musik und Schauspiel, ul. Lenina 5, Kasse von 12–19 Uhr, Mo geschlossen.

Russisches dramatisches Gorki-Theater, pr. Karla Marksa 97, Kasse 11–18 Uhr, 14–15 Uhr Pause, Sa/So 10–17 Uhr.

1989 gründete der Schauspieler Michail Mel'nik **Krik (Крік), das Theater für einen Schauspieler** im Gebäude des Museums für die Geschichte des Komsomol, pl. Oktjabr'skaja 15 (пл. Октябрьская).

Auf dem Karl-Marx-Prospekt gibt es eine Vielzahl von Läden und Boutiquen, Bilder und Souvenirs werden täglich auf der Mittelpromenade zwischen der ul. Korolenko und der ul. Serova verkauft, der Bauernmarkt liegt hinter dem Globa-Park (парк им. Глобы) an der ul. Šmidta (ул. Шмидта).

Das Internetangebot ist umfangreich: **http://gorod.dp.ua** ist ein sehr gutes Portal mit vielen praktischen Informationen, aber auch Hintergrundtexten (teilweise dt. und engl.).

Nur auf russisch, aber ebenso umfassend ist **www.dnepr.info**.

Viel über das jüdische Leben in der Stadt erfährt man unter www.djc. com.ua (engl.).

Badestrände liegen auf der Klosterinsel (о. Монастырский), die man über den Ševčenko-Park erreicht oder mit der Seilbahn (Podvesnaja kanatnaja doroga/Подвесная канатная дорога) in der ul. Dimitrija Donskogo (ул. Димитрия Донского), ca. 100 Meter vom Hotel Rassvet, 8–20 Uhr von Mai bis September.

Novomoskovs'k

Wer sich von der Millionenstadt ausruhen möchte, dem sei Novomoskovs'k (Новомосковськ) an der Straße nach Charkiv empfohlen. Die Kreisstadt mit ihren 70 000 Einwohnern liegt etwa 20 Kilometer nördlich von Dnipropetrovs'k am rechten Ufer der Samara (Самара, nicht zu verwechseln mit dem gleichnamigen Nebenfluss der Wolga). Novomoskovs'k, wo es im 16. und 17. Jahrhundert einige Kosakensiedlungen gab, scheint sehr weit entfernt von den ambitionierten Baustellen und der Geschäftigkeit der Nachbarstadt. Dafür besitzt es eine weithin bekannte architektonische Kostbarkeit, die der Holzbaumeister Akim Pogrebnjak von 1775 bis 1778 schuf. Die **Dreieinigkeitskirche** (Trojic'kyj sobor/Троїцький собор) mit ihren zehn Kuppeln ist die größte Holzkirche der Ukraine und wurde ohne einen Nagel errichtet. Die Einheimischen berichten gleichermaßen stolz wie sorgenvoll, dass die Restauratoren immer wieder ratlos werden, da sich keiner mehr auf diese Bauweise versteht. Die Kirche mit ihren grünen Zwiebelkuppeln befindet sich unweit des Leninplatzes (пл. Леніна) am Rand der Stadt. Am Leninplatz ist auch ein kleines Hotel. Vor dem Eingang der Kirche lagern Rentner, die Tassen, alte Uniformen und rostiges Werkzeug zu Markte tragen.

Hinter der Kirche liegt der **Busbahnhof**. In Sichtweite führt die Straße über die Samara, dort ist ein **Straßenmarkt** für Liebhaber robuster Küchengeräte. Da es in Novomoskovs'k ein Werk gibt, das Eisen und Stahl zu Haushaltswaren verarbeitet, verkaufen Händler preiswert Emailschüsseln, Töpfe, Gußpfannen, Kessel, Eimer und Schaschlykspieße von beachtlicher Länge und Qualität.

Die Dreieinigkeitskirche ist die größte Holzkirche in der Ukraine

Wer diese Straße Richtung Zaporižžja und Donec'k hinausfährt, kommt nach etwa 500 Metern zu einem Abzweig links, der zum **Samara-Nikolai-Eremitenkloster** (Самарський Пустельно-Николаевский монастир) führt. Das Kloster stammt von 1670, war in der Sowjetzeit ein Kinderheim und wurde Anfang der 1990er Jahre wiederbelebt. Wer sich vom schlechten Weg nicht abhalten lässt, kann tiefer in den Eichenwald hineinfahren. Der lichtet sich bald wieder, an einer Gabelung muss man sich links halten und kommt nach etwa 500 Metern zu dem abgelegenen, sehr gepflegten **Ferienhotel Samara**, das am Wasser liegt, Bungalows vermietet und das man am Ende dieses Weges nicht mehr vermutet. Hier kann man Boot fahren, angeln oder ganz einfach ausruhen.

Karte S. 300

Zaporižžja

Zaporižžja (Запоріжжя, russ. Zaporož'e/ Запорожье) muss man wirklich lieben, oder man muss doch mindestens ein Verehrer sowjetischer Architektur sein – andernfalls hat es die 800 000-Einwohner-Stadt schwer, Reisende zu begeistern. Der mit elf Kilometern längste Prospekt (pr. Lenina/пр. Леніна) endet am größten Lenindenkmal der Ukraine und gibt den Blick auf die größte Staumauer des Landes frei. Das mag einst das Politbüro in Moskau in Verzückung versetzt haben, in Wahrheit sind solche Superlative für den Menschen eher schwer zu ertragen. Ganz abgesehen von den rauchenden Schloten, den Hochöfen und den vor Energie surrenden Hochspannungsleitungen, die Zaporižžja durchziehen. Dafür sieht man nirgends eine Kirche oder irgendein Häuschen, das den Eindruck brechen könnte, dass man sich eigentlich mitten in einem sozialistischen Kombinat der Schwerindustrie befindet. Die ganze Stadt scheint mit Hammer und Sichel geschaffen, selbst Banken nennen sich ›Metallurg‹.

Geschichte der Stadt

Unter der Devise Lenins ›Kommunismus ist Sowjetmacht plus Elektrifizierung des ganzen Landes‹ sollten hier die Grundlagen für die wirtschaftliche Entwicklung der zukünftigen Sowjetunion gelegt werden. Schnell wuchs Zaporižžja eine Schlüsselrolle zu, denn die Ingenieure beschlossen, den Dnepr (ukr. Dnipro) an einer relativ schmalen Stelle oberhalb der Insel Chortycja (Хортиця) anzustauen, dadurch die berüchtigten Stromschnellen zu beseitigen und ein Wasserkraftwerk zu errichten.

Der Staudamm wuchs als Symbol der moralischen und technischen Überlegenheit des Kommunismus, und bei der Einweihung sollen die Bauarbeiter dann für ›ihr‹ Wasserkraftwerk Dniproges (Dnipro-Gidroelektričeskaja stancija) folgerichtig den Namen Lenin ›erbeten‹ haben. Bei dem Enthusiasmus wird gern unterschlagen, dass keineswegs nur Freiwillige, sondern auch Zwangsarbeiter mitgearbeitet haben. Außerdem wurde der Damm mit Hilfe von Ingenieuren und Ausrüstung aus den USA errichtet. In der Umgebung entstanden Aluminiumwerke, Walzwerke, Autofabriken, Maschinenbaubetriebe und Hochöfen. Der Bevölkerungszuwachs war enorm, und die Stadt platzte aus allen Nähten. Doch der Kommunismus wurde keineswegs so heiter und fortschrittlich, wie sich Lenin das im Kreml ausgemalt hatte. Während des Krieges stark zerstört, wurde Zaporižžja im Stalinschen Barock wieder aufgebaut. Auf dem Leninpro-

Die Staumauer

spekt drängen sich heute die Zuckerbäkkerbauten mit ihren Säulen, Pfeilern, Söllern, Kapitellen, überreich garniert mit Hammer und Sichel, doch der Alltag blieb so dürftig wie das Wägelchen ›Zaporožec‹ (Запорожец), den das Autowerk ZAZ am Stadtrand zu Hunderttausenden produzierte. Obwohl Viertakter und wenigstens aus Blech, war er selbst in der DDR unpopulärer als der Trabant. Mehr noch, das donnernde Geräusch des luftgekühlten Heckmotors machte Fahrer des ›Saporosch‹, wie er eingedeutscht hieß, regelmäßig zum

Zaporižžja (Запоріжжя)

Gespött. Dann wurde genüßlich erzählt, dass der ›Saporosch‹ auf der Leipziger Messe gleich zwei Goldmedaillen erhalten hätte: eine als schnellster Traktor und eine als leisester Panzer... Heute laufen im Autowerk, das 1998 in ein koreanisch-ukrainisches Joint Venture umgewandelt wurde, sehr passable Modelle vom Band, neuerdings auch deutsche Wagen in Lizenz. Der Ursprung des Werkes geht auf einen Deutschen zurück: 1863 gründete der Mennonit Abraham Jacob Koop eine Landmaschinenfabrik.

Mennoniten, Angehörige einer evangelischen Glaubensgemeinschaft, die ihren Ursprung in Deutschland hat, haben die Gegend seit 1775 stark geprägt. Zuvor waren die Kosaken der Zaporiz'ka Sič (Запорізька Січ) die Herren der Gegend. Von ihrer Inselfestung Chortycja unternahmen sie Beutezüge bis zum Schwarzen Meer. Als das Zarenreich nach Süden strebte, waren die Kosaken für Katharina II. zuerst Verbündete, dann wurden sie lästig. 1775 löste sie die Zaporiz'ka Sič auf und holte Mennoniten, die das Land bewirtschafteten. Das nahegelegene Städtchen, das 1770 als Festung Aleksandrovsk gegründet wurde, war bis nach dem Ersten Weltkrieg ein Provinznest. 1921 löschten die Bolschewiki den alten Namen und nannten die Stadt fortan Zaporož'e nach za porogi – hinter den Stromschnellen.

Rundgang durch Zaporižžja

Zaporižžja ist eine junge Industriestadt. Noch in der zweiten Hälfte des 19. Jahrhunderts war der Bevölkerungszuwachs relativ gering. Während die Stadt 1923 rund 40 000 Einwohner hatte, waren es 1990 über 800 000. Ganze Stadtteile wurden auf dem Reißbrett entworfen und gebaut, die Fabriken dehnten sich

aus, viele ehemalige Siedlungen der Mennoniten sind seit langem eingemeindet und mit Wohnvierteln bebaut. Nach dem Krieg wurde das Zentrum in sozialistischer Manier wieder aufgebaut. Zwei Magistralen, der pr. Lenina (пр. Леніна) und die vul. Peremohy (вул. Перемоги), ziehen sich von Ost nach West, die vom pr. Majakovs'koho (пр. Маяковського), dem bul. Ševčenko (бул. Шевченко) und dem pr. Metalurgiv (пр. Металургів) gekreuzt werden.

Die Hauptachse ist der pr. Lenina mit seiner repräsentativen Funktion und der entsprechenden Bebauung. Die Stadtplaner haben den Prospekt ganz klar als Ruhmesstraße zur Ehre des Staudamms und des Leninschen GOELRO-Planes angelegt, in Deutschland etwa vergleichbar mit der ehemaligen Stalinallee in Berlin: Symmetrische Bebauung, an denen Inschriften weithin deren Funktionen verkünden, die meist obsolet geworden sind. Während an den Giebeln

Wohnen in Zaporižžja

der Wohnhäuser etwa ›Den Arbeitern
des Kokswerkes‹ oder ›Das Wohnhaus
der Arbeiter von Zaporoz-Stahl‹ gemei-
ßelt steht, ist unten Leuchtreklame für
Boutiquen wie ›Caesar‹ oder ›Arber‹. Ein
Haus verkündet ›Das Kulturhaus von
Energospec-Stahl‹, ein anderes ›Elektro-
technisches College‹. Oben hunderte
Sowjetsterne und Dutzende Male ›Hammer und Sichel‹, unten mächtige Treppen und Pfeiler, daneben die Eingänge
zu Nachtbars oder Schnellimbissen. Die
Bürgersteige, selbst breit wie Straßen,
sind bis zum Horizont mit Formsteinen
aus Beton gepflastert, was die Gleich-
förmigkeit nicht mindert. Wenigstens
dominieren einige Türme das Stadtbild,
außerdem sind die Straßenfluchten von
Grünanlagen unterbrochen.

■ Der Leninprospekt

Der Prospekt, wollte man ihn von der
Innenstadt bis zum Lenindenkmal erlaufen, zieht sich auf einer Länge von etwa
vier bis fünf Kilometern hin. Deswegen
ist es ratsam, nur einen Teil zu Fuß zu-
rückzulegen und dann auf einen Trolleybus oder ein Maršrutne Taxi umzustei-
gen, zumal es sich empfiehlt, auch auf
die Insel Chortycja mit öffentlichen Ver-

Die katholische Kirche

kehrsmitteln zu fahren. Natürlich gibt es
auf dem pr. Lenina (пр. Леніна) auch
ausreichend Restaurants und Cafés, in
denen man pausieren kann.

Der **Festival'na pl.** (Фестівальна пл.)
liegt am östlichen Rand der Innenstadt,
dort befindet sich die Gebietsverwaltung, Hauptpost und das Hotel Inturist.
Er ist nach Süden hin offen und war
früher der Aufmarschplatz der Werktätigen. An den Laternenmasten hängen
noch die Lautsprecher, an einem Fah-
nenmast, stählern und spitz wie ein
Blitzableiter, wehen die ukrainische Flagge und – als Verheißung – das Banner
der EU.

Geht man den Leninprospekt nach
Westen und biegt rechts in die vul.
Novyc'koho (вул. Новицького) ein,
sieht man etwas versteckt eine Kirche
liegen – eine seltene Augenweide. Die
Kirche zum barmherzigen Vater zeigt
barocke, doch schlichte Formen, eine
Zentralkuppel, zwei Westtürme und vor
dem Eingang eine Mariensäule – unschwer als katholisch auszumachen, fast
weht einen hier ein bisschen Oberbay-
ern an. Der Bau ist vor wenigen Jahren
fertiggestellt worden und gehört der

Auf dem Leninprospekt

Karte S. 380

römisch-katholischen Kirche. Unweit der Kirche befindet sich auch der **Zirkus** von Zaporižžja und der **Kulturpalast der Bauarbeiter**.

Von dort kann man, sich rechts haltend, zum Leninprospekt zurückfinden. Doch zuerst quert man eine Grünanlage. Am Rande dieses Parks befindet sich das **Kunstmuseum** in der vul. 40 rokiv Radjans'koj Ukrajini (вул. 40 рокiв Радянської України) 76b. Das allerdings beinahe in einen Dornröschenschlaf gefallen ist, da sich die Renovierung wegen fehlender Finanzen in die Länge zieht und nur einige Räume mit wechselnden Ausstellungen geöffnet sind. Der Grünanlage gegenüber am Prospekt hält das **Kaufhaus Ukrajina** (pr. Lenina 147) seine Türen offen.

Von dort ist es nicht mehr weit zum pr. Majakovs'koho (пр. Маяковського) und zum gleichnamigen Platz. Rechts öffnet sich der Park, links beginnt der Majakovs'kji-Prospekt. Im sehr gepflegten **Majakovs'kij-Park** befindet sich die ›Fontäne des Lebens‹, ein Brunnen ›zu Ehren der Helden von Tschernobyl‹. Rund um diesen Brunnen verkaufen die örtlichen Künstler ihre Ölbilder, Zeichnungen und allerlei Volkskunst. Neben den üblichen Landschaftsbildern ist hier auch der Dneprstaudamm in Öl zu finden. An der nächsten Straßenecke kann man im Kunstgeschäft ›Sojuz galerej‹ (Союз галерей, pr. Lenina 190) das alles auch kaufen, nur teurer, außerdem gibt es hier noch Ritterrüstungen aus feinstem Stahl im Angebot.

■ Park Arbeiterruhm

Weiter oberhalb, kurz vor dem bul. Ševčenko (бул. Шевченко), lädt der Park Arbeiterruhm ein. Dort gibt es eine Allee des Ruhmes mit seltsam geköpften Birken, an denen alle Zweige nach unten

wachsen, außerdem sind die Blumenrabatten in Flammenform angelegt. Diese Symbolik ist offenbar beabsichtigt. Denn dort befindet sich das Denkmal für die Afghanistan-Gefallenen und für die ›Gefallenen in den lokalen Kriegen im Ausland‹. Drei abgekämpfte Soldaten blicken klagend in die Ferne, zu ihren Füßen werden die Schlachtfelder gezählt. Auf der anderen Seite des Prospektes, genau gegenüber, erinnert die ›Allee des Ruhmes‹ an den Zweiten Weltkrieg.

In der Nähe des Parks befinden sich das Hotel Dnepr (pr. Lenina 202) und das Gebäude der Stadtverwaltung. Der **bul. Ševčenka** mit seinen Wasserspielen ist ein beliebter Treffpunkt, dominantestes Gebäude ist der Kulturpalast (bul. Ševčenka 1).

Lenin weist auf den Staudamm

■ Prospekt der Metallurgen

Bis zum Lenindenkmal zieht sich der Prospekt über Gleisanlagen und Grünland, er wird von mächtigen Hochspannungsleitungen überquert. Außerdem hat man auch einen Blick auf die gar nicht fernen Industrieanlagen mit ihren rauchenden Schloten, Hochöfen, Gas wird abgefackelt. Die Ecke Leninprospekt/Prospekt der Metallurgen ist eine sehr belebte Umsteigekreuzung mit dem bemerkenswerten Denkmal ›Industrielles Zaporižžja‹, einem sehr metallisch wirkenden Obelisken. Linker Hand passiert man die Philharmonie ›Michail Glinka‹ und das Glinka-Denkmal (pr. Lenina 183).

■ Lenindenkmal

Wenig später öffnet sich der Prospekt zu einem Platz, auf dem sich die Autos drängen, denn hier beginnt die Brücke zur Staudammkrone, über die unentwegt der Verkehr rauscht. Und über allem steht der bronzene Lenin und weist mit ruhiger Hand zur 760 Meter breiten und 60 Meter hohen Mauer aus Stahlbeton. Das Denkmal ist mit Sockel 20 Meter hoch, stammt von den Bildhauern Lysenko (Лисенко) und Suchodolov (Суходолов) und wurde 1964 errichtet. Im Hintergrund erhebt sich das runde Kontrollgebäude der Schleuse.

Die Insel Chortycja

»Die Luft war plötzlich kühler; sie spürten die Nähe des Dnepr. Da glitzerte er auch schon in der Ferne, durch einen dunklen Streifen gegen den Horizont abgegrenzt. Er wälzte kalte Wellen, er kam näher und näher und umfaßte am Ende die halbe Oberfläche der Erde. Es war die Stelle des Dnepr, wo er, bis dahin durch Stromschnellen eingezwängt, sich endlich ausbreitet, frei und breit dahinströmt und wie ein Meer rauscht, es war die Stelle, an der ihn die in der Mitte verstreuten Inseln noch weiter über die Ufer drängen und seine Fluten sich weit über das Land ergießen, wo sie auf keine Felsen und Anhöhen mehr treffen. Die Kosaken saßen von ihren Pferden ab, bestiegen die Fähre und waren nach drei Stunden schon am Ufer der Insel Chortycja.«

Nikolai Gogol, Taras Bulba

Die Insel Chortycja (острів Хортиця) ist ein nationales Heiligtum. Lange bevor es den Ort Aleksandrovsk oder gar Zaporižžja gab, war sie über Jahrhunderte das Hauptquartier der Zaporoscher Kosaken, die sich hinter den Stromschnellen des Dnepr verschanzt hatten und ihr autonomes und kriegerisches Leben führten. Sie boten polnischen Königen, russischen Zaren und osmanischen Sultanen die Stirn, waren auf Unabhängigkeit bedacht und lebten untereinander nach demokratischen Regeln. So klingt der Mythos, der in der unab-

Das Kosakenmuseum – leider eine Betonwüste

Karte S. 380

Nachbau eines Kosakenlagers auf der Insel Chortycja

hängigen Ukraine – arm an gemeinsamen nationalen Symbolen – wieder auflebt. Der damalige Präsident Juščenko geht, wollte die Insel, bereits ein nationales Schutzgebiet, zu einem gesamtukrainischen Wallfahrtsort ausbauen. Und wenn es nach dem Willen des Bürgermeisters von Zaporižžja geht, soll eine neue Brücke Insel und Dnepr überspannen und möglichst viel Kundschaft zu einem großen Einkaufs- und Vergnügungspark locken, den die Stadtoberen planen.

Die Brücke wird inzwischen gebaut, doch noch liegt die Insel im Dornröschenschlaf, was dazu führt, dass sie schwer zu erreichen ist. Am einfachsten ist es, wenn man mit dem Taxi für umgerechnet zwei bis drei Euro dorthin fährt, auch Maršrutne-Taxis und Busse überqueren die Insel. Wenn man sich aber schon jenseits des Staudamms im Lenins'kyj rajon befindet, kann man auch zu Fuß über die Brücke laufen. Wenn man von dort die Insel erreicht hat, befindet sich links ein großes, sehr gutes **Erlebnisrestaurant** mit folkloristischem Kosakeninterieur und ukrainischer Küche (Nacional'nyj klub ›Zaporiz'ka sič‹/Національний клуб Запорізька січ), von dort führt ein kleiner Weg zum Kosakenmuseum.

■ Kosakenmuseum

Das Panorama, das man vom Kosakenmuseum auf den Fluss hat, wird zu recht gerühmt, das Museumsgebäude selbst ist eher eine Zumutung. Wenn man sich dem Museum nähert, kommt erst eine gut bewehrte Betonwand in Sicht, das ist die Rückseite. Die Vorderfront ist nicht besser. Es ist eine Betonwüste aus Betonplatten und Spritzbeton, grau gestrichen. Das Gebäude hat mit der Insel nichts zu tun, wohl aber mit dem Wasserkraftwerk, das ihm gegenüberliegt. Die Architekten wollten offenbar ein Gegenstück zur Staumauer schaffen, und das ist ihnen ausgezeichnet gelungen. Vor dem Eingang sind einige Kanonenrohre und skythische Steinfiguren zu bewundern, zwischen Insel und Stau-

Zentral- und Ostukraine

damm wirbelt der Dnepr wie in einem Kessel, ehe er sich an der Inselspitze teilt. Felsen ragen aus dem Wasser, Möwen kreischen.

Die Exposition im Inneren ist umfangreich, allerdings erscheint vieles zufällig. Das Museum unterscheidet sich nicht sehr von anderen historischen Museen. Der Rundgang beginnt bei der Skythenzeit und endet beim Bau des Wasserkraftwerks und einem Diorama über den ›nächtlichen Sturm auf Zaporižžja durch sowjetische Kämpfer‹ am 14. Oktober 1943. Teilweise sind die Erklärungen auf englisch.

Seit dem Jahr 2005 existiert etwas südlich davon zumindest ein Korrektiv, der **Historisch-kulturelle Komplex ›Zaporiz'ka Sič‹** (Запорізька Січ), ein hübscher Nachbau des Kosakenlagers mit Türmen und Palisaden. Ursprünglich für eine Filmproduktion gebaut, wurde es aber gleich so solide errichtet, dass es heute ein Freilichtmuseum darstellt mit viel Folklore und mit mehr Herz, als es die Betonwüste nebenan je hatte.

■ Theater der Kosakenreiterei

Eine Wanderung über die Insel mit ihren Kiefernwäldern lohnt sich, es gibt eine Siedlung mit Gemüsegarten und Federvieh. Am westlichen Rand liegen einige Betriebserholungsheime mit Bademöglichkeiten. Südlich der doppelstöckigen Preobraženskij-Brücke befindet sich die Siedlung Naukove Mistečko (Наукове Містечко), wo man ebenfalls baden kann. Außerdem befindet sich dort seit 1991 das Experimentaltheater ›VIE‹, das auch Konzerte und Ausstellungen anbietet. Am Südrand vom Naukove Mistečko gibt es auch den Eisenbahnhaltepunkt ›Zaporiz'ka sič‹ (Запорізька Січ). Ebenfalls südlich der Preobraženskij-Brücke befindet sich hinter Palisaden und Flechtzäunen versteckt das ›Theater der Kosakenreiterei‹ (›Kinnij teatr‹/Кінній театр). Unter seinem Leiter Oleg Grigor'ev, genannt ›Boroda‹, bietet es eine temperamentvolle Show mit allerlei Pluderhosen, schwungvollen Schnurrbärten, Glatzköpfen, Säbeln, geflochtenen Peitschen, Maisbrei und etwas Wodka.

▲ *Show im Theater der Kosakenreiterei*

Zaporižžja

Vorwahl: 0 61 bei siebenstelligen Telefonnummern, 06 12 bei sechsstelligen Nummern.

Postamt, pr. Lenina 186 (пр. Леніна), 7–21 Uhr, im Sommer bis 22 Uhr.

Es gibt zwei Bahnhöfe, Zaporižžja 1, pr. Lenina 2, und Zaporižžja 2, vul. Konstjantyna Velikoho (вул. Констянтина Великого). Die meisten Fernzüge fahren von Zaporižžja 1 ab, u.a. nach Kiev, Simferopol', Odessa, L'viv und Berdjans'k. Es gibt zwei **Vorverkaufskassen**, sie befinden sich beide am pr. Lenina in der Nr. 151 und der Nr. 135.

Es gibt Busbahnhöfe in der vul. Rekordna (вул. Рекордна), der vul. Žukovs'koho (вул. Жуковського) und auf dem pr. Lenina.

Vom Flughafen, Donec'ke šose (Донецьке шосе), gehen Flüge in die Türkei (Ankara, Istanbul), Armenien (Jerewan), nach Kiev und Moskau (IATA-Code OZH).

Der Flussschiffhafen befindet sich am Ende des bul. Ševčenko (бул. Шевченко).

Gut und preiswert ist das **Hotel Dnepr** (Дніпро), pr. Lenina 202 (пр. Леніна), Tel. 33 04 45, ab 25 Euro.

Hotel Inturyst (Интурист), pr. Lenina 135, Tel. 2 23 05 00, ab 90 Euro.

Hotel Ukrajina (Україна), pr. Lenina 162a, Tel. 2 89 04 04, ab 45 Euro.

Hotel Praha (Прага), bul. Ševčenka 28 (бул. Шевченка), Tel. 22 40 7 11, ab 60 Euro., klein, ruhige Lage.

Hotel Sobornij (Соборний) pr. Lenina 24, Tel. 22 71 00 00, ab 100 Euro.

Hotel Chortycja (Хортиця), Insel Chortycja, Siedlung Naukove Mistečko (Наукове Містечко), Tel. 2 86 53 62, ab 20 Euro.

Im **Wohnheim Oselja** (Оселя), vul. 40 rokiv Radjans'koji Ukrajini 45 (вул. 40 років Радянської Україні), Tel. 33 70 38, gibt es ein paar einfache Schlafplätze.

Auf dem pr. Lenina gibt es eine Fülle an Cafés und Restaurants.

Empfohlen sei das **Restaurant im Nationalen Club ›Zaporiz'ka Sič‹** (Запрізька Січ) auf der Insel Chortycja im nördlichen Teil, 12–24 Uhr.

Die alten Zeiten, die in Zaporižžja nie ganz vergangen waren, leben im **Café Politbüro** (кафе Политбюро) wieder auf pr. Lenina 208, 10–23 Uhr.

Das **Irish Pub O'Brian's** liegt sehr zentral am pr. Lenina 169.

Eine stadtbekannte Kneipe ist das **Sajba-Slavutyč** (Сайба-Славутич) in der vul. Patriotyčna 59 (вул. Патріотична), einer Seitenstraße des bul. Ševčenka, 12–24 Uhr.

Museum der Geschichte des Kosakentums, Insel Chortycja, 10–17 Uhr, Kassenschluss 16 Uhr, Mo geschl.

Kunstmuseum (Художний музей), vul. 40 rokiv Radjans'koji Ukrajini 76b, 10–17 Uhr, So geschl.

Historisches Museum (Історичний музей), vul. Čekistiv 29 (вул. Чекістів), 9–17 Uhr, Sa bis 16 Uhr, So/Mo geschlossen.

Waffenmuseum Diana (Діана), pr. Lenina 189, 9–18 Uhr.

Musikalischdramatisches ›Magar‹-Theater, pr. Lenina 41, Kasse 11–18 Uhr, 14–15 Uhr Pause.
Experimentaltheater VIE (BIE), ostriv Chortycja, Naukove Mistečko.
Philharmonie ›Michail Glinka‹, pr. Lenina 183, Kasse 12–18 Uhr.
Auf dem südlichen Teil der Chortycja gibt es die **Show der Kosakenreiterei** (›Kinnij teatr‹/Кінний театр), Aufführungstermine kann man im Büro der Veranstalter TOV ›Zaporiz'ki kozaky‹ (Запорізькі козаки), vul. Tjulenina 23 (вул. Тюленіна), Tel. 34 82 41, erfragen (www.zp-kazaki.com).

Einkaufsmöglichkeiten gibt es genügend auf dem Leninprospekt: **Kaufhaus Ukrajina**, pr. Lenina 147, 9–21

Uhr. Souvenirs und Bilder gibt es im **Sojuz galerej** (Союз галерей), pr. Lenina 190, 10–19 Uhr.

Am Ende des bul. Ševčenka, neben dem Flusshafen, gibt es einen breiten Badestrand mit Gastronomie. Der Weg führt vom über einen Park und eine Fußgängerbrücke zum Fluss.
Weitere Bademöglichkeiten gibt es auf der Insel Chortycja in Naukove Mistečko.

Das Angebot ist dünner als in anderen Städten, unter http://zabor.zp.ua findet man Informationen auf russisch. www.zaporozhye.org ist eine Linksammlung.
Vieles über die Mennoniten in Chortycja erfährt man unter http://chortiza.heimat.eu (dt.).

Huljajpole

Wer sich auf die Spuren des berühmtesten ukrainischen Anarchisten, Nestor Machno, begeben will, kann von Zaporižžja aus dessen Heimatort Huljajpole (Гуляйполе) besuchen. Der befindet sich etwa 100 Kilometer südöstlich von Zaporižžja. Machno wurde dort 1888 als Sohn eines Bauern geboren. Nach der Beteiligung an mehreren Attentaten wurde er bereits 1908 zum Tode verurteilt, wegen seiner Minderjährigkeit das Urteil aber in eine Haftstrafe verwandelt. In der Februarrevolution freigekommen, organisierte Machno in der Südukraine die ›Union der freien Bauersleute‹, aus der eine Aufstandsarmee mit mehreren zehntausend Soldaten hervorging. Mal verbündeten sie sich mit der Roten Armee, mal verließen sie

diese wieder und kämpften auf eigene Rechung gegen Weiße, Deutsche und Petljuratruppen. Lange Zeit waren sie erfolgreich. Doch 1921 wurde die Aufstandsarmee von der Roten Armee bezwungen, Machno flüchtete ins Ausland und starb 1934 in Paris. Zur Sowjetzeit war Machno eine Unperson, heute empfängt seine Büste jeden, der das Kreismuseum der 20 000-Einwohner-Stadt betritt (vul. Lenina 75/вул. Леніна, 8–17 Uhr, So geschl.). Und auf einer Kutsche, wie sie deutsche Kolonisten verwendeten, ist eine wassergekühlte ›Maksim‹ montiert, das gebräuchlichste Maschinengewehr der Revolution und der Bürgerkriegszeit, darüber die Parole ›Für Sowjets ohne Kommunisten!‹.
Huljajpole kann man mit dem Auto, dem Bus und dem Zug erreichen.

Karte S. 300

Enerhodar

Eine ganz andere ›Attraktion‹ bietet Enerhodar (Енергодар), etwa 120 Kilometer südwestlich von Zaporižžja: Am Rande der 60 000-Einwohner-Stadt arbeitet das größte Atomkraftwerk Europas mit sechs Blöcken, die eine Leistung von je 1000 Megawatt haben. Die Stadt ist voll von Propaganda, die die Atomenergie als ›Energie des Lebens‹ preist. Neben dem AKW unterstreicht ein Heizkraftwerk mit fünf Blöcken den Ruf der Stadt als ›Energie-Hauptstadt der Ukraine‹. Das AKW, das die offizielle Bezeichnung ›Zaporizzjer Atomkraftwerk‹ (ЗАЕС/ZAES) trägt, liegt am Dnepr, der sich hier zum Kachovsker Stausee geweitet hat. Dem Kraftwerk, dessen sechs Blöcke mit Reaktoren vom russischen Typ WWER 1000 gut sichtbar aufgereiht sind, kann man sich bis auf wenige hundert Meter nähern. Fotoaufnahmen werden nicht gern gesehen. Der Wachschutz ist aufmerksam, dennoch gibt es für ihn keine rechtliche Handhabe, das Fotografieren außerhalb des Sperrgürtels zu unterbinden.

In der Stadt, vul. Kurčatova 38a (вул. Курчатова), befindet sich das Informationszentrum des AKW, das werktags geöffnet hat. Mit Schautafeln, Reaktormodellen und Dosimetern versuchen die Mitarbeiterinnen, Besucher – allen voran Schulklassen – von den Vorzügen der Kernenergie zu überzeugen. Im Stadtzentrum unweit des Kulturpalastes ›Sovremennik‹ (Современник) liegt auch das Museum des Atomkraftwerkes (vul. Central'na/вул. Центральна 4), dessen Exponate viel vom Sowjetpathos der 1970er Jahre erzählen, als der sowjetische Jugendverband Komsomol Stadt und Kraftwerke errichtete. Das Museum ist von 8 bis 17 Uhr geöffnet.

Die beiden Hotels der Stadt stehen in Sichtweite des Kulturpalastes auf dem pr. Budivel'nykiv (пр. Будівельників). Das AKW-eigene Hotel (Nr. 17a) ist vom Komfort etwas besser (ab 20 Euro), das kommunale Hotel ›Enerhodar‹ (Nr. 25) etwas schlichter (ab 15 Euro). Im ›Energodar‹ ist im Parterre das Café ›Skif‹ (Скіф) untergebracht, das gutes und preiswertes Essen anbietet.

Block A des Atomkraftwerks Enerhodar

Zentral- und Ostukraine

Fromm und frei – die Kosaken

Die Geschichte der Ukraine ist ohne die Kosaken nicht zu denken, und Kosaken sind heute, nachdem sie über Jahrzehnte verschwunden waren, wieder auf Schritt und Tritt zu finden: Sie treten für Touristen in historischen Kostümen auf, sie gehen in ihren Uniformen auf Märkten Streife, an großen Feiertagen bilden sie für Bischöfe oder Bürgermeister Spalier. Sie überwachen vor Kirchen und Klöstern streng, ob sich die Touristen gesittet bekleiden, Kosaken sind Werbeträger, Reitlehrer, Seefahrer, Sänger – und sie sind orthodox.

Das Wort Kosak stammt aus dem Tatarischen und bedeutet ›freie Krieger‹, denn ursprünglich waren Kosaken entlaufene Bauern und tatarische Krieger. Sie lebten am dünn besiedelten Unterlauf des Dnepr vom Fischfang, der Jagd, aber auch von Raubzügen, die sie anfangs mit Booten unternahmen – nicht mit Pferden, denn da waren ihnen die Tataren überlegen. Da sie hinter den Stromschnellen (za porogi) lebten, nannte man sie auch ›Zaporoger‹. Später schlossen sich die Kosaken zu größeren Verbänden zusammen, ihr Lager nannten sie ›Zaporoz'ka Sič‹. Von dort aus kämpften sie gegen Tataren, Türken und gegen das damals weit nach Süden reichende Polen. Mitte des 16. Jahrhunderts entwickelte sich die Dneprinsel Chortycja zum Zentrum der Zaporoz'ka Sič. Es gab eine Selbstverwaltung. Der oberste Rat (Rada) aller Kosaken wählte aus seiner Mitte den Hetman, der Heerführer und Richter in einem war und dem der Kosak bedingungslos verpflichtet war.

Zwar lebten die Kosaken unter polnischer Oberhoheit, doch die Steppenregion war ohnehin nicht von einer Zentralherrschaft zu kontrollieren. Wegen des enormen Zulaufs an Leibeigenen wuchs die Sozialbewegung der Kosaken schnell an. Die militärische Schlagkraft der freien Kosaken nahmen die polnischen Herren gern in Anspruch, versuchten aber, diese stärker einzubinden. So erhielten die Kosaken Sold, mussten sich aber im Gegenzug in Registern erfassen lassen. Dennoch kam es im 17. Jahrhundert verstärkt zu Spannungen. Zum einen wurden die Rechte der Kosaken weiter beschnitten. Zum anderen, weil nach der von Polen unterstützten Kirchenunion von Brest-Litovsk 1595 die unierte Kirche entstand und die orthodoxe Kirche in Bedrängnis geriet. Die Kosaken verstanden sich aber als Hüter der Orthodoxie.

1648 kam es zum Kosakenaufstand unter Hetman Bohdan Chmel'nyc'kyj (Богдан Хмельницький), der nach militärischen Erfolgen von Polen weitgehende Selbstverwaltung für das Hetmanat erhielt, das große Teile der heutigen Ukraine umfasste. Doch Chmel'nyc'kyj stellte seinen Staat 1654 mit dem Vertrag von Perejaslav schnell unter den Schutz des aufstrebenden Moskauer Staates.

Gut hundert Jahre später waren die Kosaken dem russischen Imperium bei der Expansion zum Schwarzen Meer im Wege, militärisch hatten sie ohnehin an Bedeutung verloren, und so beendete Zarin Katharina II. 1775 die Herrschaft des Hetmanats. Das Gebiet wurde als Provinz Russland einverleibt. Ein Teil der Kosaken wanderte zum Ural, an den Don und nach Sibirien aus, ein anderer wurde in die Armee integriert. Durch die weitere Expansion Russlands gerieten die ausgewanderten Kosaken im 19. Jahrhundert schnell wieder in den Staatsverband.

Nach der Oktoberrevolution kämpfte die Mehrheit der Kosaken auf Seiten der Weißen gegen die Bolschewiki. Nachdem sich die Sowjetmacht durchgesetzt hatte, wurden viele

Der Ataman von Poltava

Kosaken verfolgt und inhaftiert. Aus diesem Grunde stellte sich ein Teil der Kosaken nach Hitlers Überfall auf die Sowjetunion auf die Seite der Deutschen, während ein anderer Teil gleichzeitig in der Roten Armee kämpfte. So wurde 1943 eine Kosaken-Kavalleriedivision unter General Helmuth von Pannwitz aufgestellt. Diese hielt sich zu Kriegsende mit 25 000 Kosaken und deren Angehörigen, unter ihnen Frauen und Kinder, im österreichischen Lienz auf. Entgegen anderslautenden Zusicherungen wurden sie von den Briten an die Sowjets ausgeliefert, was für viele Kosaken dem Todesurteil gleichkam. Viele nahmen sich an Ort und Stelle das Leben, andere fanden in Russland den Tod. Das Oberste Gericht der UdSSR verurteile Pannwitz und fünf russische Kosakengenerale im Januar 1947 zum Tode. Diejenigen, die überlebten, wurden als ›Verräter‹ nach Nordrussland und Sibirien verbannt.

Die Neubelebung der Kosakentradition begann Ende der 1980er Jahre in Russland und der Ukraine, wo heute etwa vier bis fünf Millionen Nachkommen von Kosaken leben sollen. Die Kosaken genießen hohes Ansehen, werden mit gesellschaftlichen Aufgaben betraut und pflegen ihre Traditionen. In Russland wurden sie in den 1990er Jahren rehabilitiert, 1996 rehabilitierte die russische Militärstaatsanwaltschaft auch Helmuth von Pannwitz.

In der Ukraine gibt es heute vom Asovschen Meer bis nach L'viv und sogar Užhorod Kosakeneinheiten, sogenannte Kuren', denen ein Ataman vorsteht. Das Zusammensein in den Kuren' ist nach deutschen Maßstäben eine Mischung aus Freiwilliger Feuerwehr, Heimatverein, Sportgruppe und Männerbund. Die Kuren' ordnen sich einer Dachorganisation zu, von denen es mehrere gibt und die – obwohl sich alle als unpolitisch bezeichnen – sich unterschiedlich politisch positioniert haben. Die einen gelten als eher prorussisch und halten sich zum Moskauer Patriarchat, die anderen haben dem damaligen neuen Präsidenten Viktor Juščenko 2005 als ihren Hetman anerkannt und halten zum Patriarchen in Kiev. Die Kosakenschaft bleibt gespalten wie das Land – die einen halten auch nach Juščenkos Abgang den Orangenen die Treue, die anderen stehen loyal zu Janukovic.

Weitere Informationen: http://cossackdom.com; www.kozatstvo.org.ua/; www.uibk.ac.at/kosaken/ (über die Tragödie von Lienz).

»Immer noch blitzt wie das
goldne Vließ die Glut deiner
Sonne/lastend in quälender Gier
nach dem verlockenden Schatz./
Immer noch bist Du ein Ende,
Pontos Euxenos der Alten,/
das unsere Welten begrenzt,
zauberhaft, feindlich und fremd.«

Marianne Vincent,
Am Schwarzen Meer

Die Schwarzmeerküste

Cherson

Vor Cherson (Херсон) ziehen sich die Weinstöcke zu beiden Seiten der Straße hin. Die Stadt liegt in der Mittagshitze, am Kai schaukeln Boote, Kinder springen kopfüber ins Wasser. Getreidesilos leuchten in der Sonne, ein Segelboot zieht vorbei, und eine Edeljacht aus Georgien hat festgemacht. Cherson ist der beschauliche Vorposten des Schwarzen Meeres in der Steppe. Auch wenn sich im Hafen ein paar Kräne drehen, liegt mediterrane Ruhe über der Stadt. Nur einer hat es eilig: Der Dnepr hat an Tempo zugelegt, eilt dem Meer entgegen und scheint keine Zeit mehr zu haben. Ist er doch zwischen Kiev und Kachovka (Каховка) von sechs Staudämmen aufgehalten worden; jetzt hat er freie Bahn. Doch er verzweigt sich vor lauter Hast in mehrere Arme und ergießt

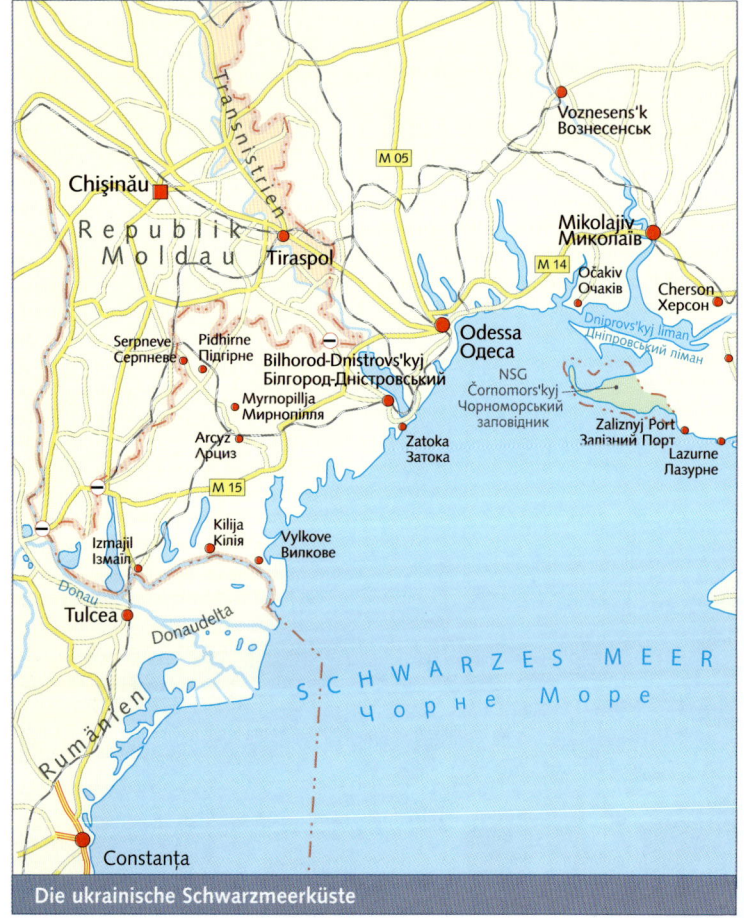

Die ukrainische Schwarzmeerküste

sich nicht weit hinter Cherson in den Dniprovs'kyj liman (Дніпровський ліман), eine Lagune. Dort mischt sich sein Wasser mit dem des Südlichen Bug, es wird brackig und rinnt durch einen schmalen Ausfluss bei Očakiv ins offene Meer. Ein dürftiges Ende für einen solchen Fluss. Doch davon weiß er noch nichts in Cherson. Hier macht er die Ukraine maritim.

1778 ordnete Katharina II. an, bei der Dneprmündung eine Festung und eine Stadt zu errichten, damit man in deren Schutz Schiffe bauen könne. Die Stadt wurde nach dem antiken griechischen Chersones, dessen Ruinen auf der Krim liegen, Cherson genannt. Das Krim-Khanat fühlte sich provoziert. Zu Recht, denn fünf Jahre später wurde auch die Halbinsel Krim von Russland annektiert. Fürst Potjomkin legte in Cherson den Grundstein für die Schwarzmeerflotte. Weil die Stadt im Sumpf errichtet wurde, kosteten die Bauarbeiten 20 000 Men-

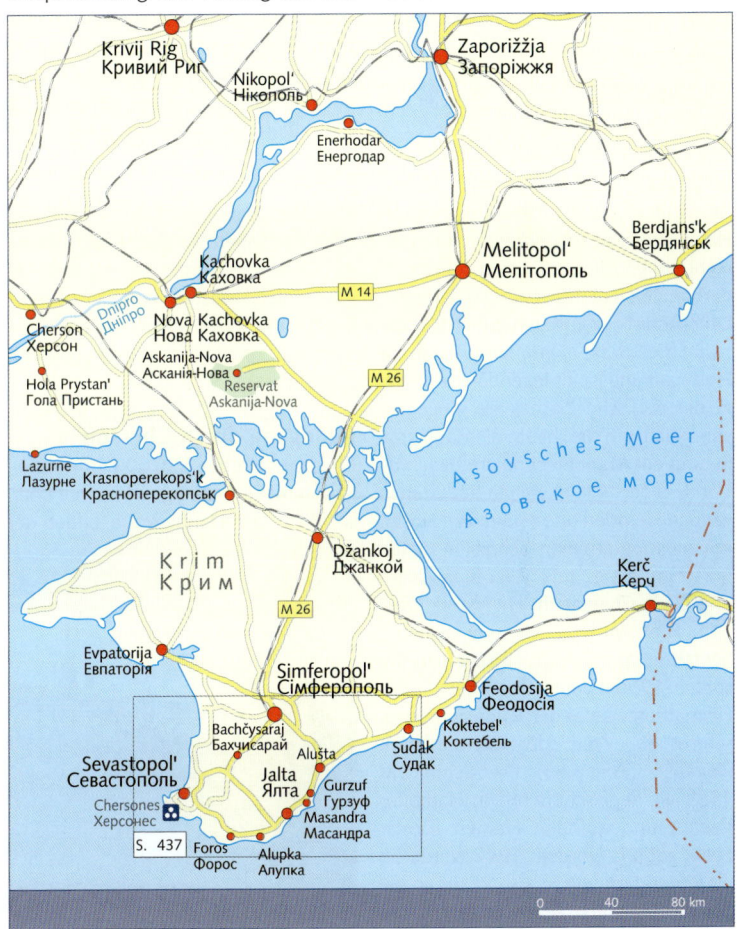

Die Schwarzmeerküste

Am Dnepr bei Cherson

schenleben. Die meisten starben an Malaria, Typhus und Pest.

Das erste Schiff lief 1783 vom Stapel und wurde auf den Namen ›Ruhm Katharinas‹ getauft. Gleich da, wo die Halbwüchsigen in den Fluss springen, steht ein haushohes Denkmal und erinnert an den Bau des ersten 66-Kanonen-Linienschiffs. Kapitän Fjodor Ušakov nahm die Schiffe in Empfang, stellte die Flotte auf und ist als legendärer Admiral in die russische Geschichte eingegangen. Nach ihm sind heute die Hauptstraße und ein Marinetechnikum benannt. Vor dem Technikum stehen Kadetten in weißen Hemden und schwarzen Hosen mit messingfarbenen Schnallen, junge Burschen, die es aufs Meer hinauszieht und die in Cherson ihr Handwerk erlernen. Hier wird die Ukraine zu einer Seefahrernation. Von 1952 bis in die späten 1990er Jahre war Cherson der Heimathafen eines der schönsten Segelschiffe der Welt, der Dreimastbark ›Tovarišč‹ (Товарищ). Das Schiff war 1932 als Segelschulschiff in Hamburg gebaut und auf den Namen ›Gorch Fock‹ getauft worden. 1947 wurde sie als Reparation von Stralsund aus an die Sowjetunion übergeben, erhielt ihren

neuen Namen und wechselte nach Cherson. Jetzt liegt das Schiff wieder in Stralsund.

Großsegler findet man im Hafen von Cherson nicht mehr. Überhaupt hat die Stadt nach dem damaligen Aufbruch schnell an Bedeutung verloren. Bald liefen ihr die Neugründungen Odessa und Sevastopol' den Rang ab. Deren Häfen waren weit besser schiffbar als der von Cherson. Während Odessa zur Weltstadt aufstieg, öffneten in Cherson Textil- und Konservenfabriken. Wenigstens einige Werften sind geblieben.

Das Schwarze Meer ist von Cherson noch etwa 100 Kilometer entfernt. Über Cjurupyns'k (Цюрупинськ) und Hola Prystan' (Гола Пристань) gelangt man nach Lazurne (Лазурне) oder Zaliznyj Port (Залізний Порт). Dort findet man zu moderaten Preise eine Reihe von Ferienunterkünften, Pensionen und auch Hotels. Westlich von Zaliznyj port beginnt das Küstenschutzgebiet Čornomors'kyj zapovidnyk (Чорноморський заповідник).

Rundgang durch Cherson

Cherson hat etwa 320 000 Einwohner, ist planmäßig angelegt und daher übersichtlich. Die Hauptstraße bildet der

Paar an der Mole am Dnepr

Ušakov-Prospekt (pr. Ušakova/пр. Ушакова), der beim Seehafen beginnt, nach Norden vom Dnepr wegführt und nach mehr als drei Kilometern am Bahnhof endet. Unten am Fluss steht das 1972 errichtete Denkmal mit einem bronzenen Schiff auf dem Sockel, das an die Gründung der Schwarzmeerflotte erinnert. Beim Monument sind ein Park mit einigen Cafés und eine Anlegestelle, an

der Kinder baden, wo aber auch große, offene Boote schaukeln und zu Touren in das Dnepr-Delta einladen. Am Ufer und an den Freiflächen dahinter geht es noch recht beschaulich zu, was sich allerdings in Zukunft ändern dürfte. Stadtplaner und Architekten haben die Pläne schon ausgearbeitet, um mehr Ausflügler und Touristen nach Cherson zu lenken.

Cherson (Херсон)

Die Schwarzmeerküste

In Sichtweite liegt das Hotel ›Fregat‹ (Фрегат, pr. Ušakova 2), es ist das größte der Stadt. Geht man nach links die Červonoflots'ka vul. hinauf, sieht man bald die goldbelegten Kuppeln der **griechischen Sophienkirche** (Červonoflots'ka vul./Червонофлотська вул. 11). Griechen aus dem Osmanischen Herrschaftsgebiet gehörten zu den ersten, die in die neue Stadt kamen und sich als Händler niederließen. Für sie wurde diese Kirche errichtet, erst aus Holz, doch nach 1808 wurde sie in Etappen durch Steinbauten ersetzt.

Vorher schon zieht sich an derselben Seite ein Eisenzaun entlang, der kaum einen Blick freigibt, über dem Portal sind Ikonen eingelassen – es ist also ein frommes Sperrwerk. Dahinter verbirgt sich die **Residenz des Metropoliten von Cherson** und Taurien, ein klassizistischer Bau in Altrosa, der die Zeit halbwegs unbeschadet überstanden hat.

Zurück auf dem Ušakov-Prospekt wird die Straße belebter und führt am Eingang zum **Leninpark** (Парк Леніна) vorbei, der auf Anordnung Potjomkins 1785 als Stadtpark angelegt wurde. Doch mit dem Niedergang Chersons war es mit dem Park bald vorbei, er wurde abgeholzt und als Exerzierplatz genutzt. Den zweiten Anlauf unternahm man 1869 mit dauerhaftem Erfolg. Der Park wurde schnell zur reizvollen Verbindung zwischen dem Stadtzentrum und der Festung. Zar Alexander III. pflanzte in seine Mitte eine Eiche, die immer noch steht. Der Park wurde mehrfach umbenannt und ist auch heute ein beliebter Treffpunkt und Durchgang zur Perekops'ka vul. (Перекопська вул.), auch wenn die Festung nahezu komplett verschwunden ist. Auf dem Weg dorthin steht an der Ecke pr. Ušakova/Perekops'ka vul. die backsteinerne **Alexandrakirche** mit ihrem gedrungenen Turm. Sie wurde 1902 fertiggestellt und war als Kirche für das danebenliegende Mädchengymnasium bestimmt. Doch bald nach der Revolution wurde aus dem Gymnasium ein Pädagogisches Institut und aus der Kirche eine Turnhalle, ein Café, eine Bibliothek und zum Schluss eine Werkhalle. Seit 1992 ist sie wieder ein Gotteshaus.

Von der Perekops'ka vul., die quer durch das **einstige Festungsareal** führt, sind das Očakover Tor und die Festungswälle zu sehen, welche die nahezu 100 Hektar große Anlage begrenzten. Heute erstrecken sich auf dem Gelände zwei Sportplätze, ein Rummelplatz, ein Kino, ein Kulturpalast, zwei Sendemasten und der Park des Leninschen Komsomol (Парк Ленінского Комсомолу) mit einem See in der Mitte. Letzte architektonische Zeugnisse der Festung sind neben dem Očakover Tor das Moskauer Tor, das Arsenal (vul. Perekops'ka 10) und die Katherinenkirche (vul. Perekops'ka 13).

■ **Katharinenkirche**

Als die Kirche 1787 fertiggestellt war, entflammte der russisch-türkische Krieg aufs Neue, und so legte man an ihren Mauern ein Friedhof für die Helden dieses Waffengangs an. Auch deutscher Adel, der im Dienste Katharinas gekämpft hatte, ist hier beigesetzt. Bei ihrem Besuch 1787 ließ die Zarin über dem Portal mit seinen vier Säulen folgenden Spruch anbringen: ›Dem Retter des Menschengeschlechts geweiht von Katharina II.‹ Er hat die Zeiten über-

Karte S. 397
▲

Jugendstilvilla in der Lenin-Straße

dauert, im Gegensatz zu vielem anderen. Die schlichte Innenausstattung rührt daher, dass diese Kirche in den 1930er Jahren geschlossen und die Einrichtung zerstört wurde. Auch die beiden oberen Etagen des Glockenturms wurden abgetragen. Erst 1985 durften sie wieder aufgesetzt werden. Auch Grigorij Potjomkin ist in der Katherinenkirche beigesetzt, die er 1787 mit Katharina II. besucht hatte. Umgeben vom braungestrichenen Holzfußboden und der einfachen Auslegeware ruht der Fürst von Taurien in der Mitte der Kirche unter einer Marmorplatte. Sonntag für Sonntag drängt sich hier die Gemeinde. Die Alten tragen abgewetzte Kleider und stützen sich auf den Eisenzaun, der das Grab umgibt. Potjomkin war zu Lebzeiten anderes gewohnt. Selbst seine Morgenmäntel seien mit Diamanten besetzt gewesen, erzählt man, und in St. Petersburg habe er sich einmal mehr als eine Million Rubel für den Aufbau von Cherson bar auszahlen lassen.

Potjomkins Grab in der Katharinenkirche

An der Dampferanlagestelle Cherson

■ Kaufmannsstadt

Östlich der Festung befand sich einst die Vorstadt, im Westen war die Kaufmannsstadt. Sie liegt jenseits des Ušakov-Prospekts und ist heute der Mittelpunkt der Stadt. Zwischen der vul. Karla Marksa (вул. Карла Маркса) und der vul. Suvorova (вул. Суворова) und der Komsomol's'ka vul. (Комсомольська вул.) finden sich eine Fußgängerzone, Läden, Kneipen mit Billard, Cafés mit Karaoke, ein Straßenmarkt für Bilder und Souvenirs, dazu gut restaurierte Altbausubstanz und auf einer Anhöhe das Theater. Hier fühlen sich die Einheimischen sichtlich wohler als auf dem breiten pr. Ušakova mit seinen langen Fluchten. Dem Feldherren und Generalissimus Aleksandr Suvorov, der in der Zeit des russisch-türkischen Krieges das Chersoner Korps führte, ist auf der vul. Suvorova ein kleines Denkmal errichtet worden. Auf der vul. Karla Marksa, da wo sie einen kleinen Park quert, steht auf dem ›Potjomkin-Square‹, ein weit weniger bescheidenes **Potjomkin-Denkmal**. Der Fürst, schlank, rank und überlebensgroß, ist wie ein antiker Held in eine römische Rüstung gepackt. Erstmals wurde die Skulptur 1836 aufgestellt und blieb bis zur Oktoberrevolution an ihrem

Karte S. 397

Platz. Dann wurde es mit Planen abgedeckt und hieß für die Einwohner nur noch ›das Gespenst‹. 1921 wurde es weggenommen und als Ersatz eine Karl-Marx-Büste aufgestellt. Potjomkin verschwand erst ins Museum und während des Krieges vollständig. 1958 wurde die Büste gegen eine Karl-Marx-Skulptur getauscht. Seit 2003 steht ein neuer alter Potjomkin aus Bronze an seinem Platz, und am Sockel glänzen die Tafeln, auf denen die Sponsoren verewigt sind.

Platz und Grünanlage vor dem **Theater** (vul. Hor'koho/вул. Горького 7) wurden schon geliftet. Die Ungeduld, mit der Cherson auf Gäste wartet, ist mit Händen zu greifen. Auf der Treppe, die zur rekonstruierten vul. Suvorova hinunterführt, ist eine Handelspassage entstanden Das musikalischdramatische Theater ›Mykola Kuliš‹ hat Klassiker von Shakespeare und Gogol, aber auch Musicals wie ›Hello Dolly‹ auf dem Spielplan. Das Theater wurde 1962 eröffnet, den Vorgängerbau von 1889 haben deutsche Truppen 1944 beim Abzug gesprengt. Auf dem pr. Ušakova reihen sich bis zum Bahnhof, der das Stadtzentrum nach Norden hin abschließt, Hoch-schulen – unter ihnen das Marinetechnikum (Nr.20) –, das Stadtparlament (Nr. 37), das Gebietsparlament mit obligatorischem Lenindenkmal (pl. Svobody/пл. Свободи 1) sowie Läden, Restaurants und Cafés.

Gegenüber dem Lenindenkmal beginnt am Kino ›Ukrajina‹der Myrnyj bulv., der am **Zentralen Bauernmarkt** endet. Am Eingang gibt es allerhand Volkskunst und in Öl Gemaltes zu kaufen und ein Gang über den Markt lohnt sich auch. Wenn man genug gesehen und eventuell gekauft hat, kann man über die vul. Karla Marksa, die parallel zum pr. Usakova verläuft, nach Süden Richtung Dnepr schlendern. Auf dem Potjomkin-Platz trifft man das erwähnte Potjomkin-Denkmal wieder.

Etwa 300 Meter abwärts wird die vul. Karla Marksa von der vul. Lenina (вулі Леніна) gekreuzt. Wenn man dieser idyllischen Straße nach rechts folgt, kommt man bald an der **Maria-Entschlafenskirche** vorbei, an der seit Jahren gebaut wird.

Weiter unten, an einer belebten Kreuzung stehen sich die zwei wichtigsten Museen der Stadt gegenüber, das **Kunst-**

Die Früchte des Südens

museum und das **Gebietsmuseum**. Das Kunstmuseum mit seinem Eckturm, vul. Lenina 34, wurde als Gebäude der Städtischen Duma erbaut und 1903 eröff-net. Im Museumsbestand befindet sich eine Vielzahl von Ikonen sowie russische und ukrainische Malerei vom 18. Jahrhundert bis zur Gegenwart.

 Cherson

Vorwahl: 05 52.

Hauptpostamt, pr. Ušakova 41 (пр. Ушакова), 8–19 Uhr, Sa bis 18 Uhr, So 9–16 Uhr.

Der Bahnhof befindet sich am Pryvokzal'na pl. (Привокзальна пл.), über den pr. Ušakova führt die Trolleybuslinie 1, die am Bahnhof endet. Fernzüge fahren u.a. nach Kiev, L'viv, Simferopol', Zaporižžja, Charkiv und Kerč. Vorortzüge fahren u.a. nach Brylevka (Брилевка). **Vorverkaufskasse** unweit des Flusshafens in der vul. Petrenka 28 (вул. Петренка).

Der Busbahnhof liegt in der Mykolajivs'ke šose 2 (Миколаївське шосе). Man erreicht ihn mit den Trolleybussen der Linie 11 und 12 oder vom Bahnhof aus über eine Fußgängerbrücke, welche die Gleise überquert, danach auf der Parovozna vul. (Паровозна вул.) links halten, an deren Ende beginnt die Mykolajivs'ke šose. Von dort fahren u.a. täglich Überlandbusse nach Odessa, nach Izmajil (Ізмаїл) und Vylkove (Вилкове) ins Donaudelta, nach Kerč (Керч), Vinnycja (Вінниця), Kiev, Zaporižžja, Askanija Nova sowie nach Lazurne (Лазурне), Skadovs'k (Скадовськ) und Zaliznyj Port (Залізний Порт) ans Meer.

Vom Flusshafen, Odes'ka pl. (Одеська пл.), verkehren Dampfer nach Anto-nivka (Антонівка) und nach Hola Prystan' (Гола Пристань), Kasse 9.30–15.30 Uhr, Pause 12–13 Uhr. Ausfahrten mit offenen Booten täglich vom Kai am Ende des pr. Ušakova, Anmeldung Tel. 32 67 88.

Hotel Fregat (Фрегат), pr. Ušakova 2, Tel. 28 00 03, www.hotelfregat.com, ab 40 Euro.

Hotel Anželina (Анжеліна) am Bahnhof, Pryvokzal'na pl. 1, Tel. 53 23 04, ab 40 Euro.

Hotel Brygantyna (Бригантина), vul. Patona 4, Tel. 27 37 31, www. brigantinaua.com, ab 30 Euro.

Hotel Merydian (Меридіан) am Flusshafen, Odes'ka pl. 4, Tel. 26 41 56, ab 20 Euro.

Das **Hotel Ninel'** (Нинель), vul. Belins'koho 22 (вул. Белинського) Tel. 42 43 53, hat zwei Kategorien, das bessere Ninel' (ab 35 Euro) und das billigere Ninel' 2 (ab 18 Euro).

Auf dem pr. Ušakova, vor allem aber auf der vul. Suvorova (вул. Суворова) und der Komsomol's'ka vul. (Комсомольська вул.) gibt es viele Restaurants und Cafés.

Historisches Museum (Історичний музей), vul. Lenina 9 (вул. Леніна), tägl. außer Mo/Di 10-18 Uhr.

Kunstmuseum (Художний музей), vul. Lenina 34, tägl. außer Di/Fr 10-18 Uhr.

Literaturmuseum (Літературний музей), pr. Ušakova 23, 10–16 Uhr, Sa/So geschlossen.

Das musikalisch-dramatische Theater ›Mykola Kuliš‹ befindet sich in der vul. Hor'koho 7 (вул. Горького).

Auf dem pr. Ušakova befinden sich viele Länden sowie das Kaufhaus CUM (ЦУМ), pr. Ušakova 49.

Allgemeine Informationen auf www.city.kherson.ua (teils engl.). Historisches auf www.history.ksportal.net (russ.).

Trolleybusse fahren zum Hidropark, vul. Marij Fortus (вул. Марій Фортус), auf die Korabeliv-Insel (острів Корабе-лів). Im Hidropark und auf der Insel Malyj Pot'omkin (Малий Потьомкін) gibt es Bademöglichkeiten.

Askanija-Nova-Reservat

Etwa 150 Kilometer östlich von Cherson befindet sich das UNESCO-Biosphärenreservat von Askanija-Nova (Асканія-Нова). Es ist eines der größten und bemerkenswertesten Reservate mit einer ebenso außergewöhnlichen Geschichte. 1828 erwarb der Herzog von Anhalt-Köthen vom Zaren Nikolaus I. ein ›kleines Stück Steppe‹ von mehr als 50000 Hektar, um Schafe zu züchten und damit die klamme Kasse in Köthen aufzubessern. 1829 machten sich 25 Auswanderer und knapp 3000 Schafe auf den Weg in das ›Askania Nova‹ genannte Land nördlich der Krim. Doch das Unternehmen schlug fehl, und so verkaufte das Haus Anhalt-Köthen 1856 das Gut an den in der Region ansässigen Deutschen Friedrich Fein, den größten Gutsbesitzer im Süden

Russlands. Nun entwickelten sich Schaf- und auch Pferdezucht hervorragend. Feins Nachkommen gründeten einen Freilandzoo, legten einen Park mit hunderten Baumarten an und begannen, das nahezu ausgestorbene Przewalski-Wildpferd zu züchten. Der Park mit seinem seltenen Bestand wurde 1899 auf der Pariser Weltausstellung mit einer Goldmedaille geehrt. Nach der Revolution wurde das Gut enteignet. Heute trägt das Biosphärenreservat den Namen von Friedrich Eduard Falz-Fein. Es gibt ein wissenschaftliches Institut und ein Museum für Flora und Fauna, es werden Exkursionen im Bus und in der Pferdekutsche angeboten (Dauer meist 2,5 Stunden), und im Wildpark leben Antilopen, Gnus, Zebras, Flamingos, Strauße und natürlich Przewalski-Pferde.

 Askanija Nova

Von Cherson fahren viermal täglich Busse nach Askanija-Nova. Die **Verwaltung** des Reservates befindet sich in Askanija Nova, vul. Frunze 13 (вул. Фрунзе).

Unweit vom Haupteingang zum Reservat gibt es das **Hotel Kanna** (Канна),

Askanija-Nova, vul. Cervonoarmijs'ka 22 (вул. Червоноармійська), Tel. 055 38/613 37, Mob. 050/39 34 744, ab 25 Euro. Im Hotel können auch **Exkursionen** gebucht werden.

www.askania-nova-kanna.com.ua
www.ascania-nova.org
www.ascania-nova.com

Die Schwarzmeerküste

Grigorij Potjomkin – Herr über Neurussland

Es war eine märchenhafte Reise zum 25. Thronjubiläum der russischen Kaiserin Katharina II.: Im Januar 1787 brach die Gesellschaft von St. Petersburg auf. 30 Pferde zogen den Schlitten von Katharina. Von Kiev aus setzte man die Reise zu Wasser fort. Angeführt von sieben Galeeren glitt eine Armada den Dnepr hinab. Am Fluss versammelte sich das Volk, um Katharina zu huldigen, Zehntausende Soldaten salutierten, nachts loderten Feuer, wie aus dem Boden gewachsen erschienen Paläste, Türme und Häuser am Ufer. Die Gesellschaft war beeindruckt, allen voran die Kaiserin selbst. An ihrer Seite: Grigorij Potjomkin, Generalgouverneur von Neurussland, Organisator der Reise und Freund der Zarin.

Weil die Eindrücke so unglaublich waren, kam später das Gerücht auf, Potjomkin habe Kulissen aus Sperrholz und Pappmaché mit kostümierten Leibeigenen davor aufbauen lassen. Das Wort von den ›Potjomkinschen Dörfern‹ war in der Welt. Davon unbeeindruckt machte Katharina Potjomkin zum Fürsten von Taurien. Grigorij Potjomkin war 48 Jahre alt. Er hatte Neurussland, jene Steppenregion am Schwarzen Meer, besiedelt, Städte gegründet, eine Kriegsflotte gebaut, er hatte dem Zarenreich den Weg nach Süden geöffnet, Kriege geführt und wollte Byzanz wiederbeleben – und bei all dem gab er der Zarin das Gefühl, dass sie es war, die diese Ideen entwickelte.

Kennengelernt hatten sich beide 1762, als Katharina Herrscherin wurde. Potjomkin war 22 Jahre alt, als Katharina auf ihn aufmerksam wurde. Potjomkin war zunächst Kammerjunker und stieg schnell auf. 1774 war er auch Liebhaber der Zarin. Zwar wurde er ein Jahr später schon von einem anderen abgelöst, aber die Freundschaft zwischen beiden erkaltete nicht. Potjomkin wurde engster Berater der Zarin. Er war ein Organisationstalent – seine größte Leistung: die Gestaltung der südlichen Provinzen mit

Potjomkin-Denkmal in Cherson

der Gründung von Jekaterinoslav, Cherson, Mykolajiv, Sevastopol'. Dann folgte die Reise von 1787. Der Sultan in Konstantinopel empfand sie als Provokation und erklärte Katharina noch im August 1787 zum zweiten Mal den Krieg. Potjomkin wurde Oberbefehlshaber, Russland gewann den Krieg. Die Zarin schickte Potjomkin zu den Friedensverhandlungen mit den Türken ins rumänische Iași. Dort erkrankte er an Malaria. Auf dem Weg nach Mykolajiv starb Potjomkin am 16. Oktober 1791.

Die Nachrufe gerieten sehr unterschiedlich. Seine Gegner titulierten ihn als Hallodri oder als ›Fürst der Finsternis‹. Die anderen – unter ihnen Katharina – hatten einen großen Menschen verloren. Er wurde in Cherson, wo er die russische Schwarzmeerflotte gegründet hatte, in der Katharinenkirche beigesetzt.

Odessa

»Odessiten aller Länder, vereinigt Euch!«

Aufruf des Weltclubs der Odessiten

Odessa – das klingt wie Musik. Der Name geht über jede Zunge, keiner fühlt sich fremd. Vielleicht war das der Grund, warum Katharina II. ein Jahr nach der Gründung den Ort 1795 von Chadžibej in Odessa (Одеса) umbenannte – nach jener alten griechischen Kolonie Odessos, die hier gewesen sein soll. Armand Emmanuel du Plessis, Herzog von Richelieu, der 1803 zum Statthalter von Odessa ernannt wurde, schrieb sorgenvoll an Zar Alexander I.: »Ihre Majestät, noch nie versammelten sich in einem Land auf einer derart kleinen Fläche Angehörige so vieler Völker, deren Sitten, Sprachen, Kleidung, Konfession und Bräuche sich so sehr voneinander unterscheiden.« Der Franzose fürchtete, dass es in dem Gemisch aus Griechen, Italienern, Armeniern, Juden, Deutschen, Polen, Russen, Moldauern und Ukrainern zu Unruhen kommen könnte. Andere hätten die Polizei verstärkt, Richelieu ließ eine Oper bauen. Wer am Abend ins Theater geht, wer gar gemeinsam im Chor singt, wird sich am Morgen nicht die Köpfe einschlagen. Heute singen sie immer noch, aber eher Karaoke. An den Stränden lärmen die Discos, Inline-Skater sausen vorbei. Billardkugeln knallen, und hinterm Ufer wachsen Appartementgebirge in den Himmel, sie heißen ›Arkadischer Palast‹ und ›Weißes Segel‹ und sie versprechen Wohnungen mit dem ›Aroma des Meeres‹. In den Außenbezirken wird die Erde aufgerissen, es wird gebaut, als wäre die Stadt aus einer Starre erwacht. Im Zentrum werden Straßenzüge restauriert, die Lokale breiten sich über die Bürgersteige wie das Weinlaub an den Häusern. Wo zwischen den Platanen und Linden noch Platz ist, stehen große, sehr große und auch kleine Karossen. Am Prymors'kyj Boulevard werden sogar Hunde zu Flaneuren, und das Grummeln, das vom Hafen herüberweht, scheint wie Musik. Odessa hat viele Musiker geboren. Nathan Milstein, David Ojstrach und Shura Cherkassky, nicht zu vergessen die Jazz-Legende Leonid Utjosov – allesamt Juden, alle um 1900 geboren.

Die Potjomkinsche Treppe gilt seit der Achteinhalb-Minuten-Sequenz im Film ›Panzerkreuzer Potjomkin‹ als Ikone. Ein Kinderwagen rollt hinunter, und Soldaten mit aufgepflanzten Bajonetten metzeln wehrlose Arbeiter nieder. Es ist die vielleicht berühmteste Szene der Filmgeschichte. Regisseur Sergej Eisenstein setzte die Meuterei der Matrosen auf der ›Potjomkin‹ von 1905 auftragsge-

Fassade in der Altstadt

recht in Szene. Lenin nannte den Aufstand ›die Generalprobe des Roten Oktober‹. In Wahrheit setzten sich die Matrosen nach Rumänien ab und versenkten dort ihr Schiff. Nicht revolutionär, aber menschlich.

Odessa hat zwei Jahrhunderte erlebt, die unterschiedlicher nicht sein konnten. Im 19. Jahrhundert war sie die strahlende Schöne, selbstbewusst, offen. Als Mark Twain 1867 von seinem Besuch zurückkehrte, erzählte er:»Wir blickten die Straße hinauf, wir blickten hinunter, in diesen Weg oder jenen, wir sahen immer nur Amerika!« Zwei Weltkriege, Revolution, Bürgerkrieg, Terror, Repression und Isolierung hätten Odessa im 20. Jahrhundert fast die Luft genommen. 1925 schrieb Isaak Babel':»Odessa ist toter als der tote Lenin!« Für die Machthaber in Moskau blieb der respektlose, tolerante Geist der Stadt immer etwas Fremdes. Der Boulevard Derybasivs'ka (вул. Дерибасівська) ist unter den Sowjets viermal umbenannt worden. Sie hätten es vierzig Mal tun können, für die Odessiten bleibt er die Derybasivs'ka – benannt nach Don José de Ribas, Neapolitaner mit spanischen und irischen Wurzeln. Er war Admiral der russischen Flotte, er eroberte die türkische Festung, die da stand, wo Odessa jetzt ist. Er wurde von Katharina II. mit Brillanten dekoriert, er leitete den Aufbau der Stadt. Er träumte von Odysseus und von Alexander dem Großen und er soll die Zarin geschwängert haben, kurzum – ein echter Odessit. Begraben liegt er in St. Petersburg, doch wenn es nach dem Stadtrat von Odessa ginge, würde er Don José gern heimholen. Gespräche darüber verliefen bisher ergebnislos. Aber sie werden es schaffen, die Odessiten. Sie haben es immer geschafft.

Geschichte der Stadt

Als Katharinas Sohn Paul I. an die Macht gekommen war, beeilte sich dieser, alle Projekte seiner Mutter, die er über alles gehasst hatte, zu stoppen. Da war es heikel, dass Odessa im Jahre 1800 beim Zaren ein Darlehen von 250 000 Rubel für den Ausbau des Hafens beantragte. Paul empfing das Schreiben und schwieg. Was tun? Da ersannen die Odessiten eine List: Sie ließen aus Griechenland 3000 Apfelsinen kommen, die sie, sorgfältig verpackt, in Windeseile nach St. Petersburg sandten. Eine Sensation, Apfelsinen in der kalten Hauptstadt! Paul nahm das Geschenk dankend an – und bewilligte das Geld. Heute erinnert eine große Apfelsine vor dem Archäologischen Museum daran.

Die Geschichte meinte es gut mit Odessa. Talente aus England, Frankreich, Italien, Holland, gleichermaßen aufgeklärt wie abenteuerlustig, strömten zusammen, um dieser Stadt ihren Stempel aufzudrücken. Das türkische Chadžibej mit seiner Festung Eni-Dunja war erobert, die Friedensverträge unterzeichnet. Die Türken räumten das Feld. Eine Stadt war 1794 zu gründen, die es so noch nie gab: Keine Leibeigenschaft, keine Mauern und kein Schloss, beseelt vom klassischen Ideal, ohne Höflinge und Schranzen und – nicht unwichtig – fern der Hauptstadt. Ein echter ›Aufbruch Ost‹ am Rande der Steppe. Kirchen aller Konfessionen entstanden, Juden durften sich niederlassen, Bauern flohen aus ihren Dörfern. Die Stadt sprach sich herum und blieb in den Köpfen, auch bei denen, die ihrem Ruf nicht folgten. Der ›Mythos Odessa‹ war geboren.

Odessa war von 1819 bis 1859 Portofranco, Freihafen. Die Stadt war lange Zeit größter Getreideexporteur der Welt. 1829 lebten über 50 000 Einwoh-

Jugendstil in Odessa

ner in der Stadt, 30 Jahre später mehr als doppelt so viele. Der Bau mehrerer Eisenbahnlinien ab 1865 brachte dem Hafen ebenso Impulse wie 1869 die Eröffnung des Suezkanals. 1877 schlug Odessa erstmals mehr Waren um als St. Petersburg, 1907 wurde die neue Börse eröffnet. Mit den Fabriken wuchs die Arbeiterschaft, soziale Spannungen nahmen zu. Sie entluden sich im Juni 1905 in einem Generalstreik, den die meuternden Matrosen auf dem Panzerkreuzer ›Fürst Potjomkin von Taurien‹ unterstützten. Odessa war am Vorabend des Ersten Weltkrieges nach St. Petersburg, Moskau und Warschau die viertgrößte Stadt im Russischen Reich und hatte 660 000 Einwohner. Zehn Jahre später war es nur noch die Hälfte. Wie vorher den Weizen hatten Dampfer die halbe Einwohnerschaft einfach mitgenommen. Nach Krieg, Revolution und

Bürgerkrieg war der Aufstieg gestoppt, das ›goldene Jahrhundert‹ vorüber.

Die ›Ukrainisierung‹ Odessas begann. Die Stadt, in der bis zum Ersten Weltkrieg kaum zehn Prozent Ukrainer wohnten, wurde der Ukrainischen Sozialistischen Sowjetrepublik einverleibt. Odessiten trafen sich in Berlin, Paris, New York wieder, andere im Arbeitslager, mancher wurde – wie Isaak Babel' – im Gefängnis erschossen. 1941 besetzen deutsche und rumänische Truppen die Stadt und blieben 907 Tage. Sie löschten das jüdische Odessa nahezu aus. Viele der Juden, die die Shoah überlebt hatten, emigrierten ab den 1970er Jahren in den Westen.

Odessa hat etwa eine Millionen Einwohner. Der Hafen ist mit dem Seehafen im südlich angrenzenden Illičivs'k (Іллічівськ) der größte Handelsplatz der Ukraine, mit Öl- und Containerterminal, Jacht- und Passagierhafen.

Die Potjomkinsche Treppe

Odessas erster Chefarchitekt François de Voland legte die Stadt streng geometrisch an, teilte die Viertel und ließ jede Straße mit Akazien, Linden, Kastanien bepflanzen, damit die Passanten während der Tageshitze im Schatten spazieren konnten. An Touristen hatte er noch nicht gedacht, an Reisende aus Europa und Asien schon. Die kamen lange Zeit im Hafen an und stiegen die Treppe hinauf, die heute Potjomkinsche Treppe (Pot'omkins'ki schody/Потьомкінські сходи) heißt und durch Sergej Eisensteins Film ›Panzerkreuzer Potjomkin‹ 1925 weltbekannt wurde. Weniger bekannt ist, dass die Treppe erst 1955 zum 50. Jahrestag der Meuterei ›nur‹ nach dem Schiff, nicht nach dem Fürsten, benannt wurde. Dabei hatte die Meuterei bereits durch den Film eine nicht zu

Die Schwarzmeerküste

Durch Sergej Eisensteins Film wurde diese Treppe weltberühmt

übertreffende Würdigung gefunden. Und so kam es, dass die Sowjetmacht – zumindest im späteren Bewusstsein der Odessiten wie der Besucher – einen Repräsentanten der alten Herrschaft, Fürst Grigorij Potjomkin, geehrt hat. Und so eine Ehrung war schon lange fällig, denn Potjomkins Verdienste um die Region sind unbestritten. Ein wahrer ›Treppenwitz‹.

Der Aufgang, 1837 bis 1841 von Francesco Boffo erbaut, hieß davor ›Richelieu-Treppe‹, ›Boulevard-Treppe‹ oder einfach ›Große Treppe‹. Boffo hat ihren Eindruck durch einen einfachen Trick verstärkt. Während die Freitreppe an ihrem Fuß über 21 Meter breit ist, misst sie oben nur gut 13 Meter. Die so verjüngte Treppe wirkt von unten weitaus länger und majestätischer, sehr effektvoll als grandioses Entree für alle, die mit dem Schiff ankamen. Es war ein Aufgang direkt in einen neuen Himmel – zum ebenfalls von Boffo durchkomponierten Prymors'kyj Boulevard (Приморський бул.). Von unten findet der Blick den Herzog von Richelieu in römischer Toga, der mit ausladender Hand

wie ein Gott den Fremden begrüßt. Keine Stadt hat sich besser inszeniert. Heute hat die Perspektive gewechselt: Viele Besucher erleben die Treppe von oben, die beabsichtigte Wirkung verpufft – es sei denn, man beginnt wie einst seinen Spaziergang im Hafen.

Vom Bahnhof zum Stadtgarten

Die meisten kommen heute am Bahnhof (Odesa-Holovna/Одеса Головна) an oder mit der Straßenbahn aus den südlicher gelegenen Vierteln, wo sich die Strände und viele Hotels befinden. Das Gewühl am Bahnhofsvorplatz ist groß, Privatquartiere oder Ausflüge werden angeboten, der legendäre Pryvoz-Markt (ринок Привоз) in der Pryvozna vul./Привозна вул. 14 ist auch nicht weit. Wer will, kann von hier aus gleich ins Donaudelta weiterreisen oder sich erst einmal bei einer Exkursion wahlweise auf die Spuren der Verbrecher oder der Dichter Odessas begeben. Wer aber erst einmal selbst die Stadt entdecken will, geht durch die Unterführungen und hat drei Straßen zur Wahl, die ihn zum Opernhaus, zum Prymors'kyj Boulevard und zur Potjomkin-Treppe führen: Die

Der Hauptbahnhof von Odessa

Karte S. 409

Odessa

Die Schwarzmeerküste

бульв. Мистецтв
вул. Софійська
vul. Sofijs'ka
Ukrainisches musikalisch-dramatisches Theater
вул. Гоголя
vul. Hoholja
Gemälde-galerie
Voroncov-palast
вул. Приморська
vul. Prymors'ka
Приморський
бульвар
Prymors'kyj
bul'var
Nikolai-kirche
Meeres-bahnhof
Чорне Море
Čorne More

Richelieu-Denkmal
Potjomkinsche
Treppe

Катерининська пл.
Katerynyns'ka pl.

вул. Щепкіна
vul. Ščepkina
Historisches Museum
вул. Пастера
vul. Pastera
вул. Садова
vul. Sadova
Stadt-garten
вул. Преображенська
vul. Preobražens'ka
вул. Гаванна
vul. Havanna
вул. Начална
Londons'kyj
пров. Чайковського
prov. Čajkovs'koho
Oper
Rathaus
Museum der Schwarzmeerflotte
Archäologisches Museum
Litteraturmuseum

Митна пл.
Mytna pl.
Одеса-Порт
Odesa Port
пров. Нахімова

вул. Ланжеронівська
вул. Ланжеронівська
vul. Lanžeronivs'ka
Mozart
Denkmal für Don José de Ribas
вул. Дерибасівська
vul. Derybasivs'ka
Frapolli
Wachsfiguren-kabinett
Puschkin-museum
Museum für westeuropäische und orientalische Kunst
Lanžeron-Strand
Čornomorec-Stadion

вул. Львова Толстого
Львова Соборна пл.
Christi-verklärungs-kirche
Soborna pl.
Грецька пл.
Hrec'ka pl.
вул. Грецька
vul. Hrec'ka
вул. Буніна
vul. Bunina
Passage
Červonyj
вул. Польська
vul. Pol's'ka
вул. Пушкінська
вул. Пушкінська
vul. Puškins'ka
вул. Опеші
vul. Olesi

парк ім. Т. Шевченка
Ševčenko-Park

пров. Нечипуренка
prov. Nečipurenka
Олександрівський просп.
Oleksandriv'skyj prosp.
вул. Катерининська
vul. Katerynyns'ka
вул. Рішельєвська
вул. Жуковського
vul. Žukovs'koho
Philharmonie
Haupt-synagoge
вул. Єврейська
vul. Jevrejs'ka
вул. Троїцька
вул. Троїцька
vul. Trojic'ka
вул. Карантинна
vul. Karantynna
вул. Осипова
vul. Osypova
вул. Маразлівська
vul. Marazlijvs'ka

вул. Успенська
vul. Uspens'ka
Staro-Bazarnyj sad
Старо-Базарний сад
Kiev
вул. Пушкінська
вул. Базарна
vul. Bazarna
вул. Велика Арнаутська
vul. Velyka Arnauts'ka
вул. Малая Арнатська
vul. Malaja Arnauts'ka
Čornoe More
Pantelejmon-Kloster
Ilarion-Kirche
вул. Куйбишева
vul. Kujbyševa
вул. Пантелеймонівська
вул. Привозна vul. Pryvozna
Pryvoz-Markt
вул. Соколовського
vul. Sokolovs'koji
вул. Гімназнинна
Himnaznina
вул. Пантелеймонівська
vul. Pantelejmonivs'ka
Musikalische Komödie
Італійський бульв.
Italijs'kyj bul'v.
вул. Білінського
vul. Belins'koho

парк Ілліча
park Illiča
вул. Водопровідна
vul. Vodoprovidna
Haupt-bahnhof
Привок-зальна пл.
Pryvokzal'na pl.
пл. Куликове поле
Kulikove pole
вул. Пирогівська
vul. Pyrohivs'ka

0   200   400 m

Puškins'ka vul. (Пушкінська вул.), die Rišel'jevs'ka vul. (Рішельєвська вул.) und die Katerynyns'ka vul. (Катери-нинська вул.).

Es ist nicht leicht, sich für eine zu entscheiden. Es locken Cafés, Läden, Häuser. Doch Chefplaner de Voland hat die Achsen mit Verbindungen versehen, so dass man je nach Neugier und Nase zwischen den dreien wechseln kann. Zu jedem Haus gehört ein Durchgang, der zu einem meist verschlafenen Hinterhof führt. Man sollte möglichst oft auf die Höfe schauen, geben sie doch den Blick in eine ganz andere idyllische Welt frei. Da glänzt Kopfsteinpflaster, sind Autos abgestellt, Kinder spielen, Wäsche hängt herab und es wächst der Wein. Während vorn der Glitzer prunkt, locken einige Meter weiter hinten eine Tasse Tee und eine Schachpartie. Auch das ist Odessa.

Gleich zu Beginn fallen zwei Kirchenbauten auf. An der ersten Querstraße, in der Pantelejmonivs'ka vul. 66 (Панте-леймонівська вул.), recken sich die Zwiebeltürme des **Pantelejmon-Männerklosters** von 1896 in den Himmel (Pantelijivs'kyj monastyr/Пантелíïвсь-кий монастир). Und in der vul. Puškins'-ka 77 steht die **Ilarion-Kirche** (Svjato-Il'ins'kyj sobor/Свято-Ільінський со-бор). Die im byzantinischen Stil erbaute Kirche mit ihrer kräftigen blauen Farbe stammt von 1895. Beide Kirchen sind in ihrer Entstehung und Ausstattung eng mit der Mönchsgemeinschaft auf dem Heiligen Berg Athos in Griechenland verbunden.

■ Puschkin-Straße

Bis 1880 hieß die vul. Puškins'ka Italienische Straße, weil hier die Italiener wohnten. Es muss recht heiter zugegangen sein. Alexander Puschkin spricht in seinem Roman ›Eugen Onegin‹ von einer ›fröhlichen Straße‹. Die vul. Puškins'ka ist wie nahezu alle Straßen der Innenstadt gepflastert, und die besten Pflasterer kamen zu jener Zeit aus Italien. Das führte bei einem Zeitgenossen zu der verwunderten Feststellung: ›Es gibt so viele Italiener hier, dass sie sogar die Straßen pflastern.‹ Bald queren die vul. Velyka bzw. Mala Arnauts'ka (Вели-ка/Мала Арнаутська) die drei Hauptstraßen. In der Arnauts'ka wohnten einst die Albaner.

An der Puškins'ka Ecke vul. Bunina (вул. Буніна 15) steht ein Haus wie eine Burg. Ein Gebäude mit mächtigen Wänden, hohen Fenstern und einem Portal wie bei einer Kathedrale. Hinter diesen Mauern spielt die **Philharmonie** (Філармо-нія). Ursprünglich waren ganz andere Töne zu hören. Durch den Eingang eilten Aktienhändler – das von Mario Bernardazzi 1892 im Stile venezianischer Gotik erbaute Haus war die neue Börse, denn die alte am Prymors'kyj bul. hatte sich nach 60 Jahren rasanter Entwicklung als zu klein erwiesen. Viele behaupten, dass der Architekt das Haus so gebaut habe, dass Gespräche schon nach wenigen Metern nicht mehr zu hören waren, um Geschäfte vertraulich zu halten. Für eine Börse gut, für eine Philharmonie verheerend. Dennoch richteten die neuen Herren nach der Revolution einen Konzertsaal ein. Vielleicht war das Orchester deswegen so oft auf Tournee. Mit Erfolg, insbesondere als 1991 der damals 26jährige US-Amerikaner Hobart Earle zum Chefdirigenten berufen wurde. 1996 haben die Philharmonie das Problem mit der Akustik in Angriff genommen, Vorhänge wurden beseitigt, die Bühne umgebaut und die Bestuhlung verändert – zur Freude von Orchester und Zuhörern.

Karte S. 409

Alexander Puschkin vor seinem Museum in der Puschkinstraße

Der Philharmonie gegenüber steht das **Hotel Červonyj** (Червоний, Puškins'ka vul. 15), einst das edle Bristol. Zu Sowjetzeiten war es ein beliebter Künstlertreff, weil es sich das Flair des ›Bristol‹ halbwegs bewahrt hatte. Hier soll selbst im größten sozialistischen Mangel Espresso serviert worden sein – und das in entsprechenden Tassen. Auch dieses Haus ist nach Plänen von Bernardazzi gebaut. Gleich nebenan hat Alexander Puschkin gewohnt (Puškins'ka vul. 13). Im ›Bristol‹ konnte er zwar noch nicht entspannen, doch war der Dichter, der seine Verbannung vordem in der moldauischen Provinz aushalten musste, begeistert: »Die Restaurationen und die italienische Oper erinnerten mich an vergangene Zeiten, und, bei Gott, ich war wie verwandelt.«
Puschkin war von Juni 1823 an als Verbannter dem Generalgouverneur Michail Voroncov unterstellt und lebte im ›**Hotel du Nord**‹. Seit 1961 beherbergt es das **Puschkinmuseum**, in dem Autographen und Zeichnungen von Puschkin und seinen Zeitgenossen ausgestellt sind. Außerdem wird die Atmosphäre des frühen 19. Jahrhunderts wieder lebendig. Davor steht auf dem Bürgersteig unter Platanen die Bronzeskulptur des Dichters.
Puschkins Euphorie verflog schnell: Voroncov, ein hochgebildeter, aber sehr berechnender Charakter, zeigte keinerlei Verständnis. Er wollte, dass sich Puschkin mit ›etwas Gescheitem‹ beschäftigt und äußerte die Frage, wozu Dichter denn überhaupt gut seien. Wen wundert's, dass Puschkin Voroncov als Hofschranzen, Egoisten und Vandalen titulierte und in einem Brief vom Juli 1824 klagte: »Er sah in mir den Kollegiensekretär, ich habe aber, zugegeben, eine andere Vorstellung von mir.« Der Konflikt eskalierte, als Voroncov erfuhr, dass sich der 25jährige Puschkin in seine Frau, die sieben Jahre ältere Elizaveta Voroncova, verliebt hatte. Der Generalgouverneur drängte auf Puschkins Suspendierung. Am 1. August 1824 musste der Dichter Odessa verlassen und sich im heimatlichen Michailovskoje im Gouvernement Pskov einrichten. Die dreizehn Monate in Odessa gehörten zu den produktivsten in seinem Schaffen.
In der Jevrejs'ka vul., Ecke Risel'jevs'ka befindet sich die **Hauptsynagoge**, die 1850 erbaut wurde. Die größte Synagoge der Stadt wurde nach der Revolution geschlossen, und in das Gebäude zog ein Naturkundemuseum. Nach dem Krieg richtete sich eine Hochschule ein, im größten Saal war die Turnhalle. Eine Tafel neben dem Eingang erinnert heute daran, dass 1938 mehrere führende Vertreter der Gemeinde von Stalins Geheimdienst erschossen wurden. 1989 wurden die Verurteilten rehabilitiert,

Die Schwarzmeerküste

wenig später kehrte das Haus in den Besitz der jüdischen Gemeinde zurück. Nach umfangreicher Restaurierung ist sie jetzt wieder die Hauptsynagoge. Wer hier eine Pause einlegen will, kann im sehr guten koscheren Restaurant ›Hebron‹ (Геброн) einkehren, das sich im Untergeschoss befindet und das man von einem Seiteneingang über die vul. Rišel'jevs'ka 30 erreicht.

■ Auf der Derybasivs'ka

Wer von einem Straßencafé aus entspannt dem Odessaer Treiben zuschauen will, sollte bis zur Derybasivs'ka vul. (Дерибасівська вул.) gehen. Die Derybasivs'ka ist die Vorzeigepromenade mit Vorzeigecafés und schicken Läden im westlichen Stil. In der Nachmittagssonne glänzt das Pflaster, keine Tram, kein Auto – schon deswegen eine Wohltat. Die Straße ist zwischen der Puškins'ka vul. und der Preobražens'ka vul. (Преображенська) Spaziergängern vorbehalten. Außerdem grenzt der Stadtgarten an die Derybasivs'ka.

■ Stadtgarten

Im Stadtgarten hatten bis 2006 die Künstler ihr Atelier unter freiem Himmel. Doch dann kündigten die Stadtoberen für den Stadtgarten eine grundlegende Rekonstruktion an und die Künstler mussten weichen. Die protestierten, demonstrierten, schimpften. Vergebens. Zweihundert Meter von Stadtgarten entfernt wurde ihnen hinter der Christi-Verklärungskathedrale ein neuer Platz zugewiesen. Dort sitzen sie, spielen Schach und schmollen immer noch.

Es wäre besser gewesen, die Maler im Stadtgarten zu halten. Er ist ein Ort für Künstler und Lebenskünstler. Das Odessaer Schriftstellerduo Ilja Il'f (1897–1937) und Jevgenij Petrov (1903–1942) hat hier zwei seiner Helden aus dem Roman ›Das goldene Kalb‹ einem Millionär auflauern lassen. Im Stadtgarten steht auch einer der legendären ›zwölf Stühle‹. So heißt das Erstlingswerk des Duos Il'f/Petrov, das die beiden berühmt machte. Eine adlige Dame gesteht ihrem Schwiegersohn auf dem Sterbebett, dass sie ihre Brillanten, um sie vor der Revolution zu retten, in das Polster einer ihrer zwölf Stühle eingenäht hat. Natürlich hatte die Revolution der Dame nicht nur Titel und Einfluss genommen, sondern auch sämtliche Stühle. Und so macht sich der Schwiegersohn auf, diesen einen Stuhl zu finden. Der Schatzsucher ist zwar raffgierig, aber nicht besonders gescheit, und so gesellt sich bald der clevere Ostap Bender, der ›Große Kombinator‹ zu ihm. Und bald säumt ein knappes Dutzend aufgerissener Stühle den Weg der Ganoven. Doch einer blieb intakt und steht seit 1999 im Stadtgarten. Beide Bücher sind ein Kaleidoskop Sowjetrusslands mit seinen neuen Genossen und alten Gewohnheiten, den allgegenwärtigen Schildern (›Bierausschank nur an Gewerkschaftsmitglieder!‹) und den vielen kleinen Leuten, die versuchten, sich über Wasser zu halten. Dem revolutionären Pathos wird die Luft abgelassen, und Il'f/Petrov zeichnen ein wenig schmeichelhaftes Bild der Verhältnisse.

Die Jazzlegende Leonid Utjosov hat im Garten keinen Stuhl, sondern eine Bank. Utjosov, in Odessa geboren, hatte 1928 in Paris erstmals Jazz gehört. Ein Jahr darauf gründete er das erste sowjetische Jazz-Orchester. Als ihm einmal ein Kritiker sein dürftiges Stimmpotential vorhielt, hat Utjosov halb empört, halb augenzwinkernd entgegnet: »Ich singe doch gar nicht mit der Stimme. Ich singe mit dem Herzen!«

Karte S. 409

Angelegt hat den Stadtgarten Felix de Ribas, Bruder des Haudegens Don José de Ribas. Die Deribasivs'ka ist nach Don José benannt, sie verläuft parallel zur Lanzeronivs'ka. Seit 1994 steht am östlichen Ende ein Denkmal für Don José de Ribas. »Mich bringt der Wunsch fast um, irgend etwas Großes zu vollbringen«, eiferte der junge Don José, Sohn eines spanischen Edelmannes aus Barcelona, der im Königreich Neapel im Staatsdienst war. Mit zwanzig tritt er in die russische Flotte ein, mit vierzig erobert er die türkische Festung Eni-Dunja und als Vize-Admiral legt er fünf Jahre später den Grundstein für Odessa. Tatendurstig und stolz blickt de Ribas vom Sockel, Dreispitz auf dem Kopf, Schippe in der einen, Bauplan in der anderen Hand. So kommt es, daß ihn die Einheimischen gern ›Admiral Schippe‹ nennen oder einfach ›Schatzinsel‹.

Der Hof des Hauses Deribasivs'ka Nr. 3 nebenan hält eine Überraschung bereit: Hier steht unter Wäscheleinen eine Bü-

Einer der ›Zwölf Stühle‹ im Stadtgarten

ste Ludwig Samenhofs (1859–1917). Der Begründer der Sprache Esperanto, ein Philologe und Augenarzt aus Bialystok, weilte vermutlich nie in Odessa. Hier im Hof Nr. 3 hatte nach dem Zweiten Weltkrieg der Bildhauer Nikolaj Blazkov seine Werkstatt. Als er einen Auftrag für eine Samenhof-Büste aus Polen erhielt, macht er sich ans Werk. Doch das Stück wurde nie abgeholt. Was tun? Blazkov stellte es im Hof auf - und so steht es noch heute. Der Stadtrat zählt das Denkmal inzwischen zum kulturellen Erbe Odessas und ließ es 2008 restaurieren.

■ Christi-Verklärungskathedrale

Dort, wo die vul. Deribasivs'ka auf die vul. Preobražens'ka stößt, beginnt ein weiterer Park. Hinter Bäumen ragt ein Bau auf – die Christi-Verklärungskathedrale. Ihre Gestalt wirkt so, als wäre es eine westliche, katholische oder evangelische Kirche – und das liegt vor allem an dem mächtigen Turm. Dennoch, es ist die orthodoxe Hauptkirche der Stadt. 1809 wurde der erste Teil fertiggestellt, 1837 der 72 Meter hohe Turm. Danach wurde die Kirche stetig erweitert, kaum fertig, wurden Baumängel beseitigt. In der Kirche fanden der Generalgouverneur Voroncov und seine Frau ihre letzte Ruhe. Um 1900 war sie eine der größten Kirchen im Zarenreich und fasste 9000 Gläubige. Von der Seeseite wird die Stadtsilhouette nicht nur durch die Oper dominiert, sondern auch von dieser Kirche – bis 1936. Da ließen die Bolschewiki diese Kirche wie viele – nein, nicht einfach abreißen, sondern sprengen. Die Gräber der Voroncovs wurden ausgeraubt, die Särge hinausgeworfen. Dazu erzählte eine Zeitung nach der politischen Wende folgendes: Es sei damals einem einfachen Kraftfah-

Die Schwarzmeerküste

rer gelungen, heimlich die Särge auf den Armenfriedhof zu schaffen. Dieser Akt sei den Bolschewiki jedoch nicht verborgen geblieben und der Mann erschossen worden. Manches ist kaum vorstellbar, etwa wie man zwei Särge heimlich fortschaffen konnte. Vielleicht ist es eine Legende, aber sie passt zu Odessa. Die Gebeine der Voroncovs wurden jedenfalls gerettet und befinden sich wieder an ihrem alten Platz. Denn 1999 begann der Wiederaufbau der Kirche. Heute gehört sie zur ukrainisch-orthodoxen Kirche/Moskauer Patriarchat.

Im **Park an der Kirche** bieten Maler ihre Bilder an, es werden aber auch reichlich Souvenirs und Volkskunst angeboten. Nebenan steht das **Denkmal für Generalgouverneur Voroncov**, das die Sowjetzeit zwar lädiert, aber doch überstanden hat.

Wer einkaufen will, kann das im **Shopping-Center Afina** am Griechischen Platz (Hrečes'ka pl./Греческа пл.) tun, das den westlichen in nichts nachsteht, allerdings bietet es auch nicht viel anderes als Konsumtempel in Berlin, Frankfurt oder Wien. Auch für Regenstunden ist der Glasbau eine gute Zuflucht.

▲ *Die Passage in der vul. Deribasivs'ka11*

Eine bessere ist allerdings die prächtige **Passage** (Pasaž/Пасаж/vul. Deribasivs'ka 33) von 1899. Solche Passagen waren damals genauso modern wie die Eisenbahn und so kommt es, daß Merkur, der Gott der Kaufleute, hoch oben auf einer Dampflok thront. In der Passage gibt es auch das charmante, mit Patina belegte **Hotel Passage** (Пазаж), (noch) für den kleinen Geldbeutel.

Langeron-Straße

Der Stadtgarten grenzt mit seiner anderen Seite an die Lanžeronivs'ka vul. (Ланжеронівська вул.), die nach Louis Alexander Andrault de Langeron (1763–1831) benannt ist, einem Franzosen, der die Geschicke der Stadt maßgeblich gelenkt hat. Langeron war von 1815 bis 1823 Generalgouverneur von Odessa und dem Neurussischen Gouvernement. In seiner Amtszeit wurden der Freihafen eröffnet und mit der ›Message de la Russie méridionale‹ die erste Zeitung herausgegeben.

■ Opernhaus

Als Langeron sein Amt antrat, hatte das Theater an der nachmaligen Lanžeronivs'ka schon die sechste Saison hinter sich. Allerdings nicht in dem Gebäude, das heute zu sehen ist. Das erste Haus brannte 1873 ab. Beim Neubau entschieden sich die Stadtoberen für die Entwürfe des Wiener Büros Fellner & Helmer, damals die ›Stararchitekten‹, die zwischen Hamburg und Sofia fast 50 Theater gebaut haben. 1887 wurde das neue Theater mit seinen über 1500 Plätzen eingeweiht. Nach Jahren der Restaurierung leuchtet das Haus wieder wie am ersten Tag – sehr zur Freude des Ensembles und der Besucher, die sich jahrelang in Provisorien trafen. Die Theaterkasse befindet sich links neben

Hochzeitspaar vor der Oper

über zeigt das **Archäologische Museum** seine Schätze. Das Gebäude wurde 1883 eingeweiht, das Museum allerdings schon 1825 gegründet. Ein Blickfang ist die Laokoon-Gruppe vor dem Portal. Der trojanische Priester Laokoon kämpft mit seinen beiden Söhnen vergeblich gegen zwei Schlangen, die ihm die Göttin Athene in ihrem Zorn geschickt hat. Es ist eine Kopie, das Original, das vermutlich aus dem 1. vorchristlichem Jahrhundert stammt, steht im Vatikan.

Das Museums-Trio in der vul. Lanžeronivs'ka komplettiert das **Literaturmuseum** im Palast des Fürsten Gagarin. Im Goldenen Saal traf sich um 1900 die Literarischkünstlerische Gesellschaft, heute wird man von der Aufsicht durch diesen Saal auf knarrendem Parkett in die einzelnen Räume geschleust. Die Ausstellung ist überreich, und thematisch wohlgeordnet: Briefe, Zeitungen,

dem Haupteingang, sie hat täglich außer Montag von 11 bis 19 Uhr geöffnet. An der Nordseite, wo die Kasse ist, schließt sich ans Opernhaus ein ruhiger, schattiger Platz an mit ein, zwei netten Restaurants.

Wer, angeregt durch das Opernhaus oder auch durch das aristokratische **Hotel Mozart** dem Theater gegenüber, mehr Atmosphäre des frühen Odessa erleben will, kann das in Sichtweite der Oper im Keller des ehemaligen Bankhauses Aschkenasi (vul. Risel'jevs'ka 4) tun. Dort trifft man im **Wachsfigurenkabinett** auf viele Protagonisten der Odessaer Historie, täglich geöffnet von 8.30 bis 22 Uhr. Das Haus ist am Wochenende an den vielen Stretch-Limousinen davor zu erkennen, es ist nämlich auch der Odessaer Heiratspalast.

■ Museen

Gleich neben der Oper trafen sich die Herren von Welt im Englischen Club. Hier gab es Small talk und Zeitungen aus London. Seit 1965 ist dort das **Museum der ukrainischen Schwarzmeerflotte** untergebracht. Im Haus gegen-

Die Laokoon-Gruppe vor dem Archäologischen Museum

Die Schwarzmeerküste

Fotos, Autographen – eines der edelsten Stücke ist eine Handschrift vom zweiten Teil der ›Toten Seelen‹, an dem Nikolai Gogol in Odessa gearbeitet hat. Es finden sich aber auch Alltagsgegenstände wie Schal, Mütze und Visitenkarte von Ilja Il'f. Das Museum gibt nicht nur Einblicke in die literarischen Epochen, sondern auch in die reiche Zeitungslandschaft der Stadt.

Prymors'kyj-Boulevard

Am Rathaus beginnt der Prymorskyj bul., der Boulevard am Meer. Der Boulevard ist ein durchkomponiertes Stück Stadt- und Gartenlandschaft. An dem einen Ende die ehemalige Börse, am anderen der Voroncov-Palast, beide durch eine Kastanienallee verbunden wie durch einen Wandelgang, zur Stadtseite die Bürgerpalais. Nach der Hälfte weitet sich der Weg zu einem Platz, als wäre hier das Foyer. Ist es auch. Denn hier hebt Richelieu seine Senatorenhand und blickt auf die Potjomkin-Treppe.

Der Boulevard war schon immer die gute Stube der Stadt und entsprechend gepflegt, doch in den vergangenen Jahren sind die Bemühungen noch einmal verstärkt worden. Auf halber Strecke zwischen Richelieu- und Puschkin-Denkmal ist unter anderem eine Vitrine in den Boden eingelassen worden, die über antike archäologische Funde in Odessa informiert. Außerdem sind die Kastanien mit bunten Leuchtgirlanden behängt worden, die den Boulevard allabendlich in bonbonfarbenes Licht tauchen, was allerdings nicht jedermanns Sache ist.

Francesco Boffo hat nicht nur Treppe und Boulevard angelegt, sondern auch die Börse, den Voroncov-Palast und Dutzende andere Häuser in der Stadt gebaut. Das Baumaterial war der Sandstein, den sie unter der Stadt fanden. Sie

brachen ihn in Blöcken heraus, Stück für Stück, bis der Untergrund durchlöchert war wie ein Schweizer Käse – die **Katakomben von Odessa** waren entstanden, ein Labyrinth von Gängen mit einer Gesamtlänge von unglaublichen 1700 Kilometern, andere sprechen gar von 2500 Kilometern. Schmuggler versteckten dort fortan ihre Waren und im Zweiten Weltkrieg waren sie Zuflucht für Juden und Partisanen. Es gibt verschiedene Zugänge zu den Katakomben, in und um Odessa. Heute werden von örtlichen Veranstaltern Exkursionen in die Katakomben angeboten.

■ Rathaus

Am Laokoon vorbei führt der Weg vom Archäologischen Museum zum Rathaus. Hier riecht man schon das Meer. Durch seine weißen Säulen wirkt das Rathaus wie der Pavillon eines Seebads, dabei war es bis 1892 die Börse, was in den

Das Rathaus

Karte S. 409

Nischen Merkur, der Gott des Handels, und Ceres, Göttin des Ackerbaus, symbolisieren. Auf dem Vorplatz steht eine Kanone. Sie hatte ihren Platz auf der englischen Fregatte ›Tiger‹ und war im Krimkrieg auf Odessa gerichtet. Als eine ganze Armada vor Odessa auftauchte, wollten die Odessiten, von Natur aus weltoffen und freundlich, die Schiffe gerade begrüßen, als eine Kanonade anhob. Da wussten sie, dass Odessa nicht in einem politischen Arkadien existierte, sondern Teil des Russischen Reiches war, das gerade die Weltmächte herausgefordert hatte. Doch die Odessiten hatten Glück. Ein Nebel zog auf und eines der Schiffe, die ›Tiger‹, lief nahe dem Ufer auf Grund. Die Besatzung wurde gefangengenommen, das Schiff zerstört und die Kanone als Trophäe aufgestellt. Die Armada zog von dannen. Viele Besucher, die zum ersten Mal nach Odessa kommen, sind beeindruckt von den vielen kleinen und großen, oft auch humorvollen und hintersinnigen Denkmälern, die wie Schmuckstücke die Straßen zieren und die alle ein Merkmal eint: Es sind friedliche Zeugnisse, die von einer friedfertigen Stadt künden. Die Kanone ist eine der wenigen Ausnahmen.

■ Puschkin-Büste

Gleich daneben steht die Puschkin-Büste. Diese Büste wurde 1889 errichtet. Eigentlich sollte es ein komplettes Standbild des Dichters werden, allerdings haben die Mittel dazu nicht gereicht, die bei einer Sammlung eingeworben wurden. Ein kompletter Puschkin ist heute an anderer Stelle Odessas zu sehen: Auf dem Bürgersteig vor dem Puschkin-Museum. Die Kastanien am Boulevard, so erzählen es die Einheimischen, wurden in eben jenem Jahr gepflanzt in dem auch die Büste errichtet wurde. Es ist

allerdings eine Legende, dass die mächtigen Platanen gleich neben der Büste bereits von Puschkin berührt worden sein sollen.

■ Voroncov-Palast

Der Voroncov-Palast bietet von seinen Kolonnaden aus einen weiten Blick über den Hafen und ist gleichzeitig ein vergleichweise ruhiger Ort am Rande des Boulevards. Er ist heute der ›Palast der Kinder und Jugendlichen‹ von Odessa.

■ Richelieu-Denkmal

Das Richelieu-Denkmal ist nicht von Francesco Boffo, sondern von Ivan Martos. Wenn es allein nach den Odessiten ginge, sie hätten ihren Herzog wohl ›den Großen‹ genannt. Armand Emmanuel du Plessis, der 5. Herzog von Richelieu, Verwandter des Kardinal Richelieu, war ein aufgeklärter Geist und Staatsmann – und ein Glücksfall für Odessa. Vom Theaterbau über Ideen der Gewaltenteilung und Hygiene bis hin zu den weißen Akazien, die er anpflanzen ließ – vieles hat er angeregt. Es gab genügend Gründe, den Herzog nach seiner Rückkehr 1814 nach Frankreich zu ehren, wo er noch zweimal Premierminister wurde. Noch mehr, als er 1822 starb. Sein sieben Jahre später eingeweihtes Bronzedenkmal war das erste, das die Stadt sich geleistet hat.
Richelieu, der die Treppe hinunterblickt, hatte früher eine bessere Sicht aufs Meer. Davor schiebt sich nun eine verkehrsreiche Straße, eine Brücke, ein Autohaus, ein Parteibüro, Werbewände, der Fährhafen und – als Sichtblende besonders wirksam – ein Luxushotel. Über diesen Bau sind keineswegs alle Odessiten erfreut. Säße ein Richelieu im Rathaus, das Hotel wäre dort nie gebaut worden.

Die Schwarzmeerküste

Wer die 191 Stufen fürchtet, für den gibt es eine Steighilfe – eine Standseilbahn, ähnlich dem Funiculaire in Kiev, die gemächlich neben der Treppe von 8 bis 23 Uhr auf- und abfährt und deren Benutzung kostenlos ist.

Am Hafen

Wenn man die Treppe hinabsteigt und zur Pier vordringt, was nicht ganz einfach ist und über Gänge und verwinkelte Treppen führt, läuft man geradewegs auf die Großskulptur ›Goldenes Kind‹ von Ernst Neizvestnyj zu, die der Künstler 1995 der Stadt geschenkt hat. Der 1925 geborene Neizvestnyj wurde vom damaligen Kremlchef Chruschtschow wegen seiner Kunst erst heftig attackiert und danach isoliert, bis er 1975 endlich ausreisen konnte und in den USA ein hochgeachteter Künstler wurde.

Der Hafen

Rings um das ›Goldene Kind‹ am Fährterminal spürt man keinen Hauch mehr von Klassizismus, dafür gibt es um so mehr Geschäftigkeit: Dumpfer Lärm dringt von den Kränen, im Bahnhof quietschen Waggons, im Jachthafen schaukeln Boote, Dampfer tuckern von hier zu den Stränden. Eine Bronzeskulptur – eine Mutter mit einem Kind auf dem Arm – erinnert an das Los der Seeleute und ihrer Familien. Viele ukrainische Matrosen sind als gute und billige Arbeitskräfte auf den Weltmeeren unterwegs, viele auf Seelenverkäufern, und kommen nur selten nach Hause. Die Sorge, die aus der Skulptur spricht, ist alles andere als ein Anachronismus.

■ Dampferfahrten

Von hier aus kann man auch eine gemächliche Dampferfahrt entlang der Strände unternehmen. Die Dampfer liegen am Ende des Fährterminals und bieten unterschiedliche Rundfahrten an, Tickets werden direkt an Bord verkauft, die Preise liegen bei umgerechnet etwa 10 Euro. Am Informationsschalter im Fährterminal werden auch Hafenrundfahrten angeboten, allerdings ist eine Mindestteilnehmerzahl von sechs Personen erforderlich. Zu den Anlegern gelangt man direkt durch das Terminalgebäude, über eine Treppe.

■ Nikolaikirche

Versteckt hinter dem Hotel steht auf der Pier eine Kirche. Die Nikolaikirche (Svjato-Mykil's'kyj chram/Свято-Микільсь-кий храм) wurde 1994 zum Schutz der

Die verspiegelte Fassade des Meeresbahnhofs

Karte S. 409

Matrosen, Fischer und aller Reisenden errichtet. Dass das nötig ist, zeigt die Gedenktafel daneben. Sie erinnert an den Untergang der ›Admiral Nachimov‹ am 31. August 1986. Der Passagierdampfer, die frühere ›Berlin‹, die der Sowjetunion als Reparation übergeben worden war, legte mit 888 Passagieren und über 300 Mann Besatzung in Odessa ab und nahm Kurs auf Novorossijsk. Kurz vor dem südrussischen Hafen kollidierte das Schiff mit dem Frachter ›Petr Vasev‹ – obwohl beste Sichtverhältnisse waren und die Besatzungen im Funkkontakt standen. 398 Passagiere ertranken. Es war die größte Schiffskatastrophe im Schwarzen Meer.

■ **Leuchtturm**

Damit möglichst alle Schiffe sicher ankommen, wurde 1862 auf der Hafenmole ein Leuchtturm errichtet, den man zu Ehren des Generalgouverneurs Voroncov-Leuchtturm (Voroncovs'kyj majak/ Воронцовський маяк) nannte. Der jetzige Turm ist bereits der dritte. Sein Signal reicht zwölf Seemeilen weit, Nacht für Nacht blinkt er unablässig dreimal lang, nach dem Morsecode des Buchstaben O – wie Odessa.

Fisch auf dem Pryvoz-Markt

Rund um den Bahnhof

Zurück am Hauptbahnhof empfiehlt sich ein Besuch auf dem **Pryvoz-Markt** (Pryvozna vul. 14), der sich etwa 200 Meter westlich des Bahnhofs erstreckt. Es ist ein ewiges Drängeln und Schieben in dem Gewirr der Gänge und Stände. Vieles ist genauso oder doch ähnlich wie auf vielen anderen Bauernmärkten in der Ukraine, eines ist grundverschieden: Der Pryvoz ist auch ein Fischmarkt. Hier wird geschuppt, filetiert, geschlachtet, beinahe sogar geräuchert. Doch die Wölkchen, die überall aufsteigen, sollen vor allem die Fliegen fernhalten, was nur unzureichend gelingt. Aus unzähligen Fässern werden ganze Schwärme von Sprotten geholt. Meist sind es stattliche Marktweiber, die den Handel bestimmen und die immer wieder geradezu liebevoll ihre Berge von Sprotten mit Untertassen zusammenschieben, bis sie endlich alle verkauft sind. Natürlich sind auch meterlange Fische zu haben, die gehen aber seltener über die Theke. Auch wenn man als Reisender kaum einen frischen Lachs nach Hause tragen wird, die Atmosphäre ist einzigartig und der Pryvoz gehört zu Odessa wie die Potemkintreppe oder das Opernhaus.

■ **Jüdische Spuren**

Hinter dem Pryvoz-Markt beginnt die **Moldavanka**, das alte Judenviertel, jedenfalls das Viertel der armen Juden, die einst aus dem Hinterland nach Odessa gezogen kamen. Isaak Babel', der hier geboren wurde, hat der Moldavanka mit ihren Überlebenskünstlern, Gaunern und dem Gangsterkönig Benja Krik in seinen ›Geschichten aus Odessa‹ ein literarisches Denkmal gesetzt. In der Moldavanka geht es ruhiger zu als im Zentrum, ruhig ist es hier trotzdem nicht. Geschäf-

Mahnmal im ehemaligen jüdischen Viertel

te werden auch hier gemacht, doch ist hier alles noch etwas urwüchsiger. Aserbaidschanische Händler verkaufen vom Bürgersteig alles, was sie per LKW und Fähre herschaffen konnten. Im Prinzip sind es die gleichen Dinge wie auf dem Pryvoz, nur werden sie gleich zentnerweise verkauft.

Ganz in der Nähe, wo die vul. Velyka Arnauts'ka auf die vul. Staroportofrankivs'ka trifft, beginnt eine Grünanlage, der Prochorovskyj skver. Durch den Park zieht sich eine Birkenallee, die ›Allee der Gerechten‹, die zu einem Denkmal gehört. Es ist das Mahnmal für die Zehntausenden zwischen 1941 und 1944 von deutschen und rumänischen Besatzern ermordeten Juden Odessas.

Die Strände

Am schnellsten gelangt man zum **Lanžeron-Strand** (Ланжерон) – zu Fuß, durch den Ševčenko-Park (парк ім. Шевченка) und eine Treppe hinab. Am weitesten ist **Ljustdorf** (Люстдорф) entfernt, der Strand ist nach der alten deutschen Siedlung Lustdorf benannt und liegt an der Endstation der Straßenbahn-

linien 27 und 29. Der schönste ist **Arkadija** (Аркадія) am Ende der Linie 5, sie verkehrt vor dem Hauptbahnhof in der vul. Pantelejmonivs'ka (Пантелеймонівська вул.).

Am stilvollsten fährt man mit einem Dampfer vom Hafen zu den Stränden. Es gibt Otrada, Del'fin, Čajka und noch eine Handvoll. Sie sind relativ schmal, oft mit Beton bebaut, immer mit Discos und Cafés, die Siena, Jamaika und Palma heißen. Das alles führt zu einem gewissen Geräuschpegel, der zum Abend hin anschwillt. Es gibt Anlegestellen, Ausleihen für Liegen und Schirme, das **Delphinarium Nemo** (Немо) in Lanžeron (ganzjährig geöffnet) und am Strand Otrada eine Seilbahn. Am Französischen Boulevard (Francuzkyj bul./Французький бул.) reihen sich Sanatorien, Hotels und Villen. Die kleinen Straßen, die von dort abzweigen, führen – mal auf glatten Wegen, mal über Stock und Stein – zum Meer. Und das Wasser? ›Das Wasser entspricht nicht den sanitären Normen‹, verkünden Schilder der Stadtverwaltung. Das Schwarze Meer bei einer Millionenstadt mit Hafen ist nicht mit der Krim zu vergleichen. Natürlich wird trotzdem ausgiebig gebadet.

Am Strand ›Arkadija‹

Odessa

Vorwahl: 04 82.

Das **Hauptpostamt** liegt in der vul. Sadova 10 (вул. Садова).

Die **touristische Infrastruktur** ist für ukrainische Verhältnisse gut entwickelt. Manche Hotels bieten **Exkursionen** in der Stadt, aber auch Touren bis ins Donaudelta an.

Vor dem Bahnhof bieten verschiedene Büros ebenfalls **thematische Touren** an, zum Beispiel zu den Kirchen, zum Zweiten Weltkrieg, inklusive Katakomben. Wer sich früh genug einfindet, kann aber auch gleich in den Bus steigen und nach Bilhorod-Dnistrovs'kyj (Білгород-Дністровський) oder Vylkove (Вилкове) fahren. Eine große Auswahl an Exkursionen in und um Odessa bis zum Donaudelta bieten die Büros **Travel plus**, vul. Derybasivs'ka 13, Tel. 37 52 01 (www. odessapassage.com/fgttravel/) und **Unipress**, vul. Balkovs'ka 120/2, Tel. 786 05 16 (www.travel-2-ukraine. com).

Stadtfeste: Odessa feiert zweimal im Jahr kräftig: Das ist am 1. April der Tag des Humors und der Stadtgeburtstag am 2. September.

Der Bahnhof befindet sich am pl. Pryvokzal'na 2 (пл. Привокзальна), Fernzüge fahren täglich nach Kiev und in alle großen Städte, nach Izmajil und in die Republik Moldau. Die **Vorverkaufskasse** befindet sich ebenfalls am Bahnhof, der u.a. von Straßenbahnen der Linien 3, 5, 10, 11 und 28 angefahren wird. Zugfahrkarten kann man aber auch in den o.g. **Reisebüros** bekommen, wo die Beratung und der Service besser sind.

Der Zentrale Busbahnhof liegt in der vul. Kolontajivs'ka 58 (вул. Колонтаївська), am westlichen Zentrumsrand, Überlandbusse fahren u.a. nach Kiev, Cherson, Mariupol', Dnipropetrovs'k, Izmajil, Vylkove und Arcyz, Kassen mit Vorverkauf im Gebäude, der Busbahnhof wird von Straßenbahnen der Linie 5 frequentiert.

Der Internationale Flughafen, an der Ovidipol's'ka doroha (Овідіпольська дорога) südwestlich der Stadt, wird täglich von Wien (Ukraine International) angeflogen (IATA-Code ODS). Direktflüge von Deutschland nach Odessa sind Mangelware, man muss meist umsteigen: Etwa in Prag (CSA), in Budapest (Malev), Warschau (LOT), Kiev (Ukraine International) oder Riga (Air Baltic). Tickets gibt es ab ca. 350 Euro hin und zurück.

Vom Hafen gab es eine Fährverbindung nach Istanbul, die 2010 ausgesetzt wurde. Über die Wiedereinsetzung bitte direkt beim Anbieter www. caledonia.com.ua informieren. Vom südlich gelegenen Illičivs'k (Іллічівськ) gehen Fähren nach Varna (Bulgarien), Poti und Batumi (Georgien) und nach Derince (Türkei). Es gibt derzeit leider keine Verbindungen auf die Krim, Auskunft im Fährhafen unter Tel. 22 32 11 oder bei www.ukrferry.com.

Die Auswahl ist groß:
Schick sind das **Hotel Londons'kyj** (Лондонський), Prymors'kyj bul. 11 (Приморский бул.), Tel. 728 89 00, ab 130 Euro, und das **Hotel Mozart**

(Моцарт), vul. Lanžeronivs'ka 13 (вул. Ланжеронівська), Tel. 37 89 00, ab 170 Euro.

Preiswerter und in 1a-Lage ist das **Passage** (Пасаж), vul. Preobražens'ka 34 (вул. Преображенська), Tel. 28 89 24, ab 40 Euro.

Zentral gelegen und preiswert ist auch das **Komnati na Uspenskoj** (Комнаты на Успенской), vul. Uspens'ka 17 (вул. успенська), Tel. 70 30001, ab 50 Euro. Ähnlich ist das **Versal'** (Верзаль), vul. Dvorjans'ka 18 (вул. дворянська), Tel. 33 24 13, ab 80 Euro.

Hotel Čornoe More (Чорное Море), vul. Rišel'evs'ka 59 (Річельевська), Tel.30 09 04, ab 70 Euro.

Hotel Frapolli, vul. Derybasivs'ka 13, Tel. 35 68 00 09, ab 80 Euro.

Hotel Zentral (Центральная), vul. Preobražens'ka 40, Tel. 23 65 85 05, ab 30 Euro.

In Strandnähe liegt das **Junist'** (Юність), vul. Pioners'ka 32 (вул. Піонерська), Tel. 73 80 44 1, 20 Euro.

Ein einfaches Hotel in Strandnähe ist das **OK Odessa** (ОК Одесса), Gagarins'ke plato 5 (Гагаринське плато) Tel. 71 21 320 ab 40 Euro. Bitte nicht verwechseln mit dem schicken **Hotel Odessa** im Hafen (морской вокзал), vul. Prymors'ka 6a (вул. приморська) Tel. 729 48 08,ab 130 Euro.

Auf dem Querbahnsteig des Hauptbahnhofes gibt es eine **Zimmervermittlung**, eine Wohnung bekommt man ab 20 Euro, einzelne Zimmer sind preiswerter, von 7–19 Uhr, Pause von 15–16 Uhr, Tel. 27 41 33, für die Auskunft ist eine Gebühr zu entrichten.

🍴 Auch hier bietet die Stadt eine große Auswahl:

Ukrainische Küche serviert das **Ukrains'ka Lasunka** (Українська Ласунка), vul. Derybasivs'ka 17, 10–24 Uhr.

Russische Küche bietet das **Restaurant Vasilisa,** vul. Gavana 7, am hinteren Eingang des Stadtgartens.

Gut und preiswert ist das **Antalia** (Анаталіа) mit türkischer Küche, vul. Uspens'ka 44 (вул. Успенська), 10–24 Uhr.

Koschere Küche serviert das Restaurant **Hebron** (Геброн), vul. Rišel'jevs'ka 30 (вул. Рішельєвська), von 11–23 Uhr, Fr bis 16 Uhr, Sa geschlossen.

Legendär ist das Greenwich mit englischem Ambiente in der vul. Bunina 21, tägl. 11 bis 24 Uhr.

Schnellrestaurant Puzata Chata (Пузата хата), vul. Derybasivs'ka 21, tägl. 8–22 Uhr.

🏛 Es gibt mehr als 20 Museen, hier die wichtigsten:

Archäologisches Museum (Археологічний музей), vul. Lanžeronivs'ka 4, 10–17 Uhr, Mo geschlossen.

Literaturmuseum (Літературний музей), vul. Lanžeronivs'ka 2, 10–17 Uhr, Mo geschlossen

Museum der ukrainischen Schwarzmeerflotte (Музей морського флоту), vul. Lanžeronivs'ka 6, 10–17 Uhr, Mo geschlossen.

Puschkinmuseum (музей Пушкіна), vul. Puškins'ka 13 (вул. Пушкінська), 10–17 Uhr, Mo geschlossen.

Gemäldegalerie im ehemaligen Potokkij-Palast (Художній музей), vul. Sofijs'ka 5a (вул. Софіїська), 10–17 Uhr, Di geschlossen.

Museum für westeuropäische und orientalische Kunst (Музей західного та східного мистецтва), vul. Puškins'ka 9, 10–17 Uhr, Mi geschlossen.

Historisches Museum (Історичний музей), vul. Havanna 4 (вул. Гаванна), 10–17 Uhr, Fr geschlossen.

Wachsfigurenkabinett, vul. Rišel'-jevs'ka 4, tägl. 8.30–22 Uhr.

Partisanenmuseum (Музей партизанской славы) im Vorort Nerubajskoe (Нерубайское), tägl. außer Montag von 10–17 Uhr. Der größte Teil des Museums liegt in den **Katakomben** 12 bis 14 Meter tief unter der Erde. Busse nach Nerubajskoe, das sich östlich der Hauptstraße nach Kiev befindet, fahren gegenüber dem Hauptbahnhof von Odessa ab. Besuch der Katakomben ansonsten über Reisebüros (s.o.).

Ein Kartenverkauf für alle Odessaer Theater befindet sich an der Rišel'evs'ka vul., Ecke Derybasivs'ka.

Das **Opernhaus** (Akademičnyj teatr opery ta baletu/Академічний театр опери та балету), vul. Čajkovs'koho 3 (вул. Чайковського), bietet alle klassischen Opernwerke und Ballette russischer und internationaler Komponisten, Theaterkasse links neben Haupteingang, 11 bis 19 Uhr, Mo geschlossen.

Musikalische Komödie, vul. Pantelejmonivs'ka 3 (вул. Пантелеймонівсьа), Kasse 10–19 Uhr, Pause 14–15 Uhr.

Ukrainisches musikalisch-dramatisches Theater, vul. Pastera (вул. Пастера).

Philharmonie, vul. Bunina 15 (вул. Буніна), Kasse 10–18 Uhr.

Viele Läden gibt es in der vul. Derybasivs'ka.

Schick ist der **Shopping-Palast Afina**, pl. Greces'ka.

Souvenirs sowie kleine und große Kunstwerke findet man im Park an der Christi-Verklärungskirche.

Rustikal geht es auf dem **Pryvoz-Markt** (ринок Привоз) zu, der westlich des Hauptbahnhofs in der vul. Pryvozna 14 (вул. Привозна) liegt.

Für Hartgesottene ist der etwa zehnmal so große **Markt ›Siebter Kilometer‹** (Promrynok sed'moj kilometr/Промринок седьмой кілометр) vor den Toren der Stadt, der größte Markt der Ukraine. Der Markt heißt so, weil er sich am Kilometer 7 südwestlich außerhalb des Zentrums an der Straße nach Ovidiopol' (Ovidiopol's'ka doroha/Овідіопольська дорога) befindet. Hier wird in einer Containerstadt alles angeboten, was auf Land-, Luft- und Seewegen nach Odessa kommt. Vom Bahnhof verkehren die Maršrutne Taxis Nr. 7 und 12.

Ein Campingplatz befindet sich an der E-95 Richtung Kiev, etwa vier Kilometer hinter dem Autobahnkreuz (Ob'ezdna doroha/Объездна дорога).

Ein weiterer Zeltplatz ist ›Del'fin‹ (Дельфін), Mykolajivs'ka doroha 307 (Миколаївська дорога), nördlich des Zentrums, Tel. 55 22 23.

Keine ukrainische Stadt ist besser im Internet präsent als Odessa. Hier einige nützliche Links (alle engl. und russ.):

www.odessaglobe.com.

www.odessitclub.org (Weltclub der Odessiten).

www.odessaonline.com.ua.

http://select.odessa.net.

Isaak Babel' – das Warten auf den, der die Sonne besingt

»Ich bin 1894 in Odessa in der Moldavanka als Sohn eines jüdischen Händlers geboren. Auf Drängen des Vaters lernte ich bis zum 16. Lebensjahr Hebräisch, die Bibel und den Talmud. Das Leben zu Hause war schwer, weil man vom Morgen bis in die Nacht genötigt war, sich mit einer Vielzahl von Wissenschaften zu befassen. Ich habe mich in der Schule ausgeruht ...« So beschreibt Isaak Babel' als Dreißigjähriger seine Jugend am Schwarzen Meer. Da hatte der Schriftsteller schon in Kiev und St. Petersburg gelebt, die Bekanntschaft mit Maxim Gorki gemacht und als Kriegsberichterstatter den erfolglosen Polenfeldzug der 1. Reiterarmee unter dem roten General Budjonnyj überstanden. Babel' hatte sich von der Oktoberrevolution die Befreiung des Volkes erhofft, auch seines jüdischen Volkes. Doch das, was er bei der 1. Reiterarmee in Galizien erlebte, erschütterte ihn. Ein Lavastrom sei die Armee, »von allen gehaßt«, schreibt er. Sie wollen Menschen befreien und bringen Chaos. Babel' erkannte: »Ich bin auf einer großen, nicht endenden Totenmesse.«

Babel's Persönlichkeit erwuchs einer doppelten Herkunft: Gleichermaßen Russe und Jude, hoffte er, dass die neue Zeit beide Identitäten verbinden würde. Babel' träumte von einer Synthese des Alten mit dem Neuen, des Humanismus mit dem Kommunismus. Die Aufzeichnungen aus dem Polenfeldzug wurden Grundlage für sein Werk ›Die Reiterarmee‹. Als die Sammlung von Erzählungen und Skizzen 1926 erstmals vollständig erschien, wurde Babel' bekannt. Doch das Buch wurde ihm zum Verhängnis. General Budjonnyj war außer sich. Weiberklatsch sei das, was der »erotomanische Verfasser« Babel' zusammengeschrieben habe, im übrigen sei er nie aktiver Soldat gewesen, klagte er 1927 in einem offenen Brief an Babels Förderer Maxim Gorki.

Babel' wurde vorerst nur mit Worten angegriffen. Er arbeitete an Stücken, Drehbüchern, als Redakteur und Übersetzer. Seine Liebe galt Odessa. Aus der Stadt, so hoffte Babel', sollte derjenige kommen, der im nebligen, kalten Russland endlich die Sonne besingt. Doch das Grauen, das Babel' in der ›Reiterarmee‹ beschrieben hatte, war nur Vorspiel für die größere Gewalt, die noch kommen sollte. Budjonnyjs Ingrimm blieb einem anderen Teilnehmer des Polenfeldzugs nicht verborgen. »Unser zappliger Babel' schreibt über Dinge, von denen er keine Ahnung hat – zum Beispiel die Reiterarmee«, stellte Stalin fest, der 1920 als Kriegskommissar mit an der russisch-polnischen Front war. 1936 starb Maxim Gorki, gleichzeitig begann die Große Säuberung.

Im Mai 1939 wurde Babel' verhaftet, als Spion angeklagt, verurteilt und in der Nacht zum 27. Januar 1940 im Moskauer Folterkeller Butyrka erschossen. Am selben Tag wurden 16 weitere Angeklagte hingerichtet. Babel's Manuskripte, die der Geheimdienst beschlagnahmt hatte, sind seitdem verschollen. Babel's Frau hat erst nach dem Tode Stalins Gewissheit erlangt, dass ihr Mann gestorben war. Doch bis 1984 hieß die offizielle Version weiter, Babel' sei am 17. März 1941 in einem Lager an Herzstillstand gestorben. Isaak Babel' wurde eingeäschert, seine Überreste in ein Massengrab auf dem Moskauer Donskoi-Friedhof gekippt.

Der Stadtrat von Odessa hat 2008 beschlossen, dem Schriftsteller in der vul. Žukovs'koho (вул. Жуковського) ein Denkmal zu errichten, das nach Verzögerungen an Babel's 117. Geburtstag, dem 13. Juli 2011, eingeweiht werden soll – wenn die nötigen 400 000 Dollar bis dahin zusammengekommen sind.

Bessarabien und das Donaudelta

Westlich von Odessa beginnt Bessarabien. Diese Bezeichnung ist auf Landkarten verschwunden. Bessarabien, der Landstrich zwischen den Flüssen Prut und Donau im Westen und Dnister im Osten, umfasst heute die Republik Moldau (Moldova/Молдова, russ. Moldavija/Молдавия) und die ukrainischen Gebiete zwischen Odessa und dem Donaudelta. In der Neuzeit war es bis ins 20. Jahrhundert Pufferzone zwischen Österreich-Ungarn, dem Osmanischen Reich und Russland. Vorher war es über viele Jahrhunderte vor allem Durchzugsgebiet für Völker aus den südrussischen Steppen zum Balkan, dann siedelten in der Mitte und im Norden Moldauer (Rumänen) und im Süden Tataren. Bessarabien hat wenig Wald und sehr gute Böden. Obwohl in Meeresnähe, ist das Klima eher kontinental mit warmen, regenarmen Sommern und kalten, schneereichen Wintern.

Der Name rührt vom Geschlecht der Basarab her, das im 13. und 14. Jahrhundert dort herrschte, und hat nichts mit Arabien zu tun. Ursprünglich hieß nur der südliche Teil Bessarabien, erst Russland dehnte den Begriff nach seiner Annexion 1812 auf die mittlere und nördliche Region aus. Zuvor wurde aber die gesamte Region im 15. Jahrhundert von den Türken erobert und für Jahrhunderte deren Herrscher als Vasallen dem Osmanischen Reich untergeordnet. Im 19. Jahrhundert entstand das Königreich Rumänien aus der Walachei und der (rumänischen) Moldau.

Russland drang in mehreren Kriegen gegen die Türken bis zur Donau und zum Prut vor und gründete 1812 das Gouvernement ›Bessarabija‹ (Бессарабия). Nach dem Ersten Weltkrieg wurde es

Fischerboote im Donaudelta

Die Festung Akkerman in Bilhorod-Dnistrovs'kyj

von Rumänien besetzt, doch in Folge des Hitler-Stalin-Paktes annektierte Stalin 1940 das Land und schuf die ›Moldawische Sozialistische Sowjetrepublik‹ mit der Hauptstadt Kišinjev (rum. Chişinău) – der Name Bessarabien war von der Landkarte getilgt.

Um die historischen Bezüge endgültig auszulöschen, hat Stalin den südlichen Teil Bessarabiens der Ukraine zugeschlagen. Solange die Sowjetunion existierte, war das kaum von Belang, doch nach ihrem Zerfall ist die Republik Moldau historisch nur ein Rumpfstaat ohne Zugang zum Meer. Außerdem sind die Beziehungen der Menschen, die nun in zwei Staaten leben, erschwert. Die Infrastruktur ist gestört, von Odessa gibt es nur zwei Flussübergänge zu den Gebieten westlich des Dnister, von denen einer schon über moldauisches Staatsgebiet führt. Außerdem erschwert der schwelende Konflikt um Transnistrien (Pridnestrov'e/Приднестровье), das sich von der moldauischen Zentralregierung abgespalten hat, die Entwicklung.

Bilhorod-Dnistrovs'kyj

Etwa 100 Kilometer von Odessa entfernt am westlichen Ufer des Dnister liegt am Dnistrovs'kyj Liman die Stadt Bilhorod-Dnistrovs'kyj (Білгород-Дністровський). Sie ist mit rund 2500 Jahren eine der ältesten ständig bewohnten Städte der Welt und hat eine eindrucksvolle Festung.

Bereits im sechsten vorchristlichen Jahrhundert siedelten sich Griechen aus dem kleinasiatischen Milet an und nannten die Stadt Tira (auch Tiras). In seiner Blüte um die Zeitenwende hatte Tira etwa 8500 Einwohner, die von Landwirtschaft, Fischfang, Handel und Handwerk lebten. Im ersten nachchristlichen Jahrhundert kamen zu ihrem Schutz römische Legionen. Als sie 200 Jahre später wieder abzogen, wurde Tira wenig später von Hunnen und Goten verwüstet. Doch auch danach blieb die Stadt besiedelt und stand in Verbindungen zu Byzanz. Ruinenfunde weisen auf eine Kirche aus dem 6. Jahrhundert hin. Im 13. Jahrhundert siedelten sich Tataren an und nannten die Stadt Akdza-Kerman

Karte S. 394 ▲

– die Festung heißt bis heute Akkerman. Wenig später kamen genuesische Kaufleute und gründeten eine Niederlassung.

Ein neues Kapitel eröffneten moldauische Fürsten, als sie im 14. Jahrhundert eine Festung anlegten und sie Cetatea Alba (weiße Festung) nannten. Das Bollwerk war den Türken bald ein Dorn im Auge und 1484 fiel es ihnen nach einer Belagerung in die Hand. Cetatea Alba hieß nun Akkerman, was auf türkisch ebenfalls weiße Festung bedeutet. Die Zeiten blieben unruhig, ständig wurde Akkerman von Kosaken heimgesucht. Doch den letzten Schlag versetzte der türkischen Garnison am 1. Dezember 1806 kein geringerer als Herzog Armand de Richelieu aus Odessa. Nach Abzug der Türken hatte Akkerman gerade noch 2000 Einwohner. Um Bessarabien zu besiedeln, kamen Deutsche ins Land, und im Dorf Šabo (Шабо) wurden Winzer aus der Schweiz heimisch.

Die Ruhe fand ein Ende, als im März 1918 die rumänische Armee nach Bessarabien einmarschierte und das Land an den rumänischen Staat anschloss. Aus Akkerman wurde wieder Cetatea Alba. Doch nur kurz. Als Folge des Hitler-Stalin-Paktes besetzte die Rote Armee 1940 Bessarabien und gliederte es der Sowjetunion ein. Ein Jahr später holten es sich die Rumänen noch einmal zurück. 1944 war die Lage klar, der Ort wurde in Belgorod-Dnestrovskij (weiße Stadt am Dnestr) umbenannt und mit dem südlichen Teil Bessarabiens der ukrainischen Sowjetrepublik zugeschlagen – bis 1991. Seitdem heißt die 50 000-Einwohner-Stadt leicht abgewandelt Bilhorod-Dnistrovs'kyj und scheint sich endlich von ihrer Rolle als Spielball der Großmächte ausruhen zu können.

■ Die Festung

Wie ein Gebirge steigt die Festung über dem Ufer des Dnister auf. Selbst als Ruine ist sie einschüchternd: Die Mauern sind zwei Kilometer lang, die Gräben 14 Meter tief, neun Hektar Fläche, vier Höfe und von den einst 34 Türmen stehen noch 26. Auf einem Grabungsplatz vor dem Haupttor kommen Fundamente des antiken Tira ans Licht. Wer durch das Tor (vul. Ušakova/вул. Ушакова) in die Festung tritt, blickt auf ein Bauwerk, das einem alten Schornstein oder einem Backofen ähnelt: Es ist ein Minarett, das auf den Mauern einer Kirche errichtet wurde. Später wurde es als Leuchtturm benutzt. Weit mächtiger sind die Wehrtürme, von denen einer der Puschkin-Turm ist. Im Dezember 1821 besuchte der Poet seinen früheren Fechtlehrer, der dort als Garnisonskommandant eingesetzt war.

Seit 2004 findet alljährlich Ende Juni das Jugendmusikfestival ›Fortecja‹ (Фортеця) statt, zu dem sich vor der Kulisse der Festung inzwischen einige Zehntausende Jugendliche versammeln, um russische und ukrainische Bands zu hören. Mit den Einnahmen soll die Restaurierung der Festung vorangetrieben werden (http://fortecya.org.ua).

Die Stadt hat aber noch mehr als die Festung zu bieten: Aus dem 14. Jahrhundert stammt die **armenische Kirche** (Вірменська церква, vul. Kutuzova/вул. Кутузова 1). Eine weitere Kirche steht in der vul. Šabs'ka 116 (вул. Шабська), die unterirdische **Johann-Sočavs'kij-Kirche** (церква Іоанна Сочавського). Außerdem gibt es ein **Historisches Museum** (Історичний музей, vul. Puškina 19) mit einer Ethnographischen Abteilung in der vul. Puškina 16.

Die Bessarabiendeutschen

Nachdem Zar Alexander I. Bessarabien 1812 an Russland angegliedert hatte, stand er vor derselben Frage, die schon seine Großmutter Katharina lösen musste. Wie soll das Brachland besiedelt werden? Und wie seine Großmutter holte er neben Bulgaren auch Deutsche ins Land. In einem Manifest versprach er Steuerfreiheit auf zehn Jahre, Religionsfreiheit, Befreiung vom Militärdienst, Selbstverwaltung und natürlich großzügig Land – über 60 Hektar je Familie.

Dieser Ruf fand in Deutschland, von der Napoleonischen Fremdherrschaft und dem Befreiungskrieg arg gebeutelt, viele bereitwillige Hörer. Und so machten sich zwischen 1814 und 1842 etwa 9000 Bauern und Handwerker, meist aus Süddeutschland, auf ins Gelobte Land. Viele fuhren mit sogenannten ›Ulmer Schachteln‹, großen schwarz-weiß gestrichenen Booten, die Donau hinab und gingen in Izmajil an Land. Wenn sie es denn schafften. Denn die Fahrt war beschwerlicher als erwartet, ganze Familien starben unterwegs an Krankheiten. Andere nahmen von Preußen aus den Landweg. Sie gründeten zuerst 24 Siedlungen, Straßendörfer nach gleichem Grundriss, die sogenannte Gedächtnisnamen erhielten. Sie erinnerten an Orte, wo Napoleon siegreich geschlagen wurde, etwa Paris, Borodino und Tarutino. Andere Siedlungen hießen aber auch Hoffnungstal, Gnadental oder Friedenstal.

Mit großer Mühe kultivierte man das Land, das dank seiner Schwarzerde zwar sehr fruchtbar, oft jedoch mit mannshohem Steppengras überwuchert war. Die Siedler bauten vor allem Weizen, Mais und Sonnenblumen an. Das Klima war auch hervorragend für Weinbau geeignet, darüber hinaus gab es ein florierendes Handwerk. Die Dörfer blühten auf. Es gab ein reges Gemeindeleben und ein einzigartiges Schulwesen. Die Menschen bewahrten ihre Bräuche, ihre Religion, vor allem aber ihre Sprache.

Als 1914, hundert Jahre nachdem die ersten Siedler ins Land gekommen waren, der Erste Weltkrieg begann, gerieten die Bessarabiendeutschen zwischen die Fronten, denn ihre alte Heimat führte mit ihrer neuen Krieg. Die Oktoberrevolution brachte eine Wende, weil das Land 1918 von Rumänien besetzt wurde. Die Deutschen richteten sich auf die neuen Herrscher ein, doch das jähe Ende kam für die Bessarabiendeutschen 1940, als Stalin für die Bewohner völlig überraschend die Region besetzte. Fast alle 93 000 Deutschen entschieden sich innerhalb weniger Wochen für den Abzug. Neben der nationalsozialistischen Propaganda (›Heim ins Reich‹) war es der stalinsche Terror, der sie nicht lange überlegen ließ. So wie viele der Vorfahren einst gekommen waren, reisten sie wieder aus – per Schiff über die Donau. Mit ihrem Weggang entgingen die Deutschen der Deportation.

Angesiedelt wurden sie im Wartheland und Westpreußen im heutigen Polen, von wo sie 1944/45 jedoch wieder fliehen mussten. Die Mehrheit fand in Baden-Württemberg und in Norddeutschland eine neue Heimat, andere in der DDR, etwa im späteren Sachsen-Anhalt. Prominentester Vertreter der Bessarabiendeutschen ist der ehemalige Bundespräsident Horst Köhler (Jahrgang 1943), der allerdings schon nicht mehr in der alten Heimat geboren wurde.

Viele Bessarabiendeutsche besuchen heute die Heimat ihrer Vorfahren. Sie halten das Erbe wach, unterstützen aber auch nach Kräften die Menschen, die jetzt in ihren einstigen Dörfern leben.

Das Donaudelta

Von Odessa lohnt sich ein Abstecher ins Donaudelta. Die größte Stadt auf ukrainischer Seite ist **Izmajil** (Ізмаїл) mit etwa 80 000 Einwohnern, die aus der gleichnamigen türkischen Festung hervorgegangen ist. Von der Festung sind Mauern erhalten, ein Tor, einige Kanonen und eine Moschee; sie sind ein seltenes Zeugnis osmanischer Architektur. Allerdings wurde die Festung 1810 zur Garnisonkirche, und seit 1973 beherbergt sie das Diorama ›Sturm auf die Festung Izmajil‹, das auf 20 mal 8 Metern die Taten des Generals Suvorov rühmt, unter dem die Festung 1790 eingenommen wurde.

Der **Meridian-Obelisk** in Stara Nekrasivka (Стара Некрасівка) vor den Toren Izmajils ist seit 2005 Teil des UNESCO-Weltkulturerbes. Der Obelisk ist Endpunkt des Struve-Bogens (Дуга Струве). Dieser Bogen ist ein Großprojekt, das Friedrich Georg Wilhelm Struve (1793–1864) entwickelt hat, um Größe und Form der Erde genauer zu bestimmen. Struve stammte aus Altona und stand im Dienste des Zaren. Der Bogen reicht vom norwegischen Hammerfest über mehr als 2800 Kilometer bis hierher und vereint mehr als 300 Messpunkte. Der Struve-Bogen ist die erste wissenschaftliche Einrichtung, die es auf die UNESCO-Liste geschafft hat. Wenn man von Izmajil kommend ins Dorf fährt, weist ein Wegweiser in der Ortsmitte nach rechts zum Obelisk (Південний пункт дуги Струве). Izmajil, das man mit Bus und Bahn erreichen kann, hat einen Hafen, von wo aus Dampfer nach Kilija (Кілія) und Vylkove fahren.

■ Vylkove

Der Ort Vylkove (Вилкове, russ. Vilkovo/Вилково) mit seinen rund 9000 Einwohnern gilt als das ›ukrainische Venedig‹, was sicher übertrieben ist. Aber wie in der Lagunenstadt sind viele Straßen in Vylkove Kanäle und Fließe, auf denen die Einheimischen mit ihren ›Čajkas‹ unterwegs sind, ein wendiger Bootstyp (zu deutsch ›Möwe‹), den sie von den Kosaken übernommen haben. Viele der 9000 Einwohner sind Lipovaner, auch als Altgläubige bezeichnet. Das sind orthodoxe Christen, die im 17. Jahrhundert Gottesdienstreformen abgelehnt haben und deswegen verfolgt wurden. Ein Teil von ihnen floh aus Russland, fand in den Tiefen des Donaudeltas Zuflucht und hat so seinen alten Dialekt bewahrt. Sie wurden bald Lipovany genannt. Die Lipovaner lebten vom Fischfang. In Vylkove haben sie mehrere Kirchen gebaut und unlängst für ihre Vorfahren ein Denkmal mit Kreuz und

Schiffsausflug im Donaudelta

Die Schwarzmeerküste

Čajka errichtet. Ein weiteres Denkmal gilt dem ›Kilometer 0‹, wo die Donau nach 2845 Kilometern ins Meer mündet.

Das Donaudelta ist ein in Europa einzigartiges Feuchtbiotop aus Flussarmen, Inseln, Seen, Auwäldern und Dünen. Seit 1991 steht es auf der Liste des UNESCO-Weltnaturerbes und ist seitdem das größte grenzüberschreitende Schutzgebiet Europas. Auf ukrainischer Seite ist es ein 460 Quadratkilometer großes Biosphärenreservat nördlich und östlich von Vylkove. In Vylkove befinden sich die Hauptverwaltung und das Besuchszentrum des Reservats. Dort werden verschiedene, auch mehrtägige Exkursionen angeboten, eine Ausstellung informiert über Flora und Fauna, auch Übernachtungen sind möglich.

Die Einzigartigkeit des Deltas hat die Kučma-Regierung 2004 jedoch nicht gehindert, den Ausbau eines Kanals für die Schifffahrt quer durch das Reservat zu veranlassen. Das führte zwar zu heftigen internationalen Protesten, der erste Abschnitt wurde dennoch 2004 in Vylkove eröffnet. Die Arbeiten ruhen seitdem, sollte das Projekt aber fortgeführt und vollendet werden, hat das Folgen für Natur und Tourismus.

ℹ Donaudelta

In Odessa bieten viele Hotels Exkursionen nach Bessarabien und ins Donaudelta an, vor dem Bahnhof kann man Touren ebenso buchen wie etwa unter www.travel-2-ukraine.com.

Ausgangspunkt für Fahrten nach Bessarabien ist Odessa. Täglich fährt ein Zug ab 14.46 Uhr über Bilhorod-Dnistrovskyj und Arcyz (Арциз) nach Izmajil. Električkas fahren täglich nach Bilhorod-Dnistrovs'kyj, häufiger fahren Busse: viermal täglich nach Izmaïl, fünfmal nach Bilhorod-Dnistrovskyj, zweimal nach Arcyz und einmal nach Vylkove. Auch Marsrutkas fahren vom Hauptbahnhof Odessa bzw. von der Haltestelle Odessa/Pryvoz nach Bilhorod-Dnistrovs'kyj.

In **Bilhorod-Dnistrovs'kyj** stehen zwei Hotels zur Auswahl:
Das große, sehr schlichte **Rus'** (Русь), vul. Ševčenko 1 (вул. Шевченко), Tel. 0 48 49/2 59 40, ab 10 Euro.

Kleiner und besser sind das **Fiesta** (Фієста), vul. Ševčenko 48, Tel. 0 48 49/3 97 77, ab 20 Euro, und das **Vodnyj Myr** (Водний Мир), vul. Majakovs'koho (вул. Маяковського) Tel. 060/16 10 6 35, ab 30 Euro.

In **Vylkove** werden im Besuchszentrum der Reservatsverwaltung, vul. Tatarbunarskoho vosstanija 132a (вул. Татарбунарского восстания), Zimmer vermittelt.

Das Holzhaus **Bei Nikolaj** bietet für 12 Euro 6 Personen Platz, Belgorods'kyj-Insel (о-в Белгородський), Tel. 067/278 34 75. Im **Hotel Venezija** (Венеція) vul. Lenina 19 a (вул. Леніна), Tel. 067/605 93 18, kommt man für 10 Euro unter.

An der Küste zwischen Karolino-Bugaz (Каролíно-Бугаз) und Zatoka (Затока) werden an der Straße **Privatquartiere** angeboten, außerdem gibt es in Karolino-Bugaz den **Zeltplatz Karolino** (Каролíно) mit Bungalows, Tel. 0 48 49/789 62, ab 8 Euro.

In Zatoka bietet die **Touristenbasis Vestra**, vul. Prymors'ka 110, Quartiere an, Tel. 0 48 49/715 00, ab 10 Euro.

Karte S. 394

Transnistrien

Wer heute von Odessa in die moldauische Hauptstadt Chişinău fahren will, reist nach der ukrainisch-moldauischen Grenze durch einen Zwergstaat mit Hauptstadt, Währung, Parlament und Präsidenten, den es völkerrechtlich gar nicht gibt: Transnistrien. Offiziell heißt der Streifen, der sich am Ostufer des Dnister erstreckt, Transnistrische Moldawische Republik (Pridnestrovskaja moldavskaja respublika, Abk. PMR). Es ist ein Niemandsland, das bis 1924 zur Ukraine gehörte.

Das mehrheitlich von Rumänen bewohnte Bessarabien (rum. Moldova, dt. Moldau, russ. Moldavija, daher auch eingedeutscht Moldawien) wurde 1918 von Bukarest an den großrumänischen Staat angeschlossen. Doch um seinerseits den Anspruch auf dieses Gebiet zu untermauern, gründete Stalin an dessen Grenze östlich des Dnister die ›Autonome sozialistische Region Moldawien‹ – obwohl dieses Gebiet nie zu Moldova, sondern zur Ukraine gehört hatte. Die Stadt Tiraspol' wurde kurz danach zur Hauptstadt ernannt, wenig später ging Stalins Plan auf: Als Folge des Hitler-Stalin-Pakts marschierte die Rote Armee 1940 in Moldova ein, worauf Stalin umgehend große Teile Transnistriens diesem Gebiet zuschlug (in seinem Sinne eine ›Wiedervereinigung‹). Im Gegenzug gliederte Stalin das südliche Bessarabien jedoch an die Ukraine an. Aus dem bessarabischen Rumpf und dem schmalen transnistrischen Streifen wurde die ›Moldawische sozialistische Sowjetrepublik‹ mit der Hauptstadt Chişinău.

Als in Chişinău 1989 erstmals die Unabhängigkeit von der Sowjetunion gefordert wurde, kam es am Dnister zum Bruch: Moldova löste sich von Moskau und hoffte auf eine Vereinigung mit Rumänien, Transnistrien bekannte sich zu Moskau und spaltete sich 1990 seinerseits von Moldova ab. Im Sommer 1992 gab es einen kurzen heftigen Krieg mit mehreren hundert Toten. Die am Dnister stationierte russische Armee griff ein, erzwang einen Waffenstillstand und sicherte die Existenz von Transnistrien. Seitdem wird die Dnister-Grenze von

Die Schwarzmeerküste

Im Büro des Außenministers der transnistrischen Republik

Truppen kontrolliert, die sich aus Soldaten der verfeindeten Seiten und Russlands zusammensetzen. Transnistrien ist international nicht anerkannt (auch nicht von Moskau), aber de facto unabhängig. Seit 1992 ist der Russe Igor Smirnov dort Präsident. Er regiert autokratisch die gut halbe Million Einwohner, die sich aus einem Drittel Moldauern, je rund 30 Prozent Ukrainern und Russen zusammensetzt.

Transnistrien wird immer wieder des Schmuggels und Waffenhandels bezichtigt. Dort sind immer noch Zehntausende Tonnen Waffen und Munition aus der Sowjetzeit gelagert, die von etwa 1500 russischen Soldaten bewacht werden. Alle Anläufe, den Konflikt zwischen Chişinău und Tiraspol' beizulegen, sind bisher gescheitert, zuletzt versuchte es 2005 der damals neue ukrainische Präsident Juščenko. Auch wenn der Kreml immer wieder dementiert – der Schlüssel zur Lösung des Transnistrienkonflikts liegt in Moskau.

Regierungspalast in Tiraspol'

Einreise

Abstecher in diese Region sind kompliziert, aber nicht unmöglich. Allerdings sollte man sehr gut vorbereitet sein und sich auf Schwierigkeiten einstellen, denn hier paaren sich die Unzulänglichkeiten der Provinz mit der Kontrollwut einer autoritären Herrschaft. Zudem befindet sich das Land faktisch noch im Krieg mit Moldova. Das angespannte Verhältnis kann jederzeit eskalieren. Wer keine russischen Sprachkenntnisse und Erfahrungen mit postsowjetischen Staaten hat, sollte von einer Einreise absehen. Das Land ist nur bedingt für ein Abenteuer geeignet. Andererseits sind die Menschen dort aufgeschlossen gegenüber Reisenden, da sie selbst nur sehr eingeschränkt ins Ausland fahren können.

Da sich die Einreisebedingungen schnell ändern können, sollte man sich möglichst aktuelle Informationen beschaffen, etwa über entsprechende Newsgroups im Internet. Seit Jahresbeginn 2007 ist die Einreise in die Republik Moldau für Bürger der EU, der Schweiz, der USA, Kanadas und Japans zwar visafrei, dennoch sollte man es auf Fragen von Grenzbeamten tunlichst vermeiden, als Reiseziel Transnistrien anzugeben – das dürfte nur zu Komplikationen führen. Die Einreiseprozedur kann lange dauern und Geld kosten, da viele Posten gern die Hand aufhalten. Jeden Zettel, und scheint er auch noch so unbedeutend, sollte man gut aufheben, da er bei der Ausreise wichtig werden kann.

Hat man es ins Land geschafft, muss man sich innerhalb von vierundzwanzig Stunden in einer polizeilichen Meldestelle OVIR (ОВИР, Отдел виз и регистрации – Abteilung für Visa und Registrierung), in der Regel in Tiraspol' (ul. Kotovskogo 2a/ул. Котовского), werktags bis 16 Uhr, anmelden, was ebenfalls (transnistrisches) Geld kostet, was man natürlich erst eintauschen muss (1 Euro waren Anfang 2011 etwa 14 transnistrische Rubel). Außerhalb dieser Zeiten kann man sich bei der jeweiligen Polizeidienststelle (Милиция) anmelden. Wer mit dem Auto unterwegs ist, sollte sich auf Verkehrskontrollen der GAI-Posten (пост ГАИ = Государственная автомобильная инспекция – staatliche Autoinspektion, die Verkehrspolizei) vorbereiten.

Tiraspol'

Die Hauptstadt Tiraspol' (Тирасполь) mit ihren etwa 170000 Einwohnern wurde nach dem russischtürkischen Krieg 1792 gegenüber der alten türkischen Festung Bender gegründet. Es gibt zwei Hotels, das preiswerte ›Družba‹ (Дружба, eher sowjetisch) ul. 25ogo Oktjabrja 118 (ул. 25ого Октября), und das teurere ›Timoty‹ (Тимоти, eher westlich), ul. Karla Libknechta 395a (ул. Карла Либкнехта), Tel. 373533/ 84742, etwa 60 Euro. In beiden gibt es auch Restaurants, von denen es auch auf der Hauptstraße ul. 25ogo Oktjabrja einige gibt. Das Café ›Eilenburg‹ am zentralen Suvorov-Platz (площадь Суворова) wurde 2002 eröffnet und ist Resultat der Städtepartnerschaft zwischen Tiraspol und dem sächsischen Eilenburg. Auf dem Platz gibt es Ehrengräber für Gefallene des Bürgerkriegs von 1992, ein Panzermonument, daneben das Historische Museum und die Residenz des Präsidenten mit Lenindenkmal. Es gibt ein gewaltiges Denkmal für General Suvorov, die Bars ›Šerri‹ (Шерри) und ›Faraon‹(Фараон), ein frisch restauriertes Theater und eine Universität. Außerdem gibt es die Kognakfabrik ›Kvint‹ (Квинт), die technisch sehr gut ausgerüstet ist und hervorragende Weinbrände abfüllt.

Die zweitgrößte Stadt ist Bendery (Бендери, rumänisch Tighina), die schon an der Westseite des Dnister liegt und wo 1992 der Kampf um Eigenständigkeit am heftigsten ausgefochten wurde. Zwischen Tiraspol' und Bendery verkehren Trolleybusse. Von Odessa fahren täglich mehrere Busse und Züge über Tiraspol' nach Chişinău.

Weblinks: www.presidentpmr.org ist die Homepage des Präsidenten Smirnov, Sprachrohr der Regierung ist die staatliche transnistrische Presseagentur www.olvia.idknet.com (beide russisch und englisch); www.tiraspol.net; www.city.tiraspol.net und www.bendery.md heißen die Auftritte der beiden größten Städte.

Die Schwarzmeerküste

Hochzeitsfeier in einer Betriebskantine in Tiraspol'

»Erwarten Sie keine erstklassigen Hotels, keine Sorge – die gibt es dort nicht. Ferien auf der Krim, das heißt Herumstromern in den Bergen, Schaschlik, honigfarbene Sonnenbräune, Wein, tatarische Stehkneipen, Melonen, Kakteen, Begegnungen mit Menschen.«

Viktor Jerofeev, Die Krim ist unschuldig

Die Krim

Die Geschichte der Krim

Die Krim (Крим, russ. Крым) ist der Edelstein im Schwarzen Meer. Steppenvölker wie die Kimmerier, Taurier und Skythen lebten hier. Sie passt nicht zum kalten Russland, nicht zur uniformen Sowjetunion, auch nicht zur ländlichen Ukraine. Es ist so, als ob Sardinien zu Deutschland gehören würde. Nicht nur Mais, Rüben und Kohl – Palmen, Zitronen, Magnolien, Zuckerrohr, Papyrus und Bambus wachsen hier.

»Die Krim gehört allen und niemandem«, heißt es in einem Bonmot. Heute gehört sie den Touristen, die aus allen Teilen der ehemaligen Sowjetunion kommen und in Simferopol' aus Zug oder Flugzeug steigen, gerade so, als wäre die Union nie zerfallen. Man kann durch Parks schlendern, auf die Berge steigen oder sich auf einem der Strände aalen, die zwischen grünen Bergen und blauem Meer aufgereiht liegen wie Perlen einer edlen Kette.

Von den Tauriern erhielt die Halbinsel ihren antiken Namen: Taurike Chersonesos – Taurische Halbinsel. Später siedelten Griechen und nannten ihre größte Stadt Chersones. Die Römer verleibten sich Stadt und Halbinsel ein, später kam sie unter byzantinische Herrschaft. Der Kiever Fürst Volodymyr, auf der Suche nach Ruhm, belagerte 988 Chersones. Als die Stadt fiel und Volodymyr sich eine byzantinische, das heißt christliche Prinzessin zu Frau nehmen wollte, habe man von ihm gefordert, dass er sich zuvor taufen lassen müsse, berichtet die Nestorchronik. Volodymyr ließ es geschehen. Das war der Auftakt für die Taufe der gesamten Kiever Rus'. Heute erinnert eine Kirche in der Ruinenstadt Chersones bei Sevastopol' daran.

Auch Goten, Hunnen und Chasaren kamen auf die Halbinsel, 1237 fielen die Tataren hier ein. Genueser und Venezianer errichteten Niederlassungen. Alle haben sie ihre Spuren hinterlassen – der Orient und der Okzident, eurasische Steppenvölker und italienische Stadtstaaten. Die Genueser haben oberhalb von Sudak eine mächtige Festung errichtet. Andere haben Städte, ganze Reiche gegründet, und Archäologen graben heute danach. 1475 eroberten die Türken die Krim, und 1783 nahm Katharina die Große sie für Russland in Besitz. Sie hat sie sich einfach genommen wie eine schöne Frucht aus fremdem Garten. Vier Jahre später besichtigte sie auf einer pompösen Reise die neuen Besitzungen und hielt im Khanspalast von Bachčisaraj prächtig hof. Ihre Nachfolger ließen sich dann eigene Paläste bauen. Die Krim war ihr ganz persönlicher Platz an der

Karte S. 437

Paradies der Werktätigen: die Krim

Novyj Svit
Новий Світ

Чорне море
Schwarzes Meer

16 km

Малоріченське
Maloričens'ke

Алушта
Alušta

M18

Сімферополь
Simferopol'

M18

Гурзуф
Gursuf

Массандра
Massandra

Ореанда
Oreanda

Schwalbennest

M17

Ялта
Jalta

Ливадия
Livadija

Поштове
Poštove

Алупка
Alupka

Čufut-Kale
Чуфут-Кале

Maria-
Entschlafens-
kloster

Ай-Петри
Aj-Petri
1234 m

Куйбишеве
Kujbyševe

Voroncov-Palast

Симеіз
Simejiz

Khans-
palast

Бахчисарай
Bachčysaraj

M26

Форос
Foros

Інкерман
Inkerman

Миколаївка
Mykolajivka

Андріївка
Andrijivka

Качa
Kača

M18

Балаклава
Balaklava

Севастополь
Sevastopol'

Херсонес
Chersones

Die Krim

Die Südküste der Halbinsel Krim

Sonne. Auch den Hochadel zog es an die ›russische Riviera‹. Russland – das waren fortan nicht nur Wälder, Eis und Schnee, sondern auch 900 Kilometer Küste, Berge, die bis ins Meer reichen, grüne Hügel, Weinstöcke, Plantagen, Buchten, Landzungen und ein Klima wie an der Côte d'Azur.

Das sollte nach dem Willen Lenins allen gehören, und so unterzeichnete er nach der Oktoberrevolution ein Dekret, dass die Krim zum Kurort der Werktätigen werden sollte. Doch den Eintritt ins irdische Paradies kontrollierte fortan die Partei, und so erholten sich vor allem verdienstvolle Genossen und die Kremlherrscher selbst. Leonid Breschnew hat die Parteichefs seiner Satellitenstaaten oft auf die Krim zitiert, und mit Bundeskanzler Willy Brandt ist er hier Motorboot gefahren.

Hafenpromenade in Jalta

Auch Hitler wollte die Krim – als germanisches Arkadien. Eine Autobahn sollte die Krim mit dem Deutschen Reich verbinden und ›Kraft-durch-Freude‹-Urlauber nach ›Taurien‹ bringen. Gotenland sollte sie heißen und Südtiroler dort siedeln. Im Vorgefühl des Triumphes wurde dem Führer eine riesige Torte mit den Umrissen der Krim serviert. Es kam anders. Im Februar 1945 trafen sich die Alliierten der Anti-Hitler-Koalition im ehemaligen Palast des letzten russischen Zaren bei Jalta. Stalin, Roosevelt und Churchill teilten Deutschland und die Welt neu auf, sie verschoben Grenzen und ganze Länder.

Neun Jahre später wurde die Krim selbst verschoben. Dieses bis dahin zum russischen Teilstaat gehörende Südland machte der Kreml 1954 der Ukraine zum Geschenk – aus Anlass des 300. Jahrestages der ›Wiedervereinigung‹ der Ukraine mit Russland. Alle waren sich sicher, dass das eine rein symbolische,

folgenlose Geste bleiben würde. Schließlich blieben die kommunistischen Zaren die wahren Besitzer. 37 Jahre später wurde den Russen dann klar, dass sie die Krim der unabhängigen Ukraine überlassen hatten. Die zumeist russischen Bewohner der Halbinsel gehörten nicht mehr zum Mutterland. Wieder begann ein Streit. Doch Kiev gibt den Schatz, immerhin eine Fläche von der Größe Belgiens, nicht wieder her.

Die Krim ist – bis auf die Region Sevastopol', die Kiev direkt unterstellt ist – seit 1997 eine autonome Republik innerhalb der Ukraine. Sie verfügt über ein eigenes Parlament und eine eigene Regierung, außerdem hat sie das Recht, über eingenommene Steuern selbst zu bestimmen. Auf der Halbinsel lebt auch wieder eine Viertelmillion Menschen vom Volk der Krimtataren, das Stalin 1944 wegen angeblicher Kollaboration mit den Deutschen nach Mittelasien deportiert hatte.

Karte S. 437

Simferopol′

Die Hauptstadt Simferopol′ (Сімферо-поль) ist das Tor zur Krim. Die geographische Lage der Stadt ließ ihr diese Rolle zufallen: Hier enden die meisten Fernzüge, hier treffen die Straßen aus Moskau und Kiev zusammen, hier ist der internationale Flughafen. Die Stadt sammelt sie alle ein. Das sollte auch ihr Auftrag sein, als Fürst Potjomkin auf Geheiß Katharinas II. den Ort als Verwaltungszentrum der Krim gründete. Ein des Griechischen kundiger Priester fand einen Namen für die Stadt, die alles bündeln und sammeln sollte: Simferopol′ – Stadt, die zusammenträgt, die nützt.

Doch so schnell wie die Reisenden ankommen, so schnell wollen sie die Stadt mit ihren 350 000 Einwohnern auch wieder verlassen und weiter zur Küste eilen. Keine Berge, kein Meer, aber ein

Am Bahnhof

schöner Bahnhof mit mächtigem Turm und mit knapp hundert Kilometern die längste Trolleybusstrecke der Welt, die vom Flughafen bis nach Jalta führt. Früher wurden damit im Zweiminutentakt die zehn Millionen sowjetischen Urlauber pro Saison regelrecht in die Kurorte gepumpt, heute verkehren die Busse im Viertelstundentakt, eine Fahrt bis zur Endstation dauert etwa zweieinhalb Stunden.

Sehenswürdigkeiten

Dennoch hat auch Simferopol′ einiges vorzuweisen. Als Hauptstadt der autonomen Republik Krim und als politisches und kulturelles Zentrum der Krimtataren bietet die Stadt Kunst und Kultur.

Wer den im Zentrum gelegenen Bahnhof verlässt, gelangt über den bul. Lenina (бул. Леніна) zu den parallel verlaufenden Straßen vul. Rozy Ljuksemburg (вул. Рози Люксембург), vul. Karla Libknechta (вул. Карла Лібкнехта) und die vul. Karla Marksa (вул. Карла Маркса). In der vul. Libknechta 35 steht das ehemalige Offizierskasino, in dem seit 1937 das **Kunstmuseum** untergebracht ist, das Werke russischer Maler zeigt.

Die vul. Libknechta läuft geradewegs auf den skver Peremohy (сквер Перемоги), den Platz des Sieges, zu. Dort wo heute der **Panzer T-34** auf dem Sockel steht, stand die Aleksandr-Nevskij-Kathedrale, die auf Anordnung Katharinas gebaut und 1829 geweiht wurde. Hundert Jahre später sprengten die Bolschewiki die Kirche in die Luft. An etwas weniger repräsentativer Stelle hat die **Dreieinigkeitskirche** in der vul. Odes′ka 12 (вул. Одеська) die stalinsche Raserei überstanden. In der vul. Puškina (вул. Пушкіна) die wie die ul. Karla Marksa, teilweise autofrei gehalten wird und deswegen eine beliebte Flaniermeile, ist, steht das Haus des **Ethnographischen Museums**. Hier wird an das Völkergemisch erinnert, das die Halbinsel einst bewohnte, unter anderem auch an die Deutschen. Simferopol' ist auch eine grüne Stadt. Der zentrale **Kulturpark** in Bahnhofsnähe ist nach Jurij Gagarin, dem ersten Kosmonauten, benannt und bietet nicht weniger als 40 Hektar zur Erholung. Etwas weiter südöstlich direkt

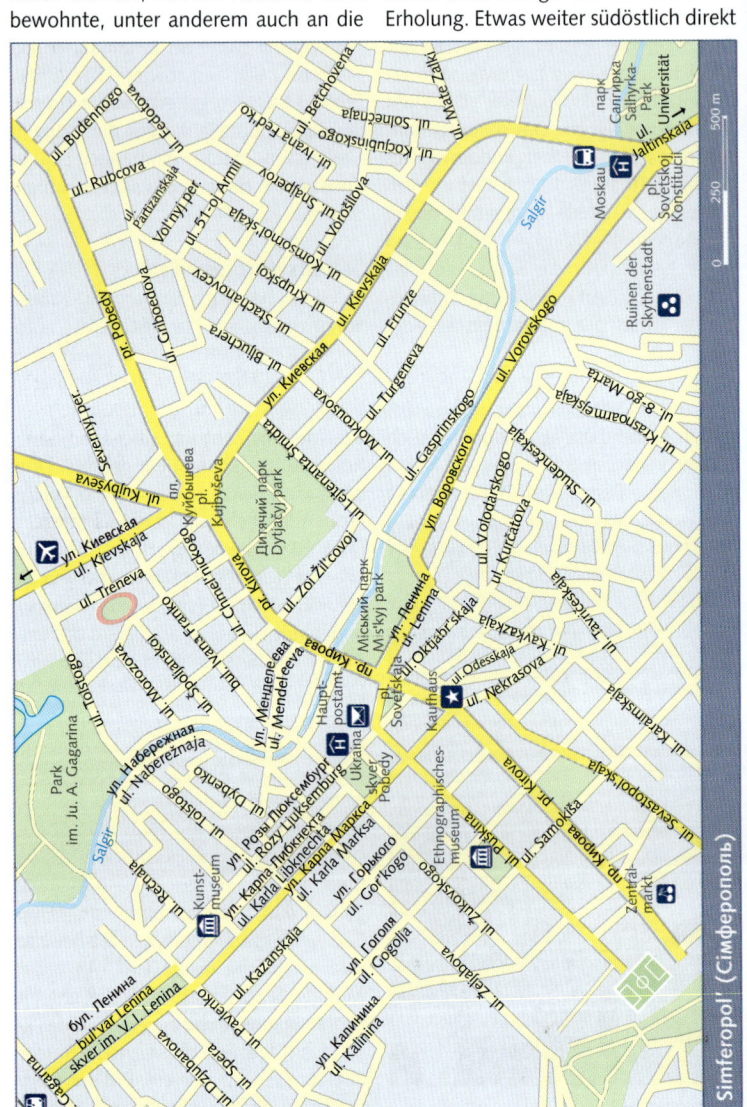

am pr. Kirova (пр. Кірова) liegen der **Park für die Kinder** (Dytjačyj park/Дитячий парк) und der **Stadtpark** (Mis'kyj park/Міський парк).

Am anderen, dem südöstlichen Ende der Stadt erstreckt sich der **Salhyrka-Park** (парк Салгирка), der im frühen 19. Jahrhundert als Landgut angelegt wurde und ebenfalls 40 Hektar misst. In ihm liegt das Voroncov-Haus, in dem der neurussische Gouverneur Voroncov stets abstieg, wenn er dienstlich von Odessa herübergekommen war und in der Stadt zu tun hatte oder wenn er auf dem Weg zu seinem Palast in Alupka war. Heute gehört das Haus zur Universität. In unmittelbarer Nähe zum Salhyrka-Park befindet sich die **Ruinenstadt Neapol** (Neapol' Skifskij/Неаполь Скіфский), die die Skythen im 3. Jahrhundert v. Chr. als ihre Hauptstadt gegründet hatten. Erst zu Beginn des 19. Jahrhunderts fand man Hinweise auf die Existenz der Stadt und begann mit systematischen Grabungen. Ohne es zu ahnen, hatte Fürst Potjomkin seine Stadt auf den Trümmern der alten aufbauen lassen.

 Simferopol'

Vorwahl: 06 52.

Die **Hauptpost** befindet sich in der vul. Rozy Ljuksemburg 1 (вул. Рози Люксембург).

Bahnhof und Busbahnhof befinden sich am nordwestlichen Rand des Zentrums am Vokzal'na pl. (Вокзальна пл.), Fernzüge kommen tgl. u.a. aus L'viv, Kiev, Charkiv, Odessa, Chmel'-nyc'kyj, Dnipropetrovs'k und Luhansk an.

Der Flughafen wird tgl. u.a. von Kiev und Moskau angeflogen (IATA-Code SIP). In der Sommersaison wird Simferopol' mehrmals wöchentlich u.a. von Berlin und Frankfurt/Main angeflogen, Preis ab 430 Euro. Weitere Informationen unter http://airport.crimea.ua.

Die Krim

Von Simferopol' nach Jalta verläuft die längste Trolleybusstrecke der Welt

Zentral liegt das **Hotel Ukraïna** (Україна), vul. Rozy Ljuksemburg 7, ab 60 Euro.

Etwas edler ist das **Moskva** (Москва), vul. Kyjivs'ka 2 (вул. Київська), Tel. 23 21 42.

Auf dem Bahnhof gibt es eine **Zimmervermittlung**.

Historisches Museum (Історичний музей), ul. Hoholja 14 (вул. Гоголя), 8–17 Uhr, Di geschlossen.

Kunstmuseum (Художний музей), vul. Karla Libknechta 35 (вул. Карла Лібкнехта), 10–17 Uhr, außer Mo.

Ethnographisches Museum, ul. Puškina 18 (вул. Пушкіна), 9–16 Uhr, Di geschlossen.

Das russische **Gorki-Theater** befindet sich in der vul. Puškina 15.

Informationen über die Krimtataren findet man auf www.iccrimea.org (engl.).

Unter www.tourism.crimea.ua ist das Portal des Ministeriums für Kurorte und Tourismus der Krim zu finden (auch auf engl.).

Bachčysaraj

Bachčysaraj (Бахчисарай) ist die alte Hauptstadt der Krimtataren. Bei der legendären Reise Katharinas II. auf die Krim 1787 hielt die Zarin dort im ehemaligen Palast des Khans glanzvoll hof. Der Khan Sachin-Geraj hatte der Zarin vier Jahre zuvor die Krim überlassen müssen, erhielt aber das Recht, dort weiterhin residieren zu dürfen. Er entschied sich jedoch, nach Konstantinopel zu gehen. Doch dort war ihm kein Glück beschieden, denn der Sultan ließ ihn hinrichten.

Unbekümmert vom Schicksal des letzten Khans der Krimtataren, waren die Reisenden im Gefolge Katharinas überwältigt von der märchenhaften orientalischen Pracht der Residenz.

Bachčysaraj hat heute knapp 30 000 Einwohner, liegt etwa 30 Kilometer südwestlich von Simferopol' an der Straße und der Bahnlinie nach Sevastopol' und ist gut zu erreichen.

■ Der Khanspalast

Mit dem Bau des Khanspalastes wurde im frühen 16. Jahrhundert begonnen. Die Baumeister kamen aus Russland und Italien, der Türkei und der Ukraine, und so ist das Gebäudeensemble, an dem insgesamt über 200 Jahre gearbeitet wurde, eine Mischung verschiedener Stile. Eine Moschee, ein Mausoleum, verschiedene Brunnen und natürlich der eigentliche Palast mit Harem sind in einem Park von vier Hektar verteilt, und so nannte man das Ganze ›Palast im Garten‹, eben ›Bachčysaraj‹.

Neben der **Khan-Dzami-Moschee** mit ihren weithin sichtbaren Minaretten ist der **Tränenbrunnen** von 1764 eine Kostbarkeit des Palastes, die nicht nur heute noch viele Besucher anlockt, sondern ihm vermutlich auch seine Existenz gerettet hat. 1944 wurden auf Befehl Stalins alle Krimtataren wegen angeblicher Kollaboration mit den Deutschen nach Mittelasien deportiert, als Strafaktion

Karte S. 437

Steinmetzkunst im Palast

Der Palast von Bachčysaraj

wurden überdies sämtliche krimtatarischen Kulturdenkmäler vernichtet – bis auf den Palast von Bachčysaraj.

Im Jahre 1820 war Alexander Puschkin auf die Krim gereist und hatte auch Bachčysaraj besucht. Vier Jahre später verewigte Russlands größter Dichter den Brunnen von Bachčysaraj in einem Poem. Damit hatte Puschkin dem Palast quasi eine höhere Weihe verliehen. Und so soll der Diktator darauf verzichtet haben, den Khanspalast zu zerstören.

 Bachčysaraj

Vorwahl: 0 65 54.

Bahnhof und Busbahnhof befinden sich am pl. Privokzal'na (пл. Привокзальна) im Westen der Stadt. Stadtbusse fahren zum 3 km entfernten Khanspalast (Linie 1 und 2) und zum Mariä-Entschlafens-Kloster (Linie 2).

Ein einfaches Hotel ist das **Bachčysaraj** (Бахчисарай), vul. Simferopol'ska 5 (вул. Симферопольска), Tel. 2 51 97, ab 15 Euro.

Besser ausgestattet ist das **Prival** (Привал) vul. Šmidta 43 (вул. Шмідта), Tel. 4 37 63, ab 30 Euro. Hier werden auch Touren angeboten.

Gegenüber dem Eingang zum Khanspalast befindet sich der Imbiss ›Krymski Čebureky‹ (Кримскі Чебуреки), der krimtatarische Spezialitäten anbietet. Čebureki sind mit Fleisch gefüllte Teigtaschen, die in Öl gebacken werden. Es gibt sie auch auf dem Markt.

Der Khanspalast befindet sich im Osten der Stadt in der vul. Rična 133 (вул. Рична), 10–17 Uhr, Di geschlossen. An der Kasse können auch Touren nach Čufut-Kalé (Чуфут-Кале) gebucht werden.

Internetauftritt des Khanpalastes auf www.hansaray.org.ua (engl.).

Die Höhlenstädte

Wenige Kilometer südöstlich von Bach-
čysaraj gibt es mehrere sogenannter
Höhlenstädte, unter ihnen **Čufut-Kalé**
(Чуфут-Кале), **Mangup-Kalé** (Мангуп-
Кале) und **Eski-Kermen** (Ески-Кермен).
Auch das **Maria-Entschlafens-Kloster**
(Успенский монастир) am Stadtrand
von Bachčysaraj gehört dazu. Diese
Siedlungen stammen teilweise aus dem
6. Jahrhundert und dienten als Städte,
Festungen und Klöster. Allerdings haben
ihre Bewohner nicht in Höhlen gelebt,
sondern auf den darüberliegenden Hoch-
plateaus. Die Höhlen nutzten sie als
Vorratskammern, Kirchen oder Gruften
– insofern ist die Bezeichnung ›Höhlenstädte‹ etwas irreführend.

Das Maria-Entschlafens-Höhlenkloster
stammt vermutlich aus dem 8. Jahrhundert. Es wurde von byzantinischen Mönchen gegründet und war in der Zeit des
Krimkhanats ein Zentrum der Orthodoxie. Eine halbe Stunde Fußweg ist es

*In der Nähe von Bachčysaraj gibt es zahl-
reiche Höhlenstädte*

vom Kloster zur Felsenstadt Čufut-Kalé.
Ihre ersten Bewohner waren vermutlich
Nomaden aus dem Kaukasus vom Volk
der Alanen, die hier schon im 4. Jahrhundert gesiedelt haben sollen. Eine
feste Stadt ist aber erst später nachzu-
weisen. Im 13. Jahrhundert wurde die
Stadt von Tataren erobert. Sie lebten
dort, bis sie ihre neue Hauptstadt
Bachčysaraj gründeten. Danach siedelten dort nur noch Angehörige der Karaimer, einer jüdisch-türkischen Religions-
gemeinschaft, von denen die letzten
Čufut-Kalé im 19. Jahrhundert verließen. Auf dem über 40 Hektar große
Gelände der Felsenstadt können verschiedene oberirdische Bauten besichtigt werden, wie ein Mausoleum, Ge-
betshäuser, Wirtschaftshöhlen und die
Stadtbefestigung.

In der Felsenstadt soll ein Zentrum für
Geschichte und Religion der Karaimer
geschaffen werden, zwei Kenassen (Synagogen) wurden bereits von der karai-
mischen Gemeinde restauriert.

*Am Eingang zum Maria-Entschlafens-
Kloster*

Die Krim

Sevastopol'

Sevastopol' (Севастополь) wirkt wie eine angenehme, beschauliche Stadt. Man kann lange auf dem Boulevard an der Bucht entlangschlendern und spürt nichts als eine friedliche, ausgelassene Stimmung. Im Delphinarium zeigen die Delphine Kunststücke, Wellen plätschern, Schiffchen schaukeln wie Nussschalen am Kai und laden zu Rundfahrten ein. Die Ticketverkäufer versprechen lautstark, ›alle Buchten einschließlich der Schwarzmeerflotte‹ anzusteuern und ihre Kähne schwimmen dann doch nur in die Südliche Bucht hinein. Dort ist dann ein bisschen schwimmendes Altmetall zu besichtigen, vielleicht auch ein, zwei U-Boote – die eigentliche Schwarzmeerflotte bleibt so gut wie unsichtbar, und das ist auch so gewollt. Dabei ist das die ›Hauptattraktion‹, und Sevastopol' ist nur ihretwegen gegründet worden.

Die Stadt war ab 1783 Russlands starker Arm am Schwarzen Meer. Sevastopol' war die Speerspitze der Zaren in Richtung Bosporus. Sie war waffenstarrender Stützpunkt der Sowjets an der Süd-

ostflanke der Nato, sie war Herrscherin über das Schwarze Meer. Doch was heißt war? Sie ist sie es noch, wie die Ereignisse vom August 2008 bewiesen, als ein Teil der russischen Flotte nach Georgien auslief, um dort im Hafen Poti georgische Schiffe zusammenzuschießen – als Vergeltung für den misslungenen georgischen Angriff auf die abtrünnige Region Südossetien. Als die Schiffe heimkehrten, wurden sie von russischen Patrioten an der Mole wie Helden gefeiert. Sevastopol' hat immer noch stahlblitzende russische Zähne, nur sieht man sie nicht. Oder zumindest selten.

Geschichte der Stadt

Sevastopol' ist nicht nur eine Stadt, sondern immer noch ein Mythos. Der Ursprung liegt im Krimkrieg von 1853 bis 1856 begründet. Der Krieg, eine Folge des Kräftemessens der damaligen europäischen Großmächte, fand auf der Krim und der Festung Sevastopol' eher zufällig seinen Hauptschauplatz. Der Konflikt war eigentlich schon entschieden, da kamen Engländer, Franzosen und Türken mit ihren Flotten hierher und belagerten elf Monate lang die Stadt, ehe sie ihnen 1855 in die Hände fiel. Der russische Drang zum Bosporus, dem Tor zum Mittelmeer, ein festes Ziel russischer Geopolitik, war gestoppt. Zehntausende Soldaten fanden auf beiden Seiten den Tod. Die erschütternden Berichte der Zeitungskorrespondenten, die erstmals zahlreich bei einem Krieg dabei waren, drangen detailliert in Europas Wohnzimmer. Die englische Krankenschwester Florence Nightingale war darüber entsetzt, reiste auf die Krim und wurde wegen ihres unermüdlichen Ein-

Ukrainische Kriegsschiffe im Hafen von Sevastopol'

satzes in ihrer Heimat zur Heldin. Henry Dunant, der Gründer des Roten Kreuzes, wurde von ihr inspiriert.

Sevastopol' fiel in Folge der Niederlage für Jahrzehnte als russischer Flottenstützpunkt komplett aus (eine Forderung des Friedensvertrages von Paris), um so grandioser wurden die Taten der Verteidiger von Sevastopol' geschildert. Ein Mythos war geboren – brauchbar bis heute: Der russische Soldat, der Land und Familie verteidigt, kämpft für eine edle Sache. So zu sehen in dem gewaltigen Panorama-Museum über der Stadt, das fünfzig Jahre nach der Schlacht auf einem Hügel errichtet wurde. Dass Zar Nikolai I. den Krieg provoziert hatte, dass die russische Diplomatie noch reichlich Öl ins Feuer goß – solche Feinheiten stören den Heldenkult und interessieren bestenfalls am Rande.

Das Museum der Schwarzmeerflotte

Überhaupt ist Sevastopol' geradezu vollgestopft mit Erinnerungsorten, Denkmälern, Tafeln und Namen, die sich auf den Krimkrieg beziehen. Und was nicht an den Krimkrieg erinnert, verweist auf den Zweiten Weltkrieg, als sich das Schicksal der Stadt wiederholte. Ab Oktober 1941 belagerten die deutschen Truppen unter General von Manstein die Stadt und nahmen sie nach 249 Tagen im Mai 1942 ein. Als sie 1944 wieder abzogen, ließen sie eine nahezu vollständig zerstörte Stadt zurück. Ganze zehn Häuser sollen den Krieg unversehrt überstanden haben. Bald wurde Sevastopol' im sowjetischen Zuckerbäckerstil aufgebaut, der sich hier erstaunlich gut in das Stadtbild einfügt. 1965 erhielt Sevastopol' für seinen Widerstand gegen die deutsche Belagerung den Titel ›Heldenstadt‹.

Sevastopol' wurde zweimal belagert, zweimal zerstört, zweimal wieder aufgebaut – und war lange Zeit für Zivilisten unzugänglich. Es war unter den Sowjets verbotene Stadt, und das nicht nur für Ausländer, auch für Sowjetbürger, auch für die Bewohner der Krim selbst. Dass Sevastopol' Touristen offensteht, ist noch nicht lange her. In den 1990er Jahren lockerte man nach und nach die Zugangsbeschränkungen.

Heute ist die Region Sevastopol' mit ihren über 1000 Quadratkilometern und den 23 Buchten direkt der Regierung in Kiev unterstellt. Und Lokalpatrioten vergessen nicht, zwei Dinge zu erwähnen: Dass Sevastopol' der Fläche nach größer ist als Moskau, Shanghai oder gar New York und die Bucht von Sevastopol' die größte im Schwarzen Meer ist und dass sie jenen von Sydney und Hongkong ebenbürtig ist.

Die Schwarzmeerflotte

Ukrainer und Russen, Waffenbrüder von einst, haben sich inzwischen überworfen. Nach dem Zerfall der Sowjetunion haben Moskau und Kiev lange um Sevastopol' und die Schwarzmeerflotte gestritten. 1997 einigte man sich darauf, dass Moskau einen Teil des Hafens bis

2017 pachtet und den größeren Teil der Flotte bekommt. Atomgetriebene Schiffe und Atomwaffen duldet Kiev aber nicht mehr. Doch Sevastopol' ist im Bewusstsein vieler Russen eine russische Stadt geblieben, und die Präsenz russischen Militärs führt dazu, dass auch die Stadt selbst in vielem ›russisch fühlt‹, was man an der Vielzahl russischer Flaggen ablesen kann, die nicht nur auf den russischen Schiffen wehen. Und so erhielt der Moskauer Bürgermeister Jurij Lužkov donnernden Applaus, als er aus Anlass des 850. Moskauer Stadtjubiläums 1997 den Hauptstädtern zurief: »Sevastopol' wird russisch sein!« – gerade so als wäre es das stadteigene Seebad vor der Haustür.

Anfahrt übers Meer

Lužkov ließ Taten folgen, und so gibt es in Sevastopol' eine Filiale der Moskauer Lomonosov-Universität und am Nachimov-Platz das ›Moskauer Haus‹ als Vertretung der russischen Hauptstadt. Der Palast der Schwarzmeerflotte am Ušakov-Platz glänzt wieder weiß und makellos, und der Matrosen-Boulevard wird restauriert.

So viel russische Präsenz im eigenen Haus war den Ukrainern nicht geheuer, und so machte Kiev während des georgisch-russischen Konflikts vom Sommer 2008 deutlich, dass es die russische Marine lieber heute als morgen ziehen sehen würde. Inzwischen haben sich Kiev und der Kreml wieder angenähert. Lužkov wurde 2010 als Bürgermeister abgesetzt, und in Kiev kam eine neue, russlandfreundliche Regierung an die Macht. Einer ihrer ersten Amtshandlungen war die Verlängerung des Pachtvertrages mit Russland. Moskau darf die Schwarzmeerflotte nun bis mindestens 2042 in Sevastopol' halten. Für die einen ein Albtraum – für andere eine beruhigende Garantie.

Viele fragten sich besorgt, welche Perspektive Sevastopol' ohne russische Marine hätte. Der Handelshafen wird die Lücke nicht füllen. Doch eines ist klar, der Tourismus wird an Bedeutung gewinnen. Denn wer zum ersten Mal in die Stadt kommt, wird vieles erleben: Urlauber, die sich mitten in der Stadt ins Wasser werfen, einen ›musizierenden‹ Springbrunnen, antike Ruinen, heiße Rhythmen, Freiluftkonzerte und alte Männer, die sich im Park beim Schach erholen – nur einen düsteren Flottenstützpunkt, das nicht.

Rundgang durch Sevastopol'

Sevastopol' wurde an strategisch günstiger Stelle gegründet. Die Bucht bietet natürlichen Schutz, und der Südwestzipfel der Krim greift weit nach Süden aus – so weit, dass mancher in der Stadt behauptet, bei besonders klarem Wetter von den Bergen die goldenen Kuppeln Istanbuls zu sehen. Der aus dem Griechischen stammende Name Sevastopol' bedeutet verehrungswürdige, großartige Stadt. Die eigentliche Stadt erstreckt

Чорне Море
Schwarzes Meer

Adler-Säule

buchta Martynova

Aleksandrovskaja buchta

Grafenmole
Графская пристань

Aquarium

Primorskij
bul'var
Нахимова
пл.
pl.
Nachimova

Grafskaja
pristan'
Morskoj
vokzal

Fähr-
anleger

ul. Amurskaja

ul. Kapitanskaja

Artylerijs'ka buchta

Kreuzfahrt-
anleger

Stadt-
theater

Sevastopol'

пр. Нахимова
pr. Nachimova

Museum der
Schwarzmeer-
flotte

Krep ostroj per.

ul. Admirala Vladimirskogo

ul. Chersonskaja

ul. Bakinskaja

ul. Častnika

ul. Ščerbaka

ul. Odesskaja
ul. Odesskaja

ul. Partizanskaja

пл. Пасарева
pl. Lazareva

Lenin-
denkmal

ul. Voronina

ul. Frunze

Volodymyr-
Kathedrale

ul. Marata

Peter-und-
Paul-Kirche

ul. Lenina
ul. Lenina

ul. Katernaja

ul. Kirpičnaja

ul. Nefedova

ul. Generala Petrova

ul. Generala Petrova

ul. Suvorova

ul. Sovetskaja

ул. Большая Морская

spusk Šestakova

ul. Karantinnaja

ul. Kljančenko

ul. Guseva

ul. Demidova
ul. Demidova

ul. B-aja Bastionnaja

ul. Odesská
ul. Odesská

ul. Novorosijskaja

ul. Kerčenskaja

ul. Očakovcev

ul. Volodarskogo
ul. Bol'šaja Morskaja

Haupt-
post

ул. Людмилы Павличенко
ul. Ljudmily Pavljučenko

ул. Сергеева-Ценского
ul. Sergeeva-Censkogo

пл. Суворова
pl. Suvorova

Pomerskaja

ul. Požarova

Chersones

ul. Generala Krejzera
Strelecký spusk
Стрелецкий спуск

ul. Častnika

ul. Ščerbaka

ul. Baumskaja

ul. Kulakova

Pokrovskij-
Kathedrale

ул. Адмирала Октябрьского
ul. Admirala Oktjabr'skogo

ul. Sovetskaja

ul. Lenina
ul. Lenina

ул. Портовая
ul. Portovaja

ul. Vozstažich

ul. 5-aja Bastionnaja

ul. Mečnikova

ul. L'va Tolstogo

ul. Galiny Prokopenko

ul. Godleryckogo

ul. Jaltinskaja

ul. Gogola

ul. Smidta

пл. Ушакова
pl. Ušakova

Ukraina

ул. 4-ая Бастионная
ul. 4-aja Bastionnaja

Jazonovskij per.

Istoričeskij bul.

Theater der
Schwarz-
meerflotte

Totleben
Denkmal

ul. Portovaja
ul. Portovaja

Južnaja buchta

Panorama

0   200   400 m

Die Krim

sich am Südufer der Sevastopoler Bucht. Das Stadtzentrum ist bequem zu erlaufen. Es erstreckt sich zwischen vier Plätzen, die nach Admirälen bzw. einem Feldherrn benannt sind, deren auch je ein Denkmal gewidmet ist. Diese Plätze sind durch drei Hauptstraßen verbunden. Der Nachimov-Platz (pl. Nachimova/пл. Нахимова) erstreckt sich im Norden des Stadtzentrums zwischen der Artilleriebucht und der Südlichen Bucht. In der Artilleriebucht oder Artbucht (Артбухта) legen gewöhnlich auch die Kreuzfahrtschiffe an. Es folgen dann im Uhrzeigersinn der Suvorov-Platz im Osten, der Ušakov-Platz (pl. Ušakova/пл. Ушакова) im Süden und der Lazarev-Platz (pl. Lazareva/пл. Лазарева) im Westen. Vom Nachimov-Platz führt die Lenin-Straße (ul. Lenina/ул. Ленина) über den Suvorov-Platz zum Ušakov-Platz. Von dort geht die ul. Bol'šaja Morskaja (ул. Большая Морская) wieder nach Norden zum Lazarev-Platz. Von dort führt der Nachimov-Prospekt wieder zum Nachimov-Platz.

Die vier Plätze und das Oval dazwischen umschließen einen Hügel. Auf dessen Plateau erheben sich, schon weit vom Meer aus zu sehen, drei sehr unterschiedliche Wahrzeichen: Ein schneeweißer neoklassizistischer Bau mit mächtigem Säulenportal und obenauf die russische Flagge – das Stabsgebäude der russischen Schwarzmeerflotte. Dahinter die Kuppel der Volodymyrkathedrale aus dem 19. Jahrhundert, in der vier Admiräle begraben wurden, und dazwischen das Lenindenkmal mit prächtiger Freitreppe. Ansonsten ziehen sich über diesen Hügel einige verwinkelte gepflasterte Straßen.

■ Primorskij bul'var

Ein Rundgang ist hier in Sevastopol' also ein wirklicher Rundgang. Wer ihn in der Artbucht beginnen will, sollte zuerst um die Bucht herumgehen, immer am Wasser entlang, quer durch allerlei Budenzauber mit Souvenirs, mittendrin das **Delphinarium**, oder etwas mondäner oberhalb auf einer Promenade, mit mehr Aussicht und mehr Bäumen und Bänken. Beide Wege vereinen sich wieder und heißen, ob oben oder unten, Naberežnaja Kornilova (Набережная Корнилова). Daran schließt sich der Primorskij bul'var an, ein Park, der sich zwischen dem Nachimov-Prospekt und der Bucht hinzieht mit Bänken, Blumenrabatten, einer Freilichtausstellung, auf der Maler ihre romantischen Werke an-

▲ *Neoklassizistische Gebäude am Hafen*

Das Stadttheater

bieten, den neoklassizistischen Bauten des **Stadttheaters** und des Palastes der Kinder und Jugend, einem berühmten **Aquarium** und nicht zuletzt viel Grün. Es ist der schönste Flecken in der ganzen Stadt. Man findet in der Mittagshitze bequeme Bänke, reichlich Schatten und kühlende Fontänen. Man kann am Abend ungestört den Sonnenuntergang beobachten, und in der Dämmerung der Blauen Stunde lebt der Boulevard erst richtig auf. Man kann oben auf dem Plateau bleiben, wie die Liebespaare und die Alten, oder hinabsteigen zum Wasser, wo die Jugend sich bei Bier und Musik vergnügt.

■ Hafenrundfahrten
Solange es hell ist, schaukeln unten am Kai die Boote, deren Besatzungen so laut und nachdrücklich zu Hafenrundfahrten einladen, als gelte es, die ganze Stadt zu evakuieren. Man sollte sich davon locken lassen, auch wenn längst nicht alles gezeigt wird – die Schwarzmeerflotte bleibt im Großen und Ganzen verborgen. Es geht eigentlich immer um die Landspitze herum in die Südliche Bucht (Южная бухта) und wieder zurück. Eine ›Progulka‹, ein Spaziergang,

kostet etwa umgerechnet 5 Euro und dauert eine gute halbe Stunde. Allerdings sollte man nicht in der Mittagshitze ablegen, sondern sich eine Bootsfahrt am frühen Abend gönnen. Anbieter gibt es stets genug, die Preise sind einheitlich, die Fahrtrouten auch.

■ Adler-Säule
Von der Kaimauer ist schon das berühmteste Wahrzeichen Sevastopol's zu sehen: Die Adler-Säule von 1905, die auf einem kleinen künstlichen Felsen errichtet wurde und an jene russischen Schiffe erinnert, die während des Krimkrieges vorsätzlich in der Bucht versenkt wurden, um den Angreifern die Einfahrt zu versperren. Die 16 Meter hohe Säule ist ein Treffpunkt und wohl auch deshalb so beliebt, weil der Adler des estnischen Künstlers Amandus Adamson mit dem gesenkten Haupt, den müden Schwingen und dem Lorbeerzweig so wenig Martialisches an sich trägt. Am Abend kam man erleben, wie die Einheimischen für eine Abkühlung gleich hier ins Wasser springen.

Von der Adler-Säule führt ein Weg hinauf zum Primorskij Skver, dessen Mitte ein ›singender‹ **Springbrunnen** bildet, der sich großer Beliebtheit erfreut, da

Die Adlersäule

Die Krim

von morgens acht Uhr bis in den Abend aus halbwegs verborgenen Lautsprechern klassische Melodien erklingen, zu denen die Wasserstrahlen der Fontäne auf und nieder tanzen; abends wird alles hübsch illuminiert.

■ Nachimov-Platz

Der Weg führt weiter zum Nachimov-Platz (пл. Нахимова), den zentralen Platz der Stadt, beherrscht von einem mächtigen **Standbild des Admirals Nachimov**, das 1959 errichtet wurde. Nachimov kam 1853 siegreich aus der Seeschlacht bei Sinope zurück, die Franzosen und Engländern den Anlass gab, in den Krieg gegen Russland einzutreten. Nachimov fiel 1855 als einer der Verteidiger von Sevastopol'. Erstmals wurde Nachimov an dieser Stelle 1898, zum 45. Jahrestag der Schlacht von Sinope, ein Denkmal errichtet. Dieses Standbild wurde 1928 aufgrund des ›Dekrets über die Abtragung der Denkmäler für die Zaren und deren Helfershelfer‹ abgerissen. 1932 errichtete die Sowjetmacht an dieser Stelle ein Lenindenkmal. In einem eher seltenen Akt von Geschichtsrevisio-

Dieses Denkmal aus der Sowjetzeit überragt die Hafeneinfahrt

Karte S. 449

nismus wechselten die Sowjets den Lenin an diesem Ort 1959 gegen ein neues, prächtiges Nachimov-Denkmal aus. Das Standbild ist 12,50 Meter hoch, der Admiral selbst über 5 Meter. Lenin war damit natürlich nicht ausgewandert, war doch bereits zwei Jahre zuvor das neue, größere Lenindenkmal auf dem zentralen Hügel der Stadt, weithin sichtbar, errichtet worden.

Der Nachimov-Platz, seit einiger Zeit verkehrsberuhigt, ist der zentrale, repräsentative Platz der Stadt. Hier steht das **Moskauer Haus** – das Moskauer Kultur- und Handelszentrum, die inoffizielle Botschaft der russischen Hauptstadt, hier werden alle Touristenströme vorbeigeleitet, hier machen sich etwa ein Dutzend kleiner Stände die Kundschaft streitig, denn sie bieten alle das gleiche an: Zahlreiche **Tagesausflüge durch die Stadt und über die Krim**, angefangen vom Khanspalast in Bachčisaraj bis nach Jalta, man kann für die nächsten Tage buchen oder sofort eine Exkursion etwa in die antike Siedlung Chersones antreten. Ein Tagesausflug nach Jalta kostet etwa umgerechnet 30 Euro.

■ Grafenmole

Zum zweiten, unübersehbaren Wahrzeichen des Platzes, der Grafenmole/Grafskaja pristan' (графская пристань) mit ihren schneeweißen Säulen gibt es eine Anekdote. Die herrlich anzusehenden Kolonnaden wurden aus einem sehr einfachen Grund geschaffen: Weil immer wieder Offiziere der Schwarzmeerflotte nach erfolgreichem Zechgelage mit ihren Kutschen volltrunken auf die Mole zuhielten, ins Wasser preschten und schwer verunglückten, wurde dieses Sperrwerk zu deren Schutz errichtet. Der englische Ingenieur John Upton entwarf den Bau. Die Pferde galoppierten ab 1846 nur noch wild über den Platz, aber nicht mehr ins Wasser. Diese Geschichte wird natürlich vom offiziellen Sevastopol' bestritten, das nur Heldenhaftes von seinen Offizieren zu berichten weiß.

In der Tat, Pferdekutschen und Autos passen nicht durch den Säulengang, Fußgänger schon. Eine weit ausladende Treppe führt hinunter zum Wasser. Touristen schlendern, Jugendliche sitzen am Wasser, in der Südlichen Bucht sind Kriegsschiffe zu sehen. An der Mole legen kaum noch Schiffe an, höchstens die Nussschalen der Hafenrundfahrten. Nur nebenan hat ein wirklicher Ozeanriese auf seiner Kreuzfahrt durch das Schwarze Meer für ein paar Stunden festgemacht.

Auch die Grafenmole hat natürlich ihre politische Vergangenheit. Ursprünglich hieß sie Katharinenmole, weil hier Zarin Katharina die Große 1787 auf ihrer Reise nach Süden an Land gegangen ist. Bald hieß sie aber nur noch Grafenmole nach Graf Voinovič, dem Kommandeur der Schwarzmeerflotte von 1786 bis 1790, der jeden Morgen vom Nordufer der Bucht, wo er seinen Landsitz hatte, hier anlegte. Hier wurde Admiral Nachimov 1853 nach der Schlacht von Sinope wie ein Held empfangen, hier beginnen immer noch die Flottenparaden zum Tag der Seekriegsflotte – kurzum: Die Grafenmole war und ist das prächtigste Eingangstor zur Stadt. Daher wurde der Anleger 1925 in ›Mole der Dritten Internationale‹ umbenannt. Nach den Zerstörungen des Zweiten Weltkrieges wurde die Mole nach und nach wiederhergestellt. Mit dem Ende der Sowjetunion kehrte dann auch der historische Name zurück – und so wurde sie wieder die Grafenmole, als ob sie nie anders geheißen hätte.

Die Maria-Schutz-Kirche

■ Leninstraße

Am Nachimov-Platz beginnt die Leninstraße (ул. Ленина), eine der repräsentativen Straßen der Stadt. Und so befindet sich in der Nr. 11 in einem Haus aus dem Jahre 1895 das **Museum der Geschichte der Schwarzmeerflotte**, das mit allerlei maritimem und kriegerischem Dekor schon von außen auf sich aufmerksam macht. Das Museum ist täglich außer Montag und Dienstag von 10 bis 17 Uhr geöffnet, Kassenschluss ist um 16 Uhr. Das Museum wurde 1867 in der damaligen Katharinenstraße im Haus eines der Verteidiger Sevastopols, des Festungsbaumeisters General Eduard Totleben, gegründet. 1895 wurde dann ein eigenes Gebäude errichtet.

Gegenüber dem Museum ist ein Zankapfel russisch-ukrainischer Geschichtspolitik zu sehen – wenn er noch da ist: Das **Denkmal für Katharina die Große**, das am 15. Juni 2008 zum 225. Jahrestag der Stadtgründung von russischen Patrioten eingeweiht wurde. Es kam schon am Tag der Einweihung zu Handgreiflichkeiten, da Katharina für die Ukrainer unter der Stadtbevölkerung als Invasorin gilt. Die zogen vor Gericht und bekamen Recht. Das Denkmal, vom prorussisch dominierten Sevastopoler Stadtrat beschlossen, sei illegal errichtet worden. Danach kam es zu patriotischen Nachtwachen am Bronzedenkmal. Abgetragen wurde die bronzene Katharina nicht mehr. Und so ist sie eines der neuesten Denkmäler des an Denkmälern reichen, doch an Zusammenhalt armen Sevastopol'.

Das Panorama

■ Ušakov-Platz

Geht man die Leninstraße hinab, gelangt man über den Suvorov-Platz (пл. Суворова) nach etwa einem Kilometer zum Ušakov-Platz (пл. Ушакова). Dort weht weithin sichtbar über dem **Matrosen-Klub der russischen Schwarzmeerflotte** die russische Trikolore. Eine Tafel verkündet, dass das Gebäude mit dem schlanken Turm 2007 auf Initiative und mit Geld des damaligen Moskauer Bürgermeisters Lužkov restauriert wurde. Es gibt in dem Klub auch ein **Theater der Schwarzmeerflotte**, wo sich die Sterne der russischen leichten Muse regelmäßig die Klinke in die Hand geben.

■ Historischer Boulevard und Panorama

Hinter dem Klub beginnt der Aufstieg zum Historischen Boulevard/Istoriceskij bul'var (Исторический бульвар), eine Parklandschaft, die sich über einen Hang erstreckt. Geht man den Asphaltweg hinauf, kommt bald das mächtige **Totleben-Denkmal** in Sicht, das an den Festungsbaumeister Eduard Totleben erinnert, einen Deutschbalten im Dienste des Zaren. Er ließ während des Krimkrieges die entscheidenden Befestigungen an der der Bucht abgewandten Südseite der Stadt errichten. Dadurch nur konnte sich Sevastopol' überhaupt so lange halten. Das 1909 errichtete Denkmal ist eine Marke auf dem Weg zum Panorama.

Hinter dem Denkmal wird es belebter, Buden stehen zu beiden Seiten des Weges, Souvenirs bieten sie an, Schnitzwerk, lackierte Muscheln, Matrosenmützen, Eis, Postkarten, Bier.

Bald erreicht man ein Plateau mit einem Rondell und einer Fontäne als Zentrum, links daneben ein mächtiger Rundbau, das **Panorama ›Die Verteidigung von Sevastopol' 1854–1855‹**. Sein Herzstück ist ein 14 Meter hohes und 115 Meter im Umfang messendes Gemälde mitsamt Dioramen, die die Verteidigung Sevastopols in denkbar heldenhaftes Licht rücken. Der Bau wurde 1905 vom Architekten Fel'dman zum 50. Jahrestag des Krieges errichtet. Im Untergeschoss befindet sich eine historische Ausstellung, die Erläuterungen sind russisch und englisch, im Obergeschoss öffnet sich das eigentliche Panorama. Das Museum ist sehr gut besucht, so dass man Wartezeit einplanen muss. Karten, die es nur zusammen mit einer Führung gibt, werden in einem Kiosk nebenan

Karte S. 449
▲

Im Panorama von Sevastopol'

verkauft. Dann erfährt man auch die Einlasszeit, für die die Karten gültig sind, eine halbe bis dreiviertel Stunde muss man meist warten. Derweil kann man das Gelände erkunden, das noch allerlei kleinere Denkmäler und Erinnerungsorte, insbesondere an die vierte Bastion, die sich hier oben befand, und eine Sammlung von Ankern bereithält.

Das Panoramagemälde zeigt viele Helden und viel Heldenhaftes: Offiziere, die Kommandos geben, Soldaten die wie ein Mann stehen und einen Popen, der segnend das Kreuz über einem Sterbenden hält. Samoware sind ebenso dabei wie Unterstände, Kanonen und viel hingemalter Qualm. Man kann viel über ungebrochenen russischen Patriotismus erfahren und sich ein Bild von der Kontinuität russischer Geschichtsdarstellung machen. Das Panorama ist täglich von 9 bis 17 Uhr geöffnet.

■ Bol'šaja Morskaja

Der Rückweg führt wieder über den Ušakov-Platz. Dort sollte man aber links in die belebte ul. Bol'šaja Morskaja (ул. Большая Морская) einbiegen mit ihrer Nußbaumallee, die parallel zur Leninstraße verläuft. Die **Maria-Schutzkirche**

(Pokrovskij sobor) in der Nr. 36 fällt schon durch ihre goldenen Kuppeln auf. Was nicht sofort auffällt: die Kirche von 1905 stammt vom selben Architekten wie das Panorama, V.A. Fel'dman.

Weiter unten, am Lazarev-Platz (пл. Лазарева), am schneeweißen Gebäude der Handelsvertretung Tatarstans, führt die ul. Voronina den zentralen Hügel der Stadt aufwärts. Oben angekommen, steht man vor dem **Lenindenkmal** von 1957 mit seiner Paradetreppe.

■ Vladimirkathedrale

Dahinter, etwas versteckt, liegt in der vul. Suvorova (вул. Суворова) 3 die Vladimirkathedrale. Hier fanden die Admiräle Nachimov, Kornilov, Lazarev und Istomin ihre letzte Ruhe, und so bekam die Kirche den Beinamen Admiralskathedrale. 1932 degradierten die Bolschewiki die Kirche zu einer Werkstatt und vernichteten die Särge der ›zaristischen Handlanger‹. 1966 begann man dann mit der Restaurierung des Baus, wobei auch die Grabsteine der Toten wieder aufgerichtet wurden. Danach war die Kirche Museum. Erst 1991 wurde sie wieder der orthodoxen Gemeinde übergeben. Die Kirche wird nach und nach

Die Krim

restauriert, die Fresken sind noch beschädigt, die Fenster notverglast.

Hinter Kirche und Lenindenkmal liegen die Straßen, in denen es recht militärisch zugeht. Hier ist, gut bewacht, der Eingang zum **Stab der russischen Schwarzmeerflotte**, nebenan liegen allerlei Versorgungseinrichtungen, wo höhere Dienstgrade ein und ausgehen.

■ Nachimov-Prospekt

Man kann vom Hügel über den Matrosen-Skver zum Nachimov-Platz absteigen, oder wieder zum Lazarev-Platz zurückgehen. Dort beginnt der Nachimov-Prospekt (пр. Нахимова) mit seiner Allee aus Platanen, Kastanien und Linden. In der Nr. 9, gegenüber dem **Stadttheater**, ist das **Kunstmuseum** untergebracht, das täglich außer Dienstag von 9 bis 17 Uhr geöffnet hat.

Von hier ist es nicht mehr weit zur **Artbuchta**. Vor dem mondän wirkenden Hotel ›Sevastopol‹ führt die Ajvazovskij-Straße/ul. Ajvazovskogo (ул. Айвазовского) zur Bucht hinunter.

Geht man hier weiter auf die Spitze der Artbuchta, kann man sich dort halbwegs ungestört in die Fluten werfen. Die Stufe, die direkt ins Wasser führen, sind eine beliebte Badestelle.

■ Markt

Als kleine Extratour bietet sich von der Artbucht ein Spaziergang zum Bauernmarkt an. Man gehe mutig durch die etwas unansehnliche Grünanlage am Ende der Artbucht. Vorbei am Denkmal zum 300. Jubiläum der Schwarzmeerflotte ist schneller als erwartet der Mark zu sehen. Alte Frauen verkaufen Weitrauben und Lavendelsträußchen. Neben Obst, Gemüse, Käse und Fleisch kann man aber auch Teppiche und allerlei Klimbim kaufen – wenn man denn will.

Das antike Chersones

Sehenswert ist auf jeden Fall das antike Chersones, das östlich des Stadtzentrums an einer Bucht liegt. Chersones, das im 5. Jahrhundert v. Chr. von Griechen gegründet wurde, ist über die ul. Požarova (ул. Пожарова) und weiter über den pr. Haharina (пр. Гагарина) zu erreichen. Am bequemsten fährt man mit dem Taxi, man kann aber auch die Maršrutka Nr. 22 nehmen, die die ul. Bol'šaja Morskaja bedient, sie fährt bis zum Eingang des Museums. Auch Trolleybusse der Linien 6 und 10 fahren vom Bauernmarkt, ul. Senjavina (ул. Сенявина), in diese Richtung, an der Haltestelle ul. Dmitrija Ul'janova (ул. Дмитрия Ульянова) muss man jedoch aussteigen. Von dort ist es etwa eine Viertelstunde Fußmarsch. Man kann auch nach Chersones laufen, sollte dafür etwa eine Stunde einplanen und gut zu Fuß unterwegs sein. Denn es geht auf und ab, und auch wenn die Volodymkirche schon von weitem zu sehen ist, muss man weit laufen, da man eine Bucht umgehen muss. Man muss vom Lazarev-Platz die ul. Generala Petrova (ул. Генерала Петрова) nehmen, die beständig bergauf führt, dann über eine Treppe steigen und ein ganzes Stück über die ul. Požarova (ул. Пожарова) laufen, die später in den pr. Gagarina (пр. Гагарина) einmündet. Es ist ein weiter Weg, den man am besten am Morgen unternimmt. Es bewahrheitet sich aber die alte Erkenntnis, dass man zu Fuß mehr sieht. So zum Beispiel den alten jüdischen Friedhof links hinter einer Tankstelle an der ul. Sečenova (ул. Сеченова). Für den Rückweg empfiehlt sich dann aber doch die Maršrutka.

Die antike Anlage heißt heute offiziell ›Nationales staatliches archäologisches Museum-Schutzgebiet Cherson-Tavri-

Die Vladimir-Kirche in Chersones

českij‹ und hat täglich von 8 bis 21 Uhr geöffnet. Auf dem weitläufigen Gelände, das zum Meer hin abfällt, finden sich Überreste der antiken griechischen, aber auch der byzantinisch-mittelalterlichen Stadt.

■ Vladimirkirche

Das einzige herausragende Gebäude ist die Vladimirkirche mit ihrer mächtigen goldenen Kuppel. Die Kirche wurde im 19. Jahrhundert zu Ehren des Kiever Fürsten Vladimir (ukr. Volodymyr) errichtet, der 988 hier in Chersones, damals schon eine byzantinische Stadt, getauft worden sein soll. Diese Taufe war der Beginn der Christianisierung der Kiever Rus' und zog die berühmte Taufe der Kiever Bevölkerung im Dnepr nach sich. Im Jahr 2005 wurde die wiederaufgebaute Kirche erneut geweiht.

Der Kirche wurde im Jahr 2003 ein besonderes Geschenk zuteil: Die Kiever Stadtverwaltung ließ neben der Kirche ein Bronzedenkmal für den Apostel Andreas errichten. Soll doch Andreas, dem in der orthodoxen Kirche hohe Ehrung zuteil wird, da er als Begründer der Ostkirche gilt, hier, von Jerusalem kommend, an Land gegangen sein. So erzählt es jedenfalls die fromme Überlieferung. Die Gegenwart Sevastopols ist dagegen erheblich gereizter: Dieses ›ukrainische‹ Geschenk zog sofort ein ›russisches‹ nach sich: Zwei Jahre später wurde in der an Denkmälern wahrlich reichen Stadt ein zweites Andreasdenkmal errichtet. Ein frommer und patriotischer russischer Verein errichtete dem Apostel auf einer der russischen Marinebasen ein Denkmal, das den gekreuzigten Andreas zeigt, ein Pendant errich-

Die Krim

Ausgrabungen auf dem Gelände in Chersones

tete der Verein am anderen Ende ihrer russisch-orthodoxen Welt auf den Kurilen nahe Japan – beide zusammen als ›Symbol der Einheit der russisch-orthodoxen Traditionen‹, wie einer der Denkmals-Aktivisten betonte.

Ein Denkmal für den Fürsten Volodymyr gibt es auch, etwas außerhalb des Museums, doch unübersehbar. Es wurde 1994 errichtet und es hat bisher, wiewohl sich Russen und Ukrainer auf ihn berufen, noch keinen Zwilling.

■ Sehenswürdigkeiten

Auf dem Gelände von Chersones ist ein **Teil der Befestigungsanlage** erhalten, ein **Amphitheater**, eine **Winzerei**, **Stadttore**, der **Hafen**. Fundamente wurden freigelegt, auch der **Mosaikenboden des Baptisteriums** ist zu sehen, der als der Ort vermutet wird, wo sich Volodymyr hat taufen lassen. Unten am Wasser steht einsam eine Glocke. Es ist die **Nebelglocke**, die 1776 in Taganrog am Asovschen Meer aus erbeuteten türkischen Kanonen gegossen wurde. Nach der Gründung von Sevastopol' kam sie als Nebelglocke auf die Marinebasis. Im Krimkrieg brachten Franzosen sie mit anderen erbeuteten Glocken nach Frankreich. 1913 wurde sie in der Pariser Kathedrale Notre Dame entdeckt, zurückgeführt – Franzosen und Russen waren damals gerade Verbündete – und im Kloster auf dem Gebiet von Chersones aufgehängt. Das Kloster wiederum überlebte die Oktoberrevolution nur um acht Jahre, alle Glocken wurden eingeschmolzen, bis auf eine. Sie wurde 1939 am Ufer als Nebelglocke aufgehängt und ist seitdem eines der friedfertigeren Wahrzeichen von Sevastopol'.

Zwei Museen informieren über das antike und das mittelalterliche Chersones, das 1399 von tatarischen Kriegern zerstört wurde. Doch diese versetzten Chersones nur den Todesstoß. Der eigentliche Abstieg war schon mit den Genuesern gekommen, die mit ihren Niederlassungen auf der Krim der Stadt längst den Rang abgelaufen hatten, als die Tataren auftauchen.

Karte S. 449

Sevastopol'

Vorwahl: 06 92.

Das **Hauptpostamt** liegt in der ul. Bol'šaja Morskaja 21 (ул. Большая Морская).

Der Bahnhof befindet sich am südlichen Ende der Stadt am pl. Vokzal'naja 3 (пл. Вокзальная), Züge fahren tgl. nach Kiev und Moskau sowie in der Saison auch nach St. Petersburg. Mit der Električka dauert die Fahrt nach Simferopol' etwa 2,5 Stunden.

Der Busbahnhof liegt neben dem Bahnhof. Von dort sind die anderen Orte der Krim gut zu erreichen, nach Jalta bzw. Simferopol' fahren täglich je acht Busse.

Der Passagierhafen liegt am pr. Nachimova 5 (пр. Нахимова) in der Artylerijs'ka buchta (Артилерійська бухта, ›Artbuchta‹/Артбухта), von hier kann man Rundfahrten antreten. Im Sommer verkehren von dort Dampfer zum Učkuevka-Strand (pljaž Učkuevka/пляж Учкуевка). Außerdem fahren halbstündlich Fähren über die Bucht in den Nordteil der Stadt.

Hotel Sevastopol' (Севастополь), neben dem Passagierhafen am pr. Nachimova 8, Tel. 54 34 48, ab 70 Euro.
Hotel Ukraina (Украина), ul. Gogolja 2 (ул. Гоголя), am südlichen Ende des Zentrums, Tel. 52 21 27, ab 60 Euro. Unweit vom aniken Chersones liegt das **Privathotel Chersones**, ul. Drevnja 34 (ул. Древня), Tel. 241587, ab 70 Euro.

Museum der Schwarzmeerflotte (Музей черноморського флоту), ul. Lenina 11, 10–17 Uhr, Kassenschluss 16 Uhr, Mo/Di geschlossen.
Panorama ›Die Verteidigung von Sevastopol'‹, Istoričeskij bul. (Исторический бул.), 9.30–17.30 Uhr.
Kunstmuseum (Художний музей), pr. Nachimova 9, 10–17 Uhr, Di geschlossen.
An Meeresbiologie Interessierte sollten das **Aquarium** (Аквамарин) am pr. Nachimova 2 besuchen, das im Sommer tgl. 10–19 Uhr geöffnet ist, im Winter 10–17 Uhr, dann ist es auch am Mo geschlossen
Das **Delphinarium**, Naberež'naja Kornilova (Набережьная Корнилова) bietet tägl. außer Mo drei Vorstellungen, die je knapp eine Stunde dauern, 11/14/17 Uhr.
Das **Freilichtmuseum** ›Chersones Tavrijs'kyj‹ (Херсонес Таврійський) liegt an der ul. Drevnja 1 (ул. Древня), tgl. 8–21 Uhr.

Es gibt zwei Theater: das **Theater der Schwarzmeerflotte**, benannt nach Lavrenev (Лавренев), pl. Ušakova (пл. Ушакова), und das **Russisch-Dramatische Theater**, benannt nach Lunačarskij (Луначарский), pr. Nachimova 6.

www.sevastopol.info (russ.) und www.sevastopol.net.ua bieten umfangreichen Service (engl.).
www.chersonesos.org informiert über die antike Stadt (engl.).

Die Krim

Jalta und die Südküste

Schon der bloße Klang von Namen wie Oreanda, Masandra und Livadija scheint zu duften. Das Aroma von Meeresbrise, Bergluft und exotischen Blüten hat sich in den Klang der Orte eingewebt, die an der Südküste wie Perlen aufgereiht liegen, und der Name Jalta ist selbst denen bekannt, für die die Krim nur ein ferner, unwirklicher Landstrich im Osten Europas ist. Wie auf Terrassen angelegt, präsentieren sich die Kurorte des Südens im mediterranen Klima. Heute ist die über 70 Kilometer lange Küste von Foros (Форос) im Westen bis Gurzuf (Гурзуф) im Osten zur Verwaltungseinheit Groß Jalta mit etwa 90 000 Einwohnern zusammengeschlossen. Es ist ein Traumland zwischen Bergen und Wasser: Im Süden die See, im Norden das Krimgebirge, gekrönt von den Klippen des über 1200 Meter hohen Aj-Petri (Ай-Петри).

Bei einer Fahrt mit der Seilbahn von Mischor (Мисхор) aus, kann man innerhalb weniger Minuten von mediterran bis alpin mehrere Klimazonen durcheilen, bis man das Plateau unterhalb der Felsen erreicht hat. Das eigentliche, mondäne Jalta liegt im östlichen Teil der Großgemeinde. Und das Wahrzeichen von Jalta, wenn nicht der ganzen Krim, das Schlößchen Schwalbennest (Ласточкино гнездо, ukr.: Ластівчине гніздо) mit seinen Zinnen und Türmchen, befindet sich auf einem Felsen zwischen Mischor und Livadija.

Foros

Foros (Форос) ist der westlichste Kurort der Großgemeinde und der südlichste Zipfel der Halbinsel. Sollte man von irgendwo auf der Krim tatsächlich Kleinasien sehen könnte, dann von hier, doch auch von Foros sind es noch etwa 250 Kilometer übers Meer. Bei Foros beginnt das eigentliche Krimgebirge.

Der Ort war drei Tage lang im August 1991 Brennpunkt des Weltgeschehens. KPdSU-Generalsekretär Michail Gorbatschow wollte sich endlich in seiner frisch erbauten Datscha ›Zarja‹ vom Niedergang seines Riesenreiches, von den Rankünen des Kremls und von seinem Hexenschuss erholen, als er und seine Familie unvermittelt Gefangene des KGB wurden, der auf Befehle aus Moskau handelte. Dort hatte sich ein Trio die Abwesenheit des Kremlchefs zunutze gemacht und gegen Gorbatschow geputscht. Sämtliche Telefonverbindungen zum Generalsekretär waren gekappt, und sechs Boote bewachten die Küste. Als Gorbatschow auf Druck der Öffentlichkeit am 21. August nach Moskau zurückkehrte, waren die Umstürzler zwar gescheitert – etliche hatten sich kräftig betrunken –, doch der einstige Kremlherr kehrte in ein eine neue, veränderte Welt zurück. Bald musste er seinen Platz räumen, der neue mächtige Mann hieß Boris Jelzin. In der Regierungsdatscha hat sich später der ukrainische Präsident Kučma erholt. Dessen Nachfolger Juščenko zog es vor, in Muchalatka (Мухалатка), einer anderen, fünf Kilometer östlich gelegenen Datscha, zu urlauben. Nachfolger Janukovič macht auch hier eine Kehrwende: Seinen 60. Geburtstag hat er im Juli 2010 in der Gorbatschow-Datscha gefeiert.

Blick vom Garten des Voroncov-Palastes auf den Aj-Petri

Die Krim

■ Auferstehungskirche

Das Wahrzeichen von Foros ist aber anderer Natur. Es ist die Auferstehungskirche, die sich weithin sichtbar 400 Meter über dem Meer auf einem Felsvorsprung wie auf einem Tablett präsentiert.

Ihre Entstehung ist einem Verkehrsunfall geschuldet. Als der Moskauer Teehändler Kuznecov 1888 hörte, dass Zar Alexander III. mit seiner Familie, von der Krim kommend, nur knapp bei einem Eisenbahnunglück mit dem Leben davongekommen war, stiftete er mit seinem Geld zum Dank diese Kirche bei Foros, wo er reichlich Land besaß. 1892 wurde sie eingeweiht. Die Bolschewiki ließen sie 1924 wieder schließen. Die Kreuze wurden abgeschlagen, die Fresken übermalt und der Priester nach Sibirien verbannt. Lange Zeit diente die Kirche als Imbissbude, ab 1969 war sie völlig dem Verfall preisgegeben. Erst der ukrainische Präsident Leonid Kučma nahm sich ihrer an, und 2004 wurde sie zum zweiten Mal geweiht. Seitdem ist sie ein weiterer alter und ganz neuer Edelstein an der Südküste der Krim; von ihrem Plateau aus kann man weit übers Meer blicken.

Alupka

Graf Michail Voroncov war ab 1823 Generalgouverneur von Neurussland und gehörte zu den ersten, die die Südküste zu schätzen wussten. Er verlieh Jalta das Stadtrecht, er ließ von Simferopol' eine Straße zur Küste bauen und sich selbst an jener Straße 17 Kilometer westlich von Jalta in Alupka (Алупка) eine Sommerresidenz errichten. Voroncov, der als Gouverneur in Odessa residierte, war ein weltläufiger Mann. Er war der Sohn des russischen Gesandten in London und verbrachte dort seine Kindheit, er war er ein Freund britischer Lebensart und ließ das Schloss von einem englischen Architekten im Tudor-Stil errichten – zumindest die Bergseite. Denn der Baumeister nahm zur Meeresseite reichlich Anleihen an indisch-orientalischer Architektur, und so wirkt das Schloss vor der grandiosen Felslandschaft des Aj-Petri wie ein Palast aus Tausendundeiner Nacht. Marmorne Löwen schlummern, eine Treppe führt zum Wasser hinab, Palmen neigen ihre Häupter und Brunnen plätschern – fürwahr, Voroncov hatte Stil. Und da seine Devise beim Bau – very british – lautete: ›Teuer, aber haltbar!‹, hat das Haus die turbulenten Zeiten gut überstanden. Um so mehr, weil der Palast aus dem grünlich schimmernden sehr harten Gestein Diabas errichtet wurde, der in der Umgegend reichlich vorhanden ist. Gebaut wurde daran von 1830 bis 1848, allein acht Jahre wurde an der Parkanlage gearbeitet.

Der Palast blieb bis zur Oktoberrevolution im Besitz der Familie Voroncov. Nach der Revolution wurde er verstaatlicht und 1921 als Museum eröffnet. Es wundert nicht, dass das Schloss während der Konferenz von Jalta im Februar 1945 die Residenz der englischen Delegation unter Winston Churchill war. Drei Zimmer waren für den britischen Premier reserviert, wo er auch Stalin empfangen hat.

■ Rundgang durch den Voroncov-Palast

Bei einem Rundgang kommt man durch das Blaue Zimmer, durch ein Billard-Zimmer, das Vestibül, den Wintergarten, man kann Eichendecken bewundern und Eichenfußböden und mächtige Wannen, in denen einst Champagner gekühlt wurde. Es ist alles solide und durchaus beeindruckend, das Schloss ist eigentlich nicht groß, eher familiär eingerichtet. Ein guter Ort, um zu entspannen, Gäste zu empfangen oder um in Ruhe zu arbeiten – wenn man Generalgouverneur ist.

■ Schlosspark

Doch das Beeindruckendste ist der 40 Hektar große Park, der das Schloss umgibt. Wer Gelegenheit findet, sollte unbedingt einen Spaziergang durch den Park unternehmen. Die Reisebusse fahren oft direkt bis vor den Palast, sehr bequem – doch so wird man um die Wege durch den Park gebracht, und es gibt einiges zu sehen: botanische Kostbarkeiten ebenso wie beeindruckende Perspektiven auf die weißen Klippen des Aj-Petri. Es wachsen Norfolk-Tannen, Zedern, Platanen, Kastanien und Zypressen. Dass hier Zypressen stehen, wird von den Einheimischen besonders betont. Der arglose Präsident Roosevelt

Im Garten des Voroncov-Palastes

erzählte während der Konferenz von Jalta seinem Gastgeber Stalin, dass er sich über die vielen Zypressen auf der Krim doch sehr wundere. Schließlich würde man in den USA solche Bäume vor allem auf Friedhöfen pflanzen, dort gelte die Zypresse als Symbol der Auferstehung. Kaum war die Konferenz zu Ende, gab Stalin den Befehl, die Zypressen auf der Krim abzuholzen, 70 000 Bäume fielen dem Wahn zum Opfer. Die Zypressen im Park von Alupka haben überlebt.

Neben all den mächtigen Bäumen gibt es auch künstliche Tümpel, Kaskaden und Steinbrüche. Bei dem Anblick der vielen gefährlich großen Brocken am Hang lässt sich eine Führerin regelmäßig zu der Bemerkung hinreißen, dass die Anordnung so gebaut sei ›wie ein Staat: chaotisch, aber stabil‹. Ob sie mit der Metapher eher die Ukraine im Sinn hat, oder doch Russland, behält sie lieber für sich. So oder so, der Steinhaufen heißt jedenfalls tatsächlich ›Chaos‹.

Der Aufgang zum Voroncov-Palast in Alupka

Die Krim

Alupka ist heute nicht nur bevorzugter Urlaubs-, sondern auch Luftkurort. Es ist die eigentümliche Mischung aus Meeresluft und Kiefernduft, die die Lungenärzte preisen, denn nicht die Zypresse, sondern die Kiefer ist der vorherrschende Baum im Ort. Auch im Park des Voroncov-Palastes kann man ihn spüren, den Duft aus Salzwasser und Kiefernharz.

■ Seilbahn auf den Aj-Petri

Da sich kurz vor dem Eingang zum Park auch die Talstation der Seilbahn zum 1234 Meter hohen Aj-Petri befindet, kann man sich in Alupka, ein Bad im Schwarzen Meer eingeschlossen, einen ganzen Tag aufhalten. Allerdings sollte man zwei Dinge berücksichtigen: In der Hochsaison kann es insbesondere an der Seilbahn erheblichen Andrang geben. Die Reise auf den Gipfel dauert etwa eine Viertelstunde, die Fahrt wird auf halber Strecke unterbrochen. Dort muss man umsteigen. Spätestens dann sollte man sich warme Sachen überziehen – vorausgesetzt, man hat am Morgen beim Packen daran gedacht. Auf dem Aj-Petri ist es empfindlich kalt, und mancher kam unterkühlt wieder unten an.

Schwalbennest

Der Andrang am kleinsten, doch schönsten Juwel der Krim wird schon dadurch reguliert, dass man sich dorthin zu Fuß auf den Weg machen muss, und so bleiben viele auf Distanz und begnügen sich mit einigen Fotos, die sie später herumzeigen: Zehn Meter breit, zwanzig lang und zwölf hoch – so unromantisch lässt sich das Schwalbennest beschreiben, das der deutsche Unternehmer Baron von Steingel 1912 anstelle eines Vorgängerbaus für seine Geliebte im Stile eines mittelalterlichen Rheinschlosses hat errichten lassen. Doch von Steingel, der durch den Ölboom am Kaspischen Meer reich geworden war, verkaufte das Schlößchen bereits zwei Jahre später wieder. Fortan wurde dort ein Restaurant betrieben, bis 1927 ein Erdbeben das Schloss und vor allem den Felsen darunter so ramponierte, dass der Bau jahrzehntelang geschlossen blieb. Erst 1968 wurde das Fundament mit einer Stahlbetonplatte befestigt. Heute wird das Schwalbennest von einem schicken und entsprechend teurem Restaurant genutzt.

Wie gesagt, das Schlößchen ist nicht ohne Mühe zu erreichen. Von der Hauptstraße führt ein Fußsteig über etliche Treppen hinab. Wer schon Blasen an den Füßen hat, sollte sich tatsächlich mit dem Fernblick begnügen. An der Straße reihen sich etliche Souvenirstände, Attraktionen wie Adler, Pfauen und ein Bär – letzterer nur ausgestopft – und einige kleines Restaurants, wo man den Ausblick genießen kann. Wer zum Schwalbennest absteigen will, muss im Budengewirr die richtige Treppe nehmen, sie ist unauffällig, doch am Einstieg mit blauen Pfeilen und den Buchstaben ›гл‹ markiert für гнездо ласточкино – Schwalbennest. Für Hin- und Rückweg sollte man eine Stunde einplanen, außerdem wird für den Weg umgerechnet etwa ein Euro Eintritt verlangt. Unterhalb des Schwalbennestes liegt eine Dampferanlegestelle, die von Ausflugsschiffen auf dem Weg von und nach Jalta angefahren wird.

Karte S. 437 ▲

Das Wahrzeichen der Krim: das Schwalbennest

Der weiße Saal

Der Palast von Livadija

Auch Zar Nikolaus II. schätzte diesen sonnigen Platz in seinem doch sonst eher kalten Reich. Als ihm das alte Schloss in Livadija (Ливадия), unmittelbar am Südwestrand von Jalta, zu klein geworden war, ließ er kurz vor dem Ersten Weltkrieg dort den Weißen Palast im Stile der italienischen Renaissance errichten und alles nach dem neuesten Stand der Technik. Aber allzu lange konnte sich der letzte Herrscher auf dem Zarenthron nicht mehr an Wasser, Sonne, Telefon, Elektrizität und Lift erfreuen. Im Februar 1917 musste er abdanken und im Juli 1918 wurde er mit seiner Familie von den Bolschewiki im sibirischen Ekaterinburg erschossen. Der Weiße Palast wurde in ein Sovchos, ein Staatsgut, umgewandelt. Doch nicht lange, schon 1925 zog hier ein Sanatorium für Bauern ein. Weltbekannt wurde der Palast, als vom 4. bis 11. Februar 1945 die Konferenz von Jalta stattfand, auf der die drei Mächte der Anti-Hitler-Koalition über die Nachkriegsordnung verhandelten. Die US-amerikanische Delegation unter Präsident Franklin D. Roosevelt nahm im Palast Quartier. Auf der Konferenz einigte man sich nicht nur über die bedingungslose Kapitulation,

die Aufteilung in Besatzungszonen und die Entmilitarisierung Deutschlands, sondern auch über die Aufteilung Europas in ›Einflusszonen‹ und auf den Entwurf der Charta der Vereinten Nationen, die wenige Monate später in San Francisco bei der Gründung der Weltorganisation angenommen wurde. Insbesondere um den Abstimmungsmodus im zukünftigen UN-Sicherheitsrat wurde lange gestritten, da Stalin ein Vetorecht der ständigen Mitglieder verankert sehen wollte. Er setzte sich durch.

■ Palast-Innenräume

Die widersprüchlichen Spuren, die die Geschichte des 20. Jahrhunderts in Livadija hinterlassen hat, führen im Inneren des Palastes zu einer sehr eigentümlichen Mischung: Im Untergeschoss wird an die Konferenz der Siegermächte erinnert. Soldatenpuppen stehen auf ewiger Wacht, Fotografien jener Tage hängen an der Wand, die drei Staatsflaggen zieren die Tische, Telefone stehen bedeutungsschwer herum, und im Weißen Saal warten die Stühle in Reih und Glied, als würden gleich noch einmal die Häupter dieser Welt erscheinen.

Eine Etage höher wird ebenso weihevoll des letzten Zaren gedacht: der Zar beim Tennis, bei der Teestunde im Park, am Jachthafen, der Zar mit Ehefrau, Kindern und den großherzoglichen Verwandten aus Deutschland. Es ist fast ein Rührstück, weil die politische Dimension jener Jahre und die unrühmliche Rolle des Zaren ausgeblendet bleibt. Doch solche Widersprüche lebt man hier: Die – inzwischen heiliggesprochene – Zarenfamilie im Obergeschoss wird genauso verehrt wie ein paar Meter tiefer der Kriegsherr und Nachfolger jenes Mannes, der die Zarenfamilie erschießen ließ.

Karte S. 437

Auf dem Sonnenpfad

Dazu fügt sich eine Anekdote, die hier gern erzählt wird: Der amerikanische Präsident soll scherzhaft den Wunsch geäußert haben, den Livadija-Palast seiner Schönheit und Lage wegen zu kaufen. Doch das sei von Stalin entrüstet abgelehnt worden, schließlich sei das Anwesen doch Staatseigentum.

Weltgeschichtliche Betrachtungen außer acht gelassen, ist Livadija ein malerischer Flecken mit viel Touristenbetrieb. Der Palast ist täglich außer Mittwoch (vom 1.11. bis 31.3. auch Montag) von 10 bis 17 Uhr geöffnet, der Eintritt mit obligatorischer Exkursion kostet ungerechnet etwa 5 Euro. Das Bauwerk ist beeindruckkender, der Park jedoch kleiner als das Voroncov-Anwesen in Alupka.

■ Sonnenpfad

Unterhalb der Palastanlage beginnt der Sonnenpfad, ein schöner Panoramaweg, der sich von hier knapp sieben Kilometer Richtung Südwesten bis Gaspra erstreckt. Der Weg führt weit oberhalb des Wassers an der Steilküste entlang und verläuft über weite Abschnitte unter schattigen Bäumen. Er wurde bereits 1861 angelegt und während der Sowjetzeit ausgebaut und mit Wegweisern und Kilometerangaben versehen.

Jalta

Einen Katzensprung von Livadija entfernt, erstreckt sich in einer sanften Bucht endlich Jalta, die Hauptstadt der Südküste. Doch so lieblich sie auch ist, ihr Ruhm ist einem Krieg geschuldet. Einem Arzt, der während des Krimkrieges hier Soldaten versorgte, fiel das milde, bekömmliche Klima auf. Bald wurden die ersten Sanatorien eröffnet. Schnell kam auch die High-Society aus St. Petersburg und Moskau. Anton Tschechow, der seine letzten Lebensjahre in Jalta verbrachte, um seine Tuberkulose zu lindern, notierte, dass es auf der Promenade Geschäfte gebe, ›deren Paris sich nicht schämen müßte‹. Der Baedeker von 1893 nennt Jalta ›Badeort der vornehmen Welt‹. Adel, Geldbürger, Intelligenzija und Künstler verbrachten hier ihre Sommerfrische.

In Hafen machen mächtige Kreuzfahrtschiffe fest, im respektvollen Anstand dazu schaukeln edle Jachten. Jalta ist auf dem Weg zurück zum einst noblen Badeort der russischen High-Society, der es bis 1917 war. Nach Revolution und Bürgerkrieg war Schluss für die ›Bourgeoisie‹, für viele im wahrsten Sinn des Wortes: Nach dem Sieg über die Weißgardisten, die unter der Führung Gene-

Jalta ist das Zentrum der Südküste

ral Wrangels die Krim besetzt hielten, wütete der Rote Terror im einstigen russischen Arkadien besonders entsetzlich. Wer es nicht rechtzeitig aufs Schiff außer Landes geschafft hatte, wurde hingerichtet, zehntausende Gegner der Bolschewiki fanden Ende 1920 hier den Tod.

Nichts erinnert heute mehr an die Metzelei. Im Gegenteil – der Revolutionsfüh-

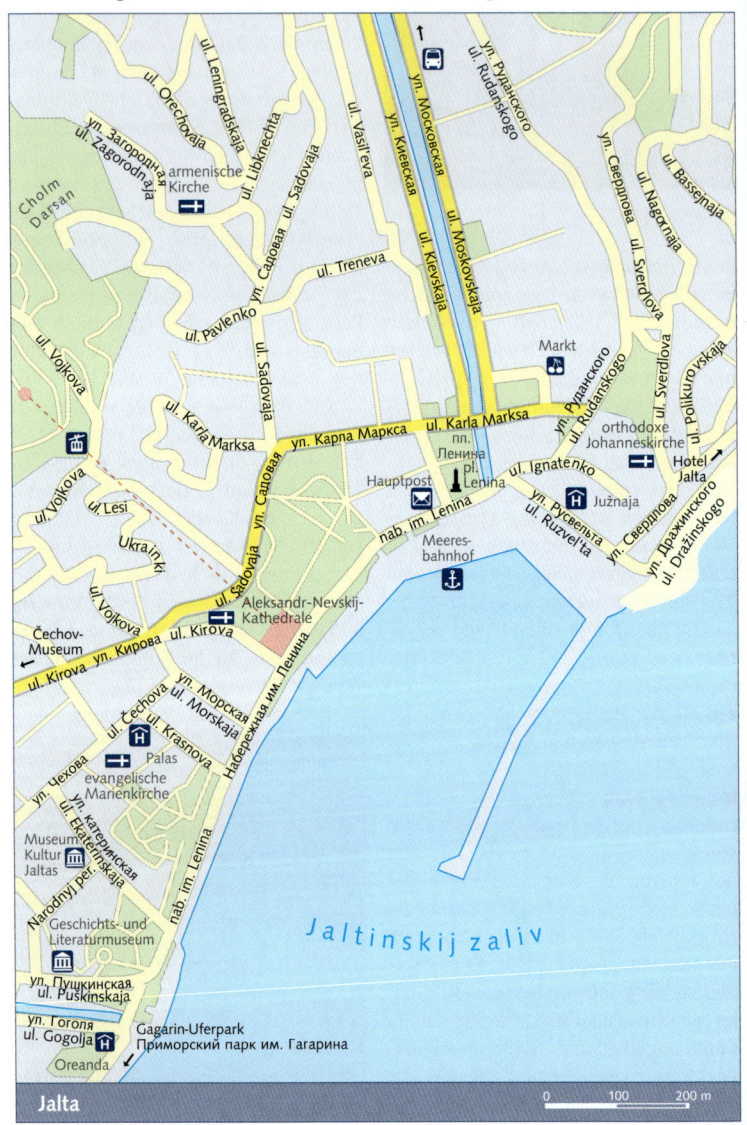

rer Lenin steht wie eh und je auf einem Sockel aus dem von der Partei bevorzugten roten Granit, nur der Mantel, den er trägt, weckt in der mediterranen Hitze manch beziehungsreichen Gedanken. Lenin war es auch, der nach dem Einmarsch der Roten das Dekret über die neue Nutzung der Krim zur Erholung der Werktätigen unterzeichnet hat. Jalta wurde 1921 in Krasnoarmejsk umbenannt, was soviel heißt wie ›Ort der Rotarmee‹, doch bezeichnenderweise schon im Jahr darauf wieder rückbenannt, als hätte sich der Ort gegen die Ideologie behauptet. Jalta ist etwas Ziviles eigen. Es wurde nie, anders als viele andere Plätze der Südküste, militärisch genutzt, es gab keine Festung und keinen Marinehafen.

Der Stadtstrand von Jalta

■ Uferpromenade

Auf der Uferpromenade zwischen Leninplatz/pl. Lenina (пл. Ленина) und dem teuren Hotel ›Oreanda‹ spielt sich das Touristenleben ab. Auf dem schmalen, steinigen Strand aalen sich in der Mittagshitze die Sonnenhungrigen, und wenn in der Dämmerung die Lampen an der Promenade aufflammen, sitzen an der Kaimauer Scharen von Jugendlichen, aus jedem Kiosk, jedem Café dröhnt russischer Pop. Das ist nicht jedermanns Sache. Die Promenade heißt offiziell nach wie vor Lenin-Uferstraße (набережна им. Ленина), am Leninplatz steht der erwähnte Lenin. Allerdings wurde ihm schon vor Jahren eine McDonald's-Filiale vor die revolutionäre Nase gesetzt.

Die gut einen Kilometer lange Promenade mit ihren Dominanten zwischen bourgeoiser Renaissance und revolutionären Überresten ist selbst Gleichnis geworden für die Spannungen, die Jalta im 20. Jahrhundert aushalten musste.

Lenin wirkt auf seinem Platz unter all den Palmen, prächtigen Kandelabern, dem Schnellimbiss und dem arglosen Urlauberbetrieb inzwischen reichlich deplaziert – so wie seine Wintergarderobe in der Sommerhitze. Als müßte man sich trotzdem noch entschuldigen, wurde an der Promenade eine orthodoxe Kapelle gebaut.

Doch die mondäne Welt wird nie mehr so zurückkehren, wie sie auf vorrevolutionären Photographien festgehalten wurde. Die Promenade ist zwar der

Auf der Uferpromenade in Jalta

Die Krim

Kreuzfahrtschiff im Hafen von Jalta

Laufsteg für den neuen russischen und ukrainischen Geldadel, für die neue Mittel- und Oberschicht aus Moskau und Kiev, doch vor allem für all die, die sich ihren Traum vom Urlaub in Jalta über Monate und Jahre zusammensparen mussten, und die nun am Meer entlangschlendern, scheu auf die schneeweißen Boote blicken und an den Restaurants, nach einem kurzen Blick auf die Speisekarte, schnell vorbeigehen. Alte suchen etwas Ruhe, Kinder freuen sich über die Brandung, die sich wieder und wieder am Beton bricht, und Sonnyboys laden zu exklusivem ›Fishing‹ und ›Diving‹ auf ihren Jachten ein.

An der Uferpromenade befinden sich auch die Kassen und **Anleger der Ausflugsschiffe**. In der Hauptsaison bis Ende August legen die Dampfer mehr als ein Dutzend Mal zur populärsten Tour ab: Von Jalta zum Schwalbennest und zurück, so eine Fahrt dauert zwei Stunden und kostet umgerechnet etwa zehn Euro.

Wer wirklich noch etwas von der vermeintlich guten alten Zeit erhaschen will, muss zur Bergseite gehen, auf der es weniger neumodisch zugeht. Dort

erstreckt sich das alte Zentrum, mittendrin in der vul. Ekaterinins'ka 8 (вул. Екатерининська) das **Museum ›Kultur Jaltas um 1900‹**. Hier wird alles und jeder wieder lebendig, der irgendwie damals mit Jalta in Verbindung stand, und das waren viele: Die Komponisten Rimskij-Korsakov, Rachmaninov und Musorgskij, die Schriftsteller Ivan Bunin und Lev Tolstoj und noch eine ganze Reihe anderer, dazu das passende Mobiliar und reichlich Bilder (tägl. außer Mo/Di von 10 bis 18 Uhr). Das Museum ist gleichzeitig Erinnerungsort für die ukrainische Dichterin Lesja Ukrajinka, die hier zwei Jahre gelebt hat.

Nicht weit von hier, in der vul. Sadova 2 (вул. Садова), befindet sich die **Aleksandr-Nevskij-Kathedrale** mit ihrer altrussischen Fassade, die in Anwesenheit des Zaren Nikolaus II. 1902 geweiht wurde. Die Bolschewiki schlossen sie 1938, ließen die Glocken einschmelzen und richteten dort einen Sportklub ein. Nach Rückgabe und zahlreichen Restaurierungen, insbesondere wurden die Kuppeln vergoldet, finden nun wieder Gottesdienste statt.

Die orthodoxe Aleksandr-Nevskij-Kathedrale

Karte S. 468

Wer das alles auch von oben sehen will, kann sich mit einer kleinen **Seilbahn** auf den Hügel Darsan (холм Дарсан) gondeln lassen und das Panorama genießen. Die Talstation liegt zwischen der Uferpromenade und der ul. Sadova. In der vul. Čechova 10 (бул. Чехова)

befindet sich die **Kirche der deutschen evangelisch-lutherischen Gemeinde**, die 1885 als Marien-Kirche geweiht wurde. Zu Sowjetzeit beherbergte sie einen Schachklub, 1993 ging sie wieder in den Besitz der kleinen krimdeutschen Gemeinde zurück.

 Jalta

Vorwahl Groß-Jalta: 06 54.
Postamt: vul. Lenina 1 (вул Леніна).

Busbahnhof und Trolleybus-Station befinden sich in der vul. Moskovs'ka 8 (вул. Московска).

An der Uferpromenade 35 (набережна ім. Леніна) befindet sich eine Anlegestelle, von wo aus Dampfer zu den anderen Orten der Südküste ablegen.

In Jalta gibt es inzwischen wieder viele Hotels in allen Preisklassen. Dennoch könnte es in der Hochsaison eng und teurer werden, wenn man unangemeldet auftaucht.
Das größte Hotel ist das **Jalta Inturist** (Ялта Интурист), ein 16-Geschosser mit Fahrstuhl zum hoteleigenen Strand, bewachter Parkplatz, vul. Dražyns'koho 50 (вул. Дражинського), Tel. 27 02 60 bzw. 27-02 70, in der Hochsaison ab 50 Euro.
Das schickste ist derzeit das **Oreanda** (Ореанда) an der Lenin-Uferstraße 35/2 (nab. im. Lenina), Tel. 27 42 27, ab 180 Euro.
Weitaus preiswerter ist das **Palas** (Палас), vul. Čechova 8 (вул. Чехова), Tel. 23 04 86, ab 45 Euro.
Auch in Jalta existiert der Bereich der umfangreichen **privaten Zimmerver-**

mittlung, der sogenannte častnyj sektor (russ.: частний сектор - ukr. приватний сектор - pryvatnyj sektor). Auf dem Busbahnhof gibt es eine offizielle Vermittlung, davor und auf der Strandpromenade gibt es die inoffiziellen Angebote vom einfachsten Bett bis zum Appartement, bei Verhandlungsgeschick findet man eine gute und preiswerte Unterkunft. Über ein Auskunftstelefon (34 25 53), kann man die aktuellen Preise von Privatunterkünften erfahren und auch vorbestellen.

Das Museum für Geschichte und Literatur liegt in der vul. Puškina 5a (вул. Пушкіна), 10–18 Uhr, Mo/Di geschlossen.
Das **Wohnhaus von Anton Tschechow** (Антон Чехов) befindet sich in Jalta, vul. Kirova 112 (вул. Кірова) und ist heute Museum, 10–17 Uhr, Mo/Di geschlossen.

Der öffentliche Strand von Jalta liegt gegenüber dem Hotel Oreanda und ist nicht besonders gepflegt. Der Strand am Hotel Jalta kann gegen Eintritt genutzt werden. Viele Sanatorien haben eigene Strände, die man meist gegen Entgelt mitbenutzen kann.

http://jalita.com, viele Informationen (russ.).

Die Krim

Masandra und Gursuf

Östlich von Jalta liegt der Geburtsort des Krimsekts. Eine Welt brach für die Franzosen zusammen, als Sekt vom Landgut ›Novyj svit‹ (Neue Welt) des Grafen Golizyn bei Sudak (Судак) auf der Weltausstellung 1900 in Paris den Grand Prix gewann. Sekt aus Russland! Schmach und Sensation zugleich. Wer von Europas Aristokraten noch nicht wusste, wo die Krim lag, der wusste es jetzt. Alsbald wurde Krimsekt auf allen Kontinenten gehandelt. Den Weinbau mit großen Kellereien konzentrierte Zar Nikolaus II. bald darauf im östlich an Jalta angrenzenden Masandra (Массандра). Die Weinkeller von Masandra haben danach alle Fährnisse der Zeit von Weltkrieg bis Gorbatschows Kampagne gegen den Alkohol überstanden. Die schweren Weine haben inzwischen schon viele Preise geholt.

Noch etwas östlicher liegt der kleine Kurort Gurzuf (Гурзуф) mit seinen 9000 Einwohnern. Dort steht neben dem Hafen auf einem Felsvorsprung das ehemalige Wochenendhaus von Anton Tschechow; er kaufte es im Jahr 1900, um seine Tuberkulose zu kurieren. »Ich habe in Gurzuf ein Stückchen Ufer gekauft mit Badestelle und Felsen, nicht weit vom Park und vom Schiffsanleger«, schrieb der Schriftsteller seiner Schwester. Heute erinnert dort ein kleines Museum an den Dichter (ul. Čechova/ул. Чехова 22, tägl. von 10 bis 18 Uhr).

Ganz andere Berühmtheit erlangte Gurzuf durch das 1925 gegründete **Pionierlager Artek**, in dem Generationen von Kindern bei staatlich organisiertem Frohsinn ihre Ferien verbrachten. Das über 250 Hektar große Gelände, darunter 40 Hektar Strand, firmiert heute als ›Internationales Kinderzentrum‹ mit neuen Abzeichen und neuen himmelblauen Tüchern, die sich die Kinder wie einst die Pioniere um den Hals binden. Jetzt erholen sich hier etwa 25 000 Kinder im Jahr, die nicht nur aus der Ukraine und weiteren Nachfolgestaaten der UdSSR kommen, sondern aus insgesamt etwa 30 Staaten. Vor allem die Kinder

Der Palast in Massandra diente den Zaren als Sommerresidenz

aus ferneren Ländern werden sich die Augen reiben, wenn sie den fast zehn Meter großen Mann mit wehendem Mantel erblicken, der wie festgefroren auf dem Gelände steht: Es ist der **größte bronzene Lenin der Welt**. Inzwischen ist das mitsamt Sockel 19 Meter hohe Denkmal arg verfallen, und viele nennen Lenin halb verächtlich, halb fürsorglich ›King Kong‹.

Der Botanische Garten von Nikita

Zwar ist die gesamte Südküste ein einziger blühender Park, doch wenige Kilometer östlich von Masandra tut sich ein Garten Eden auf, der nicht nur auf der Krim seinesgleichen sucht - Der Botanische Garten von Nikita (Nikits'kyj Botanic'nyj sad/Нікітський ботанічний сад). Kein geringerer als der Generalgouverneur von Neurussland, Herzog Richelieu, regte 1811 bei Zar Alexander I. diesen Garten im ›sonnenverwöhnten Teil der Krim‹ an und bewilligte dafür bis zu 10000 Rubel jährlich. Alle dekorativen und gesundheitsfördernden Gewächse des südlichen Europas sollten hier auf einem malerischen Fleck versammelt sein. Der bedeutende Botaniker Christian von Steven (1781–1863) wurde 1812 zum Gründungsdirektor berufen und leitete den Aufbau des Gartens am Rande der kleinen Siedlung Nikita bis 1824. Alsbald wuchsen im Garten 450 verschiedene Gehölze, allein 175000 Bäume von allen Kontinenten, unter ihnen Pinien, Zedern, Kiefern, Magnolien und Akazien, dazu Tabak sowie reichlich Weinstöcke. 1824 wurde auf dem Gelände eine Fachschule für Gartenbau und Weinherstellung gegründet.
Heute umfasst der Garten etwa 230 Hektar und präsentiert über 2000 verschiedene Rosenarten, unter ihnen die Rote Krimrose. Rosenliebhaber kommen genauso auf ihre Kosten wie Kakteenzüchter. Der Garten verfügt über ein Museum und eine wissenschaftliche Bibliothek und ist seit dem Jahr 2000 ein ›Nationales Wissenschaftszentrum‹ der Ukraine. Der Garten besteht aus vier Teilen: Der Obere Park mit dem Haupteingang, den Verwaltungsgebäuden, Imbissmöglichkeiten, einem Geschäft und einem Saal, in dem man allerlei tropische Köstlichkeiten aus dem Garten kosten kann, Treppen führen zum Unteren Park mit Wasserspielen, dem Park am Meer mit Dampferanlegestelle und den Park Montedor mit dem Rosarium. Jährlich wird er von etwa 300000 Touristen besucht, zu Sowjetzeiten waren es doppelt so viele. Um wieder mehr Besucher anzulocken, hat man 2007 eine neue, doch für Gärten klassische Attraktion angelegt: Ein Grünes Labyrinth aus Hecken soll die Besucher verwirren – doch nicht zu sehr. Sollte man sich wirklich verlaufen, sorgen zwei Mitarbeiter, dass jeder wieder am Abend nach Hause findet.

ℹ Botanischer Garten

Öffnungszeiten: tägl. 9–18 Uhr (Mai–Oktober) bzw. 9–16 Uhr (November–April).
Eintritt umgerechnet etwa 1 Euro.
Exkursionen für Gruppen (ab 25 Personen) aber auch für Einzelne (etwa 10 Euro) werden angeboten. Sie dauern etwa 1,5 Stunden.
Anreise: Von Jalta mit Maršrutkas der Nr. 34 und 45 ab Zentralem Markt, bis Haltestelle Nižnaja Kolonnada (Нижняя колоннада), dann rechts halten Richtung Meer, mit dem Auto Anreise über die Chaussee Jalta–Simferopol'.
Internet: www.nbgnsc.com.

Der Osten der Halbinsel

Zwischen den Weinbergen von Novyj Svit und Kerč geht es ruhiger zu als in der Touristenhochburg Jalta. Sudak, Koktebel' oder Feodosija klingen nicht so vertraut und liegen etwas abgelegener.

Sudak

Eine wirkliche, zumal stattliche Burg hat der kleine Badeort Sudak (Судак) mit seinen etwa 15 000 Einwohnern zu bieten, der auch als Wiege des Krimsekts bekannt ist. Doch bevor Fürst Golicyn im Jahr 1900 nach Paris reiste, um auf der Weltausstellung für seinen Sekt einen Grand Prix entgegenzunehmen, waren es die Genuesen, die hier Handel trieben. In den 1370er Jahren begannen sie 150 Meter über dem Meer auf den Trümmern des byzantinischen Vorgängerbaus eine mächtige Festung zu bauen, die 30 Hektar misst und in zwei Ringen angelegt ist. Knapp hundert Jahre später wird sie 1475 von den Türken erobert, die die Festung nicht schleifen, sondern weiternutzen.

Friedlicher war das Handwerk von Fürst Lev Golicyn, der sich 1878 ein Landgut kaufte, es Novyj Svit (Neue Welt) nannte und begann, sich mit der Sektherstellung zu befassen. Mit seinem Triumph auf der Pariser Weltausstellung 1900 wurde er der Stammvater des Krimsekts. Das Zentrum der Wein- und Sektherstellung ist lange nach Masandra abgewandert, und die Kampagne gegen den Alkoholismus in den 1980er Jahren hat dem Weingut Novyj Svit auch nicht gutgetan. Dennoch knüpft man hier wieder an alte Traditionen an, an die auch ein Museum in erinnert. Die Sektkellerei arbeitet wieder, sie kann besichtigt werden, Weine können verkostet und gekauft werden.

 Sudak

Vorwahl: 0 65 66.
Postamt: vul. Lenina 82.

Der Busbahnhof liegt in der Aluštyns'ka vul. 1 (Алуштинська вул.). Es verkehren Busse in alle größeren Orte der Krim.

Hotel Elegant (Элегант), vul. Birjuzova 64 (вул. Бірюзова), Tel. 3 14 89, ab 70 Euro.
Grand (Гранд), vul. Firejna Hirka 15 (вул. Фірейна Гірка), Zufahrt jedoch über vul. Haharina (вул. Гагаріна), Tel. 3 11 62, ab 50 Euro.
Schlichter ist das **Horyzont** (Горизонт), Turysts'ke šose 8 (Туристське шосе), Tel. 2 21 79, ab 40 Euro.

Die **Genueser Festung** (Судацька Фортеця) ist von der Siedlung Ujutne (Уютне) zu erreichen und von 9–21 Uhr geöffnet.

Das **Museum der Sektkellerei Novyj Svit** (Новий Світ) befindet sich im gleichnamigen Vorort in der vul. Šaljapina 11 (вул. Шаляпіна), in der Saison tgl. 9–15 Uhr. In der Sektkellerei werden Exkursionen (Anmeldung erforderlich) angeboten, vul. Golizyna 21a (вул. Голіцина), Tel. 3 28 91 und 050/39 89 55 0.

An der vul. Lenina liegen mehrere Firmengeschäfte der Sekt- und Weinkellereien, wo man Krimsekt, Masandra-Wein oder auch Koktebel'-Kognak kaufen kann.

Karte S. 395

Denkmal für den Maler Ajvazovskij

Feodosija

Feodosija (Феодосія) mit seinen gut 70 000 Einwohnern ist eine Gründung der Griechen aus dem 6. Jahrhundert v. Christus und damit neben Kerč die älteste Stadt auf der Krim. Die Griechen nannten die Siedlung ›Gottesgabe‹ – Feodosija. Die Stadt wuchs schnell, wechselte mehrfach den Besitzer und wurde ein bedeutender Hafen. Die Genuesen nannten den Ort Caffa. Die Stadt ist heute das südöstliche Zentrum der Krim. Neben dem Strand und des Resten einer genuesischen Festung hat Feodosija eine Philharmonie, ein kleines Theater sowie einige Kirchen, eine Moschee und meh-

rere Museen zu bieten. 1811 wurde hier das erste archäologische Museum der Krim eröffnet. In Hafennähe befindet sich die armenische Sarkis-Kirche aus dem 14. Jahrhundert. Im Mittelalter lebte in der Stadt auch eine große armenische Gemeinde, 45 armenische Kirchen soll es hier gegeben haben.

■ Ajvazovskij-Galerie
Im Hof der Sarkis-Kirche befindet sich das Grab des Malers Ivan Ajvazovskij (1817–1900), der Feodosija seine Gemäldegalerie vererbte. Die Galerie im Hause des Malers bietet heute eine der größten Kollektionen maritimer Malerei in Europa.

■ Koktebel'
Koktebel' (Коктебель) dagegen hat einen Ruf als Künstlerkolonie, seit sich der Maler, Poet und Kunstkritiker Maksimilian Vološin hier Anfang des 20. Jahrhunderts niederließ. In seinem Haus wollte er Platz schaffen für eine freie Gemeinschaft von Künstlern und Intellektuellen. In einer Einladung formulierte er, was die Gäste zu erwarten hatten: ›Keine Bedienung, keine Wasserleitung, kein Kurort – aber eine freie, freundschaftliche Gemeinschaft‹. Und so besuchten ihn Osip Mandel'štam, Maksim Gorkij, Andrej Belyj, Michail Bulgakov und viele andere. Heute ist das Haus, das nach Plänen Vološins zwischen 1903 uns 1912 gebaut wurde, ein Museum.

Die Krim

 Feodosija
Vorwahl: 0 65 62.
Das Hauptpostamt befindet sich in der Halerejna vul. 9 (Галерейна вул).

Der Busbahnhof ist in der vul. Engel'sa 28 (вул. Ерельса), eine nicht minder wichtige und zentrumsnahe Abfahrtsstation ist die Haltestelle vul. Nazukina 13 (вул. Назукіна) in Bahnhofsnähe.

Der Bahnhof liegt direkt am Hafen am pr. Lenina (пр. Леніна).

Direkt am Strand mit gehobenem Standard: **Valentyna** (Валентина), Čornomors'ka nabereňna 36b (Чорноморська наб.), Tel. 4 30 03 oder 2 39 96, ab 45 Euro.
Astoria (Астория), pr. Lenina 9, gegenüber dem Bahnhof, ab 30 Euro.

🏛

Die **Vološin-Gedenkstätte** befindet sich im eingemeindeten Stadtteil Kok-

tebel' (Коктебель) etwa 25 Kilometer südlich, vul. Nabereňna (вул. Набережна), 10–18 Uhr.
Historisches Museum (Istoryčnyj muzej/Історичний музей), pr. Lenina 11, tgl. außer Di 10–17 Uhr.
Ajvazovskij-Gemäldegalerie, Halerejna vul. 2 (Галерейна вул.), 10–16.30 Uhr, Di bis 13.30 Uhr, Mi geschlossen.

Kerč

Wie Feodosija ist auch Kerč (Керч) stolz auf seine lange Geschichte, die mit der antiken Stadt Pantikapaion bereits im 6. vorchristlichen Jahrhundert begann. Wer baden will, sollte jedoch nicht unbedingt Kerč ansteuern. Doch um Kerč herum gibt es auch sehr schöne Strände wie etwa das Surferparadies am Kap Kazantyp (мис Казантип) in der Nähe des Dorfes Ščolkine (Щолкіне). Ausgerechnet dort planten die Sowjets einst ein Atomkraftwerk, das allerdings zum Glück nie ans Netz ging.

Später nahm dort das Rave Festival ›Kazantip‹ mit dem Slogan ›Nacht im Reaktor‹ seinen Anfang, das heute jährlich Zehntausende Jugendliche in den Westen der Insel lockt.

Die Halbinsel Kerč selbst ist eine karge flache Steppenlandschaft, an ihrem östlichen Ende liegt die Stadt Kerč mit 150 000 Einwohnern an der ›Straße von Kerč‹. Die an ihrer schmalsten Stelle knapp vier Kilometer messende Meerenge verbindet das Schwarze mit dem Asovschen Meer. Durch diese günstige Lage ist Kerč Industrie- und Hafenstadt sowie Verkehrsknoten, denn gegenüber der Stadt liegt Russland. Von dort ist es nach Novorossijsk, Krasnodar und in den Kaukasus nicht mehr weit.

Die antike Stadt Pantikapaion wurde Hauptstadt des Bosporanischen Reiches, das über Jahrhunderte die Region um die ›Straße von Kerč‹ kontrollierte und im 3. Jahrhundert von den Goten unterworfen wurde. Freunde der antiken Geschichte kommen in und um Kerč auf ihre Kosten. Vom pl. Lenina führt eine Treppe auf den knapp 100 Meter hohen Berg Mitridat, auf dem in antiker Zeit eine Tempelanlage stand. Ihre Reste kann man auf dem Plateau besichtigen. Der alles überragende Obelisk ist allerdings aus einer ganz anderen Epoche und wurde nach dem Zweiten Weltkrieg errichtet.

■ Herrschergrab Cars'kyj kurgan

Ein Herrschergrab aus dem 4. vorchristlichen Jahrhundert befindet sich etwas außerhalb der Stadt im nördlichen Vorort Adžymuškaj (Аджимушкай), den man mit dem Stadtbus der Linie 4 erreichen kann. Das gut erhaltene, 17 Meter hohe Grab (Cars'kyj kurgan/Царський курган) wurde 1837 entdeckt. Nach einem 36 Meter langen Gang erreicht man die Bestattungskammer, die für einen Herrscher aus der Spartokidendynastie geschaffen wurde. Dieses Grabmal ist zwar beeindruckend, doch längst nicht das einzige in der Region.

Karte S. 395 ▲

Kerč

Vorwahl: 0 65 61.
Postamt: vul. Kirova 1 (вул. Кірова).

Der Bahnhof liegt westlich vom Zentrum am pl. Vokzal'na (пл. Вокзальна), Fernzüge fahren täglich nach Kiev, Simferopol', Cherson und Džankoj. Vorverkaufskasse in der vul. Hajdara 9 (вул. Гайдара).

Der Busbahnhof liegt in der vul. Eremynko 30 (вул. Еременко).

Achtmal täglich setzt eine Fähre vom Fährhafen ›Port Krym‹ (Порт Крим, nicht zu verwechseln mit dem Handelshafen!) auf die russische Seite zum Fährhafen ›Kavkaz‹ (Кавказ) über. Eine Überfahrt kostet pro Person etwa 4 Euro, ein PKW, abhängig von der Größe, zwischen 20 und 30 Euro, Fährkasse Tel. 6 95 88. Um im Fährhafen ›Kavkaz‹ auch an Land gehen zu können, braucht man ein **gültiges russisches Visum**, das man vor der Reise im jeweiligen Heimatland besorgen muss, es ist nicht auf der Krim erhältlich.

Kerč, vul. Kirova 11, Tel. 602 82, einfach, ab 30 Euro.
Parus (Парус), vul. Suvorova 1b (вул. Суворова), Tel. 4 52 06, ebenfalls ab 20 Euro.
Im Süden der Stadt, im Stadtteil Arsincevo, liegt das **Hotel Klassyk** (Классик), vul. Kurortna 9/2 (вул. Курортна), Tel. 3 30 71, ab 30 Euro.

Das kleine **archäologische Museum** befindet sich in der vul. Sverdlova 7 (вул. Свердлова), 9–17 Uhr.
Ethnographisches Museum, vul. Buvina 7 (вул. Бувіна), 10–17 Uhr, Mo/Di geschlossen.
Gemäldegalerie, vul. Teatral'na 36 (вул. Театральна), 10–18 Uhr.

Die Krim

Badefreuden

Kazantip – das Techno-Paradies

Die Berliner Love Parade war längst auf dem absteigenden Ast, da ging der neue Stern der Raver im Osten auf – auf der Krim! Die größte Techno-Party östlich von Berlin begann 1992 unspektakulär: Es fing damit an, dass einige nach einem Windsurferwettbewerb am Kap Kazantyp (мис Казантип) auf der Halbinsel Kerč noch ein bisschen zusammenblieben und feierten. Im nächsten Jahr war die Abschlussparty schon eine ausgemachte Sache, und noch etwas später hatte die Techno-Party die Surferei schon in den Schatten gestellt.

Als die Organisatoren schließlich in der Nähe die Ruine eines halbfertigen Atomkraftwerks entdeckten, tanzten sie dort unter dem Slogan ›Die Nacht im Reaktor‹. Jahr für Jahr kamen immer mehr Musik- und Tanz begeisterte aus allen Ecken der ehemaligen Sowjetunion, bis die Infrastruktur in diesem verlorenen Zipfel der Krim beinahe zusammenbrach.

Die Organisatoren zogen im Sommer 2000 mit ihrem Festival in die Region von Sudak (Судак), doch auch dort gab es Probleme mit den Zehntausenden, die sich vergnügen wollten. Schließlich fand man 2001 das abgelegene Dörfchen Popivka (Попівка), ganz im Westen der Krim in der Nähe von Evpatorija (Евпаторія) bei der Siedlung Myrnyj (Мирний).

Die Organisatoren propagieren die freie Liebe, sie haben deswegen eine Republik Kazantip gegründet und eine Verfassung verabschiedet, die jedem seinen Spass garantiert. Der Zulauf von jungen Menschen aus allen Teilen der ehemaligen Sowjetunion ist ungebrochen, ist es doch verlockend, für ein paar Tage aus der Enge der Studentenheime oder der elterlichen Wohnung auszubrechen und Bürger von Kazantip zu werden. Inzwischen hat sich die Dauerparty auch bei Techno-Fans in Westeuropa herumgesprochen. Die ersten Reiseveranstalter haben schon vor einigen Jahren das Geschäft für sich entdeckt. Seitdem wird der Event weltweit professionell vermarktet.

Das Feiern hat seinen Preis und seine Regeln. Die Preise sind mit dem Erfolg deutlich nach oben geschnellt. Westlichen Ravern werden Komplettangebote mit Flugtickets über internationale Agenturen verkauft. Man kann Zimmer girls only, mixed, luxus oder die VIP-Suite buchen. Wer will, kann sich bei Aufpreis stundenweise in eine der Holzhütten im Kamasutra-Zentrum zurückziehen.

Es gibt inzwischen eine Regierung von Kazantip und sogar einen Präsidenten, Nikita Marsunok, der versichert, dass alles Geld in die Republik Kazantip investiert wird. Man kann es glauben oder auch bleibenlassen.

Für manche ist Kazantip ein Sündenbabel, für andere ein Stück Freiheit, für wieder andere ein großes Geschäft. Es kommen regelmäßig viele zehntausend Besucher. Gut möglich, dass das Festival noch mehrmals umziehen wird. Nur eines dürfte klar sein: Es wird auch in Zukunft auf der Krim stattfinden, und die weitere Kommerzialisierung wird nicht aufzuhalten sein (www.kazantip.de).

Blick vom Aj-Petri über die Südküste

Sprachführer

Die Übersetzungen werden sowohl ins Ukrainische als auch ins Russische angegeben, denn Touristen werden mit beiden Sprachen konfrontiert. Vor allem in der Ostukraine sprechen viele Menschen Russisch. Aber es zählt zu den wahrgenommenen Souveränitätsrechten der jungen Ukraine, das Russische aus dem öffentlichen Leben mehr und mehr zu verdrängen. Die Übertragung ins Lateinische richtet sich nach den Regeln für wissenschaftliche Transliteration.

Ukrainisches Alphabet

kyrillisch	lateinisch	Aussprache
А, а	a	›a‹ in Vater
Б, б	b	›b‹ in Ball
В, в	v	›w‹ in Wasser
Г, г	h	›h‹ in Hose (immer hörbar)
Г', г'	g	›g‹ in gut
Д, д	d	›d‹ in Dom
Е, е	e	›e‹ in Bett (halboffen)
Є, є	je	›je‹ in jemand
Ж, ж	ž	stimmhaftes ›sch‹ wie in Garage oder Journal
З, з	z	›s‹ in Rose (stimmhaft)
И, и	y	›e‹ in Gesang (halboffen)
І, і	i	›i‹ in Mine
Ї, ї	ji	›ji‹ in jiddisch
Й, й	j	vor a, o, e und u wie ›j‹ in Maja; nach a, o, e, u und y kürzer, wie ›i‹ in Mai
К, к	k	›k‹ in Karte
Л, л	l	›l‹ in Lampe
М, м	m	›m‹ in Mutter
Н, н	n	›n‹ in Nase
О, о	o	›o‹ in Sommer (offen)
П, п	p	›p‹ in Post
Р, р	r	rollendes Zungenspitzen-r wie im Italienischen
С, с	s	›s‹ wie in was
Т, т	t	›t‹ in Tante
У, у	u	›u‹ in Mut
Ф, ф	f	›f‹ in Feder
Х, х	ch	vor a, o, e, u ein ach-Laut wie in Bach; vor i ein ich-Laut wie in China
Ц, ц	c	›z‹ in Zebra
Ч, ч	č	›tsch‹ in deutsch (stimmlos)
Ш, ш	š	›sch‹ in Schule (stimmlos)
Щ, щ	šč	›schtsch‹ (stimmlos)
Ю, ю	ju	›ju‹ in Juni

| Я, я | ja | ›ja‹ in Jasmin |
| ь | ' | vorangehender Mitlaut wird weicher ausgesprochen |

Russisches Alphabet

kyrillisch	lateinisch	Aussprache
А, а	a	›a‹ in Vater
Б, б	b	›b‹ in Ball
В, в	v	›w‹ in Wasser
Г, г	g	›g‹ in gut, in der Endsilbe ›ogo‹ wie ›w‹
Д, д	d	›d‹ in Dom
Е, е	e	›je‹ in jeder
Ё, ё	jo, ë	›jo‹ nach ж, ч, und щ wie in offen, sonst wie Joch
Ж, ж	ž	stimmhaftes ›sch‹ wie in Garage oder Journal
З, з	z	›s‹ in Rose (stimmhaft)
И, и	i	›i‹ in Mine
Й, й	j	kurzes i wie in Mai
К, к	k	›k‹ in Karte
Л, л	l	›l‹ in Lampe
М, м	m	›m‹ in Mutter
Н, н	n	›n‹ in Nase (stimmlos)
О, о	o	›o‹ in Sommer (offen), in unbetonten Silben wie ›a‹
П, п	p	›p‹ in Post
Р, р	r	rollendes Zungenspitzen-r
С, с	s	›s‹ wie in was
Т, т	t	›t‹ in Tante
У, у	u	›u‹ in Mut
Ф, ф	f	›f‹ in Feder
Х, х	ch	vor a, o, e, u ein ach-Laut wie in Bach vor i ein ich-Laut wie in China
Ц, ц	c	›z‹ in Zebra
Ч, ч	č	›tsch‹ in Kutsche
Ш, ш	š	›sch‹ in Schule
Щ, щ	šč	›schtsch‹ (stimmlos)
ъ		vorangehender Mitlaut wird härter ausgesprochen
Ы, ы	y	zwischen ›i‹ und ›y‹ in Fisch
ь	'	vorangehender Mitlaut wird weicher ausgesprochen
Э, э	.e	›e‹ in Erbe
Ю, ю	ju	›ju‹ in Juni
Я, я	ja	›ja‹ in Jasmin

deutsch	ukrainisch	ukr. Transliteration
russisch		**russ. Transliteration**

Allgemeines

Guten Morgen!	Доброго ранку!	Dóbroho ránku!
	Доброе утро!	Dóbroe útro!
Guten Tag!	Добрий день!	Dóbryj den'!
	Добрый день!	Dóbryj den'!
Guten Abend!	Добрий вечір!	Dóbryj véčir!
	Добрый вечер!	Dóbryj véčer!
Gute Nacht!	Добраніч!	Dobránič!
	Спокойной ночи!	Spokójnoj nóči!
Sei gegrüßt!	Привіт!	Pryvít!
	Привет!	Privét!
Seien Sie gegrüßt!/ Seid gegrüßt!	Здрастуйте!	Zdrástujte!
	Здравствуйте!	Zdrávstvujte!
Wie heißt Du/Sie?	Як тебе/Вас звуть?	Jak tebé/vas zvut'?
	Как тебя/Вас зовут?	Kak tebjá/vas zovút?
Ich heiße...	Мене звуть...	Mené zvut'...
	Меня зовут...	Menjá zovút...
Herr...	пан	pan
	господин	gospodín
Frau...	пані	páni
	госпожа	gospoža
Danke!	Дякую!	Djákuju!
	Спасибо!	Spasíbo!
Bitte!	Будь ласка!	Bud' láska!
	Пожалуйста!	Požálujsta!
ja	так	tak
	да	da
nein	ні	ni
	нет	net

deutsch	ukrainisch	ukr. Transliteration
	russisch	russ. Transliteration
Ich verstehe nicht	Я не розумію!	Ja ne rozumíju!
	Я не понимаю!	Ja ne ponimáju!
Sprechen Sie deutsch/ englisch?	Ви розмовляете по-німецькому/по-англійському?	Vy rozmovljáete po-niméc'komu/po-anhlíjs'komu?
	Вы говорите по-немецки/по-английски?	Vy govoríte po-nemécki/po-anglíjski?
Entschuldigung!	Пробачте!	Probáčte!
	Простите!	Prostíte!
Macht nichts.	Нічого.	Ničóho.
	Ничего.	Ničevó.
Gut/In Ordnung.	Добре	Dóbre.
	Хорошо.	Chorošó.
Sprechen Sie bitte langsamer.	Прошу говорити повільніше	Próšu hovorýty povíl'niše.
	Говорите медленно, пожалуйста.	Govoríte médlenno, požálujsta.
Ich weiß es (nicht).	Я (не) знаю.	Ja (ne) znáju.
	Я (не) знаю.	Ja (ne) znáju.
Schreiben Sie es bitte auf.	Напишіть, будь ласка.	Napyšít', bud' láska.
	Напишите, пожалуйста.	Hapišíte, požálujsta.
Kann ich?/Darf ich?	Можна?	Móžna?
	Можно?	Móžno?
Wann?	Коли?	Kolý?
	Когда?	Kogdá?

Zeitangaben

Wie spät ist es?	Котра година?	Kótra hodýna?
	Который час?	Kotóryj čas?
heute	сьогодні	s'ohódni
	сегодня	segódnja
morgen	завтра	závtra
	завтра	závtra

deutsch	ukrainisch	ukr. Transliteration
russisch	**russisch**	**russ. Transliteration**
übermorgen	післязавтра	pisljazávtra
	послезавтра	poslezávtra
gestern	вчора	včóra
	вчера	včerá
vorgestern	позавчора	pózavčora
	позавчера	pozavčerá
Stunde	година	hodyna
	час	čas
am Morgen	ранком	ránkom
	утром	útrom
am Abend	ввечері	vvéčeri
	вечером	véčerom
Nacht	ніч	nič
	ночь	noč
Woche	тиждень	tyžden'
	неделя	nedélja

Wochentage

Montag	понеділок	ponedílok
	понедельник	ponedél'nik
Dienstag	вівторок	vivtórok
	вторник	vtórnik
Mittwoch	середа	seredá
	среда	sredá
Donnerstag	четвер	četvér
	четверг	četvérg
Freitag	п'ятниця	p'játnycja
	пятница	pjátnica
Sonnabend	субота	subóta
	суббота	subbóta
Sonntag	неділя	nedílja
	воскресенье	voskresén'e

deutsch	ukrainisch	ukr. Transliteration
	russisch	russ. Transliteration
Monat	місяць	mísjac'
	месяц	mésjac

Orientierung

wo	де	de
	где	gde
Sagen Sie bitte, wo ist ...?	Скажіть, будь ласка, де ...?	Skažít', bud' láska, de ...?
	Скажите, пожалуйста, где...?	Skažíte, požálujsta, gde ...?
Wo ist...	Де знаходиться?	De znachódyt'sja...?
	Где находится?	Gde nachóditsja...?
... Post	пошта	pósta
	почта	pócta
... Bank	банк	bank
	банк	bank
... Bankautomat	банкомат	bankomát
	банкомат	bankomát
... Wechselstube	обмін валюти	óbmin valjúty
	обмен валюты	obmén valjúty
... Hotel	готель	hotél'
	гостиница	gostínica
... Theater	театр	teátr
	театр	teátr
... Museum	музей	muzéj
	музей	muzéj
... Laden	магазин	mahazýn
	магазин	magazín
... Kaufhaus	універмаг	univermáh
	универмаг	univermág
.... Polizei	міліція	milícija
	милиция	milícija

deutsch	ukrainisch	ukr. Transliteration
russisch	**russ. Transliteration**	
.... Deutsche Botschaft	Посольство Німецьке	Posól'stvo Nimec'ke
	Посопсьтво Германии	Posól'stvo Germanii
hier	тут	tut
	здесь	zdes'
dort	там	tam
	там	tam
Gehen Sie ...	Ідіть ...	Idít'
	Идите ...	Idite ...
rechts, nach rechts	праворуч	pravóruč
	справа	správa
links, nach links	ліворуч	livóruč
	слева	sléva
geradeaus	прямо	prjámo
	прямо	prjámo
um die Ecke	за рогом	za rohóm
	за углом	za uglóm
hinter der Brücke	за мостом	za mostóm
	за мостом	za mostóm
weit	далеко	daléko
	далеко	dalekó
nah	недалеко	nedaléko
	недалеко	nedalekó
Norden	північ	pívnič
	север	séver
Süden	південь	pívden'
	юг	jug
Osten	схід	schid
	восток	vostók
Westen	захід	záchid
	запад	západ

deutsch	ukrainisch	ukr. Transliteration
russisch	**russisch**	**russ. Transliteration**

Schilder

deutsch	ukrainisch	ukr. Transliteration
Eingang	вхід	vchid
	вход	vchod
Ausgang	вихід	vychid
	выход	vychod
Toilette	туалет	tualét
	туалет	tualét
Mann	чоловік, Abk. Ч	čolovík
	мужчина, Abk. М	mužčína
Frau	жінка, Abk. Ж	žínka
	женщина Abk. Ж	žénščina
außer Betrieb	не працює	ne pracjúje
	не работает	ne rabótaet
Kasse	каса	kása
	касса	kássa
Umbau, Renovierung	ремонт	remónt
	ремонт	remónt
geöffnet	відкрито	vidkrýto
	открыто	otkrýto

Orte

Straße	вулиця	vúlycja
	улица	úlica
Boulevard	бульвар	bul'vár
	бульвар	bul'vár
Gasse	провулок	provúlok
	переулок	pereúlok
Prospekt (große Straße)	проспект	prospékt
	проспект	prospékt
Platz	площа (майдан)	plóšča (majdán)
	площадь	plóščad'

deutsch	ukrainisch	ukr. Transliteration
	russisch	russ. Transliteration
Brücke	міст	mist
	мост	most
Geschäft	магазин	mahazýn
	магазин	magazín
Kaufhaus	універмаг	univermáh
	универмаг	univermág
Kirche	церква	cérkva
	церковь	cérkov'
Kloster	монастир	monastýr
	монастырь	monastýr
Postamt	поштамт	poštámt
	почтамт	počtámt
Tankstelle	автозаправна станція	avtozaprávna stáncija
	автозаправочная станция	avtozaprávočnaja stáncija
Stadt	місто	místo
	город	górod
Altstadt	старе місто	staré místo
	старый город	stáryj górod
(Stadt-) Zentrum	центр (міста)	centr (místa)
	центр (города)	centr (góroda)
Denkmal	памятник	pámjatnyk
	памятник	pámjatnik
Park	парк	park
	парк	park
Berg	гора	horá
	гора	gorá
Gebirge	гори	hóry
	горы	góry
Tal	долина	dolýna
	долина	dolína

deutsch	ukrainisch	ukr. Transliteration
	russisch	russ. Transliteration
Fluss	ріка	riká
	река	reká
See	озеро	ózero
	озеро	ózero
Stausee	водосховище	vodoschóvyšče
	водохранилище	vodochranilišče

Unterwegs

Flugplatz	аеропорт	aeropórt
	аэропорт	aeropórt
Bahnhof	вокзал	vokzál
	вокзал	vokzál
Busbahnhof	автовокзал	avtovoksál
	автовокзал	avtovoksál
Flusshafen	річковий вокзал	ričkovýj vokzál
	речной вокзал	rečnój vokzál
Passagierhafen (Meer)	морський вокзал	mors'kýj vokzál
	морской вокзал	morskój vokzál
Zug	потяг/поїзд	potjáh/pójizd
	поезд	póezd
Bus	автобус	avtóbus
	автобус	avtóbus
Straßenbahn	трамвай	tramváj
	трамвай	tramváj
U-Bahn	метро	metró
	метро	metró
Vorortzüge	приміські поїзди	prymis'kí pojizdy
	пригородные поезда	prígorodnye poezdá
Taxi	таксі	taksí
	такси	taksi
Auskunft	довідкове бюро	dovidkóve bjuró
	справочное бюро	správočnoe bjuró

deutsch	ukrainisch	ukr. Transliteration
	russisch	**russ. Transliteration**
Wo ist die nächste ...?	Де найближча ...?	De najblýžča ...?
	Где ближайшая ...?	Gde bližajšaja ...?
... Straßenbahnhaltestelle	зупинка трамвая	zupýnka tramvája
	остановка трамвая	ostanóvka tramvája
... Bushaltestelle	зупинка автобуса	zupýnka avtóbusa
	остановка автобуса	ostanóvka avtóbusa
... U-Bahn-Station	станція метро	stáncija metró
	станция метро	stáncija metró
Fahrkarten	квитки	kvytký
	билеты	biléty
Einen Fahrschein nach..., bitte.	один квиток до ..., будь ласка.	odýn kvytók do ..., buď láska.
	Один билет в ..., пожалуйста!	Odín bilét v ..., požálujsta!
einfach	в один кінець	v odýn kinéc'
	в один конец	v odin konéc
hin und zurück	туди й назад	tudí j nazád
	туда и обратно	tudá i obrátno
Bahnsteig	платформа, перон	platfórma, perón
	перрон, путь	perrón, puť
Abfahrt	відправлення	vidpravlénja
	отправление	otpravlénie
Ankunft	прибуття	prybúttja
	прибытие	pribýtie
Wann fährt der Zug nach ...?	Коли відходить потяг до ...?	Kolí vidchódyť pótjah do ...
	Когда отправляется поезд в ...?	Kogdá otpravljáetsja póezd v ...?
Von welchem Bahnsteig?	З якої платформи?	Z jakóji platfórmy?
	С какой платформы?	S kakój platfórmy?
Verspätung	спізнення	spíznenja
	опоздание	opozdánie

deutsch	ukrainisch	ukr. Transliteration
	russisch	russ. Transliteration
Gepäck	багаж	baháž
	багаж	bagáž
Gepäaufbewahrung	камера зберігання	kámera zberihánja
	камера хранения	kámera chranenija
Gute Reise!	Щасливої дороги!	Ščaslývoji doróhi!
	Счастливого пути!	Sčastlívogo putí
Schaffner/in	провідник/провідниця	provídnyk/provídnyca
	проводник/проводница	provodník/provodnica
Wagennummer	номер вагона	nómer vahóna
	номер вагона	nómer vagóna
Schlafwagen	спальний вагон	spál'nyj vahón
	спальный вагон	spál'nyj vagón
Zugabteil	купе	kupé
	купе	kupé
Platz	місце	místce
	место	mésto
Wann sind wir in...?	Як довго їхати до ...?	Jak dóvho jíchaty do ...?
	Через сколько мы будем в ...?	Čérez skól'ko my búdem v ...?
Wann muss ich aussteigen?	Коли мені треба вийти?	Kolý mení tréba výjty?
	Когда мне выйти?	Kogdá mne výjti?
Wo befindet sich der Speisewagen?	Де вагон-ресторан?	De vahón-restorán?
	Где (находится) вагон-ресторан?	Gde (nachóditsja) vagón-restorán?

Hotel

Zimmer	номер	nómer
	номер	nómer
für eine Nacht (zwei Nächte)	на один день (два дні)	na odýn den' (dva dni)
	на один день (два дня)	na odín den' (dva dnja)
Bad	ванна	vánna
	ванная	vánnaja

deutsch	ukrainisch	ukr. Transliteration
russisch	**russ. Transliteration**	
Dusche	душ	duš
	душ	duš
Preis	ціна, вартість	ciná, vártíst'
	цена	cená
dies hier	це	ce
	вот это	vot éto
funktioniert nicht	не працює	ne pracjúje
	не работает	ne rabótaet
Licht	світло	svítlo
	свет	svet
Heizung	батерея	bateréja
	отопление	otoplénie
Steckdose	розетка	rozétka
	розетка	rozétka
Klimaanlage	кондиціонер	kondycionér
	кондиционер	kondicionér

Einkaufen

Haben Sie ...?	У Вас є ...?, Ви маєте ...?	U vas je ...?, Vy majéte ...?
	У Вас есть ...?	U vas est'...?
Was kostet das?	Скільки це коштує?	Skíl'ky ce kóštuje?
	Сколько это стоит?	Skól'ko éto stóit?
Geben Sie mir bitte	Дайте мені, будь ласка, ...	Dájte mení ..., bud' láska.
	Дайте мне, пожалуйста ...!	Dájte mne, požálujsta ...!
Tüte	кулок	kuljók
	кулёк	kuljók
Eine Packung ..., bitte.	Одну пачку..., будь ласка.	Odnú páčku..., bud' láska.
	Одну пачку ..., пожалуйста	Odnú páčku ..., požálujsta пожалуйста

deutsch	ukrainisch	ukr. Transliteration
	russisch	russ. Transliteration
Eine Flasche ..., bitte.	Одну пляшку..., будь ласка.	Odnú pljášku..., bud' láska.
	Одну бутылку ..., пожалуйста	Odnú butýlku ..., požálujsta
Zigaretten	сигарети	sygaréty
	сигареты	sigaréty
Schokolade	шоколад	šokolad
	шоколад	šokolad
Kekse	печиво	péčyvo
	печенье	pečén'e

Post

Wo ist hier die Post?	Де тут поблизу пошта?	De tut poblízu póšta?
	Где здесь почта?	Gde zdes' póčta?
Wo ist ein Briefkasten?	Де тут поштова скринька?	De tut poštóva skrýnka?
	Где здесь почтовий ящик?	Gde zdes' póčtóvij jáščik?
Brief	лист	lyst
	письмо	pis'mó
Briefmarke	марка	márka
	марка	márka
Paket	посилка	posýlka
	посылка	posýlka
Päckchen	бандероль	banderól'
	бандероль	banderól'
Briefumschlag	конверт	konvért
	конверт	konvért
Postkarte	листівка	lystívka
	открытка	otkrýtka

Gesundheit

Arzt	лікар	líkar
	врач	vrač

deutsch	ukrainisch	ukr. Transliteration
	russisch	russ. Transliteration
Zahnarzt	зубний лікар	zubnyj likar
	зубной врач	zubnój vrač
Krankenhaus	лікарня	likárnja
	больница	bol'níca
Apotheke	аптека	aptéka
	аптека	aptéka
Medikamente	медикамент	medykamént
	лекарство	lekárstvo
Bitte helfen Sie mir!	Допоможіть мені, будь ласка!	Dopomošít' mení, bud' láska!
	Помогите мне пожалуйста!	Pomogíte mne požálujsta ...!
Ich habe ... schmerzen.	У мене болить ...	U méne bolýt' ...
	У меня болить ...	U menjá bolít' ...
Kopf...	... голова	holová
	... голова	golová
Hals...	... горло	... hórlo
	... горло	... górlo
Bauch...	... живіт	... žyvít
	... живот	... živót
Rücken...	... спина	... spyná
	... спина	... spiná
Zahn...	... зуб	... zub
	... зуб	... zub
Ich habe Fieber.	У мене гарячка.	U méne harjáčka.
	У меня жар.	U menjá žar.
Ich habe Durchfall.	У мене діарея	U méne diaréja
	У меня диарея	U menjá diaréja

Essen und Trinken

Restaurant	ресторан	restorán
	ресторан	restorán

deutsch	ukrainisch	ukr. Transliteration
	russisch	**russ. Transliteration**
Frühstück	сніданок	snidánok
	завтрак	závtrak
Mittagessen	обід	obíd
	обед	obéd
Abendessen	вечеря	večérja
	ужин	úžin
Speisekarte	меню	menjú
	меню	menjú
Die Speisekarte bitte.	(Дайте) меню, будь ласка.	(Dájte) menjú, buď láska.
	Меню, пожалуйста!	Menjú, požálujsta!
Guten Appetit!	Приетного апетиту!	Pryétnoho apetýtu!
	Приятного апетиту!	Prijátnogo apetitu!
Ich möchte zahlen.	(Дайте), будь ласка, рахунок.	(Dájte), buď láska, rachúnok.
	Я хочу заплатить.	Ja choċú zaplatíť.
Bringen Sie bitte ...!	Принесіть, будь ласка.	Prynesíť, buď láska.
	Принесите, пожалуйста ...!	Prinesíte, požálujsta ...!
Teller	тарілка	tarílka
	тарелка	tarélka
Tasse	чашка	čáška
	чашка	čáška
Glas	стакан	stakán
	стакан	stakán
Messer	ніж	niž
	нож	nož
Gabel	виделка	vydélka
	вилка	vílka
Löffel	ложка	lóžka
	ложка	lóžka

deutsch	ukrainisch	ukr. Transliteration
russisch		**russ. Transliteration**
Zucker	цукор	cúkor
	сахар	sáchar
Salz	сіль	sil'
	соль	sol'
Vorspeisen	закуски	zakúsky
	закуски	zakúski
warme Speisen	гарячі страви	harjáči stravy
	горячие блюда	gorjáčie bljúda
kalte Speisen	холодні страви	cholódni strávy
	холодные блюда	cholódnye bljúda
Dessert	десерт	desért
	десерт	desért
Fisch	риба	ryba
	рыба	ryba
Fleisch	м'ясо	m'jáso
	мясо	mjáso
Rindfleisch	яловичина	jálovyčyna
	говядина	govjádina
Schweinefleisch	свинина	svynýna
	свинина	svinína
Lamm-, Hammelfleisch	баранина	barányna
	баранина	baránina
Käse	сир	syr
	сыр	syr
Obst	фрукти	frúkty
	фрукты	frúkty
Gemüse	овочі	óvoči
	овощи	óvošči
Brot	хліб	chlib
	хлеб	chleb

deutsch	ukrainisch	ukr. Transliteration
	russisch	russ. Transliteration
Saft	сік	sik
	сок	sok
Mineralwasser	мінеральна вода	minerál'na vodá
	минеральная вода	minerál'naja vodá
Tee	чай	čaj
	чай	čaj
Kaffee	кава	káva
	кофе	kófe
Wein	вино	vynó
	вино	vinó
Bier	пиво	rývo
	пиво	rívo

Speisekarte/Меню

Kalte Vorspeisen	Холодні закуски	cholódni zakúsky
	Холодные закуски	cholódnye zakuski
Auswahl an Gemüse	Овочеве асорті	óvočeve asórti
	Ассорти овощное	assórti óvoščnoe
Tomaten, Gurken, Paprika, Salat, Zwiebel	Помідор, огірок, перець, салат, цибуля	pomidór, peréc', ogirók, salát, cybúla
	помидор, огурец, перец, салат, лук	pomidór, oguréc, peréc, salát, luk
Schwarzer (roter) Kaviar	Ікра чорна (червона)	ikrá čórna (červóna)
	Икра черная (красная)	ikrá čérnaja (krásnaja)
Zunge, gekocht mit Meerrettichsoße	Відварений язик під соусом з хрону	vidvarénnyj jasýk pid soúsom z chrónu
	Язык отварной под соусом хрен	jasýk otvarnój pod soúsom chren
Speck	Сало	sálo
	Сало	sálo
Salate	Салати	saláty
	Салаты	saláty

deutsch	ukrainisch	ukr. Transliteration
russisch	**russisch**	**russ. Transliteration**
Salat mit Hühnerfleisch	Салат з курячим філе	salát z kurjáčym filé
	Салат из курицы	salát iz kúricy
Griechischer Salat	Салат грецький	salát gréc'kyj
	Салат греческий	salát gréčeskij
Warme Vorspeisen	**Гарячі закуски**	**harjáči zakúsky**
	Горячие закуски	**gorjáčie zakúsky**
Bliny (Eierkuchen)	Млинці	mlýnci
	Блины	blíny
Kartoffelpuffer mit Sahne und Pilzsoße	Деруни з грибами і сметаною	derúny z hrýbamy i smétanoju
	Дранники с грибами и сметаной	dránniki s gríbami i smétanoj
Teigtaschen gefüllt mit Kartoffeln und Pilzen	Вареники з картоплею і грибами	varényky s kartópleju i hrýbamy
	Вареники с картофелем и грибами	varéniki s kartófelem i gríbami
Pirogge	Пиріжки	pyrížky
	пирожки	piróžki
Erster Gang	**Перші страви**	**pérši strávy**
	Первые кушанья	**pérvye kúšan'ja**
Pilzsuppe mit Nudeln	Юшка грибна з локшиною	júška hrýbna z lókšynoju
	Суп-лапша грибная	sup-lapšá gríbnaja
Borschtsch	Борщ	boršč
	Борщ	boršč
Fischsuppe	Уха	uchá
	Уха	uchá
Gerichte mit Geflügelfleisch	**Страви з птиці**	**strávy s ptýci**
	Кушанья из птицы	**kúšan'ja iz ptícy**
Hähnchenbrust-Filet	Куряче філе	kúrjače filé
	Куриное филе	kurínoe filé

deutsch	ukrainisch	ukr. Transliteration
	russisch	russ. Transliteration
Gerichte mit Kalbfleisch	**Страви з телятини**	**stráwy s teljátyny**
	Кушанья из телятины	**kúšan'ja iz teljátiny**
Kalbssteak	Стейк з телятини	stéjk z teljátyny
	Стейк из телятины	stéjk iz teljátiny
Kalbfleisch mit Pilzen	Телятина з грибами	teljátyna z hrýbamy
	Телятина с грибами	teljátina s gríbami
Gerichte mit Schweine-fleisch	**Страви із свинини**	**stráwy iz svynýny**
	Кушанья из свинины	**kúšan'ja iz sviníny**
Schweinefleisch mit Äpfeln und Majoran	Свинина з яблуками і майораном	svynýna iz jáblukamy i majoránom
	Свинина с яблоками и майораном	svinína s jáblokami i ma-joránom
Schweinefleisch auf Wiener Art	Свинина по-віденськи	svynýna po-vidéns'ky
	Свинина по-венски	svinína po-vens'ki
Gebratenes Schweine-fleisch im Topf	Свиняча печеня у горщику	svynjáča pečénja u hórčšyku
	Жаркое из свинины в горшке	žárkoe iz sviníny v gorške
Eisbein	Голонка	holónka
	Голонка	golónka
Kohlroulade	Голубці	holubcí
	Голубцы	golubcý
Fischgerichte	**Страви з риби**	**stráwy z rýby**
	Кушанья из рыбы	**kúšan'ja iz rýby**
Lachs mit Gemüse-Risotto	Лосось з овочевим різотто	lósos' z óvočevym rizót-to
	Лосось с овощным ризотто	lósos' s óvoščnym risót-to
Forelle	Форель	forél'
	Форель	forél'
Karpfen	Короп	kopóp
	Капр	kapr

deutsch	ukrainisch	ukr. Transliteration
	russisch	**russ. Transliteration**
Lachssteak mit Kaviar-sauce	Стейк із лосося під соусом з ікри	stejk iz lósos'ja pid soúsom ikrý
	Стейк из лосося под икорним соусом	stejk iz lósos'ja pod soúsom ikórnim
Beilagen	**Гарніри**	**harníry**
	Гарниры	**garníry**
Kartoffelpüree	Картопляне пюре	kartópljane pjuré
	Картофельное пюре	kartófel'noe pjuré
Pommes frittes	Картопля-фрі	kartóplja-fri
	Картофель фри	kartófel-fri
Kroketten	Картопляні крокети	kartópljani krokéty
	Картофельные крокеты	kartófel'nye krokéty
Nudeln	Макарони	makaróny
	Макароны	makaróny
Reis	Рис	rys
	Рис	ris
Desserts	**Десерти**	**desérty**
	Десерты	**desérty**
Tiramisu	Тирамісу	tyramisú
	Тирамису	tiramisú
Apfelstrudel	Яблучний струдель	jáblučnij strúdel'
	Штрудель яблочный	štrúdel' jábločnyj
Eierkuchen mit Äpfeln	Млинці з яблуками	mlýnci z jáblukamy
	Блины с яблоками	blíny s jáblokami
Eis	Морозиво	morózyvo
	Мороженое	moróženoe

deutsch	ukrainisch	ukr. Transliteration
	russisch	russ. Transliteration

Zahlen

deutsch	ukrainisch	ukr. Transliteration
eins	один	odýn
	один	odín
zwei	два	dva
	два	dva
drei	три	try
	три	tri
vier	чотири	čotýry
	четыре	četýre
fünf	п'ять	p'jat'
	пять	pjat'
sechs	шість	šist'
	шесть	šest'
sieben	сім	sim
	семь	sem'
acht	вісім	vísim
	восемь	vósem'
neun	дев'ять	dév'jat'
	девять	dévjat'
zehn	десять	désjat'
	десять	désjat'
elf	одинадцять	odynádcjat'
	одиннадцать	odínnádcat'
zwölf	дванадцять	dvanádcjat'
	двенадцать	dvenádcat'
dreizehn	тринадцять	trynádcjat'
	тринадцать	trinádcat'
vierzehn	чотирнадцять	čotyrnádcjat'
	четырнадцать	četyrnadcat'

deutsch	ukrainisch	ukr. Transliteration
russisch		**russ. Transliteration**
fünfzehn	п'ятнадцять	pjatnádcjat'
	пятнадцать	pjatnádcat'
sechzehn	шістнадцять	šistnádcjat'
	шестнадцать	šestnádcat'
siebzehn	сімнадцять	simnádcjat'
	семнадцать	semnádcat'
achtzehn	вісімнадцять	visimnádcjat'
	восемнадцать	vosemnádcat'
neunzehn	дев'ятнадцять	devjatnádcjat'
	девятнадцать	devjatnádcat'
zwanzig	двадцять	dvádcjat'
	двадцать	dvádcat'
fünfzig	п'ятьдесят	p'jat'désját
	пятьдесят	pjat'désját
siebzig	сімдесят	simdésját
	семьдесят	semdésját
einhundert	сто	sto
	сто	sto
eintausend	тисяча	týsjača
	тысяча	týsjača

Reisetipps von A bis Z

Adressen

Wohnungsadressen untergliedern sich meist in Haus- und Wohnungsnummer. Deshalb steht an den Wohnungstüren nie ein Name, sondern immer nur die Wohnungsnummer. So heißt etwa die Adresse Leninprospekt 135/47, dass der Betreffende in der Hausnummer 135 wohnt und dort in der Wohnung 47. Achtung: Hausnummern haben oft mehrere Eingänge, weswegen man sich erst orientieren sollte. Es kommt oft vor, dass die Straßen schlecht ausgeschildert sind, meist sind Name und Nummer direkt an die Häuser gemalt, oft eben auch sehr versteckt (siehe Taschenlampe).

Anreise mit dem Auto

Von **Norddeutschland** ist die Anfahrt über Südpolen (Wroclaw–Krakau–Przemysl) nach Krakovec' und weiter nach L'viv (Львів) zu empfehlen. Für die Strecke Berlin–L'viv sind 950 Kilometer zu veranschlagen.Der Übergang in Krakovec' (Краковець) ist neu gebaut worden und entlastet die Übergänge in Šehyni (Шегині) und in Rava-Rus'ka (Рава-Руська). Von der Slowakei aus gibt es die drei Übergänge Čop (Чоп), Užhorod (Ужгород) und Velykyj Bereznyj (Великий Березний).

Von **Süddeutschland** aus ist die Anreise über die Slowakei und Ungarn nach Užhorod kürzer (München–Užhorod etwa 1000 Kilometer).

Das Auto ist das beste Verkehrsmittel, um die Ukraine zu entdecken. Allerdings sollte man darauf achten, dass das Fahrwerk noch in einem guten Zustand ist (siehe Straßen). Außerdem braucht man eine **Grüne Versicherungskarte**, in der die Ukraine vermerkt ist, andernfalls muss man an der Grenze eine Haft-

pflichtversicherung für den Reisezeitraum abschließen (etwa 20 Euro). Darüber hinaus sollte man einen **Feuerlöscher** (Pflicht) mitführen und für alle Fälle ein **Nationalitätenkennzeichen** am Wagen anbringen. Wenn Fahrzeughalter und Fahrer nicht identisch sind, sollte man mindestens eine übersetzte Beglaubigung des Halters mit sich führen. Außerdem ist ein **Internationaler Führerschein** vorgeschrieben, der übliche EU-Führerschein reicht nicht.

Anreise mit Bahn und Bus

Leider existieren nicht mehr sehr viele **Bahnverbindungen** in die Ukraine. Aber noch gibt es eine Verbindung von Berlin nach Kiev mit der Bahn – in 24 Stunden ist man am Ziel! Auch L'viv lässt sich über Krakau oder Warschau mit dem Zug erreichen. Eine tägliche Verbindung gibt es auch von Berlin nach Odessa (ca. 38 Stunden). Auskunft über Verbindungen in die Ukraine, aber auch innerhalb der Ukraine gibt es auf den Internetseiten der Deutschen Bahn (www.bahn.de). Preisauskünfte sind allerdings nicht möglich. Bei der Suche nach den Zielbahnhöfen in der Ukraine muss man manchmal verschiedene Schreibweisen ausprobieren, oft wird z.B. noch der russische Ortsname verwendet: Lvov statt L'viv oder Charkov statt Charkiv.

Zum Kartenkauf außerhalb der Ukraine sollte man sich unbedingt an eine **spezialiserte Bahnagentur** wenden, die Fahrkartenschalter der DB sind damit überfordert. Eine Empfehlung ist die **Bahnagentur Spindlersfeld** (Ernst-Grube-Straße, im S-Bahnhof Spindlersfeld, 12555 Berlin, Tel. 030/6547280-0, Fax -2, bahnagentur.spindlersfeld@t-online.de). Sehr kompetente Beratung auch bei komplizierten Anliegen, Ticket-versand mit der Post möglich.

Busfernverbindungen werden von verschiedenen Firmen angeboten, das ist die preisgünstige, wenn auch nicht so bequeme Variante (www.kraft-reisen.de; http://eclub.kiev.ua; www.touring.de).

Anreise mit dem Flugzeug

Von deutschen, österreichischen und Schweizer Flughäfen wird die Ukraine angeflogen. Verbindungen nach Kiev gibt es von Berlin, Frankfurt/M, Düsseldorf, München, Hamburg, Wien, Salzburg, Innsbruck und Zürich. Von Deutschland aus werden auch andere ukrainische Städte angeflogen, wie z.B. Odessa, Donec'k, oder L'viv. Die ungarische Fluglinie Malev bietet mehrere Flüge von Deutschland über Budapest in die Ukraine an, günstig sind auch die Angebote von Air Baltic (airbaltic.de) über Vilnius bzw. Riga. Die Fluggesellschaft Ukraine International Airlines bietet auf www.flyUIA.com Flüge für unter 300 Euro an, ebenso Aerosvit Airlines auf www.aerosvit.de. Zahlreiche Verbindungen bieten auch Wizzair (von Dortmund, Köln, Memmingen, Lübeck), Austrian Airlines sowie die polnische Lot an.

Wer Flüge im Internet sucht, muss bei der Schreibweise der Ortsnamen ein bisschen experimentieren, oder die IATA-Codes eingeben:

L'viv: LWO
Ivano-Frankivs'k: IFO
Kiev: KBP
Charkiv: HRK
Donec'k: DOK
Dnipropetrovs'k: DNK
Zaporižžja: OZH
Odessa: ODS
Simferopol': SIP

Alkohol und Zigaretten

Rauchen und Alkoholgenuss in der Öffentlichkeit sind seit Februar 2010 stark eingeschränkt. In den meisten öffentlichen Einrichtungen ist Rauchen und Trinken untersagt, u.a. in Kultureinrichtungen, Schulen, auf Spielplätzen, aber auch in Unterführungen, Haltestellen und Hauseingängen. Damit einher gehen Einschränkungen beim Verkauf von Alkohol und Zigaretten. Teilweise wird der Kioskverkauf vollständig (Kiev), teilweise nur nachts (L'viv) verboten.

Alkohol am Steuer

Es gilt die Null-Promille-Grenze.

Auf dem Flughafen von Odessa

Auslandskrankenversicherung

Es wird bei der Einreise zwar nicht immer danach gefragt, allerdings sollte man sich darauf nicht verlassen und auch im eigenen Interesse über einen Versicherungsschutz verfügen, der auch in der Ukraine gültig ist. Policen, die in der Regel nicht teuer sind, bieten alle großen Versicherungsunternehmen an.

Ausschilderung

Die Orientierung mittels Wegweiser ist oft ein Problem, in den Städten muss man sich mit noch mehr Geduld wappnen als bei Fahrten über Land. Oft kommt es vor, dass Wegweiser unvollständig oder versteckt sind oder völlig fehlen. Und selbst wenn die Ausschilderung vorhanden ist, ist sie gelegentlich unlogisch. Obwohl manche Hinweise auch in lateinischer Schrift gehalten sind, ist es hilfreich, die kyrillischen Schriftzeichen zu kennen, um Städte- oder Straßennamen lesen zu können.

Behinderte

Für Rollstuhlfahrer – oder für einen Kinderwagen(schiebenden) – sind die Städte in der Ukraine eine harte Nuss. Beim Bau von Unterführungen, Aufgängen u.ä. wurden derartige Belange selten berücksichtigt. Oft trifft man auch überhohe Bordsteinkanten! Allerdings werden beim Neubau inzwischen auch Bordsteinabsenkungen gebaut. Vielleicht gibt es ja auch in dieser Hinsicht zukünftig Veränderungen.

Betteln

In allen großen Städten trifft man auf Bettler, meist sind es Alte, Invaliden und Kinder, und meist trifft man sie vor Kirchen und anderen frequentierten Sehenswürdigkeiten. Oft wird man angesprochen, da den Bettelnden die Herkunft der Reisenden nicht verborgen bleibt. Es ist gut, sich darüber vorher im klaren zu sein, um entsprechend zu reagieren. Auf jeden Fall ist es ein Balanceakt: Man sollte wissen, dass man nicht alle Bedürftigen bedenken kann. Man sollte sich aber auch nicht ständig verschließen und daher bei Gelegenheit durchaus in die Tasche greifen. Deswegen ist es gut, etwas Kleingeld bei sich zu haben. Grundregel: Man sollte Alten und Invaliden eher etwas geben als quengelnden Kindern.

Busfahrten

Innerhalb des Landes gibt es mit Überlandbussen Verbindungen zwischen den großen Städten – oft auch in der Nacht. Diese Busse fahren an den ›internationalen‹ Busbahnhöfen ab und verbinden z.B. L'viv mit Odessa oder Donec'k.

Camping

Campingplätze sind selten und vom Standard nicht mit deutschen zu vergleichen. Außerdem gibt es einen gravierenden Unterschied: Meist verfügen solche Anlagen nur über sehr schlichte Bungalows oder Baracken. Platz zum Zelten ist oft gar nicht vorgesehen, und dieses Ansinnen kann zu Problemen führen. Auch Stellplätze für Caravans gibt es eigentlich nicht. Mit etwas Verhandlungsgeschick kann man eventuell einen Notplatz zugewiesen bekommen.

Diplomatische Vertretungen
Ukrainische Vertretungen in Deutschland:
Botschaft der Ukraine
Albrechtstraße 26
10117 Berlin
Tel. 030/28 88 72-20, Fax -19
www.botschaft-ukraine.de.
Außenstelle der Botschaft

(zuständig für Nordrhein-Westfalen)
Rheinhöhenweg 101
53424 Remagen-Oberwinter
Tel. 0 22 28/94 18 13, -14, Fax -63.

Generalkonsulat Hamburg
Mundsburger Damm 1
22087 Hamburg
Tel. 0 40/22 94 98-0, Fax -13 (für
Hamburg, Bremen, Schleswig-Holstein,
Niedersachsen).

Generalkonsulat Frankfurt
Brönnerstraße 15
60313 Frankfurt/Main,
Tel. 0 69/29 72 09-0 (werktags von
15–17 Uhr), 01 90/82 95 76
(24 Stunden, gebührenpflichtig),
Fax 0 69/29 72 09 29 (für Hessen,
Rheinland-Pfalz und Saarland).

Generalkonsulat München
Lessingstraße 14, 80336 München,
Tel. 0 89/55 27 37-0, Fax -55
(für Bayern und Baden-Württemberg).

In Österreich:
Botschaft der Ukraine
Naaffgasse 23
1180 Wien
Tel 01/4 79 71 72, Fax 4 79 71 72 47
www.ukremb.at.

In der Schweiz und Liechtenstein:
Botschaft der Ukraine
Feldeggweg 5
3005 Bern
Tel. 0 31/352 23 16, Fax 3 51 64 16
www.ukremb.ch

Vertretungen in der Ukraine:
Deutsche Botschaft
vul. Bohdana Chmel'nyc'koho 25
(вул. Богдана Хмельницького)
01901 Kiev
Tel. +380/44/2 47 68-00, Fax -18
www.kiev.diplo.de.
Honorarkonsulin in L'viv

Myroslava Mychajlivna Djakovyč
(Мирослава Михайлівна Дякович)
vul. Vynnyčenka 6 (вул. Винниченка)
79008 L'viv (Львів)
Tel. 380/3 22/75 71 02.

Honorarkonsul in Donec'k
Viktor Kalašnikov (Віктор Калашніков)
vul. Artjoma 58 (вул. Артёма)
83000 Donec'k (Донецьк)
Tel. +380/62/345 17 17, 33 29 98 17.

Honorarkonsul Odessa
Oleksandr Mikolajovič Kyfak
(Олександр Міколайович Кифак)
vul. Lanzeronivs'ka 9/17
65026 Odessa
Tel. +380/48/777 89 03

Botschaft der Republik Österreich
vul. Ivana Franka 33
(вул. Івана Франка)
01030 Kiev
Tel. +380/44/2 44 39 43, 2 44 39 42
Fax 230 23 52
www.aussenministerium.at/kiew.

Schweizerische Botschaft
vul. Kozjatynska 12
(вул. Козятинска)
01015 Kiev
Tel. +380/44/281 61 28
Fax 280 14 48
www.eda.admin.ch.

Milchverkauf

Einkaufen

In den Geschäften setzt sich immer mehr die Selbstbedienung durch. Gelegentlich trifft man in den staatlichen Läden noch auf das sowjetische Einkaufsregime: Wenn man den Artikel ausgewählt hat, muss man sich den Preis merken, zur zentralen Kasse gehen und zahlen. Mit dem Kassenzettel kehrt man dann zur Verkäuferin zurück und löst das Produkt ein.

Einreise/Ausreise

Seit 1. Mai 2005 ist durch Präsidentenerlass die Visumspflicht für EU-Bürger, Bürger der Schweiz, Liechtensteins, der USA und Kanada bei einem maximalen Aufenthalt von bis zu 90 Tagen innerhalb eines halben Jahres bis auf weiteres aufgehoben, die Zahl der Einreisen ist nicht beschränkt, wohl aber werden die in der Ukraine verbrachten Tage innerhalb eines halben Jahres zusammengezählt. Diese dürfen 90 Tage nicht überschreiten. Somit sind für EU-Bürger und Schweizer maximal **180 Tage Aufenthalt pro Jahr visumfrei** möglich. Wer länger im Land bleiben will, braucht auch weiterhin ein Visum, das von den ukrainischen Auslandsvertretungen ausgestellt wird. Bei der Einreise muss man einen **Reisepass** vorlegen, der mindestens einen Monat über den beabsichtigten Aufenthalt hinaus gültig ist. Für Kinder und Jugendliche bis zum vollendeten 16. Lebensjahr genügt ein Kinderausweis oder ein Kinderpass mit Lichtbild. Achtung, ein Personalausweis genügt nicht zur Einreise!

Auch an den **Grenzübergangsstellen** haben sich die Modalitäten seitdem vereinfacht. Seit 2010 muss man nur noch bei der ersten Einreise eine **Immigrationcard** ausfüllen. Sobald ein Einreisestempel im Pass vorhanden ist, entfällt diese

Form der Anmeldung. Da es an den Straßengrenzübergängen oft zu Schlangen kommt, sollte man bei der Ausreise den sogenannten ›Grünen Korridor‹ zur vereinfachten Grenzkontrolle benutzen – sofern man nichts zu verzollen hat (siehe Zollbestimmungen). Für den Grenzübertritt sollte man – auch bei wenig Andrang – etwa 1 bis 2 Stunden einplanen.

Bei der Einreise ist eine **Registrierung** gesetzlich vorgeschriebenen, d.h. es wird der Aufenthaltsort in der Ukraine erfasst. Es sollten also genaue Angaben zum vorgesehenen Aufenthaltsort gemacht werden können. Es empfiehlt sich die Angabe einer Hotelanschrift oder einer Privatanschrift. Eine Einschränkung der Bewegungsfreiheit ist damit nicht verbunden!

Elektrizität

Die Stromspannung beträgt wie in Deutschland 220 Volt, die Frequenz 50 Hertz, allerdings treten gelegentlich Schwankungen auf, die für empfindliche Geräte problematisch sein können. Die Steckdosen sind meist mit herkömmlichen deutschen Steckern kompatibel, oft fehlt allerdings der Schutzkontakt. Allerdings gibt es auch Schuko-Steckdosen, die nicht kompatibel sind, daher empfiehlt es sich, einen Adapter (Südeuropa) mitzunehmen.

Eisenbahnfahrkarten

Fahrkarten zu kaufen ist weiterhin nicht ganz einfach. Am schnellsten geht es, wenn man mit **Vorortzügen**, den sogenannten ›Električkas‹ (Електричка, Kurzform von Elektropoezd/Elektrozug), unterwegs ist. Diese Züge rumpeln von den großen Städten hinaus in die Provinz und stoppen an jeder Haltestelle. Karten kann man entweder direkt vor

Beim Einsteigen in den Zug werden Ausweise und Tickets kontrolliert

der Abfahrt auf dem Bahnhof oder im Zug beim Schaffner ohne Aufschlag kaufen.

Schwieriger ist es bei den **überregionalen Verbindungen**. Wer auf Nummer sicher gehen will, sollte mindestens einige Tage vor der Abreise die Karte in der Vorverkaufskasse kaufen, die es in jeder größeren Stadt gibt und die bis 24 Stunden vor Abfahrt Karten für die entsprechenden Züge verkaufen – sofern Plätze vorhanden sind, da man immer auch eine **Platzkarte** kaufen muss. Diese Karten gibt es in drei Kategorien: Ljuks (Люкс) – zwei Betten im Abteil (relativ teuer, sehr komfortabel); Kupé (Купе) – vier Betten im Abteil (meist die richtige Wahl); Plackartnyi (Плацкартний) – ein offner Waggon mit Liegeplätzen (billig, in jeder Hinsicht sehr kommunikativ, man muss sehr auf sein Gepäck achten!).

Achtung, diese **Vorverkaufskassen** befinden sich in der Regel nicht auf dem Bahnhof, sondern in der Innenstadt! Wer kurzfristig reisen oder wer in einer kleineren Stadt zusteigen will, dem

bleibt nur der Versuch, eine Stunde vor Abfahrt des Zuges direkt auf dem Bahnhof eine Karte zu erwerben. Dann sind die freien Plätze vom zuvor angefahrenen Bahnhof durchgegeben worden. Diese Variante ist jedoch riskant – die Kommunikation mit dem Personal, das nur sehr selten über Englischkenntnisse verfügt, ist nicht einfach, außerdem sollte man sich auf Schlangen gefasst machen.

Abhilfe gibt es nur im **Kiever Bahnhof**, wo man in einem ›VIP Bereich‹ (links vom Haupteingang) bei einem Aufpreis von 20 Hryvnja (gut 3 Euro) schnell und unkompliziert Fahrkarten kaufen kann, das Personal spricht Englisch. Für den Kauf der Fahrkarten (außer für ›Električkas‹) wird der Reisepass benötigt, da auf der Fahrkarte der Familienname vermerkt wird.

Inzwischen kann man auch über ukrainische **Reisebüros** Fahrkarten buchen, das ist in der Regel unkomplizierter als an den Vorverkaufstellen der Bahn. Auch **von Deutschland** aus kann man Fahrkarten für innerukrainische Strecken in Agenturen erwerben (s. S. 503).

Unter www.uz.gov.ua kann man Eisenbahnerbindungen suchen (russ./ukr.)

Feiertage

1. Januar (Neujahr)
7. Januar (orthodoxes Weihnachtsfest)
8. März (internationaler Frauentag)
1. Mai (Tag der Arbeiter)
9. Mai (Tag des Sieges über Hitlerdeutschland)
28. Juni (Tag der Verfassung)
24. August (Tag der Unabhängigkeit)
Dazu kommen noch die beweglichen Feiertage Ostern (Sonntag und Montag). Fällt ein Feiertag auf einen Sonnabend oder Sonntag, ist der nachfolgende Montag arbeitsfrei.

Fotografieren

Manchmal trifft man noch auf ein Misstrauen gegenüber Fotografen, das aus der Sowjetzeit herrührt. Beim Fotografieren technischer Einrichtungen wie etwa Bahnhöfen sollte man grundsätzlich vorsichtig sein. Bei Privatpersonen und Grundstücken sollte man wie überall die entsprechende Sensibilität walten lassen. Gleiches gilt z.B. für Innenaufnahmen in Kirchen, es gibt keine einheitliche Regelung. In denjenigen, die von Touristen frequentiert werden, muss man häufig einen Obolus entrichten, in anderen ist es verboten. Militärische Einrichtungen zu fotografieren, ist ebenfalls verboten.

Gaststätten

Es gibt sie mittlerweile in jeder Kleinstadt, das Niveau ist sehr unterschiedlich: Meist heißen die gehobenen Gaststätten **Restoran** (Ресторан) und die einfachen **Kafe/Bar** (Кафе-бар), traditionelle ukrainische Gaststätten heißen **Šynok** (Шинок). Meist wird man es mit einer Kafe/Bar zu tun bekommen, die manchmal wenig bis nichts, oft aber erstaunlich viel im Angebot hat.

Aus der Sowjetzeit rühren die **Stolovajas** (Столовая), eine Art Kantinen, her. Diese waren früher dafür berüchtigt, dass es keine Messer gab. Wenn man heute noch auf eine Stolovaja trifft, kann man davon ausgehen, dass das Essen dort gut ist und noch weniger kostet als in den eh schon meist preiswerten Gaststätten, wo in der Regel umgerechnet zehn Euro (Ausnahmen sind die schicken Restaurants und Bars in den größeren Städten!) pro Person für ein sehr ordentliches Essen plus Getränke reichen.

Achtung, bei der Suche nach einer Toilette kann eine Kafe/Bar in die Irre führen, da es gelegentlich vorkommt, dass sie gar keine Toiletten haben!

Mittlerweile haben sich amerikanische Schnellimbissketten mit dem üblichen Angebot auch in der Ukraine ausgebreitet, darüber hinaus gibt es aber auch schon in einigen Städten (etwa in Kiev, Lemberg, Dnipropetrovsk und in Donec'k) sehr gute und preiswerte **Schnellimbisse mit ukrainischer Küche** wie z.B. die Kette ›Puzata Chata‹ (Пузата Хата), die rustikale einheimische Küche bietet.

Geld

Die Währungseinheit ist die Hryvnja (Гривня), die Untereinheit die Kopeke (100 Kopeken = 1 Hryvnen), der ISO-Code ist UAH. Die Hryvnja wurde 1996 vom damaligen Chef der ukrainischen Nationalbank, dem späteren ukrainischen Präsident Viktor Juščenko, in Umlauf gebracht. Die Währung war bis zur Finanzkrise 2008 relativ stabil, seitdem verfällt die Hryvnja. Anfang 2011 gab es für 1 Euro knapp 11 Hryvnja, für einen Schweizer Franken gut 8 Hryvnja. Schweizer Franken in bar werden übrigens nur in Kiev in wenigen Banken getauscht (Geld- und Kreditkarten sind kein Problem).

Neben den offiziellen Namen der Währung benutzen viele noch die alte Bezeichnung Rubel – damit ist natürlich die Hryvnja gemeint. Bei westlichen Währungen muss man beachten, dass für den Dollar häufig die Bezeichnung ›Baksy‹ (Бакси) in Gebrauch ist, was daher rührt, dass der Dollar in englischsprachigen Ländern oft als Greenback bezeichnet wird. Bei der Übertragung ins Russische wurde daraus die Pluralform ›Baksy‹. Die Servicegebühren bei Bezahlung mit Kreditkarten sind relativ hoch.

Geldautomaten

Sie sind mittlerweile in jeder Stadt vorhanden. Selbst kleine Kreisstädte verfügen mindestens über ein, zwei Automaten, die VISA-Karten und meist auch Maestro-Karten (EC-Karten) akzeptieren. Allerdings ist der Wechselkurs schlechter als in Wechselstuben, zudem fallen Gebühren an. Manchmal geben die Geldautomaten auch Dollar heraus, aber Achtung, die Gebühren sind dann deutlich höher.

Geldwechsel

Das ist ebenfalls kein Problem. Die meisten Bankfilialen haben Wechselschalter (obmin valjuty/обмін валюти), die Euro und Dollar nehmen. Zwischen diesen beiden Leitwährungen gibt es keine Präferenzen, es ist also nicht nötig, in Deutschland die Euro erst in Dollar einzutauschen. Es hat sich als praktisch erwiesen, das Geld in kleinerer Stückelung einzuführen, um beim Umtausch nicht zu große Beträge zu erhalten. Aber Achtung: Die Geldscheine sollten sauber und unversehrt sein, schon kleine Einrisse können dazu führen, dass der Schein nicht angenommen wird. Bitte auch darauf achten, dass man einigermaßen

ordentliche Hryvnja-Scheine erhält, es kann sonst passieren, dass deutlich eingerissene Scheine nicht angenommen werden. Und Achtung: In Wechselstuben auf einen Beleg (Kvytanzija/Квитанція) pochen und das erhaltene Geld sofort nachzählen. Besondere Aufmerksamkeit sollte man bei solchen Schaltern walten lassen, wo kleine Schlitze die Kommunikation und das Nachzählen erschweren oder ganz unmöglich machen. In der Regel erhält man an Wechselstuben etwas abseits der Haupttouristenattraktionen einen günstigeren Kurs.

Geschwindigkeitskontrollen

Milizionäre stehen mit ihrem Radargerät gern in Senken oder hinter Büschen. Es ist daher ratsam, sich halbwegs an die Höchstgeschwindigkeit zu halten. Allerdings gibt es unter den Autofahrern ein sehr gut funktionierendes Frühwarnsystem mittels Lichthupe, das einen meist vor Geldstrafen bewahrt. Wer so einer Kontrolle entronnen ist, sollte seinerseits die entgegenkommenden Autos warnen. Wer zahlen muss, dürfte bei moderaten Geschwindigkeitsübertretungen nicht mehr als umgerechnet 10 Euro zahlen. Aber Vorsicht: Man sollte es nicht übertreiben (was allerdings bei dem Zustand der Straßen selten möglich ist), dann könnte es zu Schererereien, saftigen Strafen und Zeitverlust kommen.

HIV

Etwa 0,5 bis ein Prozent der Bevölkerung ist HIV-positiv. Die Ukraine weist eine der höchsten HIV-Ansteckungsraten in Europa auf, in einigen Orten wie etwa Odessa soll die Ansteckungsrate deutlich höher sein, man sollte sich daher unbedingt entsprechend schützen.

Wechselkurse einer Bankfiliale

Internetcafé in Černivci

Internetcafés
Internetcafés (Kafe-Internet/Кафе-інтернет) gibt es mittlerweile in nahezu jeder ukrainischen Stadt, allerdings muss man in den kleineren Städten oft danach suchen, da sie sehr versteckt in Hinterhöfen und Hinterzimmern liegen.

Jüdische Friedhöfe/Synagogen
Diese Orte sollten Männer nach Möglichkeit nur mit Kopfbedeckung betreten.

Höchstgeschwindigkeit
Innerhalb von Ortschaften 60, außerhalb 90 km/h. In Fußgängerzonen 20 km/h, auf Autobahnen – die es aber faktisch kaum gibt – 130 km/h. Für Motorräder und Autos mit Anhängern gelten außerhalb von Ortschaften generell 80 km/h.

Kirchen und Klöster
Beim Besuch von Kirchen und Klöstern sollten Frauen ein Kopftuch tragen, vor großen Klöstern werden Kopftücher auch verkauft. Gelegentlich werden auch Kittel gegen Geld verliehen, denn kurze Hosen und Röcke sowie ärmellose Hemden sollte man auch vermeiden. Die Kleiderordnung wird allerdings unterschiedlich streng kontrolliert, doch es kommt vor, dass selbst Frauen im Hosenanzug Schwierigkeiten bekommen (wie in der Lavra ›Svjati Hory‹ in der Ostukraine, wo Kosaken streng kontrollieren).

Klima
Es überwiegt ein gemäßigt kontinentales Klima, der Einfluss des Schwarzen Meeres macht sich nur im Süden der Krim bemerkbar, wo ein mediterranes Klima vorherrscht. Die Durchschnittstemperaturen liegen im Winter zwischen -8 °C und +2 °C, im Sommer zwischen 17 °C und 25 °C. Der kontinentale Charakter des Klimas nimmt nach Osten hin zu, was sich in größeren Temperaturschwankungen zwischen Sommer und Winter äußert. Die Niederschläge nehmen von Norden nach

Besucherinnen eines Klosters

Reisetipps von A bis Z

Süden hin ab, in den Karpaten fällt mit jährlich etwa 1500 mm der meiste, am Schwarzen Meer mit etwa 300 mm der geringste Niederschlag.

Kreditkarten

In den großen Städten und Touristenzentren findet man eine Anzahl von Boutiquen, Restaurants und Hotels, die Kreditkarten akzeptieren. Allerdings sollte man sich nicht darauf verlassen. In der Regel gilt, je gehobener die Einrichtung, desto wahrscheinlicher werden Kreditkarten akzeptiert. Geldautomaten akzeptieren nahezu überall zumindest die VISA-Card.

Kriminalität

Es gibt kein größeres Problem als in vielen anderen Ländern, allerdings sollte man zwei Dinge berücksichtigen: Das Auto möglichst dort abstellen, wo es bewacht wird (siehe Parken), und Wertsachen sind möglichst am Körper zu tragen. Im Hotelzimmer sollte man auch kein Geld und keine Wertsachen aufbewahren. Insbesondere wenn das Haus durchgehende Balkone hat, sollte man unbedingt alle Fenster möglichst sorgfältig schließen, auch wenn die Riegel meist schon sehr verschlissen sind.

Lärm

Die Ukrainer scheinen längst abgestumpft zu sein gegen Lärm auf den Straßen und in öffentlichen Einrichtungen. Kioske, die CDs und Kassetten verkaufen, überbieten sich in der Beschallung ganzer Plätze mit ohrenbetäubendem Lärm. Das kann zu einem echten Problem werden, zumal auch in Cafés und Restaurants bei Betreten des ersten Gastes gern die Fernsehapparate, Radios und Musikanlage aufgedreht werden. Man kann nur immer wieder

darum bitten, die Lautstärke herunterzuregeln. Leider selten mit dauerhaftem Erfolg. Da leider auch Hotels selten ruhig sind, sollten Lärmempfindliche vorsichtshalber Ohropax einpacken.

Maršrutne Taksi

Oft als ›Sammeltaxi‹ übersetzt, ist der Kleinbus, oft kurz Maršrutne (Маршрутне) oder Maršrutka (Маршрутка) genannt, eine Idee der Sowjetunion gewesen. Wer schneller nach Hause will als mit dem kriechenden Trolleybus, aber nicht soviel Geld für ein Taxi ausgeben will, ist mit dem Maršrutne gut bedient. Die meist japanischen Kleinbusse sind mit einer unglaublichen Zahl an Sitzplätzen ausgerüstet, häufig überladen, bedienen eine bestimmte Route, auch Überlandstrecken, die an Front- und Seitenfenster angezeigt ist und halten auf Handzeichen, oft sowieso an den üblichen Bushaltestellen. Gezahlt wird im Bus an den Fahrer, einen Fahrschein gibt es nur selten, der Fahrpreis ist im Bus ausgezeichnet. Die Preise sind in der Regel doppelt so hoch wie bei Bussen und Trolleybussen. Man muss ungefähr wissen, wo man wieder aussteigen will, und es dem Fahrer kundtun. Wer unsicher ist, kann ihn oder einen der Fahrgäste fragen. Oft ist es in den Maršrutne sehr eng, man ist aber auf jeden Fall schneller am Ziel.

Märkte

In jeder Kreisstadt gibt es mindestens einen Markt (Rynok/Ринок) oder Basar (Bazar/Базар), der in erster Linie landwirtschaftliche Waren vom Blumenstrauß über Brot bis hin zu Schweinehälften anbietet. Diese Märkte sind sehr interessant, da sie – ganz anders als die sonst oft langweiligen Lebensmittelgeschäfte (insbesondere die staatlichen)

– einen direkten, schwunghaften Handel ermöglichen, oft eine Auswahl anbieten, die es in den Geschäften nicht gibt und überdies einen sehr geradlinigen Einblick in den Alltag der Menschen geben. Neben landwirtschaftlichen Produkten werden aber meist auch Haushaltsgeräte, Textilien und ähnliches angeboten. In dem Gewühl kann man sich schnell mehrere Stunden aufhalten, ohne dass es langweilig wird. Allerdings sollte man nicht allzu zart besaitet sein, da gern Kalbs-, Hammel- oder Schweineköpfe an den Fleischständen herumliegen sowie Kinder und Alte betteln. Wer auf den Markt gehen will, sollte früh aufstehen, da es üblich ist, dass man früh beginnt (ca. 7 Uhr) und ebenso früh (ab 14 Uhr) seinen Stand wieder räumt. Darüber hinaus gibt es in den Städten meist mehrere Märkte für Haushaltswaren, Textilien etc. In größeren Städten gibt es meist mehrere landwirtschaftliche Märkte.

Apotheke in Černivci

Medizinische Hilfe

In den größeren Städten ist eine gute Versorgung mit Apotheken gewährleistet. Mit einer medizinischen Grundversorgung kann man wohl überall rechnen – sicherlich in unterschiedlicher Qualität. In großen Städten gibt es auch Privatkliniken. Bei den staatlichen Krankenhäusern müssen meist Abstriche an der Ausstattung mit Geräten und Medikamenten sowie an den hygienischen Standards hingenommen werden, dagegen kann man im allgemeinen von einer guten Ausbildung der Ärzte ausgehen. Impfungen sind nicht vorgeschrieben, es werden allerdings Impfungen gegen Diphtherie, Tetanus, Polio und Hepatitis A von offizieller Seite empfohlen. Außerdem ist zu beachten, dass in der Vergangenheit in den südlichen Bereichen der Ukraine im Sommer gelegentlich Cholera auftrat.

In der eigenen Reiseapotheke sollten immer auch einige Spritzen und Kanülen mitgeführt werden (wird von den Ukrainern übrigens auch so gemacht und gibt das gute Gefühl, beim Arztbesuch oder im Krankenhaus auf sichere Spritzen zurückgreifen zu können).

Auf dem Markt in Charkiv

Reisetipps von A bis Z

Mietwagen

Autoverleihfirmen sind nicht verbreitet, einschlägige internationale Firmen sind aber an den internationalen Flughäfen anzutreffen. Die Preise sind verglichen mit klassischen Reiseländern allerdings sehr hoch.

Museen

Jede Kreisstadt hat ihr Historisches Museum (Istoryčnyj muzej/Історичний музей), das meist nach stereotypem Muster aufgebaut ist: Steinzeit mit Skythenkultur (sehr ausführlich), Kiever Rus', Spätmittelalter und polnischlitauische Herrschaft, Kosaken, Peter I., Katharina II, 19. Jahrhundert, Oktoberrevolution und Sowjetherrschaft (sehr ausführlich), Zweiter Weltkrieg (sehr ausführlich), Erfolge der Nachkriegszeit (ausführlich). Wenig bis nichts ist über jüdisches Leben, über die Hungersnot 1932/33 und über die ›Große Säuberung‹ 1936 bis 1938 zu erfahren. Die Expositionen mit entsprechender Interpretation sind oft unkommentiert aus der sowjetischen Geschichtsschreibung übernommen. Ein Heer von älteren Frauen gebietet über die Aufsicht und gibt Kommandos. Der Eintritt ist meist gering (ca. 0,5–1 Euro), die Kassen schließen oft eine halbe Stunde vor Museumsschluss. Für die Benutzung von Videokamera und Fotoapparat ist extra zu zahlen – neuerdings gelegentlich auch bei Freilichtmuseen.

Mobilfunk

Das Funknetz ist in der Ukraine in den letzten Jahren sehr dicht geworden. In den Städten und entlang der wichtigen Straßenverbindungen hat man so gut wie immer Empfang. Allerdings kann es abseits der Hauptstraßen und Zentren noch dünn sein. Man sollte sich vor Reiseantritt über Roamingmodalitäten und Preise des eigenen Netzbetreibers erkundigen, sonst könnte man bei der nächsten Telefonrechnung eine böse Überraschung erleben. Auslandsgespräche sind sehr teuer. Eine preiswerte Alternative könnte der Kauf einer ukrainischen Prepaid-Karte sein z.B. Life!, MTS (MTC) oder Kijivstar (Київстар), die in Fachgeschäften und Kaufhäusern angeboten werden. Nach der Registrierung (man muss in der Regel den Pass vorlegen) erhält man eine SIM-Karte mit ukrainischer Telefonnummer und eine Prepaid-Karte, deren Nummer man in das Telefon eingeben muss. Ist das Geld aufgebraucht, kann man sich unproblematisch an vielen Ständen und Läden eine neue Karte kaufen und das Konto wieder aufladen.

Nachtfahrten

Man sollte unbedingt vermeiden, nachts mit dem Auto unterwegs zusein, da viele Fahrzeuge schlecht bis gar nicht beleuchtet sind, und bei denjenigen, wo die Scheinwerfer funktionieren, sind sie garantiert so verstellt, dass sie blenden. Was um so fataler ist, da Radfahrer jederzeit am Fahrbahnrand auftauchen können – natürlich unbeleuchtet. Außer-

РОЗКЛАД РУХУ ПАСАЖИРСЬКИХ ПОЇЗДІВ ПО СТАНЦІЇ УЖГОРОД			
ПРИБУТТЯ		ВІДПРАВЛЕННЯ	
МАРШРУТ ПРЯМУВАННЯ	ПРИБ	МАРШРУТ ПРЯМУВАННЯ	ВІДПР
601 ЛЬВІВ-СОЛОТВИНО	02:51	16 УЖГОРОД-МОСКВА	01:15
15 МОСКВА-УЖГОРОД	03:48	601 ЛЬВІВ-СОЛОТВИНО	03:10
625 ЧЕРНІВЦІ-УЖГОРОД	04:40	830 УЖГОРОД-ЛЬВІВ	04:55
99 КИЇВ-УЖГОРОД	07:09	804 УЖГОРОД-ХУСТ	08:42
801 ТЯЧЕВО-УЖГОРОД	07:44	100 УЖГОРОД-КИЇВ	14:16
81 КИЇВ-УЖГОРОД	11:31	82 УЖГОРОД-КИЇВ	15:55
3 ХАРКІВ-УЖГОРОД	12:53	802 УЖГОРОД-ТЯЧЕВО	17:43
108 ОДЕСА-УЖГОРОД	13:26	107 УЖГОРОД-ОДЕСА	17:54
803 ХУСТ-УЖГОРОД	15:51	626 УЖГОРОД-ЧЕРНІВЦІ	18:12
829 ЛЬВІВ-УЖГОРОД	21:02	14 УЖГОРОД-ХАРКІВ	21:45
602 СОЛОТВИНО-ЛЬВІВ	22:13	602 СОЛОТВИНО-ЛЬВІВ	22:35
БЕЗПЕРЕСАДКОВІ ВАГОНИ		БЕЗПЕРЕСАДКОВІ ВАГОНИ	

Bahnfahrplan

Kaufhaus in Dubno, im Schaufenster hängt der Dichter Taras Ševčenko

dem sind herumlaufende Menschen und Tiere, herumliegende Gegenstände und Schlaglöcher kaum noch zu erkennen. Und mancher Mensch, ob Fußgänger oder Autofahrer, ist auch nicht mehr ganz nüchtern.

Notrufe
Feuer: 01
Miliz: 02
Schnelle Medizinische Hilfe: 03

Öffentliche Verkehrsmittel
In jeder Stadt gibt es ein Busnetz, oft auch ein dichtes Trolleybusnetz. Fahrkarten werden in der Regel in den Bussen von Schaffnern verkauft.
Große Städte werden außerdem von Vorortzügen angefahren, Fahrkarten kann man problemlos in den Bahnhöfen kaufen, sie sind für deutsche Geldbeutel sehr preiswert. Diese meist blauen und in der Regel elektrisch angetriebenen Züge heißen Elektropojizd, oder kurz Elektryčka. Kiev, Charkiv und Dnipropetrovs'k haben U-Bahnen. Die Eingän-

ge zu den Stationen sind mit einem meist rot beleuchteten (manchmal auch grünen) M (Metro) gekennzeichnet. Dort kauft man vor Fahrantritt Kunststoffmarken, sogenannte Jetons (Жетон), mit der man die Einlassschranke zur Rolltreppe passieren kann. Wer dann zur U-Bahn gelangt ist, kann soviel fahren, wie er will. In Kiev werden nach und nach die Jetons abgeschafft und durch ein neues Preissystem, das auf Fahrkarten basiert, ersetzt. Grundsätzlich gilt, dass der öffentliche Verkehr oft überlastet ist, die Fahrzeuge meist sehr alt und anfällig sind und Streckennetz sowie Übersichtspläne, wenn es sie überhaupt gibt, sehr oft undurchsichtig sind. Siehe auch ›Taxi‹ und ›Maršrutne Taksi‹.

Öffnungszeiten
Es gibt keine einheitliche Regelung. Als Faustregel gilt, dass große Kaufhäuser und viele Lebensmittelgeschäfte länger und vor allem auch sonntags geöffnet haben. Auch die Post- und Telegrafenämter haben an den Wochenenden ge-

Reisetipps von A bis Z

öffnet. In jeder Stadt gibt es meist auch ein Lebensmittelgeschäft, das rund und die Uhr geöffnet hat. Fachgeschäfte schließen meist um 19 Uhr. Die Bauern- und Lebensmittelmärkte beginnen früh, etwa um 7 Uhr.

Bei Museen ist die Lage völlig unübersichtlich, es gibt meist zwei Schließtage, allerdings lässt sich keine Regel ableiten, an welchen Wochentagen das ist. Zu beachten ist, dass die Museumskassen meist eine halbe Stunde vor dem Museumsschluss schließen. Außerdem haben die meisten Einrichtungen einen sogenannten ›Sanitärtag‹ (sanitarnyj den, abgekürzt: san-den), an dem das Museum geschlossen bleibt, meist liegt er in der letzten Woche des Monats, oft an einem Mittwoch.

Zu beachten ist außerdem, dass viele öffentliche Einrichtungen (Eisenbahn-, Theaterkassen etc.) akribisch die Mittagspause einhalten, an der die Kasse für eine Stunde geschlossen bleibt.

Parken

Autos sollten nachts nach Möglichkeit auf bewachten und umzäunten Parkplätzen (platna stojanka/платна стоянка) abgestellt werden. Solche Plätze gibt es in jeder Stadt, oft bei Hotels, und sie sind im Normalfall umgerechnet höchsten ein bis zwei Euro teuer (nur in Kiev kann es etwas teurer werden). Auch tagsüber sollte man das Auto nach Möglichkeit auf so einem Parkplatz abstellen. Wenn das nicht möglich ist, sollte man das Auto möglichst zentral parken bzw. dort abstellen, wo schon andere Autos stehen.

Bewirtschaftete Parkplätze wie in Deutschland gibt es auch mehr und mehr in den Zentren großer Städte, wo die Autos – wenn auch nicht umzäunt – so doch auch recht sicher stehen.

Post

Postämter gibt es in jeder Stadt, sie sind in der Regel auch an Wochenenden geöffnet. Die Postkästen sind gelb mit blauem Posthorn und lateinischer Aufschrift ›Post‹. Es gibt aber auch noch alte sowjetische Postkästen, die blau lackiert sind. Briefmarken gibt es nur auf dem Postamt. Das Porto für Brief und Postkarte unterscheidet sich nicht. Es sind übrigens keine Zahlen, sondern Zeichen aufgedruckt: Ж für normale Post (ca. 10 Tage), E für Luftpost. Für eine Briefmarke Ж und E ist mit umgerechnet etwa 50 Cent zu rechnen.

Schöne **Postkarten** sind in der Ukraine bislang kaum erhältlich, manchmal wird man im Hauptpostamt in Kiev am Unabhängigkeitsplatz fündig (Metro Chreščatyk).

Privateinladungen

Es kann schnell passieren, dass man von einem Ukrainer nach Hause eingeladen wird. Wenn das geschieht, gilt die unausgesprochene Regel: Im Korridor werden die Straßenschuhe ausgezogen. Außerdem geben Männer den Frauen in der Regel nicht die Hand, was keine Missachtung ist. Die Tradition gebietet, dass fremde Männer die Frauen des Hauses nicht anrühren (jedenfalls nicht gleich zur Begrüßung). Ein kleines Gastgeschenk sollte man dabei haben, und wenn es ans Essen geht, sollte man sich nicht zieren. Wenn es ans Trinken geht, wird der Hausherr mit einem kurzen oder auch langen Toast beginnen. Für diesen Fall sollte man sich bei günstiger Gelegenheit eine kurze, nette Entgegnung zurechtlegen.

Radfahren

Das ist in der Ukraine eher etwas für Hartgesottene und bei den Einheimischen ziemlich unüblich. Zum einen leidet man unter dem mangelhaften Zustand der Straßen; der Randstreifen ist ausgebrochen oder von Schlaglöchern übersät, und die Unebenheiten setzen dem Radfahrer stärker zu. Andererseits hat man als ›schwacher‹ Verkehrsteilnehmer von den Motorisierten nur wenig Rücksicht zu erwarten – die Höflichkeit gegenüber den Fußgängern hat in den letzten Jahren übrigens deutlich zugenommen. Bleibt zu hoffen, dass auch Radfahrer bald besser akzeptiert werden. Radwege sind völlig unbekannt. Die Mitnahme von Rädern in öffentlichen Verkehrsmitteln ist nicht üblich. Zu beachten ist ferner, dass die Distanzen zwischen den Ortschaften größer sind als in Mitteleuropa und dass kleine Straßen und Wege häufig in einem miserablen Zustand sind (also für Auto und Rad gleichermaßen kaum nutzbar).

Als Vorteil beim Radfahren bleibt natürlich festzuhalten, dass wegen der geringen Reisegeschwindigkeit viele Details am Wegesrand viel besser ›erfahren‹ werden, der Kontakt mit der Bevölkerung stellt sich ebenfalls auf einer anderen Ebene her.

Werbung für Jachtcharter in Jalta

Reiseveranstalter

Arktur (Арктур)
vul. Esplanadna 4/106
(вул. Еспланадна)
01023 Kiev (Київ)
Tel. +380/44/4 90 71 37,
www.arktur.ua.

Baldes Studien- und Wanderreisen
Königsstraße 68
53115 Bonn
Tel. 02 28/92 12 88-0
www.baldes.de.

DERTOUR
60439 Frankfurt am Main
Emil-von-Behring-Str. 6
Tel. 018 05/33 76 66 (0,12 Euro/Min.)
www.dertour.de.

Dreizackreisen
Graunstraße 36
13355 Berlin
Tel. 030/46 77 71 46
www.dreizackreisen.de.

Ex Oriente Lux
Neue Grünstraße 38
10179 Berlin
Tel. 030/62 90 82 05
www.eolreisen.de.

GoEast Reisen
22761 Hamburg
Bahrenfelder Chaussee 53
Tel. 040/8 96 90 90
www.go-east.de.

Travel MICE e. K.
Kreuzbergstr. 7 g
40489 Düsseldorf
www.travel-mice.com

Ost & Fern Reisedienst GmbH
An der Alster 40
20099 Hamburg
Tel. 040/28 40 95 70
www.ostundfern.de.

Reisebüro New Logic
Mychailivs'ka vul. 6a
(Михайлівська вул.)
010001 Kiev (Київ)

Reisetipps von A bis Z

Tel. +380/44/206 33 22
www.newlogic.ua.

Reisebüro Unipress
Balkovs'ka vul. 120/2
(Балковська вул.)
65005 Odessa (Одеса)
Tel. +380/482/21 05 16, 21 07 13
www.travel-2-ukraine.com.

StattReisen Berlin GmbH
Malplaquetstr. 5
13347 Berlin
Tel. 030/45 80 39 47
www.stattreisenberlin.de

Ukraina Travel
Pflanzbergweg 5
92263 Pittersberg
www.ukraina-travel.de

Ukraine Touristik Service GmbH
50999 Köln
Sürther Hauptstr. 61–69
Tel. 022 36/96 69 66. Flüge in die

Ventus Reisen
10555 Berlin
Krefelder Str. 8
Tel. 030/39 10 03 32
www.ventus.com.

In der Schweiz:
Jewish Culture Tours
Tägernstraße 28
CH-8127 Forch
Tel. +41/(0)44/980 32 71
www.jct.ch.

Kira Reisen
CH-5400 Baden
Mellingerstr. 6
Tel. +41/56/200 19 00
Fax +41/56/2 27 24
www.kiratravel.ch.

Stadtpläne
Ortspläne gibt es mittlerweile in guter
Qualität von den meisten großen Städten an Zeitungskiosken und in Buch-

läden, allerdings nicht immer und überall, meist auf ukrainisch, in der östlichen
Ukraine auch auf russisch.

Straßenzustand
Die ukrainische Regierung will bis zur
Fußball-EM 2012 3000 Kilometer Straßen bauen. Doch selbst wenn das gelingen sollte, bleibt der Zustand vieler
Straßen schlecht. Als Faustregel gilt: Je
untergeordneter eine Straße, desto
schlimmer ist sie. Allerdings können
auch Europastraßen in einem recht
schlechten Zustand sein und eine kleinere Überlandstraße dagegen ganz passabel. Dieser Umstand erschwert das
Fahren, da der Fahrer nicht nur auf den
Verkehr zu achten hat, sondern ebenso
auf die Fahrbahn. Bei dem Warnzeichen
›Unebene Fahrbahn‹ sollte man viel Vorsicht walten lassen, ebenso bei Bahnübergängen, die meist nur in Schrittgeschwindigkeit passiert werden können,
außerdem sollte man sich auch bei offener Schranke vorsichtshalber vergewissern, ob wirklich kein Zug kommt! Auch

Ein alter Moskwitsch auf der Krim

haben Brücken oft kräftige Absätze an den Zu- und Abfahrten.

Innerhalb von Ortschaften sind die Straßenverhältnisse oft noch problematischer. Ganz besondere Vorsicht ist bei Straßenbahnschienen nötig, da sie oft sehr nachlässig verlegt sind. Es kommt auch gelegentlich (nicht oft) vor, dass Gullydeckel fehlen. Dann ist meist ein kräftiger Ast in das Loch gesteckt, so dass man das Hindernis schon von weitem entdeckt und umfahren kann. Die Ausschilderung in den Orten ist unzureichend, und Ampeln sind oft nicht voll funktionsfähig. Diese Unzulänglichkeiten sollten aber nicht dazu führen, dass man von seinen Reiseplänen Abstand nimmt. Wichtig ist, dass man im Zweifelsfalle vorsichtig fährt und die Augen aufhält.

Reifenpannen

Aufgrund des Straßenzustandes sind sie häufig. Allerdings gibt es in nahezu jedem Ort eine kleine, oft unscheinbare Werkstatt, die ›Šinoremont‹ (Шиноремонт) oder ›Šinomontaž‹ (Шиномонтаж), wo man für wenig Geld (etwa zwei Euro) den Reifen meist schnell wieder flicken lassen kann. Man muss ein Auge dafür bekommen, dann übersieht man die ausgehängten Reifen mit der meist aufgepinselten Aufschrift ›Montaž‹ oder ›Šinoremont‹ nicht mehr.

Tankstellen

Das Tankstellennetz ist mittlerweile viel dichter als früher, man sollte allerdings beachten, dass es auf abgelegenen Straßen lange dauern kann, bis man eine Zapfsäule erreicht. Man sollte nicht bis zum letzten Tropfen fahren und außerdem einen Reservekanister dabeihaben. Die Tankstellen haben in der Regel alle gängigen, auch bleifreien Kraftstoffsorten (92, 95 und 98 Oktan sowie Diesel) vorrätig. Die Preise für Diesel und Benzin lagen Anfang 2011 bei etwa 80 Euro-Cent. Auch wenn viele Tankstellen neu sind – die Bezahlung folgt meist der alten Sowjetmanier: Man gibt vorher an, wieviel man tanken will, und zahlt, erst dann kann man tanken, meist wird das ein Tankwart tun. Auch wenn man volltanken möchte, muss man das dem Kassierer angeben (Povnyj bak, buď láska! - Повний бак, будь ласка!), der von der Kasse aus die Zapfsäule freigibt. Über Benzin und Diesel hinaus haben Tankstellen meist nur eine kleine Verkaufspalette, sind also weder Lebensmittelgeschäfte noch Läden für Kfz-Zubehör. **Achtung**: EC- oder Kreditkarten werden in der Regel nicht angenommen!

Eine interaktive Karte mit allen Kraftstoffpreisen findet man unter http://azs.uapetrol.com.

Taschenlampe

Eine Taschenlampe ist oft sehr hilfreich bei der Orientierung. Hauseingänge sind oft unbeleuchtet, Treppenhäuser und Wohnungstüren auch.

Taxi

Taxis gibt es in allen Städten genügend. Den Fahrpreis sollte man unbedingt vor Fahrtantritt aushandeln und nach Möglichkeit in Hryvnja festlegen, da man sonst als Ausländer schnell überhöhte Preise zahlen wird. Den angemessenen Fahrpreis zu bestimmen, ist jedoch nicht leicht und verlangt Ortskenntnis. Kleinere Stadtfahrten sollten jedoch nicht mehr als umgerechnet ein bis zwei Euro kosten, größere bis fünf. Fahrten von Flughäfen lassen sich allerdings nicht so berechnen, da sie weit vor den Städten liegen und die Preise sowieso oft übermäßig hoch sind.

Reisetipps von A bis Z

Telefonieren

Die öffentlichen Telefone (Taksofon/
Таксофон) sind mittlerweile meist alle
auf Karte umgestellt. Diese Karten kann
man von unterschiedlichen Anbietern
erwerben (oft im Postamt und Zeitungskiosken).

Wer vom ukrainischen Festnetz ins Ausland anrufen will, wählt für Deutschland
0049, Österreich 0043, Schweiz 0041,
dann die Städtevorwahl ohne 0. Nach
der ersten 0 der Landesvorwahl ertönt
ein Freizeichen. Die Landesvorwahl der
Ukraine ist 00 380, anschließend wählt
man die jeweilige Ortsvorwahl ohne 0.

Theater

Viele Städte haben Opern- und Ballett-
Theater mit sehr guten Ensembles. Das
Repertoire ist traditionell und hat seinen
Schwerpunkt auf klassischen russischen
Stücken. Allerdings wird aufgrund der
wirtschaftlichen Schwierigkeiten gelegentlich improvisiert, so dass es vorkommen kann, dass etwa die Musik bei
›Schwanensee‹ vom Band kommt, während sich oben das Ballett abmüht. Die
Karten sind auf jeden Fall preiswert. Zu
beachten ist, dass die Aufführungen früher als in Deutschland beginnen, meist
schon um 18 Uhr!

Vom 1. Juli bis zum 1.September sind
in der Regel Theaterferien und die Theater und Konzerthäuser haben landesweit
geschlossen.

Tiere

Haustiere (insbesondere Kühe und Hunde) gibt es viele, und sie können jederzeit auf die Straße laufen und den Verkehr gefährden.

Trampen

Trampen im eigentlichen Sinne ist in der
Ukraine eher selten. Um so verbreiteter

ist dagegen das ›Mitfahren‹, um von
A nach B zu kommen, und das schneller
und bequemer als mit dem Bus. Denn
Busse fahren vor allem auf dem Land
nicht so häufig. Deshalb hält jung und
alt den ›Daumen in den Wind‹ – meist
an Bushaltestellen. Üblicherweise werden diese Mitnahmedienste bezahlt,
was von den einheimischen Fahrern
auch zum Aufbessern des Benzingeldes
erwartet wird.

Trinkgeld

Trinkgeld ist in den Restaurants üblich;
mit etwa fünf bis zehn Prozent ist man
dabei – je nach Zufriedenheit. Stadt-
und Museumsführer sind übrigens auch
auf einen Obolus angewiesen.

Toiletten

Leider sind sie oft sehr schmutzig. Wichtig ist, dass man Papier bei sich hat. In
großen Städten bessert sich die Lage
allmählich, privat geführte Pachttoi-
letten und Automatik-Toiletten sind inzwischen häufiger anzutreffen und von
gutem Standard. Bei den öffentlichen
Toiletten gibt es neben den üblichen
Symbolen auch den kyrillischen Anfangsbuchstaben (ж) bzw. einen Kreis
für Frauen, und den Anfangsbuchstaben
м (russ.) oder ч (ukr.) bzw. ein auf der
Spitze stehendes Dreieck für Männer.
Viele Toiletten sind als Stehklos konzipiert. Kleinere Cafés und Bars verfügen
häufig nicht über Toiletten.

Unterkunft

In den großen Städten gibt es ein gutes
Angebot an Hotels. Doch auch in kleineren Orten findet man meistens etwas.
Wenn eine Stadt den Rang einer Kreisstadt hat, gibt es aus der Sowjetzeit
meist wenigstens ein Hotel, allerdings
häufig mit dürftig ausgestatteten Mehr-

bettzimmern. Oft muss man sich danach durchfragen, doch sie bieten ein Dach über den Kopf, außerdem sind sie preiswert.

In Odessa gibt es einen funktionierenden Privatmarkt für Unterkünfte.

Ansonsten sollte man der Überlieferung keinen Glauben mehr schenken, dass man in Dörfern nur an die Tür zu klopfen braucht und Quartier erhält. Das mag sich zutragen, ist aber nicht üblich. In einer Notsituation sind die Ukrainer jedoch mindestens so hilfsbereit wie die Menschen in anderen Ländern.

Es entstehen auch kleine Privathotels, vorerst vor allem in den Gebirgsregionen.

Verkehrspolizei

Im Sommer 2005 hat der damals neu ins Amt gekommene Präsident Juščenko die Verkehrspolizei mit ihren 23 000 Milizionären wegen weitverbreiteter Korruption kurzerhand aufgelöst und eine Neustrukturierung angeordnet. Fortan soll der Verkehr stärker mit Videokameras überwacht werden. Doch die versprochene Schließung der bis dato in jedem Kreis vorhandenen Posten der Staatlichen Automobilinspektion (viereckiges Verkehrsschild: schwarzes DAI auf weißem Grund mit blauer Umrandung) hat nicht in Gänze stattgefunden. Zwar gibt es nur noch wenige solcher DAI-Posten, doch sollte man sich ihnen vorsichtig nähern, die übliche Durchfahrtgeschwindigkeit beträgt 50 km/h. Allerdings wird man nur noch sehr selten herausgewinkt, dann werden meist nur die Fahrzeugpapiere überprüft. Nachts sollte man sich diesen Posten vorsichtig nähern, da man manchmal an einem ein Stop-Schild unaufgefordert die Papiere vorzeigen muss.

Wasser

Leitungswasser ist oft mit Chlor versetzt, was bei empfindlicher Haut zu Irritationen führen kann. Trotz dieser rabiaten Desinfektion sollte man es nur abgekocht trinken. Größere Mengen Wasser kann man nur als Mineralwasser zu sich nehmen, von dem es viele unterschiedliche und gute Sorten gibt.

Zeit

In der Ukraine gilt die Osteuropäische Zeit, also deutsche Zeit plus eine Stunde. Das ändert sich auch während der Sommerzeit nicht, da die Ukraine die Sommerzeitregelung der EU übernommen hat. So gilt vom letzten Sonntag im März bis zum letzten Sonntag im Oktober die Osteuropäische Sommerzeit.

Zollbestimmungen

Ausländische Währung kann im Wert von bis zu 10 000 Euro pro Person ohne Deklarierung eingeführt werden, darüber hinaus nur mit Herkunftsnachweis, z.B. Bankbestätigung über die Abhebung. Die Ausfuhr ist auf die Summe des eingeführten Betrages begrenzt. Ukrainische Hryvnja durften bis 2002 weder ein- noch ausgeführt werden. Dass dies inzwischen erlaubt ist, hat sich aber offensichtlich noch nicht zu allen Zollbeamten herumgesprochen. Es ist sicherer, nicht ausgegebene Hryvnja vor Ausreise wieder umzutauschen.

Gegenstände des persönlichen Bedarfs dürfen zollfrei eingeführt werden. Eine **Zollerklärung** muss man eigentlich nur ausfüllen, wenn man einen höheren Betrag bzw. Schmuck- und Wertgegenstände einführen will.

Um bei der Ausreise keine Schwierigkeiten zu bekommen, empfiehlt es sich, sicherheitshalber auch, persönliche Wertgegenstände, technische Geräte wie Laptops, Videokameras etc. zu deklarieren.

Die Zollerklärung sollte man sorgfältig aufbewahren.

Bei der **Ausfuhr von Kunst** ist Vorsicht geboten. Wer schon weiß, dass er wertvolle Kunstgegenstände und Antiquitäten ausführen will, sollte sich vor der Einreise kundig machen (z.B. auf der Homepage der ukrainischen Botschaft oder des Auswärtigen Amtes, siehe: Diplomatische Vertretungen), ob das erlaubt ist. Im Detail gibt es sehr unterschiedliche Regelungen für Bilder, Münzen, Samoware, alte Bücher und Drucke etc., die meist vom Entstehungsjahr abhängig sind.

Grundsätzlich reicht bei zeitgenössischen Bildern und Kunstgegenständen, die man direkt beim Maler oder in einem Salon kauft, eine Quittung. In Zweifelsfällen entscheidet eine Kommission des Kulturministeriums in Kiev, vul. Tarasa Ševčenko 3 (вул. Тараса Шевченко), Tel. 044/2 29 56 47 oder 229 53 40.

Zollfrei ausgeführt werden können 200 Zigaretten oder 200 Gramm Tabak, ein Liter Spirituosen und zwei Liter Wein sowie Geschenke im Wert von bis zu 200 Euro.

Da sich Zollbestimmungen laufend ändern können, sollte man sich vor einer Ukrainereise unbedingt erkundigen, z. B. auf der stets aktuellen Homepage des Auswärtigen Amtes in Berlin: www.auswaertiges-amt.de, oder unter Tel. 030/50 00 20 00.

Ikonostas in einer orthodoxen Kirche

Glossar

Ataman (russ.)/Otaman (ukr.) gewählter Anführer einer Kosakeneinheit.

Bolschewiki Mehrheitler, radikaler linker Flügel der russischen Sozialdemokratie. Unter der Leitung Lenins rissen sie im Oktober 1917 (Oktoberrevolution) die Macht an sich und wurden zur führenden Partei in Sowjetrussland.

Eparchie kirchliches Verwaltungsgebiet, dem ein Bischof vorsteht.

Göttliche Liturgie Bezeichnung für den Hauptgottesdienst in der orthodoxen Kirche, gibt es in zwei Formen (russ: Božestvennaja liturgija/Божественная литургия).

›Große Säuberung‹ in der Sowjetunion organisiserter Terror gegen alle potentiellen Gegner Stalins, der in den Jahren 1936 bis 1938 seinen Höhepunkt erreichte. Der ›Säuberung‹ fielen bis 1939 Millionen Menschen zum Opfer.

Hetman/Hetmanat frei gewähltes Oberhaupt der Kosaken, der gleichzeitig als Heerführer und Richter fungiert.

Ikonostas, Ikonostase in orthodoxen Kirchen eine mit Ikonen geschmückte Bilderwand, die den Altarraum vom Kirchenschiff trennt. Die Darstellung folgt einer liturgischen Ordnung.

Jiddisch westgermanische Sprache mit semitischen und slawischen Elementen, Sprache der Juden Ost- und Ostmitteleuropas.

Kobzar' in der Kosakenzeit ein wandernder Sänger, der seine Balladen auf der Kobza, einem Saiteninstrument, begleitete. Der typische Kobzar' war ein alter, oft blinder Kosak.

Kippa kleines kreisförmiges Stück Stoff oder Leder, im Judentum übliche Kopfbedeckung für Männer.

Khan/Khanat türkischer Herrschaftstitel, Herrschaftsgebiet eines Khans.

Komsomol Kunstwort aus Kommunističeskyi sojuz molodjoži, Jugendorganisation der Kommunistischen Partei der Sowjetunion.

KPdSU Kommunistische Partei der Sowjetunion, 1925 aus den Bolschewiki hervorgegangene Staatspartei der Sowjetunion, nach dem Augustputsch 1991 verboten.

Kvas Erfrischungsgetränk (Квас) aus Brot, Wasser und Hefe, wird meist von gelben Tankwagen verkauft, mittlerweile auch in Flaschen, jedoch von schlechterer Qualität.

Lavra griechisch: Laura. Ehrentitel, bezeichnet in der russischen Orthodoxie ein besonders hervorragendes oder berühmtes Kloster.

Magdeburger Recht ein Stadtrechtskodex, der seinen Ursprung in Magdeburg hatte, entfaltete ab dem 13. Jahrhundert einen erheblichen Einfluss auf das Stadtrecht in Osteuropa.

Magnat in Polen geistliche und weltliche Senatoren sowie weitere Angehörige des polnischen Hochadels.

Metropolit in der orthodoxen Kirche ein Kirchenoberhaupt, das allerdings einem Patriarchen unterstellt ist.

Nestorchronik vermutlich 1113 vom Mönch Nestor im Kiever Höhlenkloster entstandene Handschrift, wichtigste Quelle für die frühmittelalterliche Geschichte der Ostslawen.

NKVD (NKWD) Abk. für Narodnyj komitet vnutrennych del – Volkskommissariat für innere Angelegenheiten, sowjetische Behörde (1934 bis 1946), war als Träger der Geheimpolizei berüchtigt, auf ihr Konto gehen massenhafte Verfolgungen und Verhaftungen von Kritikern und Regimegegnern, insbesondere in der Zeit der ›Großen Säuberung‹.

Oblast' Verwaltungseinheit der Ukraine (deutsch: Gebiet).

Patriarch in den großen orthodoxen Kirche, etwa der russischen, das Kirchenoberhaupt.

Tscheka Abk. für Čresvyčajnaja komissija – Außerordentliche Kommission (russ: ЧК), erste, von Feliks Dzeržinskij gegründete Geheimpolizei der Bolschewiki, aus ihr gingen alle späteren sowjetischen Terrororganisationen hervor.

Tourbasa russisches Kurzwort für Turističeskaja baza, auf deutsch: Touristenstation (Турбаза), einfache Wanderhütte oder Herberge.

Univermag Kunstwort aus Universal'nyj magazin, Universalgeschäft (Универмаг), Kaufhaus.

Zaddik aus dem Hebräischen, bedeutet Gerechter/Rechtschaffener, heiliger, verehrter Mann im Chassidismus.

Die Ukraine im Internet

Inzwischen gibt es unzählige Websites über die Ukraine, die meisten auf russisch und ukrainisch, viele aber auch auf englisch und einige auf deutsch. Nachfolgend soll eine Auswahl den virtuellen Start in die Ukraine erleichtern.

Allgemeines, Politik, Einreise

www.mfa.gov.ua/germany/ Allgemeine Informationen, Einreisebestimmungen, Zoll etc.

www.kmu.gov.ua Internetauftritt der ukrainischen Regierung, engl.

www.president.gov.ua/en Website des ukrainischen Präsidenten, engl.

www.auswaertiges-amt.de Zoll- und Reiseinformationen etc.

www.ukraine-nachrichten.de engagierter deutschsprachiger Nachrichtendienst, der die wichtigsten Presseveröffentlichungen in der Ukraine berücksicht und sehr viele Informationen zu aktuellen politischen Themen bietet.

Verkehr

www.uz.gov.ua Eisenbahnfahrplanauskunft, Strecken etc.

www.bus.com.ua viele Busfahrpläne und Busbahnhöfe, russ.

www.flyUIA.com hier kann man Flüge der Fluggesellschaft ›Ukraine International Airlines‹ buchen.

www.isgeo.kiev.ua viel Kartenmaterial.

Kultur und Medien

www.ukma.kiev.ua Seiten der Kiever Universität

www.photoukraine.com Fotos aus allen Regionen der Ukraine, engl.

www.encyclopediaofukraine.com Infos zu Kultur, Geschichte und Personen, engl.

www.infoukes.com Geschichte, Politik, engl.

Portale, Linksammlungen

www.brama.com engl.

www.uazone.net engl.

www.ukraine-business.de dt.

www.meta.ua ukr.

Judentum

www.shtetllinks.jewishgen.org

www.jiddischkurs.org Internet-Sprachkurs Jiddisch, dt.

Literatur

Andrée, Othmar: Czernowitzer Spaziergänge. Annäherungen an die Bukowina. Rose Ausländer-Stiftung 1997

Andruchowytsch, Juri: Zwölf Ringe. Suhrkamp, Frankfurt am Main 2005

Ausländer, Rose: Phönixzeit, ausgewählte Gedichte. S. Fischer Verlag, Frankfurt a. Main 1984

Babel, Isaak: Werke, 2 Bde. Hrsg. v. Fritz Mierau. Berlin 1973

Babel, Isaak: Tagebuch 1920. Hrsg. v. Peter Urban. Zürich 1998

Bartfeld-Feller, Margit: Nicht ins Nichts gespannt. Von Czernowitz nach Sibirien deportiert – jüdische Schicksale 1941–1997. Hartung-Gorre 1998

Braun, Helmut (Hg.): Czernowitz. Die Geschichte einer untergegangenen Kulturmetropole. Ch.Links Verlag, Berlin 2005

Brusatti, Otto; Lingg, Christoph: Apropos Czernowitz. Böhlau Verlag, Wien Köln Weimar 1999

Buber, Martin: Die Erzählungen der Chassidim. Manesse Verlag, Zürich 1987

Buber, Martin: Die Geschichten des Rabbi Nachman. Verlag Herder, Freiburg 1995

Celan, Paul: Todesfuge. Rimbaud 1999

Celan, Paul: Die Hand voller Stunden. Gedichte. dtv/KNO 1999

Chalfen, Israel: Paul Celan. Eine Biografie seiner Jugend. Frankfurt am Main 1979

Corbea-Hoisie, Andrei: Czernowitz. Jüdisches Städtebild. Jüdischer Verlag im Suhrkamp Verlag, Frankfurt am Main 1998

Cordon, Cecile; Kusdat, Helmut (Hrsg.): An der Zeiten Ränder. Czernowitz und die Bukowina. Verlag der Theodor Kramer Gesellschaft, Wien 2002

Deresch, Ljubko: Kult. Edition Suhrkamp, Frankfurt am Main 2005

Dohrn, Verena: Reise nach Galizien. Grenzlandschaften des alten Europa. Fischer-Taschenbuchverlag, Frankfurt am Main 1991

Franzos, Karl: Erzählungen aus Galizien und Bukowina. Langen-Müller/VVA 1996

Granach, Alexander: Da geht ein Mensch. Autobiographischer Roman. Ölbaum Verlag, Augsburg 2003

Gogol, Nikolai: Abende auf dem Weiler bei Dikanka. Berlin 1980

Gogol, Nikolai: Mirgorod. Erzählungen. Berlin 1979

Gogol, Nikolai: Der Mantel. Erzählungen. Berlin 1981

Haumann, Heiko: Geschichte der Ostjuden. dtv, München 1991

Haumann, Heiko: Von Luftmenschen und rebellischen Töchtern. Zum Wandel ostjüdischer Lebenswelten im 19. Jahrhundert. Böhlau/KNO, Köln 1999

Hilsenrath, Edgar: Jossel Wassermanns Heimkehr. München 1993

Horbatsch, Anna-Halja: Stimmen aus Tschornobyl. Eine Anthologie. Brodina Verlag 1996

Horbatsch, Anna-Halja: Die ukrainische Literatur entdecken. Brodina Verlag 2001

Horbatsch, Anna-Halja (Hrsg.): Die Ukraine im Spiegel ihrer Literatur. Brodina Verlag 1997

Ilf, Ilja/Petrow, Jewgeni: Zwölf Stühle. Berlin 2000

Ilf, Ilja/Petrow, Jewgeni: Das goldene Kalb oder Die Jagd nach der Million. Berlin 1979

Jobst, Kerstin S.: Geschichte der Ukraine. Ditzingen 2010

Kappeler, Andreas: Kleine Geschichte der Ukraine. München 2009

Kohlbauer-Fritz, Gabriele (Hrsg.): In an Schtodt woss starbt. In einer Stadt, die stirbt. Jiddische Lyrik aus Wien. Wien 1995

Kostenko, Lina: Grenzsteine des Lebens. Brodina Verlag 1996

Krumm, Reinhard: Isaak Babel – Schreiben unter Stalin. Eine Biographie. Norderstedt 2005

Kurkow, Andrej: Picknick auf dem Eis. Diogenes Verlag 2000

Lüdemann, Ernst: Ukraine. München 2001

Manger, Itzik: Ich, der Trobadur. Edition Dodo 1999

Mythos Czernowitz. Essays aus der Ukraine, Österreich und Deutschland. Deutsches Kulturforum östliches Europa, 2007

Rosenkranz, Moses: Bukowina. Gedichte 1920–1997. Rimbaud 1998

Roth, Joseph: Die Rebellion. Frühe Romane. Berlin 1984.

Roth, Joseph: Radetzkymarsch. Berlin 1984

Rjabtschuk, Mykola: Die reale und die imaginierte Ukraine. Essay. Suhrkamp 2006

Sacher-Masoch von, Leopold: Galizische Erzählungen. Berlin 1991

Scheer, Evelyn (Hrsg.): Ukraine-Lesebuch. Literarische Streifzüge durch die Ukraine. Trescher Verlag, Berlin 2007

Schmidt, Ute: Die Deutschen aus Bessarabien. Böhlau Köln 2004

Schmidt, Ute: Bessarabien. Deutsche Kolonisten am Schwarzen Meer. Potsdamer Bibliothek östliches Europa 2006

Scholem Alejchem: Tewje der Milchmann und andere Erzählungen. Berlin 2000

Schulz, Bruno: Die Zimtläden. dtv 2004

Steptschuk, Serhij; Fankhauser, Urs: Transkarpatien – Planen und Reisen. Lira, Uschhorod 2004

Templin, Wolfgang: Farbenspiele – die Ukraine nach der Revolution in Orange. fibre Verlag Osnabrück 2008

Ulitzkaja, Ljudmila: Medea und ihre Kinder. Berlin 1997

Vishniac, Roman: Wo Menschen und Bücher lebten. Bilder aus der ostjüdischen Vergangenheit. München 1993

Wichner, Ernst: In der Sprache der Mörder. Eine Literatur aus Czernowitz, Bukowina. Ein Lesebuch. Das Arsenal/Bugrim 1995

Wieser, Lojze: Galizien. Reihe Europa erlesen, Wieser Verlag, Klagenfurt 1998

Zhadan, Serhij: Depeche Mode. Suhrkamp, Frankfurt am Main 2007

Filmtipps

›Herr Zwilling und Frau Zuckermann‹, Dokumentarfilm aus Czernowitz von Volker Koepp, Vineta Film 1999.

›Dieses Jahr in Czernowitz‹, Dokumentarfilm von Volker Koepp, Vineta Film 2004. Eine Fortsetzung seines Czernowitz-Themas.

›Bilder finden‹, Deutschland 2002, von Benjamin Geissler. Dokumentarfilm über die Suche nach den verschollenen Wandbildern von Bruno Schulz in Drohobyč.

›Spuren verschwinden – Nachträge ins Europäische Gedächtnis‹ Schweiz 1998, von Walter Deuber.

›Pripyat‹, Österreich 1999, Dokumentarfilm von Nikolaus Geyrhalter. Vom Leben und Überleben im Atomkraftwerk Tschernobyl.

›Blue Moon‹, Österreich 2004, Regie Andrea Maria Dusl. Den Geldboten Johnny Pichler (Josef Hader) verschlägt es von Wien in die Ukraine, Grund ist Jana (Viktoria Malektorovych) aus L'viv. Ein Roadmovie.

›Alles ist erleuchtet‹, nach dem gleichnamigen Buch von Jonathan Safran Froer, USA 2005, Regie Liev Schreiber. Auch diese Filmhelden sind viel unterwegs: Ein junger jüdischer Amerikaner ist in der Ukraine auf der Suche nach den Wurzeln seiner Familie.

›Panzerkreuzer Potemkin‹, Stummfilm von 1925, Regie Sergej Eisenstein. Weltberühmter Stummfilm-Klassiker.

Die Autoren

Thomas Gerlach, geb. 1964 in Burg bei Magdeburg, 1980 Agrotechniker/Mechanisator, 1985 kirchlicher Filmvorführer (sog. Filmmissionar), 1987 Studium der Evangelischen Theologie (Dipl.-Theol.), 1992/93 Studienaufenthalt in der weißrussischen Hauptstadt Minsk, 1997 Evangelische Journalistenschule Berlin. Redakteur bei der tageszeitung (taz) in Berlin. 1992 reiste er das erste Mal in die Ukraine, seitdem regelmäßige Reisen in die GUS-Staaten.
Im Trescher Verlag ist von ihm außerdem erschienen: Flusskreuzfahrten auf dem Dnepr.

Gert Schmidt, geb. 1961 in Aue, 1982 Studium der Silikattechnik an der TU Bergakademie Freiberg, Tätigkeiten in Weimar und Stuttgart, lebt in Halsbrücke bei Freiberg/Sachsen und arbeitet als wissenschaftlicher Mitarbeiter an der TU Bergakademie Freiberg. In seiner Freizeit beschäftigt er sich mit der Ukraine, die er vor allem durch ausgedehnte Reisen kennengelernt hat.

Danksagung

Die Autoren danken allen, die den Reiseführer materiell und ideell unterstützt haben. Besonderer Dank gilt Alik Olisevič und Andrij Hrycko (L'viv), Jurij Nesterov (Kiev), Mark Milov (Dnipropetrovs'k), Aliye Yasyba (Donec'k), Susanne Thümmel† (Dublin), Ute Schmidt (Berlin), Barbara Oertel (Berlin), Karl-Philipp Steinhoff (Freiberg), Jewgeni Kastschenko (Freiberg) sowie der Kuren' Poltava von den Zaporoger Kosaken unter Otaman Serhij Danilov, Matthias Lüdecke (Berlin), Mieste Riecke (Berlin), Ivan Krislač (L'viv), Tat'jana Berežnaja (Czernowitz) und dem ZAES (Enerhodar).

Anhang

Ortsregister

Anhang

Personen- und Sachregister

Anhang

Bildnachweis

Die ideale Ergänzung zu Ihrem Ukraine-Reiseführer!

Ukraine-Lesebuch

Galizische Schnapsbrenner, Karpatenräuber, Wunderrabbis, schrullige Hexen, bolsche-
wistische Revolutionäre, heißblütige Kosaken und fluchende Grenzwächter begleiten
den Leser auf einer literarischen Reise durch die Ukraine. Texte von namhaften Autoren
wie Juri Andruchowytsch, Rose Ausländer, Joseph Roth, Andrej Kurkow, Karl Schlögel
und vielen anderen eröffnen einen faszinierenden Einblick in die Vielfalt der ukrainischen
Landschaften und die Kultur eines Volkes mit einer großen Seele.

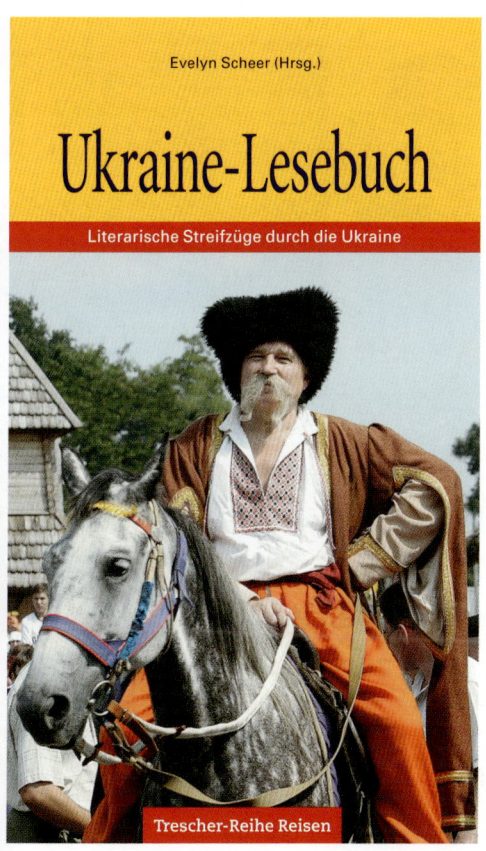

Ukraine-Lesebuch
Literarische Streifzüge
durch die Ukraine
Hrg. von Evelyn Scheer
408 Seiten
ISBN 3-89794-097-3
14.95 Euro

Trescher Verlag
Der Spezialist für den Osten

Trescher Verlag
Der Spezialist für den Osten

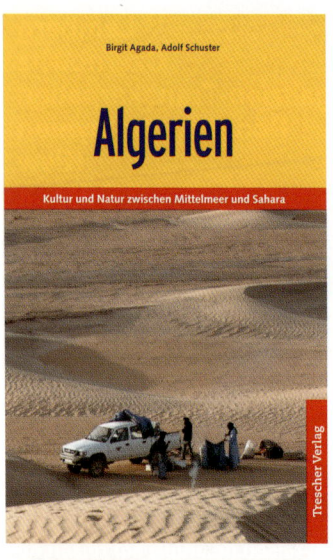

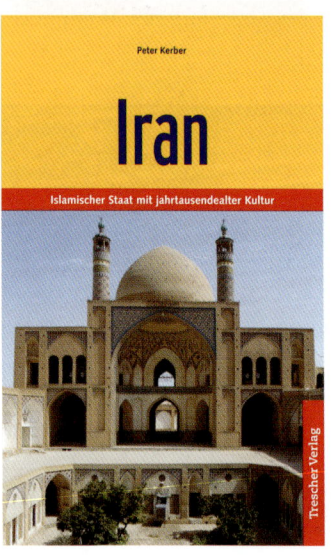

Trescher Verlag

Der Spezialist für den Osten

Serbien
Unterwegs zu verborgenen Klöstern und Kunstschätzen
19.95 Euro

Steiermark
Das grüne Herz Österreichs
14.95 Euro

Transsib-Handbuch
Unterwegs mit der Transsibirischen Eisenbahn
19.95 Euro

Usbekistan
Entlang der Seidenstraße nach Samarkand, Buchara und Chiwa
18.95 Euro

Auswahl Städteführer

Bukarest
Die rumänische Hauptstadt und ihre Umgebung
14.95 Euro

Dresden
Mit Meißen, Radebeul und Sächsischer Schweiz
11.50 Euro

Kiev entdecken
Rundgänge durch die Metropole am Dnepr
16.95 Euro

Lemberg
Das kulturelle Zentrum der Westukraine
16.95 Euro

Riga, Tallinn, Vilnius
Rundgänge durch die Metropolen des Baltikums
17.95 Euro

Trescher Verlag im Internet unter www.trescher-verlag.de
mit ausführlichen Infos über alle unsere Bücher und Onlineshop

Kartenlegende

Bahnhof		Ruine/Ausgrabungsstätte
Badestrand		Seilbahn
Busbahnhof		Synagoge
Denkmal		Sehenswürdigkeit
Delfinarium		Theater
Dorfkirche		Tor
Fähre		
Flughafen		Autobahn
Hafen		Autobahn im Bau
Hotel		sonstige Straßen
Kirche	243	Straßennummern
Leuchtturm		Eisenbahn
Markt		Grenzübergang
Museum		Staatsgrenze
Restaurant		Hauptstadt
Philharmonie, Oper		Stadt/Ortschaft

Kartenregister

Stadtpläne

Übersichtskarten